永春年鉴

2023

（总第10卷）

中共永春县委党史和地方志研究室 编

方志出版社
Publishing House of Local Records

图书在版编目（CIP）数据

永春年鉴. 2023 /中共永春县委党史和地方志研究室编.—北京 : 方志出版社, 2023.12
ISBN 978-7-5144-6044-5

Ⅰ. ①永… Ⅱ. ①中… Ⅲ. ①永春县－2023－年鉴
Ⅳ. ①Z525.74

中国国家版本馆CIP数据核字(2023)第252736号

责任编辑：王娜
责任校对：张玉霞
责任印制：梅中英
出 版 者：方志出版社
地　　址：北京市朝阳区潘家园东里 9 号（国家方志馆4层）
邮　　编：100021
网　　址：http://www.zgfzcb.cn
发　　行：方志出版社图书营销中心（010-67110500）
印　　刷：福州喜临门彩色印刷有限公司
开　　本：889毫米×1194毫米　1/16
印　　张：22.5
字　　数：770千字
版　　次：2023年12月第1版
印　　次：2023年12月第1次印刷
定　　价：280.00元

《永春年鉴》编纂委员会

《永春年鉴》编辑部

编辑说明

一、《永春年鉴》是中共永春县委、永春县人民政府主办，中共永春县委党史和地方志研究室组织编纂的年度性资料文献。2014年首次出版，此后每年出版一卷，2023卷为第10卷。

二、《永春年鉴》以马克思列宁主义、毛泽东思想、邓小平理论、“三个代表”重要思想、科学发展观、习近平新时代中国特色社会主义思想为指导，坚持辩证唯物主义和历史唯物主义的立场、观点和方法，力求实事求是地记载全县年度政治、经济、文化、社会和生态等领域发展情况，为社会各界人士了解永春、宣传永春、投资永春、旅游永春提供尽可能全面、翔实的地情资料。

三、《永春年鉴（2023）》全书框架结构由类目、分目、条目组成，全书条目统一用黑体加【】表示，下一级标题用楷体区别。全书设有永春名片、数知永春、图说永春、专记、大事记、县情概览、中国共产党永春县委员会、永春县人民代表大会、永春县人民政府、中国人民政治协商会议永春县委员会、中共永春县纪律检查委员会 永春县监察委员会、民主党派 工商联、群众团体、法治、军事、外事 侨务 台港澳事务、经济管理、农业 农村、工业 工业园区、香产业、商贸流通、旅游业、金融、交通 邮政 通信、城乡建设和管理、生态环境、教育、科学技术、文化、体育、卫生健康、社会生活、应急管理、乡镇概览、人物 荣誉、附录、索引等，约77万字。

四、《永春年鉴（2023）》采用现代汉语记述。数字用法、标点符号用法分别采用国家标准《出版物上数字用法》（GB/T 15835—2011）、《标点符号用法》（GB/T 15834—2011）。计量单位采用国家技术监督局1993年12月发布的《量和单位》系列国家标准，农田土地面积仍沿用“亩”作为计量单位。文中凡简称“党员”均指中国共产党党员，“省”“全省”均指福建省，“市”“全市”均指泉州市，“县”“全县”均指永春县。

五、《永春年鉴（2023）》记述的时限为2022年1月1日至12月31日。统计数据采用《永春统计公报》和《永春统计年鉴》的数据。县统计局统计范围之外的数据出自各供稿单位，因各单位统计时间和统计口径不尽相同，个别数据可能有差异，以《永春统计公报》和《永春统计年鉴》为准。

六、为便于读者查阅，《永春年鉴（2023）》在卷首设有目录；卷后配有索引，采用主题分析法，内容按主题词首字的汉语拼音字母顺序排列。

编制单位：福建省地图出版社　审图号：泉S〔2023〕11号　资料截至2022年12月

永春名片

视同中央苏区县

全国文明县城

国家卫生县城

中国香都

中国红曲醋都

中国陶瓷之乡

中国芦柑之乡

中国名茶之乡

中国民间文化艺术之乡

中国纸织画之乡

中国漆艺之乡

中国特膳食品（九制熟地）之乡

国家重点生态功能区

全国生态文明建设试点

国家生态文明建设示范区（生态县）

全国生态保护与建设示范区

全国绿化模范县

国家园林县城

中国宜居宜业典范县

全国百佳深呼吸小城

全国首批“国家全域旅游示范区”创建单位

中国最具特色魅力旅游名县

全国食用菌先进县

全国经济林建设先进县

全国水电农村电气化县

全国国土资源节约集约模范县

全国河湖长制工作激励县

国家水土保持示范县

新时代百项考古新发现（永春苦寨坑原始青瓷窑址）

福建省乡村振兴重点县

福建省十大醉美县城

总面积：1456.87 平方千米

户籍人口：59.48 万人

常住人口：41.9 万人

地区生产总值：543.91 亿元

人均地区生产总值：12.93 万元

第一产业增加值：28.07 亿元

第二产业增加值：325.17 亿元

第三产业增加值：190.67 亿元

一般公共预算总收入：20.3 亿元

税收收入：14.25 亿元

一般公共预算支出：36.31 亿元

社会消费品零售总额：188.78 亿元

出口商品总值：37.48 亿元

实际利用外资：1.11 亿元

数知永春

2022

金融机构存款余额：304.19 亿元

金融机构贷款余额：225.28 亿元

城镇居民人均可支配收入：39401 元

农村居民人均可支配收入：21784 元

公路通车里程：2757.85 千米

汽车数：10.23 万辆

在校学生数：80532 人

教职员工数：6644 人

医院床位数：2871 张

卫生技术人员：2580 人

全县用电量：15.65 亿千瓦时

全县供水总量：1.89 亿立方米

图说永春

生态永春

2022年，湖洋镇以水系治理为抓手，清除河道两岸养殖棚，建设15座农村生活污水收集处理设施及其配套管网，培育水源涵养林，构筑一条自然生态绿色廊道，保护和修复永春县饮用水水源地。图为湖洋溪水源涵养林

（图/康庆平　2022年11月10日摄）

2022年，永春县作为全国“绿水青山就是金山银山”实践创新基地，立足生态优势，统筹资源开发和生态保护，落实空气质量监测和重点领域污染源管控，实施新一轮城乡人居环境提升行动，打造四季春城绿化景观。全县推行河湖长制与林长制，深化流域综合整治和饮用水水源地保护，国家、省级监控的水体断面水质稳定达标，全年完成植树造林800公顷、松林改造提升666.67公顷，治理水土流失2333.33公顷。

桃城镇花石社区　　（图/永春县融媒体中心　2022年10月摄）

玉斗镇白珩村俯瞰　　（图/康庆平　2022年8月摄）

外山乡云峰村　（图/永春县融媒体中心　2022年9月摄）

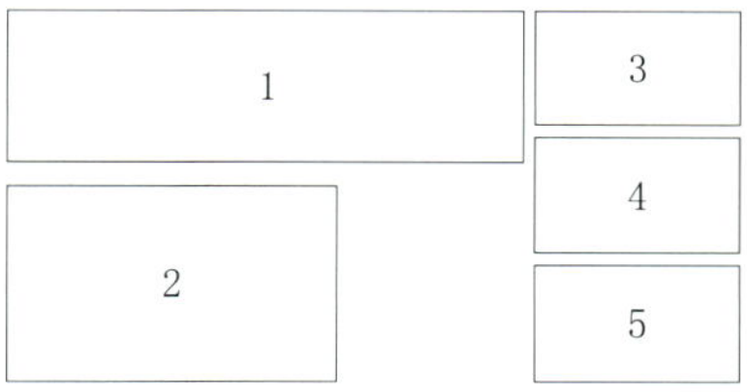

1. 东平镇绿色生态小镇风貌（图/康庆平 2022年7月28日摄）
2. 桃溪国家湿地公园（图/谢大显 2022年11月25日摄）
3. 湖洋镇吴岭村 （图/永春县融媒体中心 2022年9月摄）
4. 锦斗镇锦溪村 （图/锦斗镇 2022年12月摄）
5. 仙夹镇龙水村（图/永春县融媒体中心 2022年8月摄）

中国香都

达埔镇中国篾香城　　　　（图/永春县融媒体中心　2022年7月摄）

永春县是中国四大制香基地之一，达埔镇是闻名天下的“中国香都”。永春制香传承300多年，形成独特工艺，永春篾香被列入国家地理标志产品和国家级非物质文化遗产代表性项目名录。2022年，全县有制香企业近300家，香产品种类达1000多种，国内市场销售覆盖率达80%以上。

2022年，永春县推动香业文旅融合发展，优化达埔镇中国香都打卡体验区建设，体验区范围主要包括香品产业园一期和如意广场，设有香文化博物馆、香产业人才传承中心、中国香都乡贤回归创业园、香品一条街、香都党群服务中心、文创园以及配套的香食美食馆、中国香都酒店等。图为中国香都如意广场　　（图/达埔镇　2022年11月3日摄）

1. 达埔镇香产业园晒香场景（图/永春县融媒体中心 2022年11月摄）
2. 永春传统制香工序“掷香花”（图/永春县融媒体中心 2022年3月摄）
3. 2022年7月22日，永春县举办首届香道技艺职业技能竞赛 （图/颜祖相）
4. 位于达埔镇彬达制香厂区内的彬达香文化创意园，以“一脉香传”香文化为主题，集中展示永春香史、传统工艺、香文化艺术。图为香文化展区 （图/达埔镇 2022年5月摄）

经济发展

2022年，永春县调整经济结构，促进产业升级，经济运行回暖向好，全年实现地区生产总值543.91亿元。第一产业增加值28.07亿元，比上年增长4.6%；第二产业增加值325.17亿元，下降4.9%；第三产业增加值190.67亿元，增长0.9%。

2022年，永春县建设高标准农田800公顷，完成粮食播种面积14466.67公顷，产量9万吨。图为9月19日永春县优质水稻品种品质鉴评活动暨水稻分类与稻米食味品鉴知识培训会现场　　　（图/县融媒体中心）

2022年，永春县新推出永春农产品IP，拓展海外市场，芦柑进入美国市场。图为位于岵山镇南石村聚富芦柑庄园的国家现代农业产业园芦柑标准化规模化果园　　　（图/张文庆　2022年3月摄）

2022年12月12日，永春县在县农业农村局举办2022年秋季茶王赛。图为茶叶品评现场

（图/永春县融媒体中心）

2022年，永春县建成永商网红城，提升八闽福利网永春特色馆，电商产业快速发展，销售额达39亿元。图为下洋镇林下经济产业直播电商基地网络带货现场　　（图/谢丽琼　2022年8月17日摄）

2022年，永春县推进数字赋能产业升级，良瓷科技和美岭水泥实现全方位数字化生产运营管理，全县33个绿色数字技改项目完成年度投资10.3亿元。图为福建良瓷科技有限公司5G施釉机器人

（图/永春县融媒体中心　2022年2月摄）

2022年2月，永春县出台《关于推进城镇低效工业用地再开发促进高质量发展的实施意见（试行）》，推进34家低效用地企业改造，腾出近100万平方米闲置厂房。图为通过该政策实现“先租厂房后买地”的泉州怡辰科技有限公司生产场景　（图/永春县融媒体中心　2022年3月12日摄）

2022年12月2日，位于永春县岵山镇磻溪村的泉南扩建项目磻溪特大桥右幅贯通。图为完成顺接的磻溪互通主线二号桥

（图/陈小强）

2022年12月30日，兴泉铁路清流至泉州段建成开通，兴泉铁路永春站首次通车 （图/县融媒体中心）

老区新貌

永春县有老区乡镇14个，老区村121个，老区乡镇占全县乡镇的63%，老区村占全县行政村的54%。2022年，永春县下拨县级扶贫配套资金30万元，谋划生成老区项目31个，促进乡村振兴，提高老区群众生产生活水平。

1. 湖洋镇溪西村村貌（图/永春县融媒体中心　2022年12月3日摄）
2. 湖洋镇龙山村村貌　（图/永春县融媒体中心　2022年11月摄）
3. 横口乡福鼎村村貌　（图/横口乡　2022年4月摄）

文化活动

1.2022年1月1日，由县文化馆主办，县南音社承办的庆元旦迎新春永春闹厅南音演唱会在县文庙举行　（图/许建生）
2.2022年2月15日，湖洋镇举行“舞龙灯·闹元宵”乡村民俗文化活动　（图/郑志龙）
3.2022年2月1日，永春县委党史和地方志研究室指导石鼓镇政府布置的魁星文化馆对外开放（图/康庆平 2022年2月11日摄）

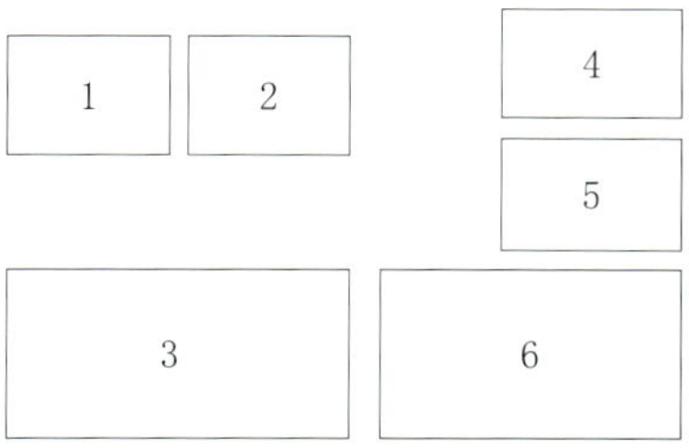

4. 2022年6月30日，永春团史馆在桃城镇花石社区开馆。该馆由永春团县委筹办，县委党史和地方志研究室提供图片和文字资料，在花石社区金榜堂布置而成

（图/永春团县委）

5. 2022年6月4日，永春县五里街镇在古街举办首个文化圩日暨“五月五•迎端午”传统文化润古街活动。图为古街武术表演现场

（图/张文庆）

6. 2022年7月13日，永春县岵山镇在茂霞村举办第十届岵山荔枝文化旅游节。图为开幕式现场　　（图/张文庆）

2022年7月22日，纪念方七娘诞辰暨永春白鹤拳文化节活动在五里街镇大羽村举行，来自永春、福州、厦门、三明等地近20个武术团体参加活动。图为白鹤拳器械表演 （图/苏榆轴）

2022年8月，仙夹镇“农旅融合”暑期夏令营农田研学活动现场 （图/郑州）

2022年9月23日，2022年永春县“中国农民丰收节”暨乡村旅游推介会在蓬壶镇仙岭村举办。图为丰收节文艺表演现场

（图/陈小强）

2022年10月1日，永春县在泉州市党内政治生活体验馆举行“喜迎二十大　欢度国庆节”共绘巨幅长卷活动

（图/陈志鹏）

社会民生

2022年1月10日，县慈善总会举行冬令物资发放仪式，为一都、横口、下洋、坑仔口、玉斗、桂洋6个乡镇的特困人员和国定、省定脱贫人员发放总价值120多万元的冬令物资。图为下洋镇发放现场　　　　（图/郑伊兰）

2022年5月6日，永春县举行退役军人和其他优抚对象优待证首发仪式　　　　（图/林芳婷）

2022年10月，永春县投资2651.72万元的大中型水库移民后期扶持项目示范区建设完工。示范区位于东关镇东美村，包括印尼风情园提升改造、移民公园提升改造、移民特色休闲街、环湖步道亮化美化、湖洋溪滨水休闲工程、桥尾半岛及湿地公园提升改造、东关镇文体配套设施提升和外碧村碧溪栈道及文旅景观照明8个工程项目。图为桥尾半岛及湿地公园提升改造工程

（图/吴锦明　2022年4月摄）

目录

专记

大事记

县情概览

中国共产党永春县委员会

永春县人民代表大会

永春县人民政府

中国人民政治协商会议永春县委员会

中共永春县纪律检查委员会 永春县监察委员会

民主党派　工商联

群众团体

法治

军 事

外事 侨务 台港澳事务

经济管理

农业　农村

工业 工业园区

香产业

商贸流通

旅游业

金 融

交通　邮政　通信

城乡建设和管理

生态环境

教　育

科学技术

文化

体育

卫生健康

社会生活

应急管理

乡镇概览

人物　荣誉

附录

专 记

国家现代农业产业园创建

2022年4月，永春县被农业农村部、财政部批准创建国家现代农业产业园，以芦柑和农作物种业（柑橘、茶叶）为主导产业，规划建设“一区、五中心、多基地”（农产品集中加工区；产业园服务中心、物流交易中心、科技展示中心、科研创新中心、双创孵化中心；建成多个千亩以上的芦柑规模化标准化生产基地），实施种质资源保护和良种繁育工程等七大工程33个项目。2022年，产业园总产值约83.53亿元，主导产业产值约55.71亿元，芦柑产量位居全国第一。

永春县以福建省九九农村科技文化园为主要阵地，与中国工程院副院长、国家柑橘产业技术体系首席科学家邓秀新院士及华中农大等科研院所合作，建成福建省规模最大的柑橘苗木繁育场和柑橘品种最齐全的国家柑橘种质资源库。永春县探索出生态隔离、无毒大苗定植、动态更新病树、全园快速灭杀木虱、矮密早丰栽培“永春模式”，被列为2022年全国种植业技术推广典型案例在全国推广。

至2022年底，永春县完成政府资金、银行授信资金、政府专项债投资10亿多元，在产业园建设“买全国，卖全球”的一站式高水平特色农产品集中加工区，占地129.5公顷。产业园招引优质柑橘、茶叶等农产品加工企业落地发展，并建设农产品农残检测、冷链仓储、物流中心、电商基地、商住小区等公共服务平台及配套设施，带动永春农产品精深加工，将永春建成区域性农产品加工中心。

永春县以国家现代农业产业园为主阵地，探索数字普惠金融改革。以“互联网+政务+普惠金融”模式，对产业园内经营主体和农户进行精准画像，落实精准普惠授信，创新推出芦柑贷、园区贷、乡村振兴贷、建厂贷、新农直通贷等信贷产品，满足新型农业经营主体多样化、层次化的金融需求。2022年，产业园金融信贷余额105.09亿元，贷款余额比上年增长15%。

永春县国家现代农业产业园坚持产业立园、科技兴园、绿色强园、品牌富园、机制活园，持续推进“生产+加工+科技+品牌”一体化发展，加快产业全环节升级全链条增值，打造农业高质量发展引领区，示范带动乡村产业振兴。永春是全国最大的宽皮柑橘出口基地，芦柑为福建省首个出口突破1亿美元的农产品。

（林伟超）

国家农村产业融合发展示范园建设

永春县国家农村产业融合发展示范园主要位于石鼓镇和岵山镇，规划总面积2805.48公顷。2022年，永春县以“科技赋能”为主线推进国家农村产业融合发展示范园建设。第一产业方面，依托邓秀新院士等专家平台、柑橘种质资源圃等，开展芦柑品种研发繁育、生态种植以及黄龙病防治；第二产业方面，实施农产品集中加工区项目，引进先进精深加工生产线，创新芦柑浓缩汁、皮油等种类，同时依托国家香品检验检测中心，培育芦柑精油等新型业态，提高芦柑附加值；第三产业方面，依托“物联网+”、新型电商消费平台等，发展旅游采摘体验，打造有竞争力的绿色健康农特产供应链平台。全年示范园区涉农产业总产值62.39亿元，农民平均可支配收入21784元，带动就业2.48万人。

2022年，永春县维持多元投入，提升基础设施。示范园加快完善水、路等基础设施，新建集水井、蓄水池等引水设施10座、聚乙烯（PE）引水管道5.5千米；硬化道路（机耕路）9千米，推进横七线快速通道等项目建设，把县城主城区与示范园贯通一线，提高农副产品“出村进城”综合交通运输网络效率；铺设晒埕1000平方米、硬化县国有农场周边场地600平方米，建设柑橘标准化仓库5座3160平方米、节水农业（水肥一体化）—滴灌溉工程33.3公顷。永春县加快完善产业配套设施，建成永春芦柑产业展示中心、永春芦柑科技小院、永春芦柑无病毒良种苗木繁育基地、永春芦柑检测检验中心、石鼓马峰村芦柑园等，加速农业产业内部融合；加快完善产业融合提升设施，建设“互联网+”农产品出村进城工程与集芦柑庄园综合服务中心、流域景观游憩带、芦柑文化体验区、“藤绿枝蔓”星创天地等，打造集柑橘生产、销售、采摘、旅游观光于一体的现代芦柑产业综合体。

永春县经过长期科技推广，逐步构建起现代柑橘产业技术体系。示范园区以国家现代柑橘产业技术体系永春芦柑综合试验站为平台，以邓秀新院士为首席科学家、28个岗位科学家、29个试验站为技术依托，与华中农业大学、福建农林大学、福建省农科院等高等科研院校进行紧密的产学研合作，签订《华中农业大学永春县人民政府关于发展柑橘产业的科技合作协议》。至2022年，永春县有华中农业大学科研工作站、中国永春柑桔研究中心，以及省级院士专家工作站（绿源柑桔苗木繁育场院士专家工作站）、市级专家工作站等技术载体平台，研发柑橘品种筛选、品质提升与省力化栽培技术，开展选育新品种组合6个，推广新技术12项，开展新品种新技术试验示范8个，推广应用率达100%，机械化率达75%以上；通过发挥国家现代柑橘产业技术体系永春芦柑综合试验站、绿源柑桔苗木繁育场省级院士工作站、永春芦柑科技小院、永春县农村专业技术协会的带头示范作用，为芦柑生产提供专业指导。永春芦柑经多年良种化，建成全国品种最齐全、全省规模最大的绿源柑桔无病毒苗木繁育场，柑橘品种达375个，年培育无病毒芦柑苗木15万株，园区内永春芦柑产业良种化、专业化程度位居全国领先水平。

永春县在示范园区推行生态种植模式，建立农业循环体系，持续优化农业生态环境。示范园区采取种养结合、农林结合、农工结合等方式，引导采用草生栽培技术，减少农药、化肥使用量，2022年园区内农用化肥施用量3190吨，较上年减少123吨；农药使用量414吨，较上年减少21吨。建设畜禽粪便集中处理发酵有机肥项目，通过畜禽粪便高温好氧发酵仓系统，对粪便进行集中无害化处理生产有机肥料，年处理量达5500吨，实现畜禽粪便有机肥生产和废弃物循环化利用。推进农业面源污染防治工作，建立桔源柑桔专业合作社耕地退化治理示范片，土壤酸碱度（pH酸碱度）、耕地质量提高0.1个等级，园区内空气环境质量优良率持续保持在99.6%以上，国、省控县域水环境功能区水质达标率100%，未发生污染场地风险事故。

2022年，永春县国家农村产业融合发展示范园创新产业模式，一、二、三产业加快融合。示范园区综合发展柑橘研发育种、加工包装、直播营销、休闲农业，打造“多业态复合型”农村产业融合发展示范园。“一产+一产”方面，形成“芦柑+科技”“芦柑+物联网”等融合模式。“一产+二产”方面，融合延长芦柑2条产业链，推进芦柑精深加工，创新产品种类，提高芦柑产品附加值；依托养殖企业，生产芦柑专用有机肥，发展芦柑生态种植；实施农产品集中加工区项目，总投资5亿元，占地74.6公顷，其中生产加工区33.3公顷、冷链物流6.6公顷、电商交易10公顷、企业总部10.7公顷、科创配套8公顷。“一产+三产”方面，形成“芦柑+文化”“芦柑+旅游”“芦柑+电商”等业态，建设永春芦柑展示中心，举办以“四季桔香芦柑之家”为主题的中国永春芦柑文化旅游节暨芦柑开采活动，辐射带动合作社108家、家庭农场77个、农户1.12万人，乡村旅游经营主体增至55家；依托美丽永春直播带货基地、万春寨电商平台，进驻“福农e购”、京东、淘宝抖音快手等销售平台，举办“局长带你买正宗永春芦柑”等农特产品直播带货系列活动。至2022年，示范园内“三品一标”农产品生产占比100%，农产品加工业产值增长11.5%，农业多功能拓展带动农民就业1160人，农产品加工增值率1.8倍，电子商务带动特色农产品销售占比25%。

永春县在示范园区实行“利益共享、风险共担”的稳定利益联结机制，聚富果品、益丰生态农业专业合作社等各类新型经营主体逐步建立“订单模式”“投改股模式”“土地股份合作社模式”等利益联结模式。订单模式，依托示范园生产基地技术服务中心，引导龙头企业（种植、加工、流通、连锁超市、餐饮企业、销地市场等）与农民双方直接或者通过中介组织自愿订立具有法律效力的购销合同。投改股模式，通过开展统筹整合使用财政涉农资金股权合作，将财政投入农业产业项目资金部分量化到农村集体经济组织，分股分红到示范园农户，至2022年底，发放136.51万股、资产达4779.15万元。土地股份合作社模式，农民将示范园土地流转给龙头企业，每年获得稳定的土地流转费，龙头企业扩大生产经营规模，聘请农民从事标准化生产劳动，赚取相应的劳动报酬（工资性收入），至年底流转土地90公顷、土地流转费54万元。全年利益联结机制构建占比60%，带动农民增收8065元/人，农户资产性收益980户。

（张曦君）

永春县获评“国家水土保持示范县”

2022年12月26日，永春县被水利部授予2022年度“国家水土保持示范县”荣誉称号，这是福建省第二批、泉州市首个国家级水土保持示范县。

永春县属于山区丘陵地，境内中低山较多，溪流多、密度大，土壤以红壤为主，雨量充沛，素有“万紫千红花不谢，冬暖夏凉四序春”美誉，作为晋江东溪发源地，生态文明积淀深厚，是国家生态县、全国生态文明建设试点示范区、全省9个国家重点生态功能区、全国19个中国生态文明奖先进集体之一。永春县设立“打好水土流失治理攻坚战、提亮县域生态文明底色、筑牢泉州上游生态屏障”总体目标，将水土流失治理同流域整治、全面治水、乡村振兴和河长制相结合，以清洁型小流域、坡耕地和崩岗为重点，开展山水林田湖草一体化保护和系统治理。经过十余年的综合治理，永春县治理水土流失面积37460公顷，全县水土流失强度呈现由高强度向低强度转化，实现水土流失面积和强度“双下降”，水土保持现状良好，先后获“全国水土保持监督管理能力建设县”和“国家水土保持生态文明工程”称号。

永春县成立县水土保持工作领导小组，建立政府统一领导、水土保持部门组织、多部门协作、群众参与的水土流失防治机制；出台水土流失治理、生态修复提升、矿山综合整治、水土保持监管等多项专项行动方案；形成小流域综合治理、矿山生态修复、茶果园坡耕地治理以及林地封育等综合防治体系，探索形成了崩岗治理“一处一策”、坡耕地治理“生态袋装土筑埂”等具有永春特色的水土保持创新成果、典型做法；结合乡村振兴发展需求，探索采用“水保+产业发展”“水保+乡村旅游”“水保+美丽乡村建设”等“生态+”治理模式，创建生态休闲小流域和安全生态小流域，助力建设宜居宜业和美乡村；建立涵盖全县生产建设项目的水土保持信息化管理平台，促进水土保持监督管理提质提效；此外，坚持以水土保持宣传进机关、进校园、进企业、进社区、进工地、进田头的“六进”为载体，将水土保持理念融入社会发展的各个环节，形成全社会重视水土保持工作的良好氛围。

永春县先后编制实施《福建省永春县水土保持生态环境建设规划（1998—2030年）》、《永春县水土保持规划（2016—2030）》、《永春县“十四五”水土保持专项规划》、一系列县级水土保持规划，进行分阶段规划，在治理水土流失、改善农村生产条件和生活环境、促进区域经济发展、减轻山地灾害，维护水土保持功能等方面定性、定量、定目标，逐步建成与永春县经济社会发展和生态文明建设相适应的水土流失综合防治体系。围绕生态建设目标，县政府将水土流失治理任务列入乡镇目标任务责任，构建形成党委领导、政府主导、水利牵头、部门配合、社会参与的水土保持工作格局。

永春县结合生态、经济、人文实际情况，坚持以小流域为单元，统筹山水林田湖草综合治理，实施“八大治理工程”，形成一套具有永春地方特色的治理体系。

清洁小流域综合治理　永春县立足于保护好泉州“大水缸”——山美水库的定位，以小流域为单元，以水源保护为中心，实行山水林田湖草统一规划和综合治理，优化布设水土保持植物措施、工程措施和农业耕作措施，构建水土保持综合防治体系。全县建设水保生态清洁小流域32条，其中狮峰、岵山、湖洋、吾江等4条小流域被命名为“全国水土保持生态环境建设示范小流域”。

水土保持生态修复　永春县于2004年被省水利厅确定为水土保持生态修复建设试点县起，坚持“小流域综合治理”和“大面积封育保护”并举，在水土流失程度较轻地区，通过封育保护，并适当加以补植和施肥，依靠大自然自我修复的力量恢复生态。至2022年12月，全县完成封禁6232.6公顷。同时，制定、落实有关封山育林措施、生态修复工程管理办法等政策措施和乡规民约，限制不合理的生产建设活动。

荒山造林绿化　永春县委、县政府先后作出“大念林字经”“宜林荒山造林绿化”“发展绿色产业”“推进森林永春建设”“加快永春现代林业发展”等决策部署，实施一系列林业生态重点工程建设，大力开展“全民大造绿，建设新永春”活动，倡导全民“爱绿、种绿、养绿、捐绿”，全面禁止在25度以上坡地开垦种植农作物，陡坡禁垦开荒。

崩岗治理　永春县以麻竹为先锋树种，结合工程措施，在狮峰崩岗区开展课题研究，形成以种植麻竹为主的“上截、下堵、中削、内外绿化”的崩岗治理模式。以小流域治理为单元，对崩岗侵蚀区实行开发性治理。全县投入资金2480万元，治理崩岗384座，种植绿麻竹3000余公顷，变崩岗区为麻竹区，带动麻竹产业和永春香业的发展。

矿山综合治理　永春县水土办牵头，水利、林业、自然资源、环保等部门以及下洋镇政府共同开展以“筑坝清淤”为重点矿区综合整治工作。随着煤炭行业的全面退出，永春县规划总投资1.82亿元开展矿山恢复性治理，至2022年底完成投资1200万元，关闭“泉南”高速公路可视范围内采石点10个，开展“青山挂白”治理，恢复矿山植被。

桃溪流域综合治理　永春县从2011年起策划实施桃溪流域综合治理工程，按照“水清、堤固、园靓、路畅、岸绿、房美”的总体目标，以水土流失治理、河道治理为重点，结合家园清洁行动、绿化提升、景观改造等方面，统筹推进桃溪流域涉及的11个乡镇、118个村（社区）31.9万人口的综合治理工程。至2022年12月，全县实施桃溪流域综合治理子项目377个，完成投资31.22亿元，实现62千米主河道治理全覆盖，打造2个国家级、3个省级水利风景区。永春入选全省首批综合治水试验县，治理经验被列入全国典型示范区推广，获“全国河湖长制激励县”称号，桃溪生态修复工程获中国人居环境范例奖。

乡村振兴水保工程建设　永春县从2012年起在全省率先启动实施美丽乡村建设，把水土流失治理与

桃溪水域　　（图／县融媒体中心　2022年4月12日摄）

推进美丽乡村建设、促进乡村振兴有机结合起来，围绕“环境优美、生活甜美、社会和美”的建设目标，实施“治污、美化、绿化、致富、和谐”五大工程，培育出“田园风貌型”“特色文化型”“滨溪休闲型”“生态旅游型”“造福新村型”“产业带动型”等一批具有永春田园风光、山水特色的“美丽乡村”，岵山镇茂霞、北溪村入选中国美丽休闲乡村监测合格名单，因地制宜探索创新城郊融合类、特色保护类、集聚提升类等3种农村人居环境整治典型模式，打造南星社区—上沙村乡村振兴美丽景观带。

坡耕地治理　全县坡耕地总面积1727公顷，治理措施主要为修建反坡梯田、水平梯田和截排蓄水工程，推行农林复合耕作，套种具有经济收益的草灌植物，创建“水泥空心砖为园埂”和“生态袋装土筑埂”的坡耕地整治新模式，先后建立锦斗新岭格茶场、湖洋溪西鼎和莲柑桔场等坡耕地整治示范点；开展闽台农业技术合作，建设生态茶果园，推广坡耕地自然草生栽培，绿化梯壁和园面，增加植被，减少冲刷流失。至2022年12月，全县治理坡耕地1320公顷，坡耕地治理度达76%，其中禁垦坡度以上陡坡耕地采取水土保持措施比例达92%。

2022年，永春县将水土保持与家园清洁、河道整治、绿化提升、景观改造等城乡建设有机结合，同步实施“治污、美化、绿化”三大工程。全县实施项目1811个，完成投资11.68亿元，建成县级示范村70个、乡镇级示范村137个、精品村20个、美丽镇区10个、示范线3条。同时，以“水清、土优、村美”为标准，推动初级版、中级版、高级版等三个梯次的“绿盈乡村”建设，乡村生态环境进一步提升。至2022年12月，永春县水土保持率由1985年的70%提升到90.08%，比全国平均值高约18个百分点，水土保持率增幅比全省高约10个百分点，在泉州市3个流失率大于10%的县（市）中率先取得突破。

（许祖龙）

“五全”招商

2022年，永春县实施五全招商（“全县、全域、全员、全产业、全方位”），签约项目168个，计划投资700.71亿元。其中，正式合同项目143个（占全年任务的143%），计划投资563.61亿元（占全年任务的112.72%）。

永春县调整“五全”招商指挥部，下设一办十五专班三组，乡镇和部门成立73个二级招商办，招商队伍达340人。建立县领导挂钩重点招商项目、分级负责、三级协调、正向激励、联席会议等机制，用好“飞地招商”机制和绩效考核“指挥棒”。落实“快反映”“快协调”“快销号”机制，开展“奋战七十天 决胜项目攻坚战”行动，促进项目快速落地。

永春县招商部门组建大招商、园区企业、商会、乡贤、侨胞等微信群，建群交友，构建“来是永春人，去也是永春人”的招商生态网。县招商办加强人才人气支撑，收录永春籍企业经营管理类重点人才98名、永春籍重点华侨华人82名；加强宣传推介支撑，在省市县主流媒体和《泉州市“抓开放招商促项目落地”专项行动简报》等刊物报道永春招商信息770多条，22个乡镇制作独具特色的推介PPT、宣传片、宣传册，全面宣传永春招商。

永春县坚持“一把手招商”，县主要领导亲自带队到北京、江苏、广东等地考察对接，其他县领导、各招商专班、各招商单位接待客商考察2800多人次，召开各类招商会180多场次，促进项目签约落地。2022年，永春县组织参加市签约活动2场，签约项目53个，总投资361.05亿元；组织县签约活动2场，签约项目17个，总投资167.40亿元。全县全面落实产业项目审批代办协办联动机制、项目“交地即交证”“拿地即开工”、惠企政策线上直达兑现等7项服务制度。

永春县通过梳理、盘活、拓展、新增等方式，打造更多可承接项目落地的载体。创新招商空间发布模式，发布全市首个“招商全景地图”，展示全县可供应地块35个、总面积392公顷，可用招商空间75.64公顷，实现客商“云端”考察。对全县行政事业单位（含下属国有企业）的闲置资产进行摸排，查出闲置资产

110处，闲置面积81.47公顷。梳理第一批低效用地再开发的企业用地34宗，通过再开发提升方案的26宗。聚焦永春县智能陶瓷家居产业园、美岭智慧产业园2个标准园区招商，政企联合“外引内联”招商，加快标准化园区招商工作步伐。

（陈巧如）

工业园区产业园标准化建设

永春县工业园区于2006年7月由国家发改委核定为省级工业园区，核准面积400公顷（探花山工业区）。2022年，县工业园区开展低效用地整治、产业龙头带动、统筹推进试点、园区配套建设、政企联合招商等工作，招引专业运营团队，实施园区智慧管理，推进标准化建设。永春县制定《关于进一步优化工业园区管理机构职能配置的实施意见》，实行“管委会+公司”管理模式，理顺管委会、属地乡镇、引办乡镇和县职能部门的关系，明确剥离县管委会的社会管理职能，突出行政服务职能，成立园区专业化投资开发公司，逐步向“投资+建设+运营”市场化转变。是年永春县通过县国投公司发起设立永春县产业引导基金，投资0.5亿元扶持重点产业、项目或平台。至2022年底，永春县完成县城工业园区的整合，把榜德工业园、轻纺园、生物医药园和轻工基地统筹托管，纳入县工业园区管委会管理，实现“一区多园”模式。园区总规划面积1047公顷。

2022年初，永春县针对山区县土地开发成本高、企业用地建设容积率低等现状，在全市率先出台《低效用地再开发工作方案》，推出“鼓励建设多层标准厂房，第五层建筑面积予以400元/平方米补助”等奖励政策，推动园区提质增效。全年企业实施低效工业用地再开发26宗，涉及低效用地51.5公顷，可新增企业投资35亿元，新增建筑面积112万平方米，年税收贡献可增加1.2亿元。

2022年，永春县针对产业基础薄弱问题，以龙头企业增资扩产、产业链配套为重点，给予“一企一策”扶持，推动良瓷智慧制造产业园和智能陶瓷家居产业园项目，助其增资扩产。至年底，园区一期建成建筑面积27.4万平方米，年度新增竣工投产车间2个、面积7.2万平方米，新增产值4.5亿元，成为全国卫生陶瓷数字化园区标杆。永春县发挥良瓷公司的引领和赋能作用，策划实施试点园区智能陶瓷家居产业园项目，作为招引产业链配套企业入驻的优势平台。

永春县围绕智能陶瓷家居行业特点，广泛征求意见，厂房采取连廊衔接设计方案，实现生产空间可灵活组合（单层面积1600—5400平方米），使其更贴合产业定位和入驻企业的需求；不拆除地块原有建筑物，把1.6万平方米旧厂房改造为政企服务中心，降低投资成本；在全市率先与华能集团签订协议，合作开发屋顶光伏发电项目，降低筹资压力；在全市率先申领省重点技改项目贷款贴息，降低财务成本。工业园区实行“专班化推进、清单化管理、全程化保障”管理机制，坚持“日会商、周盘点”工作制度，锚定“6个月主体工程全面封顶，9个月验收交房”目标，快速推进项目建设。试点园区11栋新建厂房（11.2万平方米）至12月20日全面封顶。

2022年，永春县针对园区标准化服务配套不足的短板，在主城区和县工业园区连接带，启动实施城东产城融合示范区建设计划。该片区规划面积约800公顷，既可承接主城区功能拓展，发展公共服务、商业服务业态；又能衔接县工业园区，为园区标准化发展提供服务配套。全年完成投资12.65亿元，实施留安东路（投资2.5亿元）、化龙实验小学（0.85亿元）、安置房（9.3亿元）等项目。

2022年，永春县出台有利于中小企业入驻的招商政策，重点从固定资产投资补贴、规上企业入园补贴、企业经营贡献补贴、租金补贴、人才贡献奖励和住房安居保障、园区示范创建奖励等多个方面进行奖补，加大政策吸引力度。永春县工业园区联合龙头企业良瓷公司，开展政企联合“外引内联”招商活动。县主要领导带队，良瓷公司董事长全程参与，到江苏、广东、厦门等地对接项目，全年洽谈对接5个省份25家企业。

（林秋兰）

大事记

1月

4日，泉州首个“泉心泉E•邮快驿站”在永春县五里街镇大羽村揭牌启用，为全省首个进驻村级党群服务中心的邮快驿站。

7日，全县非物质文化遗产保护工作会议暨第二批县级非遗代表性传承人颁证仪式举行。

12日，省委常委、市委书记刘建洋到永春开展工作调研。

13日，永春县召开2021年度项目攻坚“四项竞赛”暨“五全招商”表彰大会，对全年项目和招商工作进行盘点，部署下阶段工作。

16日，永春团县委、永春青商会、永春青年创业园、县青年志愿者协会共同开展2022年“暖冬行动 爱心助学”活动，慰问湖洋、东关、吾峰、介福等乡镇100多名困难家庭儿童。

20日，永春县法院开展“护航成长　永法同行”青少年专场法院开放日活动。

24日，泉州军分区领导到永春县开展春节前慰问活动，走访慰问军龄满30年以上的现役军人及其家属。

26日，呈祥乡举行福路呈祥——马跳水库呈祥段改移路通车仪式。

永春县被确认为国家卫生县城。

29日，永春陶瓷制作技艺、永春白鹤拳、永春闹厅被列入第七批省级非物质文化遗产代表性项目名录。

1月，永春县文化馆获评“国家一级文化馆”。

2月

6日，永春县参加2022年泉州市民营经济发展大会，会上县政府与七匹狼集团百应控股签约侨新老醋项目，纳税超1.46亿元的永春县美岭水泥有限公司等获得表彰。

8日，永春县实验幼儿园获评2021年全国足球特色幼儿园。

14日，永春县召开“党建+”邻里中心建设工作推进会。

15日，2022年全县工作会议暨“强产业、兴城市”双轮驱动动员大会召开。

21日，全县乡村振兴暨农业农村工作现场会召开。

24日，省残联党组书记、理事长曾智勇带队到永春县调研残疾人工作。

25日，绿源柑桔专业合作社申报的黄龙病疫区永春芦柑种植管理新技术示范基地被命名为2021—2025年第一批中国农技协科普教育基地。

28日，首届福建省（永春）乡村振兴“师带徒”引凤项目大赛对接会在岵山镇北溪文苑举行。永春县与50个优秀项目进行对接签约，并举行金融助力“师带徒”引凤项目落地产品推介、县农村信用合作联社“师带徒”引凤项目预授信仪式及颁奖仪式、“师带徒”引凤咨询师聘任仪式，召开“师带徒”引凤计划永春模式研讨会。

新华网股份有限公司、省乡村振兴基金会与永春县委乡村振兴办三方在永春县签署框架合作协议，联合开展溯源中国生态矩阵助力永春乡村振兴行动。

2月，永春县首个河长制主题夜景公园——吾峰镇河长制主题公园建成投用。

3月

1日，永春县召开实施“提高效率、提升效能、提增效益”行动部署会。

2日，永春县在北溪文苑举行“建功十四五　一起向未来”“三八”国际劳动妇女节活动暨永春县首届插花花艺职工技能竞赛。

3日，省高指副总指挥、省高速集团董事长陈岳峰到永春县调研海丝助力乡村振兴示范路项目。

4日，永春蒲庆兰香室获第六批“福建老字号”称号。

5日，“桃源永春·福见北溪”——第十一届永春桃花文化旅游节暨永春全域旅游推介会在岵山北溪文苑举行。

7日，永春县法院举行全省首个执行监督管理中心揭牌仪式。

8日，永春县成立35个“党建+”邻里中心“邻里帮帮团”志愿服务队。

永春县举办巾帼评茶员职业技能竞赛。

永春县市场监督管理局为福建永春县茗庄园茶业专业合作社颁发食品生产许可证，为食品生产许可审批权下放到县级后永春县发出的第一张食品生产许可证。

9日，永春县举行“三提三效”“永易办、永易贷”聚合码发布仪式。

永春县举行养老机构公建民营项目签约仪式。

10日，省体育局党组书记、局长叶得盛带队到永春县桃城镇南星社区考察智慧体育公园项目、福建体育职业技术学院仙岭教学点调研体育工作。

16日，林俊德科学家精神教育基地被中国科协联合教育部、科技部等七部委认定为2022年度科学家精神教育基地，为全市唯一。

30日，国务院联防联控机制综合组福建工作组到永春县检查指导疫情防控工作。

4月

5日，永春县开展争创“十全十美”红色无疫小区活动。

14日，永春县在融媒体中心举办“众擎易举　‘永’往直前”——复工复产暨招工引才直播活动。

22日，永春苦寨坑原始青瓷窑址获评全国“新时代百项考古新发现”，系全省唯一入选单位。

24日，永春县被确定为省级义务教育优质均衡先行创建县。

24—25日，省委副书记、政法委书记罗东川到永春县仙夹镇、岵山镇调研，考察龙水村漆篮、铺下村酿醋等特色产业发展以及茂霞村传统村落保护、人才驿站、乡村治理情况。

26日，永春县水利局获2022年福建省五一劳动奖状，永春县总工会职工服务中心香都工作站获评福建省总工会2022年福建省工人（五一）先锋号。

永春县马跳水库项目指挥部在大坝库区举行2022年防洪度汛应急抢险救援演练。

27日，福建省永春县现代农业产业园被列入国家现代农业产业园创建名单。

28日，永春县参加泉州市2022年重大项目集中“云签约”活动，全县组织参加“云签约”项目24个，总投资152.6亿元。

4月，永春县举办“疫不农迟　肥保春耕”活动，县农业农村局、县乡村振兴促进会筹集资金24万元，为脱贫人口和监测对象发放优质复合肥60多吨，帮助408户解决春耕用肥问题。

5月

6日，永春县举行全县退役军人和其他优抚对象优待证首发仪式。

9日，永春县达埔香都兴隆香业有限公司林文森泉州工匠工作室、福建美宏科技有限公司汤若狮劳模创新工作室、永春职业中专学校举行“泉州市产业工人技能培训基地”授牌仪式。

10日，市供销社到永春县开展以“党建引领，服务‘三农’，助力春耕”为主题的供销社送农资、送农技下乡活动。

11日，省自然资源厅厅长叶敏带队到永春县调研指导新增农村乱占耕地建房整治、矿山生态修复治理等工作。

13日，省人大常委会党组书记、副主任梁建勇，省人大常委会副主任吴洪芹一行到永春县开展《中华人民共和国科学技术普及法》《福建省科学技术普及条例》执法检查。

16日，省政协副主席许维泽带队到永春县调研粮食生产和国家级农业项目建设情况。

17日，永春县组织开展2022年重点项目集中开竣工暨参加泉州市第二季度重大项目视频连线集中开工活动。第一阶段举行永春县第二季度重大项目集中开工竣工活动。第二阶段参加泉州市第二季度重大项目视频连线集中开工活动。

首届泉州市5G陶瓷制造行业职工技能竞赛在永春县福建良瓷科技有限公司举办，来自全市各地的9支代表队112名选手同台竞技，评选出一等奖1名、二等奖2名、三等奖8名。

18日，永春县举办“科技下乡　人才助企”主题活动。永春县香制品同业公会获授“科技特派员工作室”牌匾。

19日，福建省重大水利工程集中开工视频动员会举行，永春县水系连通及水美乡村建设试点县项目参加开工仪式。

20日，永春县农业农村局联合湖洋镇在湖洋溪美莲段开展增殖放流活动，放流黑脊倒刺鲃鱼苗21万余尾。

福建省北电南送特高压线路工程（永春段）首基塔开工仪式在锦斗镇举行。

永春县国家农业产业融合发展示范园入选第三批国家农村产业融合发展示范园认定名单。

24日，永春岵山北溪至南安蓬华公路旅游风景道入选福建省首批“最美乡村‘福’路”。

26日，省高级人民法院党组成员、副院长罗志沙，泉州市中级人民法院党组书记、院长姚丽青到永春县调研。

30日，永春县青少年法治研学基地揭牌仪式在县法院举行。

31日，省农村专业技术协会到永春县开展科技服务活动。

5月，永春县一都镇菌菇小镇项目完工并投产。该项目由福建省菌都农业发展有限公司投资建设，主要生产香菇、平菇、木耳等菌菇类农特产品，年度计划投资0.3亿元。

6月

1日，省政协副主席洪捷序到永春县开展“提升福建制造数字化水平，加快制造强省建设”课题调研。

福建医科大学附属第一医院与永春县总医院（永春县医院）紧密型医联体协作医院签约仪式及“管理培训八闽行”（永春站）启动仪式在县总医院举行。

永春县未成年人保护委员会在桃城镇花石社区举行永春县2022年未成年人保护工作宣传月暨“六一”国际儿童节宣传活动启动仪式。

2日，福建省永春农垦发展有限公司举行揭牌仪式。

4日，永春县五里街镇在古街举办首个文化圩日暨“五月五·迎端午”传统文化润古街活动。

6日，福建良瓷科技有限公司和福建迈特富科技发展有限公司入选第四批福建省工业龙头培育企业名单。

9日，国家矿山安全监察局福建局督导组到永春县开展尾矿库汛期督导。

10日，永春县首个非物质文化遗产司法保护工作联络点在仙夹镇龙水村揭牌成立。

11日，永春县举办2022年“文化和自然遗产日”——永春非遗宣传系列活动。

15日，华中农业大学园艺林学学院副院长徐强教授到永春县开展柑橘（芦柑）产业发展科技服务活动。

16日，2021泉州政务新媒体影响力榜单发布暨2022泉州政务新媒体交流活动在永春县举办。

由泉州广播电视台设立的“福”见泉州·乡村振兴北硿研学基地在永春县东关镇北硿社区举行揭牌仪式，并启动首期研学活动。

22日，永春县总工会、县人力资源和社会保障局、桃城镇联合举办永春县第二届烹饪职业技能竞赛。

23日，永春县举行“健康人生　绿色无毒”主题全民禁毒宣传月系列活动暨创建“美丽乡村游+禁毒宣传”毒品预防教育模式启动仪式。

24日，永春县在岵山水库举行防汛应急抢险救援综合演练。

28日，永春县在棣兰体育馆广场举行“文明交通　青春先行”公益宣传活动暨“青商杯”争创文明交通驾驶员挑战赛启动仪式。

29日，永春县在余光中文学馆举办“喜迎二十大　奋进新征程”全县基层党建业务大比拼活动决赛。

7月

1日，永春县举行第二季度招商项目签约活动。活动签约项目5

个，为花卉苗木数字产业园项目、华侨城文体旅商融合发展项目、清洁能源项目开发项目、美岭产业园项目和魁星岩景区文旅合作项目，金额 103.5 亿元。

永春县在花石社区举行团史馆开馆暨“薪火相传　同心同行”青少年红色研学路线启动仪式。

11 日，永春县与上海鹭虎资产管理有限公司签订《永春技师学院项目投资意向书》。

12—13 日，省农业农村厅厅长陈明旺到永春县调研。

13 日，永春县岵山镇在茂霞村举办第十届岵山荔枝文化旅游节。

14 日，永春县法院崇军拥军司法服务中心举行揭牌仪式。

15 日，永春县外山乡豪廷康养项目启动建设。

永春县石鼓镇政府与泉州市文化旅游发展集团有限公司签订投资协议书，就投资建设魁星岩景区文旅合作项目的相关事宜达成投资协议。

永春文艺展厅举行福建省新时代特色文艺示范基地揭牌仪式。

16 日，永春县蓬壶镇在仙岭村举办荔枝文旅招商品鉴会暨农民运动会。

19 日，永春县种植业服务中心被选认为 2022 年度省级法人科技特派员。

21 日，永春县人大代表服务招商强企活动室举行揭牌仪式。

永春县生态文明研究院举行“生态产品价值实现”永春研修营开营仪式。

22 日，纪念方七娘诞辰暨永春白鹤拳文化节活动在五里街镇大羽村举行，来自永春、福州、厦门、三明等地近 20 个武术团体参加活动。

永春县举办首届香道技艺职业技能竞赛。

永春县企业“稳岗促就业”现场招聘会在中闽百汇广场举行，现场达成就业意向 327 人次。

25 日，永春县政协委员协商议事室举行揭牌仪式

26 日，永春直播协会党支部正式成立，为全县首家直播行业党组织。

27—28 日，市十七届人大代表（永春团）前往石狮市、南安市开展“培育壮大区域特色产业经济”专题调研活动。

28 日，由永春县委宣传部、县新时代文明实践中心、县文联联合主办的“新时代　新征程　新作为”——永春、石狮、惠安、德化、大田五县（市）书法联展在永春县文艺展厅展出。

永春县举行基层医保经办服务窗口启动仪式，22 个乡镇医保服务窗口全线启动。

永春县组织参加市委史志研究室等 4 个部门联合举办的“强国复兴有我”红色故事宣讲员决赛，获得二等奖 1 个、三等奖 1 个、优秀奖 1 个，县委党史和地方志研究室、县妇联获优秀组织奖。

8 月

4 日，副省长林文斌到永春县调研“四好农村路”工作。

永春县举行“林长 +”协作机制启动仪式，“林业执法与司法协同保护工作站”“检察院派驻县林长办检察官工作室”揭牌。

5 日，永春青年商会在荣誉酒店举行永春青商学院启动仪式。

8 日，“侨见乡情·永春县湖洋镇侨批研学工作坊”在湖洋镇政府举行开班仪式。

9 日，港胞黄少江奖教奖学活动在永春县侨联举行。

永春一中首届董事会 2022 年奖教奖学颁奖大会举行。

10 日，永春县举行县供销社县域流通服务网络揭牌仪式。

15 日，博纯材料股份有限公司获评 2022 年福建省专精特新中小企业。

16 日，永春县参加市委、市政府举办的“晋江经验”20 周年招商签约大会。其中，参加泉州主会场签约 4 个项目，总投资 52.6 亿元；参加全球“云签约”的项目 2 个，投资分别为 5 亿元和 0.5 亿元。在永春分会场，有 23 个项目集中签约，总投资 150.35 亿元。

17 日，永春县参加泉州市 2022 年重大项目视频连线开工活动，组织集中开工重大项目 16 个，总投资 68.3 亿元。

永春县下洋镇与福建林业职业技术学院签订《校地战略合作框架协议》，揭牌成立福建林业职业技术学院社会实践与教学实习基地。

世界永春社团联谊会第十三届会员代表大会暨理事就职庆典活动线上举行，主会场设于澳门地区，各地永春会馆设立分会场。印尼永春同乡联谊会会长许世经当选新一届总会长。

26 日，永春县下洋镇成立教育发展促进会并开展 2022 年奖教

奖学助学活动。

29日，永春县人大代表服务城乡建设活动室揭牌正式启用。

31日，永春县农信联社联合县教育局举行教银战略合作签约暨福万通慈善助学基金发放仪式。

9月

1日，永春县举办中共永春网络餐饮支部揭牌成立活动。

7日，永春县第二届陶瓷行业职工职业技能竞赛在苏坑镇举办，大赛设注浆修坯、手工贴花、釉下手绘3个工种，全县陶瓷行业8支代表队70名参加比赛。

8日，永春县召开两岸燃香检测与文化（表演）标准共通试点启动会暨两岸燃香标准研讨会。

8—11日，永春县参加在厦门国际会议展览中心举行的第二十二届中国国际投资贸易洽谈会，签约项目1个，计划总投资30亿元。

14日，省人大常委会组成人员培训班在永春县开班。

16日，市委宣传部、市委讲师团在永春开展“福小宣·‘泉’民讲”“喜迎二十大　我们这十年”系列宣讲活动首场示范宣讲。

20日，由永春县总工会、县委党史和地方志研究室联合主办，泉州市党内政治生活体验馆工会承办的“喜迎二十大　颂光辉征程”演讲决赛在泉州市党内政治生活体验馆举行。

22日，湖洋镇在吴岭村“党建+”邻里中心举行“喜迎二十大　党在我心中”农耕趣味赛。

永春县“5G+专递课堂”试点工作推进会暨泉州市实验小学送教活动在东平中心小学举行。

23日，2022年永春县“中国农民丰收节”暨乡村旅游推介会在蓬壶镇仙岭村举办。

2022年泉州市盆景行业职工技能竞赛在岵山镇海峡花卉文旅产业园举办。

24日，永春县在桃城镇白鹤广场举行闽台“丰收的喜悦”农业主题嘉年华活动。

28日，永春县安全文化公园开园仪式在县儿童公园举办。

10月

1日，永春县在泉州市党内政治生活体验馆举行“喜迎二十大　欢度国庆节”共绘巨幅长卷活动。

8日，石鼓镇、桃城镇获评第二批省级乡村治理示范乡镇。

10日，中共永春县快递行业协会支部正式成立。

12日，永春县举行许晓东同志追授记功颁奖仪式。

13日，一都镇仙阳村入选第三批全国村级“文明乡风建设”典型案例。

14日，省住建厅党组书记、厅长朱子君到永春县岵山镇中国传统村落、中闽建研绿色建筑工业化基地、东平镇鸿安村、东关镇东美村等地进行调研。

19日，达埔镇与永春直播协会举行中国香都电商直播孵化运营基地项目签约仪式。

永春县湖洋镇吴岭村被国家卫生健康委命名为2022年全国示范性老年友好型社区。

21日，五里街镇许港码头、东关镇东关桥入选福建省第一批河湖文化遗产。

24日，永春县市场监督管理局对一起外观设计专利侵权纠纷案件进行行政裁决，为全市首例依简易程序审理的专利侵权纠纷行政裁决案件。

26日，泉州市气象台、永春县气象局和福建农林大学联合成立的永春芦柑气象科研工作站挂牌成立。

31日，永春云河白番鸭保种繁育股份有限公司总经理巫金春获评中国农技协百强乡土人才。

11月

4日，永春县首届农机技能操作大赛在湖洋镇举行。

7日，在2022年度泉州市机关特色党建项目展评决赛[县（市、区）系列]上，永春县委组织部支部委员会获一等奖，中共永春县委县直机关工作委员会、中共永春县水利局支部委员会获二等奖。

8日，永春县举行2022年“119”消防宣传月活动启动仪式暨第二届消防队伍职业技能竞赛。

9日，中新社、人民网、福建日报社、省广播影视集团泉州记者站、泉州晚报社、泉州广播电视台等多家主流媒体记者到永春县开展2022年美岭精神集中采访活动。

11日，永春县举行“美丽庭院”颁奖仪式。

永春县群团邻里中心举行揭

牌仪式。

15日，泉州市党内政治生活体验馆、永春县党史教育基地被泉州市委党史和地方志研究室确认为第四批泉州市党史教育基地。

16日，永春法院举行“涉民生”司法救助款集中发放仪式，发放对象涉及交通事故赔偿、雇员受害赔偿、劳动争议等涉民生执行案件6名申请人，发放司法救助款76000元。

18日，永春县法院举行机关党校揭牌仪式。

21日，魁斗莉芳茶厂入选2022年省级农业国际贸易高质量发展基地。

22日，永春县职业中专学校获评“泉州市产业工人技能培训基地”。

永春县在猛虎柑桔场举办以“永春味　芦柑源”为主题的2022年中国永春芦柑品牌文化节。

25日，牛姆林森林康养基地和雪山风雅颂森林康养基地被评为省级康养基地。

30日，由泉州市林业局、福建省农村信用社联合社泉州办事处主办的“盘活绿色资源　助力新林主体”泉州市林业绿色金融启动会在永春县召开。

12月

2日，泉南扩建项目磻溪特大桥右幅贯通，并且其小里程与磻溪互通主线二号桥完成顺接。

7日，市农业农村局、县自然资源局、县农业农村局等部门联合在玉斗镇开展2022年宪法进农村主题宣传活动。

8—9日，副省长、公安厅厅长黄海昆到永春县调研，慰问基层一线民警辅警。

8—15日，永春县在县农业农村局举办2022年秋季茶王赛。评选出永春佛手、闽南水仙茶王各1名，金奖各2名，银奖各3名。

9日，泉州市各县（市、区）政协主席工作座谈会在永春县召开。

13日，中国共产党永春县第十四届委员会第四次全体会议举行。全会听取和讨论吕建成受县委常委会委托作的工作报告，审议通过《中共永春县委关于深入学习宣传贯彻党的二十大精神，奋力谱写全面建设社会主义现代化生态永春新篇章的决定》。

永春县获评2022年福建省村庄清洁行动成效突出县。

14日，永春县一都镇菌菇小镇项目竣工。

15日，福建省（永春）首届优秀陶瓷作品评选颁奖仪式及新产品发布会暨永春县第二届陶瓷行业职工职业技能竞赛颁奖仪式在介福乡举行。

19日，永春县个体劳动者协会、私营企业协会撤销并成立县个体私营企业协会。

20日，永春老醋协会第一届理监事就职仪式举行。

27日，市农业农村局为福建永春铭发肉制品有限公司牲畜定点屠宰厂揭牌并颁发证书，标志全市第一家标准化屠宰企业正式在蓬壶镇落成投产。

28—29日，中国人民政治协商会议第十六届永春县委员会第二次会议在县人民会堂召开。县政协主席王文杨代表第十六届县政协常委会向大会作工作报告。会议表彰2022年度好提案和提案办理先进单位，听取县政协十六届二次会议提案初审情况的报告，审议并通过《政协第十六届永春县委员会第二次会议决议》。

28—30日，永春县第十九届人民代表大会第二次会议在县人民会堂召开。会议听取和审议县人民政府工作报告；表决通过关于接受吕建成辞去永春县人民政府县长职务的请求的决定，表决通过陈雄松辞去永春县监察委员会主任职务的请求的决定，通过大会选举办法。大会经过无记名投票，张照绿当选永春县人民政府县长，林金莲当选永春县监察委员会主任。会议依次表决通过《关于县人民政府工作报告的决议》《关于县计划工作报告的决议》《关于县财政工作报告的决议》《关于县人大常委会工作报告的决议》《关于县人民法院工作报告的决议》《关于县人民检察院工作报告的决议》。

30日，兴泉铁路清流至泉州段正式开通，兴泉铁路永春站首次通车。

县情概览

自然地理

【地理位置】 永春县地处福建省东南部、晋江东溪上游，东邻仙游县，南接南安市、安溪县，西连漳平市，北与德化、大田县毗邻，位于北纬25° 13′15″—25° 33′45″、东经117° 41′55″—118° 31′9″。全县总面积1456.87平方千米。县人民政府驻地桃城镇衙口街1号，距泉州市区70千米。

（县民政局 供稿）

【地形地貌】 永春县属福建省内陆山区县。以蓬壶镇马跳为界，分为东西两部分。地势由西北向东南倾斜。西北部，戴云山脉的主体部分延伸入境，群山叠嶂，裂谷纵横，最高海拔1366米（呈祥乡雪山）；北部，德化县、大田县交界线上横贯一条东西走向的脊线，是闽江、晋江水系的分水岭；东部地势呈阶梯状，海拔降至200米左右，形成以县城为中心的山前盆地，最低海拔83米（东关镇东关村）。主要水系流经蓬壶、达埔、岵山、湖洋等山间小盆地，呈串珠状分布。盆地是县主要农业耕作区。永春是晋江东溪上游发源地，境内有桃溪、湖洋溪、坑仔口溪、一都溪四大水系。

（县自然资源局 供稿）

【气候】 2022年，永春县年平均气温21.2℃，比常年偏高0.4℃；全年≥35℃高温日数达48天，秋季气温异常偏高。年降水量1813.7毫米，比常年偏多51.7毫米，总体正常；出现大雨及以上的日数21天，其中暴雨日数6天。年日照时数1817.9小时，比常年偏多135.5小时，属正常。全年有1个台风“暹芭”影响永春县，与常年相比偏少，影响偏轻。是年永春县强对流活动频繁，出现10次强对流过程、4次暴雨过程，汛期降水强度较强，主要出现在5月、6月和11月。全年发生2次强冷空气（寒潮）过程，分别是2月和12月。年平均风速1.9米/秒，年最多风向为西北风。年平均相对湿度为77%

（县气象局 供稿）

【环境质量】 2022年，永春县城区空气质量以优良为主，综合指数为2.13，排名泉州市第二。全年环境及道路交通声环境质量总体保持较高水平。县域内5条主要流域出境水水质达标率100%。

（县生态环境局 供稿）

【土地资源】 2022年，永春县土地面积1455平方千米。其中，农用地13.1万公顷，建设用地1.12万公顷，未利用地0.33万公顷。全县耕地13533.12公顷，园地19849.8公顷，林地93651.1公顷，草地1673.05公顷，城镇村及工矿用地7098.8公顷，交通运输用地3421.01公顷，水域及水利设施用地2082.47公顷，其他土地3369.85公顷。

【矿产资源】 2022年，永春县发现各类矿产资源30种。其中，水泥用灰岩资源量3.28亿吨，高岭土资源量902.4万吨，陶瓷土资源量325.8万吨，明矾石资源量31.3万吨，脉石英资源量29.31万吨，矿泉水探明资源量为743立方米每天，地热资源丰富。

（县自然资源局 供稿）

【水资源】 2022年，永春县水资源总量18.21亿立方米，水力资源理论蕴藏量17.12万千瓦，其中可供开发量11.9万千瓦。永春县水电开发较早，被誉为“小水电之乡”。至2022年底，全县有水电站120座，其中县属水电站10座，引资水电站3座，国企自备水电站4座，乡村水电站103座，装机204台，装机容量10.63万千瓦。2022年全县水电发电量3亿千瓦时。

2022年，全县总用水量1.896亿立方米，农业用水量最多，为1.31亿立方米（其中农田灌溉用水量为1.07亿立方米，林牧渔畜用水量为0.24亿立方米），占总用水量的69.09%；其次是工业用水量，为0.24亿立方米，占总用水量的12.66%；再次居民生活用水量为0.196亿立方米，占总用水量的10.34%；城镇公共用水量为0.10亿立方米，占总用水量的5.27%；生态与环境补水量为0.05亿立方米，占总用水量的2.64%。用水指标为万元，工业增加值用水量为35米^3/万元，农田灌溉用水量为609米^3/亩。

（县水利局 供稿）

【森林资源】 2022年，永春县林地面积10.56万公顷，森林面积10.25万公顷，森林蓄积量714.69万立方米，森林覆盖率69.69%。森林面积中，乔木林面积7.93万公顷，竹林面积0.79万公顷，国家特别规定灌木林面积1.42万公顷，非林地上片林面积0.118万公顷。活立木蓄积738.46万立方米。其中，森林蓄积714.69万立方米，占96.87%；疏林蓄积0.68万立方米，占0.09%；散生木蓄积18.53万立方米，占2.51%；非林地上片林4.55万立方米，占0.62%。天然林面积3.14万公顷。其中，乔木林面积2.50万公顷，竹林面积0.60万公顷，疏林地面积0.01万公顷，灌木林地面积0.03万公顷，封育未成林地面积0.002万公顷。人工林面积7.23万公顷。其中，乔木林面积5.44万公顷，竹林面积0.18万公顷，疏林地面积0.002万公顷，灌木林地面积1.42万公顷，人工造林未成林地面积0.19万公顷。生态公益林面积3.21万公顷，占林地面积的30.4%，均为省级生态公益林地。

【植物资源】 永春属南亚热带向中亚热带过渡的湿润季风气候区，海洋性气候和大陆气候并存。由于东南季风的影响，雨量充沛，气候温暖湿润，其复杂的地形和丰富的水热资源，使永春成为生物多样性丰富区。2022年，全县查清维管束植物193科817属1583种。其中蕨类植物35科58属97种；种子植物158科759属1486种。种子植物中，裸子植物10科21属35种，被子植物148科738属1451种。被子植物中，双子叶植物129科578属1176种；单子叶植物有19科160属275种。境内分布的国家Ⅰ级保护树种4种：水松、水杉、银杏、南方红豆杉；国家Ⅱ级保护树种10种：钟萼木、金毛狗、黑桫椤、刺桫椤、大叶榉树、闽楠、花榈木、红豆树、鹅掌楸、福建柏；省级保护树种16种：油杉、青钱柳、沉水樟、红锥、华南桂、细柄半枫荷、红楠、福建悬钩子、绒毛小叶红豆、短柱树参、多毛羊奶子、刨花润楠、福建酸竹、鳞苞锥、乌冈栎、白桂木。

【古树名木资源】 2022年，永春县有古树25科38属43种，总株数为749株。其中散生古树346株，古树群5群、403株。其中，一级古树23株，二级55株，三级671株。全县千年以上的古树有4株，其中圆柏2株，位于蓬壶镇观山村芹菜庵和桂洋镇文太村宫边；桂花1株，位于石鼓镇桃场社区观音阁；南方红豆杉1株，位于横口乡福中村宫角。

【野生动物资源】 据永春县1998年野生动物资源常规调查和1999年夏季进行的专项调查资料，全县有兽类7目13科26种，其中猎人访问3目3科6种；鸟类13目34科114种，其中猎人访问1目1科1种；两栖类1目5科18种；爬行类2目11科31种，其中猎人访问1目2科2种。国家一级重点保护野生动物有豹、穿山甲、大灵猫、小灵猫、金猫、乌雕6种；国家二级重点保护野生动物有蟒、白鹇、红隼、红脚隼、游隼、鹰雕、普通鵟、黑冠鹃隼、赤腹鹰、黑鸢、松雀鹰、雀鹰、草鸮、领角鸮、鹰鸮、虎纹蛙（仅限野外种群）、平胸龟（又称鹰嘴龟，仅限野外种群）17种；省级重点保护野生动物有棕鼯鼠、黄腹鼬、黄鼬、豪猪、豹猫、画眉、滑鼠蛇、火斑鸠、黑斑蛙、白鹭、大白鹭、眼镜蛇、眼镜王蛇、戴胜、金腰燕、毛脚燕、家燕、小山蛙、戴云湍蛙19种。

（县林业局 供稿）

【旅游资源】 永春县古称“桃源”，素有“万紫千红花不谢，冬暖夏凉四序春”的美誉。全县森林覆盖率69.69%，绿化程度达到95%，入选全国首批“国家全域旅游示范区”创建单位，获评福建省首批全域生态旅游示范县。2022年，全县拥有国家AAAA级旅游景区2个：牛姆林、北溪文苑；国家AAA级旅游景区5个：百丈岩、魁星岩、乌髻岩、仙洞普济寺、雪山旅游区；国家AA级旅游景区5个：老醋文创园、余光中文学馆、云河谷景区、中国香都、埔头农业公园；全国农业旅游示范点2个：北溪和仙岭—汤城—观山片区；省级观光工厂3个：永春老醋文创园、彬达文创园、顺德堂老醋食品有限公司；省级生态旅游示范区3个：牛姆林、雪山旅游区、北溪文苑；福建省全域生态旅游小镇2个：五里街镇、岵山镇；福建省“金牌旅游村”4个：大羽村、埔头村、龙水村、东里村；省级乡村旅游特色村26个：大羽村、茂霞村、观山村、东溪村、三岭村、埔头村、南美村、西村村、福东村、福德村、锦龙村、丰山村、吾江村、苏合村、东美村、花石村、龙水村、东里村、新琼村、西昌村、夹际村、山后村、汉口村、紫美村、云峰村、塘溪村。

（县文体旅游局 供稿）

人文历史

【建置沿革】 西周至春秋战国属七闽、闽越地，秦朝属闽中郡，汉初属闽越国。西汉元鼎五年（前112年），废闽越。西汉元封元年（前110年）徙其民于江淮间，以其地属会稽郡。东汉建安（始于196年）初，属侯官县。三国吴永安三年（260年），置建安郡，增置东安等县，属东安县。西晋太康三年（282年），析建安郡置晋安郡，改东安县为晋安县。南朝宋泰始四年（468年），改晋安郡为晋平郡。齐复为晋安郡。南朝梁天监（502—519年）中，析晋安郡置南安郡，直至陈均属南安郡。

隋开皇九年（589年），南安郡改为县，以其西北二乡置桃林场，属南安县。唐武德元年（618年）改建安郡为建州，武德五年（622年），析建州、南安县置丰州，属丰州南安县。唐贞观元年（627年）丰州并入泉州（今福州），属岭南道泉州南安县。唐嗣圣元年（684年），析泉州的南安、莆田、龙溪置武荣州，属岭南道武荣州南安县。唐景云二年（711年），改泉州为闽州，以武荣州为泉州（今泉州），属闽州都督府泉州南安县。至五代后唐长兴三年（932年），均属南安县。

后唐长兴四年（933年），闽王王延钧称帝，升桃林场为桃源县，属泉州。后晋天福三年（938年，闽通文三年），改桃源县为永春县。后汉乾祐二年（949年），南唐升泉州为清源军，直至后周（951—960年），永春均属清源军。宋属福建路泉州。元代，属福建行中书省泉州路。

明洪武元年（1368年），属福建布政使司泉州府。清雍正十二年（1734年），福建总督郝玉麟请准，升永春县为永春州，辖德化、大田二县，直隶福建布政使司。民国2年（1913年），废府、州，仍为永春县，属厦门道。民国16年（1927年），废道，设行政督察区，属福建省第四行政督察区。

1949年8月，福建省人民政府成立。9月9日，永春县划属福建省第五行政督察区。1950年3月14日起，属泉州行政督察专员公署。9月18日起，属福建省人民政府晋江地区专员公署。1955年3月12日起，属福建晋江专区。1971年6月17日起，属晋江地区行政公署。1985年6月起，晋江地区改为泉州市（原泉州市改为鲤城区），属福建省泉州市至今。

【人文积淀】 永春是千年古邑，地灵人杰，历史文化底蕴深厚。早在夏商时期就有古闽人在此活动，是中华原始青瓷的发祥地。晋代以后，中原人不断进入永春生息发展。隋开皇九年（589年）置桃林场，后唐长兴四年（933年），桃林场升置桃源县。后晋天福三年（938年）更名为永春县。清雍正十二年（1734年）升格为直隶永春州，辖德化、大田二县。民国2年（1913年），永春废州复县。历代崇文重教，文化兴盛，魁星岩因供奉魁星公而成为重要人文地标。唐大中十一年（857年），盛均中进士，开永春人登科出仕之先河。永春先后出过进士92人(其中文状元1人、武探花1人)，举人373人。除盛均外，涌现出留从效、林仁肇、柯述、留正、蔡兹、陈知柔、庄夏、颜棫、颜廷榘、黄光升、李开芳、李开藻、庄际昌、林兴珠、周自超、林俊、宋渊源、梁披云、梁灵光、林一心、林俊德、尤扬祖、颜子俊、李铁民、刘抗、余光中等英贤俊彦，流芳青史。其中留从效任南唐清源军节度使、泉南二州观察使，封鄂国公、晋江王，重视海外交通贸易，为泉州港成为海上丝绸之路重要起点做出巨大贡献；林仁肇是南唐名将，任镇海军节度使、南都留守；庄夏官南宋兵部侍郎，封永春县开国男，卒赠少师；留正是南宋丞相，历孝宗、光宗、宁宗三朝，被称为“三朝元老”；颜棫官南宋工部尚书兼吏部尚书，赠少师；黄光升官明朝南京户部尚书、刑部尚书；庄际昌是明代福建唯一连中会元、状元者；林兴珠两次率福建藤牌兵远赴东北参加抗击沙俄侵略者的雅克萨之战，为维护中国主权立下汗马功劳。韩偓、朱熹、李廷机、弘一法师、陈嘉庚等历史名人曾游历永春。永春是“海上丝绸之路”的内陆起点，著名的侨乡，台港澳同胞的主要祖籍地。永春华侨擅长经商，在南洋一带创造“无永不开市”的传奇。永春是著名乡愁诗人余光中的故乡，是海峡两岸乡愁文化的发源地。永春拥有 4 处全国重点文物保护单位，3 项国家级非物质文化保护遗产，7 项国家地理标志保护产品，获评“中国香都”“中国红曲醋都”“中国陶瓷之乡”“中国民间文化艺术之乡”“中国芦柑之乡”“中国名茶之乡”等。

【红色永春】 永春县是福建省 46 个老区县中的重点老区县，2013 年被中央党史研究室确认视同原中央苏区范围，纳入《赣闽粤原中央苏区振兴发展规划》，参照执行西部地区政策。在全县 22 个乡镇中，老区村占 90% 以上的重点老区乡镇 5 个，老区村占 50%—90% 的老区乡镇 9 个，老区村占 10%—50% 的老区分布乡镇 6 个。全县老区村 121 个，占行政村的 51.27%。全县老区人口 30 多万人，占总人口的 54%。永春县早在 1927 年 1 月就成立中共永春支部，1928 年 2 月成立中共永春县委，是福建省较早建立党组织的县份。1929 年 8 月，朱德率红四军二、三纵队 3000 多人进驻永春开展革命活动。土地革命战争时期，永春是安（溪）南（安）永（春）德（化）苏区的策源地和重要组成区域，是中央苏区的有机组成部分，为巩固中央苏区和配合中央红军长征做出重要贡献。在烽火连天的革命战争年代，英雄的永春人民紧跟共产党进行长期、艰苦、英勇的斗争，付出巨大牺牲，在中国革命史上写下光辉篇章。永春的红色文化资源十分丰富，广泛分布于全县各乡镇。2021 年 5 月泉州市委党史学习教育领导小组办公室公布 46 个泉州市党史学习教育参观学习点，其中永春县 8 处，列第一位。全县有省级党史教育基地 2 处，市级党史教育基地 9 处。据 2022 年全县普查结果，永春有革命遗址 155 处。较有代表性的革命遗址包括朱德红军革命旧址、中共永春一大会址、达埔苏区革命遗址、玉坑革命遗址等。从永春走出去的中共党史名人有梁灵光（著名的新四军抗日儒将，曾任广东省委书记、省长），林一心（曾任国务院侨办副主任、中纪委委员），陈明（曾任陕西省副省长、全国侨联副主席），林俊德（少将，全军挂像英模）等。永春有 14 名县团级革命烈士（张大宣、李文墨、颜步青、李南金、李永康、李世全、吴国清、李剑光、林多奉、李素明、吴亚鲁、林士带、林伯祥、林刚中）。

【著名侨乡】 永春县是著名侨乡。2022 年，永春县海外华侨华人 116 万人，海外永春宗亲同乡社团组织 116 个，分布世界五大洲 49 个国家和地区。印度尼西亚、马来西亚、新加坡、越南、泰国、缅甸等地回国定居的归侨有 2300 多人。马六甲永春会馆成立于清嘉庆五年（1800 年）。全国侨联副主席尤扬祖、颜子俊、李铁民三侨领，吴作栋、郑文尧、郑仓满等都是永春乡亲。旅外乡亲通过各种方式为家乡的建设发展建言献策，捐助公益，回乡投资兴业。

（县委史志室 供稿）

【永春白鹤拳】 永春白鹤拳起源于清朝，创始人为方七娘。据传方七娘是浙江省丽水县少林拳师方种的独生女，在白练寺见白鹤飞舞心生感悟，将白鹤姿态糅合于少林拳法之中，创出别具一格的白鹤拳。该拳种的起式收式均以“白鹤寄脚”为标志，上肢手法短矫多变，下肢步法转动灵活，讲究“子午虚实、吞吐浮沉、刚柔缓急、后发先至”。后方七娘与永春人曾四结为夫妇，于清康熙年间（1662—1722 年）到永春西门外后庙开馆授徒。后人尊曾四为“前永春名师”，其徒弟郑礼、辜喜、辜魁、乐杰、王打兴称为“前五虎”。清康熙二十二年（1683 年），方七娘徒弟台湾拳师白戒来永春教授“寸劲节力”功，糅鹤拳技法，后人尊称为“后永春名师”，其徒弟郑宠、林添、郑泮、辜初、辜荣称为“后五虎”。民国 18 年（1929 年），潘世讽等 10 名拳师应陈嘉庚邀请，组织“闽南国术团”到新加坡、马来西亚等地表演，白鹤拳由此走出国门，传播到东南亚各国。2022 年，永春白鹤拳在 100 多个国家和地区设有拳馆和传人，习拳者遍布世界各地。

【民族宗教】 2022 年，永春县户籍人口中有 32 个少数民族成分，少数民族人口 3803 人，2 个少数民族村（东关镇南美回族村、金城畲族村），5 个少数民族自然角落（一都镇黄沙村水尾角落畲族、坑仔口镇福地村皇古角落畲族、达埔镇新溪村岱山角落畲族、汉口村后溪寨角落回族、吾峰镇吾西村横山角落畲族）。2022 年，永春县有佛教、道教、基督教“两会”（基督教三自爱国运动委员会和基督教协会）3 个县级爱国宗教团体，有依法登记颁证的宗教活动场所 89 处，其中佛教 25 处、道教 42 处、基督教堂会 22 处，信众约 2 万人。

（县民宗局 供稿）

地方名产

【永春香业】 永春制香源自明末清初，世居泉州的阿拉伯人蒲氏家族后裔迁居永春，引入制香配方和工艺。永春香系选用名贵的芳香植物为原料，配制中草药而成，品种繁多，除篾香外，还有线香、袋香、香珠、香钟、香蛇、炉香等。2006 年，永春篾香获得国家地理标志产品保护。2014 年，达埔镇被中国轻工业联合会、中国日用杂品工业协会联合授予“中国香都”称号。2017 年，永春县香制作技艺被福建省政府列入非第五批省级物质文化遗产代表性项目名录。2022 年，全县有制香企业、作坊 400 多家，规模以上企业 6 家，香产品种类达 600 多种，覆盖朝拜用品、保健、养生、文化礼品、居家用品。在国内市场，销售覆盖率达 80% 以上，为永春外贸出口创汇的主要产品之一，永春香产业链产值超过百亿元。在东南亚地区每 3 根篾香就有 1 根产自永春。

【永春老醋】 永春老醋始于北宋初期，又名乌醋或福建红曲醋，与江苏镇江香醋、四川保宁醋、山西老陈醋并称中国四大名醋。永春老醋以优质糯米、上等福建红曲和芝麻为主要原料，采用传统液态发酵工艺，经过蒸饭、冷却、拌曲、红酒发酵、红酒过滤（抽酒）、液态发酵，陈酿 3 年以上，经五十余道工序酿造而成。其色泽棕黑，性温热、强酸不涩、酸中微甘，香味醇厚，回味生津，存放愈久风味愈佳。永春老醋多次获评部优、省优产品，2009 年获批国家地理标志产品保护，永春老醋酿造技艺列入福建省非物质文化遗产保护名录。2020 年，永春县获评“中国红曲醋都”。2022 年，永春县有老醋酿造作坊、个体 100 多户，产量 2 万吨，产值 18 亿元，税收 400 多万元。

（县工信商务局 供稿）

【永春佛手】 佛手，别名香橼种，亦称雪梨，系乌龙茶中的名贵品种之一。佛手原产于安溪县，永春最早引入栽培的是达埔镇狮峰村。清康熙四十三年（1704 年）狮峰村狮峰岩僧人种以供佛，后民间广为仿效种植。佛手茶分红芽佛手和绿芽佛手两种，永春栽培的多为红芽佛手。成品茶条索紧结卷曲、肥壮重实，色泽沙绿油润，香气馥郁幽长、近似香橼或雪梨香，汤色金黄清澈，滋味醇厚回甘，叶底黄亮、柔软、红边明。永春佛手茶含有独特的佛手糖和高含量的黄酮类化合物，具有防人体衰老、软化心脑血管、降血压血脂等保健功效，对结肠炎有明显的辅助保护功能。永春佛手茶于 1985 年、1989 年被农业部评为优质农产品，1995 年获中国第二届农业博览会金奖，是永春的传统出口名牌产品。2010 年 11 月，永春佛手茶制作技艺被列入省级非物质文化遗产代表性项目名录。2022 年，全县种植佛手茶 3200 公顷，主产于苏坑、玉斗等乡镇海拔 600 米至 900 米高山处，达埔镇狮峰岩尚有 300 多年的佛手老茶树 89 棵。

【永春水仙】 永春水仙属乌龙茶，外形条索紧结壮实，气味清香，具有兰花香味，汤色清澈橙黄，滋味甘醇鲜爽，叶底黄亮肥厚匀整，红点明，连泡多次，香气仍浓，甘味久存。清咸丰七年（1857 年）前后，永春仙溪（今湖洋镇）郑世报父子到闽北谋生，学到种植制作武夷水仙茶的技术，并从武夷山带回 100 株水仙茶苗，种在仙溪鼎仙岩寺院附近，仿照武夷岩茶方法制茶，深受乡人喜爱，仙溪乡大多数农户都种茶。后由华侨带到马来亚、新加坡等地。民国初年李辉芳等创办的华兴茶叶公司，在虎巷（今东关镇北硿）引种鼎仙岩水仙茶 13 公顷，在制法上吸取闽北和闽南乌龙茶制作的优点，融合创新，晒青和发酵程度介于闽北和闽南乌龙茶之间，使水仙茶更耐泡，兰花香味更鲜，汤色更为黄亮。仙溪、虎巷等地的水仙茶在闽南各地及东南亚市场博得盛誉，称为永春水仙。中华人民共和国成立后，闽南有10多个县、市相继种植水仙茶，且都采用永春水仙制法加工成乌龙茶。永春水仙2次获评省优产品、1次获评部优产品。永春水仙茶以湖洋镇、东关镇为主产区，东平镇、五里街镇、石鼓镇等次之。

【永春芦柑】 永春芦柑在20世纪50年代从漳州引进，经长期培育而成，属硬芦品系，俗称八卦芦柑。永春县在明清时就有种植柑橘的记载，但至中华人民共和国成立前，仅限于村民房前屋后零星种植。50年代，永春开始芦柑成片试验种植，60年代中期进行推广，70年代成为全国柑橘生产大县，90年代后芦柑占全县柑橘种植的95%以上。永春芦柑果实硕大，丰产性好，品质优异，连续4次获全国、全省优质芦柑评比第一名，被认定为中国农业博览会、中国国际农业博览会名牌产品，被中国果品流通协会授予“中华名果”称号。2001年8月，国家林业局授予永春县“中国芦柑之乡”称号。

人口与区划

【人口】 截至2022年12月31日，永春县户籍人口总数594817人。其中，男性317028人，女性277789人。全县常住人口41.9万人，自然增长率-1.18‰，城镇化水平为62.05%。

（县公安局 县统计局 供稿）

【行政区划】 2022年，永春县辖22个乡镇，包括一都、下洋、坑仔口、玉斗、桂洋、锦斗、苏坑、蓬壶、达埔、吾峰、石鼓、五里街、桃城、东平、东关、岵山、仙夹、湖洋18个镇，横口、呈祥、介福、外山4个乡。全县辖236个村（社区），包括209个村、27个社区，下设3001个村（居）民小组。

永春县行政区划表

表1

乡镇	村、社区数	村、社区名称
桃城镇	8个村	丰山 洛阳 上沙 姜莲 仑山 外邱 洋上 大坪
	14个社区	桃城 环翠 桃东 桃溪 化龙 德风 留安 榜头 南星 花石 济川 卧龙 长安 张埔
下洋镇	10个村	下洋 上姚 曲斗 涂山 新坂 大荣 溪茗 长汀 新村 含春
蓬壶镇	22个村	八乡 联星 南幢 美林 高峰 高丽 丽里 孔里 壶南 鹏溪 观山 西昌 美中 美山 军兜 壶中 魁都 都溪 汤城 仙岭 魁园 东星
五里街镇	6个村	大羽 埔头 高垄 吾东 吾边 蒋溪
	5个社区	五里街 仰贤 儒林 西安 华岩
岵山镇	11个村	岭头 龙阁 磻溪 塘溪 铺上 铺下 茂霞 和林 南石 文溪 北溪
湖洋镇	17个村	吾岭 龙山 上坂 溪西 溪东 清白 美莲 桃源 桃美 锦凤 锦龙 湖城 蓬莱 高坪 玉柱 白云 石厝
一都镇	14个村	光山 龙卿 林山 鲁山 仙友 黄田 仙阳 南阳 黄沙 三岭 美岭 玉三 吴殊 苏合
坑仔口镇	8个村	玉西 魁斗 诗元 西坪 福地 洋头 杏村 景山
玉斗镇	9个村	玉斗 玉美 竹溪 凤溪 红山 白珩 新珩 云台 炉地
锦斗镇	6个村	锦溪 卓湖 洪内 长坑 珍卿 云路
达埔镇	21个村	新溪 洑溪 光烈 金星 东园 岩峰 汉口 狮峰 洪步 达德 新琼 达中 达理 楚安 建国 蓬莱 前峰 延寿 溪源 乌石 达山

续表 1

乡镇	村、社区数	村、社区名称
吾峰镇	8 个村	枣岭　吾中　吾西　侯龙　择水　吾顶　培民　梅林
石鼓镇	8 个村	吾江　半岭　马峰　凤美　洑江　大卿　东安　卿园
	5 个社区	石鼓　社山　桃场　桃星　桃联
东平镇	9 个村	东山　太山　太平　霞林　冷水　鸿安　文峰　店上　云美
横口乡	10 个村	云贵　福德　姜埕　贵德　福联　福中　环峰　上西坑　下西坑　横坑
桂洋镇	8 个村	桂洋　文太　壶永　岐山　茂春　金沙　库湖　新岭
呈祥乡	3 个村	呈祥　西村　东溪
苏坑镇	7 个村	嵩山　嵩溪　光明　洋坪　嵩安　东坑　熙里
介福乡	3 个村	龙津　紫美　福东
仙夹镇	8 个村	夹际　东里　德田　美寨　龙美　龙水　龙湖　山后
外山乡	4 个村	云峰　垅溪　草洋　福溪
东关镇	9 个村	内碧　南美　金城　山城　东关　溪南　美升　东美　外碧
	3 个社区	东华　北硿　龙坑

（县民政局 供稿）

经济社会发展

【经济建设】 2022 年，永春县实现地区生产总值 543.91 亿元，比上年下降 2.4%。其中，第一产业增加值 28.07 亿元，比上年增长 4.6%；第二产业增加值 325.17 亿元，下降 4.9%；第三产业增加值 190.67 亿元，增长 0.9%。全年三次产业结构比为 5.2:59.8:35.0。全年人均地区生产总值 129349 元。县财政一般公共预算总收入为 20.30 亿元，增长 6.8%；一般公共预算收入 13.85 亿元，增长 9.9%。

【产业发展】 农业提级创优 2022 年，永春县实现农业总产值 50.15 亿元，比上年增长 5.2%。全县建设高标准农田 800 公顷，完成粮食播种面积 14467 公顷、产量 9 万吨；打造现代农业“3366”工程（指创建 3 个以上全产业链产值超过 30 亿元的重点优势特色产业集群、3 个以上重点现代农业产业园、6 个以上农业产业强镇、60 个以上“一村一品”专业村），实施重点项目 20 个，完成投资 26.6 亿元；发展智慧农业，完成数字农业中心一期建设，创新推出永春农产品 IP，永春佛手获评福建十大农产品区域公用品牌，永春芦柑首次进入美国市场。

工业提质增效 2022 年，永春县工业实现增加值 295.26 亿元，比上年下降 5.0%，规模以上工业增加值下降 6.8%。工业园区推进标准化建设，新建标准化厂房 18.4 万平方米，良瓷智慧制造产业园一期建成投用，智能陶瓷家居、美岭智慧、新型打印材料等产业园区日趋成型。永春县围绕试点园区产业定位，强化政企联合招商，对接产业链上下游配套企业 15 家，总投资 17 亿元；推动数字赋能产业升级，良瓷科技和美岭水泥实现全方位数字化生产运营管理，全县 33 个绿色数字技改项目完成年度投资 10.3 亿元。

三产提档升级 2022 年，永春县建成永商网红城，提升八闽福利网永春特色馆，电商产业快速发展，销售额达 39 亿元；举办农民丰收节、芦柑品牌文化节、荔枝文化旅游节等节庆活动，持续释放消费潜力，社会消费品零售总额达 188.78 亿元。旅游业推行全域“乡村游”，岵山镇入选省“全域生态旅游小镇”，仙夹镇东里村入选省“金牌旅游村”；优化 22 条研学线路，“北溪文苑—仙夹东里村”获评全国乡村精品旅游线路。

【城乡环境】 城市更新改造 2022 年，永春县高标准编制国土空间规划，加快“东拓西进”步伐，城镇化率提高至63%。全县开展城市更新改造，80个城乡提品质项目完成投资49.4亿元；完成留安山东路、桃石路等路网建设，启动建设生活垃圾焚烧发电项目，新改建各类管网352千米；新增城市公园绿地12公顷、口袋公园15个，实施桃溪两岸景观带亮化工程。

乡村环境整治　2022年，永春县开展农村人居环境整治提升行动，获评全省村庄清洁行动成效突出县。全县推进精美小城镇和美丽乡村建设，实施专项行动项目9个，整治裸房1.4万栋；实施乡村振兴试点村项目64个，获评省级乡村振兴实绩突出村2个、乡村治理示范村20个。达埔镇汉口村获评全国“一村一品”示范村，一都镇仙阳村入选全国“文明乡风建设”典型案例。

生态环境优化　2022年，永春县持续强化大气污染防控，空气质量优良率达99.6%，外山乡获评全省“清新福建·气候康养福地”。全县落实河湖长制，推行水系连通及水美乡村建设，国、省控断面水质达标率100%。全年植树造林1000公顷，治理水土流失3000公顷；实施天湖山矿区保护和修复工程，完成矿山生态修复80公顷。

【社会事业】　社会保障提升　2022年，永春县推动脱贫攻坚与乡村振兴衔接，落实帮扶措施6382条、资金1459.4万元。全县实施全民参保计划，城乡居民基本养老保险、基本医疗保险参保率分别达99.4%、98.7%；落实关怀帮扶弱势群体措施，完成低保户、残疾人、慈善安居工程75户。

公共服务优化　2022年，永春县实施为民办实事项目57个，民生支出30.3亿元，占一般公共预算支出的83.45%。全年新、扩建幼儿园1所、中小学校舍4幢，新增学位1260个，获评省级义务教育优质均衡发展先行创建县；实施永春职专提质扩容工程，新增专业4个，扩大办学规模；深化校地合作，提升泉州幼高专附属幼儿园办学水平，泉州市高级技工学校永春校区签约落地。是年永春县深化公立医院综合改革，县医院被列入“千县工程”名单，与省附一医院建立紧密型医联体协作，打造省级品牌科室。永春县老年公寓及16所乡镇敬老院实现公建民营，湖洋镇吴岭村获评全国示范性老年友好型社区。

社会治理深化　2022年，永春县常态化推进扫黑除恶斗争，打造“宽松型”警务永春样板，平安建设“三率”（群众安全感率、扫黑除恶好评率、矛盾纠纷化解满意率）居泉州市前列。全县开展安全生产大检查，加快安全生产标准化提升，完成1117家企事业单位标准化创建；实施碧桂园一期整治项目，是全市首个采取拆除重建，从根本上解决房屋质量问题的示范工程；完成重大节点信访工作，永春县获评“全国信访工作示范县”；深化双拥共建工作，实现福建省双拥模范县“五连冠”。

（县政府办 县统计局 供稿）

中国共产党永春县委员会

综 述

【全面从严治党】 2022年，中共永春县委坚持“第一议题”抓学习、“第一遵循”抓贯彻、“第一政治要件”抓落实，召开县委常委会28次、县委常委会（扩大）会议4次、县委全会3次。深入学习贯彻习近平总书记重要讲话重要指示批示精神，围绕习近平总书记在省部级主要领导干部专题研讨班上的重要讲话精神以及《习近平谈治国理政》第四卷、《闽山闽水物华新——习近平福建足迹》等，开展县委理论学习中心组学习活动24场次，推进“大学习”走深走实。组织开展全县2022年全面从严治党主体责任落实情况检查，查摆整改存在问题，压实工作责任。落实整改“第一责任人”职责，推进2022年省委主体责任检查移交的6个被点名问题和29个共性问题的整改工作，细化方案措施，逐条明确责任单位和整改时限，落实销号管理，推动问题改深、改透、改彻底。做深做实政治监督，制定监督责任清单，深化运用“1+1+1”廉情会诊机制（县委“一把手”或县政府“一把手”、县纪委“一把手”定期对群众反映问题比较集中、涉及信访问题较多的乡镇或部门“一把手”进行约谈，对出现的廉情问题及时会诊），对出现的廉情问题集体会诊，约谈乡镇（部门）“一把手”14人次，点出问题27个，查处乡科级10件10人，推动全县各级领导班子成员切实履行“一岗双责”。构建“1+N”政治监督体系（1个总体实施方案即以项目化清单化责任化为抓手、推进政治监督具体化常态化的实施方案，N个具体方案即“强产业、兴城市”双轮驱动、县第十四次党代会精神、全县无裸房专项行动、推进城镇低效工业用地再开发等），制定政治监督重点项目清单，开展政治监督谈话355人次，对落实习近平总书记重要讲话重要指示批示和党中央重大决策部署情况开展监督检查，发现问题212个。严把干部选任廉政关口，回复党风廉政意见3983人次，给予否定性意见13人次。

【重要决策】 2022年，中共永春县委常委会贯彻落实习近平同志在福建工作期间到永春调研、题词精神，弘扬伟大建党精神，坚持稳中求进工作总基调，高效统筹疫情防控和经济社会发展，统筹发展和安全，高质量实施“生态之都、文化之旅、康养之地、智造之谷”发展战略，推动永春各项事业发展取得新成效。全面落实关于加强和维护党中央集中统一领导的若干规定，坚持民主集中制原则，修订县委工作规则，加强请示报告制度，做到政令畅通、令行禁止。12月13日，召开县委十四届四次全会，系统谋划2023年度经济社会发展的奋斗目标和重点任务，启动谋划“全面提振精气神 奋勇争先展新貌”行动，结合省市部署、“十四五”规划、两会法定任务，征求县四套班子领导意见建议，形成财力提量、产业提级、项目提速、城建提质、乡村提档、乡愁回归提强、社会治理提能、民生提优等“八大工程”，为全方位推进永春高质量发展指明方向。

【工作部署】 2022年，中共永春县委主动融入“强产业、兴城市”双轮驱动战略和“1+3”行动［“1”指项目攻坚2022，“3”指提升城乡品质，建设美丽永春、抓五全招商促项目落地，工业（产业）园区标准化建设］大局，抓好实体经济，坚持一、二、三产协同发力，融合发展，全方位推进高质量发展。开展“奋战七十天 决胜项目攻坚战”行动，推动项目建设提速提效。优化“五全”（全县、全域、全员、全产业、全方位）招商机制，组织“走出去、请进来”考察活动，加大招商引资力度。强化要素保障，在全市率先实施城镇低效工业用地再开发。落实“疫情要防住、经济要稳住、发展要安全”重要要求。做好“两稳一保一防”工作，推动经济社会平稳健康发展。推进“复工复产、满工达产、增资扩产、提质强产”四产联动，打好稳住经济大盘保卫战、攻坚战、持久战。出台助企纾困措施18条、惠企提效稳经济大盘措施40条，助力企业复工复产、达产满产。完善县领导挂钩帮扶企业机制，开展“百名干部进百企 一企一策促发展”活动，协调解决用工、资金、物流等方面问题。落实新的组合式税费支持政策，减免小微企业和个体工商户租金。实施金融惠企行动，运用再贷款、纾困专项贷款政策，降低企业综合融资成本。

【政策研究】 2022年，中共永春县委制定《关于实施“提高效率、提升效能、提增效益”行动方案》，引导督促各乡镇各部门围绕“强产业、兴城市”双轮驱动、“1+3”专项行动、乡村振兴、美丽中国示范区建设等中心工作，增强效率意识、效能意识、效益意识，推动永春经济社会发展再上新台阶。推进县（市、区）区域协作事项，报送并完成2项区域协作事项（东关镇至九都镇333县道拓宽提升、永春县苏坑镇天然气管网）、1项区域协作资源事项（开通介福至德化城关的公交路线）。组织开展2022年县重点课题调研，着眼于“强产业、兴城市”双轮驱动和做好新型工业化、新型城镇化“两篇文章”，开展调研，收集县处级领导调研文稿14篇，编发《永春调研》8期，11篇调研文章在《泉州通讯》刊发。

2022年10月11日，县工业园区标准化建设试点项目施工现场

（图／县融媒体中心）

【县委中心组理论学习】 2022年，永春县委理论学习中心组以专题研讨、专题讲座、专题学习、实地学习等形式开展24场次学习活动。其中专题研讨8次，专题讲座10次，专题学习3次，观看党史学习教育主题电影2次，实地学习1次。专题研讨习近平新时代中国特色社会主义思想和中共十九届六中全会精神以及省市党代会精神、《习近平书信选集》第一卷、《闽山闽水物华新——习近平福建足迹》、《习近平谈治国理政》第四卷等。认真学习贯彻福建省第十一次党代会精神、《信访工作条例》、《深入学习贯彻习近平总书记关于加强和改进统一战线工作的重要思想，全面准确贯彻落实〈中国共产党统一战线工作条例〉》，学习贯彻中共二十大精神等专题讲座。

【改革创新深化】 2022年，永春县委深化改革委员会召开会议7次，传达学习中央、省委、市委的深改委会议精神，研究审议永春县开展“点题整治”群众身边腐败和不正之风突出问题的情况、《中共永春县委全面深化改革委员会2022年工作要点》、《永春县进一步推进生活垃圾分类工作实施方案》、《深化集体林权制度改革推进林业高质量发展的实施方案》、《永春县种业振兴行动实施方案》等文件及事项。持续深化集体林权制度、农村水利、生态产品三级市场、教育体制等领域改革，创新开展金融服务乡村振兴经济机制、五里街镇全域土地综合整治全国试点和互助养老等改革事项。生态文明、农村改革、全面治水等方面的改革举措走在全省乃至全国前列，农业水价综合改革入选全国典型案例，成为全省唯一入选的案例在全国推广；在全市率先推出农村集体资产股权质押贷款（福股贷），初步实现农村“三变”（资源变股权、资金变股金、农民变股民）改革落地。加快推进国企改革，成立永春城建、农文旅两大集团，全力推进城建集团参与信用评级，激发国有资本活力。成立永春农垦发展有限公司，有效盘活农业闲置资产 1.2 亿元。深化集体林权制度改革试验，顺利通过全国农村改革试验区到期验收。创新农业生产托管模式，推动小农户和现代农业有机衔接。推进农村要素市场化配置改革，建成全省首家益农福农联合运营中心。完善县乡财政管理体制，兑现乡镇工商税收奖励资金 3202 万元，调动乡镇培植税源积极性。加快全域土地综合整治全国试点工作，优化空间布局，为乡村发展提供要素保障。推进永台融合发展，落实落细各项惠台政策措施，举办线上线下民间交流活动，快速推进海峡两岸农文旅融合示范区项目建设，持续推进永春闽台农业融合发展（果业）产业园建设，全年引办 4 家台企入驻园区。全年报送 5 篇改革创新经验在省《调研文稿》和市《改革财经情况》刊发。

（陈炜圣）

重要会议

【概况】 2022 年，中共永春县委召开全体会议 3 次，常委会会议 31 次，常委会（扩大）会议 1 次，专题会议 2 次，商讨全县政治、经济、文化、社会、生态等工作。

【县委全委会议】 2022 年 1 月 11 日，中共永春县委十四届二次全体会议召开。县委书记林希妍代表县委常委会向全会作报告，就《中共永春县委关于深刻领会党的百年奋斗重大成就和历史经验，汇聚全面建设社会主义现代化生态永春强大精神动力的决定（讨论稿）》作说明。全会审议县委常委会工作报告，审议通过《中共永春县委关于深刻领会党的百年奋斗重大成就和历史经验，汇聚全面建设社会主义现代化生态永春强大精神动力的决定》。

1 月 21 日，中共永春县委十四届三次全体会议召开，研究确定永春县推荐出席党的二十大代表候选人初步人选名单。

12 月 13 日，中共永春县委十四届四次全体会议召开，县委书记吕建成代表县委常委会向全会作报告，并就《中共永春县委关于深入学习宣传贯彻党的二十大精神，奋力谱写全面建设社会主义现代化生态永春新篇章的决定（讨论稿）》作说明。审议通过《中共永春县委关于深入学习宣传贯彻党的二十大精神，奋力谱写全面建设社会主义现代化生态永春新篇章的决定》。

【县委常委会会议】 2022 年，中共永春县委召开常委会会议 31 次，传达学习中央、省、市有关精神，研究部署党的建设、经济社会发展、统战、宣传等工作。

1 月 21 日，十四届县委常委会第十六次会议召开，研究提出永春县推荐出席中共二十大代表候选人初步人选建议名单、召开中共永春县委十四届四次全体会议事宜。

2 月 14 日，十四届县委常委会第 18 次会议召开，研究《永春县“项目攻坚 2022”活动方案（送审稿）》《永春县 2022 年度乡镇项目攻坚绩效评估月度考评方案（送审稿）》《2022 年永春县“抓五全招商 促项目落地”比拼考评方案（送审稿）》《永春县加快工业（产业）园区标准化建设专项行动方案（送审稿）》《永春县“提升城乡品质 建设美丽永春”2022 年专项行动方案（送审稿）》《关于推进城镇低效工业用地再开发促进高质量发展的实施意见（试行）（送审稿）》，调整充实五全招商工作指挥部，2022 年全县工作会表彰对象名单（送审稿）；传达贯彻《中共泉州市委巡察工作领导小组关于落实巡察整改主体责任不到位典型案例的通报》精神；听取关于开展“点题整治”群众身边腐败和不正之风突出问题的情况汇报，研究部署下阶段有关工作（同时作为县委深化改革委员会第二次会议）。

2 月 26 日，十四届县委常委

会第十九次会议召开，研究《永春县全面加强公共卫生体系建设实施意见（送审稿）》《永春县贯彻落实〈泉州市贯彻落实中共福建省委福建省人民政府关于进一步深化医药卫生体制改革的意见工作方案〉实施方案（送审稿）》《法治永春建设规划（2021—2025年）（送审稿）》《永春县事业单位管理岗位职员等级晋升制度工作实施方案（送审稿）》、县委《关于实施“提高效率、提升效能、提增效益”行动方案（送审稿）》（同时作为县委深化改革委员会第三次会议）、给予2020—2021年市派驻村（挂职）干部记集体三等功等事宜。

3月14日，十四届县委常委会第二十一次会议召开，研究审议《关于市委专项巡察十一组对永春县开展涉粮问题专项巡察的反馈意见整改进展情况的报告（送审稿）》以及干部人事议题等事宜。

4月28日，十四届县委常委会第二十五次会议召开，研究《中共永春县委全面深化改革委员会2022年工作要点（送审稿）》；研究《关于深入推进党建引领乡村治理的实施方案（送审稿）》《关于做好2022年全面推进乡村振兴重点工作的实施意见（送审稿）》；听取公安局关于境外涉诈重点人员管控工作的汇报，部署下阶段工作；听取永春县2021年落实意识形态工作责任制专项督查情况汇报，研究下一步工作措施；研究修订《永春县党委（党组）意识形态工作责任制实施细则（送审稿）》等事宜。

5月12日，十四届县委常委会第二十六次会议召开，研究《中共永春县委财经委员会2022年工作要点（送审稿）》，听取永春县复工复产、“1+3”专项行动等相关工作汇报（同时作为中共永春县委财经委员会第十四届第二次会议）；传达学习《中央生态环境保护督察整改工作办法》《泉州市突出生态问题整改红黄牌警示机制（试行）》精神，听取永春县两轮中央生态环境保护督察反馈问题及信访办理情况、2022年突出生态环境问题整改落实情况汇报；传达学习中央、省、市审计委主要领导重要要求批示精神和全国、全省、全市审计工作会议精神以及市委审计委员会会议精神，研究永春县贯彻意见，研究调整永春县经济责任审计工作联席会议成员及联席会议办公室成员名单，听取2021年审计工作情况汇报，研究《2022年全县审计项目计划方案(送审稿)》，研究《永春县“十四五”教育发展专项规划（送审稿）》等事宜。

5月31日，十四届县委常委会第二十七次会议召开，研究《关于全面建设“党建+”邻里中心提升基层治理水平的工作方案（送审稿）》《永春县应急管理综合行政执法改革实施方案（送审稿）》《永春县进一步推进生活垃圾分类工作实施方案（送审稿）》《永春县国有企业整合重组方案（送审稿）》《永春县妇女发展纲要（2021—2030年）（送审稿）》《永春县儿童发展纲要(2021—2030年)(送审稿）》、永春县2021年来排查整顿农村发展党员违规违纪问题认定处理情况；听取永春县煤炭安全生产形势和监管工作汇报，传达学习《国家矿山安全监察局福建局福建省应急管理厅关于开展全省煤矿安全监管责任落实情况专项检查的补充通知》（矿安闽〔2022〕29号）文件精神，研究永春县贯彻意见；听取永春县2021年3月以后深化医改工作、福建医科大学附属第一医院与永春县总医院（县医院）建立紧密型医联体工作情况汇报，研究部署下阶段深化医改工作以及干部人事议题等事宜。

6月16日，十四届县委常委会第二十八次会议召开，研究《关于深化集体林权制度改革推进林业高质量发展的实施方案(送审稿)》(此次会议同时作为十四届县委深化改革委员会第六次会议)等事宜。

7月12日，十四届县委常委会第三十次会议召开，研究《永春县深化党建引领基层网络管理工作实施方案（送审稿）》；研究《永春县“十四五”审计工作发展规划（送审稿）》（同时作为县委审计委员会第六次会议）等事宜。

8月15日，十四届县委常委会第三十一次会议召开，研究《永春县落实“提高效率、提升效能、提增效益”行动打造一流营商环境工作方案（送审稿）》以及干部人事议题等事宜。

10月8日，十四届县委常委会第三十五次会议召开，研究《省委检查组移交的泉州市2022年落实全面从严治党主体责任问题清单整改方案（送审稿）》（同时作为县委党建工作领导小组会议）；传达学习中央、省委、市委深改委会议精神，研究永春县贯彻意见（同时作为十四届县委深化改革委员会第七次会议）。

10月18日，十四届县委常委会第三十六次会议召开，研究2021年度县直单位、乡镇绩效评估结果和《2022年度永春县经济社会运行和高质量发展监测与绩效管理工作方案（送审稿）》《永春县“十四五”卫生健康事业发展专项规划（送审稿）》《永春县城乡供水一体化项目合作方案（送审稿）》《永春县种业振兴行动实施方案（送审稿）》《关于泉州市高级技工学校与永春县校地合作创办永春分校工作方案（送审稿）》，研究与省旅游发展集团旅游合作相关事宜。

10月25日，永春县委常委会（扩大）会议召开，传达学习中共二十大、中共十九届七中全会精神及省委、市委常委会（扩大）会议精神，提出永春县贯彻意见。

11月22日，十四届县委常委会第四十次会议召开，研究部署永春县疫情防控工作；研究《永春县深入打好污染防治攻坚战实施方案（送审稿）》；研究第十三届福建省政协委员推荐人选、十六届永春县政协部分委员调整建议名单等事宜。

12月6日，十四届县委常委会第四十一次会议召开，传达党中央、全国人大常委会、国务院、全国政协、中央军事委员会告全党全军全国各族人民书，以及省委、市委常委会会议精神，进一步把思想和行动统一到党中央精神上来，深切缅怀江泽民同志。

12月24日，十四届县委常委会第四十三次会议召开，研究《永春县2023年为民办实事项目初步安排（送审稿）》《永春县2023年在建重点项目一览表（送审稿）》《永春县2023年预备重点项目一览表（送审稿）》、2023年《政府工作报告（送审稿）》《永春县2022年国民经济和社会发展计划执行情况和2023年国民经济和社会发展计划（送审稿）》《永春县2022年县级财政预算调整方案（送审稿）》《永春县2022年预算执行情况及2023年预算草案的报告（送审稿）》，以及县十九届人大二次会议、县政协十六届二次会议有关事项。

【县委专题会议】 2022年7月8日，永春县委人才工作领导小组会议召开，学习贯彻省委、市委人才工作领导小组会议精神，研究审议有关文件，部署下阶段人才工作。12月2日，全县疫情防控视频会议召开，复盘永春县近期疫情处置情况及部署下一阶段疫情防控工作。

（陈炜圣）

组织工作

【概况】 2022年，永春县推进干部队伍建设、基层党组织和党员队伍建设、人才队伍建设。全年招录公务员（含选调生）33名，动态保持优秀年轻干部240名，发展党员354名。

【干部培养】 2022年，永春县实施新时代基层干部主题培训行动计划，开展“提高效率、提升效能、提增效益”系列专题培训，举办县管干部学习贯彻中共十九届六中全会精神专题研讨班、县直单位正职暨机关党组织书记提升履职能力培训班等主体班次5期和乡村振兴、基层治理等各类主题培训班104期，培训干部7300多人次，相关做法在《福建组工通讯》刊载。健全干部参加中心工作机制，有计划选派500多名年轻干部到重点项目建设、征地拆迁等急难险重岗位历练，抽调54名业务能力强的干部到县招商工作指挥部办公室及6个招商专班锤炼。注重深入疫情防控、重点项目建设等工作一线考察识别干部，健全“两头”干部档案，17名在疫情防控中被评为优秀的干部、7名在重点项目建设中表现突出的干部得到提拔使用或晋升职级。实施年轻公务员“蹲苗计划”，落实“五个一”（一次岗前培训、一名帮带导师、一次县情研修、一次跟班学习、一个重点项目）措施，对163名入职不满三年的年轻公务员实施“成长值”管理。

【干部管理】 2022年，永春县出台干部日常教育管理监督办法，推行干部负面信息报告制度和干部监督联席会议制度，定期与纪检监察、审计、公检法等执纪执法部门进行沟通会商，收集干部重大事项报告信息8件，多渠道动态了解干部日常表现。搭建干事平台，制定激励县管职级干部勇挑担子“上一线”实施方案，推动35名县管职级干部到邻里中心、项目指挥部等重点工作岗位挂职。出台关心关爱疫情防控一线工作人员八条措施，轮休、调休防疫一线干部362人次，异地疗休养101人。

【基层组织建设】 2022年，永春县健全网格组织体系，升格85个村级党组织，组建网格党组织629个，选配2300多名专兼职网格员，在农村探索推行跨村“大网格”，鼓励人口较少且地域相连的村联合组建“大网格”24个，覆盖行政村77个，在城区探索推行社区“大党委”，选聘兼职委员99名，建立轮值家长制，将每个月第一个工作日定为社区“议事日”。实施“在职党员进网格”工程，依托每月最后一个周日作为全县统一的在职党员“回家日”，组织4833名在职党员到所居住社区网格报到亮身份、包户送服务，《在职党员“回家” 服务邻里“到家”》项目获2022年度泉州市机关特色党建项目评展一等奖。加强新业态新就业群体党建，成立快递物流、网络餐饮、直播协会等党支部，建设38个暖“新”驿站，涉企部门与非公有制企业党组织“共享党日”机制获得泉州市体制机制创新优秀案例二等奖。全面开展村级换届“回头看”，逐村建立村情台账，考察村“两委”班子履职情况，调整不适岗村干部15名。推动党员领办农民合作社，从资金扶持、项目倾斜、金融服务等方面，鼓励700多名党员带头组建合作社295家。建立党员联系户制度，1.8万名常住党员就近联系12.6万户群众，开展疫情防控、邻里互助等活动。

【“党建+”邻里中心建设】 2022年，永春县推动党群服务中心提档升级，分类推进34个乡村、社区和园区“党建+”邻里中心建设，打造居家养老服务站、近邻学堂、人才驿站、福农驿站。全县组建“邻里帮帮团”，开展“邻聚力”行动。

【干部荣誉退休“暖心六条”】 2022年，永春县推行干部荣誉退休“暖心六条”（从组织专题谈话、制作退休纪念册、开展党纪党规教育、举办荣誉退休仪式、做好服务对接、引导发挥作用等6个方面对干部荣誉退休作出具体规定），举办荣誉退休仪式82场，开展“一对一”专题谈话53次、学习教育47场次，相关做法在《福建组工信息》刊载，得到省里发文推广。

2022年7月3日，苏坑镇嵩山村“党建+”邻里中心近邻学堂开班，图为学堂开展儿童兴趣课程场景 （图／县委组织部）

【泉州市党内政治生活体验馆】 2022年，坐落于永春的泉州市党内政治生活体验馆接待全国各地观众近1万人次、单位团体200多个，承接上级会议9场，主办活动2场，协办活动4场。上版中共二十大最新展板，助力掀起学习宣传贯彻中共二十大精神的热潮。发挥资源和场地优势，举办以庆祝中国共产党成立101周年·喜迎二十大·强国复兴有我——“红歌我来唱、经典我来读”为主题的歌咏与朗诵比赛，打造红色“艺术党课”，被人民日报客户端、东南网等报道；联合县美协等单位举办“喜迎二十大 欢度国庆节”共绘73米巨幅画卷活动，被中央广播电视总台新闻频道、新华社客户端、福建日报·新福建客户端等主流媒体报道。

（潘耿元 林开域 苏毓晖 苏宝连 颜智勇）

宣传工作

【概况】 2022年，永春县全面推动《中国共产党宣传工作条例》执行情况监督检查“四个纳入”和意识形态工作“八个纳入”落细落实，开展2022年度意识形态工作责任制落实情况专项督查。

县委常委会多次召开会议，学习贯彻全国、全省、全市宣传部长会议精神，专题研究意识形态工作，研究并通过新修订的《永春县党委（党组）意识形态工作责任制实施细则》。召开永春县宣传思想文化工作会议，印发《2022年宣传思想工作要点》，统筹推动永春县宣传思想文化工作。

2022 年 6 月 29 日，永春县在余光中文学馆举办“喜迎二十大 奋进新征程”全县基层党建业务大比拼活动决赛，图为比赛现场

（图 / 张文庆）

【思想理论建设】 2022 年，永春县制定下发《2022 年全县党委（党组）理论学习中心组专题学习重点内容安排》《学习贯彻党的二十大精神宣传方案》等文件通知，按时下发季度理论学习主题安排计划表及阶段性重点内容学习的提醒，做好学习部署。做好《闽山闽水物华新——习近平福建足迹》、《习近平谈治国理政》第四卷等读物的学习宣传工作。组织县委理论学习中心组开展24场次学习活动，其中专题研讨8次、专题讲座10次、专题学习 3 次、观看党史学习教育主题电影 2 次、实地学习 1 次。3 篇县委理论学习中心组学习体会文章在《泉州晚报》理论版刊发。落实巡听旁听、通报等制度，以上率下带动永春县各级党委（党组）中心组围绕习近平新时代中国特色社会主义思想开展学习研讨。充分发挥县委业余讲师团、各乡镇各单位宣讲小分队等宣讲力量，以“精、准、细”的宣讲形式，以身边人身边事为重要内容，持续推动习近平新时代中国特色社会主义思想、中共十九届六中全会精神、党史学习教育、《闽山闽水物华新——习近平福建足迹》、中共二十大精神等内容的宣传宣讲，在机关、乡镇、村（社区）、学校、新时代文明实践中心（所、站、点）等开展各类宣讲活动 500 多场次。组织“学习贯彻党的二十大精神”“喜迎二十大 我们这十年”“乡村振兴”等 3 场“‘泉’民开讲”专题宣讲收看收听工作，仙夹镇龙水村党支部书记、归侨侨眷郭志煌讲述的《凝聚侨亲力量 重振漆篮产业》在“泉”民讲二十大节目录制播出。制定《关于推动党史学习教育常态化长效化的实施方案》，巩固拓展党史学习教育成果。

【中共二十大精神学习宣传】 2022 年，永春县紧扣迎接宣传贯彻中共二十大主线，制定工作方案，形成任务清单，分阶段分领域分重点推进。开设“奋进新征程 建功新时代”“喜迎二十大”等专题专栏，推出“喜迎二十大 主播带你看变化”“喜迎二十大·永春这十年”等节目 20 多期。组织做好学习宣传中共二十大精神社会宣传氛围营造工作。承办泉州市“福小宣·‘泉’民讲”“喜迎二十大 我们这十年”首场示范宣讲活动。制定下发中共二十大精神学习宣传、宣讲系列工作方案，迅速形成学习培训、宣讲阐释、新闻报道、社会宣传、网络传播等热潮。县委常委带头赴基层宣讲，成立由 21 人组成的县委宣讲团和由老党员、道德模范、三八红旗手等群体组成的 16 人新时代文明实践“微宣讲”示范宣讲队伍，发动 236 名挂村（社区）乡村振兴导师，各乡镇各部门结合实际组织宣讲小分队，把宣讲舞台放在各新时代文明实践场所、田间地头、侨村台企，通过“小现场、小切口、微宣讲”的方式，开展各类宣讲活动 400 多场次。创新宣讲工作形式，将“宣讲微现场”录制成微视频，利用网络、新媒体平台等载体进行“二次传播”。县融媒体中心开设《深入学习宣传贯彻党的二十大精神》《二十大报告我印象最深的一句话》等专栏，相关专题专栏推出20多期，在市级以上主流媒体刊发永春县相关报道30多篇。下发有关做好学习宣传贯彻中共二十大精神社会宣传氛围营造工作的通知5份，组织各乡镇各单位利用所属、所辖的LED屏、标语横幅、宣传栏、宣传牌和“两微一端”等载体刊播相关宣传海报、宣传标语，形成浓厚社会氛围。精心组织开展学习宣传贯彻中共二十大精神主题文艺创作及展演展播，举办南音演唱会、书法联展、摄影大赛等活动，用文艺作品记录展现永春新气象、新风貌。

【意识形态工作】 2022年，永春县委常委会3次专题研究意识形态工作。下发《2022年度永春县党委（党组）落实意识形态工作责任制绩效考核办法》，开展2022年度意识形态工作责任制落实情况专项督查，结合省委、市委、县委全面从严治党主体责任落实情况检查反馈问题一并抓好整改。加强和规范对讲座、论坛、讲坛、报告会、研讨会等阵地的管理。持续加强全县公共领域宣传载体建设，督促各乡镇各部门强化本单位的宣传栏、LED屏、网站、微博、微信公众号等宣传阵地的建设和管理；结合创城公益广告氛围布置，经常性开展公共领域宣传载体检查。开展革命历史类纪念设施全面排查。推进“扫黄打非”工作。加强新媒体平台建设和管理，规范信息发布“三审三校”制度。规范党员干部的网络行为，动态化管理单位及个人政务行为新媒体账号。注重政务网络舆情的分析研判和预警提示，开展永春县各政务网络平台及涉永春自媒体平台信息发布专项检查，开展“网信进基层”“网信进校园”专题讲座18场，维护网络安全。

【主流舆论宣传】 2022年，永春县紧扣迎接和学习宣传贯彻中共二十大主线，结合疫情防控工作、“强产业、兴城市”、“提高效率、提升效能、提增效益”、“1+3”专项行动、“万名干部进万企、一企一策促发展”、“党建+”邻里中心建设等重点工作，开设“奋进新征程　建功新时代”“喜迎二十大”“五全招商·正当时”“提高效率　提升效能　提增效益”等专题专栏，开展宣传报道3400多条次，在市级以上主流媒体刊发新闻报道1000多条。总结疫情防控工作经验，逐步建立起较为成熟完备的组织架构和工作体系，形成“1+22+N”的强大宣传矩阵。持续打响“有一种生活叫永春”品牌，策划推出“遇见永春”“VR看永春”等栏目，选取永春香、纸织画、漆篮、白鹤拳、养脾散、白釉、芋面线等最富永春特色、最具代表意义的永春元素，以系列短视频的方式，全方位展示永春魅力。“遇见永春”栏目推出42期，其中23部作品被央视、“学习强国”学习平台、新华社全球视频聚合平台（CNC）采用。

【文化品牌建设】 2022年，永春县开展第四届优秀文艺作品和文艺人才评选工作，评选出98件优秀文艺作品和若干名优秀文艺人才。实施优秀传统文化传承发展工程，打造“一地一品一特色”文化品牌，丰富乡愁内涵，提升“乡愁”知名度。做好文物与非遗保护传承，获评福建省历史文化保护传承试点县；苦寨坑原始青瓷窑址获评全国“新时代百项考古新发现”（福建省唯一入选），苦寨坑窑考古遗址公园入选第四批国家考古遗址公园立项名单。推动永春香、白鹤拳、老醋、纸织画、漆篮等特色文化产品抢占市场，壮大产业，培育新型文化业态。组织申报2022年省、市文化产业发展专项资金，促进本土传统文化与现代文创产业融合发展。制定《“福山福水·有一种生活叫永春”文化惠民系列活动方案》，结合春节、元宵、端午传统佳节，以纸织画、白鹤拳、提线木偶、南音、高甲戏、香道等具有永春地方特色的艺术形式，开展“福”文化主题惠民活动50多场次，受众近5.3万人次。在城区建设以“福山福水福果·有福永春”为主题的“福”文化景观，形成独具特色的“福”文化打卡区。结合永春香、瓷等推出“福”文化元素产品。

（李泳烺）

统战工作

【概况】 2022年，永春县统一战线部门举办15场次中共二十大精神集中学习和宣讲报告会，2场统战知识专题讲座，组队参加全市《中国共产党统一战线工作条例》知识竞赛并进入决赛。落实少数民族帮扶资金78万元，助推少数民族村（落）乡村振兴。永春县工商联连续6年获评全国“五好”工商联，永春县陶瓷行业协会获评全国“四好”商会，泉永商会获评“AAAAA级社会组织”，厦门市永春商会、永安市永春商会、湖洋商会、永春县汽车行业公会获评全省“四好”商会。

【新型政党制度建设】 2022年，永春县完成民革永春总支部、民建永春县支部换届工作。在民主党派中开展“矢志不渝跟党走、携手奋进新时代”主题教育。引导民主党派和无党派人士等广大统一战线成员建言献策，在2022年永春县两会上提出建议、提案114件，永春县政协表彰的10件优秀提案中有3件由民主党派提出，6件有民主党派成员、无党派人士和民营经济人士参与；永春县人大表彰的15件优秀建议中有2件由民主党派人士领衔提出。林桂芳被民革福建省委会评为2017—2022年度优秀党员，叶东方、黄晓红、施由森、郑镇辉、郑泽新被致公党福建省委会分别评为2017—2022年度优秀党务工作者、优秀党员、全面建成小康社会先进个人。

【统战工作机制建设】 2022年，永春县健全由县委统一领导、县委统战部牵头协调、有关单位和各乡镇各负其责的统战工作机制，完善大统战格局。及时调整充实永春县委统战工作领导小组，建立和完善民族工作联席会议和宗教工作专题会制度，落实宗教工作两级责任制和三级网格化服务管理体系。完善县直部门挂钩民族村（落）制度，安排22个县直单位与7个民族村（落）结对帮扶发展，落实补助资金44万元。

【民族宗教团结进步工作】 2022年，永春县开展第15个民族团结进步宣传月活动，巩固发展团结和谐的民族关系。依法管理宗教事务，规范管理宗教场所，推进安全和谐寺观教堂创建，争取60多万元加强宗教场所安全、基础设施建设，指导县佛教协会完成换届和《永春佛教概览》编撰，挖掘弘扬优秀宗教文化。

【营商环境服务】 2022年，永春县推进商会组织规范化建设，完成厦门市永春商会换届工作。联合成立永春县涉案企业合规第三方监督评估机制管理委员会，建立健全涉案企业合规第三方监督评估机制，研究制定《永春县涉案企业合规第三方监督评估机制实施细则（试行）》《永春县涉案企业合规第三方监督评估机制专业人员选任管理办法（试行）》，聘任55名专业人员，助力优化法治化营商环境。开展招商引资工作，促成落地、在谈项目35个，总投资30.1亿元。

【新的社会阶层人士统战工作】 2022年，永春县引导新的社会阶层人士开展各项社会服务和公益活动。设立2个同心驿站和4个实践创新基地，新的社会阶层人士法律服务团常态化开展公益服务活动，开展“福来福见·福见如愿”新就业形态劳动者关爱服务活动。设立永春县新联会网络人士分会，引导网络人士净化网络空间、弘扬主旋律、传播正能量。

【海外侨亲联谊交流】 2022年，永春县加强与海外侨亲的联谊交流，开展“暖侨祝新春”活动，举办线上海外华裔青少年“夏令营”、永春白鹤拳海外传承营线上教学、“亲情中华·为你讲故事”网上夏令营等活动。推动达埔镇和东关镇外碧村创建侨乡文化名镇名村。推动达埔镇尤扬祖事迹展、湖洋镇侨批文化馆、东关镇李深静故事馆等的修缮建设，讲好华侨故事，传承传播华侨精神。

【助力公益事业】 2022年，永春县统一战线成员参与助学助医、扶危济困等各项公益慈善事业，开展“我为家乡办家事”活动，港澳台同胞、海外乡亲和民营经济人士等统一战线成员捐赠家乡公益事业4600多万元，捐赠助学奖学金2000多万元。落实帮扶和补助资金45.8万元，实施“同心安居工程”，帮助5户困难户进行危旧房改造。

（郑伟文）

网络安全和信息化管理

【概况】 2022年，中共永春县委网络安全和信息化委员会办公室（简称“县委网信办”）做好网络安全和信息化各项工作，常态化开展“网信进基层”“网信进校园”活动，组织创作一批网络文化作品，协调处置涉永春网络舆情，督促落实网络安全保障，编写《突发公共事件新闻通稿》等内业学习资料20本，开设专题讲座16场，整改网络安全风险62个，为全县经济发展和社会稳定营造良好舆论氛围。

【网络宣传】 2022年，永春县委网信办督促、指导各单位新媒体平台开设“学习宣传党的二十大”专栏，集纳相关重要新闻稿件，组织开展评论、转发等工作。发挥县融媒体中心新媒体平台的一号网宣阵地，推出一批有新意、有影响的融媒体产品，对外推荐各类好稿，宣传新时代永春发展成就，做强网上永春好声音。

【网络空间治理】 2022年，永春县委网信办加强突发事件舆论收集和研判，建立30分钟关键信息落地机制，在最短时间内完成转办、协调核处涉永春舆情工作。永春县建立网络生态治理综合协调工作机制，提升依法管网治网能力和水平。

【网络安全保障】 2022年，永春县委网信办召开重要时期网络安全工作专题会议和网络安全培训会，开展为期4个月的攻防演练行动，联合县密码管理局、县公安局对24家重要信息系统单位开展两轮次专项检查；对全县政务公众号及网站实行周覆盖巡查监测，督促完成整改相关问题。常态化开展“网信进基层”“网信进校园”活动，有针对性地开设不同类型、不同题材的专题讲座，提高基层干部实际操作能力。

【国家网络安全宣传周永春集中活动】 2022年9月6—11日，永春县开展国家网络安全宣传周永春集中活动。县委宣传部门到岵山镇聚富果业开展“网络安全进企业”网络安全知识展，现场发放300多份网络安全宣传单；到永春六中、岵山镇中心小学开展“网络安全进校园”活动，开设网络安全、网络舆情知识讲座。

【“我代言，网络‘大V’走东关活动”】 2022年12月23日，永春县组织来自泉州、厦门的30名网络“大V”到东关镇拍美味，品尝印尼美食，走慢道，欣赏湖光山色。东关镇为网络“大V”颁发“东关镇公益宣传大使”聘书，借助网络“大V”的影响力宣传东关镇特色人文景观。

（叶国强）

机构编制

【概况】 2022年，永春县委机构编制工作持续巩固深化改革成果，推进县直部门派驻机构属地管理改革、“一支队伍管执法”改革、工业园区管理体制改革及行政复议体制改革涉及的机构编制事项等。推进机构编制资源挖潜增效，推动人员编制“减县补乡”，健全人才编制周转保障制度，保障医疗卫生等重点领域编制，新设立、整合组建事业单位8家，变更14家科级事业单位机构名称，完成372家事业单位法人的年度报告公示，清理“僵尸”事业单位54家。

【体制机制改革】 2022年，永春县按照福建省委编办提出的“编制保留、人员下沉”要求，出台《关于进一步推进县直部门派驻机构属地管理的意见》，对自然资源、畜牧兽医、林业等3个派出机构实行片区设置，将全县22个乡镇划为桃城、五里街、蓬壶、下洋等4个片区，实行“县属、镇管、镇用”的片区化属地管理体制，明确县直部门和乡镇对派驻机构的管理权限，派驻机构人员考核考评实行双重管理、双向报告。出台《永春县乡镇“一支队伍管执法”综合执法改革工作方案》。根据福建省行政处罚赋权清单意见，按法定程序确定永春县第一批赋予乡镇行政处罚事项158项，建立健全赋权清单动态调整机制。永春县委编办会同永春县司法局协调组织赋权部门与乡镇于9月底前集中签订赋权事项承接确认书，同步修订公布权责清单。按规定权限和程序设置开发区管理机构，从严从紧重新核定县工业园区管委会领导职数，调整后，永春县工业园区管委会核定行政编制5名，其中主任1名（正科级）、副主任2名（副科级）。印发《关于进一步优化工业园区管理机构职能配置的实施意见》，明晰工业园区职能定位和权责界限，推动剥离管委会的社会管理职能，除安全生产、生态环保等监管职能实行县工业园区管委会与属地乡镇政府、引办乡镇政府“双责任制清单”外，其他社会管理事务由县直部门和属地乡镇政府承担。根据《福建省行政复议体制改革实施方案》精神，按照“匹配编制、优化节约、统筹调剂”的原则，科学配置行政复议机构工作力量，从乡镇司法所调剂2名政法专项编制到县司法局机关，专门用于行政复议等工作。

【机构编制管理】 2022年，永春县针对“优化机构编制资源配置 提升干部履职效能”专题调研中发现的“个别事业单位职能萎缩”问题，将经营类事业单位改革后的煤炭技术服务中心富余人员分门别类，科学分流到任务繁重、人员紧缺的机关单位和乡镇，如桃城镇、城管局等，有效提升编制资源使用效益。在全县事业编制总额内调剂出部分事业编制核增给春县未成年人思想道德建设中心、永春县大数据服务中心、永春县防汛抗旱和防灭火调度中心（永春县应急救援中心）、永春县重点项目建设中心、永春县疾病预防控制中心等事业单位。从县直单位调整事业编制给桃城镇经济发展服务中心和蓬壶镇旅游发展服务中心各5名，强化经济发达镇机构编制保障。在全县编制总量中统筹6名行政编制、30名事业编制建立乡镇编制周转池，用于招聘乡镇急需的专业人才，化解结构性矛盾。

【事业单位登记管理】 2022年，永春县事业单位法人年度报告应提交372份，按要求审核通过372份，完成率100%。变更登记法人等事项105家，办理统一社会信用代码证书信息及新证书发放18家，网上证书补领1家。清理“僵尸”事业单位54家，推进事业单位法人登记清理规范工作。

【事业单位重组新设】 2022年，永春县组建相当副科级事业单位永春县社会保险中心，隶属永春县人力资源和社会保障局管理；设立永春县国家现代农业产业园服务中心，隶属永春县农业农村局管理；设立永春县国有资产服务保障中心，隶属永春县财政局管理；设立永春县粮食储备中心，隶属永春县发展和改革局管理；设立永春县“12345”政务服务便民热线中心，隶属永春县人民政府办公室管理；设立永春县人民群众来访咨询服务中心，隶属永春县信访局管理；设立永春县烈士纪念设施保护中心，隶属永春县退役军人事务局管理；组建永春县招商服务中心，隶属永春县发展和改革局管理。

【科级事业单位更名】 2022年，永春县对部分科级事业单位机构名称进行变更：中国共产党永春县委党校（永春行政学校）更名为中共永春县委党校（永春行政学校），永春县旅游发展中心更名为永春县旅游事业发展中心，永春县防震减灾中心更名为永春县地震办公室，永春县机关事业社会保险中心更名为永春县社会保险中心，永春县道路运输保障中心更名为永春县交通运输事业发展中心（永春县地方海事发展中心），永春县农业科学研究所（永春县作物良种场）更名为永春县农业科学研究所（永春县农业检测中心、永春县作物良种场），永春县农业机械站更名为永春县农业机械化发展中心，永春县牛姆林省级自然保护区发展中心更名为永春县牛姆林省级自然保护区服务中心，永春县水电站库区移民服务中心更名为永春县水利水电工程移民发展中心，永春县五一水库保障中心更名为永春县五一水库水资源调配中心，永春县水土保持保障中心更名为永春县水土保持工作站，永春县卫生健康综合执法大队更名为永春县卫生监督所，永春县应急救援中心更名为永春县防汛抗旱和防灭火调度中心（永春县应急救援中心），永春县安全生产监察大队更名为永春县应急管理综合执法大队。

【“一支队伍管执法”改革】 2022年，永春县出台《永春县乡镇“一支队伍管执法”综合执法改革工作方案》，整合执法力量，统一设置乡镇综合执法队。根据福建省行政处罚赋权清单意见，综合永春县用权需求和执法条件等情况，按照“成熟一批、赋予一批”的方式，确定永春县第一批赋予乡镇行政处罚事项158项，余下319项再结合实际分批下放。建立健全赋权清单动态调整机制，确保赋权事项“放得下、接得住、管得好”。县委编办会同县司法局协调组织赋权部门与乡镇于9月底前集中签订赋权事项承接确认书，明确承接事项、职责边界等内容，同步修订公布权责清单，督促赋权部门做好赋权事项的衔接指导工作。

【编制资源挖潜创新】 2022年，永春县委编办与教育主管部门加强协调配合，针对“优化机构编制资源配置 提升干部履职效能”专题调研中发现的“超职数配备校级领导和中层干部，且大多数学校的副校级领导及中层干部工作量偏少，造成大量教师资源浪费”问题，从制度上规范教职工工作量标准，督促全县中小学中层干部上足课时。针对“个别事业单位职能萎缩”问题，将经营类事业单位改革后的煤炭技术服务中心富余人员分门别类，科学分流到任务繁重、人员紧缺的机关单位和乡镇，提升编制资源使用效益。

（张凤珍）

县直机关党建

【概况】 2022年，中共永春县委县直机关工作委员会（简称“县直党工委”）管理党委会15个、机关党委2个、党总支部4个、党支部275个。永春县直党工委以创建“让党中央放心、让人民群众满意的模范机关”为总抓手，加强机关党的政治建设、思想建设、组织建设、作风建设、纪律建设和制度建设，发挥党建引领作用，推动各项事业高质量发展。

【机关党员思想政治工作】 2022年，永春县直机关党建工作坚持把学习贯彻习近平新时代中国特色社会主义思想作为首要政治任务，以学习宣传贯彻中共二十大精神为主线，订购发放《党的二十大报告学习辅导百问》《二十大党章修正案学习问答》《党的二十大文件汇编》等重要辅导资料，引导党员干部学原文、悟原理，强化学习宣传贯彻的高度政治自觉、思想自觉、行动自觉。持续深化模范机关创建工作，着力打造“六型”机关，推动模范机关创建提质增效。联合永春县委组织部制定《永春县创建模范机关先进单位考评办法》，配合永春县委向泉州市委申请创建模范机关先进单位项目。搭建模范机关创建经验交流平台，依托“永春组工”微信公众号，开通《模范机关·书记谈》专栏，全年推出8期。

【机关基层组织建设】 2022年，永春县直机关贯彻落实《中国共产党党和国家机关基层组织工作条例》，做好“三诺”（承诺、践诺、评诺）工作，深化“五好党支部”创建和“海丝先锋”达标创星活动。做好县直机关各基层党组织换届登记台账，提醒督促指导229个党（总）支部按期换届。召开2022年度县直机关党委会书记抓基层党建工作述职评议会议，压紧压实党建责任。抓素质促提升，联合永春县委组织部举办全县县直单位正职暨机关党组织书记提升履职能力培训班，参训103人次；举办2场新党员、入党积极分子培训班，参训182人次。加强与纪委监委、派驻纪检组的沟通协调，扎实做好机关党员干部的监督管理，2022年，审批给予县直机关违纪党员纪律处分20人。

【特色党建项目评展活动】 2022年，永春县开展县直机关特色党建项目评展活动，组织30个特色党建项目进行现场初赛，筛选13个项目进入决赛，最终评选出特色展示奖3个，一等奖2个、二等奖3个、三等奖5个，金牌解说员5名、银牌解说员3名、铜牌解说员5名。11月，择优选送参加全市特色党建项目评展活动，县委组织部的《在职党员“回家” 服务邻里“到家”》获全市一等奖第一名，县直党工委、县水利局的《打造若水党建品牌，幸福河湖扬帆起航》荣获二等奖。

【机关体制机制创新优秀案例征集评选】 2022年，永春县直党工委联合县发改局、县效能办在县直机关开展第五届“推进机制活、建设新福建”机关体制机制创新优秀案例征集评选活动，推荐选送21个各领域、各单位的先进经验做法和特色亮点成果的优秀案例参加市级评选活动。县委组织部《打造党建共享新模式，压实党日共过“红链接”》、县住建局《探索新闽派农房建设模式，留住家门口的诗意生活》等5个项目获评市级优秀案例二等奖，县纪委的《建立“4+1”纪检监察干部谈心谈话机制》等2个获评市级优秀案例三等奖。

【“七一”党建活动】 2022年，永春县以“建功新时代、喜迎二十大”为主线，在县直机关开展“机关走前头 模范作表率”先锋微故事、微视频征集活动，择优选送的《山水检印——永春检察生态司法纪实片》《学美岭 传家风 拓新奋进铸税魂》在全市评选中获评优秀作品，县直党工委获评优秀组织奖。县委组织部、直党工委联合举办基层党建业务大比拼活动，比拼活动分为笔试初赛和现场比拼决赛，从39支队伍116名党务工作者中评选出一、二、三等奖队伍8支及基层党建业务学习标兵20名。

（潘婷婷）

精神文明建设

【概况】 2022年，永春县以培育和践行社会主义核心价值观为主线，以争创全国文明城市为抓手，立足巩固提升、推动常态长效，坚持思想道德建设、志愿服务、市民文明素质提高一起抓，推动全县文明程度的逐步提档升级。永春县创城未成年人思想道德建设工作测评成绩位列当年度全省第一，县水利局“桃小禹”志愿服务队获评2022年度全省学雷锋志愿服务“最佳志愿服务组织”。

【社会主义核心价值观建设】 2022年，永春县贯彻落实《新时代公民道德建设纲要》《新时代爱国主义教育实施纲要》，深化中国特色社会主义和中国梦宣传教育。开展“强国复兴有我”群众性主题宣传教育活动，结合主题党日活动和“七一”建党节等节日，组织党员干部到美岭精神展馆、永春县党史教育基地、中共永春一大会址等开展学习体验活动。推进林俊德纪念馆项目申报筹建工作。林俊德事迹展获评国家级科学家精神教育基地，永春县党史教育基地获评泉州市第四批党史教育基地。发挥中华传统节日“厚植家国情怀、培育精神家园”的重要作用，在“我们的节日”春节、元宵、清明、端午、七夕、中秋、重阳等重要时间节点开展节日主题活动，引导群众和未成年人践行社会主义核心价值观，继承和弘扬中华优秀传统文化。组织观看讲述林俊德事迹的《大漠铸核盾芳名千古传》等相关纪录片，组织党员干部开展《攀登者》《浴血誓言》等主旋律电影观影学习活动。常态化开展道德模范、身边好人、慈孝模范、学雷锋活动示范点和岗位学雷锋标兵等各类先进典型的推荐选树宣传。发动群众在熟悉的人群中推举好人，在日常生活中发现好事，2人入选2022年第二季度“福建好人榜”、第三季度“中国好人榜”。永春县助困公益协会被命名为2022年度泉州市学雷锋活动示范点，蓬壶中心小学教师林美珍被命名为2022年度泉州市岗位学雷锋标兵。举办2022年永春县道德模范故事汇基层巡演活动。在发动各乡镇评选好邻居、好婆媳、好妯娌的基础上，开展永春县第三届慈孝模范评选表彰工作，表彰15名慈孝模范、15户慈孝家庭及8名慈孝提名奖，打造永春县“慈孝”工作品牌，把本土慈孝模范的榜样力量转化为服务群众的生动实践。

【全国文明城市创建】 2022年，永春县深化全国文明城市创建，印发《关于进一步完善文明单位网格化挂钩社区推进全国文明城市常态化创建的通知》，县四套班子县领导各自挂钩1个社区（城中村），90多个文明单位网格化挂钩25个社区，县领导、职能组牵头单位、创城办等每周督查，县融媒体中心每周曝光，县城乡环境卫生考评中心进行创城环境卫生工作排名，实现常态化创城工作推进机制。开展创城督查，对督查通报的12期创城发现问题进行整改闭环管理，形成“回头看”验收、问题交办单、限期整改反馈等规范化机制。以“文明永春城 有礼永春人”为主题，以争创全国文明城市为载体，在全县开展精神文明教育系列活动，宣传崇尚文明、注重礼仪、遵守秩序、共建和谐的社会风尚，提升市民文明素质和城市文明程度。

【新时代文明实践建设】 2022年，永春县融合全县文化、体育、教育场所，以队伍建设串联场所建设，通过成立35支邻里帮帮团志愿服务队，将全县35个“党建+”邻里中心融入新时代文明实践工作，以镇村新时代文明实践文化志愿服务队建设，串起全县22个乡镇综合文化中心以及236个村（社区）的综合文化服务站，实现融合推进、共建共享。中共二十大召开后，组织30多名老党员、道德模范、三八红旗手、志愿者等各类代表，发挥新时代文明实践中心、所（站、点）平台作用，走进乡间古厝，走进生活小区，通过80多场“小现场、小切口、微宣讲”的方式，准确迅速宣讲中共二十大精神，让中共二十大精神直抵人心。

【基层文明创建】 2022年，永春县做好各类创建测评工作，指导新一届全国、省级各类文明创建（培育）动态材料上传和初评工作，做好泉州市2020—2022年度精神文明建设各类先进评选工作。全县3个村镇、1个单位、1所学校参评新一届全国文明村镇、文明单位、文明校园，35 个村镇、55 个单位（社区、风景旅游区）、9 所学校参评 2021—2023 年度省级文明村镇、文明单位（社区、风景旅游区）、文明校园。开展“德治 + 六新”（新内涵、新风尚、新实践、新形象、新传承、新氛围）示范村创建，将“移风培魂新实践，传播家风评好人”作为乡村德治工作系统脉络，通过主题凝练、典型宣传、家风家训传承、活动倡导及氛围营造等方式弘扬文明乡风，提升农村群众获得感。在各新时代文明实践所（站）开展弘扬清廉家风主题宣讲宣教活动，营造婚事新办、丧事简办的良好社会风尚。先后培育五里街镇大羽村获评第三批省级“文明乡风联系点”，介福乡福东村获评第四批市级“文明乡风联系点”。

【未成年人思想道德建设】 2022 年，永春县落实“立德树人”根本任务，围绕“为党育人、为国育才”中心任务，深化“扣好人生第一粒扣子”主题教育实践活动，组织全县中小学在重要时间节点开展道德模范基层巡演、新时代好少年宣传学习、“童心向党”歌咏、“听党话、感党恩、跟党走”红色经典诵读等主题突出、特色鲜明、形式多样的“童心向党”教育实践活动，传承闽南优秀传统文化，弘扬时代文明新风。发挥未成年人心理健康辅导示范站作用，举行百场心理健康教育公益活动，受众数万人次。评选表彰 20 名 2022 年永春县“新时代好少年”，引导未成年人从小养成爱国爱乡、孝老爱亲、弘扬中华优秀文化的良好品质。

【志愿服务组织建设】 2022 年，永春县结合“党建 +”邻里中心建设，通过成立 35 支“邻里帮帮团”志愿服务队，开展邻里中心志愿服务积分制活动。在县新时代文明实践中心举行“弘扬志愿服务精神 深化文明城市创建 助力提升城乡品质”——永春县开展学雷锋志愿服务活动暨“邻里帮帮团”志愿服务队授旗仪式，为县 35 支“党建 +”邻里中心“邻里帮帮团”志愿服务队代表授旗，表彰县 3 个优秀志愿服务组织和 30 名最美志愿者。发动各乡镇、各园区“党建 +”邻里中心“邻里帮帮团”志愿服务队结合实际，在每月“邻里帮帮团”志愿服务活动日，同步组织开展各类志愿服务活动，推动志愿服务常态化。8 支志愿服务队伍及 15 名志愿者被市委宣传部、市委文明办、市民政局、团市委联合表彰为泉州市 2022 年疫情防控优秀志愿服务组织（团队）及优秀志愿者。

（余晓真）

老干部工作

【概况】 至 2022 年底，永春县委老干部局服务管理的离退休干部 5183 人（其中离休干部 16 人，“5·12”退休干部 10 人，四套班子退休处级干部 25 人，其他退休干部 5126 人）。离休干部最高年龄 98 周岁，最低年龄 89 周岁，平均年龄 93.75 岁。全县建有离退休干部党支部 49 个，支部党员 1201 人。县委老干部局获评“2022 年度全省老干部信息工作宣传工作表现突出”双先进单位。

【政治待遇落实】 2022 年，永春县委老干部局通过收听收看、专题学习研讨、“三会一课”、主题党日活动等多种形式，组织全县离退休党员干部学习中共二十大精神。坚持向每位老干部发放理论学习要点，为每位老干部订阅《福建

2022 年 3 月 8 日，永春县“党建 +”邻里中心“邻里帮帮团”授旗仪式在县新时代文明实践中心举行，图为授旗现场　（图 / 康庆平）

老年报》，每月印发1期《学习参考资料》，组织老干部通过“福建老干部”APP和“离退休干部工作”“福建离退休干部”微信公众号等平台观看线上学习报告会。县委老干部局、县老教委联合推进市级为民办实事项目“老年远程教育示范提升工程”，全年在全县内扶持培育5个示范点，加强老年教育信息化建设，推进线上线下一体化教学，办好“家门口”的老年教育。持续做好“两微一端”（微博、微信及新闻客户端）推广工作，让线上教育成为老同志强化理论学习的有效方式，助推信息化建设扎实推进，关注“离退休干部工作”微信公众号4882人次，“福建离退休干部”微信公众号4882人次，激活“福建老干部”APP 5084人次。坚持政治上尊重，邀请老干部参加全县工作通报会、全县领导干部大会以及两会等重大会议，组织老干部前往石鼓、五里街、东平、达埔、德化等地参观县内外重点项目，引导广大老干部建言献策。

【生活待遇落实】 2022年初，永春县委组织部、老干部局、县人社局联合发文推行干部荣誉退休“暖心六条”（从组织专题谈话、制作退休纪念册、开展党规党纪教育、举办荣誉退休仪式、做好服务对接、引导发挥作用等6个方面对干部荣誉退休作出具体规定），实现干部从“临退休”到“退休”管理无缝衔接，增强退休干部的归属感、荣誉感和使命感，工作经验先后在《八闽快讯》《福建组工信息》《中共福建省委老干部局简报》及“福建离退休干部”微信公众号《福建老年报》刊发，制度模式获得省委组织部、省委老干部局、省人力资源和社会保障厅参考推广。组织开展2022年春节、重阳节走访慰问工作，走访慰问老干部及遗属199人次，发放春节慰问金11.09万元，困难补助0.95万元，重阳节慰问金2.97万元。落实上级补助政策，提高离休干部生活补贴标准，协助2名老干部办理护理费，协助办理8位老干部丧事，慰问探望21名住院的老干部。重阳节前发出《关于2022年“重阳节”期间做好慰问离退休干部职工工作的通知》，下拨慰问金2.81万元。

【服务保障】 2022年，永春县健全老干部挂钩联系制度，明确每名在职干部职工结对联系3—5名老干部，与结对服务老干部做好“联动”，通过电话慰问、上门走访等方式开展“敲门行动”。定期组织老干部健康体检，为偏远地区的老干部上门提供义诊服务，建立个人医疗档案。落实信访服务制度，针对不同老干部的不同需求，及时登记、及时梳理，通过各种渠道解决老干部生活中的困难和问题。

【离退休干部党的建设】 2022年，永春县持续完善离退休干部党建工作制度机制。充实配强离退休干部工委成员，召开离退休干部工委成员会议，部署推进全县离退休干部党建重点工作。10月，举办全县离退休干部党建工作培训班，对全县离退休干部党建工作进行总结部署，健全完善离退休干部党内激励关怀机制和经费保障机制，向市委老干部局和县委组织部争取党建经费19万元，按时核拨县直单位离退休干部党组织党员活动经费4.72万元，发放党组织书记及支委工作补贴5.61万元，下拨离退休干部党建经费19.5万元。推进离退休干部党组织建设。新成立桃城镇等10个乡镇离退休党支部和县委老干部局退休党支部，实现乡镇离退休干部党组织全覆盖；以功能特建为补充，按照不接转正式党组织关系、不发展党员、不收缴党费，党员一方隶属、双重管理、双边活动原则，牵头在9个涉老组织30多名退休干部集中办公的县老干部活动中心成立永春县夕阳红兼合式党支部。通过组织建设融入、活动阵地共享、政治建设引领、涉老活动联办，建立以支部为核心，引领离退休干部党员通过涉老组织发挥作用的党建新格局。指导做好省级离退休干部“示范党支部”创建工作，通过典型引领，以点带面，推进全县离退休干部党组织规范化、标准化、信息化建设，桃城镇退休党支部、苏坑镇离退休党支部、五里街镇儒林社区离退休党支部获评第三批省级离退休干部“示范党支部”。

【文体活动】 2022年，永春县以县老干部活动中心为主阵地，组织开展形式多样的文体类活动，为老干部搭建娱乐健身、学习交流的平台。根据老干部需求，结合活动中心实际，设门球场、气排球场、乒乓球室、棋牌室、阅览室等活动场所。县委老干部局加强与县老体协的工作融合，利用好“协会+中心”工作模式，配合县老体协开展各类大型体育活动。9月，县委老干部局联合县革命史研究会、老志协、禾康智慧养老等单位，举办“国庆喜逢重阳日 不忘初心共欢歌”主题活动，组织老干部到外山乡参观闽中交通线展馆，到大风车露营地进行户外登山运动。9月，县委老干部局会同桃城镇党委、政府等单位，联合主办“喜迎二十大 奋进新征程”欢庆重阳节主题文艺晚会，展现老干部积极向上的精神风貌。10月，县委老干部局联合桃城镇退休党支部选送节目《白鹤拳》参加泉州市第十五届老年文化艺术节展演，荣获优秀表演奖。

【离退休干部党员融入近邻党建】 2022年，永春县委老干部局以实施“头雁工程”为抓手，通过组织共建、资源共享、服务延伸，发挥有专业优势退休党员的作用，带动退休干部党员融入近邻党建，在全县首批32个村（社区）“党建+”邻里中心成立“老党员工作室”，为基层治理贡献“银发力量”。富临国际小区“老党员工作室”协助社区统筹整合各类资源，利用楼栋的架空层，建成老幼同乐区、银发学堂、文娱活动室等居民业余学习活动场所，打造成一体化、综合性、“家园式”的共享阵地。五里街镇儒林社区党委配齐配强退休干部党支部领导班子，引导老党员融入“党建+”邻里中心建设，参与组建“儒林丹霞微讲团”“儒林丹霞文艺队”“儒林丹霞顾问团”等团队，利用微宣讲、小节目、金点子等形式传播好声音。桃城镇桃溪社区鼓励退休教师党员郑民红开办“红玫瑰早教公寓”公益工作室，免费为社区开展早教公益活动。富临国际老党员工作室、五里街镇大羽村周金盛老党员工作室、石鼓镇桃城社区老党员工作室获评泉州市先锋老党员工作室。

【“富临有福·银辉添彩”离退休干部党建品牌】 2022年，永春县委老干部局在富临国际小区培塑“富临有福·银辉添彩”离退休干部党建品牌。提升小区党支部“三会一课”质量，升级主题党日“党味”菜单，打造“党课进邻里”课堂，强化离退休干部思想政治建设。以“地缘、趣缘、业缘”为“三缘”党建模式，构建“家门口”离退休干部党建共同体。与县直部门、社区党组织、物业联合会开展结对共建，以支部融合的形式引导老干部融入社区，通过结对双方政治理论联学、党建活动联办、优势资源联享，形成“党建联盟”，构建起阵地共用、活动共办、服务共享的融合发展新格局。依托现有完善的“1366”养老公共服务设施，即邻里中心（“1”心），物业服务点、医疗服务点、社工服务点（“3”点），近邻心愿室、近邻学堂室、心理疏导室、文艺活动室、康复室、茶话室（“6”室），休闲区、健身区、红色书吧区、体感宣泄区、老幼同乐区、多功能区（“6”区），拓展“老党员之家”功能，打造集老干部思想政治教育平台、志愿服务信息交互平台、工作指挥平台于一体的综合体，激励老同志聚焦推介家乡、助力基层治理、弘扬文明新风、传承红色基因等领域老有所为。依托“老党员工作室”，通过搭建琴棋诗书画等“五馆一亭”平台，开展丰富多彩的寓教于乐活动。

【养老诈骗防范宣传】 2022年，永春县举办形式多样的老年人防诈骗知识宣传活动13场，提高老年人对于养老诈骗的风险防范意识。开展防范养老诈骗知识讲座，用通俗易懂的语言以案释法，引导老年人当好防范养老诈骗“宣传员”。依托“两微一端”（微博、微信及新闻客户端）推转各类反诈宣传视频，引导离退休干部宣讲队开展打击整治养老诈骗宣讲活动。

【关心下一代工作】 2022年，永春县发挥“五老”（老干部、老战士、老专家、老教师、老模范）的积极性和优势，联系社会各界爱心团体、人士，为31名大学新生发放助学金10.6万元；为120名贫困中小学生发放助学金3.6万元；联合《海峡都市报》，以实地采访、撰稿登载、结对帮扶的形式寻找爱心人士，为8名贫困学子筹集助学金4万元。配合泉州市关工委举办首期“关爱成长微心愿”活动，为湖洋中心小学44名家庭困难学生实现在学习、生活上最想实现的、价值不超过300元的实物微心愿，5月30日举办“关爱成长微心愿”物品转赠仪式。举办以“体验·创新·成长”为主题的全县青少年科技创新大赛，收到科技创新作品、科技实践活动和科幻画作品56项，评出一、二、三等奖39项。全县各青少年社会教育活动中心融入“党建+”邻里中心运作，开展

“我们的节日·春节·元宵”“寒假主题月”活动，招募39名大学生志愿者、48名“五老”志愿者，混编组建10支志愿者服务队，为373名青少年提供志愿服务。扩大关工委关爱教育青少年的载体平台，根据《泉州市关心下一代“五老工作室”创建和管理方案(试行)》要求，建成夕阳红（县级）、东关镇(镇级)、东平镇霞林村(村级)、蓬壶镇高丽村（村级）等一批“五老工作室”，投入使用。开展基层“五好”关工委培育建设工作，东关镇关工委、锦斗镇关工委获评全省第二批基层“五好”关工委示范点，五里街镇关工委、永春华侨中学关工委等8个基层组织获评全市基层“五好”关工委示范点。

（曾泽群）

巡察工作

【概况】 2022年，永春县开展3轮6批常规巡察工作，配合市委开展1次联动巡察，巡察单位27个(18个县直单位、9个乡镇），对107个村级党组织开展延伸巡察和联动巡察。全年反馈问题2774个（其中村级1999个），发现问题线索28条。

【巡察制度】 2022年，永春县出台《关于推行新任被巡察党组织主要负责人巡察整改责任提醒机制》，明确提醒适用对象、开展提醒基本环节、后续跟踪处置等内容，督促新任党组织负责人迅速掌握所在单位政治生态、存在的突出问题和整改进展等情况，承接整改任务，解决巡察整改中出现的“新官不理旧账”等问题。全年对4名新任党委（党组）书记开展提醒工作。

【巡察整改】 2022年，永春县以纪委监委、组织部、巡察办、巡察组“四方联动”为抓手，面对面听取被巡察党组织主要负责人巡察整改进展情况汇报，对照巡察反馈意见，逐条逐项集中“会诊”，指出整改存在的突出问题，要求被巡察党组织及时协调解决。全年召开会审会议20场次，推动问题整改237个。结合一线巡察、群众来信来电等多渠道掌握的情况，精准发出整改提示函、督办函8份，发出巡察建议书7份，督促被巡察党组织及时跟进整改。

【巡察成果运用】 2022年，永春县坚持把推动解决问题作为巡察工作的落脚点，突出标本兼治，推进系统整改、未巡先改、即知即改，促进完善治理，制定出台巡察整改日常监督工作办法，推动被巡察党组织修订完善规章制度72项，处理11人次，挽回经济损失53.8万元。

【“室组地巡”协作监督】 2022年，永春县针对巡察中发现的事关发展大局的重难点问题，联合纪检监察室、派驻纪检监察组、乡镇纪委等多方力量开展巡察反馈问题整改落实情况联动协作监督，开展“室组地巡”协作监督7次，全面跟踪推动整改落实，严防表面整改、虚假整改。

【巡察经验宣传】 2022年，永春县实行巡察干部“全员动笔”，及时总结、报送巡察工作中的特色亮点、经验做法、典型事迹等，注重讲好“巡察故事”，在上级媒体刊发信息宣传稿件63篇（条）。《坚持标本兼治推动“巡深改透见长效”》在《中国纪检监察》杂志刊发。

（谢一涓）

党校工作

【概况】 2022年，永春县委党校完成各类培训班10期10个班次。创新培训理念和培训模式，读书沙龙、军训拓展培训、中共二十大系列庆祝活动被省政府网站、福建日报等主流媒体报道，以赛促进，青年教师参与全市党史宣讲员选拔比赛（永春赛区）、机关特色党建、宣讲比拼活动，在第四届泉州市党校系统精品课比赛活动中获得市委党校优秀组织奖。推进教科咨一体化，在省市校课题立结项数位居全市县级党校前列。编辑出版3期《咨政参阅》获县领导批示肯定。

【教育培训宣讲】 2022年，永春县委党校按照县委干训计划，如期完成全年培训任务。全年举办各级各类培训班10期10个班次，培训各级党员干部740人次。其中，举办永春县县管干部学习贯彻中共十九届六中全会精神专题研讨班1期，培训75人；举办苏坑镇陶瓷及关联产业转型升级领头雁培训班1期，培训37人；举办第46期、第 47 期科级干部进修班 2 期，培训 101 人；举办永春县年轻公务员（含参公）县情研修班 1 期，培训 53 人；举办全县村（社区）干部培训班 1 期，培训 236 人；举办永春县政法系统政治轮训示范班 1 期，培训 50 人；举办全县县直单位正直暨机关党组织书记提升履职能力培训班 1 期，培训 103 人；举办第三期优秀年轻干部培训班 1 期，培训 50 人；举办 2022 年永春县新录用公务员初任培训班 1 期，培训 35 人。8 名教师参加县委宣讲团，成为骨干力量，集体备课、集体研究，形成精品课程 35 个，到各乡镇各单位开展党史、中共十九届六中全会精神、中共二十大精神等宣讲活动 67 场次。全年承接省委党校乡村振兴班、市委党校——西藏洛隆县人大代表和政协委员专题培训班、长乐河长培训班、明溪县人大代表培训班等到永春现场教学 8 个班次，300 多人。

【理论研究成果】 2022 年，永春县委党校组织科研攻关，申报省委党校、市委党校调研课题，其中获省委党校项目立项 2 篇、结项 2 篇，均为优秀；市委党校立项 3 篇，一级结项 1 篇，3 级结项 2 篇；县重点课题 3 篇、党建重点课题 3 篇。联合县生态文明研究院，开展永春县情研究，围绕县委、县政府的重点工作和民生关注的热点难点，进行调查研究提出意见建议以供决策咨询；主办的《咨政参阅》第三期得到县领导肯定与批示，将相关文章纳入全县干部职工集中学习的学习内容。重视文章创作，《育好“领头雁”，走好振兴路——激发新任村（社区）党组织书记干事创业热情》在《永春党建》发表。《乡村高质量发展的永春实践——习近平总书记脱贫奔小康论述在永春的孕育与实践》《“晋江经验”引领绿色崛起——永春县生态文明建设的探索与实践》入选市委党校《“晋江经验”二十年新观察——阶段传承和发展“晋江经验”主题征文活动成果汇编》。

【“三原色”精品基地建设】 2022 年，永春县委党校在原有现场教学基地的基础上，科学谋划“革命传统红色、生态环保绿色、产业创新蓝色”为体系的“三原色”现场教学基地。完善提升泉州市党内政治生活体验馆、一都镇美岭精神教育基地、横口乡朱德红军革命旧址、介福乡林俊德事迹展等教学基地，形成集“党性教育、廉政教育、家风文化”等于一体的红色精品路线。联合县生态文明研究院，完善提升石鼓万里生态水系、南星社区、花石社区等教学基地，打造集“美丽经济、美丽城乡、美好生活、美丽永春”于一体的绿色精品路线。开展产业转型升级课题研究，到良瓷科技、中闽建研、冠中科技、五道醋业等企业调研，联合苏坑镇党委政府、永春县企联会，实施陶瓷产业领头雁培训计划，探索政企培训新模式，打造一批创业创新转型升级的蓝色教育实践基地。《打造“三原色”品牌，开辟党校教育新基地》获全县机关党建项目比赛三等奖。

【教学方式方法创新】 2022 年，永春县委党校突出理论教育、党性教育的主业主课地位，围绕开阔学员视野、提升干部素质，优化调整主体班课程设置，将省委党校、市委党校、石狮党校、德化党校的精品课程习近平法治思想，共产党宣言导读，山洪暴雨防汛演练，当好全方位高质量发展主力军，形式主义和官僚主义的现实表现、危害及

2022 年 8 月 3 日，永春县委党校到蓝色产业创新基地三横一竖文化创意有限公司调研，图为公司人员向调研组介绍文创产品（图 / 张晓阳）

其防治等引入主体班；紧贴经济社会发展实践一线，设置房屋拆迁工作法、网络舆情的应对技巧、全媒体时代下的政务摄影、县情课题的调研与撰写等课程，满足学员提升能力的需求；引进案例桌面体验双师制、高频词讲授法、互动式讲述法、案例教学法等鲜活生动的教学方法。调整优化学员半小时活动，搭建平台，创造更多的机会让学员上台分享交流工作经验经历，全年100多位学员轮流上台分享。新增三天两夜的军训拓展培训，按照部队的作息时间和作训要求进行17千米丛林越野、队列练习、擒敌拳学习及团队合作项目训练。

（张晓阳）

党史和地方志工作

【概况】 2022年，永春县深化党史地情宣传教育，启动精品年鉴工程，征编特色志书1部，编印史志主题刊物1期，点校旧志6部，创新开展史志基层服务，拓展宣教渠道，优化各级史志载体，传承发扬永春历史文化和红色文化。1人入选福建省党史方志专家库，8人入选泉州市党史方志专家库。

【红色资源保护利用】 2022年3月，永春县委党史和地方志研究室（简称“县委史志研究室”）与县民政局、县文体旅游局联合开展全县革命遗址普查，11月发布遗址目录，确认遗址155处。11月，泉州市党内政治生活体验馆、永春县党史教育基地在县委史志研究室指导下改善展陈内容，提档升级设施，获评全市第四批党史教育基地。

【史志书刊编修】 2022年，永春县根据年度工作重点，开展精品年鉴和特色书刊编修项目。《永春年鉴（2022）》于年初开编，县委史志研究室于2月制发《永春县实施年鉴精品工程试点工作方案》并开展培训，3月集齐资料，4月完成初稿，6月参加市委史志室年鉴评审会并根据点评意见修改稿件，12月正式出版。《永春魁星文化和书院文化》年初开编，上半年完成36万字初稿，12月定稿。史志主题刊物《永春史志》（第十一期）2月启动征编，10月编成印发。

【史志指导】 2022年，永春县委史志研究室整合图文资料，指导石鼓镇在桃场社区布置魁星文化馆，指导县团委在桃城镇花石社区布置永春团史馆，两馆分别于5月、7月正式对外开放。全年指导改善展陈的党史学习教育参观点13个，实地审核考察乡村文化展馆3个。

【史志宣教】 2022年，永春县委史志研究室发表文章通讯有中央媒体4条、省级媒体2条、市级媒体6条、县级媒体36条；在《桃源乡讯》第4版设立县志人物和《魁星耀桃源》专栏，刊载永春历史名人事迹和教育文化系列文章；6月，与县老促会联合开展“老区乡村今日新貌”征稿活动，7月完成石鼓镇吾江村、苏坑镇嵩山村、五里街镇埔头村3个村图文资料的审改上报。1名干部加入县党史宣讲团，1名干部参加“有一种生活叫永春”宣讲团，全年为永春县第四十六期和第四十七期科级干部进修班、县委组织部学习会、县招商办、永春生态文明研究院、永春一中等授课10多场。5月，永春县委史志研究室组织开展红色故事宣讲员选拔活动，全县获市级决赛二等奖1人、三等奖1人、优秀奖1人，县委史志研究室获优秀组织奖；9月，县委史志研究室与县总工会联合举行“喜迎二十大　颂光辉征程”主题演讲比赛，评出一等奖1人、二等奖3人、三等奖6人。

【地情服务】 2022年，永春县委史志研究室整合地方文献资源，为各部门、各乡镇和社会各界提供永春历史资料和宣讲素材30多万字；配合组建“有一种生活叫永春”宣讲团，提供图文素材；为由县文体旅游局牵头的永春养生菜品开发等工作提供史志方面的意见10余条；协助市自然资源局搜集《泉州系列遗产保护专项规划》基础资料；为江苏省如东县委党史办提供吴亚鲁相关资料；为菲律宾永春同乡总会、永春县各学校菲律宾校友联谊会宣传活动提供永春历史书籍和地情资料。

【“乡村记忆文化”项目建设】 2022年5月，永春县开展“乡村记忆传承人”“乡村记忆传习所”“乡村记忆名特产”推荐申报工作。县委史志研究室征集到传承人62人、传习所43个、名特产

39 项，经审核申报市级传承人 11 人、传习所 11 个、名特产 15 项。

【旧志点校】 2022 年，永春县委史志研究室对 6 种旧志（明嘉靖《永春县志》、明万历《永春县志》、清康熙《永春县志》、清乾隆二十二年刊《永春州志》、清乾隆五十二年刊《永春州志》、民国《永春县志》）进行点校。至 12 月，完成三校。

【服务基层】 2022 年 8 月，永春县委史志研究室开展“建设‘党建+’邻里中心 史志在行动”活动，以 35 个邻里中心为重点，指导有编修条件的村（社区）规范编修村史村志，至年底有 8 个村完成村志审验。县委史志研究室整合党史宣讲资料，协助各乡镇组织选拔宣讲员，就近开展邻里中心宣讲活动。

（颜志嘉）

档案工作

【概况】 2022 年，永春县档案馆馆藏全宗 135 个，馆藏档案 169942 卷，资料 10312 册。全年接收疫情防控档案、婚姻登记档案 828 卷，接收乡镇、县政府组成部门等 48 个单位政府信息公开文件 445 份。

【档案资源服务】 2022 年，永春县档案馆接待查档群众 1728 人次，电话、来访咨询群众 437 人次，利用档案 2913 卷次，出具档案证明 3870 份，提供政府信息公开文件利用 2 人次。县档案馆推进综合档案馆跨馆共享利用机制，采取快递邮寄、到就近档案馆自取、到目标档案馆自取等方式，实现社会公众足不出户利用档案。

【档案数字化】 2022 年，永春县档案馆推进到期档案数字化副本接收进馆工作，接收乡镇、机关事业单位 21 个，接收档案数据 1069 吉字节。8 月，启动全国档案查询服务平台，推进综合档案馆跨馆共享利用机制。县档案馆馆藏档案数字化建设列为县委、县政府为民办实事项目，项目分为硬件和软件、扫描和著录两部分，总投资 370 万元。2022 年完成档案管理系统、服务器、备份设备以及网络安全设备购置，实现国产化替代；完成馆藏档案全文数字化扫描 21052 卷，篇幅近 194 万页；完成民国时期档案目录著录 37581 条。

【档案宣传】 2022 年，永春县档案馆利用“6·9”国际档案日、“全国科普日”等时间节点，先后在石鼓镇中闽百汇、五里街镇人民公园开展档案法治宣传活动。全年分发宣传手册、宣传纪念品 800 余份，编辑发送“6·9”国际档案日主题宣传短信 4 万多条。

【档案编研开发】 2022 年，永春县档案馆编辑整理《永春县档案馆藏抗战档案选编 1》，由中华书局正式出版。该书是国家重点档案专项资金资助项目的重要成果，是 2016 年国家档案局启动并实施《抗日战争档案汇编》编纂工程以来泉州地区的首部抗战档案选编。该书时间跨度从 1939 年 2 月始至 1946 年 9 月止，分为节约建国储蓄运动、一元献机运动、同盟胜利公债劝募、策应盟军 4 个部分。全书均为永春县馆藏档案原件影印，真实客观反映抗战时期永春人民通过节约建国储蓄运动、一元献机运动、同盟胜利公债劝募、策应美国盟军飞行员等方式间接参与到全国抗战大潮的有关情况，是首次公布的第一手资料。

【珍贵特色档案接收】 2022 年，永春县启动珍贵特色档案接收工作。1 月 27 日，县档案馆在永春仓满幼儿园接收领导题词档案 1 件（内含 1996 年时任省委副书记习近平到仓满幼儿园考察时的题词）。

（庄建梁）

永春县人民代表大会

综 述

【重大事项决定】 2022年，永春县人民代表大会常务委员会（简称“县人大常委会”）坚持党委决策与人大依法决定相统一，讨论有关重大事项，确保党的主张通过法定程序成为人民的共同意志。县第十九届人大常委会第四次会议作出关于批准2021年县本级决算的决议；县第十九届人大常委会第五次会议作出关于补选永春县第十九届人大代表的决定；县第十九届人大常委会第六次会议作出关于补选永春县第十九届人大代表的决定；县第十九届人大常委会第七次会议作出关于批准调整2022年县级预算的决议。

【视察调研】 2022年4月21日，永春县人大常委会调研复工复产和省、市、县助企纾困政策落实情况。6月28日，检查永春县铸牢中华民族共同体意识推动新时代民族工作高质量发展情况。8月29日，检查永春县生活垃圾焚烧发电项目建设情况。10月26日，检查水美乡村建设项目及安全生态水系建设项目开展情况。10月31日，检查永春县文物保护工作情况。11月11日，检查打击治理电信网络诈骗犯罪工作情况。12月8日，检查横七线快速通道建设情况。

【省人大常委会组成人员培训班在永春开班】 2022年9月14—15日，省人大常委会组成人员培训班在永春举办。省人大常委会党组书记、副主任梁建勇作开班动员讲话，并作关于学习《闽山闽水物华新——习近平福建足迹》辅导报告。培训班通过邀请专家学者作专题报告、现场教学等方式学习习近平总书记重要讲话精神。现场教学实地考察走访永春县岵山镇铺下村、茂霞村、达埔镇香都广场（永春县达埔彬达制香厂有限公司）、泉州市党内政治生活体验馆、余光中文学馆、福建良瓷科技有限公司等地。

【代表专业小组成立】 2022年，永春县人大常委会研究组建服务招商强企、服务营商环境、服务城乡建设、服务乡村振兴等4个代表专业小组，分别设立相应活

2022年9月14日，福建省十三届人大常委会组成人员培训班在永春开班
（图/县人大办）

动室（平台），举行揭牌仪式，引导代表开展“高效能履职服务高质量发展”活动，推动“东拓西进”留安山东路顺利完成建设并实现通车，帮助美岭智慧产业园致力打造“数字智慧园区”，推动达埔镇、融媒体中心、人社局等单位联合建立“中国香都电商直播孵化运营基地”。

【上级检查调研活动】 2022 年 5 月 13 日，省人大常委会党组书记、副主任梁建勇，省人大常委会副主任吴洪芹一行到永春县开展《中华人民共和国科学技术普及法》《福建省科学技术普及条例》执法检查。5 月 18 日，泉州市人大常委会副主任樊美清带队到永春开展联系基层代表和群众“双联”活动。7 月 15 日，省人大常委会委员、法制委副主任委员、常委会法工委主任李明蓉带队到永春县开展《福建省养老服务条例》立法调研。7 月 4—5 日，省人大监察司法委主任委员卢厚实带队到永春县开展审判监督和检察机关办理控告申诉案件工作调研。8 月 11 日，市人大常委会副主任樊美清带队到永春县开展“万名干部进万企、一企一策促发展”专项行动调研。11 月 16—17 日，省人大常委会委员、法制委主任委员薛云官到永春县调研。12 月 15 日，市人大常委会副主任樊美清到永春县调研达埔香业。

重要会议

【概况】 2022 年，永春县召开县十九届人民代表大会会议 1 次，召开县人大常委会会议 7 次，县人大常委会主任会议 17 次。

【永春县第十九届人民代表大会第二次会议】 2022 年 12 月 28—30 日，永春县第十九届人民代表大会第二次会议在县人民会堂隆重召开。会议听取和审议县政府、人大常委会、法院、检察院等 4 个工作报告，审议计划和预算工作报告，对 6 个工作报告作出相应决议；决定接受吕建成辞去永春县人民政府县长职务的请求，接受陈雄松辞去永春县监察委员会主任职务的请求；选举张照绿为永春县人民政府县长，林金莲为永春县监察委员会主任；举行宪法宣誓仪式；收到代表们提出的建议、批评和意见 134 件。

【县人大常委会会议】 2022 年，县人大常委会会议召开 7 次（主要议题见表 2）。

2022 年 12 月 28 日，永春县第十九届人民代表大会第二次会议在县人民会堂召开　（图 / 县人大办）

2022 年永春县人大常委会会议主要议题情况表

表 2

序号	次别	会议日期	议题
1	第一次	1 月 24 日	对县政府办理《县人大常委会关于〈中华人民共和国河道管理条例〉执行情况的审议意见》情况进行满意度测评，经投票测评，结果为满意；审议通过县第十九届人大常委会代表资格审查委员会名单；审议、表决人事任免事项，举行宪法宣誓仪式

续表 2

序号	次别	会议日期	议题
2	第二次	3 月 29 日	传达学习 2022 年全国两会及习近平总书记在全国两会期间重要讲话精神；传达学习省委、市委、县委人大工作会议精神，部署贯彻意见；审议通过县人大常委会 2022 年工作要点；审议县人大常委会内司工委关于 2021 年规范性文件备案审查工作情况的报告
3	第三次	5 月 27 日	听取和审议县政府关于《中华人民共和国环境保护法》实施情况的报告、《中华人民共和国传染病防治法》实施情况的报告、环境状况和环境保护目标完成情况的报告、全县应急管理体系建设情况的报告、乡村振兴工作情况的报告；审议、表决人事任免事项，举行宪法宣誓仪式
4	第四次	7 月 29 日	听取和审议县监委专项工作报告；听取和审议县政府关于县本级地方政府债务管理情况的报告、2021 年县本级预算执行和其他财政收支情况的审计工作报告、2021 年县本级决算（草案）的报告，审查批准 2021 年县本级决算；听取和审议县政府关于 2022 年上半年国民经济和社会发展计划执行情况的报告、2022 年上半年预算执行情况的报告，进一步减轻义务教育阶段学生作业负担和校外培训负担工作情况的报告；对县检察院部分检察官履职情况进行评议，经投票测评，评议结果均为满意
5	第五次	9 月 28 日	对县政府办理《县人大常委会关于〈中华人民共和国环境保护法〉执行情况的审议意见》《县人大常委会关于〈中华人民共和国传染病防治法〉执行情况的审议意见》情况分别进行满意度测评，经投票测评，结果均为满意；听取和审议县政府关于《中华人民共和国中小企业促进法》实施情况的报告；听取和审议县法院关于生态审判工作情况的报告；听取和审议县政府关于国有资产管理情况的报告、贯彻落实《福建省传统风貌建筑保护条例》工作情况的报告；审议并决定接受颜群瑛、林琪宇、肖清江等辞去永春县第十九届人大代表职务；听取和审议县人大常委会代表资格审查委员会关于个别代表的代表资格的审查报告；决定补选县第十九届人大代表；审议、表决人事任免事项，举行宪法宣誓仪式
6	第六次	11 月 30 日	传达学习贯彻中共二十大精神；听取和审议县政府关于县第十九届人大第一次会议建议办理情况的报告；对县市场监督管理局、城市管理局工作情况分别进行评议，经投票测评，结果均为满意；听取和审议县政府关于桃溪流域（国控断面）水质提升工作情况的报告、林下经济发展情况的报告、科技创新情况的报告；审议、表决县第十九届人大第一次会议代表优秀建议和先进承办单位。审议并决定接受林晋殿辞去永春县第十九届人大代表职务；听取和审议县人大常委会代表资格审查委员会关于个别代表的代表资格的审查报告；决定补选县第十九届人大代表
7	第七次	12 月 25 日	审议并决定召开县第十九届人民代表大会第二次会议；听取和审议县政府关于 2022 年县本级预算调整方案（草案）的报告，作出批准调整 2022 年县级预算的决议；听取永春县 2022 年计划执行情况与 2023 年计划（草案）的报告；听取和审查永春县 2022 年预算执行情况与 2023 年预算（草案）的报告；表彰县第十九届人大第一次会议代表优秀建议和先进承办单位；听取和审议县人大常委会代表资格审查委员会关于个别代表的代表资格的审查报告；审议召开县第十九届人大第二次会议的有关事项；审议县人大常委会工作报告

【县人大常委会主任会议】 2022 年，永春县人大常委会召开主任会议 17 次，县人大常委会主任林海鸥主持，会议讨论决定有关事项。

【县人大常委会专题会议】 2022 年 9 月 23 日，永春县人大常委会组织召开全县乡镇人大工作现场交流会。与会人员实地参观桃城镇、岵山镇部分村（社区）人大代表工作室，学习观摩硬件建设、制度完善和档案规范等，了解人大代表工作室提质创优扩面、接待选民、开展活动等情况，在桃溪社区人大代表工作室召开座谈会。

人大监督

【概况】 2022年，永春县人大常委会听取和审议“一府一委两院”专项工作报告16项，开展3部法律法规执法检查，开展满意度测评3次，备案审查规范性文件9件。

【监督调查】 2022年5月19日，永春县人大常委会调查永春县应急管理体系建设工作情况。5月24日，调查永春县乡村振兴工作情况。6月21日，调查永春县进一步减轻义务教育阶段学生作业负担和校外培训负担工作情况。7月，调查永春县政府债务管理情况。8月30日，调研永春县贯彻落实《福建省传统风貌建筑保护条例》情况。9月2日，调查县法院关于生态审判工作情况。9月，调查永春县国有资产管理情况。11月7日，调查永春县林下经济发展情况。11月7日，调查永春县科技创新工作情况。11月10日，调查永春县桃溪流域（国控断面）水质提升工作情况。

【执法检查】 2022年5月12日，永春县人大常委会对永春县贯彻实施《中华人民共和国环境保护法》情况进行检查。5月18日，对永春县贯彻实施《中华人民共和国传染病防治法》情况进行检查。8月25日，对永春县贯彻实施《中华人民共和国中小企业促进法》情况进行检查。

【预决算监督】 2022年7月29日，永春县第十九届人大常委会第四次会议期间，听取和审议县政府关于2021年县本级预算执行和其他财政收支情况的审计工作报告、2021年县本级决算（草案）的报告，审查2021年县本级决算，表决通过《永春县人大常委会关于批准2021年县本级决算的决议》；听取和审议县政府关于2022年上半年国民经济和社会发展计划执行情况的报告、2022年上半年预算执行情况的报告。

【履职评议】 2022年6月6日，永春县人大常委会第6次主任会议通过《永春县人大常委会关于开展2022年度部分检察官履职评议的工作方案》，科学安排、精心组织开展履职评议工作各个环节，采用“随机抽取”的办法，确定县检察院郭晓燕、郑艳玲为2022年度检察官履职评议对象。7月20日，县人大常委会到县检察院召开履职评议动员会，开展“一对一”民主测评和“背靠背”走访谈话，抽取2位履职评议对象每人4个案件进行细致评查，全面了解履职评议对象日常工作表现。履职评议小组走访县委组织部、政法委、县法院、司法局等单位，了解被评议对象有关情况，形成履职评议工作情况报告。7月29日，县第十九届人大常委会第四次会议召开，对县检察院部分检察官履职情况进行评议，县人大常委会组成人员25人出席会议。会上听取两名检察官的履职报告和县人大常委会的履职评议工作情况报告，分别进行投票测评，履职评议测评结果为满意。

【工作评议】 2022年10月9日，永春县人大常委会第13次主任会议讨论通过《永春县人大常委会2022年工作评议实施方案》，确定县市场监督管理局、城市管理局作为2022年度工作评议对象，对评议工作进行全面的安排和部署。成立以常委会主任为组长、副主任为副组长的评议工作领导小组，下设2个评议调查小组，常委会组成人员全员参与。10月下旬至11月中旬，评议调查小组到有关单位和乡镇实地走访、座谈了解、发放调查问卷，听取部分县乡人大代表、镇村干部和群众代表意见建议，形成评议调查报告。11月30日，县第十九届人大常委会第六次会议召开，对县市场监督管理局、城市管理局工作情况分别进行评议。县人大常委会组成人员26人出席会议。分别听取县市场监督管理局、城市管理局关于2019年以来工作情况的汇报和县人大常委会的评议调查报告，进行投票测评，结果均为满意。

代表工作

【概况】 2022年，永春县人大常委会加强人大代表工作能力建设，创新建强代表履职平台，支持和保障代表更好依法履职，加强和改进代表建议督办工作。全年提出建议175件，全部办结。

【代表履职阵地创新建强】 2022年，永春县人大常委会贯彻落实全县“强产业、兴城市”双轮驱动动员会和县委人大工作会议精神，在提升强农服务平台、人大代表联系群众活动室等代表履职平台的基础上，新组建“服务招商强企、营商环境、城乡建设、乡村振兴”等4个代表专业小组，引导代表开展“高效能履职服务高质量发展”活动建言献策，参与一些重点项目和中心工作的监督检查，推动“东拓西进”留安山东路顺利完成建设并实现通车，帮助美岭智慧产业园致力打造“数字智慧园区”，推动达埔镇、融媒体中心、人社局等单位联合建立“中国香都电商直播孵化运营基地”，成为产业振兴的一个新亮点。推进“党建+”社区邻里中心人大代表工作室建设，引导人大代表反映社情民意，促进社会和谐稳定。

【代表服务保障】 2022年，永春县人大常委会召开全县乡镇人大工作现场交流会，观摩4个村（社区）人大代表工作室规范化建设。集中开展“双联”活动，收集意见建议共有63条，转交有关部门办理。开展“访代表、走乡村、促发展”活动，到农村一线走访各级人大代表，收集基层一线的意见建议，解决一批群众反映的急盼难题。组织人大代表开展以“人大代表积极参与防汛工作”为主题的片区活动，投入防汛救灾一线工作，保障群众的生命和财产安全。汇聚抗疫力量，各级人大代表冲锋“疫”线，“人民日报 有品质的新闻”、“中国人大网”、“中国网 海峡频道”、“人民政坛”、《泉州晚报》及省、市人大网站等报道抗疫一线事迹。组织市人大代表（永春团）前往石狮、南安开展“培育壮大区域特色产业经济”专题调研活动，形成调研报告。组织部分人大代表视察重点项目建设，促进加快项目建设速度。

【代表履职】 2022年，永春县人大常委会继续推进代表履职平台建设，及时完成代表建议整理上传，督促部门及时答复、代表及时反馈。建设35个“党建+”邻里中心人大代表工作室，继续完善乡镇代表联系群众活动室，把平台打造成代表的宣传阵地、学习园地和履职场地。加强人大代表履职宣传，30多人次事迹在各级媒体报道。完善履职档案，代表及时在履职平台完成履职申报工作，加强对代表履职情况的登记审核，做到履职有登记，考核有依据。

【代表建议办理】 2022年，县人大常委会在县第十九届人大第一次会议期间共收到建议161件，梳理、分解为211件次，交由59个单位办理。确定10件重点督办件，代表对办理结果满意和基本满意率达100%，表彰优秀代表建议15件和先进承办单位5个。

【加大力度发展永春职业教育的建议办理】 2022年，永春县加大永春职专紧缺专业教师的招聘力度，组织教师参加省市各级培训。县财政投入2132万元，用于永春职专校舍建设、修缮及设备购置等，扩大学校办学规模，与黎明大学、福建生物工程职业技术学院等开展“3+2”合作办学，推进福建体育职业技术学院的二级学院——永春白鹤拳武术学院挂牌，对接福建卫生职业技术学院、泉州农校、厦门南洋职业学院、江西宜春职业技术学院，商讨合作办学事宜，扩大永春县职业教育资源，提升职业教育能力。

【拓展延伸香产业链条的建议办理】 2022年，永春县针对代表提出的建议，出台《持续壮大有根产业发展的若干措施》。与福建中医药大学合作，筹建香学院（芳香产业研究院），开展精油提取深加工、生活熏香、芳香疗愈等领域的科研；与厦门琥珀日化股份对接，在香氛日化等领域开展合作；引导彬达、达盛等在酒店书店开设门店，扩大香运用场景。中国香都电商直播孵化运用基地项目落地运营，推动永春香抢占线上市场。整合天沐温泉度假区、中国香都、彬达文创园、乌髻岩等旅游资源，推出集香文化体验、温泉疗养、朝圣禅修等于一体的康养度假特色旅游路线，对接旅行社，推向旅游市场。

【盘活利用工业区闲置厂房的建议办理】 2022年，永春县持续开展“企情日记”活动，依照“空间立体化、信息具体化”标准建立厂房立体信息库，对园区闲置厂房等招商空间全面摸底调查，采取线上、线下相结合，通过微信公众号等方式，常态化更新、推送闲置厂房的动态信息及时推送厂房信息，根据招商项目落地需求，做好信息匹配，为企业“牵线搭桥”，有针对性引导入驻闲置招商空间。县工业园区全年招商盘活闲置厂房3.2万平方米，引入企业14家。

人事任免

【概况】 2022年，永春县第十九届人大常委会严格规范拟任人员任前法律知识考试、任前发言、宪法宣誓等程序，依法任免地方国家机关工作人员69人次。

【县第十九届人大常委会第一次会议人事任免】 2022年1月24日，永春县第十九届人大常委会第一次会议审议决定：张延年任永春县人民政府办公室主任，潘双贵任永春县发展和改革局局长，陈志宏任永春县教育局局长，刘日新任永春县科学技术局局长，陈绍掌任永春县工业信息化和商务局局长，王洪杰任永春县公安局局长，吴文相任永春县民政局局长，康传宗任永春县司法局局长，周智鸿任永春县财政局局长，张国强任永春县人力资源和社会保障局局长，陈东明任永春县自然资源局局长，陈志国任永春县住房和城乡建设局局长，林胜前任永春县交通运输局局长，赵文彪任永春县农业农村局局长，李丽玉任永春县林业局局长，郑东生任永春县水利局局长，张诗仁任永春县文化体育和旅游局局长，陈庆丹任永春县卫生健康局局长，廖志伟任永春县退役军人事务局局长，黄聪胜任永春县应急管理局局长，赵金豹任永春县审计局局长，郭景良任永春县市场监督管理局局长，姚礼旺任永春县统计局局长，黄庆生任永春县人民政府信访局局长，梁建兵任永春县城市管理局局长。

【县第十九届人大常委会第三次会议人事任免】 2022年5月27日，永春县第十九届人大常委会第三次会议审议通过：刘文宝任永春县人民法院达埔人民法庭庭长，免去其永春县人民法院立案庭庭长职务；郭荣辉任永春县人民法院石鼓人民法庭庭长，免去其永春县人民法院刑事审判庭庭长职务；曾惠婷任永春县人民法院民事审判庭庭长，免去其永春县人民法院蓬壶人民法庭庭长职务；吕一灵任永春县人民法院立案庭庭长，免去其永春县人民法院达埔人民法庭庭长职务；詹国荣任永春县人民法院下洋人民法庭庭长；曾琼婷任永春县人民法院蓬壶人民法庭副庭长，免去其永春县人民法院民事审判庭副庭长职务；林剑梅任永春县人民法院桃城人民法庭副庭长，免去其永春县人民法院下洋人民法庭副庭长职务；陈艳虹任永春县人民法院行政与生态环境审判庭（综合审判庭）副庭长；免去陈瑞兴的永春县人民法院审判委员会委员、行政与生态环境审判庭庭长职务；免去吕建设的永春县人民法院审判委员会委员、民事审判庭庭长职务；免去杨巍的永春县人民法院下洋人民法庭庭长职务；免去陈良溪的永春县人民法院石鼓人民法庭庭长职务；免去黄永煌的永春县人民法院桃城人民法庭庭长职务；免去颜华忠的永春县人民法院桃城人民法庭副庭长职务；免去林刚义的永春县人民法院审判员职务。

【县第十九届人大常委会第五次会议人事任免】 2022年9月28日，永春县第十九届人大常委会第五次会议审议决定：陈宏斌任永春县公安局局长，颜群瑛任永春县卫生健康局局长，免去王洪杰的永春县公安局局长职务，免去陈庆丹的永春县卫生健康局局长职务。通过：张得意任永春县人民法院副院长、审判委员会委员、审判员，郭荣辉任永春县人民法院审判委员会委员，杨巍任永春县人民法院审判委员会委员，曾惠婷任永春县人民法院审判委员会委员，吕一灵任永春县人民法院审判委员会委员，詹国荣任永春县人民法院审判委员会委员，王淑芬任永春县人民法院审判员，吴泉源任永春县人民法院审判员，郑伟芳任永春县人民法院审判员，李渊源任永春县人民法院审判员，免去黄武忠的永春县人民法院副院长职务，免去蔡培南的永春县人民法院审判委员会委员职务，免去林华强的永春县人民法院审判委员会委员职务，免去林超拔的永春县人民法院审判委员会委员、审判员职务，免去刘育智的永春县人民法院审判员职务。薛莹任永春县人民检察院副检察长、检察委员会委员；尤小娟任永春县人民检察院检察委员会委员。

（李一辉）

永春县人民政府

综　述

【项目建设】　2022年，永春县围绕重点项目建设攻坚开展投资提速、开工提质、竣工提效、征迁攻坚“四项竞赛”活动。7月27日，永春县2022年度上半年项目攻坚“四项竞赛”暨“五全”招商工作表彰大会召开。10月20日，永春县2022年“奋战七十天 决胜项目攻坚战”动员会召开。11月14日，永春县2023年重点项目谋划情况汇报会召开。至年底，164个重点项目完成投资147.5亿元，新开工项目80个、竣工项目64个。横七线快速通道、泉南高速改扩建、马跳水库等重大项目快速推进，兴泉铁路永春站建设完成。优化“五全”招商机制，采取“屏见面”等灵活方式，开展线上招商，“云签约”项目3个、总投资66.6亿元。组织“走出去、请进来”考察活动150场、集中签约活动4场，签约落地项目163个、总投资56.9亿元，其中超10亿元项目1个，超亿元项目18个。采取“借壳生蛋”方式，盘活批而未供土地73.33公顷、闲置土地14.73公顷。建立专项债“多层次项目库”，通过国家发改委、财政部审核项目15个，至年底发行8个、债券金额3.3亿元。在全市率先发布三维可查询“招商一张图”，提供招商空间用地392.33公顷、厂房75.6万平方米。

2022年12月31日，省重点水利工程马跳水库大坝浇筑工程完成70%。图为水库施工现场　（图／县融媒体中心）

【城乡建设】　2022年，永春县高标准编制国土空间规划，加快“东拓西进”步伐，城镇化率提高至63%。聚力城市更新改造，80个城乡提品质项目完成投资49.4亿元。完善基础配套，完成留安山东路、桃石路等路网建设，启动建设生活垃圾焚烧发电项目，新改建各类管网352千米。深化农村人居环境整治提升行动，获评全省村庄清洁行动成效突出县。推进精美小城镇和美丽乡村建设，获评国家乡村建设评价样本县。实施乡村振兴试点村项目64个，获评省级乡村振兴实绩突出村2个、乡村治理示范村20个。达埔镇汉口村获评全国“一村一品”示范村。一都镇仙阳村入选全国“文明乡风建设”典型案例。强化大气污染防控，空气质量优良率达 99.6%，外山乡获评全省“清新福建·气候康养福地”。落实河湖长制，国、省控断面水质达标率 100%，加快水系连通及水美乡村建设。植树造林 1000 公顷，治理水土流失 3000 公顷，获评国家水土保持示范县。实施天湖山矿区保护和修复工程，完成矿山生态修复 80 公顷。

【社会事业】 2022 年，永春县实施 57 个为民办实事项目，民生支出 30.3 亿元，占一般公共预算支出的 83.45%。新、扩建幼儿园 1 所、中小学校舍 4 幢，新增学位 1260 个，获评省级义务教育优质均衡发展先行创建县。深化校地合作，提升泉州幼高专附属幼儿园办学水平，泉州市高级技工学校永春校区签约落地。深化公立医院综合改革，县医院被列入“千县工程”名单，与省附一医院建立紧密型医联体协作，打造省级品牌科室。完善社会化养老服务体系，县老年公寓及 16 所乡镇敬老院实现公建民营。推进文化事业发展，获评省历史文化保护传承试点县。苦寨坑窑遗址入选全国“新时代百项考古新发现”。林俊德事迹展获评国家级科学家精神教育基地。常态化推进扫黑除恶斗争，平安建设“三率”居全市前列。打造“宽松型”警务永春样板，提升治安要素管控水平。完成中共二十大等重大节点信访工作，荣获“全国信访工作示范县”称号。深化双拥共建工作，实现福建省双拥模范县“五连冠”。

【民生保障】 2022 年，永春县脱贫攻坚与乡村振兴有效衔接，落实帮扶措施 6382 条、资金 1459.4 万元。实施全民参保计划，城乡居民基本养老保险、基本医疗保险参保率分别达 99.4%、98.7%。关怀帮扶弱势群体，完成低保户、残疾人、慈善安居工程 75 户。完善社会化养老服务体系，县老年公寓及 16 所乡镇敬老院实现公建民营，湖洋镇吴岭村获评全国示范性老年友好型社区。

2022 年，中闽建研绿色建筑工业化基地项目运用全省首套自动划线置模机械手，实现预制建筑构件设计、生产、出库全过程信息化、智能化，有效减少建筑工地垃圾污染，图为中闽建研自动化生产线

（图 / 康庆平 2022 年 1 月 12 日摄）

【从严理政】 2022 年，永春县全面加强政府干部队伍作风和能力建设，“不敢为、不善为、不愿为”等现象逐渐改善。深化法治政府建设，“八五”普法工作有序开展，实现“一村（社区）一法律顾问”全覆盖。完善政府工作规则，行政效能不断提升。推进县直部门派驻机构属地管理，赋予乡镇政府行政执法事项 158 项。落实“一岗双责”，严格执行“三重一大”事项集体决策制度，落实中央八项规定及其实施细则精神。加强财政预算管理，强化审计监督，开展专项效能督查 23 次、问责 6 人。办理县人大代表建议 161 件、县政协委员提案 154 件，满意率均为 100%。

【永春县获评福建省经济发展“十佳”县】 2022 年，永春县实施重点项目 20 个，完成投资 26.6 亿元。开展线上招商，“云签约”项目 3 个、总投资 66.6 亿元。组织“走出去、请进来”考察活动 150 场、集中签约活动 4 场，签约落地项目 163 个、总投资 56.9 亿元。全年实现地区生产总值 560.4 亿元，社会消费品零售总额达 188.78 亿元。11 月，永春县获评福建省经济发展“十佳”县。

重要会议

【概况】 2022年，永春县召开县政府全体会议1次、县政府常务会议10次、县长办公会议7次，研究讨论有关政治、经济、社会、文化、生态等方面的内容，提出具体解决方案。

【县政府全体会议】 2022年12月30日，县政府县长张照绿在县委县政府11楼会议室主持召开县政府第一次全体会议，贯彻落实县两会精神，动员全县上下抓既定任务，强攻产业，抓民生实事，推动永春高质量发展。县领导蔡映辉、郭美西、钱永新、庄凯融、周伯祥、王卫阳、董婧、陈宏斌、颜一鹏、鄢夏腾出席会议。

【县政府常务会议】 2022年2月14日，县政府第1次常务会议召开，研究《永春县“项目攻坚2022”活动方案》《永春县2022年度乡镇项目攻坚绩效评估月度考评方案》《永春县“提升城乡品质 建设美丽永春”专项行动方案》《关于进一步强化农村建房安全管理的规定》《永春县“十四五”教育发展专项规划》《2022年永春县“抓五全招商、促项目落地”比拼考评方案》《关于推进城镇低效工业用地再开发促进高质量发展的实施意见》《永春县加快工业（产业）园区标准化建设专项行动方案》等相关事宜。

2月24日，县政府第2次常务会议召开，组织召开新《中华人民共和国审计法》专题讲座，研究《永春县全面加强公共卫生体系建设实施意见》《永春县贯彻落实〈泉州市贯彻落实中共福建省委 福建省人民政府关于进一步深化医药卫生体制改革的意见工作方案〉实施方案》《永春县地理标志保护管理规定》《永春县事业单位管理岗位职员等级晋升制度工作实施方案》等相关事宜。

4月27日，县政府第3次常务会议召开，传达学习中央《关于更加有效发挥统计监督职能作用的意见》主要精神，研究《关于做好2022年全面推进乡村振兴重点工作的实施意见（送审稿）》、《永春县农村生活污水提升治理五年行动方案（送审稿）》、关于申报追认许晓东为烈士等相关事宜。

5月27日，县政府第4次常务会议召开，组织召开《中华人民共和国退役军人保障法》专题讲座，传达学习《中央生态环境保护督察整改工作办法》《泉州市突出生态环境问题整改红黄牌警示机制（试行）》精神，研究《永春县生态文明示范县建设规划（2021—2030年）》《永春县“十四五”生态环境保护规划》《永春县进一步推进生活垃圾分类工作实施方案》《永春县“十四五”特色现代农业发展专项规划》《永春县应急管理综合行政执法改革实施方案》《永春县妇女发展纲要（2021—2030年）》《永春县儿童发展纲要（2021—2030年）》《永春县国有企业整合重组方案》的送审稿，传达学习国务院、省、市食品安全会议精神，听取永春县煤矿安全监管工作情况汇报，传达学习煤矿安全监管相关文件精神等相关事宜。

6月29日，县政府第5次常务会议召开，组织召开《中华人民共和国地方各级人民代表大会和地方各级人民政府组织法》专题讲座，研究《永春县“十四五”审计工作发展规划（送审稿）》《永春县科学造林绿化实施意见（送审稿）》，听取全县消防安全形势分析评估报告，研究《永春县赋予乡镇人民政府行政执法事项目录清单（送审稿）》《永春县“绿满桃源 生态永春”三年行动实施方案（送审稿）》等相关事宜。

8月5日，县政府第6次常务会议召开，组织召开《土地管理法律法规解读》专题讲座，研究《永春县落实“提高效率、提升效能、提增效益”行动打造一流营商环境工作方案》，听取2022年上半年永春县生态环境质量状况报告等相关事宜。

8月30日，县政府第7次常务会议召开，传达学习《中共福建省委 福建省人民政府关于传承弘扬“晋江经验”支持泉州建设21世纪“海丝名城”的意见》精神及泉州市政府贯彻意见，研究县政府贯彻落实措施，传达《中共福建省委办公厅 福建省人民政府办公厅关于推动民营经济创新发展的若干措施》精神及泉州市政府贯彻意见，研究县政府贯彻落实措施，传达学习全国、全省、全市气象高质量发展会议精神和全市乡村振兴气象保障服务专题部署会议精神，研究永春县贯彻意见；研究《永春县贯彻落实国家统计督察反馈意见整改工作方案》《永春县“十四五”应急体系建设专项规划》《永春县法治政府建设实施方案（2021—2025年）》等相关事宜。

10月11日，县政府第8次常务会议召开，研究《永春县人民政府工作规则》《永春县“十四五”卫生健康事业发展专项规划》《永春县工业园区标准化建设试点园区招商管理实施方案》《永春县城乡供水一体化项目合作方案》《永春县城乡供水一体化实施方案》《永春县种业振兴行动实施方案》等相关事宜。

11月17日，县政府第9次常务会议召开，传达学习国务院食安委、国家市场监管总局食品安全文件精神，研究永春县贯彻意见，研究《永春县生活污水处理提质增效行动方案（2022—2025年）（送审稿）》《永春县“十四五”乡镇生活污水处理设施建设运维实施方案（送审稿）》《永春县深入打好污染防治攻坚战实施方案（送审稿）》，听取全县反恐工作情况汇报等相关事宜。

12月24日，县政府第10次常务会议召开，研究《永春县2023年为民办实事项目初步安排（送审稿）》、《永春县2023年在建重点项目一览表（送审稿）》、《永春县2023年预备重点项目一览表（送审稿）》、2023年《政府工作报告（送审稿）》、《永春县2022年国民经济和社会发展计划执行情况和2023年国民经济和社会发展计划（送审稿）》、《永春县2022年县级财政预算调整方案（送审稿）》、《永春县2022年预算执行情况及2023年预算草案的报告（送审稿）》等相关事宜。

【县长办公会】 2022年2月14日，第1次县长办公会议召开，研究关于授予2020—2021年市派驻村（挂职）干部集体三等功、关于收购福建禄富纸业有限公司土地厂房、关于收购南星片区2号公租房、关于置换伟骏（永春）发展有限公司土地等相关事宜。

2月24日，第2次县长办公会议召开，研究关于新一轮公车平台委托管理、关于推进新一代信息技术与智能制造产业融合发展的若干措施等相关事宜。

4月27日，第3次县长办公会议召开，研究永春县生活垃圾焚烧发电项目建设、融资及生活垃圾外运、博达生物科技有限公司续租等相关事宜。

5月27日，第4次县长办公会议召开，研究永春县中心城区声环境功能区划方案、永春县生态文明研究院战略合作框架协议、永春县生活垃圾焚烧发电项目设备采购等相关事宜。

6月29日，第5次县长办公会议召开，研究永春县融媒体中心与福建广电网络集团股份有限公司永春分公司资产移交工作方案、桃城镇化龙全国“三普”不可移动文物点“启德堂”保护性拆卸与收储设计方案等相关事宜。

10月11日，第6次县长办公会议召开，研究与福建省旅游发展集团旅游合作、关于泉州市高级技工学校与永春县校地合作创办永春分校工作方案、永春县马跳水库工程移民安置补充方案、关于收储2012-106号地块土地和厂房、关于购买公园壹号小区商品房等相关事宜。

11月17日，第7次县长办公会议召开，研究泉南国家高速公路改扩建新增永春锦斗出入口及接线工程项目建设模式相关事宜。

【县政府专题会议】 2022年1月4日，县委常委、县政府常务副县长蔡映辉召集县政府办、发改局、工信商务局、财政局、自然资源局、住建局、工业园区管委会等单位负责人，听取工业园区管委会关于永春县工业园区标准化建设试点项目的汇报，形成一致意见。

1月7日，副县长董婧召集县民政局、公安局、司法局、财政局、农业农村局、卫健局、退役军人局、残联、医保分局、慈善总会、法院、五里街镇等单位相关人员，研究协调解决特困人员陈月新应急救治帮扶事宜。

1月21日，县长吕建成召集县领导郭小强、董婧及县政府办、财政局、人社局等单位负责人，听取县总工会工作情况汇报，就职工职业技能竞赛活动经费补助问题进行研究，形成一致意见。

2月24日，副县长钱永新召集县住建局、人行永春县支行、银保监永春监管组、农行永春县支行、泉州恒龙置业有限公司相关单位负责人，研究协调“永春恒大林溪郡”按揭贷款发放等事宜。

3月7日，副县长王卫阳召集县工业园区管委会、财政局、自然资源局、城管局、城联社、生态环境局，供电公司、铁塔公司、新奥燃气公司、石鼓镇政府、五里街镇政府分管领导及福建永春侨新酿造有限责任公司负责人，研究部署侨新老醋二期项目用地基础设施建设前期工作事宜。

3月7日，副县长王卫阳召集县发改局、工信商务局、财政局、住建局、市场监管局、城管局，市场服务中心等单位分管领导研究部署五里街农贸市场改造提升工作事宜。

3月8日，县委常委、县政府常务副县长蔡映辉召集县政府办、住建局、财政局、自然资源局、桃城镇政府、大鹏城市建设发展有限责任公司、国有资产投资经营有限责任公司等单位负责人，研究2019-66号地块安置房建设回购项目融资专项工作。

3月11日，副县长庄凯融召集县财政局、自然资源局、税务局、工业园区管委会等相关单位负责人，研究部署县工业园区标准化建设试点项目公租房土地房屋收购事宜。

4月9日，县委常委、县政府常务副县长蔡映辉召集县领导郭美西及有关单位分管领导，研究提升新冠核酸检测能力方案并部署下阶段工作。

4月18日，县委常委、县政府常务副县长蔡映辉召集县领导钱永新及县政府办、交通运输局、财政局、自然资源局、住建局、水利局、文体旅游局、项目推进办，达埔镇、石鼓镇，供电公司、电信分公司、联通分公司、移动分公司、广电分公司、铁塔公司、横七线指挥部办公室、闽路通兴公司、福建省交通规划设计院、合诚工程咨询集团股份有限公司、福建第一公路工程集团有限公司等单位有关负责人，协调推进国省干线横七线（G356）永春石鼓卿园至达埔前峰段公路工程。

4月30日，副县长钱永新召集县住建局、公安局、信访局、司法局、网信办、五里街镇、碧桂园公司等单位领导，研究部署永春碧桂园一期项目质量整治工作。

5月18日，副县长庄凯融召集县财政局、自然资源局、文体旅游局、住建局、林业局分管领导，石鼓镇政府主要领导和分管领导，研究部署魁星山庄项目事宜。

5月18日，副县长庄凯融召集县自然资源局、发改局、财政局、人社局、农业农村局、卫健局、交通运输局、林业局、生态环境局、锦斗镇政府、达埔镇政府、达埔镇新琼村等单位相关负责人，研究解决颐春康养基地项目征地范围外被征地人员养老保障相关问题。

5月20日，副县长庄凯融召集县政府办、发改局、财政局、自然资源局、林业局、水利局、生态环境局，下洋镇人民政府、坑仔口镇人民政府、横口乡人民政府分管领导，协调推进泉州九龙江流域山水林田湖草沙一体化保护和修复工程（永春县天湖山）。

5月30日，县委常委、县政府常务副县长蔡映辉召集县工信商务局、自然资源局、住建局、财政局、发改局、城管局、林业局、工业园区管委会、桃城镇、东平镇、石鼓镇等单位相关领导，协调解决工业园区重点项目存在问题。

5月30日，县委常委、县政府常务副县长蔡映辉召集县工业园区管委会、发改局、工信商务局、自然资源局、住建局、应急局、城市管理局、市场监管局、司法局、生态环境局、税务局、法院、消防大队等单位相关领导，研究部署《关于研究加强永春县工业园区厂房租赁管理的实施方案》。

5月31日，县委常委、县政府常务副县长蔡映辉召集县领导蔡英殿、钱永新、王洪杰及相关单位，研究部署永春碧桂园一期项目质量整治工作。

6月2日，副县长周伯祥召集县水利局、人社局、财政局、自然资源局、农业农村局、达埔镇政府及岩峰村等单位相关负责人，协调解决晋江防洪工程（一期）永春达埔岩峰段被征地人员养老保障相关问题。

6月21日，副县长王卫阳召集县发改局、工信商务局、应急管理局、自然资源局、生态环境局、泉州市公安局天湖山分局、煤炭技术服务中心、下洋镇、天湖山能源实业有限公司等单位有关负责人，研究部署福建省石狮热电有限责任公司压缩空气储能电站项目地勘专题工作。

7月19日，县长吕建成召集县领导钱永新、王洪杰及有关单位负责人，听取恒大项目、碧桂园一期质量安全整治、生活垃圾转运项目和生活垃圾焚烧发电项目工作情况汇报。

7月29日，副县长钱永新召集县委文明办，县交运局、公安局、财政局、卫健局、住建局、城市管理局、文体旅游局、供电公司、兴泉铁办、达埔镇、蓬壶镇、呈祥乡等单位有关负责人，召开兴泉铁路永春段相关工作推进会。

8月8日，副县长郭美西召集县领导钱永新及县政府办、教育局、自然资源局、住建局、桃城镇政府、华侨中学、环翠社区等单位有关负责人，研究实验幼儿园用地安置及侨中西拓扩建项目推进工作，形成一致意见。

8月11日，县委常委、县政府常务副县长蔡映辉召集县发改局、自然资源局单位分管领导，国网永春供电公司主要领导和分管领导，协调推进福建北电南送特高压交流输变电工程永春段事宜。

8月12日，县委常委、县政府常务副县长蔡映辉召集县财政局、发改局、农业农村局、永春县公共事业资产投资经营有限责任公司、永春县国有资产投资经营有限责任公司、福建省永春农垦发展有限公司等单位相关负责人，专题研究福建省永春农垦发展有限公司股东变更事宜。

8月17日，县委常委、县政府常务副县长蔡映辉召集县发改局、财政局、农业农村局、城建集团、农文旅集团、永春农垦发展有限公司、县农场、县天马柑橘场、国有永春县猛虎柑橘场、永春县公共事业资产投资经营有限责任公司等单位负责人，研究农地流转项目融资专题事项。

8月17日，副县长王卫阳召集县城管局、石鼓镇、五里街镇、石鼓社区、侨新酿造公司、石鼓亭庙管委会等单位分管领导，协调推进侨新老醋一期与石鼓亭庙旁停车场改造提升工作。

8月22日，副县长庄凯融召集县领导余金南及自然资源局、桃城镇、东平镇等相关单位负责人研究协调永春县陶瓷博物馆项目前期工作。

8月26日，县委常委、县政府常务副县长蔡映辉召集县财政局、县林业局、县农文旅集团、县永绿公司、县生态国有林场等负责人，研究部署永春县森林资源高质量发展（一期）项目相关事宜。

8月29日，县委常委、县政府常务副县长蔡映辉召集县自然资源局、住建局、工业园区管委会、项目推进办，国网永春供电公司、铁塔公司，桃城镇、东平镇等单位主要负责人，听取县工业园区管委会关于永春轻工新城智慧产业园基础设施工程（二期）—第三水厂西侧地块配套设施工程项目存在问题的汇报，形成一致意见。

9月8日，县委常委、县政府常务副县长蔡映辉召集县财政局、交通局、永春县国有资产投资经营有限责任公司、永春县通兴建设发展有限公司等单位相关人员，专题研究永春县通兴建设发展有限公司股东变更事宜。

9月22日，副县长郭美西召集县政府办、发改局、教育局、财政局、自然资源局、住建局、桃城镇、化龙实验小学、福建省君平建设管理有限公司、福建省滨城建设发展有限公司等单位有关负责人，研究部署永春县化龙实验小学工程项目变更协调专题工作。

10月7日，县委书记、县长吕建成召集县领导郭美西和发改局、教育局、财政局、自然资源局、永春职业中专学校等单位主要领导，听取县教育局关于永春职业中专学校仙岭办学点基本情况的汇报，就相关问题进行研讨，形成一致意见。

10月25日，副县长王卫阳召集县人社局、发改局、自然资源局、湖洋镇等相关单位负责人，研究部署泉州市高级技工学校永春校区项目建设事宜。

10月27日，副县长钱永新召集县交通运输局、发改局、财政局、自然资源局、住建局、农业农村局、水利局、达埔镇、蓬壶镇、呈祥乡、苏坑镇、兴泉铁指办等相关单位负责人，研究部署兴泉铁路永春段验工计价相关事项。

11月10日，副县长钱永新召集县住建局、金融办、人民银行永春支行、泉州银保监分局永春监管组、自然资源局、住房公积金中心永春县管理部等部门负责人，辖区内9家银行机构负责人，永春碧桂园房地产开发有限公司负责人，研究部署永春县碧桂园一期项目整治相关贷款事宜。

11月11日，副县长庄凯融召集下洋镇、县直有关部门和天湖山能源公司等单位相关负责人，研究部署永春县天湖山矿区煤矸石综合利用管理专题工作。

12月2日，县委常委、县政府常务副县长蔡映辉召集县政府办、财政局、税务局、自然资源局、住建局、行政服务中心等部门相关领导，永春县城市建设集团有限公司、永春县大鹏城市建设发展有限责任公司等单位负责人，听取县财政局关于县税务局存量房产调剂情况的汇报，形成一致意见。

12月6日，县委常委、县政府常务副县长蔡映辉召集县政府办、财政局、住建局、水利局、交运局、城市管理局、农业农村局等相关领导，永春县城市建设集团有限公司、永春县农文旅发展集团有限公司、永春县大鹏城市建设发展有限责任公司、中审亚太会计师事务所等负责人，研究永春县两大集团合并报表编制和财务审计有关问题协调工作。

12月15日，县委常委、县政府常务副县长蔡映辉召集县财政局、自然资源局、住建局、工业园区管委会、法院、税务局分管领导，农文旅集团、城建集团主要负责人，研究部署部分欠税企业大额资产处置工作。

为民办实事项目

【概况】 2022年，永春县民生支出30.3亿元，占一般公共预算支出的83.45%。实施12项为民办实事项目共57件，主要涉及乡村振兴、医疗卫生、教育文化、扶贫工程、社会保障、基础设施等方面，总投资36.20亿元，年度计划投资13.73亿元，其中县财政投入6.18亿元。

【实事项目进展情况】 至2022年12月底，永春县57个为民办实事项目完成投资14.34亿元，超额完成约4个百分点。

【实事项目取得成效】 2022年，永春县新建、扩建幼儿园1所、中小学校舍4幢，新增学位1260个，获评省级义务教育优质均衡发展先行创建县。深化公立医院综合改革，县医院被列入“千县工程”名单，与省附一医院建立紧密型医联体协作，打造省级品牌科室。新增城市公园绿地12公顷、“口袋公园”15个，实施桃溪两岸景观带亮化工程。完善社会化养老服务体系，县老年公寓及16所乡镇敬老院实现公建民营，湖洋镇吴岭村获评全国示范性老年友好型社区。

【就业促进】 2022年，永春县实施就业促进工程，年度计划投资1000万元，完成投资2136.65万元，完成比例213.67%；新增规模以上工业企业30家，新增入企职工4392人，返永就业创业2567人。

【农村公路】 2022年，永春县加快“四好农村路”建设，年度计划投资8600万元，完成投资9200万元，完成比例106.98%；新改建农村公路50千米，实施安全防护、养护工程150千米，改造危桥3座。

（陈永深）

行政审批服务

【概况】 2022年，永春县行政服务中心以“三提三效”行动为抓手，推进“放管服”改革，全力打造“倾情服务、马上就办”政务服务名片，进驻“1749”审批服务事项，“一趟不用跑”占比94.55%，即办件占比67.46%，平均材料数3.04个，压缩时限比例90.11%。“创新审批服务模式 打造优化营商环境永春样板”等举措被中央电视台、新华社、《福建日报》、《泉州晚报》、泉州通等主流媒体报道。

【行政审批改革】 2022年，永春县行政服务中心提质政务服务，持续开展“三减一提升”（减少审批材料、减少审批环节、减少审批时限，提升审批效率），开展两轮

桃溪云龙桥两岸亮化工程　　（图/林宝华　2022年2月摄）

审批改革，减少办事环节679个，减少申报材料357项，压缩审批时限615个工作日，对建设项目环境影响报告书（表）等18个涉及工程建设项目审批事项推行告知承诺制。拓宽延伸服务触角，定期梳理办理立项和用地手续的项目，主动联系项目业主，靠前指导，落实全程帮办，提供“保姆式”服务。全年指导271个为民办实事项目，到乡镇、企业指导办理施工许可证292次。落实项目闭环审批，从发改立项、自然资源局规划到住建局办理施工证、建设、竣工验收，涉及18个部门的项目审批全生命周期都在1个楼层里闭环管理。设立立项用地规划许可、工程建设许可、施工许可、竣工验收4个综合窗口，制定“一窗受理”的工作规程，明确线上线下“一个窗口”提供综合服务的具体措施和运行规程，建立“前台受理、后台审核”机制，分别由发改牵头立项用地规划许可审批、自然资源牵头工程建设许可窗口审批、住建牵头施工许可、竣工验收窗口审批，统一一个窗口收件、出件，实现“一窗通办”。全年为307个项目提供“一窗通办”服务。

【办件模式创新】 2022年，永春县行政服务中心优化“永易办”功能，与县域内商业银行对接，依托“互联网+政务+金融+大数据”融资服务链，将“永易贷”板块嵌入“永易办”平台，增设“查询信用额度”“我要申请贷款”等板块，推动企业融资需求撮合、银行审核全程线上服务。通过印制《“永易办”宣传手册》2000份、二维码宣传单700份，发布微信公众号推广1篇，拍摄宣传视频2个，制作易拉宝5个，发送区域短信2500多条等方式，提高“永易办”知晓率和使用率，全年“永易办”浏览量15万人次，预约现场办1.1万件次。完善“一件事”套餐服务，依托省网上办事大厅，梳理公布31件“一件事”集成套餐服务，办理时间由295个工作日压缩至108个工作日，压缩率63.39%；递交材料由578项精减为288项，精简率50.17%；跑动次数由52次减少为28次。

【服务体系建设】 2022年，永春县行政服务中心打通数据壁垒，推动不动产登记系统、房屋备案系统和泉州市“互联网+政务服务”行政服务一体化平台对接，实现不动产登记（有房抵押）90分钟出证。建立“局长走流程”检验机制，推动47个单位对725个事项开展走流程，梳理“问题清单”35个，出台整改措施或规范性文件28份。推行线上会商会审服务，开展线上“一对一”专家式“虚拟审批”，定制路径最短、时间最快的项目审批方案和路线图，在1个工作日内一次性告知项目业主应准备的全部材料，将项目同步纳入台账管理和并联审批，破解项目“多头跑、怎么批”问题。全年对72个项目开展线上会商会审，为183个项目提供全程代办协办服务。拓展发展空间，将县城镇低效工业用地再开发项目纳入“绿色通道”，实行“一企一策”，倒排审批时间和节点，实行“一站式、全链条”并联审批，审批时限在原有基础上再压缩一半给予快速办结，目前，通过城镇低效用地再开发将新增建筑面积81.37万平方米。

【营商环境优化】 2022年，永春县行政服务中心推动“四证联发”改革，主动靠前服务，提前介入、提早研判，做实项目前期服务工作，1个工作日内完成出让合同签订，缴税、交地、发证等各项工作，为项目业主提供不动产权证书、建设用地规划许可证、建设工程规划许可证和建设工程施工许可证，“四证联发”助力项目“拿地即开工”，为企业节约审批服务时间两个月以上。常态化开展“局长走流程”专项活动，建立“体验清单”“问题清单”“成效清单”，推动47个单位对466个事项开展走流程，出台整改措施或规范性文件11份，梳理问题19个，全部整改到位。审批服务联动化，与招商部门深度融合，在招商洽谈过程中就提前介入，制定全流程审批服务方案，为项目洽谈提供有效支撑，为后续尽早开工建设打好基础。加强与经济部门的日常沟通，及时掌握企业因经营需要改建、扩建项目的服务需求，整体解决企业涉及民防、消防、图审等审批服务难点、堵点、痛点。

【行政服务中心改造提质】 2022年，永春县行政服务中心推进中心改造提质工程，对行政服务中心办事大厅软硬件进行改造升级，中心的办公场所由原来的2500平方米增加到7500多平方米，新进驻医保、社保和出入境3个分中心、税务分中心部分业务和不动产登记中心后台人员，新进驻人员48名，根据企业群众办件频率、办事习惯和办事关联度，打造便民事项专区、医社保专区、民生事项专区、公安专区、不动产登记专区、企业开办、工程建设专区等7个专区。

（李奕煌）

人才工作

【概况】 2022年，永春县实施人才强县战略，在“引、育、用、留”等关键环节持续用力，为永春高质量发展提供智力支撑。全年新增省C类人才4人，省级工艺美术大师4人，泉州市高层次人才309人。

【人才政策】 2022年，永春县推出“1+1+N”政策体系：“1”个战略，制定《关于实施新时代人才强县战略的意见》；“1”套标准，在全市率先修订第六层次、第七层次人才认定标准，出台《永春县高层次人才认定和政策支持规定》；“N”份配套政策，包括出台《关于落实“涌泉”行动集聚各类人才在永创业就业的若干措施》，给予实习补贴、购房补助、工作生活津贴等多项优惠政策，集聚一批高校毕业生、技师队伍及紧缺急需专业人才到永春就业创业，出台《关于实施“师带徒”引凤计划助推乡村全面振兴的工作意见》，提出创新创业、平台建设、项目孵化等17条支持政策，出台《永春县加强工艺美术人才队伍建设的若干措施》，从工艺美术人才培养、品牌扶持、技能提升、创新创作、传承技艺等方面予以扶持。

2022年2月28日，首届福建省（永春）乡村振兴“师带徒”引凤项目大赛暨人才项目资本对接会在岵山镇北溪文苑举行，图为项目签约仪式现场

（图／县委组织部）

【人才引进】 2022年，永春县实施“桃源英才回归工程”，动态更新在外人才信息库，收录在外人才3319名，发挥海内外乡贤能人资源优势，开展“我为家乡办家事”主题活动，号召在外人才主动认领6类25项家事项目，吸引1100多人次返乡领办家事520件。推广“以赛代评 以赛促评”的技能人才评价模式，培育农村创新创业带头人90名，评选表彰优秀农村实用人才10名，认定第二批县级非物质文化遗产代表性传承人95名，推荐命名“永春工匠”15名，评选技术能手13人。嫁接优质医疗资源，与福建医科大学附属第一医院共建紧密型医联体，全职引进骨科专家开创骨科专科。

【人才发展环境优化】 2022年，永春县完善处级领导干部挂钩联系重点人才制度，组织涉才部门到重点企业宣传解读政策，兑现人才贡献奖励74人、114.8万元。紧盯产业发展需求，对接国家杰出青年科学基金项目和华侨大学博士生导师，共建高能级制造业人才平台，永春芦柑科技小院入选首批国家支持建设科技小院，新增省级博士后创新基地1家、省级学会服务站1家、省级众创空间1家。修订《永春县人才公寓管理办法》，简化人才申报程序，升级改造人才公寓5套。

【供需对接平台搭建】 2022年，永春县主动对接省乡村振兴促进会、省乡村振兴基金会等6个省级单位，举办首届福建省（永春）乡村振兴“师带徒”引凤项目大赛复赛暨人才项目资本对接会，嫁接省内外创新创业领军人才成熟的产业项目，以“师带徒”的形式领办、联办、协办各类经济实体，促成50个项目签约，投资额12.25亿元。

相关做法在《中国组织人事报》《光明日报》等媒体刊载，《坚持党对人才工作的全面领导，推动山区县域人才发展体制机制研究——永春县“师带徒”引凤计划的实践探索》获评泉州市党建重点课题优秀调研成果一等奖。

【青年企业家培育】 2022年，永春县举办“新经济 新生代 创未来”智慧创新经济论坛暨永春青商学院启动仪式，面向年轻一代企业家设立创新创业平台，开设金融房产班、农林渔牧班、电商自媒体班、建筑工程班、制造业班、商业零售与服务班等6个班级，为来（留）永青年人才创新创业定制个性化服务。常年系统开展创业论坛、精英沙龙、标杆参访、走进名校等活动，通过3年（2022年8月至2025年8月）专项培训，提升永春年轻一代民营企业家综合管理素质，打造一支创新思维开阔、管理能力突出、自身素质较高的优秀新生代青年企业家队伍。

【人才驿站建设】 2022年，永春县结合“党建+”邻里中心建设，总结乡村（社区）人才驿站建设标准，立足当地实际，从功能定位、服务项目、空间区分等方面，建成区域综合型、产业行业型、专业功能型、交流服务型等各具特色的人才驿站35个，结合“我为家乡办家事”主题活动、“师带徒”引凤项目大赛等，常态化开展“邻里人才汇”活动，引导外出人才“智回邻里”，吸引外来人才“智汇邻里”，促进本土人才“智惠邻里”。

（王少勤）

信访工作

【概况】 2022年，永春县以做好中共二十大安保维稳工作为主线，活用“磋商对账”工作机制，推进“四门四访”（开门接访，进门约访，登门走访，上门回访）工作。2022年1月，永春县获评“2021年度全国信访工作示范县”；在2022年市对县平安建设考核中，永春县信访工作得满分，位列全市第一；在2022年市对县信访工作考核中永春县名列全市第二。全县15个集体、38名个人获评党的二十大省、市、县信访安全保障工作成绩突出集体和个人。

【信访工作责任落实】 2022年，永春县信访局受理群众信访总量1634件，比上年增长28.8%；纳入“最多投一次”办理的信访件661件，一次性办结率93.9%，平均办理天数6.2天，均在24小时内办结。全年县领导到县信访局接访群众36批次36人次。全年做好19场县级以上重大活动信访安全保障工作。各乡镇各单位在特殊重要时期加强信访信息的预警预防，快速反应，妥善处置。

【信访源头化解】 2022年，永春县信访局开展信访问题源头治理行动，提升基层化解矛盾能力，落实初信初访首办责任制。完善健全乡镇信访工作联席会议制度，加强源头治理，强化基层信访矛盾源头预防，吾峰镇作为市级乡镇信访工作联席会议示范点，其工作经验在全市推广。全年召开乡镇信访联席会议266场，协调化解信访事项134件，化解矛盾纠纷360件。开展治重化积专项攻坚行动，启动“磋商对账”机制，逐一落实责任领导、责任人和化解措施，2021年治重化积交办件19件，至2022年底全部化解上报，化解率100%。

【信访规范化管理】 2022年，永春县信访局紧盯信访事项及时受理率、按期办结率、群众满意率、及时回应率、化解率等各项工作指标，及时受理率100%，按期办结率100%，对有权处理机关满意率97.2%。一次性办结率93.9%。推行“最多投一次”阳光信访工作机制；开展信访评理工作，化解矛盾纠纷探索建立全县优秀评理员评星、评优机制，培育、宣传评理能手。

【《信访工作条例》集中宣传月活动】 2022年5月，永春县开展《信访工作条例》（2022年5月1日起正式施行）集中宣传月活动，将《信访工作条例》纳入各级党委（党组）理论学习中心组学习和党校学习培训。开展《信访工作条例》专题辅导60场，3600多人参与。开展进社区、乡村等宣讲136场，6700多人参与。组织条例书面测试66场，2500多人参加。组织县司法局、县公安局等在外山、桃城、湖洋等乡镇发放宣传资料10万多份，接受群众现场咨询7000多人次。在全县推送10万条短信宣传。

（林威镇）

中国人民政治协商会议永春县委员会

综 述

【委员履职】 2022年，中国人民政治协商会议永春县委员会（简称“县政协”）成立9个专门委员会、8个委员联络组，设立10个协商议事室、38个基层联系点，组织委员进驻永春县34个“党建+”邻里中心，优化系统组织架构，拓展委员履职渠道。制定出台主席会议工作规则、常务委员会工作规则、常务委员提交年度履职报告工作办法、委员履职量化考评实施办法、机关工作制度、专委会工作职责、联络组工作制度、基层联系点工作制度、协商议事室工作规则、反映社情民意信息工作规则、新闻信息宣传工作管理办法等11项制度，规范运行管理机制，激发委员履职担当。组织委员参加各类协商31场次，提出意见建议176条，形成调研报告8篇，反映社情民意信息专报2期，转交办理提案154件，提升委员履职实效。组织参与疫情防控、助贫济困、奖学助学等慈善公益事业，开展民生志愿服务活动62场次，委员捐资捐物价值249万多元。

【联络联谊】 2022年，永春县政协组织开展“下基层、访委员、谋发展”主题活动，赴江西和福建省内福州、厦门、永安、晋江、丰泽等地走访委员、企业及异地商会，动员回永投资创业，走访委员800多人次、企业150多家，收集招商引资信息23条，对接企业15家，项目落地3个。组织赴龙岩、惠安等地考察交流5场次，对接省内外19个政协考察团到永考察交流，宣传推介永春历史底蕴、资源禀赋、发展规划和招商引资政策。开展领导班子集体走访看望各民主党派和工商联活动，凝聚思想共识。开展少数民族村（落）和宗教活动场所调研活动，指导民族村（落）谋划生成3个特色产业经济项目，促进民宗和谐。通过电话、网络连线等形式与异地委员、港澳委员沟通联谊，为港澳台同胞、海外侨胞回乡考察、寻根谒祖提供服务，密切与海内外同胞、侨胞联系。

【政协宣传】 2022年，永春县政协组织翻印《永春文史资料》第1—5辑合订本，启动《永春老醋》文史专辑素材征编工作，协助征集《泉州古桥》和泉州市名老中医药学术经验传承系列丛书素材，支持县佛教协会出版《永春佛教概览》。举办“翰墨展华章　奋进新征程”县政协学习宣传贯彻党的二十大精神主题书画展，展示政协委员书法、绘画、纸织画作品63件，迎接观展团体23个、群众5600多人次。在省各级主流媒体刊发履职信息120多条，深化一线协商创新工作举措在《政协天地》上刊发，委员爱心送药义举和机关党员干部先锋战疫事迹被闽南网、《泉州晚报》“先锋泉州”等媒体报道。编印《永春政协》简报10期，发布“永春政协”微信公众号动态信息254条，阅读点击量10万多人次，委员履职系列信息引发热烈反响。

【政协系统工作交流】 2022年12月9日，泉州市各县（市、区）政协主席工作座谈会在永春召开。泉州市政协主席肖汉辉出席会议并讲话。会议听取泉州市各县（市、区）政协对泉州市政协《常委会工作报告（征求意见稿）》和《提案工作情况报告（征求意见稿）》的意见建议；听取并讨论泉州市各县（市、区）政协2022年工作情况及2023年工作思路。会前，与会人员实地考察永春县政协委员（桃城花石）

协商议事室、永春县政协委员社科文艺新闻界联系点。

重要会议

【概况】 2022年，永春县政协召开全体会议1次、常委会会议5次、主席会议11次。组织党组理论学习中心组学习会12次、交流研讨8次、机关干部学习会47次。

【全体会议】 2022年12月28—29日，政协第十六届永春县委员会第二次会议举行。县委书记吕建成出席会议并讲话。会议听取和审议政协第十六届永春县委员会常务委员会工作报告，听取和审议政协第十六届永春县委员会常务委员会关于提案工作情况的报告，听取并讨论永春县人民法院工作通报和永春县人民检察院工作通报，列席永春县第十九届人大二次会议，表彰政协第十六届永春县委员会第一次会议好提案和提案办理先进单位，听取政协第十六届永春县委员会第二次会议提案初审情况报告，审议通过政协第十六届永春县委员会第二次会议决议。会议首次设置网络直播及视频分会场。

【县政协常委会会议】 2022年4月28日，永春县政协十六届常委会第一次会议召开，传达学习贯彻全国两会精神；协商通过《永春县政协2022年度协商工作计划》《永春县政协常委会2022年工作要点》《永春县政协委员履职量化考评实施办法（试行）》《十六届永春县政协各专门委员会组成人员名单》。

6月29日，县政协十六届常委会第二次会议召开，学习贯彻习近平总书记关于加强和改进新时代党的统一战线工作的重要思想以及《中国共产党统一战线工作条例》；开展“拓展‘香醋瓷’三大有根产业文化提升”专题协商；协商通过《政协永春县第十六届委员会常务委员会工作规则》《政协永春县委员会常务委员提交年度履职报告工作办法（试行）》。

2022年12月28日，中国人民政治协商会议第十六届永春县委员会第二次会议在县人民会堂开幕（图/县政协办）

9月19日，县政协十六届常委会第三次会议召开，县政协主席王文杨主持会议并讲话。会议传达学习贯彻中央统战工作会议精神以及《中国共产党政治协商工作条例》；开展“工业企业品牌培育和推广”专题协商。县政府副县长王卫阳应邀参加会议。

12月23日，县政协十六届常委会第四次会议召开，县政协主席王文杨主持会议并讲话。会议传达学习贯彻中共二十大精神和中共永春县委十四届四次全会精神；开展提案办理工作专题协商；审议通过政协第十六届永春县委员会第二次会议有关事项；表决通过黄文新、苏成贵辞去十六届县政协常委、委员职务。县政府副县长钱永新应邀参加会议。

12月29日，县政协十六届常委会第五次会议召开，受县政协主席王文杨委托，副主席郭赐福主持会议。会议审议通过县政协十六届二次会议决议（草案），提请大会表决。

政治协商

【概况】 2022年，永春县政协会同县委、县政府制定《永春县政协2022年度协商工作计划》。围绕县“十四五”规划实施，聚焦产业发展、营商环境、教育卫生、人居环境等重点领域，组织开展议政性常委会专题协商2场、对口协商7场。

【专题协商】 2022年6月29日，永春县政协针对永春县传统产业文产融合滞后问题，组织委员到五道醋业有限公司、瓷源文化创意有限公司、香文化展示中心等地视察调研，召开“拓展‘香醋瓷’三大有根产业文化提升”专题议政性常委会协商会议，与会委员同文体旅游局等有关部门协商讨论，提出要增强企业文创意识、提高企业文宣水平、完善政府服务保障等意见建议，形成专题呈阅件报送县委、县政府主要领导及有关部门。9月19日，针对永春县轻纺鞋服等工业企业品牌建设滞后问题，永春县政协组织委员到百祺（福建）实业有限公司、泉州锦林环保高新材料有限公司、福建骏源纺织有限公司等地视察调研，召开“工业企业品牌培育和推广”专题议政性常委会协商会议，与会委员同工信商务局等有关部门协商讨论，提出要大力扶持传统纺织鞋服产业、重视科技创新、增强品牌塑造意识、强化企业信誉和产品形象管理、改善企业品牌发展环境、严厉打击品牌违法行为等意见建议。

【对口协商】 2022年，永春县政协各专门委员会与对口县直部门开展界别协商活动7场，围绕“优化教育布局”“宗教活动场所安全生产标准化提升”“加强工业用地保障”“完善常态化惠企政策落实机制”“加强工业园区标准化建设”“农村人居环境整治提升”“中小流域水质治理提升”等议题，采取联合调研、考察视察、座谈交流等形式，听取工作情况介绍，提出意见建议，形成《政协专报》呈报县委、县政府参阅，其中“加强工业用地保障”等3份专报件被县直相关部门采纳转化为具体工作措施。

民主监督

【概况】 2022年，永春县政协开展协商式民主监督2场次，组织委员参与司法执法活动8场次。政协委员到基层开展调研，整理编写社情民意信息专报2期。

【委员监督】 2022年，永春县政协开展“打击治理和防范电信网络诈骗工作”“食品质量安全监管”民主监督协商，组织委员视察调研工作落实情况，提出意见建议17条。组织委员参加刑事案件听证会、旁听法院庭审和参观“两院”主题开放日等活动，专题听取县法院、县检察院2022年度工作情况通报，委员同县法院、县检察院领导开展协商座谈，提出意见建议31条。选推1名委员担任第一届永春县医疗保障基金社会监督员，任期为2022年7月至2025年6月。

【社情民意信息反映】 2022年，永春县政协出台《反映社情民意信息工作规则》，完善社情民意收集、编报和办理反馈机制。选推4名委员担任泉州市政协社情民意特邀信息员，编组221名委员进驻全县34个“党建+”邻里中心亮岗履职，建立38个基层联系点，拓宽民情反映渠道，收集编报经济发展、民生保障类社情民意信息专报2期，转送县有关部门办理，《关于防疫期间物资捐赠及志愿者援助管理的建议》等6篇疫情防控社情民意信息被省、市政协采纳转报。

参政议政

【概况】 2022年，永春县政协畅通民主党派、界别委员与党政部门沟通联系渠道，开展委员参政议政活动。全年组织委员参加协商议政活动1200多人次，参加县直部门、乡镇党委政府公众评议140多人次，参加部门征求意见会4场次。

【协商议政】 2021年12月22日，政协第十六届永春县委员会第一次会议收到民主党派团体提交提案32件，占提案总件数的20.8%。致公党永春县委员会提交的《关于提高我县招商引资质量的建议》、台盟永春县支部提交的《关于发展特色农业产业助推乡村振兴的建议》、民革永春总支部提交的《关于推动我县职业教育高质量发展的建议》分别被确定为2022年度第1号、第5号、第6号重点提案，由县政府县政协领导领衔督办，在县政协十六届常委会第四次会议上获评“2022年度好提案”，占好提案件数的30%。2022年12月28—29日，政协第十六届永春县委员会第二次会议举行分组讨论协商16场次，委员同县委、县政府和县法院、县检察院领导围绕“一府两院”工作报告面对面协商议政，聚焦经济发展、乡村振兴、教育卫生、文化旅游、公共服务、司法执法等存在

2022年11月2日，永春县政府、县政协开展《关于大力推进研学旅行的建议》重点提案联合督办活动，图为在政府四楼会议室召开的督办会议现场　（图/县政协办）

问题，提出意见建议132条，推动永春产业发展、民生改善、司法公正。

【调研考察】　2022年，永春县政协选立产业升级、乡村振兴、教育卫生、文旅融合、城市品质等重点领域调研课题5个，组织委员开展调查研究，形成调研报告8篇，其中《关于加大工业园区数字化基础设施建设的建议》《关于盘活工业园区低效工业用地的建议》《深化产教融合，推进协同育人》被收入2022年度泉州市政府市政协专题协商材料汇编。县政协开展“农村人居环境整治提升”和“中小流域水质治理提升”视察活动，抽选吾峰镇吾西村和永春（大溪桥）国控断面水质自动监测站进行专题视察协商，了解区域环境综合整治情况，提出意见建议，助推城乡环境综合整治。泉州市政协委员永春活动组到惠安县开展2022年度异地视察活动，了解惠安县石雕、食品等传统产业和半导体等新兴产业发展情况，学习和借鉴先进经验做法，畅通两地联系渠道，助推企业携手发展。

提案办理

【提案征集和立案】　2021年12月，永春县政协发布《提案征集工作通知》，提供提案参考选题118个，组织开展提案撰写业务培训，收到政协各参加单位和全体委员提交提案172件，内容涉及经济发展、政治建设、公共设施建设、科教文卫、生态文明等方面。县政协提案初审委员会组织多方会审，向政协第十六届永春县委员会第一次会议报告提案初审情况，确定立案154件。

【提案督办】　2022年，永春县政协举行提案交办会，按照分级负责、归口办理的原则，确定154件提案转交59个承办单位办理，县政府督查室负责跟踪督查提案办理进度，县融媒体中心定期报道提案办理情况。召开县政协主席会议，研究确立6件年度重点提案，实行县政府县政协领导领衔联合督办制度。开展“两见面”“三结合”活动，组织委员同承办单位开展提案办理协商6场次，推动提案办理由答复型向落实型转变。开展提案办理专题常委会协商，听取县政府提案办理情况通报，提出县政协2022年度提案办理协商意见，6个单位被评为提案承办先进单位。

【成果转化】　2022年，永春县政协推行《政协永春县委员会好提案评选表彰办法》，表彰好提案10件。《关于提高我县招商引资质量的建议》提案被永春县“抓五全招商促项目落地”比拼考评方案吸收采纳。《关于以创新引领我县三大有根产业高质量发展的建议》《关于推动香产业提升转型芳香产业的建议》等提案被《永春县扶持特色产业发展若干意见》吸收采纳。《关于进一步加强有根产业人才队伍建设的建议》《关于加大乡土工匠人才培养力度的建议》等提案被《永春县加强工艺美术人才队伍建设的若干措施》吸收采纳。《关于山区基础教育发展的建议》《关于大力推进研学旅行的建议》等提案得到教育、文旅等部门吸收采纳、跟进落实。

（郑弘坤）

中共永春县纪律检查委员会
永春县监察委员会

综 述

【监督网络建设】 2022年，中国共产党永春县纪律检查委员会、永春县监察委员会（简称“县纪委监委”）创新推行派驻机构“5+N”清单化履职工作法（建立5项工作清单：责任清单、报告清单、权责清单、制度清单、风险清单；N项监督清单：职责清单、项目清单、问题清单、整改清单、评价清单等），综合运用派驻监督“微巡察”、节点化推进、台账式管理三种模式，具体化精准化常态化开展派驻监督工作，17个派驻机构全部完成自办案件，同比上升143%，运用“第一种形态”批评教育帮助和处理51人次，同比上升104%。推行纪检监察工作常态化提醒机制，约谈5名工作滞后的乡镇纪委书记，加强对乡镇纪委和派驻机构负责人教育管理监督。

【全面从严治党监督责任落实】 2022年，永春县纪委监委立案134件，给予党纪政务处分144人，移送司法机关2人，运用“四种形态”（让咬耳朵、扯袖子、红红脸、出出汗成为常态，党纪轻处分、组织调整成为大多数，重处分、重大职务调整的是少数，严重违纪涉嫌违法立案审查的是极少数）处理390人次。

【廉洁自律宣传教育】 2022年，永春县纪委监委举办全县警示教育大会，组织县四套班子领导、县委委员集体参观永春家风文化馆，上线永春家风文化馆VR展馆，开展“七一”廉政书法笔会、举办“清廉永春”摄影作品展活动，参与制作廉政宣传视频《品重柱石王荷波》并获中央纪委国家监委网站刊播，组织党员干部接受家风教育68批1700多人次，警示教育75场3522人次，旁听庭审2场130人次，构建理想信念教育、廉洁教育、警示教育、家风教育“四轨制”体系。到12个单位开展廉政教育工作调研，征求意见建议，在全市率先完成县监委向本级人大常委会报告专项工作，持续营造浓崇廉尚洁氛围。

【队伍建设】 2022年，永春县纪委监委以创建全国文明单位为契机，常态化开展“清风学堂”集中学习活动，推进乡镇纪委书记履职交流活动，2名纪检监察干部分别获评全省纪检监察系统先进工作者、省纪委监委嘉奖。抓好“八小时内外”警示提醒，组织观看警示教育片2场286人次，参观廉政警示教育基地2批190人次，开展“走下去”主题宣讲7场529人次。推行“四谈四访”（日常交心“激励谈”、心理疏导“关爱谈”、抓早抓小“提醒谈”、发现问题“告诫谈”和上门走访、线上家访、重点约访、不定期回访））工作机制，常态化、制度化开展关心关爱工作。

【县纪委全委会议】 2022年1月29日，中国共产党永春县第十四届纪律检查委员会第二次全体会议召开。会议落实十九届中央纪委六次全会和省、市、县党代会精神，按照省纪委十一届二次全会、市纪委十三届二次全会部署，回顾2021年纪检监察工作，部署2022年全县党风廉政建设和反腐败工作。县委书记林希妍出席全会并讲话。县委常委、县纪委书记、县监委主任陈雄松代表县纪委常委会作题为《牢记“两个确立” 践行使命担当 为全面建设社会主义现代化生态永春提供坚强保障》的工作报告。

【廉政教育工作专项报告】 2022年7月29日，永春县监察委员会主任陈雄松就开展廉政教育工作情况向县人大常委会作专项报告。该专项报告是永春县监察委员会首次向本级人大常委会报告专项工作。

监督执纪

【概况】 2022年，永春县纪委监委学习贯彻习近平新时代中国特色社会主义思想，落实党中央部署和中央纪委国家监委、省市纪委监委、县委工作要求，运用“四种形态”批评教育帮助和处理390人次，起底党员和国家工作人员涉嫌违纪违法问题线索92条，立案134件144人。

【“四种形态”贯通运用】 2022年，永春县纪委监委运用“四种形态”批评教育帮助和处理390人次，分别占比62.56%、24.1%、5.9%、7.44%。创设“码上反映”线上监督功能，在全县各村邻里中心或村部张贴二维码、发放二维码小卡片，群众借助手机扫码即可随时随地反映问题，第一时间处理反馈群众意见建议。分系统分领域开展深度治理，撰写案件剖析2份，发出纪检监察建议书14份，推动建章立制15项。

【案件调查】 2022年，永春县纪委监委坚持严的基调，协调召开县委反腐败协调小组会议，起底党员和国家工作人员涉嫌违纪违法问题线索92条，立案134件144人。纵深推进粮食购销领域腐败问题专项整治，立案查处7人，移送司法机关2人。

党风廉政建设

【概况】 2022年，永春县纪委监委发挥监督作用，整治群众身边不正之风和腐败现象，查处乡科级干部10件10人，开展政治监督谈话355人次，用好村级小微权力监督信息平台，规范公开村级党务、村务、财务3904条，办理群众诉求248条。建成236个“近邻纪检工作室”，推动解决群众急难愁盼问题376个。查处违反中央八项规定精神问题3起7人，查处形式主义、官僚主义问题6起9人，党内问责3起5人。

【党风政风监督】 2022年，永春县纪委监委持续深化党风政风监督。紧盯“一把手”和领导班子，开展信访举报情况专题分析，制定2张监督责任清单，开展“1+1+1”廉情会诊（县委“一把手”或县政府“一把手”、县纪委“一把手”定期对群众反映问题比较集中、涉及信访问题较多的乡镇或部门“一把手”进行约谈，对出现廉情问题及时会诊）14人次，查处乡科级干部10件10人，保持对“一把手”及“关键少数”的监督常在。构建“1+N”政治监督体系（1个总体实施方案：以项目化、清单化、责任化为抓手推进政治监督具体化常态化的实施方案，和“强产业、兴城市”双轮驱动、县第十四次党代会精神、全县无裸房专项行动、推进城镇低效工业用地再开发等N个具体方案），开展政治监督谈话355人次，政治监督检查121次，发现问题212个，全县无裸房专项行动和城镇低效工业用地再开发专项监督报告得到县委、县政府主要领导批示肯定。突出政治标准，严把选人用人关，回复党风廉政意见4124人次，给予否定性意见20人次。建成236个“近邻纪检工作室”，每月设定2个“纪检服务日”，下沉一线推动解决群众急难愁盼问题376个，运用“四种形态”批评教育帮助和处理6人次。聚焦基层卫生院医疗卫技人员不足和群众“看病难”问题，推动出台《永春县总医院支医下乡帮扶服务实施方案》，常态化开展支医下乡帮扶活动，提升基层公共医疗服务水平。用好村级小微权力监督信息平台，规范公开村级党务、村务、财务3904条，办理群众诉求248条。

【乡村振兴全链条监督机制】 2022年，永春县纪委监委推行乡村振兴全链条监督机制，运用“科技＋制度＋一线”三维监督模式，以乡村振兴“智慧监督”为核心，推进制度集成和一线监督双创新，全链条贯通监督关键节点，持续护航乡村振兴高质量发展。打造乡村振兴“智慧监督”平台，通过智能预警精准高效锁定“异常人”“异常钱”“异常事”，运用“四种形态”批评教育帮助22人，追回多发放补贴28.34万元。推动修订《永春县村集体建设项目管理规定》《关于禁止村（社区）干部利用职权承揽或插手村级工程项目建设的暂行规定》等，编印《乡村振兴项目管理制度汇编》，规范“小微权力”运行流程。创新乡村振兴项目一线监督“五步工作法”，持续推动纪检监察干部靠前监督，立项报备157个项目，跟进招标项目110个，建立施工群102个，推进即时公开项目101个，开展验收复盘19个，从中发现问题32个。相关经验做法在全市纪检监察系统“一县一品牌”永春现场会作汇报交流，在《华东之窗》《八闽快讯》报道。

2022年6月28日，泉州市纪检监察系统“一县一品牌”活动现场会在永春召开，图为参会人员在岵山镇观摩永春县乡村振兴项目全链条监督机制品牌项目

（图/县纪委监委办）

【不正之风整治】　2022年，永春县纪委监委部署开展全县公务用车自查，节日期间专项督查和“1+X”（“1”指纪委监委履行专责监督；“X”指各有关部门根据职责职权进行职能监督；“+”指党委统一领导，发挥有关部门党组织的领导作用，对党内监督和其他方面监督进行统筹协调，实现协同监督）联合督查，查处违反中央八项规定精神问题3起7人，查处形式主义、官僚主义问题6起9人，党内问责3起5人。开展违规因私出国（境）问题专项整治，推动各单位自查自纠发现“证件管理不规范、登记备案不完善”等问题21个、发出提醒函27份。

【专项监督】　2022年，永春县纪委监委持续深化“点题整治”，选取16个项目巩固提升，市县联动整治物业服务领域侵害居民利益问题，自选“整治低保边缘家庭生活困难问题”作为纪检监察进邻里“点题整治”项目，发现问题9个，建章立制8项，严查群众身边腐败和不正之风问题6起7人。

【营商环境监督】　2022年，永春县纪委监委打好以“穿透监督、下沉监督、专项监督、特约监督”为主要内容的优化营商环境四套“组合拳”，助推全县营商环境再优化、再提升。推行“纪检组组长走流程”“巡察组组长走流程”，组织纪检组组长、巡察组组长体验24个单位46个行政审批事项，发现问题24个，督促解决校验审批权限设置不合理等问题17个。推动建立“审批许可未通过事项逐件过筛与抄告”制度，采用“日报备、周跟踪、即清零”模式，由专班每月对审批未通过办件专题会商、及时回访，督促有关责任单位限期反馈办理情况和审批未通过原因，已筛查退件94件，形成综合分析报告1份。开展纪检监察干部“入园区、访企业、看项目、解难题”活动，由专职纪检监察干部定期走访联系185家规模以上工业企业以及164个重点项目，共收集企业反馈问题82条，促成县农信社为工业园区企业专项贷款预授信5亿元，点对点帮助企业解决堵点难点问题。建立与特约监察员联动监督机制，通过举办座谈会、组建调研团、加强信息沟通等形式，有效发挥特约监察员作用，收集问题或建议26条，督促妥善解决。优化营商环境典型做法《永春：“沉睡”地块变身标准厂房》在《福建日报》头版“三提三效”专栏刊发。

（施少中　苏剑辉）

民主党派　工商联

中国国民党革命委员会永春县总支部

【概况】　2022年，中国国民党革命委员会永春县总支部(简称"民革永春县总支部")有3个支部，民革党员102名，其中本科以上学历46名，大专学历44名。民革党员担任市人大代表1名，县政协委员7名，其中2名政协委员当选政协常委。

【组织建设】　2022年，民革永春县总支部发展5名新党员。民革党员李拯民参加省民革举办的"2022年优秀基层组织负责人暨参政议政骨干党员培训班"学习、市民革开展的"矢志不渝跟党走、携手奋进新时代"主题教育，颜志坚、林锦春、刘纯英三名民革党员参加市民革举办的"第十九期新党员暨骨干党员培训班"学习。民革党员林桂芳被民革福建省委评为"2017—2022年度优秀党员"。组织撰文参加市民革举办的"喜迎二十大，同心跟党走"征文活动，获二等奖1人、三等奖1人，优秀奖1人；参加市民革举办的"喜迎二十大，同心跟党走"主题摄影作品，民革永春县总支部选送的《丰收的喜悦》《美荔乡村》《生态家园》作为优秀作品进行展播。

【参政议政】　两会期间，民革永春县总支部党员作为人大代表、政协委员提交的提案、意见和建议15件，其中市人大代表建议1件，县政协委员提案14件(其中集体提案6件)；总支部提交的《关于推动我县职业教育高质量发展的建议》提案被永春县政府、县政协列为重点督办件进行督办。在永春县政协十六届二次会议上，民革永春总支部《关于推动我县职业教育高质量发展的建议》《关于加快推进城乡供水一体化的建议》《关于加快农文旅融合，助力乡村振兴的建议》3件提案获得表彰。民革永春县总支部参加民革泉州市委开展的"提案征集活动"，提交《关于提升生育力，促进经济社会发展的建议》《关于加快推进"医养结合"，切实保障老年人群体生活质量的建议》等5篇提案，受到市民革肯定。

【课题调研】　2022年，民革永春县总支部于10月组织民革党员到东关镇调研"三农"及农文旅产业融合发展状况，11月组织全体成员到达埔镇调研永春芦柑、老醋产业发展情况，12月组织全体成员到湖洋镇调研乡村振兴发展与农文旅产业融合情况。全年向民革泉州市委提交报告4篇次，均获采用；向县政协提交的《建议加强对城乡"家宴"的监督管理》等2件社情民意，得到县委、县政府重视。

【服务社会】　2022年，民革永春县总支部组织参加永春县统一战线共建"同心林"活动。开展扶贫捐助活动，捐款1000元资助挂钩联系单位蓬壶镇二女户安居乔迁工程。

【民革永春县总支部第五次党员大会召开】　2022年6月17日，民革永春县总支部召开第五次党员大会。市人大常委会副主任、民革泉州市委会主委樊美清、市委统战部四级调研员牛宏，县委统战部、各民主党派、工商联、金联会和蓬壶镇的负责人参加会议。大会选举产生民革永春总支部第五届委员会，其中，主委为李拯民，副主委为林桂芳、姚春霞、黄学敏、刘添进；委员为黄丹妮、薛长辉、林晓燕、洪能鹏、王荣坡、苏贵泗。

（林桂芳）

中国民主同盟永春县总支部

【概况】 2022年，中国民主同盟永春县总支部（简称“民盟永春县总支部”）有盟员56人。下设2个支部，分别为教育支部（主委刘元杰）和综合支部（主委陈伟义）。民盟永春县总支部被民盟福建省委会评为“纪念福建民盟组织成立75周年先进集体”。

【组织建设】 2022年，民盟永春县总支部委员每季度召开一次支委会，组织学习上级盟委会议精神，回顾总结本季度总支工作开展情况，讨论研究下季度工作计划。定期召开全体盟员会议，组织学习中共及上级会议有关精神，统一思想，提高盟员自身素质和工作水平；召开民主生活会，与会成员积极开展批评与自我批评，加强团结，总结经验，扬长避短，共同提高。各支部定期开展各种活动，邀请总支委员参加活动。

【参政议政】 2022年，民盟永春县总支部在县政协会议上提交《关于支持永春一中完善示范性高中硬件设施的建议》《积极推进医养康养融合发展》《关于解决县城学校门口交通拥堵问题的建议》《关于开展咏春特色产品经贸推介，打造独特永春名片的建议》《关于给永春县各中小学幼儿园配备急救设备及对教师进行必要的急救培训的提案》等提案。是年，向市人大提交议案《关于加大山区县定向培养优秀教师的建议》。

【调研活动】 2022年7月12日，民盟泉州市委会专职副主委王锦延在永春县开展海外华文教育专题调研，到福建省首批海外华文教育基地永春县第二中学（简称“永春二中”）、余光中文学馆参观，并召开座谈会，围绕海外华文教育进行交流和探讨。8月4日，市人大常委会委员、民盟市委会主委赵昕东参加民盟永春县总支在余光中文学馆举行的“盟员之家”揭牌仪式，为“盟员之家”揭牌。

2022年7月12日，民盟泉州市委会在永春二中开展海外华文教育专题调研，图为调研组在永春二中育才亭合照（图/民盟永春县总支部）

【服务社会】 2022年，民盟永春县总支部资助学生2名，每人发放2000元助学金。重阳节期间，组织盟员到湖洋镇吴岭村开展“敬老助老，情暖重阳”新时代文明实践志愿服务。

【民盟永春县总支部“盟员之家”揭牌成立】 2022年8月4日，民盟永春县总支部“盟员之家”揭牌仪式在余光中文学馆隆重举行。民盟泉州市委会主委赵昕东，县委统战部有关负责同志和市、县民盟部分盟员参加活动。民盟泉州市委会主委赵昕东和永春县委常委、统战部部长陈佩芳共同为“盟员之家”揭牌。

（尤一梅）

中国民主建国会永春县支部

【概况】 2022年，中国民主建国会永春县支部（简称“民建永春县支部”）有会员34人。其中，男性21人、女性13人；企业界10人、政府机关13名、金融界9名、教育界2人；高级职称7人、正高职称1人；学历大学本科及以上（含在职本科）24人、大专9人、中专1人。

【组织建设】 2022年，民建永春县支部遵循“坚持统筹协调，坚持任人唯贤、德才兼备，坚持会员公认，坚持推进工作与完善制度相统一”的工作原则，加强后备干部队伍的选拔和培养。至12月底，民建永春县支部会员中有市人大代表1人、县人大常委会委员1人、县政协常委2人、县政协委员1人。

【参政议政】 2022年，民建永春县支部提案建议提交数13件，立案数13件，重点督办数1件；委员提案提交66件，立案数64件。其中《小城镇垃圾问题现状及对策》《优化农村金融生态环境 营造经济与金融共赢的生态氛围》《关于储备本地企业在IPO注册制推出后上市的建议》《关于加强老旧小区治安防范能力建设的建议》《关于加强香都文化广场周边综合配套管理的建议》《关于推进民宿与乡村旅游快速发展的建议》《关于大力发展花卉苗木产业，助推乡村振兴的建议》等被评为优秀提案。

【服务社会】 2022年，民建永春县支部以企业家培训、暖心活动、扶贫支边等工作为重点，利用会员在政府机关、金融、农业科技等领域的专长，做好服务会员企业、服务社会民生工作，引导会员及会员企业主动回报社会，打造社会服务品牌。如支部慰问东平镇东山村患晚期肺癌贫困村民颜金在7000余元，捐款玉斗镇红山村3000元支持发展经济，开展捐助永春第一中学、第三中学教育基金，市残疾基金会、捐助贫困学生入学等多项教育扶贫活动。1998—2022年，支部引进志愿者老师100多人次到村庄开展支教活动，服务周边村庄约5000人次。

【民建永春县支部第三次会员大会召开】 2022年7月1日，民建永春县支部召开第三次会员大会。民建泉州市委会主委庄天怀，市委统战部四级调研员牛宏，县委统战部、各民主党派、工商联的负责人参加会议。大会选举产生民建永春县支部第三届委员会，主委刘西将，副主委辜燕萍，委员郑明发、黄炳明、郑伟煌。

（黄炳明）

2022年7月1日，中国民主建国会永春县支部召开第三次会员大会，选举产生第三届委员会，图为参会人员合照 （图/县委统战部）

中国民主促进会永春县小组

【概况】 2022年，中国民主促进会永春县小组（简称“民进永春县小组”）有会员26人，其中本科以上学历19人，大专学历7人；县政协委员2人。会员中高级职称6人，占会员总数的23.08%；中级职称11人，占会员总数42.31%；女会员11人，占会员总数的42.31%。会员平均年龄50.3岁，40岁以下1人（3.84%）、41—50岁13人（50.00%）、51—60岁11人（42.31%）、61以上1人（3.84%）。界别分布上，教育16人（61.54%）、政府事业单位4人（15.38%）、医药卫生2人（7.69%）、经济4人（15.38%）。

【调查研究】 2022年，民进永春县小组围绕乡村振兴、本土文化、旅游观光体系建设等主题，组织会员参与开展一系列调查研究。《推进一二三产业融合 提高农产品加工、乡村旅游、乡村物流等发展水平》（黄声腾等执笔）等调研报告，被列为民进福建省委2022年度立项调研课题。

【参政议政】　2022年，民进永春县小组围绕农产品、经济环境、网络电商、创新创业等社会热点，形成多份政协提案、社情民意反映件。在泉州市政协十二届四次会议上，黄声腾、李亚真向市委提交《关于加快发展农产品电商助力乡村振兴的建议》《关于引导在外企业家返乡创业的建议》等2篇建议。小组主委黄声腾被民进福建省委授予“2022年度参政议政先进个人”称号。

【服务社会】　2022年12月25日，民进永春县小组联合民进泉州市委会在花石社区老年活动中心开展“迎新年·向未来”关爱留守儿童和困境儿童活动，资助桃城镇困境儿童、留守儿童20名。12月26日，民进永春小组捐资1万元，与永春第四中学共建“同心书屋”。

【乡村振兴课题调研活动】　2022年9月23日，民进永春小组联合市直综合一支部开展乡村振兴课题调研活动。调研组参观泉州市党内政治生活体验馆，走访永旺食品有限公司，会员们开展座谈，就永春乡村振兴发展状况、取得的成效等深入交流。

（郑金焙）

中国农工民主党永春小组

【概况】　2022年，中国农工民主党永春小组（简称“农工党永春小组”）有成员10人。其中高级职称1人，中级职称8人。成员中医药卫生界别党员有8人。

【思想建设】　2022年，农工党永春小组采用集中学与自主学、线上学与线下学相结合的方式，全方位组织成员开展各项政治理论学习。2月15日，组织参加2022年永春县工作会议暨“强产业、兴城市”双轮驱动动员大会。7月15日，组织参加农工党福建省委会举办的社情民意信息骨干培训班。8月6日，小组成员在永春县中医院组织学习中央统战工作会议工作精神。

【参政议政】　2022年，农工党永春小组员关注社情民意，针对医药卫生、学校建设、疫情防控等社会热点，开展调查研究，建言献策，参政议政。苏素真当选福建省农工党第十二届医药卫生工作委员会副主任。在中国人民政治协商会议第十六届永春县委员会第二次会议上，农工党永春小组提交的《关于统筹建设智慧校园的建议》《关于合理处置居民废弃口罩的建议》，均得到相关单位的办理落实。

【服务社会】　2022年，农工党永春小组发挥自身人才优势和界别特色，服务群众健康需求，全年组织开展各类活动5次。重点联合永春县委统战部、永春县医院、永春县中医院的专家、医护人员、永春县政协教科卫体委等单位和部门开展健康服务工作，推动医疗卫生下乡，组织医疗专家和农工党党员到乡镇、社区开展送医送药、健康教育宣传等活动。3月，农工党永春小组在桃城镇卧龙社区开展“弘扬雷锋精神　深化文明实践”新时代文明实践志愿服务活动，将优质医疗服务送到居民家门口，为100多名群众提供医疗服务，发放宣传资料和防疫物资200多份。8月，在永春县五里街镇儒林社区“党建+”邻里中心开展“关注老年健康”主题科普讲座，提高老年人健康意识。9月，开展“文明健康有你有我”科普宣传活动。在湖洋镇吴岭村开展“敬老助老　情暖重阳”新时代文明实践志愿服务活动。

【参加永春县第十五个民族团结进步宣传月活动】　2022年9月20日，农工党永春小组参加永春县委统战部（永春县民宗局）联合永春县红十字会、坑仔口镇、永春中医院等主办的第十五个民族团结进步宣传月活动。宣传活动以“中华民族一家亲　福籽同心爱中华”为主题，在坑仔口镇举行。工作人员向群众发放500多份宣传材料和宣传小礼品，宣传中央民族工作会议精神和新时代民族工作方针政策；开展“喜迎二十大　健康送到家”义诊赠药活动，为100多名群众免费测量血压、看病问诊、赠送药物；开展应急救护公益培训，提高群众自救互救意识和能力。

（林珊华）

中国致公党永春县委会

【概况】　2022年，中国致公党永春县委会（简称“致公党永春县委会”）发展致公党党员 8 名，涵盖行政、事业单位、执业律师等，平均年龄 37 岁。至年底，全县有致公党党员 154 人，其中，省政协委员 1 名，市人大代表 1 名、市政协委员 2 名，县人大代表 2 名（其中常委 1 名），县政协委员 18 名（其中副主席 1 名、常委 5 名）。6 月，在致公党省委第十次代表大会上，叶东方、黄晓红获评 2017—2022 年度优秀党务工作者，施由森、郑镇辉获评优秀党员，郑泽新获评全面建成小康社会先进个人。

【参政议政】 2022 年，致公党永春县委会向县人大、政协会议提交集体提案 22 件，委员个人提案 26 件，2 件提案被县政协重点督办。赵柳生撰写的提案《关于加强农村基层治理法治化　促进乡村振兴的建议》被市政协列为重点提案。2022 年，致公党永春县委会开展“一支部、一调研”活动，全年提交致公党泉州党市委会调研文章 8 篇，完成反映社情民意信息 9 篇，5 篇被中共省委统战部和本党致公党福建省委会采用。

【服务社会】 2022 年，致公党永春县委会联系、推动丰泽区泉淮社区等与苏坑镇开展山海协作，促进苏坑中心小学“致公学校”发展，共建佛手茶研学基地。组织开展“智慧同行、呵护成长”爱心捐赠系列活动；联系市医院专家到苏坑开展“学习贯彻二十大、医心为民送健康”义诊赠药等活动。多名党员坚持“一对一”资助优秀贫困大学生等。

【“致慧同行 公护成长”爱心捐赠活动】 2022 年 6 月 1 日，致公党泉州市委会、致公党永春县委会到苏坑镇开展“致慧同行　公护成长”儿童节爱心捐赠系列活动。致公党泉州经济资源委员会委员、永春致公党党员陈文泓向苏坑中心幼儿园捐赠 6 台空调，价值 2.1 万元；向嵩山村“同心书屋”捐赠项目资金 1 万元。活动期间，还举行“你的心愿　我来实现”致公学生“微心愿”礼物发放仪式，致公党永春县委会代表致公党福建省委会向苏坑中心小学学生发放 60 份书籍和文体活动用品，价值 3000 元，同孩子们共度六一国际儿童节。

（黄晓红）

台湾民主自治同盟永春县支部

【概况】 2022 年，台湾民主自治同盟永春县支部（简称“台盟永春县支部”）有盟员 11 人，其中本科及中高级职称以上人员 9 人；泉州市政协委员 1 人，永春县政协委员 2 人。支部设主任委员 1 人，支部委员 2 人。

【组织建设】 2022 年，台盟永春县支部组织参加台盟十一大、台盟福建省第十一次盟员代表大会各项工作，支部有 1 名盟员作为代表参加第十一次全盟代表大会，2 名盟员作为代表参加台盟福建省第十一次盟员代表大会。11 月 8 日，台盟永春县支部在台盟中央两岸文化交流基地——余光中文学馆建立“盟员之家”。2022 年，选派 1 名盟员参加台盟市委会第九届委员会第一期盟员培训班、1 名盟员参加泉州市委党校民主党派代表人士培训班。

【参政议政】 2022 年，台盟永春县支部围绕农村农业产业发展、乡村振兴等课题开展调查研究。在市、县两会期间，提交县政协党派提案 1 件，向台盟市委会提交集体提案素材 1 件，个人提案及参与提案 3 件，社情民意 2 篇。支部集体提案《关于发展特色农业产业助推乡村振兴的建议》被列为县政协十六届一次会议提案重点督办件，盟员参与提案督办，对农业产业发展提出意见建议。

【助力永台交流合作】 2022 年，台盟永春县支部利用余光中文学馆两岸文化交流平台，开展对台工作及台胞联络。组织支部盟员参加台盟泉州市委会举办的台情报告会，了解岛内民情、政情和对台方针政策。对接台盟市委会乡村振兴台湾专家服务团，到永春县桂洋镇开展考察、举办讲座，推进永台农业融合发展。

【服务社会】 2022 年，台盟永春县支部开展新春慰问活动，走访慰问老台胞台属。重阳节期间，与县其他民主党派联合开展“孝老爱亲　情暖重阳”新时代文明实践志愿服务活动，到湖洋镇吴岭村为“邻里守望堂”的老人们送上米和油等生活物资。

【台盟永春县支部“盟员之家”成立】 2022 年 11 月 8 日，台盟永春县支部“盟员之家”在余光中文学馆成立，台盟泉州市委会专职副主委蒋碧辉出席活动，并为盟员之家揭牌。揭牌仪式后，蒋碧辉在盟员之家作专题宣讲，围绕做好“通”“惠”“情”三篇文章，结合自身对台工作经历，分享心得体会，引发在场听众的强烈反响。

（古宏颖）

永春县工商业联合会

【概况】 2022年，永春县工商业联合会（简称“县工商联”）有会员2643名。第十届执行委员会有执委152名，其中主席（会长）1名，常务副主席（常务副会长）1名，专职副主席（副会长）2名，兼职副主席13名，兼职副会长15名，常委52名。主管乡镇商会6家（桃城商会、五里街商会、石鼓商会、湖洋商会、蓬壶商会、一都商会），行业协会9家（县茶叶同业公会、县柑桔同业公会、县香制品同业公会、县汽车行业公会、县建筑建材同业公会、县陶瓷行业协会、县煤炭同业公会、县电子商务协会、县老醋协会），联系13个异地商会［北京永春企业商会、永春县总商会（上海）商会、深圳市永春商会、广州市永春商会、东莞市永春商会、海南福建永春商会、厦门市永春商会、福州市永春商会、泉州市泉永企业商会、三明市永春商会、永安市永春商会、大田县永春商会、德化县永春商会］，1个筹备组（重庆永春商会筹备组），3个联络组（永春县总商会江西联络组、永春县总商会四川联络组、永春县总商会内蒙古联络组）。

【营商环境优化】 2022年，县工商联联合检察院、县司法局、县财政局、县生态环境局、县税务局、县市场监管局、县贸促会等单位成立永春县涉案企业合规第三方监督评估机制管理委员会，研究制定《永春县涉案企业合规第三方监督评估机制实施细则（试行）》《永春县涉案企业合规第三方监督评估机制专业人员选任管理办法（试行）》，聘任55名专业人员进入专业人员名录库，建立健全涉案企业合规第三方监督评估机制，优化法治化营商环境。在十届三次主席（会长）会议上，邀请税务局、中国银行永春县支行等涉企部门负责人为民营企业进行惠企政策解读，并进行现场答疑解惑。多次深入会员企业走访调研，为企业解读《惠企纾困政策汇编》（市委统战部、市工商联编纂）等各级最新出台的惠企政策，打通政策宣传“最后一公里”。

【商（协）会组织建设】 2022年，县工商联指导福州市永春商会召开第三届第一次会员代表大会，厦门市永春商会举办第五届理（监）事就职典礼。永春县陶瓷行业协会被全国工商联评为2021—2022年度全国“四好”商会；厦门市永春商会、永安市永春商会、永春湖洋商会、永春县汽车行业公会被省工商联评为2021—2022年度福建省“四好”商会。泉州市泉永企业商会被市民政局评为“AAAAA级社会组织”；永春县电子商务协会被县民政局评为“AAAA级社会组织”。

【回归创业招商】 2022年，县工商联作为回归创业招商专班牵头单位，赴北京、上海、江苏、广东（深圳、东莞、广州）、厦门、福州、永安、泉州等地开展招商活动，走访商会和企业50余家，达成招商项目20个，总投资22.27亿元。全年落地项目7个，签约项目3个，在谈项目8个，意向项目2个。

【助力乡村振兴】 2022年，县工商联开展“万企兴万村”行动，向各异地永春商会、同业公会、行业协会、乡镇商会及会员企业发出《发扬优秀企业家精神，共同助力乡村振兴》倡议书，动员广大民营经济人士参与行动。2022年，全县有28家企业与23个重点村结对，投入资金8512.75万元，消费扶贫75万元，人才培养1497人次。

【非公职称评定】 2022年，县工商联推荐民营企业家和企业技术人员参加职称评定，为民营经济发展提供人才支撑。全年审核推荐参评高级工程师6人，工程师5人。

（刘　娜）

群众团体

永春县总工会

【概况】 2022年，永春县总工会加强基层组织建设，开展职工职业技能竞赛、职工素质教育工程、企事业民主管理、劳动保护、职工帮扶活动。至年底，全县有工会组织1100余家，会员6万余人，其中新建工会组织25家，发展会员859人。县总工会获全国工会财务会计工作先进单位、省级五一先锋号、福建省“安康杯”竞赛组织工作优秀单位等称号，“强国复兴有我——喜迎二十大建功新时代”全市职工演讲比赛优秀组织奖、“中国梦 劳动美——喜迎二十大”泉州市职工主题短视频征集活动组织奖、泉州市职工主题短视频征集活动团体组优秀奖。永春县职工疗休养工作在全省作典型发言，新就业形态劳动者建会入会工作在全市作典型发言。

【职工权益维护】 2022年，永春县总工会组织全县企业职工开展集体协商行动。至年底，全县发出工资集体协商要约企业21家，涉及职工6573人，其中百人以上企业14家、涉及职工4217人；发出区域性集体合同1份，覆盖企业132家，涉及职工3862人；发出行业性集体合同1份，覆盖企业12家，涉及职工912人，签订率85%，工资集体协商建立常态化运行机制。永春县实施非公有制企业职工医疗互助缴费补助50%政策，全年补助2688人，6.5万元；持续落实民营小微企业工会经费返还政策，至2022年年底返还小微企业295家次，金额127万元。

【职工帮扶解困】 2022年，永春县总工会组织268家单位、14591人次参加机关事业类职工医疗互助，筹集互助金145.91万元；140家单位、5634人次参加企业职工类职工医疗互助，筹集互助金27.04万元；237家单位、6991人次参加女工特病类职工医疗互助，筹集互助金17.48万元。全县办理医疗互助2.02万人次，发放补助金190.43万元。开展金秋助学，为30名困难职工子女助学圆梦，发放助学金17.5万元。为解决职工暑假看护难，开设10个职工子女暑托班，补助金额20万元，惠及250个职工家庭。助力落实“双减”政策，下拨专项补助资金26万元支持开展课后服务。慰问困难职工315名，发放慰问金26.2万元。举办永春县政法青年职工专场等联谊活动，惠及单身青年职工100名。推进农民工创业帮扶工程，扶助农民工创业项目20个，覆盖芦柑、茶叶、粮食、蔬菜等传统产业，发放扶持资金100万元。开展发放“留永过年大礼包”和“幸福返泉”活动，助力支持企业留员工稳岗位。全年为6名省、市级劳模发放困难补助金6万元，为67名退休劳模发放荣誉津贴14.53万元，组织各级劳模10人参加省、市总工会举办的劳模读书班及疗休养。春节期间，慰问困难劳模5人，发放慰问金1万元；春节、五一国际劳动节、重阳节期间慰问劳模26人，发放慰问金2.6万元；教师节期间，慰问教师劳模3人，发放慰问金1500元；重阳节期间，慰问高龄劳模2人，发放慰问金4000元。

【职工教育培训】 2022年，永春县在永春职业中专学校创建“泉州市产业工人技能培训基地”，在茶、香道技艺、纸织画等行业开展中级职称培训等6期技能培训班，培训270人次。县总工会创建良瓷科技、兴隆香业2家数字工匠型班组，周建平、王志国、陈维尧3家泉州工匠工作室；推荐26个“五小”创新项目参评创新大赛，14个项目获奖；推荐王喜庆、黄宏旭劳模创新工作室申报泉州市示范性劳模创新工作室。

【职工劳动竞赛】 2022年，永春县总工会以“奋进新征程·建功新时代”为主题，在全县重点项目、有根产业中开展各种形式的劳动竞赛和技能比武。全年开展香、陶瓷、盆景等行业技能竞赛12场，1000余名职工参与，表彰命名2022年度永春县“金牌工人”30名，评选第二批“永春工匠”15名。开展以“安康杯”竞赛和安全生产月宣传活动，组织116家企业2万余名职工参加市级“安康杯”竞赛，其中3个单位评获市“安康杯”竞赛先进单位、2个班组获评市“安康杯”竞赛先进班组、3人获评市组织工作优秀个人。

【基层工会建设】 2022年，永春县总工会推动18个“党建+”邻里中心工会服务项目落地。全县培育省非公有制企业党建带工建示范点1个，促成中闽建研工业化建筑有限公司、新发购物中心等10家结成5对模范职工之家“结对共建”。永春县轻纺园建成“共享职工之家”，覆盖企业100余家、职工8000人。永春美岭中学建设首批省级山区中小学“共享职工之家”。至年底，全县建设“共享职工之家”5家，新建市级职工书屋示范点1家，县级职工书屋7家，辐射企业300余家，惠及职工2万余名。至年底，全县规范创建21家“妈妈小屋”和3家“医生休息室”，县妇幼保健院新建省级“医生休息室”。全年全县新建工会组织25家，发展会员859人。县总工会完善工会财务制度，执行县总工会的预决算和季度、半年审计制度；加强工会经费专项督查工作，开展基层工会节日慰问品采购管理专项整治。永春县总工会获评2022年度全国工会财务会计工作先进单位。

2022年6月22日，永春县总工会、县人力资源和社会保障局、桃城镇联合举办永春县第二届烹饪职业技能竞赛，图为比赛现场（图/林启彬）

【永春县首届插花花艺职工技能竞赛】 2022年3月2日，永春县总工会在永春县北溪文苑举办永春县首届插花花艺职工技能竞赛。此次竞赛设插花花艺比赛项目，以“热情女王”“春城春意”为创作主题，每人现场完成花束和现代花艺各1件参赛作品，选手通过不同的花材的选择、运用，将花文化和插花艺术有机融合，诠释自己心中对美的理解。永春县各行业女职工共计60余人参加。

【“喜庆二十大 奋进启新篇”泉州市女职工主题学习分享活动】 2022年11月16日，永春县总工会在永春县桃场社区永春抗战历史纪念馆开展女职工主题学习分享活动。结合时事讲述中国特色社会主义现代化取得的成功实践与重大成就。围绕新时代新征程坚持和发展中国特色社会主义的政治宣言和行动纲领，详细解读中共二十大报告对重大理论和实践问题的回答，畅谈学习中共二十大精神心得体会。永春县各行业女职工代表50余人参加。

【永春县货车司机集中入会仪式】 2022年11月26日，永春县总工会在福建美岭物流有限公司司机之家举办货车司机集中入会仪式。县总工会向新会员赠送“新就业形态劳动者人身意外险”和“大礼包”，并开展中共二十大精神宣讲，永春县各行业货车司机100余人参加。

（李煜泰）

共青团永春县委员会

【概况】 2022年，共青团永春县委员会（简称“永春团县委”）加强青少年思想政治教育、基层团建工作，开展服务青年创业就业、青年志愿服务、特殊青少年关爱等主题实践活动，引领引导永春县青少年积极向上。至年底，全县有团组织554个、团员11078人，其中学校团组织211个、乡镇团组织 319个、县直单位团组织 24 个。全年新增团员 805 人。

【思想引领】 2022年，永春团县委按期推广“青年大学习”“红领巾爱学习”网络主题团课、队课。成立泉州市红领巾通讯社永春分社，宣传永春本土特色文化和人文精神。结合庆祝中国共青团成立100周年重要时间节点，以“喜迎二十大 永远跟党走 奋进新征程”为主题，策划开展系列活动。打造永春团史馆，开辟永春团史馆—红军书院—泉州市党内政治生活体验馆的“薪火相传·同心同行”青少年红色研学路线。深入开展学习贯彻党的二十大精神宣讲活动，持续深化爱国主义教育、革命文化教育和仪式教育，引导青年树立正确的价值观。注重青年的典型示范作用，2022年，全县获评福建青年五四奖章个人1名，省级“两红两优”1名；泉州青年五四奖章个人4名、集体1个，市级“两红两优”16名（个）；新增县级青年五四奖章个人15名、集体7个，县级“两红两优”89名（个）。

【从严治团】 2022年，永春团县委开展团前教育和团员教育培训工作，规范中学团组织建设，做好学社衔接工作。通过“手把手、一对一”帮带新任团支部书记，明确“智慧团建”具体要求、操作步骤，完成团籍转接、团员报到等工作，毕业生团员组织关系转接率100%。青年之家覆盖全县22个乡镇，完成县级教育团工委建设。2022年，团县委在花石社区、五里街社区、群团邻里中心打造3个市级“党建+”邻里中心团建示范点，挂牌“青年之家”，定期开展青年思想引领、文化培育、青年交流、创业就业、志愿公益权益维护等活动。

【少先队工作】 2022年，永春团县委注重全团带队，配齐全县159个少先队大队辅导员，举办2期永春县少先队骨干辅导员业务培训，邀请福建省少先队事业贡献人物、省少先队工作学会副会长冯秋水老师作《奖章激励 快乐成长》专题讲座。开展红领巾争章工作，县少工委开展红领巾二星章创建工作，推荐上报市少工委红领巾三星章和省少工委四星章创建工作。永春一中1名少先队员获评2022年度全国优秀少先队员。

【助力乡村振兴】 2022年，永春团县委参与福建省（永春）乡村振兴“师带徒”引凤项目大赛，推荐永春县青年参加第九届“创青春”福建省青年创新创业大赛，永春县报送的“互联网+八斗幺餐饮炭火烤肉餐饮店”获乡村振兴初创组三等奖。永春青年李超富的《水仙茶的变种新产品“茗香水仙茶”的研发与销售》入选推报团中央“大学生乡村创业帮扶计划”项目名单。与县农业农村局、桂洋镇政府联合举办永春县2022年高素质青年农民培训班，全县45名从事水果生产、经营的青年农民参加学习。开展“青耘泉州·秋收硕果”直播助农活动（永春专场），拓宽永春特色产品销售渠道。

【青年志愿服务】 2022年，永春县青年志愿者协会引导各青年群体加入青年志愿者行列，组建近30支青年志愿服务队，依托“希望工程·圆梦行动”“暖冬行动”“微心愿”等志愿服务项目，开展心理健康辅导、结对助学、生活照料、亲情陪伴、课业辅导等志愿服务。团县委指导各乡镇团委持续打造“蓬壶高校学子志愿服务队”“岵山荔夏志愿服务队”等青年志愿服务品牌；做好暑期公益夏令营品牌活动，与闽江学院等高校团组织签订共建协议，常态化进行暑期支教；组织开展“创建文明城市”返乡大学生志愿服务活动，深入街道社区，负责环境整治、文明劝导。

【青年创新创业】 2022年，永春青年商会搬迁至县青少年宫新址并进行揭牌，持续打造永春青商创新创业交流平台。8月5日，永春青年商会举办“新经济 新生代 创未来”智慧创新经济论坛暨永春青商学院启动仪式，邀请中国人民大学原副校长吴晓求作专题讲座。团县委与永春县（跨境）电商产业园联合开展暑期跨境电商培训活动，培养跨境电商人才和提升跨境电子商务实战能力。全年新创建市级青年创业基地3家，聘请校内创业导师30余名，创业团队5支，开展创业创新项目辅导。

【大学生实习实践】 2022年，永春团县委联合多部门开展永春县大学生实习"扬帆计划"，发布实习岗位2000多个，永春籍大学生投递简历达1668人次，进行"扬帆计划"实习实践大学生有323名。团县委打造1个省级大学生实习基地，4个市级大学生实习基地，引导永春籍大学生开展政务实习、企业实习、志愿服务等；举办"扬帆计划 引才进企"活动10余场，引导返乡大学生通过实地参观、研学交流、互动体验等方式，了解永春产业发展情况，激发返乡就业创业热情。永春县成立福建商学院财务与会计学院创新创业实践教学基地，探索传统产业优化转型和深化"产学研教育"新途径，为学生实习、实训、就业提供更多空间和平台。

2022年8月5日，永春青年商会在荣誉酒店举办永春青商学院启动仪式 （图／永春团县委）

【青年心理关爱】 2022年，永春团县委联合多部门举办"一生一世·一都一次"山歌小镇青年人才联谊活动和"缘定永春 不负人民不负卿"永春县政法青年人才专场联谊活动。举办"放飞梦想·筑梦未来"——中高考减压活动进校园活动6场，帮助2022届中高考毕业班学生减缓压力、增强自信、积极迎考；在高考期间开展"助力高考"活动，帮助考生营造轻松便利的考试环境。

【青少年违法犯罪预防】 2022年，永春团县委召开永春县重点青少年群体社会工作项目启动仪式暨座谈会、永春县预防青少年违法犯罪工作推进会。联合县法院、县检察院、县公安局、县司法局、县民政局共同开展永春县重点青少年群体社会工作项目，落实10万元活动经费保障。生成《构筑体系广帮扶，护航青春助成长》《永春县加强重点青少年群体管理和服务的策略和建议》等多篇报告供领导决策参考。团属青少年社工承接永春县重点青少年群体服务项目、永春县社区矫正对象心理矫治服务项目、永春县福蕾计划（达埔镇）服务项目等十几个项目。

【青少年法治教育】 2022年1月，永春团县委与泉州市人民检察院、永春县人民检察院等联合出品的公益微视频《不再沉默》荣获第十七届全国法治动漫微视频作品三等奖。全年在"学习强国"学习平台、《中国青年报》、法治网、《法治日报》等国家级、省级、市级媒体刊发青少年法治宣传教育活动10余次。与永春县法院联合打造青少年法治研学基地，举办2场模拟法庭活动。组织开展"伴你童行 一路有爱""护航青苗 法伴成长"安全自护活动。举办"健康人生·绿色无毒"全民禁毒宣传月系列活动，开展法治教育讲座、送法入校、预防犯罪和禁毒图片展等活动，组织广大青少年到教育基地参观，接受法治教育和禁毒教育。举行"文明交通 青春先行"公益宣传活动及"青商杯"争创文明交通驾驶员挑战赛。注重运用网络新媒体扩大宣传教育覆盖面，指导永春少先队员拍摄的《永春县青少年反诈骗》短视频浏览量达3.6万次。由永春青年商会、交警大队自编自导的拒绝酒驾公益宣传视频，在"永春青年"抖音号上播放量达106.5万人次。由永春团县委牵头主办的"文明交通 青春先行"活动视频在抖音上播放量达102.1万人次。

（黄思奇）

永春县妇女联合会

2022年11月11日，永春群团邻里中心人民公园站揭牌（图/县妇联）

【概况】 2022年以来，永春县妇女联合会（简称“永春县妇联”）强化妇女思想教育引领，实施家家幸福安康工程，妇女儿童各项工作取得明显成效。在泉州市“美丽庭院”创建工作现场推进活动上做典型发言，承办泉州市妇联系统乡村振兴巾帼志愿服务工作现场观摩活动，获评泉州市优秀巾帼志愿服务组织。

【妇联组织建设】 阵地建设创新 2022年，永春县妇联等群团五部门，共同创建永春群团邻里中心，创新推行永春群团邻里中心“156”模式（即“一体化运作、五联工作法、六清单服务”），以职工、青少年、妇女儿童、科技工作者、残疾人等为重点服务对象，延伸党建近邻中心的服务链条，打造家事调解、便民服务、爱心驿站、公益志愿、科学体验、心理疏导等服务内容，建成人民群众“愿意来、喜欢来、还想来”的温馨家园。

工作触角延伸 2022年，永春县成立永春县助困公益协会妇联、诗坛茶叶妇女微家、桃源华庭小区妇女微家等20余家妇联组织，延伸妇联工作触角。推荐3个镇、村、“三新”组织（新经济组织、新社会组织、新媒体行业）妇联项目参与市级“我履职我创新·巾帼红在行动”特色项目展评活动；全县3名基层妇联执委获评省市最美基层执委荣誉。

妇联工作经费落实 永春县委、县政府按照妇女人数年人均1元标准安排县妇联专项工作经费，纳入同级财政预算。同步落实好“四项政策礼包”，落实乡镇妇联工作专项经费110万元，落实村（社区）妇联主席每月100元的工作津贴，落实符合条件离任村妇代会主任、社区妇联主席每月80元养老补助。

【妇女创业就业】 2022年，永春县妇联联合人社局等相关部门举办“春风送岗暖人心 巾帼就业送真情”现场招聘会等活动，依托巾帼学创基地、各乡镇“妇女微家”等阵地，开展各类创业就业培训、职业技能竞赛、研学活动。妇女节期间，举办巾帼评茶员职业技能竞赛，为广大女性评茶员提供宣传展示、拓宽市场的平台，来自各乡镇22支代表队近90名选手参加。

【妇女儿童关爱帮扶】 关爱女性健康活动 2022年，永春县妇联联合国寿公司开展“关爱女性健康”活动，免费为80名基层妇联执委投保安康险，举办女性健康宣传活动30余场，受益妇女1000余人，全年发动妇女投保3327人。发起“母亲健康1+1”公益募捐活动筹集善款7万余元，开展“为贫困母亲圆梦”活动，2022年来慰问困难妇女20余人，送去慰问金8万余元。

未成年人关爱服务 2022年，永春县新建市级儿童之家2处，首次引进中国流动科技馆巡展（永春）活动，持续开展“把爱带回家”2022年寒假儿童关爱服务活动，全县开展活动近百场，受益儿童家长1500余人；开展“家庭教育公益大讲堂”、“关爱心灵、快乐前行”心理健康百场科普行百场活动，受益家长儿童2万多人；六一国际儿童节期间，开展“播种希望·一起向未来”关爱留守儿童活动，组织爱心妈妈走进仙夹镇夹际学校开展结对活动；联合新东方学校向东平中心小学、永春侨中等捐赠课桌椅681套受益学生上千名；持续开展“春蕾计划 圆梦行动”助学活动，

2022年以来帮助贫困儿童100余人，慰问金额20万余元。

新妇女儿童发展纲要颁布 2022年6月，永春县研究颁布《2021—2030年永春县妇女儿童发展纲要》，提出妇女儿童发展十年总体目标。妇女纲要有85项主要目标、111条策略措施，儿童纲要有79项主要目标、101条策略措施，男女平等基本国策、保障儿童权利的法律法规政策得到贯彻落实，妇女儿童工作机制更加完善。

【巾帼维权活动】 2022年，县妇联成立“蒲公英”巾帼志愿者队伍，分两批举办2022年全省村（社区）妇联“法律明白人”暨“蒲公英”巾帼普法志愿者普法宣讲示范活动。在微信公众号刊发《中华人民共和国家庭教育促进法》系列解读，举办“把爱带回家——送法到家 让孩子健康成长”主题活动，开展“趣味普法游园会，快乐普法伴成长”活动，举办《中华人民共和国民法典》《中华人民共和国家庭教育促进法》网络知识竞赛，活动吸引上千户家庭参与，进一步加强对妇女儿童的法治宣传。

【家庭文明建设】 2022年，永春县妇联持续开展“文明家庭”“五好家庭”“最美家庭”、三八红旗手（集体）等评选活动，选树家庭典型，推进家庭家教家风建设。2022年永春县获评省级“五好家庭”1户、“最美家庭”2户，市级“五好家庭”2户、“最美家庭”4户，县级三八红旗手96名，三八红旗手15个。联合法院、检察院等创建 “泉家福”家庭教育驿站4个，在“中国网”刊发《巾帼担当“疫”不容辞——永春县政协委员抗疫巾帼风采录》《战疫一线党旗红 巾帼力量显担当》《美丽庭院如诗如画 乡村振兴添砖加瓦》等宣传报道。2022年，永春县妇联在春节、元宵、端午等传统节日，组织亲子家庭开展“我们的社节日 端午节——情系留守老人 端午乐在其‘粽’”系列主题活动10场，引导未成年人和广大家庭践行社会主义核心价值观，传承中华优秀传统文化。持续开展“亲子共读·悦享绿色”2022年家庭阅读系列活动，向桃城、五里街、坑仔口、仙夹等乡镇的困难、留守儿童开展赠书活动，鼓励家长在书香中和孩子一起成长，营造有利于儿童健康成长的社会氛围。

【美丽庭院创建】 2022年5月17日，永春县妇联联合农业局共同下发《关于深入推进2022年度美丽庭院创建工作的通知》，发动各乡镇积极打造富有乡土韵味的“美丽庭院”，开展“美丽庭院”亮牌活动。在微信公众号发布美丽庭院展播系列，组织“美丽庭院是我家 非遗送福进万家”纸织画编织体验活动，培育美丽庭院“+电商”“+志愿”“+家风”等模式。

（陈桔雯）

永春县科学技术协会

【概况】 2022年，永春县科学技术协会（简称“永春县科协”）指导推荐林俊德事迹馆获评首批全国、全省科学家精神教育基地，争取省科协补助资金40万元；推荐牛姆林生态科普馆列为2023年福建省优秀科普教育基地建设项目，争取省科协补助资金40万元。全年举办乡镇科协秘书长、科普信息员、农村实用技术、中小学科技创新辅导教师培训班10期589人次，提升基层科协干部的业务能力。

【科协组织建设】 2022年，永春县科协第八届六次全委会议召开，选举永春县出席泉州市科协第八次代表大会代表13名，推荐泉州市科协第八届委员会委员候选人2名，补选永春县科协常委5名、委员15名。乡镇科协组织建设典型经验或特色活动受到省科协的表扬。9月13日，召开县全民科学素质工作领导小组（扩大）会议，解读《永春县全民科学素质行动规划纲要实施方案（2021—2025年）》，表彰永春县参加2022年福建省全民科学素质网络竞赛活动的优秀组织单位和个人。永春县科协指导成立永春县农业科学研究所、福建省鼎仙岩生态农业有限公司等2家科学技术协会，督促指导县老科协等4个县级学会、永春一中等11个学校科协、锦特新材料科技有限公司等3个企业科协依法依章完成换届。9月22日，印发《关于新时代加强学会科普工作的实施方案》的通知，加强对县级学会的业务指导和监督管理，促进县级学会健康有序发展。

【科普惠农】 2022年，永春县科协筛选永春县双喜山茶油科技有限公司科普示范基地等33个单位和个人充实县“基层科普行动计划”项目储备库，开展培优和举荐工作。全年举办农村实用技术培训班5期377人次。指导培育中国农技协科普教育基地1个，推荐中国香都文化博物馆等3个科普场馆被认定为第十批泉州市科普教育基地。指导市、县协会与锦斗镇卓湖村等5个村结对开展“百会帮百村”活动。承办“2022年闽江科学传播学者八闽行暨科技志愿服务活动——科普大讲坛”专题报告4场、林业人才培训班专题报告1场，参加活动250多人。根据永春县农业、林业产业发展的技术需求，永春县科协联合省农技协组织邀请闽江科学传播学者和农业相关领域专家19人，到9个乡镇24个服务点，开展科技咨询服务，解决技术难题47个，现场科技咨询服务达195人。

【科普宣传】 2022年，围绕“喜迎二十大·科普向未来”活动主题，永春县科协牵头组织开展全国科普日系列活动，向中国科协申报通过重点活动项目174个，数量位居全市各县（市、区）第二，2015—2022年每年被中国科协或省科协评为全国科普日活动县级优秀组织单位和优秀活动单位。承办中国流动科技馆巡展（永春）活动2场，历时6个月，参观体验8300多人次。开展“关爱心灵、快乐前行”心理健康科普行百场活动106场次，受众21748人次。开展2022年刺桐科学传播者下基层巡讲活动13场，受众1249人。加大科普信息化建设力度。新增科普信息员2064人，分享科普文章54万篇次，2名科普信息员获评科普中国信息员典型代表，1名科普信息员获评福建省十佳科普信息员。2019—2022年，每年获评科普中国信息员队伍建设优秀组织单位。组织参加省全民科学素质网络竞赛，全县参与线上答题165万次，获得县级排名全省第五、全市第二的成绩，被评为县级优秀组织单位。建设桃城镇老年人活动中心科普中国e站，搭建老年人科普活动平台。持续与县融媒体中心开展协作，每天不定时在电影预告片中间或在电影映前投放科普公益广告，播放科普系列节目，实现资源共享。

【创新驱动发展】 2022年，永春县科协指导新组建永春县农科所泉州市特级人才创新实验室和福建省鼎仙岩生态农业有限公司专家工作站，新组建福建省养蜂学会——永春县蜂生水绮蜂业有限公司“科创中国”学会服务站、福建省热带作物学会—泉州市宇果生态农业有限公司“科创中国”学会服务站，泉州市永春乐丰农林专业合作社开展专家工作站通过中期考核市级专家工作站，永春长绿食品饮料股份有限公司学会服务站、泉州市宇果生态农业有限公司“科创中国”学会服务站先后通过省级学会服务站认定，落实市、县补助31万元。指导推荐师带徒项目3个。指导申报并认定高层次人才9人（其中第二层次1人、第三层次4人、第四层次1人、第五层次3人）。永春芦柑科技小院建设成效显著，作为典型在“全省科技小院建设推进会”上作经验汇报。

【青少年科技教育活动】 2022年，永春县科协建设永春群团邻里服务中心人民公园站青少年科学工作室、永春华侨中学校园创新工作室。举办2022年永春县青少年科技创新大赛，评出优秀作品39件。举办第二十三届永春县学生信息素养提升实践活动，评出优秀作品95件。组织参加福建省青少年科

2022年6月1日，省农村专业技术协会、省农村科普服务中心、永春县政府在荣誉酒店举办“科普大讲坛” （图/永春县科协）

学影像节获奖2件，参加第十九届泉州市青少年科技创新大赛获奖作品15件、泉州市青少年无人机大赛获奖2件、第八届泉州市青少年科学影像作品竞赛活动获奖4件、首届泉州市青少年航天创新大赛获奖4队。与泉州市科技馆联合在永春县实验小学、石鼓中心小学分别开展为期1周“启梦者”基层科普巡展活动，开展县级流动科技馆巡展活动10场次，提高学生的动手能力，促进学生科学素养的提升。

【学术交流】 2022年，永春县科协联合县教育局举办2022年永春县青少年科技教育论文评选活动，评出获奖论文27篇，推荐参加第十七届泉州市青少年科技教育论文获奖14篇。举办2022年永春县科技创新辅导教师培训班，全县29所小学校的151名科技辅导教师参加培训。组织3名教师参加2022年福建省青少年人工智能大赛辅导教师培训。永春县农技协获评“3·5”学雷锋助春耕全国农技协科技志愿服务联合行动优秀组织单位，其典型事迹被推荐给中国科协，被中国农技协评为“百强农技协”。永春云河白番鸭保种繁育股份有限公司总经理巫金春获选“中国农技协百强乡土人才”。

（黄炳足）

永春县归国华侨联合会

【概况】 2022年，永春县归国华侨联合会（简称“永春县侨联”）下辖一个事业单位永春县华侨服务联谊中心，直属组织有永春侨联法律顾问工作委员会（简称“法顾委”）、永春县侨界青年联合会（简称“侨青联”）。全县有乡镇侨联会12个，有村级侨联小组158个及中学侨联小组1个（华侨中学侨联小组），设乡镇侨联党支部1个。永春县侨联法顾委下设乡镇级的法律服务联系点7个，村级侨益维权岗15个，形成“县—乡—村”三级侨联工作网络。

【基层侨联建设】 2022年，永春县侨联推进“侨胞之家”建设。对全县12个乡镇侨联进行规范化建设，指导石鼓镇侨联成功申报2022年度“省级侨胞之家示范点”，指导仙夹镇获评全国侨联系统2021—2022年度“侨胞之家”典型选树单位。推进基层侨联换届工作，12个乡镇侨联全部完成换届工作。选择有名望、热心公益的海外侨领郭从愿、陈荣助、孟永刚、梁斌斌分别担任仙夹、岵山、东平、吾峰重点侨乡侨联主席，激发乡镇侨联活力。发挥侨青联“生力军”作用，开展访贫问苦、结对帮扶、联络联谊、助推发展等活动，彰显侨界青年的青春活力与责任担当，助力永春经济社会建设发展。把侨界青年的力量精准转化为侨乡发展的“优势资源”，引导海内外侨界青年参与永春建设，为家乡发展赋能。

【侨益维护】 2022年，永春县侨联积极发挥侨联法顾委作用，协调解决侨亲权益保护问题。结合侨界特点，开展普法活动，联合东平镇深入侨企开展侨法宣传，获得良好效果。与县检察院建立侨检联合护航侨乡发展机制，开展涉侨领域公益保护，推动向乡镇延伸，在湖洋、岵山等镇设立检侨联系点，走出一条涉侨检察工作的新路径。永春县侨联推选4名海外永籍律师，充实“一带一路”法律顾问团，将维护侨益机制延伸至海外。

【侨界帮扶】 2022年，永春县落实中央、省、市侨联扶助资金18.12万元，扶助贫困侨和大病大灾归侨侨眷77人；发放永春县侨联扶贫基金0.94万元，扶助贫困侨和大病大灾归侨侨眷8人。发放林世哲、梁披云、颜秀兰教育基金助学金、黄少江奖学奖教金共100余万元，扶助贫困学子近400人，奖励中小学学科素养测试优胜者1152人次。争取黄仲咸基金会扶持资金15万元，支持东关镇东华社区党侨同心邻里中心建设。

【海外侨亲联谊】 2022年，永春县侨联与菲律宾校友联联合举办“亲情中华、为您讲故事”网上夏令营，组织83名菲律宾青少年参加，深耕“亲情中华”活动品牌，不断涵养侨务资源。发动马来西亚居銮中华中学组织华人学生参加世界华人学生作文大赛，选送49篇优秀文章，获一等奖1名、二等奖4名、三等奖4名。在《桃源乡讯》增设“校园风”专栏文章，面向海内外华裔青少年征稿，以文学为载体，架起海外内沟通桥梁。发动海外社团组织百余名海外永籍华裔青年参加第二届亲情中华·海外华裔青年（小语种国家）跨境电商培训，实现在家门口做国际生意。为庆祝永春县各学校菲律宾校友联谊会成

2022年8月8日，“侨见乡情·永春县湖洋镇侨批研学工作坊”活动在湖洋镇举行，图为龙光堂内学员研学现场　（图/郑志龙）

立十周年暨第六届职员就职庆典录制视频，在云端上联络乡情乡谊。聘任海外社团联络员，建立微信联络群。及时互通信息、动态，拓展合作开展联谊联络、经贸文化交流的新渠道、新形式。

【“侨文化”传承保护】 2022年，永春县侨联与融媒体中心联合制作《侨魂永春》，播出10期侨界人物风采。向省侨联报送涉侨文章《警侨联袂营造和谐侨乡 服务无境扬帆海丝启航》，得到中国侨联副主席、福建省侨联主席陈式海的肯定和批示；《赓续华侨文化，助力乡村振兴》被中国侨联刊发。完成吾峰镇“梁良斗故居修缮”建设项目，推进石鼓镇卿园“登进堂”华侨文化交流基地建设，联合泉州档案局设立“泉州侨批主题广场”，打造海内外联络联谊新平台与载体。在湖洋镇成立海外青年创新创业示范基地，搭建海内外新侨交流平台。指导湖洋侨联开展“侨批”研学活动。通过实地调查等方式收集侨批、侨胞物件，深入挖掘华侨故事，传播华侨精神，整合华侨华人历史文化资源，为传承与保护侨乡文化注入新力量。

【永春县侨联第十二届四次全委（扩大）会议召开】 2022年9月7日上午，永春县侨联第十二届四次全委（扩大）会议召开，泉州市侨联主席温锦辉参加会议。会议听取和审议永春县侨联十二届四次全委会工作报告，补选永春县侨联第十二届委员会委员、常委、主席。郭赐福当选永春县侨联主席。

（陈珊妹）

永春县社会科学界联合会

【概况】 2022年，永春县社会科学界联合会（简称“永春县社科联”）开展内容丰富、形式多样的社会性、群众性、经常性社会科学普及活动，进行“强国复兴有我”群众性主题宣传教育。常年开放余光中文学馆、老醋文创园、永春抗战历史纪念馆等社科普及基地，进行科普宣传。

【社科宣传活动】 2022年，永春县社科联组织全县干部群众参加“深入学习贯彻党的二十大精神”网上有奖竞答活动，7万余人次参与。12月3—9日，县社科联组织开展以“学习贯彻二十大　砥砺奋进新征程”为主题的社会科学普及宣传周活动。

【社科普及活动】 2022年，永春县社科联组织邀请福建省社科院林昌华研究员，到坑仔口镇作主题为“十八大以来党的民营经济政策创新与福建实践探索”的社科百场报告会专题讲座。开展“社会科学在你身边”普及咨询活动，推动中共二十大精神学习在基层宣讲普及。

（康佳杰）

永春县文学艺术界联合会

【概况】 2022年，永春县文学艺术界联合会（简称“永春县文联”）围绕迎接和学习宣传贯彻中共二十大的主题，举办大型文艺活动10余场。至2022年底，永春县获得国家级奖励、入国家级展览优秀作品16份，省级优秀作品137份，市级优秀作品105份。永春县文艺界国家级会员有 62 人，省级会员 98 人，市级会员 207 人，县级会员 1521 人。永春文艺展厅被评为福建省新时代特色文艺示范基地。县文联被泉州市人民政府授予泉州市第二批节约型机关建成单位称号。

【文艺活动】 2022 年 1 月，永春县文联举办“我们的中国梦，文化进万家”——永春县“百名书法家，千福送万家”文艺志愿服务活动，邀请 100 名书法家及书法爱好者现场写“福”字、春联，并将“福”字、春联赠送给全县贫困资助对象层。5 月，在永春文艺展厅举办永春县“青春与‘典’同行”青少年普法主题美术展，展出作品 98 幅。6 月，承办“乘物游心”——鹿鸣书社书法作品展，展出作品 63 幅。7 月，联合举办“清廉永春”摄影展，展出作品 100 幅。9 月，联合举办“喜迎二十大 丝竹雅乐献给党”中秋时节永春南音演唱会。10 月，举办文艺活动 4 场；联合永春县总工会等 5 个主办单位，在泉州市党内政治生活体验馆举行“大手牵小手共绘 73 米画卷 献礼新中国 73 周年华诞 ”现场合作绘画活动；在永春文艺展厅举办永春县“喜迎二十大奋进新征程 建功新时代”美术展，展出美术作品 80 幅；组织永春县书法家协会以二十大报告金句为书写内容创作书法作品，开展“二十大报告金句”网络书法展及“学习宣传贯彻党的二十大精神”网络书法展。11 月，举办“学习二十大，永远跟党走”永春县教师学生美术作品展，在永春县党史教育基地长期展出作品 150 幅；在花石村成德堂举办“翰墨展华章 奋进新征程”学习宣传贯彻中共二十大精神书画展出，展出纸织画、书法、美术等作品近 70 件。

【文艺创作】 2022 年 4 月，永春县举办“永春佛手茶、水仙茶杯”全国诗词楹联大赛，收到海内外作者创作诗词 703 首，楹联 589 副。评选出 58 件优秀诗词、楹联作品，其中一等奖各 1 名、二等奖各 2 名、三等奖各 6 名、优秀奖各 20 名；汇编书籍《永春茶诗三百首》。6 月，县文联等单位举办“机关走前头 模范做表率”先锋微故事、微视频征集活动，征集到微故事 116 篇、微视频 31 个，评选出微故事一等奖 1 篇、二等奖 5 篇、三等奖 7 篇、优秀奖 9 篇，微视频一等奖 3 个、二等奖 4 个、三等奖 5 个。12 月，永春县举办“永春县国家现代农业产业园”摄影大赛。

【文艺精品】 2022 年，永春县文联组织开展第四届优秀文艺作品和文艺人才评选工作，评选优秀文艺作品 98 件和优秀文艺人才 1 名。其中优秀摄影作品 28 件，优秀文学作品 12 件，优秀书法作品 37 件，秀美术作品 20 件，优秀雕塑作品 1 件。表彰优秀文艺人才 1 名，为中国民间艺术家协会会员。县美协会员陈汉青、陈荣春作品《青云志》入展中国美术馆“美在致广——全国小幅美术精品展”；县书协会员郑志安创作的书法作品入展全国第四届草书作品展。县摄协曾德猛作品《112 小时的生死救援》入展“城市·共融”2022 第六届深圳国际摄影展。

【文艺交流】 2022 年 6 月，永春县文联联合举办永春县“迎七一·书华章·颂清廉”廉政书法笔会，营造廉洁从政的文化氛围。7 月，在永春文艺展厅举办“新时代 新征程 新作为”——永春、石

2022 年 7 月 28 日，由永春县委宣传部、县新时代文明实践中心、县文联联合主办的“新时代 新征程 新作为”——永春、石狮、惠安、德化、大田五县(市)书法联展在永春县文艺展厅展出，图为展厅一角 （图/黄婷婷）

狮、惠安、德化、大田五县（市）书法联展，作品以习近平总书记用典及语录为创作题材，展出书法作品 100 件。10 月，永春县美协在横口乡开展“艺术助力乡村振兴”采风写生活动。永春县文联支持县书协组织会员到漳州、莆田、泉州、石狮、晋江、德化、大田等地交流学习，参观泉州市首届草书邀请展、张瑞图书法精品展、柯云瀚书法作品展、石狮六朝书社书法展、德化、大田、永春、惠安、石狮五县书法联展——大田展等展览。

【文艺惠民活动】 2022 年，永春县文联开办文艺惠民活动及公益培训班 200 多场次。1 月，围绕“福”文化，在呈祥乡联合承办“雪山飞福”活动，县书协会员现场写“福”，并创作以“福佑中华”“乡村振兴”“两山理论”等为主题的书法作品，赏“福景”、吃“福味”、品“福茗”、观“福展”、做“福创”等一系列活动。元旦期间，县戏剧家协会在永春第四中学、永春县实验幼儿园开展“文化振兴·你我同行”传统戏曲进校园活动。春节期间，县书法家协会举办“我们的中国梦”文艺志愿者进社区“送福进万家”活动。县戏剧家协会组建“醉美永春”文艺志愿服务支队，联合县舞蹈家协会在湖洋镇锦龙村、桂洋镇举办“我们的中国梦”——文化进万家，欢乐下基层活动。县美术家协会举办“泉”城艺启动·永春县 2022 年迎春纳福送福暨新时代文明实践“佳节尚文明志愿关爱”活动，现场写“福”字、作画、送春联。县摄影家协会举办“我的中国梦文化进万家”——永春县摄影家协会走进乡村拍摄全家福公益活动，免费为人民群众拍摄全家福。5 月，县音乐家协会开展“喜迎二十大——中国文艺志愿者在行动”主题活动，组织部分会员进社区、进校园开展文艺演出活动。7 月，县文联举办“文化进万家 健康你我他”文艺志愿活动。8 月，县纸织画研究会走进蓬壶镇壶中小学，开展“喜迎二十大”永春县纸织画研究会公益活动，与 35 名学生、老师一起学习制作纸织画。诗词学会、美协走进富临国际社区在近邻学堂举办传统诗词、中国象棋、国画等公益培训。

【文艺宣传】 2022 年，永春县文联汇编第 228 期《桔红报》，集中展现年度艺术成果，向各乡镇、各单位、文艺家们免费赠阅上千份。在中央电视台新闻频道《新闻直播间》栏目刊载《大手牵小手师生共绘时代新风》、新华社刊载《福建永春：大手牵小手共绘 73 米画卷 庆祝新中国 73 周年华诞》、中新网刊载《福建永春：庆“七一”挥毫之间廉意浓》等报道。全年在各级主流媒体上发表刊登轮载报道 35 篇，其中，主流中央媒体 3 篇，省级媒体 13 篇，市级媒体 6 篇，县级媒体 13 篇。

（郑惠婷）

中国国际贸易促进会永春县委员会

【企业市场开拓引导】 2022 年，中国国际贸易促进会永春县委员会（简称“永春县贸促会”）为永春企业搭建“走出去”平台，宣传推介永春香、醋、陶瓷等特色产品。2022 年组织永春企业参加“走进非洲——赞比亚”推介会活动、第二十二届中国国际投资贸易洽谈会等展会和第八届中国（泉州）海上丝绸之路国际品牌博览会等展会。

【对外联络格局深化】 2022 年，永春县贸促会加强与境外同乡会、联合会、异地商会的交流往来、联谊联络，巩固老侨胞、广交新侨胞。持续开展“永春精英故乡行”活动，实施“乡贤回归”工程，吸引更多新生代华侨华人异地商会“商二代”回乡观光谒祖，投资创业。6 月，前往东莞、深圳、广州、佛山等地开展招商工作。7 月设立永春县国际商会驻泉州、永安联络处，为在外的永商企业提供帮助和服务，延伸永春县国际商会的工作网络。争取国家、省、市贸促会等平台资源，加强与国（境）外商、协会的联系与沟通，共同探讨如何推广永春香、老醋等传统产业。

【商事法律服务】 2022 年，永春县贸促会深化“放管服”改革，推行“单一窗口”审批模式，落实企业自主打印模式，提高服务效率，全年自主打印一般原产地证书和优惠原产地证书 387 份。至 12 月底，县贸促会提供各类法律咨询 15 次，并组织企业参加 RCEP（《区域全面经济伙伴关系协定》）政策及商事法律仲裁等涉外培训。9 月 2 日，联合县工信商务局、县农业农村局和泉州海关驻安溪办事处在永春县开展“保稳提质 促进永春外贸经济发展”政策宣讲。落实外贸支持政策，走访调研锦林环保、美律科技、邦正等出口重点企业，宣传各级外贸出口扶持措施及国内外经贸法规政策。

（林晓波）

永春县残疾人联合会

【概况】 2022年，永春县残疾人联合会（简称“永春县残联”）统筹推进疫情防控和残疾人工作，保障和改善残疾人民生，完善残疾人服务体系。县政府制定出台《永春县“十四五”残疾人保障和发展规划》《永春县残疾人体育运动员教练员奖金奖励办法》等文件，提高残疾人安居工程补助标准、增加残疾人老旧房屋修缮和大病临时救助资金。至2022年底，全县持证残疾人12331人，乡镇残疾人联络员33名、村（社区）残疾人联络员236名。

【残疾人民生保障】 2022年，永春县残联联合多部门实施10户贫困残疾人“安居工程”，发放补助50万元；实施15户残疾人“修缮工程”，发放补助22.5万元；完成37户残疾人家庭无障碍改造，发放补助18.19万元；为345名低保、肢体重度、精神、智力残疾人实行居家托养购买服务，提供每人每年2000元的“菜单式”服务，开展生活照料、卫生保洁、心理关爱等上门实体援助服务。全年永春县残疾人自主就业创业社保补贴185人，补助70.12万元，受益人数居全市前列；为147名“零就业”残疾人家庭发放就业创业补贴73.5万元；发放残疾学生考录大学一次性奖励金3人1.8万元，发放助学补助289人53.95万元。

【残疾人康复服务】 2022年，永春县残联为263名0—17岁残疾儿童发放康复救助金295.6万元。全县提高精神类残疾人康复补助标准，补助分别升至一级2000元，二级1500元，三、四级1000元，全年为1044人次精神类残疾人发放补助152.3万元；为217名残疾人发放辅助器具补贴41.13万元，免费施行白内障手术320例，发放补助14.4万元。

【残疾人劳动就业】 2022年，永春县残联在线上举办2022年就业援助月残疾人招聘会和“全力以‘复’助残圆梦”等网络招聘会，在线下开展“稳岗促就业”现场招聘会，3家公司30个工作岗位招聘残疾人员工，求职23人、现场达成就业意向12人，扩大就业覆盖面。举办2期农村残疾人实用技术培训班，对192名残疾人开展电商营运、针织纺织技术和红薯、马铃薯、芋头、玉米、油茶等农作物栽培技术方法、病虫害综合防治等培训，提高残疾人的就业技能。

【残疾人帮扶解困】 2022年，永春县残联扶持147名农村贫困残疾人发展种植、养殖等就业创业项目，发放补助73.5万元。实施残疾人自主创业项目6人次，发放补助5万元。创建2家残疾人辅助性就业和日间照料中心，为17名智力、精神残疾人提供辅助性就业和日间照料服务，为15名自闭症、智障人士开展有针对性生活技能、职业技能等培训，提高社会适应能力。创建省级爱心助残驿站1家，为6名残疾人提供照料服务；为“一户多残”家庭残疾人1057户次2222人次发放生活补贴147.26万元，为555名低保、肢体重度残疾人发放居家养护补助55.5万元，为持证残疾人购买意外伤害保险37.53万元，保障贫困残疾人基本生活。

【残疾人心理健康服务】 2022年，永春县残疾人社会心理服务中心全面投入运行，引进9DVR体验仪、智能互助宣泄等先进设备，招聘引进专兼职心理咨询师6名，为全县残疾人和家属及残疾人工作者免费提供心理服务，接待各级参观交流70多场次2600多人次，现场接受260多人次残疾人及家属咨询。举办“关爱心理健康 盛开心灵之花”等心理专题讲座15场次，受益残疾人及家属400多人次。建立“一对一”档案104份，入户开展精准心理辅导180多人次，满意度达96%。为56名特教老师及家长、140多人次孤独症儿童家长开展“心理赋能 幸福向前”“与星同行”等辅导4场次，帮助调节情绪、缓解压力。建立线上+线下心理援助服务平台，永春社会心理服务中心交流群发布心理资讯105条，解答心理问题50多个；永春残联心理服务小程序、微信公众号开展线上心理服务120多人次，24小时热线接受60多人次咨询；永

永春县残疾人社会心理服务中心

（图／永春县融媒体中心 2022年1月6日摄）

春群团抗疫心理健康服务群发布心理健康知识40多条。

【残疾人“一站式”综合服务中心】 2022年，县残联整合县福乐家园资源，完善设施，优化环境，打造残疾人“一站式”综合服务中心。一楼打造残疾人接访中心和爱心驿站：完善轮椅、辅具等设备保障残疾人无障碍来访，为残疾人提供饮水、休息、取暖纳凉、手机充电、临时避雨等便利。二楼打造爱慧康复服务中心：为100多名孤独症、智力和言语障碍残疾儿童及其家庭开展康复训练指导。三楼打造“一站式”服务中心：每月开展残疾人办证“一窗受理”，共开展活动12次、现场评残403人次，同时组织上门评残32人次，实现残疾人办证“最多跑一趟”“一趟不用跑”；每月开展轮椅、假肢维护，330人次残疾人受益；每星期开展助听器维护，220人次残疾人受益。四楼打造辅助性就业和日间照料中心：为13名智力、精神残疾人提供辅助性就业，为13名孤独症和智力残疾人提供日间照料服务，提高行为矫正和规范养成能力。五楼打造残疾人社会心理服务中心：设有10个专业功能区，通过仪器体验、现场辅导等方式免费提供心理服务。六楼打造残疾人就业创业示范点：引进残疾人创办的公司入驻，捆绑安置残疾人就业4人、辐射带动残疾人家庭创业6户，推动产业化扶贫助残。

【永春县残疾人联合会第七次代表大会】 2022年11月7日，永春县残疾人联合会第七次代表大会召开。选举产生永春县残联第七届主席团委员和永春县出席泉州市残联第七次代表大会代表。会议期间，永春县残联第七届主席团召开第一次全体会议，聘请吕建成为主席团名誉主席，选举董婧为主席团主席，推举陈金宝为执行理事会理事长。主席团会议还通过4个专门协会会长、副会长及永春县拟任泉州市残联第七届主席团委员候选人名单。

（林小康）

永春县红十字会

【概况】 2022年，永春县红十字会实施省为民办实事项目“公共场所配置自动体外除颤仪（AED）+群众性应急救护公益培训”。全年配置AED 20台，完成年度总任务数的105.26%。至12月底，全县有AED 24台。全年县红十字会完成群众性应急救护公益培训1740人次，完成总任务数的100.58%，培训抽查满意率100%。

【急救知识培训宣讲】 2022年，永春县将救护知识培训列为“为民办实事”项目，县委书记带四套班子学救护，融入防汛演练直播环节，培训机关、乡镇、学校先行，发动全民参与。永春县红十字会开展应急救护进社区、进农村、进学校、进企业、进机关、进家庭“六进”活动，通过对心肺复苏、AED（自动体外除颤器）的使用、气道异物梗阻急救、创伤包扎知识的全面宣传普及，提升全县人民群众的自救互救水平，至年底，开展公益宣讲45场次，受益5600多人次。

【人道救助】 2022年，永春县红十字会开展“99公益日”活动，动员44个团队参与网络募捐，2042人次参与募捐，筹款44500.12元，按“谁筹资谁执行”

原则，于春节期间结合“博爱送万家活动”组织发放到困难群众手中，每户500元，慰问89户。永春县红十字会与泉州红十字义工团联合开展金秋助学、春节送暖活动。8月开学前夕，与义工团走访助学对象，为蓬壶、达埔、五里街、石鼓、桃城、东平、岵山等7个乡镇63名困难学生发放助学金每人500元，为孩子进行心理疏导和学习指导；春节前夕，与志愿者入户发放助学金和慰问品，为永春境内127户家困难户与贫困学子送上油、米、生活礼包等慰问品及每人500元的慰问金。12月27日，永春县红十字会联合县民政局面向全县特困对象、低保对象，儿童福利机构、养老服务机构人员等发放“防疫爱心健康包”8816份。

【遗体、器官捐献登记】 2022年，永春县红十字会开展造血干细胞、遗体和角膜器官捐献的宣传，全年在“中国人体器官捐献”线上平台登记347人。至12月底，永春完成遗体捐献10例，器官捐献1例，角膜捐献1例，造血干细胞捐献1例；线上登记成为人体器官捐献的永春籍志愿者有1958人，到县红十字会现场登记50多人。

（黄晓红）

永春县计划生育协会

【概况】 2022年，永春县计划生育协会（简称“永春县计生协会”）针对生育关怀和家庭健康两大主题，落实宣传教育、生殖健康咨询服务、优生优育指导、计生家庭帮扶、权益维护和流动人口服务等任务，推动协会小组长兼任网格管理员和健康助理员，发挥计生协会联系广大育龄群众和计生家庭的桥梁和纽带作用。至年底，全县有乡级协会22个，村级协会236个，企业协会6个，协会小组长2149人。

【优生优育】 2022年，永春县计生协会打造早教品牌，以开展科学育儿知识家长普及讲座和亲子互动辅导活动为载体，拓展0—3岁儿童早期发展项目，做好0—3岁婴幼儿家长或看护人员的宣传动员工作。全年开展科学育儿知识家长普及讲座116场、亲子互动辅导207场，服务计生家庭总数3921户，完成儿童早期发展任务11762人次。巩固完善全县65个“家园互助小组”点，提高家庭养育能力。在妇幼保健院搭建集早教活动、育儿咨询、孕产咨询等多功能于一体的“优生优育指导中心”，为0—3岁婴幼儿及其家长提供规范、安全、科学的儿童早期发展教育和服务。

【关怀帮扶】 2022年，永春县计生协会推进帮扶工作落地，帮助计生家庭提高生活质量。实施幸福工程，在介福乡实施中国计生协“生育关怀携手行——计生困难家庭发展致富”项目，提供帮扶资金20万元；开展县级致富幸福工程50户，为每户计生母亲提供1万元帮扶款；在岵山镇实施省级幸福工程项目，提供17万元帮扶资金；在一都镇、苏坑镇、石鼓镇、蓬壶镇、介福乡5个乡镇依托企业、合作社、致富带头人等创建计生家庭帮扶基地，为每个基地提供10万元帮扶款，发挥当地主导产业优势，提供就业岗位和创业机会。推进安居工程，扶助15户计生困难家庭并为每户提供2万元安居补助，实现住有所居。实施紧急救助，帮助因病因灾致贫返贫的计生困难家庭169

2022年10月20日，永春县计生协会在达埔中心幼儿园开展0—3岁婴幼儿早教活动，图为亲子课堂现场 （图/潘晓玲）

户，发放慰问金28.73万元，助其解决燃眉之急。精准助学，为141名计生女孩户女儿发放奖学助学金24.9万元，助力莘莘学子圆梦大学。关爱失独家庭，加大“关爱小组”活动力度，给予每个“关爱小组”每年2000元的经费保障；巩固失独家庭“暖心家园”，整合各方资源，开展关怀关爱活动，促进服务精准化、帮扶个性化、措施具体化、工作常态化；实行失独家庭动态管理制度，及时掌握失独家庭的动态和需求；对新增14户失独家庭及时进行慰问，为2户失独家庭进行房屋修缮并提供帮扶资金1.2万元；在重要节假日为计生特殊家庭送去慰问金和节日祝福，全年发放各类慰问金21.86万元，提高其生活质量和生存环境。

【家庭健康】 2022年，永春县计生协会推进家庭健康促进活动。实施青春健康教育，巩固原有青春健康教育基地和服务网点的基础上，新建1所家长示范学校和1个青春健康俱乐部，促进青春健康教育工作常态化。开展以“成长之道”和“沟通之道”为主题的宣传服务活动52场，提升青少年健康素养，增强家长对青春期孩子的认知程度和沟通水平。举办青春健康教育师资培训1期，围绕青春期生理、心理健康、人际关系安全教育等内容，对全县各中学、职专心理老师、乡镇计生协会秘书长等55名学员展开培训，提高青春健康师资队伍的能力和水平。优化生殖健康咨询服务，在县中医院、蓬壶卫生院开展创建幸福家庭活动——生殖健康援助行动“蓝氧”项目试点工作，提升育龄妇女生殖健康水平，增强自我保健意识。与卫健部门联合开展不孕不育诊疗服务工作，组织失独家庭、不孕症计生困难家庭到定点医院接受检查诊疗，提供诊疗补助。开展幸福家庭创建，推广“健康知识进万家”小程序，绑定小程序群众13877人，普及营养健康、“三减三健”（减盐、减油、减糖和健康口腔、健康体重、健康骨骼）、慢性病管理、传染病预防等科学知识，引导广大育龄群众和计生家庭树立健康理念，养成健康行为习惯，提升健康素养和水平。联合县教育局、县妇联、县关工委开展“家庭教育公益大讲堂”宣传实践活动15场，组织家庭教育、心理教育专家学者，深入农村偏远地区和学校举办巡回讲座、家庭沙龙等。

【宣传服务】 2022年，永春县计生协会深化宣传服务活动，不定期开展生育关怀走访慰问活动，在重要节假日开展多种形式宣传服务活动，全年走访计生家庭和计生特殊家庭758户，发放慰问金74.39万元。在元旦、春节期间，联合卫健局走访慰问100户计生困难家庭；联合慈善总会等对248户计生特殊家庭进行专项慰问；救助45户遭遇重大病灾的计生困难家庭。“5·29”会员活动日期间，县四套班子领导带领挂钩乡镇的县直单位负责人对2021年度17户“计生安居工程”乔迁献爱心，捐款赠物金额达到6万多元。开展“阳光母亲”慰问，向每位母亲送上1000元慰问金。踊跃向主流媒体和专业报刊投稿，及时反映基层协会动态、交流工作经验，展示帮扶成效，挖掘和采写先进典型。

【“优生优育进万家”巡回知识讲座】 2022年9月14—16日，永春县计生协会在苏坑镇、蓬壶镇和达埔镇举办“优生优育进万家”巡回知识讲座，特邀原永春县东关中心幼儿园园长、高级育婴师郑民红授课，130多名家长参加。讲座围绕“婴幼儿认知能力”这一主题，从0—3岁三个年龄阶段婴幼儿不同的生理和心理特点出发，通过理论教学和实物演示，帮助家长了解如何促进婴幼儿知觉、触觉、味觉、平衡觉等方面的发展；同时，通过案例分析，向家长们介绍认知能力培养过程中所能借助的模具、亲子互动游戏和应该规避的误区。活动现场还为家长们赠送《育儿宝典》，帮助他们进一步掌握科学育儿理念和知识，受到家长们的一致好评。

（郑梅玲）

法 治

政法委与综治

【概况】 2022年，永春县围绕中共二十大安保维稳主线，统筹抓好疫情防控和经济社会发展各项工作，开展“平安永春、法治永春、过硬队伍”三大建设，社会大局持续保持和谐安定，永春县获评“全国信访工作示范县”。据省委政法委电话测评，2022年下半年永春县扫黑除恶好评99.73%，位居全省第一；群众安全感率达99.54%，位居全市第一；执法满意率99.10%，位居全市第三、全省第六。

【“平安永春”建设】 2022年，永春县开展“红盾·2022”百日攻坚行动、夏季治安清查整治“百日行动”；集中攻坚电信诈骗治理，推进涉诈重点人员管控。全县立刑事案件673起（比上年下降17.52%），破502起（比上年增长19.81%），破案率74.59%(比上年增长23.24%)。以学习宣传贯彻《中华人民共和国反有组织犯罪法》为牵引，开展重点行业领域整治，在开展信息网络、工程建设、自然资源、交通运输等四大行业领域整治基础上，在教育、金融放贷、市场流通等行业领域开展整治，从严从重打击黑恶犯罪。全年开展行业专项检查100余次，出动执法人员800余人次，发现隐患问题182处，均整改到位。落实县政府常务会会前学法制度，推进领导干部述责述廉述法工作。成立“八五”普法讲师团和“蒲公英”普法志愿者队伍，开展2022年永春县“美好生活·民法典相伴”主题宣传月活动，推进《信访工作条例》学习宣传。全年组织开展法治宣传活动130余场，法治讲座70多场，受教育10万多人次。

【社会治理模式创新】 2022年，永春县通过设置睦邻会客厅矛盾纠纷调解室，检察官、法官、律师咨询室，综治中心室和平安志愿服务站、网格站、微型消防站、警务室、治安防控室、应急处理室等，不断推进“综治+”治理中心规范化、高标准建设，完成“综治+”治理中心建设31个，其中乡村型23个，社区型8个。以获评“2021基层治理创新县”为契机，持续深化开展“三治融合”（自治、法治、德治相结合的城乡基层治理体系）示范村（社区）建设，命名17个村（社区）为2022年度“三治融合”示范村（社区），结合“党建+”邻里中心建设，鼓励全县“党建+”邻里中心创建村（社区）参与“三治融合”精品村（社区）及示范村（社区）评比，打造社会治理生态圈。按照“便于管理、任务相当、界定清晰、类别集中、全面覆盖、不留空白”的原则，全县划分村（社区）网格237个、单元网格510个、责任网格1189个。至年底，全县共配备2328名网格员，其中专职网格员510名、兼职网格员1818名。举办网格员培训会31场次，制定网格化管理7项工作机制，推动网格化管理规范化运作。

【社会安定稳定维护】 2022年，永春县落实重大活动安保维稳任务，完成中共二十大和各级两会、冬奥会、省党代会等重要会议、活动的维稳安保工作。加强网络舆情巡查，及时发现、快速处置网络舆情，净化网络空间。立足新媒体时代群众多元化司法需求，加强新媒体平台建设。实施“乡村调解能手”培育工程，开展重点阶段、重点时期专项活动和涉

2022年8月26日，永春县打击整治养老诈骗专项行动办公室和县法院举行"老妈乐"案件退赔款发放仪式（图/永春县委政法委）

稳风险排查化解工作，把矛盾纠纷化解在基层。

【专项整治行动】 2022年，永春县印发《永春县打击整治养老诈骗专项行动实施方案》。多次召开全县打击整治养老诈骗专项行动部署推进会，将专项工作落实情况纳入平安建设考评内容。组织成立督导组，对各乡镇各有关部门打击整治养老诈骗专项行动工作情况进行督导检查。全面梳理近年处置的涉老年人、涉养老诈骗以及各行业领域养老诈骗线索。组织巡特警、派出所、镇（村）干部、网格员等加强对公园、广场等老年人聚集的公共场所的巡逻防控，在辖区检查是否存在聚集推销保健品类产品、销售假药的违法犯罪团伙和窝点。组织执法人员对保健食品经营户、养老机构、广告经营单位、医疗诊所、娱乐场所、景区等重点场所进行检查，严厉打击违法行为。立案侦查涉养老诈骗违法犯罪案件5件，破获5件，破案率100%，执行历史案件"老妈乐"诈骗案1件，发放退赔款100余万元。出动执法人员935人次，检查企业、店面等场所1246家次，整治苗头性隐患问题3个。发挥基层组织、综治中心、网格员、平安建设志愿者等力量作用，开展集中宣传活动，通过点对点、面对面等方式进行覆盖式宣传。全县开展进村入户、集中宣传活动356场，制作电子宣传片4部，印发纸质宣传材料44万余份，通过电信、移动等运营商向全县群众发送宣传短信43万余条，覆盖49万余人次。

（王志腾）

法治政府建设

【概况】 2022年，永春县贯彻落实中央、省、市法治政府建设及永春县"一规划两方案"（《法治永春建设规划（2021—2025年）》《永春县法治社会建设实施方案（2021—2025年）》《永春县法治政府建设实施方案（2021—2025年）》的部署要求，做好法治政府建设。全年行政诉讼案件29件，败诉2件，败诉率6.89%，比上年下降6.09%；行政机关负责人出庭应诉率88.89%。

【依法行政】 2022年，永春县推动"放管服"改革。推行"容缺受理"机制，全年梳理公布"一趟不用跑"3838项、"最多跑一趟"4180项，自助一体机入驻131项政务服务事项，完成县本级"跨省通办"81项，减少办事环节679个，减少申报材料357项，压缩审批时限615个工作日；在15个"党建+"邻里中心配置24小时政务服务自助一体机，指导"党建+"邻里中心"马上办"60项、镇村事项"就近办"110项、"网上办"3890项、"掌上办"1945项、"自助办"127项。对建设项目环境影响报告书（表）等18个涉及工程建设项目审批事项推行告知承诺制，落实全程帮办，提供"保姆式"服务，对征集协调企业用工、融资535个问题实行销号制度，全年指导为民办实事项目271个，指导办理施工许可证292次。拓展智慧政务。完善提升"永易办"政务服务掌上智慧平台，将"企业信息需求发布、银行产品信息发布、银行预审"3个板块嵌入"永易办"平台，推动"互联网、政务、金融"深度融合，推广"永易办"掌上智慧平台，引导规范620家第三方机构入驻中介超市，实行"信用红榜""信用黑榜"的奖罚机制，拓展企业信用融资渠道，授信金额1.44亿元；完善"一件事”集成套餐服务，2022年新增一件事套餐4项，30件“一件事”集成套餐服务办理时间由295个工作日压缩至108个工作日，压缩率63.39%；递交材料由578项精减为288项，精简率50.17%；跑动次数由52次减少为28次。推动不动产登记系统、房屋备案系统和泉州市“互联网+政务服务”行政服务一体化平台对接，实现不动产登记（有房抵押）90分钟出证。优化营商环境。简化服务审批流程，做实项目前期服务工作，审批服务联动化，1个工作日内完成出让合同签订、缴税、交地、发证工作，助力项目“拿地即开工”；常态化开展“局长走流程”专项活动，建立“体验清单”“问题清单”“成效清单”，推动47个单位对466个事项开展走流程，出台整改措施及规范性文件11份，梳理问题19个，全部整改到位。推行网上审批“零见面”“容缺受理”，简化许可申请材料“免申即办”等便民举措，开展企业强制退出改革试点，发布宽展期免予行政处罚公告，促进市场主体提质增量。全年新增各类市场主体6751户，办理食品生产许可证照19张，对县重点企业、重点人群开展快审快批业务85件。

【依法行政制度体系建设】 2022年，永春县落实《党政主要负责人履行推进法治建设第一责任人职责规定》，围绕推进法治建设目标任务，推动“法治永春、法治社会、法治政府”一体化建设。推行《法治永春建设规划(2021—2025年)》《永春县法治社会建设实施方案（2021—2025年）》《永春县法治政府建设实施方案（2021—2025年）》《永春县进一步加强法治建设的重要举措分工方案》，搭建完善永春县“十四五”时期法治建设体系。开展法治政府建设督察督办，印发《永春县落实〈省对泉州市法治政府建设督察反馈问题整改方案〉》，对永春县18个重点单位开展法治建设督察。推进领导干部学法、述法、考法工作，县委中心组组织专题学法讲座4次，县政府常务会议安排专题学法讲座5场。组织宪法宣誓72人次，全县1037名领导干部进行年度述法，11名干部参加“任前法考”。

【公正文明执法】 2022年，永春县推进乡镇综合行政执法改革，做好行政执法权下放与衔接工作，出台《永春县人民政府关于赋予乡镇人民政府部分行政处罚权的通知》，召开乡镇赋权工作协调会，选定农业农村、城市管理和教育、水利等9个领域158项执法事项开展首批试点工作。开展“四张清单”（不予行政处罚、从轻或减轻行政处罚、免予行政强制清单）编制工作，全县编制首批“四张清单”523项，依据“四张清单”对违法当事人做出不予处罚2件、从轻处罚1件、减轻处罚7件。在生态环境保护、农业、交通运输、文化市场、市场监管、城市管理、应急管理7支综合执法队伍中开展不予行政处罚、从轻或减轻行政处罚事项清单试点工作。组织全县行政执法人员参加福建省干部网络学院习近平法治思想示范培训班，开展行政执法业务专题培训，通过“线上+线下”模式提升基层执法人员业务水平。做好行政执法资格考试工作，全县综合科通过率为62.9%，乡镇专业科通过率为97.3%，至年底全县行政执法人员940人。持续推进行政执法“三项制度”（行政执法公示制度、执法全过程记录制度、重大执法决定法制审核制度），依托“泉州市行政执法公示平台”，各行政执法单位对执法主体、执法权限、执法依据、处理结果等相关信息进行公示。全年各行政执法单位在平台公示执法信息，事前公示5件、事中公示75件、事后公示15552件；录音录像3次，法制审核310件；对县公安局、城市管理局、农业农村局、应急管理局、住建局5个单位“热点领域”计54卷的行政处罚案卷开展评查。全县收到行政复议申请53件（以行政处罚、行政许可为主），办结52件，法定期限内结案率达到100%。发生行政诉讼案件29件，审结29件，败诉2件，败诉率为6.89%，比上年减少6.09%。接受县人大及其常委会的法律监督和工作监督、政协的民主监督、党内监督、群众社会监督和舆论监督，推进行政权力公开透明运行。定期向人大报告、向政协通报工作。全年办理县人大代表建议175件次、政协提案154件，办结率100%，满意和基本满意率100%。推进政务公开和政府信息公开，在泉州市永春县人民政府门户网站主动公开信息10388条。

【规范性文件管理】 2022年，永春县开展规范性文件合法性审查，将行政规范性文件备案审查工作纳入全县年度绩效考评方案，涉

2022 年 3 月 10 日，永春县举行蒲公英普法志愿者成立大会

（图 / 潘群山）

企政策的制定听取企业家和协会商会的意见建议，落实合法性审核“三审双签”制度。全年审查县政府文件 44 件，其他部门文件合法性审查 4 件，报送泉州市司法局备案 10 件，合同合法性审查 6 件，其他行政决策合法性审查 4 件。完善行政规范性文件动态清理机制，开展年度全县规范性文件清理工作，重点清理涉及与《优化营商环境条例》、《公平竞争审查制度实施细则》主要内容和精神实质相冲突的文件；集中清理涉及人口与计划生育内容的文件；专项清理涉及限制网约车驾驶员户籍规定及“水能资源开发利用权”的文件。全年发布继续有效的规范性文件 59 件，废止、失效的规范性文件 15 件。

【法治宣传教育】 2022 年，永春县坚持把深入学习宣传贯彻习近平法治思想作为重大政治任务，列入党委（党组）理论学习中心组学习重点内容和全民普法工作的首要任务，纳入党员教育体系、干部教育体系、国民教育体系和社会教育体系、“八五”普法共性责任清单及党校重点课程和法治队伍培训内容。印制习近平法治思想宣传折页 1 万份，结合“法律八进”活动开展学习宣传活动 10 多场。成立永春县“蒲公英”志愿者普法联盟，结合“三治融合”示范创建活动，实施“法律明白人”培育工程，培育农村“法律明白人”4335 人、法治带头人 1195 人、学法示范户 113 户。创作推出《谈典说法》栏目 12 期，持续推进民主法治示范村创建，提升法治文化阵地，五里街镇大羽村荣获第八批“全国民主法治示范村”称号。

（黄安馨）

公 安

【概况】 2022 年，永春县全面统筹疫情防控、维稳安保、打击犯罪、重点整治和安全监管等工作，完成“两节”、两会、冬奥会、冬残奥会、中共二十大等重大活动、重要节点安保维稳任务。推进常态化扫黑除恶斗争，开展“红盾·2022”百日攻坚暨夏季治安打击整治“百日行动”、“飓风肃毒”、严重暴力犯罪、缉枪治爆和涉传统“盗抢骗”、黄赌毒、走私等打击整治专项行动，社会治安呈现“一降两升”良好态势。全年立刑事案件 482 起，比上年下降 26.97%；破刑事案件 313 起，比上年上升 17.67%，刑事案件破案率 64.94%，比上年上升 24.64 个百分点，社会治安持续稳定。

【刑事案件侦查】 2022 年，永春县破获刑事案件 419 起，抓获刑事作案成员 513 人，移送审查起诉 464 人，比上年上升 38.1%，打掉恶势力犯罪团伙 1 个，破获黑恶 9 类典型案件 29 起，抓获涉黑恶犯罪嫌疑人 56 名，打掉涉恶团伙 2 个，抓获公安部扫黑除恶“漏网之鱼”目标在逃犯罪嫌疑人 1 名。八类严重暴力性犯罪案件27起全破，快速破获“9·21”现行命案，连续攻坚破获 20 年以上命案积案 2 起，抓获犯罪嫌疑人 4 人。破获部督“12·13”特大假药案，抓获犯罪嫌疑人 6 人，案值 800 多万元。推进电信诈骗治理，抓获犯罪嫌疑 126 人，打掉涉诈窝点 2 个、团伙 5 个，破涉诈案件 106 起，破获偷越国（边）境案件 10 起，上报市局认定打掉金主 1 名，上报破获全链条案件 1 起，成功摘掉省平安办“非法出入境重点整治地区”帽子。开展“百日千警进万家”活动，推广“金钟罩”小程序，注册 22.66

2022 年 1 月 10 日，永春县公安局举行新警入警集体宣誓仪式

（图 / 龚江辉）

万人，注册率 60.85%，预警劝阻 22309 起。县公安局刑侦大队被福建省扫黑除恶专项斗争领导小组评为“全省扫黑除恶专项斗争先进集体”。

【社会治安管理】 2022 年，永春县公安局会同党政部门化解矛盾纠纷 569 起，有效防范社会稳定风险。完成全县 46 个“智慧安防小区”智能门禁、车辆闸道建设，完成 3 个街面警务站和外山市际公安检查站改造升级，并投入使用。打击枪爆违法犯罪，开展清查收缴非法枪爆物品统一行动，查处涉枪案件 5 起，其中刑事案件 3 起，行政案件 2 起，查处涉案人员 5 人，起诉 2 人，收缴枪支 6 支，各类子弹 240 发，雷管 2 发，黑火药 0.3 千克。加强危爆物品监管，开展烟花爆竹专项整治，排查零售网点 236 家次，发现并整改隐患 16 处；排查剧毒化学品单位 1 家、易制爆化学品使用单位 3 家、放射性物品使用单位 4 家、散装汽油单位 54 家，发现并整改安全隐患 12 处。整治黄赌违法犯罪，开展“扫黄打非”专项整治统一行动 16 次，出动警力 210 人次，检查行业场所 90 家次，出租房屋、书报亭、音像制品店等出版物场所 100 家次，临时报摊、游商、店档、摊点 220 家次，查获卖淫嫖娼 12 起。整治重点行业场所，公安局配合相关部门开展安全隐患大排查大整治，查获娱乐场所提供有偿性陪侍 1 家，查获旅馆业涉嫌未经许可擅自经营 1 家，不按规定登记旅客信息 12 家。

【经济案件侦查】 2022 年，永春县立经济犯罪案件 9 起，破案 9 起，抓获犯罪嫌疑人 13 人，其中破获打击非法集资犯罪案件 2 起，带破涉养老诈骗案 5 起，挂账督办案件 1 起，“六比三看”竞赛活动中公安部审批通过数据协同 3 起。铲除虚开骗税犯罪“黑灰产”，侦破“7·4”涉嫌虚开增值税专用发票案，查获虚开增值税专用发票 781 份，涉案金额 7208.11 万元，该案通过公安部审批发起全国集群战役。

【户政管理】 2022 年，县公安局办理准迁证 408 份，二代身份证审核及分拣 33418 张，办理临时身份证 995 张，港澳台居住证 57 张，异地办理身份证 356 张。全年解决出生未落户 3846 人，漏报补录户口信息 19 条，多报删除 9 人，受理微信业务 62 笔，非亲属公告 218 份。

【出入境及往来港澳台管理】 2022 年，县公安局从严受理审批签发出入境证件。全年窗口受理各种证件 1033 人次，其中为出国留学、就业和定居等紧急事由的群众办理普通护照 51 人次，永春居民往台 9 人次，澳门旅游 731 人次，港澳探亲 162 人次，为境外人员办理出入境证件、签注 52 人次，群众满意率 100%。做好“三非”外国人治理，登记外国人临时住宿登记 500 人次，登记率 100%、及时率 100%、准确率 99.7%，均位居全市前列。依法打击偷私渡，查处非法入境越南人 5 起 5 人，非法居留 3 起 3 人，遣送 1 名孟加拉国人出境，协助破获 2 起组织他人偷越国（边）境案件、3 起个人偷越国（边）境案件。

【执法规范化建设】 2022 年，永春县行政案件法定期限内结案率提升至 82.82%；贯彻落实“少拘慎押”宽严相济刑事政策，直接采取非羁押性强制措施以及刑拘后 24 小时内变更强制措施嫌疑人与当年被采取刑事强制措施嫌疑人占比提升至47.95%；刑事案件进入执法办案管理中心办理率提升至88.46%，违法犯罪嫌疑人有效回写信息率提升至100%。全年办理行政诉讼10件，做到零败诉。

【涉毒违法犯罪打击】 2022年，永春县加强联合打击涉毒违法犯罪力度，破获毒品犯罪案件4起，抓获毒品犯罪嫌疑人4人，起诉毒品犯罪嫌疑人8人。常态开展清查行动，实行"重嫌必检""酒毒同查"，摸排打击藏匿于旅馆业、娱乐场所的涉毒违法犯罪活动，查处吸毒人员25人次。

【基层社会治理】 2022年，永春县创新推进宽松型"片区警务协作"模式，划分全县21个山区派出所成立7个"片区"，每个"片区"建设"综合指挥室"。机制推行后，全年刑事案件发案数比上年下降17.52%，破案数比上年上升19.81%，破案率比上年上升23.24%。试点单位桂洋派出所获评全省第二批"枫桥式公安派出所"。全县有82名社区民警兼任236个村居（社区）主任助理，促进警网深度融合，矛盾纠纷调处成功率提升至93.63%，168个村（居）社区实现刑事案件"零发案"。

【交通管理智能化建设】 2022年，永春县投入近600万元建设城区交通监控设备新建及升级改造项目（三期）工程，在城区部分主要道路（环城路、桃源南路等）新增违停抓拍系统112套，对行人通行量大、存在安全隐患的斑马线新增不礼让行人抓拍系统2套，对县内存在安全隐患的道路新增超速抓拍系统12套，建设滥用远光灯抓拍系统4套、智慧灯控系统10套、摩托车违法抓拍系统22套。协调城市管理、公路等部门在亚洲酒店、石鼓大桥等信号灯路口右转弯处增设凸面反光镜6块，在新医院、中医院、永春侨中等信号灯路口规划摩托车待转区11处，在国道356线东平路段、城区南环路、北环路等路段增设"直行大货车居中行驶、不得靠右"警示牌4块。

【兼职辅警社会治理机制创新】 2022年，永春依托村干部兼职辅警，探索实践"村干部兼职辅警"基层治理新机制，源头预防群体性事件隐患13起、"民转刑"案件32起，实现全年刑事发案419起，再创历史新低。永春县坚持"一农村、一城镇"思路，在桂洋、桃城试点探索后，以点带面全县铺开，选聘308名村干部兼职辅警，发挥人缘地缘优势，提高基础摸排、风险监测、实时预警能力，在统筹推进疫情防控、安全生产、复工复产和维护稳定中发挥作用。将全县划为东西南北4个片区，完善跨区域集中调训、联动处置，遇到紧急情况，可就近调动100名以上兼职辅警策应增援，打造维稳处突"后备军"。

（龚江辉）

检察

【概况】 2022年，永春县人民检察院受理提请批准逮捕各类刑事犯罪案件198件274人，受理移送审查起诉案件320件407人。县检察院开展"司法救助助力巩固拓展脱贫攻坚成果　助推乡村振兴"专项活动，向6名案件当事人或其近亲属发放救助金3.3万元。涉侨检察保护工作经验被《检察日报》头版头条刊发，并被中央、省、市各级媒体报道18篇次。全省首场"检察护侨"推进会在永春召开，相关经验做法被省、市检察院转发推广，并被推荐参评全市"十佳"基层社会治理创新案例。1名干警获最高检通报表扬，1名干警获评"全国检察宣传先进个人"，1名干警获评"全省检察机关优秀检察宣传工作者"，1个团队获评全市检察机关优秀办案团队。

【刑事检察】 2022年，永春县人民检察院批准逮捕各类犯罪嫌疑人274人，比上年下降21.26%；起诉407人，比上年下降13.4%；贯彻落实"少捕慎诉慎押"刑事司法政策，不批准逮捕74人，不起诉59人；提前介入侦查23件，对移送审查起诉案件开展自行补充侦查7件，位居全市第二；加强侦察活动监督，依法监督立案3件，监督撤案9件，建议行政执法机关移送涉嫌犯罪案件2件，书面纠正侦查活动违法22件，纠正漏捕23人、漏诉9人；加强审判活动监督，提出抗诉1件；加强刑事执行监督，纠正刑事执行活动违法8件，对财产刑执行活动违法提出纠正意见22件，位居全市第三，纠正监外执行罪犯监管改造违法20人，核查罚金刑执行活动226人；适用认罪认罚350人，适用率89.06%，提出量刑建议322人，法院采纳314人，采纳率97.52%。常态化开展扫黑除恶斗争，批准逮捕涉恶犯罪嫌疑人11人，提起公诉12人。惩治群众反映强烈的电信网络诈骗、养老诈骗、开设赌场等违法犯罪，批准逮捕70人，提起公诉125人，并联合县法院举行“断卡”案件庭审观摩和集中宣判活动、养老诈骗赃款集中退赔活动。紧扣全县经济建设大局，把“法治是最好的营商环境”融入检察工作，批准逮捕扰乱市场秩序、侵犯知识产权等违法犯罪嫌疑人10人，提起公诉13人。

【民事行政检察】 2022年，永春县人民检察院办理生效裁判监督1件，办理民事审判程序违法监督2件，办理民事执行活动监督41件，重点关注“欠薪”等民生问题，支持弱势群体提起民事诉讼30件，案件数位居全市第二。帮助追偿劳动报酬、民事侵权赔偿金17.5万元；办理行政执行活动监督18件，办理行政审判活动违法监督3件。以违建整治工作为切入点，与县自然资源局配合，推进土地执法查处领域行政非诉执行监督专项活动。办理督促行政机关履职案件33件，在当事人与行政机关之间搭建沟通协调平台，以圆桌会商方式，推动2件行政争议得到实质性化解。

【公益诉讼检察】 2022年，永春县人民检察院围绕生态环境、食药安全等领域开展专项监督，向有关职能部门发出行政公益诉讼诉前检察建议49件；提起刑事附带民事公益诉讼5件，获县法院判决支持惩罚性赔偿金30余万元；与县林业局、有关乡镇共同做好古树名木保护工作，其中“督促保护余光中旧居及古树行政公益诉讼案”被省检察院评为优秀案例。

【未成年人检察】 2022年，永春县人民检察院会同县公安局设立未成年被害人“一站式”取证中心，联合开展酒吧等娱乐场所非法接纳、招聘未成年人专项整治监督活动，推动落实侵害未成年人案件强制报告制度，“零容忍”打击侵害未成年人犯罪12人，针对未成年人监护缺位问题制发《督促监护令》5份，其中一起案例被写入最高检通报。协同县妇联、民政局、教育局等单位构建“家—校—社”联动教育模式，开展“护航侨守、留守儿童成长工程”“送法进万家家教伴成长”“校园周边安全专项整治”等活动。落实院领导、检察官担任法治副校长制度，常态化开展法治进校园、检察开放日活动。

【检务监督】 2022年，永春县人民检察院实行司法办案常态提醒，加强对重点案件、重要节点的动态监控，开展案件质量评查3次83件；主动接受社会各界监督，向社会公开主要办案数据4次，公开程序性信息383件，对25个案件进行听证，邀请人大代表、政协委员、人民监督员、听证员等95人次参加视察调研、检察听证、检察开放日等活动。

【检察护侨】 2022年，永春县人民检察院联合县侨联在全市率先探索“检侨协作”机制，在15个重点侨镇、侨村建立“检察护宝·守护海丝名城”检侨工作联络点，聘请国家级非遗传承人、全国劳动模范等乡贤担任联络员。探索建立纪检监督职能与行政公益诉讼职能贯通协同机制，联合县纪委监委实地走访全县98处文物保护单位，督促相关部门整改消防安全隐患、影响文物风貌等问题，推动一批侨厝及侨乡文物得到系统性保护。拍摄护侨微电影《厝就是根》，参与组织“‘侨’见乡情”侨批研学活动，用活侨乡文化资源，激发海外华侨爱乡热情。全省首场“检察护侨”推进会在永春召开，相关经验做法被省、市检察院转发推广，并被推荐参评全市“十佳”基层治理创新案例。

（康小英）

法 院

【概况】 2022年，永春县人民法院强化履职担当，增进公正司法，践行司法为民，服务发展大局，各项审判工作稳中有进、持续向好。全年受理各类案件9005件，结案8917件，结案率99.02%，位居全市第一；一审服判息诉率、实际执结率、执行完毕率等审执质效指标均居全市法院前列，执行工作质效居全省第八。

【刑事审判】 2022年，永春县人民法院审结刑事案件279件406人。常态化开展扫黑除恶斗争，宣判涉黑恶案件8件18人；开展打击治理电信网络诈骗、养老诈骗犯罪专项行动，联合县检察院、公安局建立联席会商机制，审结电信网络诈骗及其关联犯罪54件82人；依法审判贪污贿赂等职务犯罪案件4件4人，判决追缴赃款赃物、罚金210万元。

【民商事审判】 2022年，永春县人民法院审结民商事案件5196件，标的额166.57亿元。其中，审结商事案件3990件，1篇案例获评全省法院年度优秀案例。审结金融案件1713件，善审结破产案件4件。审结家事纠纷案件617件，审结涉未成年人保护案件250余件。

【民生权益保护】 2022年，永春县人民法院执结各类案件3646件，实际执行到位金额10.97亿元，执行案件结案率位居全市法院第一。加大执行力度，开展专项行动12次，促成执行结案285件，执行到位金额2080万元。判处拒执犯罪4件4人。重视弱势群体权益保障，发放工人工资执行款80.53万元。与县慈善总会合作设立“执行+慈善”救助基金，发挥司法救助、保险救助、慈善救助的叠加效应，为10名困难申请人发放救助金18万元。准予强制执行涉农用地案件39件，保护农用地及基本农田0.05公顷。联合团县委成立“青少年法治研学基地”，组织研学活动6场，开展“送法进校园”活动23场次，帮助未成年人增强法律意识和自我保护能力。联合团县委、公安局、检察院等单位设立永春县青少年“一站式”权益保护中心，汇聚未成年人保护合力。强化司法双拥共建，联合县人武部、退役军人局设立崇军拥军司法服务中心及司法服务站。

【生态司法】 2022年，永春县人民法院服务中共永春县委“生态立县”工作大局，依法审理环境资源案件50件，2件案例入选泉州法院生态环境司法保护十大典型案例。发起联合8家行政执法机关会签《关于加强环境资源保护行政执法与刑事司法衔接工作的实施意见》，与县林业局联合设立“林业执法与司法协同保护工作站”，发出“森林管护令”“补植复绿令”，让0.11公顷被毁林地“重披绿装”。与自然资源局建立耕地保护协作机制，全市首推“耕地保护令”，准予强制执行涉农用地案件39件，保护农用地及基本农田0.05公顷。延伸拓展全省首个国家湿地公园司法保护巡回法庭职能作用，保护东关桥、许港等河湖文化遗产，在仙夹镇龙水村设立非遗司法保护联络点，完善非遗司法保护机制，助力永春文旅产业发展。工作措施被省政府《今日要讯》刊载，被省市法院刊文推广，被《法治日报》刊发推介。

（张晓娟）

司法行政

【概况】 2022年，永春县司法局提供法律援助355件，为受援人挽回经济损失总计约1599.76万元；“12348”法律援助热线为群众解答法律问题3109人次。县司法局开展“八五”普法宣传，成立“蒲公英”普法志愿者队，全年组织开展法治宣传活动130余场、法治讲座70多场，受教育达10万多人。推进法治乡村建设，开展红色法治文化资源普查登记26个，全县建成法治文化阵地236个，“民主法治村（社区）”创建率达100%，经复核重新确认全国“民主法治村（社区）”2个（丰山村、大羽村），省级10个，市级30个。发挥县、乡镇、村（社区）三级矛盾纠纷多元化解作用，全县排查出矛盾纠纷3764件，调处成功3759件，成功率99.9%。永春县司法局被中华全国人民调解员协会评为“组织宣传

2022年，永春县法院创新打造“近邻法官解纷直通车”党建品牌，开展直通车式诉源治理。图为县法院工作人员在桃城镇花石社区开展“厝边说法”

（图/县法院）

人民调解工作先进集体”，桃城镇人民调解委员会获评福建省人民调解先进集体，五里街司法所所长黄炳勇获评福建省司法行政系统先进工作者。

【普法宣传】 2022年，永春县成立“八五”普法讲师团35人，在全县司法行政系统成立永春县“蒲公英”普法志愿者队伍。开展2022年永春县“美好生活·民法典相伴”主题宣传月活动，6月开始每月在县融媒体中心和“永春普法”视频号推出“谈典说法”短视频2期。全年组织开展法治宣传活动130余场，法治讲座70多场，受教育人数达10万多人。推进法治乡村建设，开展红色法治文化资源普查登记26个，全县建成法治文化阵地236个。全县“民主法治村（社区）”创建率达100%，经上年复核重新确认全国“民主法治村（社区）”2个（丰山村、大羽村），省级10个，市级30个。

【人民调解】 2022年，永春县发挥县、乡镇、村（社区）三级矛盾纠纷多元化解中心（工作室）作用，开展重点阶段、重点时期专项活动、涉稳风险排查化解和中共二十大期间安全稳定等工作。全县排查出矛盾纠纷3764件，调处成功3759件，成功率99.9%。上报《调解有一套》纠纷线索19条，协助拍摄1条。配强人民调解力量，在27个“党建+”邻里中心示范创建村（社区）配备专职调解员，成立县人力资源和社会保障局、住房和城乡建设局和教育局等3个行政调解委员会。开展全县司法所“强基础、展亮点、创品牌”评述交流活动，运用好县乡村三级推荐评选制度，至年底评选村（社区）“乡村调解能手”292人、乡镇“乡村调解能手”135人、县“乡村调解能手”81人。全年开展人民调解员队伍教育培训会75场次。

【法律援助】 2022年，永春县法律援助落实一次性告知、首问责任，优化流程，压缩时限，高效服务，改善窗口作风。推出“你扫码我服务 最多跑一趟”便民服务机制，落实马上就办制度。通过“12348”法律援助热线为群众解答法律问题3109人次，提供法律援助355件，为受援人挽回经济损失总计约1599.76万元，其中为农民工讨回薪资约436.82万元。

【矫正帮教】 2022年，县司法局加强社区矫正对象的日常位置信息确认，增加通信联络、信息化核查、实地查访和突击走访的频次，与公安机关建立季度刑满释放人员数据比对机制，每月联合县检察院、公安局开展一次智能化数据排查，确保重点人员底数清、情况明。引入专业心理咨询师参与社区矫正、安置帮教工作。为全县新入矫社区矫正对象完成心理测试，并按照“一人一档”的标准建立心理健康档案，对刑满释放人员开展心理疏导906人次。

【开通释法说理短视频】 2022年6月，永春县以本地律师说法的形式，在永春县融媒体中心和“永春普法”视频号创新推出“谈典说法”短视频，每月2期，内容涉及婚姻家庭财产、防诈骗、预防校园欺凌、防溺水、杜绝酒驾醉驾、交通肇事罪、反有组织犯罪法等。通过创新形式，把法律法规融入通俗易懂的释法说理，采取群众喜闻乐见的短视频形式，打通法治便民服务“最后一公里”，扩大普法覆盖面。

（黄安馨）

2022年7月21日，永春县司法局开展“社区矫正中心开放日”活动，图为开放日活动现场（图/郑建发）

军事

人民武装

【概况】 2022年，永春县人民武装部（简称“县人武部”）依法治军，开展红色教育和国防教育，组织民兵军事训练和兵源征集，做好军转干部和退役士兵安置，协调现役军人子女优先入学。2名干部获评省“十佳专武部长”，1名干部获评市“十佳专武干部”，2名基干民兵获评全市优秀先进个人。

【政治工作】 2022年，永春县利用林俊德事迹馆和党内政治生活体验馆等红色教育资源，组织干部职工、专武干部、民兵骨干重温入党誓词，持续开展党史学习教育，传承红色基因、担当时代使命。组织11名国防教育讲师团讲师“进乡村、进企业、进社区、进校园”讲党课，教育干部群众学党史、颂党恩、跟党走。遴选政治教导员和专武干部代表参加市军分区组织的“三会一好”（会知兵、会施教、会谈心，身教好）政治教员授课比赛，1名专武干部获全区第三名。

2022年3月2日，永春县人武部组织新兵到介福乡开展新兵入伍第一课活动，图为新兵参观林俊德事迹馆 （图/洪道首）

【国防动员】 2022年，永春县开展国防动员潜力核查，以兵员潜力较为丰富的专业对口、民兵新质力量、退役军人等为重点，走访调研全县的企事业单位，核查潜力，摸清底数。加强民兵训练基地建设，投入资金用于民兵训练基地设施、营区视频监控、购置民兵应急连战备物资器材、营门警卫执勤设施等建设。

【军事训练】 2022年，永春县民兵队伍按照“应急队伍依托乡镇编组，专业和特殊队伍调整为依托县国防动员委各办编组”的思路，完成应急分队和支援分队的编组任务。县人武部按照“抓现役带文职，抓本级带乡镇，逐级延伸促进”的思路，抓实现役、文职、专武干部、应急分队和支援队伍军事训练。

【兵源征集】 2022年，永春县按照征兵新要求，着眼兵员质量，组织业务培训，开展征兵宣传，组织体格检查，规范定兵程序，把好政治考核关和病史调查关，落实疫情防控，输送优质兵员。完成全年征兵工作任务。

（尤奕升）

人民防空

【概况】 2022年，永春县稳步推进永春人防建设，加强结建工程审批管理，开展人防宣传教育，完成全年人防工程审批。全年组织城区6个乡镇举行第25次防空警报试鸣，在永春华侨中学和宝龙小区组织疏散演练。

【人防工程管理】 2022年，永春县贯彻落实《泉州市人民防空办公室关于加强提升人防营商环境审批改革推进工作的通知》精神，压缩审批事项的时限，简化审批材料，提高审批效率。加强结建工程审批管理，坚持“以建为主、以收促建”原则。对于涉及人防专业技术规范的审批，在市人防办指导下，严格把握人防工程审批关，对施工过程中关键节点加强质量监督管理，加大防护设备跟踪管理力度，协同市人防质监站到建设工地进行监督检查，督促及时整改，确保工程建设质量。

【人防宣传教育】 2022年，永春县通过加强宣传教育，增强全民的国防观念和危机应对能力，提高社区和学校应对人民防空及各种突发事件的组织、指挥能力。9月18日上午在城区6个乡镇举行第25次防空警报试鸣，并在永春华侨中学和宝龙小区组织1500名师生和100名人防志愿者、人防专业队和乡镇工作人员参与疏散演练。

（郑艳玲）

退役军人事务

【概况】 2022年，永春县做好双拥优抚、军转干部安置、退役士兵就业创业等工作，实现福建省双拥模范县“五连冠”。桃城镇、达埔镇获评福建省百家红色退役军人服务站，东平镇东山村、湖洋镇蓬莱村获评福建省“五有”（有机构、有编制、有人员、有经费、有保障）退役军人服务站。

【军转安置】 2022年7月，永春县完成符合政府安置工作退役士兵接收报到，按程序开展安置工作。9月2日完成选岗安置，主要安置在事业工勤岗位和央企岗位，在全市率先完成安置任务。

【退役士兵就业创业】 2022年，永春县采取4项措施开展年度退役士兵适应性培训，参训率、合格率均达100%。县退役军人事务所联合永春县科建职业技能培训学校举办“马兰花”创业培训，免费对全县符合条件退役军人培训网络创业、直播带货等课程。举办退役军人招聘会3场，分别于2月6日、7月22日在中闽百货广场开展“春风十里 ‘职’等你来”“退役军人秋季招聘会”，10月19日在达埔香都开展“美律科技专场招聘会”，有70家企业提供600多个岗位，退役军人及现役军人家属参加，达成就业意向多人。发布就业岗位招聘信息，通过工作微信群、微信公众号等媒体发布企业招工岗位信息30多条，涉及企业102个、就业岗位800多个，推荐自主就业退役军人实现再就业多人。举办全县退役军人就业创业业务工作培训班1期，助力退役军人就业创业工作。

【抚恤优待】 2022年，永春县持续开展退役军人和其他优抚对象建档立卡、优待证申领发放工作，开展光荣牌悬挂和破损更换工作。落实优待抚恤政策，为立功受奖军人家庭送喜报并发放立功授奖奖励金，发放义务兵（预备消防士）家庭优待金和大学生入伍一次性奖励金，发放自主就业退役士兵一次性地方经济补助金，落实优抚对象抚恤补助自然增长机制比例不低于政策规定的3%，发放抚恤补助资金。下拨全县优抚对象临时性困难补助及慰问金，发放医疗、住房修缮补助，发放临时价格补贴。在春节、八一建军节期间，开展优抚对象走访慰问活动，下拨优抚对象春节座谈经费，发放慰问金、春节年画和慰问品等。

【褒扬纪念】 2022年8月，永春县设立永春县烈士纪念设施保护中心，人员编制3名。在清明节期间，发动社会各界人士参与开展“2022•奋进•网上祭英烈”活动，全县参与网上祭扫活动6.4万人次，签名寄语2.4万人次。在“9•30”烈士纪念日举行向县革命烈士纪念碑敬献花篮仪式，走访慰问4名烈士遗属，发放慰问金0.4万元。在清明节和“9•30”烈士纪念日期间，群发网上祭英烈活动宣传短信20万条。持续做好烈士纪念设施保护管理工作，下拨烈士纪念设施管护经费23.6万元；将烈士纪念设施建设纳入县委县政府“为民办实事”项目，投入255万元，新建1处烈士集中安葬区（迁移16座零散烈士墓），对12处烈士纪念设施改造提升。开展“为烈士寻亲”活动，帮助4名烈士寻亲。

【《永春县烈士英名录》校核】 2022年，永春县退役军人事务局根据福建省退役军人事务厅统一部署，对烈士英名录进行校核。通过到烈属家中走访，核实、收集烈士的相关资料，对信息记录不全或缺失的，再次核对确认；与县委党史和地方志研究室、县档案馆沟通联系，对史实有争议或不确定的信息再核查、再落实；采用线上线下相结合的工作模式，登录中华英烈网和烈士褒扬优抚系统，查阅1983年烈士证换证信息，逐个梳理烈士姓名、牺牲时间、地点等信息，对差错进行修正，并挖掘英烈事迹，做到底数清、情况明，为烈士英名录提供有效的信息。永春县1982年版英名录收录烈士303人（含后期追认），经过校核最终确定300人。

（涂振强）

双拥工作

【概况】 2022年，永春县军民贯彻落实中央、省、市双拥工作会议精神，围绕争创省级双拥模范县“五连冠”的工作目标，开展军地各项共建工作，被省委、省政府、省军区评为“双拥模范县”，实现双拥创模五连冠工作目标。

【拥军优属】 2022年，永春县开展以爱国主义为核心的国防教育和以爱国拥军、爱民奉献为主要内容的双拥宣传活动。6万多人次参加“网上祭英烈”活动，更新街道的双拥宣传标语20块，张贴或播放双拥宣传标语600多条次。组织转业士官、民兵等退役军人200多人参观林俊德事迹馆、永春抗战历史纪念馆等红色教育基地，传承红色基因。全年县人武部等部门走访重点优抚对象、“革命功臣”等700多人次。在春节、八一建军节期间，县领导带队走访慰问共建部队，慰问重点优抚对象、“革命功臣”、军休干部、企业军转干部、现役军人家属等，开展拥军优属慰问活动，发放慰问金和慰问物资，慰问立功受奖现役军人家属。8月中旬，县四套班子成员到驻泉某部开展“军事日”活动，体验军营生活，接受国防教育。县财政投入资金支持驻永春部队工作、训练、生活等建设。投入资金落实军地“双清单”事项7项，巩固“双拥+扶贫”慰问工作成效，解决部队官兵子女入学3人。2022年7月14日，县退役军人事务局联合县法院、县人武部成立崇军拥军司法服务中心、崇军拥军司法服务站、老兵调解室，现场签署《崇军拥军共建协议》，为首批受聘为永春法院“老兵调解员”的退伍军人颁发聘书。

【军地共建】 2022年5月，县人武部联合县法院、县检察院、县司法局到县武警中队开展“美好生活·民法典进军营”活动，组织观看《中华人民共和国民法典》宣传视频，赠送《中华人民共和国民法典》《中华人民共和国退役军人保障法》等法律书籍、宣传册，围绕《中华人民共和国民法典》，优抚、安置等相关法律政策现场为军人答疑解惑。7月，县文体旅游局到解放军某部队开展慰问文艺演出1场，县职业中专学校、县篮协与武警中队联合举行一场篮球友谊赛。下半年，县双拥办、县电影院到县武警中队、解放军某部队开展送电影进军营活动，播放革命、励志电影4场次。

【双拥模范县“五连冠”创建】 2022年，永春县打造国防教育和双拥宣传阵地，推动退役军人服务体系实体化运行，建立军地双向沟通协调机制，组织实施“双拥+”系列活动，打造县域双拥共建特有品牌，形成县乡村三级双拥工作组织体系。7月31日，永春县被福建省委、省政府、省军区评为“双拥模范县”，实现双拥创模五连冠。

（陈菁菁）

外事　侨务　台港澳事务

外　事

【概况】 2022年，永春县融入“一带一路”建设和泉州21世纪“海丝名城”建设，组织企业参加品牌泉州“境外行”“海丝行”等重点展销活动。县回归创业小组和工商等部门协同合作，抓商机、抢订单、拓市场，面向海外开展招商引资工作，推动2项重点外资项目建设，促进3个项目落地签约。

【企业涉外服务】 2022年，永春县对于企业涉外的各类申请、各类需求，全部按照“五个第一时间”（第一时间研究、第一时间落实、第一时间审批、第一时间上报、第一时间答复）要求，专人负责、专人落实。对个别企业需要邀请外籍专家进行技术指导，以最快时间做好外国人商务签证邀请函请示、审批、上报工作。全年受理丰记水暖、博纯特种气体等企业相关申请3批次7人次。

【对外交流】 2022年，永春县在重点企业开展招商引资、对外交流宣传，推介APEC商务旅行卡，鼓励引导企业“走出去”参与“一带一路”建设。9月20—21日，永春县组织美宏科技有限公司、泉州永春丰记水暖器材有限公司、博纯材料有限公司等多家企业参与全国工商联国际合作部和国家发展改革委区域开放司举办的“民营企业参与共建‘一带一路’风险防控培训班”，提升民营企业参与共建“一带一路”的风险防控能力。

【宣传引导】 2022年，永春县开展领事保护宣传月活动，挑选人流量大的地方播放领事保护宣传片。在全国科普日期间，县外事办通过现场宣讲、发放外事宣传材料等多种方式向公众普及出境旅游、留学游学、外交部全球领事保护与服务应急热线等外事相关知识。

（陈永深）

2022年9月27日，永春县组织海外永春籍华裔青年参加在石狮市举办的第二届亲情中华·海外华裔青年（小语种国家）跨境电商培训

（图／永春县侨联）

侨　务

【概况】 2022年，永春县围绕“凝心聚力同圆共享中国梦”主题，通

过联谊、服务、引导等工作，传承保护侨乡文化，推进暖侨护侨工作，促进侨务资源与商务对接结合，开展联合招商行动，引导旅外乡亲继续支持家乡建设。全年永春籍侨亲捐赠永春社会公益事业1065万元。

【侨文化项目】 2022年，永春县组织开展侨文化名镇名村创建工作，对达埔镇尤扬祖事迹馆、湖洋镇侨批文化馆、东关镇李深静故事馆等侨文化场馆进行修缮建设，东关镇外碧村获评2022年度泉州市侨乡文化名村。县侨务相关部门整合华侨华人历史文化资源，开设"侨批"研学活动，举办线上海外华裔青少年"夏令营"活动，开展永春白鹤拳海外传承营线上教学活动，马来西亚、菲律宾等地100多名学员参加。

【回归创业】 2022年，由永春县侨办、县侨联、县贸促会、县总工会、团县委、县妇联等组成的永春县回归创业招商专班多次走访县侨资企业，组织企业参加展销活动。专班协同侨务和工商等部门，推动重点外资项目永春福源锌业有限公司、泉州凯鑫食品有限公司建设和生产，促进线路板生产（泉州市永春伟全电子有限公司）、谷绿新农业（泉州谷绿新农业科技有限公司）、海之基实业（福建省永春海之基实业有限公司）等项目签约落地。

【侨亲联络联谊】 2022年，永春县开展"永侨精英故乡行"等活动，接待侨胞等回乡访问团17个145人次。涉侨部门联系海外侨亲和12个世界永春社团联谊会团体会员，协助举办世永联第十三届换届活动，印度尼西亚永春同乡联谊会会长许世经当选新一届总会长；宣传发动侨亲建言献策、出资出力，推动世永联大厦建设；向海外侨亲宣传防疫措施和有关政策，发动在外永春乡贤积极捐款捐物，筹集价值75万元的防疫物资；与县贸促会联合筹划设立永春国际商会海外分会，加强联络联谊，推动菲律宾同乡社团组织成立菲律宾永春总商会。

2022年6月，永春白鹤拳师在"亲情中华 为你讲故事"网上夏令营线上教学活动中向马来西亚学生传授白鹤拳（图/县文体旅游局）

【侨胞关爱项目】 2022年，永春县与市、省联动开展"暖侨祝新春"活动，向旅外重点乡亲寄送节日慰问品140人次。"两节"期间，永春县走访困难归侨，发放慰问金5.3万元，慰问对象106人次；向49户遭遇大病大灾困难归侨发放2022年度救助资金16.75万元。全年永春县侨务部门在社区、农场开展侨法宣传4次，承办全市华侨农场侨法知识竞赛1场；协助2名侨亲寻根问祖。

【侨批研学活动】 2022年8月8日，由泉州市档案馆、泉州华侨历史博物馆，永春县侨办、县侨联、县档案馆共同指导，湖洋镇党委、政府和镇侨联主办的"侨见乡情•永春县湖洋镇侨批研学工作坊"活动开营。活动为期7天，展示通过口述史访谈、侨批信物实地调查等方式收集的侨批1012封、侨胞物件103件，26名历史学博士、建筑学硕士和学生参加。

（林庆斌）

台港澳事务

【概况】 2022年，永春县主动承接台湾产业的转移，引进港资工业项目，建立台湾高层次人才行政审批"绿色通道"服务制度，开展涉台港澳人才服务工作。全年举办工艺技术合作交流活动 2 次，接待文化交流和联谊活动 120 人次。

【对台经贸】 2022 年，永春县实施“回归工程”，承接台湾食品饮料、电子信息、机械制造等产业的转移。全年新设立台资企业 15 家，投资总额 5.64 亿元，分别为福建省古山生物医药科技有限责任公司、泉州向汉智能科技有限公司、福建归朴园农业旅游发展有限公司、泉州谷绿新农业科技有限公司、福建省金龟生物农业科技有限公司、泉州金白云农业科技有限公司、福建省竣洋农业有限公司、福建省旭为农业科技有限公司、瑞香堂（福建）生物科技有限公司。永春县实施“涌泉”行动，出台支持台湾青年到永春就业创业的奖励办法，全年为永春昌林瓷业有限公司、永春大阳瓷业有限公司发放台湾青年就业创业实习实训奖补 8.4 万元。

【香港经贸合作】 2022 年，永春县引进港资工业项目永春海之基产业园。项目建设用地位于永春县生物医药园区，为城镇低效工业用地再开发项目，用地 17695.3 平方米，总投资 1.3 亿元，规划有食品研发加工区、鞋服生产制造区、高新材料研制区和电子商务孵化区等专项产区，主要经营智能农业管理、休闲农业和乡村旅游资源的开发经营等。

【技术交流】 2022 年，永春县与台湾柴烧协会及数位陶瓷大师保持密切联系，共同设计陶瓷和相关旅游产品，春节期间推出与台湾大师合作的 2022 年生肖限量款陶瓷作品——《五福临门》，获评福建“福”文化创意设计大赛优秀作品。9 月 8 日，两岸燃香检测与文化（表演）标准共通试点启动会暨两岸燃香标准研讨会在永春县国家香检中心召开，台湾华光香堂、泉州恩顺台资企业、永春联发香业等企业代表参加会议。

【台湾同胞联络交流】 2022 年 7 月 13 日，永春县余光中文学馆联合晋江市人民政府、泉州市台湾同胞联谊会举办晋江市第八届“中华情　两岸缘”新生代台胞乡愁研学活动，80 名新生代台籍学生参访。9 月 23—25 日，永春县举办“中国农民丰收节”暨乡村旅游推介会，其中闽台“丰收的喜悦”农业主题嘉年华活动、“丰收的喜悦”闽台音乐节、闽台农耕文化交流会等三个系列活动吸引台胞踊跃参加。

【台港同胞服务】 2022 年 1 月，永春县台港澳办走访慰问台胞、台属 10 人，发放慰问款 9000 元。全年发放老龄台胞补贴 4.29 万元。为 10 名香港同胞开有关证明，协助就读华侨中学。

（方春英）

经济管理

经济监督管理

【概况】 2022年，永春县强化指标调度，开展项目攻坚，推进“五全”招商，下半年经济指标逐月向好，经济社会平稳健康发展。永春县全年地区生产总值比上年下降2.4%、固定资产投资增长2.6%，其中农业总产值增长5.2%、工业增加值下降5%、建筑业增加值下降3.9%、第三产业增加值增长0.9%。

【宏观经济管理】 经济运行监测 2022年，永春县在历史包袱、疫情及房地产市场不景气三重打击下，经济下行压力增大。下半年，县政府通过强化经济运行统筹调度，重点抓项目攻坚、固投入库及督促各级稳增长政策落地，促进主要经济指标持续恢复回升。全县地区生产总值第四季度比第三季度提升2.3个百分点，固定资产投资第四季度增长19.4%，比第三季度提升7.1个百分点。

重点项目建设 2022年，永春县纳入省市重点项目53个，项目总投资239.48亿元，年度计划投资53.01亿元，全年完成投资64.21亿元，占比121.13%，高于序时21.13个百分点。全县实施县级管理重点项目164个，项目总投资499.2亿元，年度计划投资145.88亿元，全年完成投资147.51亿元，占比101.12%。其中，新开工项目79个，竣工(或部分竣工)项目69个。全县用地报批项目17个，计划完成组件项目17个、用地面积88公顷，全年完成组件项目11个、用地面积34公顷。全县36个征迁攻坚项目涉及征用土地160公顷、房屋征迁40722.49平方米、坟墓迁移357座，全年完成土地征收138公顷、房屋拆除21401.21平方米、坟墓迁移128座。

政策项目对接 2022年，永春县贯彻落实市委、市政府“三提三效”（提高效率、提升效能、提增收益）优化营商环境攻坚行动，梳理形成31项营商环境工作要点，于8月25日出台《永春县落实“提高效率、提升效能、提增效益”行动打造一流营商环境工作方案》。永春县强化事中事后监管，推动部门监管事项认领、梳理及数据录入，全年归集推送“双公示”信息28990条，信用承诺信息15689条，规范引导620家第三方机构入驻中介超市；实行“信用红榜”“信用黑榜”的奖罚机制，全年纳入红榜管理13家、黑榜21家；推广中小微企业注册认证信易贷平台，推动开展“政银企担”融资对接活动，全年召开银企对接会26场，授信174家企业3.55亿元。

专项债项目 2022年，永春县分3批申报地方政府专项债，15个项目获国家发改委审核通过，其中8个项目获专项债资金3.2954亿元，至年底均开工并全部完成支付。2022年10月，永春县申报2023年第一批地方政府专项债项目18个，资金需求18.52亿元，16个项目通过国家发展改革委审核，通过率居全省前列。

投资基金项目 2022年，永春县有永春县农产品集中加工区项目、永春县工业园区标准化建设试点项目、永春县生活垃圾焚烧发电项目、泉南国家高速公路改扩建新增永春锦斗出入口及接线工程4个投资基金项目。至年底，4个项目均通过国家发展改革委审核，到位资金2.458亿元。

公共资源交易 2022年，永春县公共资源交易中心平台交易551宗，成交金额24.2242亿元，增值0.2608亿元，节约2.0588亿元。其中，建设工程类261宗，成交金额18.15936亿元，节约1.5947亿元，节约率8.07%；政府采购类113宗，成交金额3.8628亿元，节约金额0.4641亿元，节约率10.73%；国有产权交易162宗，成交金额0.6109亿元，增值0.05923亿元，增值率10.74%；土地使用权挂牌宗15宗，金额1.59112亿元，增值0.2016亿元，增值率14.51%。

助企惠企　2022年，永春县全面对接落实中央、省、市助企纾困、稳住经济一揽子政策措施，出台助企纾困18条、惠企提效稳经济大盘40条措施，采用入园进企现场解读和融媒体、投资永春等微信公众号推广推介、直播解读等方式，宣传稳增长惠企政策。全年永春县兑现各级惠企资金1.23亿元、组合式税费4.3亿元，帮助企业办理延期续贷7.75亿元。

助推企业上市　2022年，永春县有博纯材料股份有限公司、泉州迈特富纺织科技有限公司、福建永春老醋醋业有限责任公司、泉州锦林环保高新材料有限公司、福建万家美经纺服饰有限公司5家企业被列为2022年泉州市上市后备企业，其中博纯材料股份有限公司为2022年泉州市科创板上市后备企业；有29家企业被列为2022年泉州市场外市场挂牌后备企业。2022年，永春县新增挂牌交易企业5家，全县挂牌交易企业达18家；新增股改企业1家，全县股改企业达20家。全年永春县兑付给8家企业（叙柑园、景圃股份、天福兴、金蕾食品、奇星股份、泉通股份、华锋股份、雪峰岩）泉州市场外市场挂牌奖励资金及股改费用补贴资金520万元，兑付给8家企业（景圃股份、天福兴、金蕾食品、奇星股份、泉通股份、华锋股份、雪峰岩、伟全电子）到海峡股权交易中心交易层挂牌县政府奖励资金480万元。

物价监管　2022年，永春县规范行政事业性收费和经营服务性收费管理，在县政府网站公布2022年行政事业性收费单位名单及收费项目。县物价局清理规范城镇供水供电供气行业收费，明确收费政策，执行收费公示，全年清理取消接水费、增容费、报装费等类似名目开户费用246.78万元；推进管道天然气价格定价工作，由市场化价格转为全市统一定价4.65元/立方米，至年底居民用气仍执行2.881元/立方米，由此产生的差额由政府统筹疏导。2022年，永春县物价局完成价格认定业务84件，标的金额99.5万元。其中，涉案财物价格认定业务79件，标的金额75.70万元，标的物主要为轿车、摩托车、电动车、手机、电缆、钢材、黄金饰品、家禽等物品；涉及财物价格认定业务2件，标的金额1.60万元，标的物主要为烟酒等物品；涉税财物价格认定业务1件，标的金额7.2万元，标的物主要为地下车位，涉行政案件2件，标的金额15万元。办结案件均无重新认定或复核裁定，准确率100%。

（张曦君）

【国有资产监管】　永春县国有资产服务保障中心成立　2022年7月，永春县成立永春县国有资产服务保障中心（简称“县国资保障中心”）。县国资保障中心为股级事业单位，隶属县财政局管理，负责全县国有资产资本监管、保值增值工作。中心内设综合股、资本产权股、规划发展股，核定事业编制8名，其中正、副主任各1名。

国企改革　2022年，永春县出台“1+N”文件体系，包括《永春县国有企业整合重组方案》《永春县属国有企业工资总额管理办法（试行）》《永春县属国有企业招用职工管理暂行规定（试行）》《永春县属国有企业负责人业绩考核暂行规定（试行）》系列文件，建立健全国有企业工资总额管理办法、负责人业绩考核、招用职工管理等制度。永春县对县属46家国有企业进行整合重组，第一批整合30家纳入永春城建、农文旅两大集团，完成展览城、湿地公园保护中心等8个项目确权办证，推动部分资产顺利移交。

（郑兴发）

国有资产整合　2022年，永春县发布《永春县国有企业整合重组方案》，完善国资监管制度。县国资保障中心梳理全县行政单位及国有企事业单位闲置资产，针对120处、面积近82万平方米闲置资产，提出处置盘活意见。

（郑兴发）

企业培训　2022年2月25日，永春县企业与企业家联合会（简称“县企联会”）、苏坑镇政府、县委党校在县委党校签订推进陶瓷产业转型升级领头雁培训合作协议，举行第一期培训班开班仪式。5月23日，县企联会与福建省永春聚富果品有限公司联合举办永春县芦柑产业发展培训班。7月8日，组织陶瓷产业的会员约80人参加陶瓷产业发展培训。

（陈润泽）

【统计】 常规统计　2022年，永春县统计局组织完成全县经济社会各领域的常规统计调查，包括农业、工业、商业、建筑业、服务业、固定资产投资、房地产开发、人口、劳动力、劳动工资、能源消费、社会科技、文化产业、各类价格和城乡居民收入等。县统计局对接发改、工信商务、住建、税务等部门，对所有符合“四上”新增纳统条件的企业及时收集材料，申报入库，全年新增纳统“四上”企业133家。

专项统计　2022年，永春县开展的专项统计工作包括筹备第五次全国经济普查、人口抽样调查、绩效评估公众评议等。县统计局成立永春县第五次全国经济普查筹备领导小组及办公室，加强与编制、民政和市管部门沟通联系，商请提供部门审批行政资料，更新基本单位名录库，做好第五次全国经济普查前期准备工作；协调相关乡镇和村居配齐配强辅助调查员，开展培训指导，完成全县11个乡镇15个村居样本住户调查样本轮换工作以及9个乡镇15个村居样本人口抽样调查工作；组织实施全县绩效评估公众评议等专项统计调查。

统计服务　2022年，县统计局完善统计微信公众号，定期发布月度国民经济统计主要指标发展情况，组织编印《永春统计月报》《2022年永春统计手册》《2022年永春统计年鉴》《2022年永春县国民经济和社会发展统计公报》等。根据市对县政府绩效评估指标考核体系，县统计局对2022年市对县政府绩效评估指标考核体系提出修改意见和建议；配合县效能办制定2022年县对乡镇绩效评估指标考核体系，优化指标考核办法。

统计执法监督　2022年，永春县统计局成立统计督察整改工作领导小组，制定工作方案，梳理具体存在问题，推进国家统计督察反馈意见整改工作。县统计局开展统计造假不收手不收敛问题专项纠治工作，协同纪检派驻机关成立专项纠治工作领导小组，制定方案下发至各乡镇和局各股室，分专业开展自查工作。

（庄艳玲　洪伟彬）

【审计】 审计成效　2022年，永春县审计局完成审计（调查）项目21个，审计查出违规金额145万元，管理不规范金额25071万元，非金额计量问题221个，上缴财政资金98万元，归还原渠道资金152万元，提出审计建议55条，促进整改落实有关问题资金1254万元。全年审计移送纪检监察机关处理事项1件，移送处理人员1人，移送有关部门处理事项5件，移送处理金额1168万元。县审计局派出8人次协助县委巡察办开展巡察工作，向县委巡察办提供19份审计报告，5份经济责任审计结果报告。

国家重大政策落实情况跟踪审计　2022年，永春县围绕为民办实事项目落实情况、国家粮食储备政策落实情况、疫情防控惠企纾困政策落实情况、2022年新冠疫情防控资金和物资等专题开展专项审计。县审计局发现农村区域性养老服务中心入住率低、应急成品油粮委托代储不规范、疫情防控物资管理不规范等问题，原因在于政策措施不衔接、不适应、不配套等，提出相应审计建议。

财政资金审计　2022年，永春县开展县财政局同级审及县卫生健康局预算执行情况及决算草案审计。县审计局发现部分预算编制不够合理、预算执行力低、结转结余资金盘活支出进度慢等问题，查出违规金额73万元，管理不规范金额5922万元，非金额计量问题28个，促进被审计单位上缴县财政73万元，提出审计建议6条，移送有关部门处理事项4件。

民生项目审计　2022年，永春县开展崇贤中学、永春二中、桃城中心小学财务收支情况审计。县审计局发现物资采购及资产管理不规范、内控制度不完善等问题，查出违规金额47万元，管理不规范金额975万元，非金额计量问题23个，提出审计建议10条，移送纪检监察机关处理事项1件，移送有关部门处理事项1件，移送处理人员1人。

经济责任审计　2022年，永春县开展县卫健局局长、锦斗镇原党委书记和原镇长、呈祥乡原党委书记和原乡长任期经济责任审计，同步实施锦斗镇原党委书记和原镇长自然资源资产离任（任中）审计。县审计局以领导干部在任职期间贯彻执行重大经济方针政策决策部署情况、本地区经济社会发展规划和政策措施制定执行情况、财政财务收支管理情况、自然资源资产管理和生态环境保护等方面作为审计重点，查出违规金额12万元，管理不规范金额16060万元，非金额计量问题109个，提出审计建议11条，促进被审计单位上缴县财政12万元。

企业财务审计　2022年，永春县对县外贸公司2021年度的财务收支情况进行审计。县审计局发现违规金额3万元，管理不规范金额77万元，损失浪费金额20万元，非金额计量问题9个，提出审计建议3条。

乡镇决算审计　2022年，永春县对锦斗镇、呈祥乡2020—2021年度财政决算和其他财政收支情况进行审计。县审计局发现专项资金管理使用不规范、内控制度不够完善等问题，查出违规金额11万元，管理不规范金额789万元，非金额计量问题2个，提出审计建议7条，督促被审计单位完善内控制度，加强专项资金管理，提高资金使用效益。

落实中央八项规定精神专项审计　2022年，永春县持续开展落实中央八项规定精神专项审计，检查“三公”经费、会议费、培训费、津贴补贴等公务支出和公款消费管理使用情况。县审计局结合年度审计项目对7个单位开展审计，发现问题10个，提出审计建议2条，退还金额0.14万元。

（李振斌）

【金融监管】　金融运行状况　2022年，中国银行保险监督管理委员会泉州监管分局永春监管组（简称“泉州银保监分局永春监管组”）在经济下行压力和疫情突袭相互叠加的特殊背景下，推动银行业保险业机构做好“两稳一保一防”工作，为永春县在疫情冲击下的经济发展提供金融支持。至2022年12月底，全县银行业金融机构资产总金额341.95亿元，比上年增加35.46亿元，增长11.57%，负债总额322.37亿元，比上年增加31.91亿元，增长10.98%。全年永春县银行保险业总体运行态势平稳，没有发生重大案件和重大事故。

金融风险防控　2022年，在疫情突袭和经济下行的双重压力下，全县银行保险业整体经营压力上升，金融风险防控压力增大。永春县实施真实反映和快速处置两手抓，信用风险稳中有降。泉州银保监分局永春监管组通过监管意见、监管约谈、窗口指导、监管通报等监管措施，引导辖区各银行业机构主动暴露和处置风险，真实反映资产质量，做好关注类贷款、逾期贷款等风险指标监测预警，全年处置不良贷款1.8亿元，不良贷款率0.51%，比上年下降0.02个百分点。泉州银保监分局永春监管组推动银行业机构完善案件风险专项交叉检查、“监事长排雷”、员工履职回避等工作机制，开展重点领域案件防控专项行动，督查银行业机构紧盯关键业务、关键环节、关键岗位和“关键少数”，聚焦关键岗位人员，定期排查员工禁止性行为，做到风险早预警、早发现、早处置。各银行机构执行基层网点负责人、关键岗位人员轮岗和强制休假等制度，实现全年安全无事故。泉州银保监分局永春监管组督促银行保险机构完善流动性风险和存款异动监测机制，定期开展压力测试，适时开展针对性的演练，及早识别、预警、报告流动性风险苗头。永春县加强负债质量管理，增强负债来源稳定性和结构多样性；密切关注舆情，协调银行业机构与公安、信访、网信等部门的沟通，提升声誉风险应对能力，做好负面信息冲击防控。泉州银保监分局永春监管组督促银行保险机构强化内控管理、严肃内部问责、健全合规长效机制，开展员工异常行为排查、疑点信息筛查和异常交易监督。各金融机构强化对员工与客户资金往来、参与民间融资和各类投资行为的管控，严禁员工私下与中介合作。

法人机构监管　2022年，永春县有银行法人机构2家，为永春县农村合作联社和永春漳农商村镇银行，由监管部门设置2名主监管员分别进行专门监管。泉州银保监分局永春监管组通过列席董（理）事、监事会，开展年度会谈及不定时监管约谈，监管提示，下发年度监管意见书，对董（理）事、监事、高级管理人员履职评价，监管评级，小微企业金融服务评价，窗口指导及现场督导，监管通报等非现场监管措施，加强法人机构的监管。至2022年底，2家法人机构不良贷款率0.99%。

（郑其寅）

国土资源管理

【概况】　2022年，永春县报批土地101.27公顷，征收土地10.21公顷，供应土地167.33公顷，完成用地出让15件，面积31.48公顷，成交金额1.59亿元。永春县完成2021年度国土变更调查、农村地籍和房屋调查项目验收工作，汇交10.88万件。永春县开展涉粮问题专项整改，针对2017—2020年期间申请至永春县法院强制执行违法占用耕地查处未执行到位的70个问题进行整改，整改完成率100%。

【耕地保护与开发】 2022年，永春县严格执行耕地保护制度，全年完成补充耕地44.73公顷，任务完成率135.28%。全县开展土地综合整治工作，通过泉州市级验收34个项目；完成永久基本农田核实整改补足及“三区三线”永久基本农田划定工作，划定永久基本农田11422.08公顷。

【自然资源管理执法】 2022年，永春县立案查处涉及非法占地案件11件，涉及违法占地面积2558平方米，处罚款54.24万元，责令拆除违法建筑物1264平方米。全年立案查处违法采矿案件2件，涉及破坏矿产资源价值8.64万元。

【土地招拍挂出让】 2022年，永春县招拍挂出让国有土地15件，土地面积31.48公顷，成交金额1.59亿元。其中，经营性用地1件0.75公顷，成交价款0.39亿元；工业用地1件28.99公顷，成交价款1.15亿元；其他用地1件1.74公顷，成交价459万元。

【用地审批】 2022年，永春县完成组件上报农用地转用和土地征收审批18个批次、面积107.77公顷，获批16个批次、面积101.27公顷。其中，国家重点项目泉州白濑水利枢纽工程（永春境内）用地获国务院批准，省级重点项目永春县生活垃圾焚烧发电项目获省政府批准。

【地质灾害防治】 2022年，永春县依托群测群防体系，做好地质灾害汛前检查、汛中巡查、汛后复查机制，全年全县未因地质灾害发生人员伤亡事故。完成4处简易降险治理工程、桃城镇环翠社区地质灾害隐患排危除险工程和五里街镇吾东村地质灾害隐患排危除险工程，消除地质灾害隐患点15处，解除41户192人地质灾害威胁。

【不动产登记】 2022年，永春县发放不动产权证书12409本，不动产登记证明9467本，总登记簿数量20869件。实现涉农不动产权证书办证全过程零费用，为群众免费出具权籍测绘成果392件。推行“交房即交证”服务模式，为2个项目1328户业主提供交房即交证服务；推行“交地即交证”服务模式，为6个项目提供交地即交证服务；推行“一证一码”服务模式，通过扫描二维码就可了解产权状态和产权图材料；推行自助办理业务，通过政务服务自助一体机、智慧柜员机，实现不动产登记信息自助查询、打印查询结果。

【矿产资源管理】 *矿产资源调查* 2022年，永春县主要开发利用的矿种有水泥用石灰岩、高岭土、矿泉水、建筑用砂石矿（花岗岩、凝灰岩）等4种。全县持有效采矿许可证的矿山14家，其中煤矿2家、水泥用石灰岩矿4家、矿泉水2家、高岭土矿1家及建筑用石料矿山5家。

2022年7月起，永春县自然资源局对2018年以来的补充耕地项目进行实地指导。图为7月16日永春县土地综合整治项目工作推进会现场（图/横口乡）

2022年11月2日，县自然资源局、农业农村局验收人员在坑仔口镇诗元村对土地开发项目进行县级验收，图为验收现场（图/县自然资源局）

矿山开采安全管理 2022年，永春县开展矿业权人勘查开采信息公示，全县应参与勘查开采信息公示的矿业权16家，完成公示16家，完成率100%。全县开展安全生产专项整治三年行动和安全生产大检查，县自然资源局联合永春县应急管理局对全县非煤矿山进行拉网式排查，排查安全生产隐患11处，整改率100%。

矿产资源年度工作规划开发 2022年，永春县完成第四轮矿产资源总体规划（2021—2025年）初稿编制工作；以拍卖方式公开出让大吕矿区建筑用花岗岩矿采矿权；完成五里街镇过路仙路段地热资源勘查孔施工，完成石鼓镇地热资源勘探项目地质调查报告和出让的前期工作。

废弃矿山生态修复 2022年，永春县启动泉州九龙江流域山水林田湖草沙一体化保护和修复工程（永春天湖山），实施长汀溪矿区等7个分区的治理，总治理面积165.37公顷，总投资1.82亿元，全年获上级补助1.08亿元，完成投资额0.9亿元。项目工程分为A、B、C三个标段，其中A标段治理面积37.89公顷，治理费用5163.58万元；B标段治理面积67.16公顷，治理费用6589.03万元；C标段治理面积60.32公顷，治理费用6029.44万元。A、B标段完成工程招投标并开始施工，其中A标段完成80%的工程量、B标段完成60%的工程量。C标段未开始施工。

（陈 铃）

市场监督管理

【商事登记制度改革】 2022年，永春县推行网上审批“零见面”“容缺受理”，开辟审批绿色通道，引导和鼓励企业领取电子证照；开展企业强制退出改革试点，经税务、法院等部门核实反馈，全年强制注销277户。县市场监督管理局开展市局下放的食品生产许可业务，实施“一企一案”、现场指导，简化许可申请材料“免申即办”等便民举措；发布对市场主体未年报行为给予宽展期免予行政处罚的公告，对8月31日前主动改正并提出申请补报的，免予行政处罚，宽展期对逾期不改正的处以罚款1000元，全年处罚16家。

【市场主体登记】 2022年，永春县新增市场主体6800户，办理食品生产许可证照15张，对重点企业、重点人群开展快审快批业务75件。县市场监督管理局建立市场监管领域不予行政强制措施清单，通过责令改正、批评教育等措施，教育引导市场主体限期改正违法行为。全年查处取缔无照、无证经营102家，对及时整改的无照经营行为不予处罚，引导经营者办理证照90余户。

【特种设备安全监管】 2022年，永春县注册在用设备2320台，年度新增特种设备401台，使用登记率100%，定期检验率99.91%，隐患排查整改率100%。县市场监督管理局开展特种设备安全百日整治活动，组织开展城镇燃气安全、电梯非金属材质反绳轮、管道整治、起重机械加装“双限位”装置等安全隐患排查。

【消费者权益保护】 2022年，永春县在市场监督管理局内设立消费维权指导中心，开展消费者维权指导和重大、突发事件的应急处置，

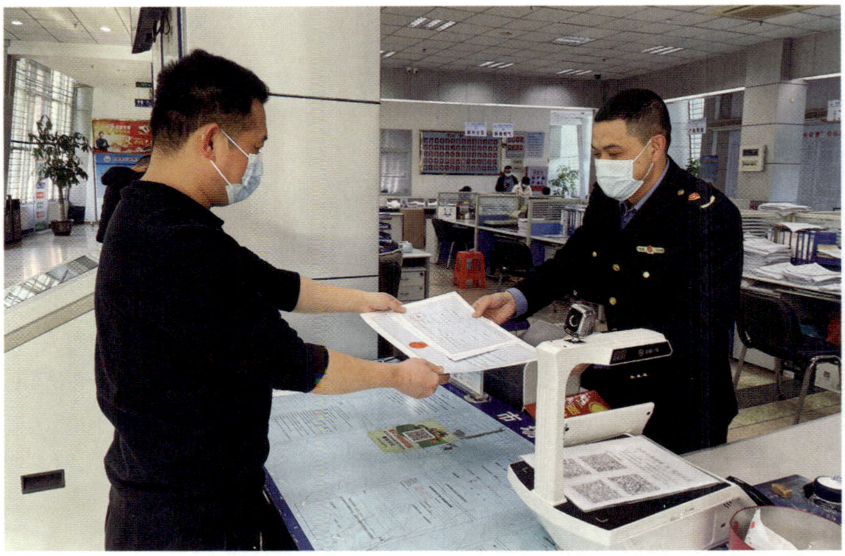

2022年3月8日，永春县发出的第一张食品生产许可证，图为永春县市场监管局为永春县茗庄园茶业专业合作社颁发食品生产许可证

（图/许阳洋）

化解消费纠纷。全年处置各类投诉、举报2000余件，办结率96%，为消费者挽回经济损失8.42万元。是年，永春县开展以电动自行车、蓄电池为重点的市场专项整治行动，对欺行霸市、强买强卖、收取保护费、乱收费等市场乱象持续开展整治活动，对外卖配送平台进行行政指导，督促其履行疫情防控企业主体责任，落实骑手核酸检测应检尽检。

【非法集资防范和处置】 2022年，永春县出台《永春县防范和处置非法集资宣传教育工作方案》《永春县市场监督管理局防范和处置非法集资宣传工作方案》。县市场监督管理局与10个乡镇合作开展处置非法集资宣传教育，联合县金融办、公安局开展防范非法集资“清街扫楼盯场”专项整治行动。全年永春县出动执法人员137人次，排查21次，排查各类经营户96家次。

【香企服务帮扶】 2022年，永春县市场监督管理局开展科技特派员品牌党建工作，成立科技特派员暨党员服务队伍，进香企开展结对帮扶工作，全年开展技术服务76人次。永春县完成“泉州市燃香产业专利导航”项目，构建燃香产业专利数据库，为香企提供免费的燃香数据库查询服务。

【质量技术监督】 计量器具监管 2022年，永春县对医疗机构、加油站、农贸市场、商超等场所进行计量常规监督检查，开展计量入企帮扶活动，采取“上门服务”“延时错时服务”举措，为急迫或特殊项目开设“绿色通道”。全年入企帮扶企业50家，帮助解决计量技术难题10个，提供计量咨询服务50次，开放实验室服务企业30批次，完成强制检定计量器具11075台，较上年增长5.6%。

质量标准管理 2022年，永春县开展国家标准《燃香类产品安全通用技术条件》修订工作，推动福建省地方标准《燃香类产品燃烧后苯系物分析操作规程》获准发布。福建省香产品质量检验中心主导参与《燃香类产品杀菌试验方法》等4项行业标准起草工作，指导香同业公会制定团体标准2项，开展燃香风险监测50批次。

质量专项检查 2022年，永春县调整获证企业年度等级，按照分级分类管理要求开展工业产品生产许可证获证企业监督检查。市场监督管理局开展重点工业产品质量安全排查治理专项行动工作，全年检查重点工业产品生产经营单位200余家次，责令改正7家，下架“三无”产品103件。

【食品安全监管】 食品安全监督抽检 2022年，永春县常设食品安全快速检测室15个，完成食品安全快速检测78796批次，下架不合格食品137批次，合格率为99.82%，检测数量居全市前列。全年县市场监督管理局开展食品安全监督抽检样品1759批次，核查处置不合格样品32批次。

食品安全专项治理 2022年，永春县出动执法人员9106人次，检查相关食品经营单位11080家次，查处各类违法案件214件，排查并完成整改食品安全隐患221个，罚没77.23万元，没收违法所得0.8万元，查扣违法食品0.098吨。县市场监督管理局开展“整治脏乱差店家入驻外卖平台问题，强化外卖商家审核监管”点题整治，建立964户入网餐饮经营者台账；开展“每月一周查网红”专项执法行动，邀请县政协委员一

2022年9月，永春县市场监管局开展月饼市场专项检查，图为检查活动现场
（图／颜菁晶）

同进行突击检查；开展节日市场、农村假冒伪劣食品、食品安全“守底线、查隐患、保安全”、食盐安全、食品生产环节糕点专项整治、面向未成年人无底线营销食品、乳制品质量安全提升、春季秋季学校食品安全风险排查等集中专项整治行动22个，查处各类违法案件63件，罚没66.51万元，没收违法所得0.23万元，查扣违法食品0.032613吨。

食品安全百日整治行动　2022年，永春县市场监督管理局开展食品安全百日整治行动。全县检查学校食堂100家次、校园周边食品经营单位282家次，核查网络餐饮经营户266家次，发现并完成整改食品安全隐患71个，下达责令整改通知书1份，立案7起。

【药品安全监管】　药品专项检查　2022年，永春县开展药品安全百日整治活动，对药品安全、医疗美容器械、化妆品经营使用环节等开展专项检查，全年出动执法人员750人次，检查药械化经营使用单位626家次，立案40起。县市场监督管理局联合宣传部门对药品安全百日整治进行宣传，配合市级开展药品监督抽样42批次、药品快速检测100批次，其中药品不合格1批次，立案查处1起。

医疗器械监管　2022年，永春县检查药械化单位540多家次，立案64起、结案64起。市场监督管理局检查疫情防控用药械经营企业500多家次，责令停业整顿13家。

“全国安全用药月”宣传活动　2022年11月，永春县市场监督管理局联合泉州市医疗保障局永春分局、永春御方堂中医门诊部、福建天一医药连锁有限公司永春城东分店，开展主题为“安全用药同心同行”的“全国安全用药月”宣传活动。县市场监督管理局和参与单位开展家庭过期失效药品统一处置活动，发放各类宣传资料和宣传品1000多份，发送移动短信6万条。

【知识产权管理】　商标保护　2022年，永春县新增商标注册2000件，比上年增长15.63%，立案查处各类知识产权案件97件。2022年，永春县实施知识产权助力乡村振兴工程，推进吾峰镇农产品品牌发展、东关镇冬瓜品牌培育和苏坑镇佛手茶品牌提升等11个项目。县市场监督管理局推进知识产权强企培育工作，福建省永春佳威塑料包装制品有限公司、泉州锦林环保高新材料有限公司获得“国家知识产权优势企业”称号。

专利与发明专利　2022年，永春县在全市率先开展发明专利开放许可，全年指导发明专利开放许可11件，完成开放许可合同备案31份。是年，永春县市场监督管理局办结全市系统首例适用简易程序处理专利侵权纠纷案件，将专利侵权纠纷案件审理期限压缩至1个月。

地理标志产品保护　2022年，永春县组织实施“永春老醋地理标志运用促进工程”项目，实施“永春老醋产业专利导航”项目，与侨新等4家醋企达成成果推广应用合作协议。是年，永春县出台《永春县地理标志和农产品IP保护工作联席会议制度》《永春县农产品IP保护管理规定》《永春县地理标志保护管理规定》；制定《永春老醋》团体标准，于6月28日正式发布实施。银行业扩大地理标志商标质押贷款覆盖面，为永春闽南水仙农户提供贷款资金350万元。

（邱聪花）

财 政

【概况】 2022年，永春县一般公共预算总收入完成22.19亿元，比上年增长6.8%。一般公共财政预算支出36.31亿元，比上年下降4.32%。永春县2021年度财政综合绩效管理位列全国300名以内、全市第一名，获省财政厅奖励500万元；2022年专项债策划入库率为93.75%，居全省前列；在2022年度全省预决算工作中，位居89个县区中第十位；获得全市政府采购营商环境第三名；全年向上级争资专项资金总额居全市第四位；2022年财政预算绩效管理工作位列全市第五名。

【财政收入】 2022年，永春县一般公共预算总收入完成22.19亿元，完成预算数的104.5%，超序时进度4.5个百分点，增收1.41亿元，增幅高于全市平均水平4.9个百分点，增幅排名居全市第五名。一般公共预算收入完成14.79亿元，比上年增长9.9%，增收1.34亿元，完成预算数的107.2%，超序时进度7.2个百分点，增幅高于全市平均水平1.9个百分点，增幅排名居全市第六名。全县基金收入6.37亿元，比上年下降69.2%，减收14.29亿元，完成调整预算数的61.2%，比序时进度少38.8个百分点。

【财政支出】 2022年，永春县一般公共财政预算支出36.31亿元，完成调整预算数的82.83%，比序时进度少17.17个百分点，减支1.64亿元，下降4.32%。全县基金支出8.31亿元，比上年下降22.86%。全县基金支出8.31亿元，减支2.46亿元，下降22.86%。

【财源培植】 2022年，永春县实施9项财税增收措施，制定31项重点财税征管表，保证全年财税任务完成，稳住经济大盘。全县定期召开财税部门收入分析会，组织税收收入，均衡非税收入，非税收入增长达57.13%；引办股权投资企业落地22家，纳税2.48亿元；组织中州嘉园、临江经典、桃溪安置房、轻工基地等4个国有企业安置房地产项目清算，调度税收入库0.52亿元。

【兜底“三保”】 2022年，永春县将“三保”（保基本民生、保工资、保运转）支出放在财政支出首位，兜牢县级“三保”底线，全年民生支出29.06亿元，占一般公共预算支出的比重保持在八成以上。全年永春县“三保”支出21.61亿元，占一般公共预算支出的比重59.52%，其中保工资13.76亿元、保运转0.57亿元、保基本民生7.28亿元。

【财政体制优化】 2022年，永春县制订印发《永春县2022年县乡（镇）财政体制管理暂行规定》《永春县乡镇工商税收日常考核办法》，兑现2021年乡镇工商税收超收奖励资金3202.3万元，调动乡镇挖掘财源的积极性。县财政局组织开展乡镇长财务管理履职培训班，牵头农口7个部门出台支农项目资金管理暂行规定。

【财政监督】 2022年，永春县健全财政监督管理机制，加强财政性资金投资项目的工程预算和竣工结算的评审，全年完成评审项目505个，审减资金1.35亿元，综合审减率6%。县财政局对相关单位开展“1+X”监督检查30家，开展会计信息质量检查3家，强化财政资金监督管理；开展中央下达直达资金4.5亿元的监督管理，推动资金直达基层惠企利民。

【惠企服务】 2022年，永春县落实稳经济一揽子政策，在惠企纾困上发放政府“大红包”，全年减税降费4.5亿元。县财政局会同相关部门出台永春县助企纾困促发展18条措施，通过财政资金奖补方式帮扶各领域困难企业，全年兑现惠企资金1.27亿元；落实房屋租金减免政策，对全县减免55户非国有小微企业、344户个体工商户房屋租金545.84万元；优化营商环境，编印《永春县暖企惠企政策文件选编》，推行“编审同步”项目评审方式；开展政府采购领域“清隐去垒”专项行动检查，实行非招标采购方式。全年永春县办理应急“过桥”周转基金17笔11785万元，办理融资担保业务423笔45424万元，直接有效降低融资成本。

【公共服务】 2022年，县财政局非税收入征收中心改为县财政综合服务中心，推行精准财政服务。全年永春县投入教育经费10.85亿元，用于保障辖区内学校新建扩建、职业教育扩容、资助学生等，进一步解决“上学难”“入园难”和贫困生问题；投入社会保障和就业经费5.88亿元，用于优抚、困难群众救助和城乡居民养老等；投入卫生健康经费2.93亿元，提高医疗卫生服务水平；拨付文化体育与传媒经费、科学技术经费0.94亿元支持科技文体发展。2022年，永春县投入资金0.47亿元，支持“三农”发展，扶持壮大村级集体经济，增强小农户发展现代农业能力，巩固脱贫攻坚成果；支持改善农村人居环境，安排0.46亿元用于农村公路养护、裸房整治和生活垃圾治理等，支持美丽乡村建设。

【债务债券管理】 2022年，永春县按照省定限额举借政府债务，从严控制债务规模，地方政府余额严格控制在省财政厅下达的债务限额以内。2022年全县新增专项债券项目8个、一般债券项目26个，债券资金5.1亿元，有效缓解政府资金压力。是年，永春县成立地方政府债券推进工作专班，负责统筹协调推进债券项目相关工作，合理规范债券资金使用情况；成立债券督查工作小组，加大政府债券项目督查力度，督促加快债券资金使用进度，提前2个月完成2021年、2022年新增专项债券资金支付。

（郑兴发）

2022年永春县各项收支完成情况统计表

表3

科 目 名 称	年初预算（万元）	调整预算（万元）	完成数（万元）	完成率（%）
一般公共预算收入				
一、一般公共预算收入	137900	137900	138451	100.40
（一）税收收入	95600	95600	75327	78.79
1. 增值税	35250	35250	27566	78.20
增值税（50%）	35250	35250	27566	78.20
营改增值税（50%）	—	—	—	—
2. 营业税（50%）	—	—	—	—
3. 企业所得税（40%）	14600	14600	15896	108.88
4. 个人所得税（40%）	7880	7880	7112	90.25
5. 资源税	1400	1400	442	31.57
6. 城市维护建设税	3400	3400	2916	85.76
7. 房产税	2530	2530	2154	85.14
8. 印花税	1440	1440	1111	77.15
9. 城镇土地使用税	3400	3400	2144	63.06
10. 土地增值税	12900	12900	7096	55.01
11. 车船税	3120	3120	2159	69.20
12. 环保税	160	160	77	48.13
13. 耕地占用税	1750	1750	345	19.71
14. 契税	7770	7770	6309	81.20
15. 其他	—	—	—	—
（二）非税收入	42300	42300	63124	149.23
1. 专项收入	12100	12100	4128	34.12

续表 3

科目名称	年初预算（万元）	调整预算（万元）	完成数（万元）	完成率（%）
一般公共预算收入				
其中：教育费附加	2300	2300	1799	78.22
2. 行政性收费收入	4300	4300	3908	90.88
3. 罚没收入	2700	2700	2585	95.74
4. 国有资产经营收益	2000	2000	8157	407.85
5. 国有资源有偿使用收入	2600	2600	27055	1040.58
6. 政府住房基金收入	60	60	69	115.00
7. 其他收入	18540	18540	17222	92.89
二、上级补助收入	107012	102555	198664	—
1. 返还性收入	10690	10690	10690	—
2. 一般性转移支付收入	46107	49934	146043	—
3. 专项性转移支付收入	50215	41931	41931	—
三、上年结转使用数	—	14250	57460	—
四、债务转贷收入	—	18095	99205	—
五、调入预算稳定调节基金	—	10545	10545	—
六、调入资金	175303	53349	34964	—
收入总计	420215	—	539289	—
一般公共预算支出				
一、一般公共预算支出	370859	423376	363139	85.77
（一）一般公共服务支出	36307	35586	34963	98.25
（二）国防支出	418	526	526	100.00
（三）公共安全支出	15623	14896	14739	98.95
（四）教育支出	112599	115180	108501	94.20
（五）科学技术支出	3155	4532	4182	92.28
（六）文化旅游体育与传媒支出	4988	5433	5187	95.47
（七）社会保障和就业支出	62258	59733	58759	98.37
（八）卫生健康支出	30724	30479	29303	96.14
（九）节能环保支出	8650	5249	4690	89.35
（十）城乡社区支出	9533	13247	8332	62.90
（十一）农林水支出	25041	74994	56851	75.81
（十二）交通运输支出	7415	12818	4077	31.81
（十三）资源勘探信息等支出	18710	3053	2829	92.66
（十四）商业服务业等支出	577	1447	1326	91.64
（十五）金融支出	—	520	520	100.00

续表 3

科目名称	年初预算(万元)	调整预算(万元)	完成数(万元)	完成率(%)
		一般公共预算支出		
（十六）自然资源海洋气象等支出	7230	23146	6453	27.88
（十七）住房保障支出	700	2517	1975	78.47
（十八）粮油物资储备支出	2180	1002	1002	100.00
（十九）灾害防治及应急管理支出	3507	2553	2459	96.32
（二十）债务付息及发行费用	16244	16264	16264	100.00
（二十一）其他支出	5000	201	201	100.00
二、上解上级支出	8800	8800	7376	—
1. 原体制上解	3403	3403	3269	—
2. 专项上解	5397	5397	4107	—
三、债务还本支出	40556	20278	101420	—
四、安排预算稳定调节基金	—	—	7002	—
五、援助其他地区支出	—	—	115	—
六、调出资金	—	—	—	—
七、结转结余数	—	—	60237	—
其中：结转使用数	—	—	60237	—
支出总计	420215	452454	539289	—
		附：一般公共预算总收入		
一、一般公共预算收入	137900	137900	138451	100.40
二、上划中央收入	74400	74400	64533	86.74
（一）增值税（50%）	35250	35250	27566	78.20
（二）企业所得税（60%）	21900	21900	23844	108.88
（三）个人所得税（60%）	11820	11820	10668	90.25
（四）消费税（100%）	75	75	61	81.33
（五）车辆购置税（100%）	5355	5355	2394	44.71
一般公共预算总收入	212300	212300	202984	95.61
		政府性基金预算收入		
一、基金预算收入	248400	67183	63728	94.86
1. 国有土地使用权出让收入	244650	64336	60272	93.68
2. 城市基础设施配套费收入	2400	1000	686	68.60
3. 污水处理费收入	900	974	974	100.00
4. 福利彩票公益金收入	120	150	155	103.33
5. 体育彩票公益金收入	330	330	325	98.48
6. 其他政府性基金收入	0	393	393	—

续表 3

科目名称	年初预算(万元)	调整预算(万元)	完成数(万元)	完成率(%)
政府性基金预算收入				
7. 专项债务对应项目收入	0	0	923	—
二、补助收入（专项补助）	—	—	5656	—
三、上年结转收入	—	20503	20503	—
四、新增地方政府专项债券收入	—	32954	32954	—
基金收入总计	248400	107513	122841	—
一、基金预算支出	248400	87543	83078	94.90
1. 文化旅游体育与传媒支出	0	49	3	6.12
2. 社会保障和就业支出	0	1353	1119	82.71
3. 国有土地使用权出让收入安排的支出	244650	30586	28801	94.16
4. 城市基础设施配套费安排的支出	2400	1682	1505	89.48
5. 污水处理费安排的支出	900	1242	1195	96.22
6. 农林水支出	0	1026	443	43.18
7. 彩票公益金安排的支出	450	2306	1611	69.86
8. 其他政府性基金安排的支出	0	47010	44597	94.87
9. 债务付息支出	0	2254	3769	167.21
10. 债务发行费支出	0	35	35	100.00
二、调出资金	175151	53128	34678	65.27
三、上解上级支出	—	—	620	—
四、年终结转结余	—	—	4465	—
基金支出总计	248400	140671	122841	—
国有资本经营预算收支				
国有资本经营预算收入	152	221	225	101.81
国有资本经营预算上级补助收入	0	0	7	—
国有资本经营预算上年结余收入	0	0	6	—
国有资本经营预算支出	0	14	14	—
国有资本经营预算调出资金	152	221	224	101.36
社会保险基金预算收支				
社会保险基金预算收入	60754	60754	55768	91.79
其中：保险费收入	22025	22025	21817	99.06
财政补贴收入	33311	33311	33308	99.99
社会保险基金预算支出	50923	50923	48984	96.19
本年收支结余	9831	9831	6784	69.01
年末滚存结余	FALSE	81161	78114	96.25

税务

【概况】 2022年，永春县探索多税种联动管理，落实“税费皆重”方针，县税务局与财政、人社、人行、医保等部门建立统一社会保险费征收模式工作协调机制，协同共治抓好社保非税，推进社保费“统模式”工作。全年完成各项收入25.96亿元，比上年增长1.13%。

【税费征收】 2022年，永春县税务局完成税收收入14.25亿元，比上年下降15.79%，剔除一次性机会税源，还原留抵退税后，比上年下降13.77%。县财税部门联动相关部门，做好国有土地使用权出让收入、矿产资源专项收入等新划转非税收入项目征收工作。全年入库社会保险费收入8.56亿元，非税收入3.15亿元，其中土地出让金1.94亿元、矿产资源专项收入3502万元。

【税务稽查】 2022年，永春县通过各类公示平台和渠道，公示6大类执法信息107条，通过重大执法决定法制审核24户次。县税务局与县法院建立民事执行税费征缴协作机制，强化涉执案件税费保障建立法拍信息日常查询跟踪机制，及时将涉及管辖企业的欠缴税费向办理法院申报债权，依法参与分配。全年县税务局主动参与介入核实网拍、破产清算和破产重整案件9户次，向法院申报税费债权3322.41万元。

【纳税服务】 2022年，永春县推出“城乡保云补缴”，全年有4200多名城乡居民临退人员通过“云补缴”足不出村完成缴费，及时办理退休手续。县税务局成立“税悦工作室”，推出“春风税悦伴您同行”定制服务，构建“定制服务广覆盖”新体系，该做法被市税务局向全市推广；开展“银税互动”，为66户小微企业办理银税类贷款8525万元，助力诚信纳税企业解决融资难题。全年永春县组织“领导干部走流程”活动16次，邀请县人大常委会委员、政协委员等开展“走流程 问需求优服务”活动3场次，收集意见建议9条。

2022年11月17日，永春县纪税联动工作室在县税务局成立，图为工作室揭牌仪式现场 （图/县税务局）

【减税降费】 2022年，永春县成立退税减税政策落实工作领导小组，负责贯彻落实党中央、国务院关于实施新的组合式税费支持政策决策部署，推进退税减税工作。县税务局运用税企互动平台等线上线下途径，以多种方式广泛开展政策宣传，根据纳税人划型和行业特点，对纳税人进行针对性的政策推送和“点对点”辅导提醒，编制发放2022年组合式税费支持政策操作指引500本，举办实体学堂4场、线上学堂7场，为500多户纳税人提供专题辅导。全年办理出口退税3.8亿元，比上年增长3.64%；落实新的组合式税费支持政策4.15亿元。

【风险应对】 2022年，县税务局对纺织服装出口等“两头在外”商贸企业实行台账管理，管理分局定期下户巡查，发现疑点立即上报并开展风险应对。全年永春县自行分析推送风险应对任务14批，涉及企业72户，分局辅导企业开展自查，查补税款501万元，向上级局移送高风险涉税线索3条，加收滞纳金62万元。

（张秋蓉）

2022年永春县税务局分税种完成情况统计表

表4

序号	项　　目	本年累计（万元）	上年期同期（万元）	增长额（万元）	增长率（%）
1	总　　计	259620	256686	2934	1.14
2	一、税收收入合计	142517	169244	-26727	-15.79
3	1. 增值税收入	56555	66094	-9539	-14.43
4	(1) 国内增值税	56555	66094	-9539	-14.43
5	一般增值税	70946	71212	-266	-0.37
6	资源综合利用增值税退税	-191	-292	101	-34.59
7	风力发电增值税退税	0	0	0	—
8	增值税留抵退税	-20499	-5926	-14573	245.92
9	免抵调增增值税	6300	1100	5200	472.73
10	2. 消费税收入	61	68	-7	-10.29
11	3. 企业所得税	39748	34819	4929	14.16
12	4. 个人所得税	17894	20987	-3093	-14.74
13	利息所得税	0	0	0	—
14	其他个人所得税	18366	21301	-2935	-13.78
15	综合所得汇算清缴退税	-471	-314	-157	50.00
16	5. 资源税	442	1299	-857	-65.97
17	6. 城市维护建设税	2916	3385	-469	-13.86
18	7. 房产税	2154	2334	-180	-7.71
19	8. 印花税	1111	1510	-399	-26.42
20	9. 城镇土地使用税	2144	3088	-944	-30.57
21	10. 土地增值税	7095	13235	-6140	-46.39
22	11. 车船税	2159	3257	-1098	-33.71
23	12. 车辆购置税	2394	5175	-2781	-53.74
24	13. 烟叶税	0	0	0	—
25	14. 耕地占用税	345	1628	-1283	-78.81
26	15. 契税	7388	12186	-4798	-39.37
27	16. 环境保护税	111	179	-68	-37.99
28	17. 其他税收	0	0	0	—
29	二、成品油消费税退税	0	0	0	—
30	三、个人所得税代扣代缴手续费退库	-114	-97	-17	17.53
31	四、出口退税合计	-44320	-37786	-6534	17.29
32	1. 出口业务退增值税	-38020	-36686	-1334	3.64

续表 4

序号	项　　目	本年累计（万元）	上年期同期（万元）	增长额（万元）	增长率（%）
33	2. 免抵调减增值税	-6300	-1100	-5200	472.73
34	五、社会保险基金收入合计	85610	78783	6827	8.67
35	1. 企业职工基本养老保险基金收入	27106	25129	1977	7.87
36	2. 失业保险基金收入	704	604	100	16.56
37	3. 职工基本医疗保险基金收入	18723	14789	3934	26.60
38	4. 工伤保险基金收入	875	1305	-430	-32.95
39	5. 城乡居民基本养老保险基金收入	5331	5243	88	1.68
40	6. 机关事业单位基本养老保险基金收入	17421	17209	212	1.23
41	7. 城乡居民基本医疗保险基金收入	15450	14504	946	6.52
42	8. 其他社会保险基金收入	0	0	0	—
43	六、非税收入合计	27308	4535	22773	502.16
44	1. 教育费附加收入	1798	2198	-400	-18.20
45	2. 地方教育附加	1199	1455	-256	-17.59
46	3. 文化事业建设费收入	11	0	11	—
47	4. 海上石油矿区使用费收入	0	0	0	—
48	5. 税务部门罚没收入	17	39	-22	-56.41
49	6. 残疾人就业保障金收入	904	573	331	57.77
50	7. 水利建设基金	10	0	10	—
51	8. 水土保持补偿费	129	0	129	—
52	9. 防空地下室易地建设费	190	0	190	—
53	10. 国有土地使用权出让收入	19423	0	19423	—
54	11. 矿产资源专项收入	3503	0	3503	—
55	12. 地方水库移民扶持基金	57	0	57	—
56	13. 排污权出让收入	64	0	64	—
57	14. 其他	2	270	-268	-99.26
58	七、其他收入合计	4185	4124	61	1.48
59	1. 工会经费收入	598	617	-19	-3.08
60	2. 职业年金	3586	3507	79	2.25

农业 农村

综 述

【农业重点项目建设】 2022年，永春县实施农业重点项目20个，全年计划投资27亿元，实际投资28.80亿元，完成年度计划的106.67%。其中，农产品集中加工区被列为省级重点项目，年度投资1亿元，完成年度计划的333.3%。

【乡村治理体系建设】 2022年，永春县因地制宜在农村垃圾分类、人居环境整治、好人好事等方面推广运用“积分制”，推动解决乡村“关键小事”。健全完善党组织领导的自治、法治、德治、智治等相结合的乡村治理体系，继续推进乡村治理试点示范，桃城、石鼓2个乡镇和玉斗镇云台村等20个村入选第二批省级乡村治理示范镇村。

【农村人居环境整治】 2022年，永春县完成新改建乡镇污水配套管网5千米、农村生活污水设施建设村庄6个，完成污水提升治理村庄35个，在一都镇开展全镇域垃圾分类试点，新建提升农村公路75千米，17个乡镇实现镇区千兆光网和5G网络覆盖；完成改造农网10千伏线路2条。开展乡村绿化美化创建工作，创建11个绿盈乡村，创建县级美丽庭院240户、市级204户、省级102户，外碧村“乡土记忆”美丽乡村微景观入选省级典型案例，培育省级乡村“五个美丽”建设典型村（点）7个，在福建日报上公布宣传推介。永春县获评2022年全省村庄清洁行动整治成效突出县，位列全市农村建设品质提升工作考核第一名。

吾峰镇吾西村新时代农村社区一角(图/吾峰镇 2022年12月19日摄)

【农产品质量安全监管】 2022年，永春县开展“治违禁 控药残 促提升”行动，聚焦11个重点品种，加大县乡产地快检力度，农残快检12471批次、兽残快检1085批次，监测合格率100%；农产品质量安全监测（监督抽检、风险监测）1105批次，合格率99.37%。县农产品检验检测能力不断加强，县级农产品检验检测机构在2021年通过CATL考核，2022年通过CMA认证，实现“双认证”。

【农业领域执法监管】 2022年，永春县加强源头治理、狠抓市场监管、强化服务指导，出动执法人员88人次，检查农资市场、农资经营企业、农业生产企业180余家次，检查农药、种子等农业物资400多批次，查处违法农业案件12起、罚没款22万多元，挽回经济损失50多万元。

【村财监督管理】 2022年，永春县制定推进“银农直联”工作方案，县乡两级组织线上线下培训20场，有300多人次参加，236个村全覆盖开通村务卡。强化农经干部培训，县乡举办专场培训5场次；年初分5批次组织对全县250人次的村级报账员、经管干部、代理会计进行业务轮训。拓宽村财公开渠道，从2022年6月起，依托乡村振兴（扶贫惠民）资金在线监管平台开展村级财务收支网上（政务网）公开，村财公开、图片上传分别达到96.61%和96.19%。加强问题整改，2022年6月以后，新发现村集体“三资”问题68宗，其中合同方面43宗，资源资产管理2宗，资金管理23宗，完成整改60宗，移送县纪检监察问题线索2条。

（林伟超）

农业产业化

【概况】 2022年，永春县入选国家现代农业产业园创建名单，通过国家农村产业融合发展示范园创建认定。持续推进特色现代农业“3366”（指“十四五”期间，创建3个以上全产业链产值超过30亿元的重点优势特色产业集群、3个以上重点现代农业产业园、6个以上农业产业强镇、60个以上“一村一品”专业村）工程、国家农产品质量安全县创建、闽台农业融合发展示范园、国家农业产业强镇、省级水果产业园等，策划生成海峡两岸农文旅融合示范园、永春县农产品集中加工区、农产品IP形象、数字农业等一批重点现代农业示范项目。全年创建省级畜禽养殖标准化示范场2家、创建省级美丽牧场2家。

【休闲农业】 2022年，永春县通过各平台宣传推动休闲农业发展，注重典型示范培育，仙夹镇东里村获评福建美丽休闲乡村，东关镇外碧村农业休闲体验基地获评市级休闲农业示范点。

【品牌农业】 2022年，永春县推进“三品一标”认证，新获无公害2家，为福建省德福生态农业有限公司无公害鲜鸡蛋认证、永春县湖洋好山水农林养殖场无公害活鸡认证。创建福建省优质农产品标准化示范基地7家，推广应用茶叶、水果、生猪等标准化生产技术规程，辐射带动示范基地周边的合作社、家庭农场、种植养殖大户按标提质生产水平，实现产后处理商品化、销售品牌化、质量安全可控化。

【农民专业合作社】 2022年，永春县重点培育涉粮新型经营主体，新增涉粮农民专业合作社18家，至年底全县有农民合作社1256家，家庭农场516家。2022年，永春县评定县级示范社34家、示范场41家，获评市级示范社9家，示范场2家，“十佳”合作社2家，“十佳”家庭农场1家；省级示范社8家，省级示范场7家。组织符合条件家庭农场、农民合作社申报贷款贴息，57家种粮大户、家庭农场、农民合作社获得市级财政贴息补助149.94万元。

（林伟超）

种植业

【概况】 2022年，永春县粮食作物有水稻、甘薯、马铃薯、

仙夹镇优质水稻收割 （图/郑伟彬 2022年10月摄）

玉米、大豆等，其中以水稻、甘薯、马铃薯为主要粮食作物。粮食作物播种总产量9万吨、面积14472.8公顷。其中，水稻种植总产量54760吨、面积11579.26公顷（早稻3678.8公顷、中稻4517.13公顷、晚稻3383.33公顷），甘薯1804.06公顷，马铃薯963.13公顷，玉米86.27公顷，大豆59.73公顷。永春县组织果农试验引进优新品种如茂谷柑、沃柑、火龙果、青枣、百香果等。果园面积4300.27公顷，水果总产量76707吨。其中，永春芦柑面积2983.6公顷，产量54493吨；热带水果面积804.4公顷，产量11691吨。

【食用菌种植生产】 2022年，永春县食用菌鲜菇总产量62911吨，其中蘑菇37005吨、金针菇428吨、平菇4575吨、草菇18691吨、其他菇类2212吨。全县食用菌干品总产量3521吨，其中香菇2609吨、黑木耳521吨、鸡腿菇238吨。

【蔬菜生产】 2022年，永春县蔬菜播种面积8411.4公顷，产量146878吨。其中，叶菜类面积1897.33公顷、产量28943吨，白菜类面积878.93公顷、产量14243吨，甘蓝类面积185.27公顷、产量2807吨，瓜类面积638.2公顷、产量12326吨，根茎类面积1766.8公顷、产量40808吨，茄果类面积237.8公顷、产量4009吨，葱蒜类面积555.87公顷、产量7996吨，菜用豆类面积276.07公顷、产量4385吨，水生菜类面积188.47公顷、产量2929吨，其他蔬菜面积1786.27公顷、产量28431吨。

【植物病虫害防控】 2022年，永春县强化统防统治、推进绿色防控、及时应急处置，因地制宜，分类分策指导，科学防控，坚决遏制重大病虫害暴发危害，提高统防统治和绿色防控覆盖率，实现减药控害。全年完成农作物病虫害绿色防控面积2.23万公顷和统防统治推广3.61万公顷。

（尤有利）

芦柑

【概况】 2022年，永春芦柑种植面积3106.67公顷（其中新增461.8公顷），年产5.99万吨，中国果品区域公用品牌价值评估36.57亿元。全年开展15个柑橘杂交育种组合，获得杂交后代种子1500多粒。永春县与福建农林大学园艺学院签订合作协议。国营永春县猛虎柑桔场入选2022年省级数字农业创新应用基地。永春园艺生态休闲创新团队（省级团队科技特派员）“心系‘三农’汗洒永春”被省科学技术厅评为科技特派员工作案例。

【芦柑品牌文化节】 2022年11月22日，永春县在达埔镇猛虎柑橘场举办“永春味 芦柑源”2022年中国永春芦柑品牌文化节。活动现场分为主会场区、芦柑源采摘区、创新产品直播体验区三个部分，进行永春县国家现代产业园 logo发布、永春芦柑汽水新品发布、2022永春芦柑节特别纪念版包装面市等一系列品牌、农旅活动。

【柑橘黄龙病防控“永春模式”】 2022年，永春县集成“生态隔离、

达埔镇前峰村聚扬柑桔专业合作社果园

（图 / 谢大显 2022年12月16日摄）

无毒大苗定植、动态更新病树、全园快速灭系木虱、矮密早丰栽培”五措并举的柑橘黄龙病防控“永春模式”。该模式是对柑橘黄龙病防控技术的创新，易于操作、实用性强，具有可持续性，可使柑橘黄龙病得到根本性控制。2022 年，全县举办柑橘实用技术培训班 12 场。5 月 7 日，福建省永春绿源柑橘专业合作社黄龙病发生区永春芦柑种植管理新技术示范基地入选 2021—2025 年第一批中国农村专业技术协会科普教育基地。

茶产业

【概况】　2022 年，永春县涉茶农户 3.8 万户，茶园面积 9333.33 公顷，年产 1.5 万吨，茶叶年产值 15 亿元，涉茶全产业链产值达 45 亿元。12 月 7 日，永春县与福建农林大学园艺学院签订合作协议，为永春芦柑产业开展福建省级数字农业创新应用基地项目技术服务。

【佛手茶】　2022 年，永春县种植佛手茶 3200 公顷、产量 5200 吨、产值 3.6 亿元。“永春佛手”获评 2022 年福建十大农产品区域公用品牌、2022 年度泉州市知名农产品区域公用品牌，在 2022 年中国茶叶区域公用品牌价值评估 18.04 亿元，位列 2022 中国地理标志农产品品牌声誉第 52 位。

【水仙茶】　2022 年，永春县有水仙茶园 820 公顷，年产 1800 多吨，年产值 1.26 亿元。全县生产水仙茶的茶农、茶企有 1000 多家，主要生产企业有永春县魁斗莉芳茶厂、永春县北硿华侨茶厂、永春县金斗洋生态农业有限公司、永春县诗坛茶业有限公司、永春县蓬壶茶厂等。

【2022 年秋季永春县茶王赛】 2022 年 12 月 8—15 日，2022 年秋季永春县茶王赛在永春县农业农村局办公楼举办。全县多家茶厂、茶企、茶农、茶商参赛，茶王赛收到清香型佛手茶样 536 个、浓香型佛手茶样 318 个、水仙茶样 279 个。经过专家评审，评出清香型佛手茶王、浓香型佛手茶王、水仙茶王各 1 名，金奖各 2 名，银奖各 3 名，铜奖清香型佛手 20 名、浓香型佛手 10 名、水仙 10 名。2022 年，永春县茶王赛入选全国 100 个丰收节庆特色活动名单。

【茶文化宣传】　2022 年，永春拍摄首个永春佛手宣传片，对外宣传介绍佛手茶。3 月 28 日至 4 月 8 日，永春佛手茶广告在中央电视台播出。县农业和宣传部门拍摄《福建永春科技创新推动茶产业发展》《百年“佛手”，独特香气这般来》《永春县非物质文化遗产“佛手茶”，有故事》等系列宣传片，宣传永春茶文化。

畜牧业

【概况】　2022 年，永春县肉蛋奶总产量 4.79 万吨，其中，肉类总产量 2.8 万吨、蛋类总产量 1.99 吨、奶类产量 96 吨；生猪存栏 14.0 万头，牛存栏 0.55 万头，羊存栏 2.95 万只，家禽存栏 187.66 万羽。

【动物疫病防控】　2022 年，永春县开展春季、秋季动物疫病强制

湖洋镇美莲村金斗洋生态观光茶园

（图／周文瀚　2022 年 5 月 12 日摄）

免疫工作，4 月 13 日完成春季防疫工作，10 月 19 日完成秋季防疫工作。全年免疫牛口蹄疫 1.03 万头次、羊口蹄疫 5.55 万只次、猪口蹄疫 26.83 万头次、猪高致病性蓝耳病 26.45 万头次、鸡禽流感 251.79 万羽次、鸭禽流感 71.76 万羽次，猪瘟 26.83 万头次，鸡新城疫 249.73 万羽次，有效控制动物疫病的发生和蔓延。

【“瘦肉精”检测】 2022 年，永春县检查养殖场（户）169 户次、屠宰场 222 场次，抽检 6723 头份生猪尿样，检测合格率达 100%。在全县各乡镇设立产地检疫申报点，明确检疫申报点负责范围，全年接受产地检疫申报 7952 批次，产地检疫生猪 15.1 万余头，禽 21.69 万余羽，申报受理率达 100%；接受屠宰检疫申报 5.2 万余批次，屠宰检疫生猪产品 664 万余千克。

【生态环保养殖模式推广】 2022 年，永春县重点推广“漏缝地板—干清粪—少冲洗—种养结合—零排放”“漏缝地板—异位微生物发酵床—零排放”生态环保养殖模式。改造后的规模生猪养殖场全部采用漏缝地板，其中有 20 家采用自动刮粪设备，有 16 家采用异位发酵综合治污技术，实现污染物减量化，改善养殖场的微环境，减轻人工清粪成本，达到减污与增收的效果。

【省级畜禽遗传资源保护与利用】 2022 年，永春县推进中国番鸭（白羽）保护与利用工作。以永春云河白番鸭保种繁育股份有限公司为项目建设主体，开展中国番鸭培育更新、孵化、选留种鸭等日常保种工作及开发利用，建立中国番鸭 35 个家系，保种群规模达到 1650 只，完善新建种鸭舍 550 平方米等基础设施建设。

（李春景）

渔业

【概况】 2022 年，永春县围绕渔业增效、渔民增收和可持续发展的目标，持续推进特色现代渔业建设。全县渔业产量达 946 吨，产值 2193.25 万元。

【现代水产养殖】 2022 年，永春县推进福建绿耕耘农业科技有限公司工厂化循环水养殖 2500 多平方米，把项目建设成为全市节水、绿色、环保的淡水养殖示范模式。该企业于 5 月 16 日从漳州引进罗非鱼苗（规格 0.5 千克／尾）1 万多尾进行脆化养殖试验。指导棘胸蛙养殖企业改扩建养殖规模 2600 平方米，全县棘胸蛙养殖面积增至 5000 平方米。强化养殖企业加大污水处理指导力度，确保全部达标排放。

【溪河增殖放流】 2022 年 5 月 20 日，永春县在湖洋溪国家级水产种质资源保护区美莲村河段开展渔业增殖放流活动。此次增殖放流活动投放黑脊倒刺鲃鱼苗 23.95 万尾，投入资金 20 万元。

【水产品质量安全监管】 2022 年，永春县组织开展 2 次水产养殖执法行动。出动执法人员 13 人次、车辆 5 辆次，检查 12 家养殖单位，

2022 年 5 月 20 日，永春县农业农村局在湖洋溪国家级水产种质资源保护区美莲村河段开展渔业增殖放流活动，图为放流活动现场

（图／吴志成）

发放宣传材料30多份。分别于8月、9月、11月，组织开展水产品药物残留快速检测55批次，涉及15家养殖单位和个人，样品检测合格率100%。

（黄智森）

林　业

【概况】　2022年，永春县落实国家、省、市林业主管部门的决策部署，践行绿水青山就是金山银山的发展理念，持续深化国土绿化，推动生态提质，筑牢绿色崛起的生态基础。永春县在2022年泉州市林长制考核位居第一，被认定为2022—2024年笋竹精深加工示范县、林下经济重点县。永春县林业局获评泉州市林业有害生物防治职工技能竞赛团体第一名。牛姆林生态旅游区获评全省首批“气候康养福地”，永春县牛姆林森林康养基地获评省级森林康养基地。

【集体林权制度改革】　2022年，永春县推进集体林权制度改革。出台《中共永春县委全面深化改革委员会印发〈关于深化集体林权制度改革推进林业高质量发展的实施方案〉的通知》，《永春县探索集体林地“三权分置”运行机制案例》入选《全国农村改革示范区深化集体林权制度改革的探索与实践》。实施省、市花卉产业发展项目，建设设施大棚2万平方米，永春县绣球省级花卉种质资源库通过专家评审，为全市唯一省级花卉种质资源库、全省第四家花卉种质资源库。投资116.5万元实施省级林业保障性苗圃项目（2021—2025年）。推进海峡花卉文旅产业园招商入驻企业6家，引进永春花卉苗木数字产业园（一期）项目，花卉产业集群化、数字化、三产融合取得新突破。创建林长制示范区，创新推行的村集体统一组织进行松林改造的模式。

【林下经济发展】　2022年，永春县加快发展林下经济，引导林农发展林下中草药种植、林下养殖、林产品采集加工等多种林下经济模式，实现“不砍树，也致富”。以创建省级林下经济重点县、林下经济重点乡镇为契机，实施省级林下经济利用项目31个、市级林下经济项目11个，成立永春县下洋镇林下经济产业协会。永春县大力发展养蜂，至年底全县养蜂农户发展到4200多户，林蜂养殖规模达22万群，建有蜂蜜智能生产线1条，实现蜂产品销售达1.3亿元。

（苏君琪）

农业机械

【概况】　2022年，永春县推进农作物生产全程机械化进程，加强农机安全监理，提高机械化作业水平。至年底，全县农机总动力为31.41万千瓦，在农机购机补贴政策执行及农机化推广工作推动下，种植业机械、林果业机械动力不断增加。全年完成水稻机耕1.1万公顷、机插3667公顷、机收10667公顷。永春县被福建省农业农村厅授予第三批省级主要农作物生产全程机械化示范县称号。

【农机购置补贴】　2022年，永春县结算农机购置补贴资金264.903

桃城镇德风社区的林蜂养殖　　（图／谢大显　2022年8月摄）

万元，其中，中央补贴资金195.527万元，省级补贴资金69.376万元。受理指标确认书数1926份，受益户数1699户，机具数量2041台。

【农机推广服务】 2022年，永春县依托农机补贴政策实施推广增加微耕机401台、田园管理机287台、动力喷雾机223台、稻麦脱粒机132台、碾米机229台、谷物联合收割机5台、水稻插秧机2台、农用北斗终端及辅助驾驶系统16套、果园轨道运输机66台（轨道长度达1万米）等。

【农机安全生产】 2022年，永春县抓好农机安全生产，开展安全生产大检查和拖拉机专项整治行动，推进“平安农机”创建工作。全年办理拖拉机年度检验14台，拖拉机驾驶员驾驶证期满换证78人。持续开展“平安农机”示范创建活动，指导督促“平安农机”示范乡镇创建，东关镇通过市级“平安农机”示范乡镇验收。

【农业机械化示范】 2022年，永春县围绕全程机械化示范点建设创建样板，开展农机新机具、新技术推广。在湖洋镇创建由永春湖洋益民农机专业合作社承建水稻生产全程机械化示范基地；由永春美荔心田果蔬专业合作社承建特色农业生产全程机械化示范基地。5月6日，永春县农业机械化发展中心在玉斗镇云台村举行水稻无人机直播现场会，首次在永春展示无人机水稻直播技术；在东平镇、湖洋镇举行水稻机收现场会，推广普及水稻全程机械化生产技术，重点推进水稻机收减损，助力农业粮食生产。

（林志胜）

2022年下半年永春县出现高温少雨天气，县农业农村局采用无人机智能设备到多地开展秋粮作物抗旱救灾。图为10月9日湖洋镇玉柱村无人机对农作物进行喷施作业

（图／林艺华）

乡村振兴

【概况】 2022年，永春县创新工作机制，完善政策体系，探索发展模式，加快推进县域乡村全面振兴，成功入选国家现代农业产业园创建名单，获评全国水土保持示范县，福建省村庄清洁行动成效突出县。东平镇东山村、一都镇三岭村、桃城镇上沙村、桂洋镇桂洋村等4个村获评市级乡村振兴典型示范村（成效显著村），达埔镇达德村、东关镇东美村等2个村获评市级乡村振兴实绩突出村，蓬壶镇孔里村、湖洋镇锦凤村获评2022年度省级乡村振兴实绩突出村，“岵山—仙夹”线、“五里街—石鼓”线入选省级乡村振兴精品示范线，“达埔—蓬壶”线获评市级第二批乡村振兴精品示范线。

【产业融合示范工程】 2022年，永春县国家农村产业融合发展示范园通过国家创建评审。永春县结合永春芦柑特色产业资源、生态旅游资源、文化旅游资源，做强做优永春芦柑产业，不断提升永春芦柑的核心竞争力，构建永春芦柑与二、三产业交叉融合的现代产业体系，以县国有农场为重点，带动猛虎、天马2个千亩级柑橘场以及绿源柑桔苗木繁育场，培育引进聚富果品、阳升农业等15家龙头企业，柑橘类产量5725吨，销售总产值增加到10亿元以上。

【基础设施提升工程】 2022年，永春县完成农村公路新改建53千米，危桥改造3座，安保工程58千米。永春县以开放办社企业福建省裕挚超市有限责任公司为龙头企业，挂牌成立永春供销·裕挚县域流通中心、永春供销·裕挚物流配送中心，在全县各乡镇设立34个超市店，在镇村供销社设立42个物流站、7个村级物流点，发挥"一网多用、双向流通"综合服务功能，提高农产品上行和工业品下行速度。全年投资961万元，完成9个农村供水保障工程；完成156户脱贫户入户净水器滤芯更换。至12月底，完成投资1273万元，更换、拆除废旧电力杆塔255基，规整改造电力线路10条；完成标准馈线自动化建设3条，完成台区配变改造升级51个，新增配变容量3500千伏安；推进农村电网改造升级，改造0.4千伏低压线路84.25千米，10千伏线路79.58千米。全县新增建设5G基站110个，完成城区重要场景5G信号的深度连续覆盖。

【公共服务提质工程】 2022年，永春县加大普惠性学前教育供给力度，石鼓第三中心幼儿园竣工投入使用。持续推进义务教育管理标准化学校的创建工作。开展学校之间的结对帮扶，启动"5G+专递课堂"试点工作，发挥优质教育资源对农村薄弱学校的带动和辐射作用，提升农村薄弱学校的办学水平。全年招收107名农民工参加永春电大"求学圆梦行动"学习。全县规划设置185家一体化村卫生所，均完成达标建设并开通医保定点。2022年，永春县通过公开招投标方式，引进专业化运营机构，整体打包运营县老年公寓及16所乡镇敬老院。主动对接32个"党建+"邻里中心村（社区），融合养老、儿童、居民服务等功能，打造乡镇"党建+"邻里中心15分钟生活圈。

【乡村振兴整镇推进】 2022年，永春县出台《永春县乡村振兴整镇推进工作方案》，推进4个市级乡村振兴整镇推进"五好"（富民产业发展好、建设品质提升好、优秀文化传承好、治理能力建设好、党建统领发挥好）乡镇创建工作，其中桃城镇、五里街镇为城乡融合型，苏坑镇为工贸带动型，玉斗镇为农业生态型。通过创新"七个一"（一个工作专班、一份发展规划、一个主导产业、一批建设项目、一个发展主体、一个年度计划、一个考核体系）工作措施，各创建乡镇成立工作专班，推动乡村振兴整镇推进任务落实。2022年，桃城镇和苏坑镇成功获评市级整镇推进"五好"乡镇。

【重点帮扶】 2022年，永春县第六批省派重点帮扶村4个，分别为锦斗镇云路村、达埔镇楚安村、桃城镇上沙村、外山乡草洋村。通过帮扶，4个村基础设施供给能力提升，农民群众生产生活条件改善，村集体经济发展活力增强，农民收入增加，生活困难等问题得到解决。永春县第十六批市派重点帮扶村8个，分别为一都镇吴殊村、玉斗镇炉地村、锦斗镇卓湖村、苏坑镇洋坪村、蓬壶镇美林村、石鼓镇半岭村、仙夹镇龙水村、湖洋镇高坪村，通过实施基础、产业和村财创收等帮扶项目，8个村经济和社会各项事业得到快速发展，农村生产生活条件得到改善，村财和农民收入稳定增加。

桃城镇上沙村"花果世界"现代农业项目（图/康庆平　2022年1月摄）

【优秀农村实用人才评选】 2022年，永春县开展优秀农村实用人才培育和评选工作，林志军等3人获得“泉州市优秀农村实用人才”称号，永春县评选表彰林政晖等10名县级优秀农村实用人才。

（林伟超）

水利

【概况】 2022年，永春县以创建4个全国水利示范样板为契机，推进水利各项工作。全年实施4类水利项目7个，完成投资12.81亿元，占年度计划的100.8%。永春水利风景区获评第一批全国水利风景区高质量发展案例，农业水价综合改革成为全省唯一入选全国典型案例，在全国推广。

【水利工程建设】 2022年，永春县水利工程实施4类水利项目7个。其中，实施水利重点项目5个，完成投资5.97亿元，占年度计划投资的100.7%，包含马跳水库及供水工程、城乡供水一体化项目、水系连通及水美乡村建设项目、湖洋镇仙溪河道整治工程等项目；实施其他水利项目2个，完成投资3.84亿元，占年度计划投资的100%，分别为东关镇实施库区移民后扶示范区项目和乡镇生态河道建设项目。

【水利风景区创建】 2022年，桃溪水利风景区通过统筹多方力量，实施大小支流全面治理，并依托河长制的全面推行，强化日常管护、专业管护、全民管护，打造南星清新流域、石鼓安全生态水系、霞陵溪治水示范段等省、市流域治理样板，成为全省小流域治理的标杆。结合永春地域特色，带动沿岸观光农业园、瓷产业文创园等滨水特色产业绿色发展，获评第一批全国水利风景区高质量发展案例。

【水资源行政执法】 2022年，永春县开展水资源管理取水工程核查工作，完成50家无证取水户补证工作。完成县域水资源配置规划方案编制，协助指导完成下洋镇水资源论证区域评估报告。立案查处永春县达埔镇坑口水库清淤疏浚砂石外运案，责令当事人停止违法行为，对当事人陈某处罚款4万元。立案查处福建风雨亭建设有限公司违法转包项目案，对当事人处以没收违法所得500元、罚款400元的行政处罚。全年征收水资源费218.73万元，完成年度水资源行政事业性收入目标。结合世界水日、中国水周、宪法日等活动，开展水利普法宣传工作。

【农业水价综合改革】 2022年，永春县探索推进农业水价综合改革，建立完善“1+4”（建立1个工程数据库，完善产权制度、工程管护制度、投融资制度、水价制度4个制度）改革制度，创新推行“2+2+1”（实施农业用水精准补贴和节水奖励资金2项资金奖补，设置渠道、管道输水管理与计量收费2个工程规范，推行“管理信息化、灌溉计量化、耕作精细化”一类精品工程）改革措施等方式，提高农业用水效率、实现农业节能减排。至年底，全县完成农业水价综合改革面积7220公顷。

【河湖长制推进】 2022年，永春县以“河湖长制见能见效，治理管护提质增效”为主题，组织开展“七个比”争先争优、提质增效系列活动，提高基层河湖治理管护水平能力，探索建立河长林长协同共治工作机制，常态化推进河长履职尽责。全年清淤清障河道42千米、清理围垦种植2310平方米、清理违章搭盖41处，大溪桥国考断面水质全年达标，完成10个乡镇河长办标准化建设。幸福河湖项目进入省级竞争。《水库原的夏天》获评全国第四届“守护幸福河湖”短视频征集活动三等奖。

（陈国源　郑庆元　黄庆泽　郑其墩）

工业 工业园区

综 述

【工业经济运行】 2022年，永春县规模以上工业产值完成889.94亿元，比上年下降3.4%。工业用电量7.63亿千瓦时，比上年下降13.87%。工业投资完成26.79亿元，比上年增长11.7%，完成技改投资17.46亿元，比上年增长186.46%。新引办工业企业67家，计划投资48亿元，其中计划投资亿元以上企业15家，计划投资16亿元。

【绿色数字技改】 2022年，永春县实施绿色数字技改专项行动，成立领导小组和工作专班，落实抓好“绿色化发展、智能化改造、信息化建设、数字化应用”四大重点工程，做好项目滚动管理工作，推动企业技改提升，新增工业固投项目110个，入库省重点技改项目17个，入库市重点技改项目24个。全年有6家永春本地及省市龙头企业进行提级技改。鼓励企业创建企业技术中心，锦林环保被认定为市级企业技术中心。组织美宏科技、福岑纺织、博纯材料、迈特富等33家企业申报国家高新技术企业认定或复审认定。其中，新认定26家，复审认定7家。全年通过认定26家，其中，新认定19家，复审认定7家。

【中小微企业发展扶持】 2022年，永春县加大中小微企业纾困贷款政策宣传和扶持力度，全年帮助29家制造业企业申请省级第五、第六、第七期纾困扶持，放贷金额达0.94亿元；帮助11家制造业企业申请省级制造业中小微企业融资扶持，放贷金额达0.25亿元。发挥应急转贷资金作用，全年为企业办理转贷10笔，转贷资金8400万元。

【企业挂钩联系帮扶】 2022年，永春县完善领导挂钩联系企业制度，全县组织各级领导和专业干部306个，与384家企业建立挂钩帮扶关系，做好政策宣传，帮助企业排忧解难，走访企业826家次，收集协调解决问题145个，涉及生产要素保障、许可审批、惠企政策等方面问题。建立“一企一策”帮扶制度，争取各级惠企政策支持，全年兑现各类奖补资金6588万元。

2022年，永春百祺（福建）实业有限公司引进智能化机器人。图为智能化机器人工作现场　（图／许建生　2022年6月14日摄）

【科技“小巨人”企业推荐申报】 2022年，永春县推荐境内企业申报福建省科技“小巨人”企业，全年推荐申报并通过福建省科技“小巨人”企业认定11家，完成目标任务的550%，全市排名第一。5月16日，永春县实施推动企业创新研发政策，对新认定的省级科技“小巨人”企业，每家给予5万元奖励。

【“创业之星”申评】 2022年，永春县组织企业家参加第三批福建省“创业之星”评选。迈特富董事长柯永辉入选第三批福建省“创业之星”，成为泉州市2名入选人之一。

（李志晟）

醋产业

【概况】 2022年，永春县有侨新酿造、老醋醋业、得壹醋业、金春酿造、津源酱醋、顺德堂、金春酿造等永春老醋生产企业7家，老醋酿造作坊、个体100多户，从业人员1500多人。全年老醋全产业链产值达15亿元。

【《永春老醋》团体标准制定】 2022年，永春老醋协会委托北京恩格威认证中心有限公司和福建泉州新格投资管理有限公司，经过论证、检验检测、起草标准草案、征求意见、专家审定等程序，于6月26日发布《永春老醋》（T/YCLC 001—2022）团体标准。该标准规定永春老醋产品的术语和定义、产品分级、酿造环境、生产工艺、要求、试验方法、检验规则、标志、包装、运输和贮存，填补永春醋业行业标准的空白。

【产研合作】 2022年，侨新酿造等龙头企业加强与厦门大学等高校产学研合作。企业与高校策划共建老醋发酵研发中心，组织召开永春老醋行业研讨会，探讨菌种的研发等工作。

2022年，永春老醋醋业有限责任公司产值3.7亿元，图为老醋公司生产流水线

（图/王旺旺 2022年6月24日摄）

【中国红曲醋都建设】 2022年1月，永春县以“中国红曲醋都”为抓手，出台加快老醋产业发展的十条措施。十条措施重点推进老醋产业园区建设，培育产业龙头企业，推进老醋产业“园区引领，全域联动”。

【醋业新秀】 2022年，新引办的侨新酿造建成投产，通过盘活国有企业闲置资产，保留原工业老建筑冇局，用闽南红砖传统风格重新翻修加固，打造永春老醋传统产业工业旅游基地，并对传统酿造食醋菌种以及酿造工艺的技术进行研发及智能化生产。侨新酿年产能为永春老醋5000吨、香醋3000吨及红曲酒2000吨。

【参加第106届全国糖酒会】 2022年11月，永春县组织8家制醋企业参加第106届全国糖酒会。永春老醋、侨新醋业等醋企参加糖酒会接洽到意向客户60多个，接到意向订单总金额120万元。

（李志晟）

陶瓷业

【概况】 2022年，永春县有陶瓷相关企业、工作室、作坊等近200家，从事陶瓷相关产业人员近万人，规模以上企业22家。全年陶瓷业产值96亿元，税收1亿多元。永春县陶瓷行业协会被全国工商联评为2021—2022年度全国“四好”商会。

【陶瓷工旅融合】　2022年，永春县推动陶瓷业与旅游、研学等多业态融合，打造夏商青瓷古窑遗址景区、良瓷科技5G智慧产业园省级工业旅游试点，三横一竖陶瓷文创园工业旅游点等，全年接待游客数万人。夏商青瓷古窑遗址景区以介福乡苦寨坑原始青瓷窑址为基础打造，包括夏商青瓷古窑遗址、介福古龙窑、东月窑与青瓷研究所、陶艺青创中心、陶瓷文化馆、陶瓷文创园等，2022年接待研学团队120批次、游客7000多人次。良瓷科技智慧产业园全年举办研学等活动6个班次，游客250人次。

【首届泉州市5G陶瓷制造行业职工技能竞赛】　2022年5月17日，首届泉州市5G陶瓷制造行业职工技能竞赛在永春县良瓷科技有限公司举行。竞赛以“技能成才，匠心筑梦”为主题，是泉州市首次围绕“5G+陶瓷行业”专门举办的技能赛事，全市各地的9支代表队112名选手参赛。竞赛设成型湿修、智能装配2个项目，采取“个人＋团体实际操作”的方式进行，评分为百分制，并依项目类别分别评选出一等奖1名、二等奖2名、三等奖8名。

2022年5月17日，首届泉州市5G陶瓷制造行业职工技能竞赛在永春县良瓷科技有限公司举办　（图／县融媒体中心）

【永春首届陶瓷优秀作品评选】　2022年12月15日，福建省（永春）首届优秀陶瓷作品评选颁奖仪式及新产品发布会在介福乡举行。活动由福建省工艺美术协会、永春县人民政府主办，有118家陶瓷企业、个人报名参赛，收集到各类陶瓷作品269件，其中日用陶瓷类作品144件、个人杯类53件、创新创意类72件。陶瓷评选分为日用陶瓷、个人杯、创新创意陶瓷等三大类奖项，邀请福建省工业美术协会5位专家作为评委，经过两轮筛选评鉴，在日用陶瓷类评选出一等奖1名、二等奖6名、三等奖12名；在个人杯类评选出一等奖1名、二等奖3名、三等奖9名；在创新创意陶瓷类评选出创新创意奖12名。

【永春县第二届陶瓷行业职工职业技能竞赛】　2022年9月7日，永春县第二届陶瓷行业职工职业技能竞赛在苏坑镇工业园区福建荣鑫陶瓷有限公司举办。大赛设注浆修坯、手工贴花、釉下手绘3个工种，竞赛内容以各工种的国家职业资格高级工为基准，主要比拼选手实际操作能力。全县陶瓷行业8支代表队、70名优秀选手参赛。

【陶瓷产业园区】　2022年永春县规划建设九牧陶瓷智慧产业园、介福陶瓷工业园、苏坑陶瓷工业园3个特色产业园区。至年底，建成苏坑电商园、介福电商园等平台，50多家企业入驻。

九牧陶瓷智慧产业园　九牧陶瓷智慧产业园以福建良瓷科技有限公司为龙头。该公司2022年2月1日，被泉州市委宣传部评为2021年度泉州十佳5G应用项目；2022年4月18日，被国家工业信息安全发展研究中心评为中小企业数字化转型案例；2022年8月10日，被福建省工业和信息化厅评为省级重点用能行业“能效领跑者”标杆企业；2022年11月2日，被福建省工业和信息化厅评为福建省智能制造优秀场景；2022年12月3日，被工业和信息化部评为工信部智能制造优秀场景。

介福陶瓷产业园区　介福陶瓷产业园区建设以九牧洁具项目园为带动，打造成集生产与科技研发服务于一体的现代陶瓷特色产业园，远期规划面积66.67公顷，其中工业用地约40公顷。至2022年底，良福陶瓷、勤发陶瓷、新福美陶瓷、达盛窑陶瓷、宏鑫陶瓷、成斌陶瓷、南盛陶瓷、元景陶瓷等80家企业入驻园区进行标准厂房建设并投产。

苏坑工业园区　苏坑工业园区是永春县工业园区的重要组成部分，总规划用地面积130.53公顷，其中工业用地54.73公顷。整体定位为苏坑镇区重要产业组团、永春县山地型生态工业示范园。规划形成“两轴、两心、两组团”的空间结构。“两轴”即城镇发展轴和工业区发展轴，“两心”即综合服务中心和居住配套服务中心，“两组团”即工业组团和配套生活组团。

（李志晟）

工艺美术业

【工艺美术人才培养】　2022年，永春县有福建省工艺美术大师8名，福建省工艺美术名人2名，泉州市工艺美术大师20名，泉州市传统手工艺名人9名，被泉州市城镇集体工业联合社挂牌命名的工艺美术大师工作室11个。

【工艺美术宣传】　2022年，永春县开展泉州市工艺美术大师、传统手工艺名人宣传。由永春县城镇集体工业联合社与永春县融媒体中心合作，在永春县电视台《永春新闻》栏目开设“传承工美技艺　坚守匠人初心”专栏，对永春县2021年新获评的10名市级工艺美术大师、9名市传统手工艺名人进行电视新闻宣传，同步在永春县融媒体中心微信公众号、视频号进行推送。

2022年8月21日，永春县陈志伟在第二届中国工艺美术博览会“百鹤杯”工艺美术设计创新大赛上获“新锐奖”。图为获奖作品《喜从天降》（图/县城联社）

【企业参展参评】　2022年，永春县组织优秀工艺美术艺人参加各级展会。3月，组织到浙江东阳参加2021年中国工艺美术“百花杯”精品奖评审活动，作品《持莲观音》获银奖；7月，组织到德化、惠安参加2022年福建省工艺礼品与手工艺精品展暨“福艺杯”优秀作品评比，《弘一》等9件作品获金奖，《饕餮纹四方鼎炉》等12件作品获银奖，《守望者》等17件作品获奖；8月，组织到南京国际博览中心参加第二届中国工艺美术博览会“百鹤杯”工艺美术设计创新大赛活动，作品《喜从天降》获得“新锐奖”。

2022年永春县工艺美术企业和人参展参评获奖情况一览表

表5

序号	姓名	作品	奖项	类别
2021年中国工艺美术“百花杯”精品奖				
1	林庆祥	持莲观音	银奖	陶瓷
第二届中国工艺美术博览会“百鹤杯”工艺美术设计创新大赛				
1	陈志伟	喜从天降	新锐奖	陶瓷
2022年福建省工艺礼品与手工艺精品展暨“福艺杯”优秀作品评比				
1	吕荣树	弘一	金奖	雕塑
2	林庆祥	布袋弥勒佛		雕塑
3	陈永满	佰财聚来		雕塑
4	陈祺祥	冰种茶具套装		日用陶瓷

续表 5

序号	姓名	作品	奖项	类别
2022 年福建省工艺礼品与手工艺精品展暨“福艺杯”优秀作品评比				
5	林炜淦	一点成金	金奖	香道
6	潘华惠	财赐金		香道
7	林峰生	云池醉猴		香道
8	林炳根	荷荡云湖		香道
9	陈志伟	歌唱祖国		雕塑
10	林宝凤	沉香车载	银奖	香道
11	林文森	闻香沉思		香道
12	潘华惠	一品富贵		香道
13	林炜淦	财福满堂		香道
14	陈维尧	白云生处香炉		日用陶瓷
15	林辉耀	魁星点斗	银奖	日用陶瓷
16	陈清河	壶中生福		日用陶瓷
17	王志国	饕餮纹四方鼎炉		日用陶瓷
18	林庆祥	自在		雕塑
19	陈琼梅	听荷		雕塑
20	陈清河	瑞福迎春		雕塑
21	林鑫鑫	福齐南山		陶瓷装饰
22	陈清河	守望者	铜奖	陶瓷装饰
23	林鑫鑫	古城刺桐		陶瓷装饰
24	林传海	荷中生福		陶瓷装饰
25	陈琼梅	皆空		雕塑
26	陈琼梅	先生		雕塑
27	陈永满	知青		雕塑
28	邱雄伟	送子观音		雕塑
29	陈维尧	柴烧手绘主人杯		日用陶瓷
30	陈祺祥	羊脂玉将军壶		日用陶瓷
31	郑永坚	大漆杯		日用陶瓷
32	王志国	手握江山	铜奖	日用陶瓷
33	陈志伟	守护与传承		雕塑
34	林宝凤	香韵沉香		香道
35	朱冬梅	闻香蝶舞		香道
36	刘文光	弘一香缘		香道
37	林金泽	求一闻		香道
38	张雪华	双面福		纸织画

【工艺美术大师申评】 2022年11月，永春县组织27名符合条件的工美艺人参加第六届福建省工艺美术大师、名人评选活动。其中，王冬燕、陈荣春、郭志煌、林文森等4名获评福建省工艺美术大师。

（苏庆填）

煤炭业

【概况】 2022年，永春县有煤矿2处，其中，长期停产煤矿1处（2021年7月停产），为省属天湖山能源实业有限公司含春煤矿，生产能力30万吨／年，2022年1月10日安全生产许可证到期。长期停建煤矿1处（2019年7月停建），为地方煤矿永春县长汀煤矿有限责任公司长汀煤矿，设计生产能力15万吨／年。

【煤矿安全管理】 2022年，永春县调整安监类别，调整2处煤矿安全监管类别并向上级报备，两处煤矿均按D类煤矿落实监管措施，开展巡查盯守，全年开展现场巡查182矿次。建立监测制度，开展煤矿用电量监测，严防煤矿非法违法组织生产。督促煤矿上一级公司落实惩罚、问责措施，完善停产、停建期间安全管理机构和安全保障措施，确保企业规章制度落实到位。

【煤矿管控指导】 2022年，永春县指导省属天湖山能源实业有限公司含春煤矿电子封条建设及改造。对长汀煤矿所属3个硐口进行物理封闭，建设长期停建远程监控平台，对煤矿3个硐口（平硐+337米、出煤平硐+358米、排矸平硐+450米）实时动态远程监控，杜绝发生非法违法开采行为。

（刘开彬 姚 秀）

【天湖山能源公司】 2022年，天湖山能源公司实现营业收入1075.92万元；年度决算账面利润9246万元。结合停产实际，出台《富余人员分流安置管理办法》和《富余农换工及临时工分流安置管理办法》推进人员分流安置；精简机构，优化管理层级，提高管理效能。盘活资产，安溪电厂实现转让，成交价格7274.04万元；与永春县政府签订《城乡建设用地增减挂钩指标交易协议书》，土地复垦收益1431.1万元。推进转型发展，实施压缩空气储能电站示范项目。该项目贯彻落实国家“双碳”目标及集团“一流能源”战略部署，列为集团公司年度工作计划重点项目，2022年开展建设首台套煤矿矿井综合利用、生态改造的非补燃压缩空气储能电站示范项目，项目上报集团公司审议决策。

（卢桂茂）

2022年8月25日，天湖山能源公司与永春县政府签订城乡建设用地增减挂钩指标交易协议书，公司3.786公顷矿山复垦土地成功转让。图为矿山土地复垦后改为稻田

（图／魏绍洁）

城镇集体工业

【概况】 2022年，永春县城镇集体企业13家。其中，进入安置清算阶段的企业5家，处于停产状态进行厂房出租尚未能安置的企业4家，无实体资产的企业4家。

【集体企业收储安置】 2022年，永春县开展下属企业收储安置工作，4月完成塑料厂的厂区移交工作，5月完成塑料厂的合资公司福建永春源发塑料制品有限公司注销，7月将木竹家具厂厂房移交给湖洋镇政府管理，用于支持永商网红城项目配套仓库建设需求，工艺美术厂、家用电器厂等待新的用地单位接收移交。完成工艺美术厂、家用电器厂、木竹家具厂3家企业财务审计和债权债务处置工作，向县长办公会提交职工安置方案。

【集体资产管理】　2022年，永春县盘活集体资产，对租赁到期房产的重新挂牌公开招租。全年在泉州市公共资源交易中心挂牌招租房产8宗，获租金25.478万元。县城镇集体工业联合社开展老旧厂房的监测、维护、修缮工作，组织安全生产检查，发现问题隐患及时反馈责任单位并抓好整改落实，组织全体干部职工参加“新安法知多少”2022年全国安全生产月知识竞赛活动等安全法规宣传活动。

【集体企业职工保障】　2022年，永春县落实集体企业职工社会保障服务工作，元旦、春节期间职工慰问支出8.43万元，给特定对象职工发放医疗保险补贴和社会养老保险补贴，对29名特困职工发放慰问金2.05万元，支付无退休金的职工老年生活保障金16.59万元，支付职工医疗保险补贴和社会养老保险补贴11.82万元，支付重阳节慰问离退休老干部和满80周岁及以上职工2.79万元。

（苏庆镇）

供电

【概况】　2022年，永春县用电量15.65亿千瓦时，比上年下降4.47%。全年售电量14.01亿千瓦时，比上年下降1.39%。

【电网建设】　2022年，永春县印发《永春35千伏及以上电力设施布局规划》，完成500千伏永春变站址复勘。全年完成电网发展投资3.6亿元（含配网），电量投资比为全市最高。开工建设1000千伏特高压工程，投产110千伏埔香变扩建等9个输变电工程，建成线路长度79.35千米，新增变电容量21万千伏安。辖区电网110千伏变压器容载比（装机容量/实际负荷）2.95，居全市首位，供电裕度充足。

【电网运营维护】　2022年，永春县开展变电站监察性巡视，升级变电站辅控系统，9座110千伏变电站全部具备“一键顺控”功能。小电流选线正确率提高至90%，全市排名第一。输电线路综合故障停运率0.43　故障比上年减少5条次、比上年下降4.9%。实现变电“零故障”。10千伏分支线以上故障比上年下降25%。配变设备停运率比上年下降325。和上年相比，低电压台区、频停台区分别压降27%、33%。

【供电服务】　2022年，永春县提升供电服务，发布优化营商惠企发展电力十项承诺，全面落实低压小微企业“零上门、零审批、零投资”服务和高压用户用电报装“省力、省时、省钱”服务，优惠企业办电超成本612万元。创新园区供电模式　开辟绿色通道，实施园区企业“一企一策”，实现“企业开办+用电报装”一站式办理。争取资金4016万元，规划15条10千伏馈线。推广“泉电e享”办电模式，提供短期用电工程设备租赁、长期用电工程以租代建（代售）服务，缩短工程工期40%以上。提供“电e贷”“电e票”“电e盈”等电力惠企增值服务3394万元，帮助中小企业拓展融资渠道，降低融资成本，有效缓解企业缴纳电费资金压力。2个案例入选泉州市营商办2022年优化营商环境典型经验。

（苏德贤）

2022年5月20日，福建省北电南送特高压交流线路工程（永春段）首基塔开工仪式在永春县锦斗镇举行，图为开工仪式现场（图/梁巧玲）

工业园区

【园区概况】　永春工业园区于1993年8月经福建省人民政府批准设立，2006年7月通过国家发改委审核，列入省级工业园区序列管理，核准面积40公顷（探花山工业区）。园区规划总面积约1047公顷，规划工业用地面积589公顷，出让地块166块457公顷。主要行业涉及轻纺服装、陶瓷树脂、机械铸造、塑胶制品、食品饮料、生物医药等，现有良瓷科技、万家美针织、迈特富科技等市级龙头企业，以及晋昇中润、锦林环保、美律科技、怡辰科技、中闽建研等较大规模企业入驻。2022年园区企业纳税3.91亿元，比上年增长24.92%。

【园区建设】 2022年，永春工业园区实行“专班化推进、清单化管理、全程化保障”管理机制，按照“日会商、周盘点”推进制度，采取“5+2”“白加黑”“晴＋雨”攻坚模式，盯紧关键节点、加强会商协调，高效推进园区省级、市级、县级4个重点项目（永春县工业园区标准化建设试点项目、永春轻工新城智慧产业园基础设施工程二期、工业园区基础设施改造项目和永春老醋科技产业园基础设施项目），全年完成投资4.58亿元，完成率190.98%，位居全县第一；工业贡献率占比8.39%，位居全县前列。其中，永春县工业园区标准化建设试点项目完成投资3.68亿元，超时序进度145.33%，10栋新建厂房及1栋文体中心主体工程在12月20日全部封顶。

【园区管理】 2022年，永春县工业园区按照网格化管理机制，加强隐患排查，强化整改落实。快速推进企业安全生产标准化提升专项行动，2022年8月底全面完成197家创建任务。开展消防安全百日攻坚、“回头看”整治攻坚、厂房仓库“开小灶”及重点行业领域等专项整治行动。组织开展园区房屋结构安全隐患排查整治“回头看”行动。全年园区安全生产工作成效稳中有升。组织完成《永春县工业园区循环化绿色改造实施方案》编制及《永春县工业园区突发环境事件应急救援预案》修编工作，指导督促企业规范“一企一档”资料建档及环保自查自纠工作。

【招商引资】 2022年，永春县工业园区围绕县委、县政府“五全”招商工作部署，抓好项目招商和招商专班工作。加强招商宣传推介，坚持“试点招商首谈”“龙头带动招商”，联合良瓷科技开展供应链招商现场会，开展园区企业“以商招商”座谈会、“走出去”“引进来”招商推介，完成落地项目3个、签订框架协议项目4个、在谈项目18个。作为高端制造专班和电子信息专班牵头单位，组织、指导各乡镇各单位做好产业招商，招引落地项目8个、签约项目20个、在谈项目77个，计划投资约482.3亿元。组织动态摸排、及时推送闲置厂房信息，为企业“牵线搭桥”，盘活闲置厂房3.2万平方米、引入企业14家。同时引导企业技改升级、增资扩容。

【营商环境优化】 2022年，永春县工业园区开展“企情日记”活动。按照“领导包片、干部包企”网格管理服务原则，建立协调闭环机制，动态了解企业困难问题，全年解决企业各类困难和问题155件。加强与企业主沟通联络、增进感情，鼓励引导企业做好人才培育、技术改造、产能提级、品牌创建，协助开拓产品市场；针对企业“招工难”“融资难”以及员工子女就学问题，搭平台、多牵线、勤协调，多措并举助力企业稳岗满岗、安心创业，保障生产发展。加强精神文明建设，组织园区志愿服务队积极参与疫情防控、社区创城等工作，共筑安全防线，共建美丽园区。

【园区机制创新】 2022年，永春县工业园区积极探索“管委会＋公司”“一区多园”管理机制，推动园区体制机制改革。推动《中共永春县委机构编制委员会关于进一步优化工业园区管理机构职能配置的实施意见》出台，明确安全生产和生态环境两个监管领域的“双责任制清单”，突出园区主责主业，优化园区职能配置。

（张丽莲）

2022年12月20日，永春县工业园区标准化建设试点项目10栋标准厂房及1栋文体中心全部封顶

（图／陈文强）

香产业

香产业发展

【概况】 2022年，永春县有香产业企业403家，其中2000万元以上企业54家，从业3.75万人，呈现快速发展趋势。香产业总产值、销售额、出口额分别为125亿元人民币、93.3亿元人民币、11891万美元。

【香产业招商融资】 2022年，永春县开展香产业专题“延链招商”，与华宝香精股份有限公司对接，筹建芳香产业园。全县2家制香企业在海峡股权交易中心挂牌交易，为达盛香业、金丰香业。

【香市场拓展】 2022年，永春拓展香市场新业态，推动永春香进酒店进书店，彬达香业在荣誉酒店开设“一脉香传”香铺，达盛香业在新华书店设立“书香体验馆”，扩大香品应用场景。永春县抢抓“直播经济”新风口，中国香都电商直播孵化运营基地落地运营，通过“运营基地+直播培训+供应链”促进香产业转型。

【汉口“寻香”文创园】 2022年，永春县策划建成汉口“寻香”文创园项目，获得市级文化产业发展专项资金扶持，投入100多万元，打造香产业网红打卡点。达埔镇挖掘汉口村的蒲氏古作坊、汉口制香厂旧址、古厝等文旅资源，建设集香品生产、文创研学、非遗寻迹于一体的魅力“香”村，打造汉口“寻香”文创园。

品牌建设

【概况】 2022年，永春县香产业拥有国家香检中心、国家级非遗等“国家级招牌”，制香企业获得福建省著名商标8枚、福建省名牌产品8家、福建名牌农产品企业3家、泉州市知名商标11枚，拥有国家授权专利442件。全县有5家香企成为全国卫生香行业标准起草单位，7家香企获得福建省科技小巨人领军企业称号，8家企业获评福建省农业产业化龙头企业。

【制香人才培养】 2022年，永春县建设香人才驿站4个。全县获评省工艺美术大师1人，新认定高层次人才16人，省级金牌工匠5人，市、县工匠7人，市高技能人才25人。中国香都产业人才传承发展中心被评为市级人才之家。

达埔镇香产业园　　（图/永春县融媒体中心 2022年11月16日摄）

【“科技下乡　人才助企”主题活动】 2022年5月18日，永春县委组织部、县市场监管局、达埔镇联合举办“科技下乡　人才助企”主题活动。永春县香制品同业公会获授“科技特派员工作室”牌匾；国家香检中心科技特派员与香企业代表签署合作协议，开展结对帮扶，协助香企业进行项目攻关，助力科技成果落地转化。签约仪式后，国家香检中心为香企代表开展燃香产业专利数据库的应用培训和燃香标准化工作培训。

【两岸燃香检测与文化（表演）标准共通试点启动】 2022年9月8日，两岸燃香检测与文化（表演）标准共通试点启动会暨两岸燃香标准研讨会在永春县国家香检中心召开。会议采用“线上＋线下”形式，省市场监管局、市市场监管局、县人民政府、县市场监管局等有关单位，省产品质检院、省标准化研究院、市标准化研究所、国家香检中心、台湾香业发展协会、永春县香文化研究会、永春县香制品同业公会等行业专家，台湾华光香堂、泉州恩顺台资企业、永春联发香业等企业代表参加会议。该项目由国家燃香类产品质量监督检验中心（福建）牵头，福建省产品质量检验研究院、泉州市标准化研究所等单位共同合作开展，以打造全国两岸标准共通区域样板为目标，推动永春县与台湾地区在燃香领域标准的研究制定、应用实施、体系建设、宣传贯彻、技术合作、标准化专业人才培养等方面加深合作。

国家燃香类产品质量监督检验中心

【概况】 国家燃香类产品质量监督检验中心（简称“国家香检中心”）位于永春县桃城镇，是全国唯一一家国家级香产品质检中心，是泉州市首批人才工作直接联系点、泉州市人才之家。设有福建省燃香类标准化技术委员会与永春县香产业人才之家，建成香文化科普展厅、香料试验基地、高校实践基地等示范点。2022年，国家香检中心被福建省科技厅确认为“2022年福建省法人科技特派员”；被泉州市科技局认定为“2022年泉州市新型研发机构（A级）”，成为永春首个A级新型研发机构。

【香检技术服务】 2022年，国家香检中心有气质联用仪、电感耦合等离子体发射光谱仪、高效液相色谱仪等大型分析仪器200多台（套），承接燃香产品质量监督检验、质量仲裁、科研合作、咨询培训、标准制修订等技术服务。国家香检中心是市场监管总局聘任的技

达埔镇中国香都博物馆　　（图／达埔镇 2022年2月7日摄）

术援藏单位，担任沉香产业国家创新联盟理事成员。

【制香科研】 国家香检中心深化政产学研合作，依托国家CNAS实验室、香产品技术研发中心，通过与清华大学、厦门大学、福州大学等高校合作，开展科研项目研究工作。至2022年底，主持、参与省部级科研项目6项，市级以上科技项目12项，发表香产品科研论文22篇；主持、参与制定国家标准4项，行业标准9项，地方标准5项，团体标准3项。

【科研团队建设】 2022年，国家香检中心有专业技术人才15名，其中博士研究生1名，研究生学历8名，此外，中心以项目合作方式柔性引进5名教授、3名博士生和2名硕士生组建科研团队，拥有泉州市第二层次人才4名，第四层次人才1名，第五层次人才1名，第六层次人才5名。

制香重点企业

【永春彬达制香厂有限公司】 永春彬达制香厂有限公司位于中国香都产业园一期，占地4.4公顷，是一家集研发生产销售宗教香、沉香、工艺香、居家养生香于一体的香制品科技型企业。公司创立于1983年，传承永春香传统制作技艺，是“中国香都”产业园骨干企业，品牌驰名全国。至2022年底，彬达制香厂拥有盘香、线香、篾香、工艺香等4个生产车间，产品品类超过600种，公司产值10.83亿元。

【福建兴隆香业有限公司】 福建兴隆香业有限公司位于中国香都产业园，是国家制香产业质量技术标准和国家行业标准起草单位、中国制香行业协会副会长单位、福建省农业产业重点龙头企业、福建省著名商标企业、福建省守合同重信用单位、福建专精特新企业、泉州老字号，与福建中医药大学、闽南师范大学等高校机构有科研合作。至2022年底，兴隆香业拥有注册发明专利、实用新型、外包装等专利64种，研发生产禅香、家居养生香品1000多种，家居养生香的香缘、香韵、香趣、香之品、香妃香、点沉香、非常道等专利产品远销海内外。2022年，公司产值10.86亿元。

【泉州永春达盛香业股份有限公司】 泉州永春达盛香业股份有限公司是一家集香制品和制香设备研发、生产、销售及加盟服务于一体的现代化制香企业，拥有多项发明和实用新型专利，在海峡股权交易中心挂牌并入选创新层挂牌企业。公司参与全国燃香类产品标准、熏香标准起草，获得国家高新技术企业、福建省农业产业化重点龙头企业、福建省名牌农产品、泉州老字号企业等称号，产品远销东南亚、欧美等国家和中国港澳台地区，并在泰国、马来西亚和越南建立分仓。2022年，产值9.17亿元。

【福建省金丰香业股份有限公司】 福建省金丰香业股份有限公司位于永春篾香城，占地近4公顷，建筑面积近3万平方米。该公司是工作日用杂品工业协会团体会员，为集产品研发、生产、销售、连锁服务于一体的现代化制香企业。公司被评为福建省科技型企业，福建省著名商标，福建省科技小巨人领军企业，福建省第八轮、第九轮农业产业化省级重点龙头企业，福建省守合同重信用企业，泉州林业产业化龙头企业等。2022年，产值9.02亿元。

（李志晟）

商贸流通

国内贸易

【概况】 2022年，永春县限额以上社会消费品零售总额完成29.72亿元，比上年增长8.6%。限额以上批零住餐销售额完成121.7亿元，比上年增长14.8%。

【商品批发和零售】 2022年，永春县培育壮大商贸企业主体。做好53家限额以上商贸企业后备企业库企业跟踪服务，兑现2021年扶持中小企业发展扶持资金152.7万元，培育壮大限额以上商贸大盘，新增限额以上商贸单位45家。

【市场消费促进】 2022年，永春县采取多种举措，恢复市场消费信心，促进市场消费提振。开展“悦享生活 乐购永春”“全闽乐购 汽车下乡”“爱泉州·大乐购”等系列促消费活动11场，引导商贸企业依托“云闪付”“建行生活”等平台，向社会投放各类消费抵用券，组织商家让利销售，促进批零住餐企业继续消费提升。开展永春特色产品数字化工程，引导本土特色产品入驻京东永春特色馆、八闽福利网永春特色馆、“礼遇泉州”等平台，促进香、醋、日用陶瓷、麻粩等特色产品消费，组织上线产品100余种。依托网红电商城，引导传统企业与网络购物、直播带货、短视频应用等线上平台合作，开展线上线下融合的促销活动。

【“菜篮子”基地建设】 2022年，永春县组织5家副食品基地申报2022年度“菜篮子”体系建设项目市级资金。至年底，获得省、市“菜篮子”工程建设补助资金90.9万元。

【商业企业管理】 2022年，永春县商业公司加强资产管理，确保国有资产保值增值，全年整个系统资产保值增值率为102.62%。执行国有资产出租制度，对所属场所按规定程序审核报批后委托县公共资源交易中心在网上公开招租。落实永春县人民政府办公室关于印发《助企纾困促发展若干措施的通知》的要求，给予符合条件的承租者减免3个月租金121.12万元。按照永春县国有资产管理委员会专题会议精神，自2023年1月起，将县商业总公司主管（出资人）的县城区牲畜定点屠宰场划转给县农文旅集团下属公司永春农垦发展有限公司管理。做好巡察整改工作，对巡查反馈的4个方面17个问题，完成整改问题15条，在整改2条。抓好安全生产工作，落实全员安全生产责任制，抓实日常巡查和重大节假日专项检查制度，加强消防安全检查，发现隐患，及时督促整改到位，全年整个系统无安全生产事故。

【县城区牲畜定点屠宰】 2022年，永春县屠宰生猪4.86万头，比上年增长25%，总产值235.37万元，利润13.24万元，缴交税收6.87万元。与福建省创新环境检测有限公司签订环境检测合同，每季度在网上向社会公布场区的检测报告结果，并向环保部门做好环境保护执行报告与相关台账。

（薛佳丽）

【生猪活体储备】 至2022年底，永春县有生猪调控基地9家，其中省级调控基地1家，市级调控基地8家。2022年完成市级生猪活体储备2家任务，根据《泉州市商务局关于下达2022—2023年市级生猪活体储备任务的通知》，永春隆兴种养殖有限责任公司、永春福建永春阳成禽畜养殖有限公司、永春云峰农牧有限公司、永春隆兴种养殖有限责任公司4家公司承担生猪活体储备任务，保障猪肉市场供应充足稳定。

（李志晟）

对外经贸

【概况】 2022年，永春县外商实际到资完成1592万美元，比上年增长163%，完成全年目标的227%。全县外贸出口完成38亿元，比上年增长8%。

【利用外资】 2022年，永春县做好项目跟踪服务，聚焦福源锌业、悸动餐饮等重点外资项目保障，安排专员全流程对接，推动企业尽快到资、投入生产。至2022年底，福源锌业完成到资593万美元、悸动餐饮完成到资989万美元。

【对外出口】 2022年，永春县引导企业参加省、市外贸云展会系列活动，以及广交会、厦门佛事展等重点展会，拓展外贸市场。全年有9家企业备案28个参展计划，其中百轩香业参加厦门佛事展会，接到订单380多万元；美宏科技公司参加国际办公设备及耗材等展览会，接洽意向客户53个，订单680万元。永春县对外贸易公司出口产品主要有柑橘等农副产品，出口创汇1238.52万美元；陶瓷、树脂、服装、箱包等工艺品与日用品，出口创汇584.88万美元。

【外贸服务】 2022年，永春县为企业拓展国际业务，利用展会、电商平台等多种渠道组织陶瓷、香、醋等本地生产厂家参展，拓宽国际市场，降低贸易成本。永春外贸公司利用子公司入驻石狮东南亚采购集散中心的优势，协助本地食品、香、醋等中小企业通过该中心创新出口模式，调整、规范业务运行模式，拓宽销售渠道。对全县中小芦柑出口企业进行海关登记备案，报关出口，指导芦柑生产、包装企业根据海关备案要求，对标规范生产管理，提高出口芦柑质量管理水平，全程跟进注册备案各个必要环节，提供系列增值服务，全年新增芦柑客户1个，代理客户1个。

（李志晟 吴晓珊）

电子商务

【概况】 2022年，永春县引导业态联盟联动，创立（跨境）电商产业园、永春县电商网红城等平台，引导企业产品入驻销售。全年永春县网络零售额46.5亿元，比上年增长23%，其中服装鞋服占比37.4%、日用品33%、粮油食品类6.4%、家具3.8%、体育用品3.7%、金银珠宝3.6%、其他12.1%。全年农产品累计网络零售额1.41亿元，比上年增长67.7%。

【永春县（跨境）电商产业园运营】 2022年4月19日，永春县（跨境）电商产业园开始运营。产业园位于桃城镇，园内设有教育培训、创业孵化、平台指导、产业链库、“12315”维权服务站五大功能板块。全年举办13期培训活动，参加活动人数有500人以上，创业孵化20人；入驻的跨境电商企业24家；整合跨境电商相关资源的产业链库284家；“12315”电商维权服务站协调处理20起投诉案件，为企业提供优质服务。

【永春县电商网红城投用】 2022年4月19日，位于五里街镇儒林社区消防大队旧址的永春县电商网红

永春县（跨境）电商产业园　（图/县工信商务局 2022年4月摄）

城投入使用。网红城由县工信商务局、湖洋镇人民政府与福建省永商网红城发展有限公司联合打造，占地面积约1900平方米，建筑面积约2100平方米，建有电商企业办公室55间、共享直播间6间，配有共享展厅、共享会客室、共享会议室、停车场等设施。网红城配备网红直播孵化器平台、电商培训交流中心和电商线下特色馆等多元的业态辅助运营单元，为入驻企业提供手续代办、反职业打假“碰瓷”维权等服务，打造全程陪跑商业模式。全年招引电商企业148家，入驻电商企业销售额10.16亿元，其中销售额500万元以上的电商企业有21家。

【中国香都电商直播孵化基地运营】 2022年10月17日，中国香都电商直播孵化运营基地落地运营，通过“运营基地+直播培训+供应链”赋能香产业转型。该项目由达埔镇政府与永春直播协会合作，成立项目公司负责具体运营，开设“中国香都·永春香”抖音官方账号，进行抖音/直播及短视频推广，开展电商抖音直播人才培训孵化，分级培训行业直播手，入驻直播运营团队，开展直播带货，直播创客孵化，打造永春香“线上市场”，邀约自带流量的外地抖音网红达人集中至香都基地进行实地直播推介宣传。

（李志晟）

粮食储备

【粮食收购服务】 2022年，永春县做好粮食收购宣传发动工作，通过永春电视台和基层购销站发布公告等形式宣传，让粮家详细了解粮食收购信息。8月15—25日收购期间，网点工作人员全员取消双休，杜绝农民“卖粮难”等情况。2022年国家粮食最低收购价为早籼稻（三等）124元/50千克。

【粮油库存及质量安全检查】 2022年，永春开展春秋两季粮食库存检查和粮油实物清查工作，强化粮食质量安全监测，推进粮食系统“餐桌污染”专项治理，抽取样品14份送至第三方检测，合格率100%。县粮食局督促企业落实逐车快检机制，出入库期间企业自行开展粮食质量品质快速检测206份，送检至泉州市质量监测站10份，合格率100%。

【救灾物资采购管理】 2022年，永春管理县级救灾物资26品类18488件，总价88.68万元。其中通过县公共资源交易中心平台公开采购21个品类17745件，全部验收入库，实行专人管理，归类存放。

（张曦君）

供销合作

【概况】 2022年，永春县供销系统完成商品销售总额3891.76万元，比上年增加62.55万元；利润总额97.51万元，比上年增加11.86万元，比上年增长13.85%。永春县供销合作社联合社（简称“县供销联社”）县域流通服务网络建设被全国供销总社列为试点县，蓬壶供销社惠农综合服务中心被福建省供销社列为省级项目，岵山供销社惠农综合服务中心被泉州市供销社列为市级项目。

【农资供应保障】 2022年，永春县按照“数量充足、结构合理、质量保证、价格稳定、服务优质”的要求，储备化肥、农药及种子等冬储存量9200吨，超额完成泉州市发改委下达给永春的任务。疫情防控期间协调相关乡镇及有关部门，在一都镇等14个乡镇开放经营21个农资经营网点，开展预约订货、送货到村、到户、到田间地头等服务。4月9日，配合县农业局做好以“‘疫’不农迟‘肥’保春耕，巩固脱贫成果”为主题的送肥下乡活动。5月10日，配合省、市供销社在岵山镇茂霞村文化广场联合开展以“党建引领，服务‘三农’，助力春耕”为主题的供销社送农资送农技下乡活动，依托县农资公司的配送渠道，为各乡镇的困难群众送去化肥等物资，解决春耕用肥问题。

【桂洋供销社改造提升】 2022年，永春县委托有资质的单位进行设计、预算、施工，加强资产维护和改造提升，改善供销社经营服务设施。对桂洋供销社进行改造升级，投入11.6万元，实现资产保值增值。

【流通销售网络建设】 2022年，永春县建立完善以流通骨干企业为支撑、县城为枢纽、乡镇为节点、村级为终端的三级县域流通服务网络。以开放办社企业福建省裕挚超市有限责任公司为龙头企业，成立永春供销·裕挚县域流通中心、永春供销·裕挚物流配送中心，在全县各乡镇设立34个超市店，在镇村供销社设立42个物流站、7个村级物流点，物流网络覆盖全县22个乡镇，并延伸到部分村（社区），年营业额8000多万元。永春供销·万春寨特产城利用电商平台推销永春农产品，年销售额2000多万元。通过线上销售平台（京东、天猫）及抖音直播，帮助困难种植户30余户，销售荔枝1.5万多千克，销售额近50万元。帮助贫困养殖户销售永春白鸭，月销量800多只，销售额近15万元。成立永春供销·鲜到家食材配送中心，采用“食材供应+中央厨房+冷链配送”新模式，发挥食材源头集采、配送及监管等优势，为学校、医院、政企单位食堂等30多家单位、企业提供食材及相关日用品配送服务，年销售额1200多万元。联合永春铭祖科技有限公司推出“永春供销·铭祖甄选”品牌，创建直播运营平台，开设“永春供销·铭祖甄选”直播间，在抖音平台进行直播带货，销售货品均为永春芦柑、老醋、麻粩等永春特色产品，并挂牌入驻永商网红城，促成直播运营平台优先采购县供销联社参办、领办、引办的农民专业合作社农产品，优先与裕挚物流公司、万春寨特产城合作，形成长期稳定的产销对接模式，年销售额达1800万元。

【基层组织建设】 2022年，永春县建成1个省级（蓬壶）、1个市级（岵山）和4个县级（一都、坑仔口、湖洋、石鼓）乡镇惠农综合服务中心，为农村群众提供信息咨询、电子商务等多样化服务。永春县蓬壶供销社惠农综合服务中心是集农资农技、农村电商、便民超市、快递投送、金融服务等于一体的综合性服务平台，提升供销社沟通城乡、服务“三农”的辐射带动能力。新建下洋曲斗供销社、岵山塘溪供销社2个村级供销社。新发展福建永春万春寨农业专业合作社、永春县逢春花木园艺专业合作社、泉州永春宾琅农业专业合作社、福建省永春祥龙农业专业合作社联合社4个农民专业合作社，其中联合社1个。

【农村综合服务社】 2022年，永春县建设农村综合服务社6个，为岵山供销合作社塘溪村综合服务社、介福供销合作社介福乡综合服务社、锦斗供销合作社锦溪村综合服务社、下洋供销合作社曲斗村综合服务社、五里街供销合作社高垄村综合服务社、仙夹供销合作社美寨村综合服务社。通过建设农村综合服务社，优化服务环境，逐步完善各项服务功能，加快推动县域流通服务网络建设。

（林晨露）

烟草专卖

【概况】 2022年，永春县烟草专卖局（分公司）实现税利1.83亿元，比上年增长7.74%。全年查处涉烟案件35件，“双五”案件（查获的真烟案值在5万元以上或者查获数量在5万支以上的案件）2件，查获违法卷烟66.05万支，总涉案金额34.3万元。

【专卖监管】 2022年，永春县烟草专卖局（分公司）聚焦重点发力，营造良好卷烟市场环境。优化许可管理，2次调整烟草制品合理布局规定，全县实行数量调控加距离控制模式，新办证准予许可124户，严格控制许可证总量。持续开展“证照、证店、证人”三相符专项核查行动，净化终端市场，全年市场净化率98.83%。提高精准监管效率，运用“三统一”（“三统一”：是指烟草行业专卖管理信息系统，对全行业专卖零售许可证、专卖案件、专卖队伍统一系统管理）市场监管模块，模型总命中率50.69%；运用“五要素”（“五要素”：即通过订足率、订足面、市场价格、社会库存、商业存销比五个主要因素以及相关指标数据，真实、实时、全面反映市场货源调控及市场真实需求的数据信息。实质是运用营销“五要素”数据对市场实际状态进行实时把控的基础上，结合专卖指标对潜在的违规行为进行研判预测，从而实施“五要素”预见性监管）监管模型，全年筛选11期，识别重点户1357户，查获案件7件，发现异常信息25条。加强与公安部门等联合协作，加强与毗邻县专卖局等的信息共享，促进情报互联互通。定期走访重点乡镇综治部门和派出所，开展重点区域排查4次，联合有关部门组织开展物流寄递行为专项检查11次，遏制假私反弹。强化电子烟日常监管，“线上”监测涉电子烟违法行为，“线下”开展专项整治和进行日常监管，联合有关部门开展清理校园周边专项治理工作1次，未发现有向未成年人销售电子烟的情形。受理“12313”各类工单59单，办结率达到100%。

【卷烟营销】 2022年，永春县烟草专卖局（分公司）聚焦精准发力提高卷烟营销水平。创新培育模式，激发品牌活力。针对高端高价卷烟，开展节日主题营销活动29场，引流消费者1865人，开展高端高价专题优品会和品鉴会6场，引导48名高价位核心客户打造高价位卷烟陈列专区。针对雪茄，从提供终端物料打造专业雪茄经营场所和开展雪茄文化周涵养品牌文化入手，开展“雪茄小课堂”18场，“雪茄知多少”知识竞赛活动1场。夯实终端基础，提升建设质量。以数据治理为抓手，通过建立常态化跟踪机制、签订真实扫码承诺书等提高新零售数据质量，收回e福通设备4台，真实扫码率提升至80%。加大农网建设投入力度，打造4家农网特色终端和4家海丝新晟。

（周炜婷）

物资流通

【概况】 2022年，永春县物资总公司有干部职工57人。主要经营民用爆炸物品销售、矿山爆破及工程服务等，下辖永春益民民爆物品专营有限公司、永春益民爆破工程服务有限公司2个经营机构。全年实现总收入2617万元，利润总额293万元，税利383万元。

【物资经营】 2022年，永春县物资总公司在全县小煤企业全面关、停，部分采石场关闭，非煤矿山企业进行综合整治，以及新型冠状病毒和持续暴雨等影响下，民爆物品销售极度下滑，全年销售炸药1108吨，比上年减少2%；雷管43万发，比上年减少7%。应对市场挑战，公司延伸民爆服务，坚持推进民爆物品销售、配送、储存、爆破服务一体化经营，打造产业延伸服务链条，促进企业经营服务提档升级，确保企业平稳发展。盘活固定资产，把闲置的房屋、店面和仓库对外租赁，实现固定资产保值增值。

【安全管理】 2022年，永春县物资总公司下属公司永春益民民爆物品专营有限公司做好安全生产标准化工作，12月通过泉州市工信局组织的民爆物品行业国家级安全生产标准化达标考核，获得87.5分，为达标二级。成立安全生产工作领导小组，层层签订安全生产责任书，落实安全生产主体责任。注重安全培训，举办安全培训班4期，选派组织员工参加全国、省、市以上有关部门开展的安全技能培训，开展火灾现场应急处置演练及反恐防盗现场应急处置演练，树立“安全是最大的效益，事故是最大的成本”的理念。加强动态安全管理，强化民爆物品安全运输配送服务和爆破作业服务以及装卸作业的监管工作，夯实延伸安全服务。全公司实现连续37年无安全事故。

【应急处置】 2022年6月，因连续遭遇强暴雨、大暴雨袭击，永春益民民爆物品专营有限公司下洋民爆物品周转仓库围墙被山洪冲垮倒塌，洪水泥石流冲入仓库场内，渗入一号雷管仓库；库区电路冲断，报警系统冲毁，岗楼围墙外山体滑坡，道路堵塞。县物资总公司启动灾害应急预案开展自救，减少损失。事后投资40多万元，对水毁围墙土建修复和仓库岗楼围墙外道路溜方山坡进行砌体排险；投资50万元，对原安防系统进行升级改造；加强对仓库周边山体排洪排水巡查，强化和当地乡镇村沟通联系。

（邓国丹）

旅游业

综 述

【旅游发展】 2022年，永春县接待游客452.53万人次，比上年减少18.7%。全年旅游总收入34.42亿元，比上年减少18.0%。2022年11月18日，永春县岵山镇获评福建省“全域生态旅游小镇”。11月28日，仙夹镇东里村获评福建省“金牌旅游村”。12月，外山乡入选“清新福建·气候福地”气候康养福地。

【智慧旅游平台】 2022年，永春县研发上线“畅游永春”APP，涵盖“吃、住、行、游、购、娱”全方位内容，从游客游玩前、中、后三方面智能个性化提供服务，助力游客轻松玩转永春。至年底，引入景区、酒店、民宿、餐厅、商城和旅行社等商家268家，上线商品1210件。商用推广以来，平台用户浏览量规模达100万余人次。5月19日，县政府和移动永春分公司联合推出的“畅游永春”5G定制手机，这是全省首个融合县级全域旅游与新一代通信技术的5G定制手机，通过显性化展现、多媒体传播，拓宽永春全域旅游的宣传渠道。

【文旅人才培训】 2022年6月9日，永春县文化体育和旅游局（简称“县文体旅游局”）在永春县旅游集散中心举办文旅专题培训班，全县各文旅企业50多人参加培训。10月19日，在永春县旅游集散中心组织开展职场礼仪专项能力培训暨鉴定考核工作，采取企业联合办班形式，鉴定工作委托中国海峡人才市场永春工作部配合执行，文旅系统50多名人员参训，均通过考核取得证书。12月19—22日，组织开展全县乡村旅游人才培训班，全县各乡镇旅游分管领导、旅游干事、重点旅游村主干、从事乡村旅游村“两委”等从事乡村旅游一线人员60多名参加培训。

旅游景区建设

【景区安全规范管理】 2022年9—11月，永春县开展私设“景点”问题专项整治行动。整治范围包括无照经营，扰乱旅游市场秩序；未经许可，擅自收取门票费用；私自建设旅游设施，破坏生态环境；无证经营高风险旅游项目，存在旅游安全隐患；虚假宣传、欺客宰客，损害游客合法权益；私自改变土地用途，开展旅游经营；其他违规提供旅游服务等。永春县整治行动未发现有私设“景点”情况，发现其他旅游问题隐患32条，全部整改完成。

【景区配套设施建设】 2022年6月，岵山镇北溪文苑建设智慧旅游景区项目，项目含有Wi-Fi、智能化监控系统、网站建设、在线预约、广播系统等。至年底，实现景区Wi-Fi全覆盖、全方位24小时监控管理，拥有景区独立网站，实现在线预约。2022年，牛姆林景区进行“大众茶馆改造建设”，设立“福建特色旅游商品体验点”，项目于9月底完工。

【华侨城文体旅商融合发展项目】 2022年7月1日，永春县举行第二季度招商项目签约活动，华侨城文体旅商融合发展项目签约，与深圳华侨城文化集团合作，总投资15亿元，以五里街古街区为核心，辐射带动原化肥厂、万春寨、铜鼓山等周边区域100公顷范围，打造以传统建筑为形、闽南文化为魂、体验旅游为龙头、时尚创意为主体的文旅康养综合体。其中星宿文化亲子研学景区总投资3.2亿元，与泉州文旅集团合作开发。

【省旅游发展集团全域旅游合作项目】 2022年，省旅游发展集团全域旅游合作项目协议于10月18日经县委常委会研究通过，10月20日经省旅游发展集团董事会研究通过。该项目整合全县文旅资源，研发永春特色文旅产品。主要合作内容为管理牛姆林景区，打造为品牌森林康养度假目的地；管理研学中心，负责中心建设前期规划指导、课程研发和后续营地运营管理；打造乡村振兴发展平台，开展乡村振兴文旅活动和农产品销售，支持乡村振兴事业发展。

【海峡两岸农文旅融合发展示范区】 2022年，永春县规划海峡两岸农文旅融合发展示范区项目。该项目以泉南高速永春互通至汤城枢纽段改扩建为契机，延伸拓展达埔高速服务区与百丈岩之间的山体区域1200公顷，规划建设期限为2022—2026年。发挥茶、果、香、花、道等永春特色业态，策划建设特色水果产业园、主题康养体验区、香道文化展示区等海峡两岸农文创融合发展服务中心，打造集食、住、行、娱、游、购、朝圣等于一体的“海峡两岸农文旅示范产业园”。

【外山豪廷康养项目】 2022年7月15日，永春县外山豪廷康养项目开工建设。该项目总投资3亿元，规划总用地面积6.8公顷，一期用地为2公顷，总建筑面积11849平方米，拟规划建设配套服务区、康养理疗区、露营休闲区、花田观光区、生态农场五大功能区，打造康养旅游新地标。

【旅游集散中心二期研学大楼动工】 2022年12月，永春县旅游集散中心二期研学大楼动工建设。项目总投资8000万元，占地面积3330平方米，建筑面积19685平方米。大楼高7层，设置房间358间。一层为游客服务中心、餐厅；二层为办公区和主题研学教室、宿舍；三至七层为学员宿舍。

旅游行业管理

【旅游安全检查】 2022年，永春县组织各类旅游安全生产大检查45次，出动检查人员386人次。全年发现一般安全隐患121条，整改完成121条，整改率100%。

【旅游酒店服务规范管理】 2022年，永春县文体旅游局组织荣誉酒店、北溪文苑桃香湖大酒店等开展酒店服务规范管理技能培训，培训内容主要包括客房中式铺床、中餐宴会摆盘、前厅接待、刀工、果盘制作等项目。

【文明旅游宣传引导】 2022年，永春县文体旅游局通过旅游官方微博、微信平台、LED显示屏及门户网站开展文明旅游宣传，并在各旅游景区、乡村旅游点、星级饭店等开展文明旅游志愿服务活动，引导广大市民和游客文明旅游中。永春县各旅行社在营业场所醒目位置张贴《中国公民国内旅游文明行为公约》，并将其作为旅游合同附件，在游客出行时结合开展旅游安全教育和文明旅游宣传，引导游客在旅游过程中注重言谈举止、注重自身的文明形象；星级饭店在适当位置张贴文明用语，在前台放置文明旅游的宣传册；旅游景区放置文明旅游宣传册、文明标语，在游客中心张贴文明旅游宣传材料。

旅游市场开发

【媒体宣传】 2022年6月13—21日，永春县利用抖音等新媒体平台举办“乡约永春”文旅宣传活动，通过达人视频引流、抖音直播等方式宣介永春文旅资源，推广“有一种生活叫永春”文旅品牌。县文体旅游局创建“乡约永春”话题进行视频引流，邀约10名以上不同类型的优质达人组成乡约永春文旅天团，在抖音平台不间断推介永春，重点介绍永春非物质文化遗产白鹤拳、纸织画、永春香等，扩大永春文旅品牌影响面及影响力。“乡约永春”话题总点击量超400万次，多个话题内容如“永春旅游的正确打开方式”“永春尿肉的传统做法”“永春旅游指南”“永春非遗的正确打开方式”等均在抖音福建同城榜榜单前列。

【2022年中国旅游日福建省（永春县）分会场】 2022年5月19日，永春县举办 “2022年中国旅游日福建省（永春县）分会场”活动。县文体旅游局引导旅游行业企业广泛开展惠民活动，发放“5·19”中国旅游日畅游永春卡、“抗疫战士畅游卡”等，持卡人可免费进入永春县内各A级景区。

【乡村旅游推介】 2022年9月23日，2022年永春县“中国农民丰收节”暨乡村旅游推介会在蓬壶镇仙岭村举办。县文体旅游局策划推出6条美丽乡村旅游精品线路，涵盖乡村景色、非遗体验、亲子研学，特色美食等内容。

【非遗文旅活动】 2022年6月11日，永春县举办2022年“文化和自然遗产日”——永春非遗宣传系列活动。活动以线下展开、线上直播相结合的方式，主推永春县国家级非遗项目“白鹤拳、纸织画、香”，开展人民群众便于参与的大型非遗宣传展示体验活动，实现“人民的非遗、人民共享”，打造永春非遗文化旅游和乡村旅游品牌。

特色旅游

【旅游精品线路】 2022年，永春县推出永春文风武韵体验旅游线路、永春芦村荔枝采摘体验旅游线路、永春古镇古村休闲旅游线路（岵山—仙夹）、永春人文乡愁旅游线路（外山—东关—桃城）、永春环雪山运动休闲旅游线路（蓬壶—呈祥—锦斗）、永春牛姆林森林康养度假旅游线路等6条精品旅游线路，并在微信、《海西晨报》及《中国旅游报》、“学习强国”学习平台等各级媒体开展宣传。4月底，永春县与安溪县、德化县联合推送的“云端踏青，香约茶园”浪漫赏花之旅作为全省仅有的3条线路之一纳入文化和旅游部推出“乡村四时好风光——春生夏长 万物并秀”全国乡村旅游精品线路。

【桃花文化旅游节】 2022年3月5—20日，“桃源永春·福见北溪”——第十一届永春桃花文化旅游节暨永春全域旅游推介会在岵山北溪文苑举行。系列活动包括抖音网红北溪文苑直播带货之旅、永春特产美食节、徐寒主题讲座和“桃花源里的翰墨诗意”省文艺家诗书画采风笔会、“有一种生活叫永春·映像北溪”——森林音乐会等。

【岵山荔枝文化旅游节】 2022年7月13日，永春县岵山镇在茂霞村举办第十届岵山荔枝文化旅游节。岵山镇在两棵500年的荔枝王夫妻树下举行开幕式，之后举行岵山荔枝开采仪式，通过永春直播协会进行直播带货，线上线下同步推广销售岵山荔枝。

旅游景点

【牛姆林生态旅游区】 牛姆林，又称姆林山，被誉为“闽南西双版

牛姆林 （图/刘宝生 2022年11月摄）

纳”，海拔390—1105米，年平均气温17—18℃，有陆生野生脊椎动物177种，国家级保护动物15种，有高等维管束植物1116种，国家一级保护植物3种，国家二级保护植物13种，位于泉州西北部，永春县境内，旅游规划面积7公顷，因其“势若牛姆，孕崽怀宝，树木苍翠，石皆灵秀”而得名。牛姆林是国家级科普教育基地、国家AAAA级旅游景区、泉州十八景之一，是省级生态教育基地和市级中小学生研学实践教育基地，为闽南地区保留最完好、最具特色的原始森林群体。2022年，该景区接待游客11.6万人次，旅游收入456.2万元。

【北溪文苑生态旅游区】 北溪文苑景区位于永春县岵山镇北溪村，是国家AAAA级旅游景区、泉州首家生态旅游自然景区、全国农业旅游示范点、福建最美乡村，是集生态旅游、商务会议、休闲娱乐、度假购物于一体的综合性的大型生态旅游风景区。景区内建有游客接待中心、体育馆、商业街、九天香酒楼、山景客房、别墅、北溪讲堂、北溪书院、弘文山馆、畅和坊、畅和楼、桃香湖接待大堂、怡云山房、人工湖、游泳池、开心农场、木栈道、文化广场、烧烤场、大众茶馆、福建特色旅游商品点等精品设施。2022年，该景区接待游客人数13.23万人次，旅游收入789万元。

【乌髻岩旅游风景区】 乌髻岩又名“灵应岩”，为国家AAA级旅游景区，位于永春县锦斗镇洪内村，至今已有1300多年的历史，为永春中部宗教朝圣旅游景区之一。乌髻岩旅游资源类型组合良好，自然景观与人文景观交相辉映、相映成趣。乌髻岩兼具山、水、石、洞、树、奇花异草等旅游资源要素，良好的资源禀赋使乌髻岩具有开发成综合性景区的潜力，形成了独特的“乌髻宗教文化朝圣”“乌髻溪戏水”“怡情屏休闲”“情人谷度假”等十八胜景，喜迎八方游客的来访。2022年，该景区接待游客12.7万人次，旅游收入157.8万元。

【雪山生态旅游区】 雪山生态旅游区是国家AAA级旅游景区，省级“森林人家”示范单位，位于永春县“群山之宗”呈祥乡雪山的腹地，距离泉三高速公路蓬壶出入口仅10千米，距离县城32千米，交通条件便利。旅游区平均海拔800米，年平均气温19.3℃，年平均相对湿度78%，属于中亚热带气候，终年气候凉爽，是休闲、运动、避暑、度假的胜地。景区范围自智慧跑道起点处起（风雅颂休闲山庄）至雪山岩，主要景点包括风雅颂游客驿站、呈祥乡智慧跑道（最美赛道观景区）、雪山生态茶园、醉风园观景平台、木栈道、晋江源头森林观光区、雪山岩。2022年，该景区接待游客8.9万人次，旅游收入51.62万元。

乌髻岩景区　　（图／锦斗镇 2022年5月摄）

【百丈岩景区】 百丈岩为国家AAA级旅游景区，位于蓬壶镇境内的白鹳山脉南端。山峰称马德山，峰巅的寺庙俗称马氏、马寺。寺前有五彩巨石，酷似向天烛火，因而亦称百丈岩。景区内主要景点有千年古柏、慈峰毓秀、向天烛、掏蜜洞、公主殿、中殿、前殿、揽胜亭台等。相传百丈岩为马氏仙姑修道坐化之所。寺庙初建于宋代，主奉闽南罕见的肉身佛马氏女，俗称马氏仙妈。马氏信仰随华侨下南洋，走出国门，在东南亚各国广为流传。2022年，该景区接待游客8.3万人次，旅游收入176万元。

【仙洞普济风景名胜旅游区】 仙洞普济风景名胜旅游区位于永春县蓬壶镇，由仙洞山、普济寺两个景区组成。仙洞山古称陈岩、瑞峰，海拔580米，是泉州道教名山。普济寺隐落于蓬壶镇五班山山腹之中，因峰峦竞秀、环境幽静、远离尘嚣，有如世外桃源，被誉为“桃源甲刹”。仙洞山真宝殿是福建省唯一供奉神农氏的古庙，景区内主要风景点有天然季雨林、真宝殿、神农塑像、摩崖石刻、仙翁石、醉翁石、闻鼓亭、土鼓、八仙洞、无极殿、天后宫、书香亭、烈士陵墓、藤门、乌道、鹤台、虎关、九曲岭等。普济寺始建于五代（10世纪），弘一法师等名人曾在寺住憩，留下不少墨宝、诗篇和趣闻佳话。2022年，该景区接待游客10.6万人次，旅游收入225.8元。

第八批全国重点文物保护单位魁星岩西方三圣摩崖造像

（图／石鼓镇 2022年11月摄）

【魁星岩风景名胜区】 魁星岩风景名胜区位于福建省永春县石鼓镇，取“文曲华世”“光昌文运”之意而名，是国家AAA级旅游景区，森林覆盖率达93%，园内有南亚热带雨林、古树、果园等自然景观，是省级森林公园、全国重点文物保护单位，为集宗教朝圣、休闲娱乐、体育健身、观光旅游等功能于一体的旅游区。2022年，该景区接待游客15.8万人次，旅游收入528万元。

【永春老醋文创园】 永春老醋公司是省级工业旅游示范基地，旅游设施配套齐全，并配有专业的讲解人员，共设立企业发展历程展厅、醋历史与文化展厅、醋吧品尝与游戏区、醋窖陈酿室、老醋工艺流程区、产品陈列与购买区等以“永春老醋文化”为核心主题的工业旅游观光点。整个园区共设有12条精品路线供游客参观，分别有打翻醋坛、老醋最潮、古装醋作、码贯古今、品味年代、醋酿水景、醋罐灯语、醋缸音色、醋氛桑拿、幻彩酒池、投影时空、醋坛影壁。园内还有手工制作醋饼干、醋饮料、醋果冻，古装穿越等新项目。2022年，该景区接待游客3.6万人次。

【云河谷景区】 云河谷景区位于外山乡境内，距永春县城23千米。主景区面积350公顷，纵深3.5千米，环嶂拥翠、溪谷纵横、山清水秀，森林覆盖率达80%，生态环境优美，生物多样性特征明显。云河谷内溪水长年不断，构成许多天然的水体景观，不但流量稳定，而且溪水清澈，水源丰富无污染，水质洁净甘甜。景区内景观多样，有“闽南九寨”之称，景区还充分利用峡谷地形和生态优势，建设登山、真人CS、峡谷溯溪等拓展项目，丰富了景区的旅游产品类型，强化其多元性和体验价值。2022年，该景区接待游客3.2万人次，旅游收入92.8万元。

【中国香都文化旅游区】 中国香都文化旅游区位于达埔镇中部，距离永春县城16千米、泉三高速蓬壶出入口2千米、兴泉铁路永春站3千米，交通便捷。中国香都文化旅游区主要由香文化展示中心、香文化博物馆、彬达香文化创意园、汉口香品创意体验园，以及兴隆香业、联发香业、金丰香业、兴全香业等入驻香品产业园一期、二期的十余家相关香企组成的五大文化旅游功能区。2022年，该景区接待游客9.4万人次，旅游收入250万元。

【埔头农业公园】 埔头农业公园位于五里街镇埔头村，引入裕嘉水果农场、冠菌现代农业、春天草莓园、红心柚采摘园等10多家新型农业经营主体，建立千亩四季果蔬休闲农业产业基地；建成乡村旅游接待中心、文化广场、印象闽南古宅餐厅、香识香知馆、熟地博物馆、茶叶博物馆等，通过持续经营运作发展古厝经济业态；注重生态保护，利用天然石滩打造“遐龄古矾”甲骨文公园，建设溪滨骑行漫道、水电科普馆、电力小公园等，打造成集研学、科普、采摘、旅游于一体的“金埔头”文旅基地。2022年，该景区接待游客5.6万人次，旅游收入12万元。

（郭炜君）

金融

综述

【货币管理】 2022年，中国人民银行永春县支行（简称“人行永春县支行”）实施稳中求进的工作方针，发挥结构性货币政策工具和信贷政策的精准滴灌作用，加大对实体经济、绿色金融和乡村振兴的支持力度。至12月末，全县本外币存款余额304.19亿元，比年初增加21.92亿元，增长7.77%；本外币各项贷款余额225.28亿元，比年初增加23.93亿元，增长11.88%；不良贷款率0.51%，保持较低水平。

落实稳健货币政策 2022年，永春县引导辖区内地方法人金融机构合理规划年度狭义信贷和把握好投放节奏，确保年度内、季度内、月度内均衡投放，强化监测、预警、报告机制，增强信贷增长的稳定性。人行永春县支行落实好两项直达工具接续转换工作，向法人机构提供普惠小微企业贷款支持工具激励金1181.93万元，撬动普惠小微企业贷款6.93亿元；发放支农再贷款17笔4.12亿元，惠及小微企业、个体工商户1527户；促进金融机构对普惠小微贷款阶段性减息政策落地，在合规的条件下“应减尽减”“应减快减”，扩大政策受惠面，全年减息428.86万元。永春县实施再贷款精准滴灌措施，在苏坑镇嵩山村设立“再贷款支持乡村振兴示范点”，全年推动永春农信社发放“福农·支农贷”69笔1601万元，助力乡村振兴。

人民币流通监管 2022年，永春县执行人民币现金收付暗访制度，对辖区66个金融机构网点开展综合暗访，督促金融机构加大小面额人民币投放和残损币回收力度，全年投放小面额人民币0.2亿元，回收小面额残损人民币0.19亿元。全年继续保持对假币犯罪严打高压态势，全县银行业金融机构收缴假币72张3735元，县公安局收缴假币25张2500元。

【外汇管理】 2022年，永春县跨境收支和结售汇总量为58401.74万美元和48617万美元，分别比上年增加4554.14万美元和395万美元，全年外汇收支结构合理稳定。人行永春县支行重点培植“首办”行动，对企业实施“一对一”上门推介和服务，提供汇率资讯，助力企业逐步提高议价权，减少汇率风险，避免利润缩水，全年办理9家11笔48.16万美元。2022年，永春县开展外汇支持民营经济高质量发展专项行动，精准对接27家次市场主体，面对面辅导7家优质进出口企业，推进跨境金融服务平台应用工作，全年美元币种的融资放款金额达14万美元。

【跨境人民币业务】 2022年，人行永春县支行开展涉外企业跨境人民币“首办破冰”工程，办理永春首笔资本项目跨境人民币支出2923.79万元；优化跨境人民币结算方式，为企业节约汇兑成本超过100万元。全年完成跨境人民币结算21531万元，比上年增长88.1%。

【国库管理】 2022年，永春县办理预算收入28.72万笔、金额347759.63万元，预算支出3.93万笔、金额779334.10万元，预算收入退付1.79万笔、金额60863.65万元。永春县全年拨付防疫资金696笔，金额3669.89万元。人行永春县支行建立经办直接对接工作机制，推动减税降费政策“红包”快速入袋，全年办理个人所得税汇算清缴退付1.21万笔、615.86万元；推进增值税留抵退税工作，全年完成204笔19263.48万元，惠及企业171户；开展国债巡查，推动国债下乡工作，全年开展国债发行现场巡查35次，销售储蓄国债1367.28万元。

【征信业务】 2022年，人行永春县支行为58家花卉种植家庭农场、合作社和企业提供征信查询服务，助力邮储银行成功办理花卉贴息贷款189笔11535万元。是年，永春县持续开展信用村（镇）创建工作，建立农户信用信息档案17.51万份，实现全县农户全覆盖，农户贷款余额788892万元，比年初增加92242万元；授予3个行政村信用村称号，金融机构对信用乡镇、村发放的信用贷款余额比创建前成倍增长。人行永春县支行做好央行企业内评，全年收集企业数据34家，推动永春农信社运用评级结果办理信贷资产质押再贷款4523万元；推进中征平台上的动产融资与应收账款融资业务，为3家基础设施建设企业办理应收账款融资业务10.98亿元。永春县持续推广“台商台胞金融信用证书”，全年申报3个批次、6份信用证书；扩大证书推广应用范围和场景，推动农信社出台“福工·台企快服贷”，对持证台企贷款150万元。人行永春县支行推进中小企业信用体系建设工作，推动辖内金融机构向个体户发放“商户宝·小微征信贷”189户1314万元，向小微企业发放“企税宝·小微征信贷”58户2997万元。

【支付结算管理】 2022年，人行永春县支行引导永春联社推行移动支付示范乡镇桃城镇本地场景支付应用，在达埔镇汉口村开展手机号码支付业务涉农场景推广应用试点工作；对57个对公业务营业网点开展优化账户服务、小微企业支付减费让利落实情况明察暗访工作，覆盖率100%；指导金融机构落实支付服务适老化工作，定期开展明察暗访，解决老年人运用智能技术困难的问题。是年，永春县开展对银行业金融机构取消企业银行账户许可后的事中及事后核查工作，对核查发现的问题及时予以指导纠正；建立工作专班，形成反赌防诈治理合力；对涉案账户问题突出的两家银行网点实施整顿措施，提升账户风险防控质效。

【反洗钱工作】 2022年，永春县拓展洗钱上游犯罪可疑线索来源，指导金融机构持续加大资金监测分析力度，将洗钱风险管控体系全面覆盖至各类金融产品和服务，形成“事前—事中—事后”全链条管控机制。永春县打击治理洗钱违法犯罪领导小组全年开展跨部门协调交流10余次，向公安机关移送重点可疑交易线索1份。

【实体经济发展支持】 2022年，永春县开展金融服务实体经济“六大工程”（指金融支持制造业高质量发展、金融支持科技创新、金融支持乡村振兴、绿色金融提升促进、供应链融资扩面增量，新增首贷户培植）专项行动，召开工作推进会议2次、金融重大部署政治监督工作会商会议1次，开展机构监督约谈3次，到金融机构现场指导工作16次，“六大工程”全部超额完成目标任务，成为助推县域实体经济复苏发展的重要支撑。至2022年12月末，全县制造业贷款14.04亿元，增长22.14%，超过贷款增长10.26个百分点；高新技术企业贷款2.88亿元，增长56.54%，超过贷款增速44.66个百分点；绿色贷款7.90亿元，增长60.82%，超过贷款增速48.94个百分点；涉农贷款余额（包含涉农企业）176.25亿

2022年6月29日，人行永春县支行在永春县第六中学开展青少年金融必修课宣讲活动
（图/人行永春县支行）

元，增长13.13%，超过贷款增速1.25个百分点。全年永春县新增应收账款融资10.24亿元，增长97.86%；新增首贷户221户。

【利率市场化改革】 2022年，人行永春县支行引导和督促辖内金融机构打破贷款利率隐性下限、巩固实际贷款利率下降成果。全县企业综合融资成本稳中有降，全年通过减费降利向实体经济让利超过500万元。

【“一县一品‘贷动’闽生”专项行动】 2022年，人行永春县支行联合县农业农村局、自然资源局、林业局、金融办、财政局等部门开展“一县一品‘贷动’闽生”专项行动，健全农村土地等产权确权、登记、评估、流转处置等配套机制，通过加快确权颁证、推进抵押登记、出台评估指导价、搭建流转平台“永易贷”、协调建立风险补偿机制等举措，破解农村农业融资难题。至12月末，全县办理农村要素流转融资165笔20352万元，超预定目标一倍多。

【省级乡村金融教育基地建成】 2022年，人行永春县支行牵头组织辖区9家银行业金融机构，在蓬壶镇孔里村建成泉州市首个金融支持乡村振兴普法示范基地和普惠金融乡村教育基地，并被中国人民银行福州中心支行、福建省农业农村厅评为“福建省乡村金融教育基地”。基地设有集中教学区、阅览体验区、讲座沙龙区、中国历代货币展区、乡村振兴金融产品介绍区等功能区，配备触控一体机、多媒体电视等互动体验设备。全年基地组织开展金融知识讲座、互动沙龙等现场活动12次，月均接待上百人次。

（郑怡丹 郑其寅）

2022年9月27日，人行永春县支行就“一县一品‘贷动’闽生”专项行动暨金融服务实体经济“六大工程”落实情况约谈泉州银行，图为约谈会议现场

（图/人行永春县支行）

银行业

【概况】 至2022年底，永春县银行业机构网点有67个，其中县级支行9个、二级支行17个、信用社30家、邮政储蓄营业所11家。全县银行业金融机构资产总金额341.95亿元，比上年增加35.46亿元，增长11.57%；负债总额322.37亿元，比上年增加31.91亿元，增长10.98%。

（郑其寅）

【工行永春支行】 至2022年底，中国工商银行股份有限公司永春支行（简称“工行永春支行”）有在编员工68人，下辖城关支行、五里街支行及达埔支行，各项存款稳步增长，贷款增势良好。全年存款余额26亿元，比年初增加3.8亿元，增长17%；各项贷款余额19亿元，比年初增加1.8亿元，增长10%。

（郑一新）

【农行永春县支行】 至2022年底，中国农业银行股份有限公司永春县支行(简称“农行永春县支行”)各项存款余额64.66亿元，比年初增加4.73亿元，其中个人存款余额44.97亿元，比年初增加5.18亿元。全年各项贷款余额54.82亿元，比年初增加4.27亿元，其中对公贷款余额25.59亿元、个人贷款余额29.23亿元，分别比年初增加0.92亿元、3.35亿元。农行永春县支行全年实现营业收入22029万元，实现净利润9486万元，实现中间业务收入2040万元。

（苏巧萍）

【中行永春支行】 至2022年底，中国银行股份有限公司永春支行（简称“中行永春支行”）人民币存款时点余额11.96亿元，比上年增加0.05亿元；外币存款余额590万美元，比上年减少66万美元；人民币贷款总余额8.64亿元，比上年增加0.94亿元。全年实现营业收入3533.53万元，比上年增长8.4%，净利息收入3111.79万元，比上年增长30.6%，拨备前利润2054.84万元，比上年增长6.2%。是年，中行永春支行与芦柑协会共同创新开发芦柑果农专项信用贷款产品“水果惠贷·泉州永春芦柑”，举办多场现场宣传及签约活动，至12月末涉农贷款余额35319万元、乡村振兴服务贷款余额4056万元。

（陈华强）

【建行永春支行】 至2022年底，中国建设银行股份有限公司永春支行（简称“建行永春支行”）各项存款余额26.81亿元，比上年减少0.50亿元。其中，对公存款余额10.79亿元，比上年减少2.69亿元；储蓄存款余额16.01亿元，比上年增加2.19亿元。各项贷款余额27.09亿元，比上年增加1.57亿元。至12月，建行永春支行存贷比101.04%；不良贷款余额（五级分类口径）526.65万元，比年初下降4.88万元；不良贷款率0.19%，比年初下降0.02个百分点。全年账面利润7126万元，比上年增长116万元，增长1.65%，人均利润127.25万元。

（郑德斌）

【县农信联社】 至2022年底，永春县农村信用合作联社（简称“县农信联社”）资产总额163.34亿元，比年初增加21.79亿元，增长15.39%；负债总额149.67亿元，比年初增加20.74亿元，增长16.08%。至12月，县农信联社存贷比62.82%，比年初提升1.47个百分点，为2018—2022年间最高存贷比。各项贷款余额84.92亿元，比年初增加10.28亿元，占全县新增比例的42.97%，增长13.77%，剔除转贴现，实际贷款增长14.01%，居2022年度全市首位，市场占有率37.7%，比年初提升0.63个百分点；各项存款余额135.19亿元，比年初增加13.52亿元，占全县新增比例55.64%，增长11.11%，市场占有率44.79%，比年初提升0.95个百分点。

（林丽燕）

【邮储银行永春县支行】 至2022年底，中国邮政储蓄银行股份有限公司永春县支行（简称“邮储银行永春县支行”）本外币存款余额21.70亿元，较年初净增0.75亿元，居全县金融机构第五位；各项贷款余额12.44亿元，居全县金融机构第五位，较年初净增1.74亿元，年增长率16.26%，高于全县银行业平均增长4.35%。至12月31日，邮储银行永春县支行不良金额396万元，较年初增加66万元，不良率0.32%，保持在较低水平。

（陈小凤）

【泉州银行永春支行】 至2022年底，泉州银行股份有限公司永春支行（简称“泉州银行永春支行”）存款总额7.8亿元，较年初增加0.83亿元；贷款总额7.16亿元，较年初减少0.97亿元。2022年度表内外信贷投放2.18亿元，不良贷款余额115万元，不良率为0.15%，全年营业收入2054万元，

2022年12月3日，永春县林业局、县农信联社承办泉州市林业绿色金融启动会

（图/县农信联社）

净利润 139 万元，纳税 279 万元。

（蔡云龙）

【泉州农商行永春县支行】 至 2022 年底，泉州农村商业银行股份有限公司永春县支行（简称“泉州农商行永春县支行”）各项存款余额 53907 万元，比年初增长 10422 万元，增长 23.97%；各项贷款余额 76410 万元，比年初增长 4306 万元，增长 5.97%。泉州农商行永春县支行与五里街镇人民政府、富临国际等支部结对共建，通过乡村振兴战略合作、“党建 +”邻里中心、社保卡升级邻里驻点、智慧物业场景应用建设，将“普惠金融”“数字金融”与乡村服务、社区服务有机融合，全年发放小微企业贷款 64 笔，用信金额 10549 万元，其中纾困贷款 24 户，用信金额 5070 万元。

（郑晓雯）

【永春漳农商村镇银行】 至 2022 年底，永春漳农商村镇银行各项存款余额 3.13 亿元，增长 10.79%，其中储蓄存款 2.27 亿元，占总存款比重 72.52%。永春漳农商村镇银行贷款占资产比例 76.4%，各项贷款余额 3.13 亿元，下降 8.3%。其中小微企业贷款余额 3.21 亿元，较年初增加 3416.28 万元，增长 11.91%，完成小微企业年初目标 148.53%；普惠型涉农贷款余额 3.28 亿元，下降 6.37%。全年财务总收入 3025.57 万元，比上年增加 90.6 万元，增长 3.09%；财务总支出 2396.93 万元，比上年增加 179.52 万元，增长 8.1%；实现利润总额 848.58 万元，比上年减少 121.99 万元，下降 12.57%；实现净利润 628.64 万元，比上年减少 88.91 万元，下降 12.39%。

（颜少锋）

保险业

【概况】 至 2022 年底，永春县保险机构网点有 20 个，其中支公司 5 个、营销服务部 14 个、保险代理公司营业部 1 个。2022 年全县实现保险保费收入 6.46 亿元，其中财险 2.31 亿元，比上一年增长 11.22%；寿险 4.15 亿元，比上年减少 0.19 亿元。财险赔付支出 1.76 亿元，比上年增加 2060.84 万元，增长 13.29%，寿险赔付支出 6405.42 万元，比上一年增加 93.75 万元，增长 1.49%。

（郑其寅）

【人寿保险永春县支公司】 2022 年，中国人寿保险股份有限公司永春县支公司（简称“人寿保险永春县支公司”）实现总保费（含集团）2.995 亿元，比上年增长 5.55%，股份总保费 2.991 亿元，比上年增长 5.59%。其中长险首年期交 5027.93 万元，比上年增长 9.91%，10 年期及以上期交 2475.54 万元，短期险 2454.40 万元，长险首年标保 1542.35 万元。全年个险对标保费 2713 万元，对标比值 400.8%，比上年提升 35%；个险人力对标比值 424.2%，比上年提升 143%。2022 年人寿保险永春县支公司开拓医保补充意外险 178 万元，涉及人数 59409 人；计生险业务 148 万元，涉及人数达到 46837 人；学平险 590 万元，涉及学生数 39350 人；康馨保 39.68 万元，涉及人数 3392 人。全年理赔 4215 件，金额 2682.16 万元。

（辜丽琴）

【人保财险永春支公司】 2022 年，中国人民财产保险股份有限公司永春支公司（简称“人保财险永春支公司”）实现保费收入 1.08 亿元，纳税金额 1379.56 万元，赔款支出 7425.6 万元。2022 年，人保财险永春支公司在全省率先开办生猪价格期货保险，构建“生猪养殖场 + 保险 + 期货”联动模式，实现泉州市生猪“保险 + 期货”零的突破，承保生猪期货 6850 头，覆盖率达 30.56%；其他承保的能繁母猪、育肥猪共计 3.95 万头，保障金额 3307.58 万元。

（黄佳珊）

交通 邮政 通信

交通建设

【概况】 2022年，永春县基础设施建设完成投资20.75亿元。实施重点交通公路工程项目5个，包括国省干线横七线（G356）永春石鼓卿园至达埔前峰段公路工程、兴泉铁路永春段、国高网泉南线永春互通至汤城枢纽段及厦沙高速公路汤城枢纽至德化段改扩建工程、国高网泉南永春锦斗互通工程、“四好农村路网”建设工程。

【兴泉铁路永春站通车】 2022年12月30日，兴泉铁路永春站首次通车，永春不通客运铁路的历史自此结束。兴泉铁路是省、市重点建设项目，起于江西省赣州市兴国县，经宁都、石城，进入福建宁化、清流、永安、大田、德化、永春、安溪、南安，客运连福厦铁路泉州站，货运接漳泉肖铁路惠安南站。兴泉铁路于2017年4月开工建设，正线全长464.16千米，设计时速160千米，是客货共线的国家Ⅰ级电气化铁路。永春段全长22.3千米、投资20亿元，途经苏坑、呈祥、蓬壶、达埔等乡镇，有戴云山二号隧道、美普隧道、大寨山隧道、天马隧道等4座隧道以及马跳双线特大桥、美林村特大桥、前峰村特大桥、吾园特大桥等4座特大桥。兴泉铁路永春站设在达埔镇前峰村666号，由南昌铁路局负责运营管理。站房建筑面积约7000平方米，建筑高度18.5米，站场规模为2台4线。永春站的设立，对于永春县改善区域交通运输结构，融入海西经济区路网布局，密切与其他省、市之间的经贸协作，促进县区经济的外向发展具有重要的意义和作用。

（陈志滨）

【国省干线公路建设】 2022年，永春县开展泉南国家高速公路改扩建新增永春锦斗出入口及接线工程，互通区主线长810米，匝道总长1880米，收费站1处，连接线185米，改路长608米。该工程总投资2.83亿元，至年底完成水土保持、环境影响评价以及林地征收批复等工作。2022年，永春县开展国省干线横七线（G356）永春石鼓卿园至达埔前峰段公路建设项

省重点交通基础设施建设项目——国省干线横七线（G356）永春石鼓卿园至达埔前峰段公路施工现场　（图/陈小强 2022年9月8日摄）

目。该项目为省、市重点交通基础设施建设项目，主线长16.48千米，联三线连接线长1.23千米，总投资17.89亿元，批复用地132.9公顷。至年底，完成年度投资4亿元，项目交地130.88公顷，完成路基工程70.67%、路面工程5.52%、桥涵工程量43.92%、隧道工程量49.25%。

【农村公路建设】 2022年，永春县完成农村公路新改建61千米，安全生命防护工程107千米，养护专项工程100千米，危桥改造工程5座，年度完成投资8600万元。

【高速公路建设】 2022年，国高网泉南线永春互通至汤城枢纽段及厦沙高速公路汤城枢纽至德化段改扩建工程完成年度投资12.06亿元，完成泉州市高速公路建设指挥部下达9.5亿元年度任务的126.92%，完成福建省下达12亿元年度任务的100.48%，开工完成34.11亿元，占概算投资40.65亿元的83.91%。路基工程完成95.5%，桥梁工程完成85%，隧道工程完成87%，路面工程完成25%，房建工程完成1%。

交通管理

【概况】 2022年，永春县有客运企业2家，客运车辆70辆/2159座，开通客运线路24条（其中省际1条、市6条、县际13条、县内4条）；客运站6个（其中二级1个、招呼站5个）；出租车企业1家，车辆115辆；城市公交企业1家，车辆68辆，开通公交线路17条。道路货物运输企业94家，其中普通货运企业92家、危险货物运输企业2家；各类货运车辆5538辆/82326吨。机动车维修企业19家，其中一类1家、二类7家、三类11家；驾驶员培训机构8家，教学车辆418辆，教练员496人。

【运输管理】 2022年，永春县兴泉铁路开行旅客列车6趟次，新增新能源公交车辆10辆，新开通永春至苏坑、永春汽车站至火车站2条城乡公交线路，调整优化9路公交线路。2022年春运，全县发出客运班次3292班次，运送旅客1.52万人次，公交发车2.52万班次，运送旅客23.58万人次。新增市际旅游包车标志牌6面，完成客运量39.27万人次。2022年，永春县做好货运企业日常服务指导工作，引导企业转变运输方式，推进厢式运输、甩挂运输、集装箱运输，扶持货运物流企业发展，新增更新货运车辆364辆/5068吨，办理道路运输证669本、年审4069本、过户237本、迁出197本、注销288本，办理道路运输从业人员核发、换（补）发从业资格证487本。开展货运企业质量信誉考核，考核货运企业89家。完成货运量2551.88万吨。

【驾培机构监管】 2022年，永春县审核签章科目一学员3328人、科目二学员2143人、科目三学员1611人、科目四学员1606人。全年审核办理新增教练员154人，注销教学车辆证6本，新增补发教学车辆证4本，办理教学车辆技术等级变更378辆。

【交通运输综合执法】 2022年，永春县交通运输综合执法大队查处违法案件83件，罚款28.45万元。道路运政案件78件，公路路政案件5件，其中客运班车4件，非法客运车辆4件，危险货物2件，违反安全生产法9件；超限案件232件，分、卸载2058.79吨。案件中有6件罚款金额超过1万元和3件责令停产停业的重大行政处罚案件。

【道路交通安全管理】 2022年，永春县发生一般以上交通事故40起、死亡29人、受伤19人、直接经济损失1.8万元，比上年实现4个全部下降，交通安全形势趋于平稳。加强道路隐患整治力度，整治完成6处、省委省政府为民办实事项目道路隐患，联合交通、城市管理、公路等部门滚动摸排辖区道路隐患，摸排“三小工程”隐患174处，农村临水隐患40处，其他道路隐患47处，整治完成率100%。坚持“全警管交通”，加大专项整治力度，查处各类严重交通违法行为46248起（其中醉驾毒驾54起、酒驾211起），形成严管态势。强化摩托车（含超标电动车）安全管理，推行上门验车服务方便群众购车上牌，核发摩托车（含轻便摩托车）号牌16580副，查处摩托车（含超标电动车）超员、不戴安全头盔等违法行为3万余起。

【政务服务提升】 2022年，永春县深化交通运输“放管服”改革，推进政务服务标准化和政务流程再造，提升服务品质和效能。梳理完成“一趟不用跑”事项139项，占比达98%；即办件104项，占全部事项73%；全流程网办事项124项，占全部事项87%。为企业和群众办理各类行政许可及服务事项561件，办结率100%，满意率达100%。

（陈志滨）

【泉运实业集团有限公司永春分公司】运营状况　2022年，福建省泉运实业集团有限公司永春分公司（简称“泉运永春分公司”）有营运客车59辆，运营市际班线6条、区内班线17条、市际旅游班线1条。车站全部实行电脑联网售票，站点日均发车102班次，过境车10班次，日均运送旅客272人次。2022年完成运量13.49万人，周转量1419.03万人千米。截至年底，泉运永春分公司客运车辆安全行驶里程497.07万千米。

客运经营　2022年，泉运永春分公司完成站点营收487.81万元，比上年下降23.04%，主营业务收入完成1309.53万元，比上年下降19.01%，上缴税金71.56万元，比上年下降31.14%。为确保主营业务规模，巩固公司化经营车辆管理，泉运永春分公司开展对永春至泉州、石狮等两条专线管理，解决专线经营者实际困难，实现两条专线均稳定运营。

站务管理　2022年，泉运永春分公司开展“安全生产专项整治百日行动”“安全生产专项整治三年行动”“安全整治专项攻坚行动”以及“安全生产月”等活动。2022年6月，泉运永春分公司组织驾驶人分3期进行夏季安全教育轮训，参训驾驶人90人（含公交驾驶员62人）。2022年6月，泉运永春分公司组织人员参加集团组织开展的安全管理人员培训，开展应急管理和职业健康管理的培训教育，提升管理能力。

公交运营　2022年，泉运永春分公司运行公交车辆数68辆，有运营公交线路17条（城区公交线5条、城乡公交线11条、定制公交线1条），公交运行覆盖永春县16个乡镇。2022年，泉运永春分公司根据民众出行服务需求，对公交线路、站点进行科学、合理规划以及调整，新开通18路（苏坑线）“永春至嵩口”、19路“汽车站至火车站”接驳专线。泉运永春分公司开展与校方联系，延续公交定制服务永春师范、永春职校和职校仙岭校区，根据实际情况适时增减车辆接送师生。2022年，泉运永春分公司安全运营里程438.9万千米，比上年上升11.34%，承运乘客179.6万人次，比上年下降11.83%，车厢服务合格率95%，正点率97%，乘客满意率89%。

公务出行服务　2022年，泉运永春分公司受永春县机关事务管理中心委托，根据“公务出行便捷合理、交通费用节约可控、车辆管理规范透明、平台运行智能调度、监督管理科学有效”原则，依托“福建省公务用车信息综合管理系统”服务平台，承接政府公务用车改革对接工作。截至年底，泉运永春分公司公务车平台为全县党政机关、企事业单位提供公务出行服务17442次。

（林　燕）

【泉州市公路事业发展中心永春分中心】　运营状况　2022年，泉州市公路事业发展中心永春分中心（简称“永春分中心”）下辖岵山、卿园、外山、湖洋、吾东、达德、锦斗、呈祥、玉斗、大荣、一都等11个公路站，承担永春县境内21条公路的日常养护、产权管理和公路建设等任务，管养里程464.28千米，其中国道2条134.71千米、省道3条96.55千米、县道16条233.02千米。配备扫地王10辆、装载机5辆、挖掘机1辆、振动式压路机1辆、轻型自卸车24辆、洒水车1辆、高空作业车1辆、水泥路面灌缝机8台、清缝机8台、割草机99台、油锯16台等公路养护机械设备。

公路养护工程　2022年，永春县境内有养护工程项目4个，总投资668万元。永春专养国省道水泥砼路面破碎板修复工程总投资82万元；永春专养公路预防养护工程总投资203万元；G356线K169+080左侧水毁修复等工程总投资214万元；2022年日常小修养护等工程总投资169万元。

公路养护管理　2022年，永春分中心小修养护实际投入2500万元。采购乳化沥青2.5吨，防汛备汛和预防性养护工作，投入54.6万元完善补充国省道桥梁限载标志牌、路口柱、弯道标志、凸起路标、护栏轮廓标等。全年国省道水毁灾害损失460万元，投入抢险480人次、自卸车86辆、装载机25辆等，清理溜方239处28743立方米，塌方4处21800立方米，修复挡墙3处1485立方米，抢通公路阻断17次；县乡道水毁灾害损失188.88万元，清理溜方639处79804立方米。进行路网监测，利用路网视频管理平台和“96330”福建省普通公路服务热线，对18处重点路段、桥梁等进行实时监控，保障专养公路交通安全。进行信息报送，接报路况信息287条，处理完结事件286条，事件信息办理完结率99.7%。开展应急演练，举行驾驶员交通安全教育培训、防台防汛应急演练，参加92人次。进行民兵整组，以内部职工中的退伍军人为主力，搭配一线养护能手，组建“公路护路连”，推进公路交通领域军民协作。

路产路权管理　2022年，永春分中心做好路产路权保护管理工作，上路巡查188天/598人次，纠正制止违章26件；办理路产损坏赔偿案件18件，收取公路赔（补）偿费31682元；办理协议式管理案件9件，收取赔（补）偿费51150元。开展“路政宣传月”“信用交通”宣传月等活动，外出宣传7次，出动35人次，向社会公众投放普法动漫视频20万人次。开展厘清公路路产界限工作，发函33份，设置界桩45个，界牌13个。

“司机之家”建设　2022年，永春公路分中心“司机之家”选址在岵山公路服务区，占地面积14410平方米，地处G355线和X311线交会处，连接泉三高速，车流量大。2021年11月，实施岵山服务区修缮等工程，提升停车、餐饮、如厕等服务，改善货车司机停车休息环境条件。完成公共卫生间、标志牌等设施改造。增设停车位、扩建休息室、改造绿化景观、增加厕位、添置各项便民设施，整合加油站、饭店等设施资源，成为“便民服务温馨驿站”。2022年，岵山公路服务区“司机之家”通过考核验收。

（李江彬）

邮政

【概况】　2022年，中国邮政集团有限公司福建省永春县分公司（简称“永春邮政”）在全县设有邮政普遍服务营业网点25个，其中城市网点4个、农村网点21个，全县建立便民服务站209个。全县设有投递部18个，投递段道49段，邮路总长1601千米。有从业人员196人，实现总收入3885万元。

【邮政寄递业务】　2022年，永春邮政推进寄递提升工作，全年寄递业务实现收入583万元，完成率60.9%。其中标准快件131万元，完成率61.1%；特快专递364万元，完成率74.2%；国际快递78万元，完成率31.7%。制定现费奖励办法激励全县揽投员及邮政营业支局做好国内特快专递业务揽收，发挥窗口阵地作用，全年揽收特快现费邮件1.41万件，比上年增长39.78%。开发单证、礼品项目，发展税务局增值税专用发票、自来水公司用水指标通知书、小学教师培训结业证书、房地产企业不可抗力告知书和交房通知书、法院司法送达等业务，全年增收47.7万元，比上年增长3.17%。拓展重点乡镇电商市场，稳步发展达埔神香电商市场，全年创收62.3万元，比上年增长15.4%，开发苏坑陶瓷电商市场，创收61.7万元。做大国际业务，以联营为突破点，做好业务分流交寄，服务海运客户，发展海运、国际中速快运、E邮宝业务，创收75万元。

【集邮函件业务】　2022年，永春邮政根据节日节点，引进具有节日特色的礼品型邮品货源，组织销售“邮票金”“福字币”“财富中国2022”“九五至尊”“锦绣平安扣”等十几种邮品，全县集邮收入完成116.7万元，完成年计划83.4%，直接利润完成率82.57%，全市排名第二；结合中国共产党成立101周年、重要节日宣传、文旅宣传等项目带动全年增收114万元，完成年计划的73.6%，直接利润完成率107.24%，全市排名第一。

【报刊收订业务】　2022年，永春邮政以党史学习教育为契机，走访企事业单位销售政务类图书，走访开发校园市场，全年完成收入268.3万元，完成泉州市分公司预算的105.22%，直接利润完成率110.55%，全市排名第一。

【”平安邮政“创建活动】　2022年，永春邮政开展“平安邮政”创建活动，做好疫情防控、生产作业场所重大安全隐患排查整治、冬春火灾防控、消防“红盾”、安全生产大检查大整治等活动，强化内控责任和制度的执行，层层签订安全生产责任书，实行安全生产一票否决制；通过宣传栏、横幅、墙报、电视屏、LED等载体开展“全民国家安全教育日”“安全生产月”“全民禁毒宣传月”《福建省实施〈中华人民共和国反恐怖主义法〉办法》等宣传活动，制作海报42张，宣传横幅5条。

【邮政惠农】　2022年，永春邮政评定2个邮政惠农优质农产品基地，其中芦柑基地入围惠农全国基地。实现农产品交易额54万元；发展家庭农场、个体农户会员6345户，邮政“融资E”新增放贷818万元，农产品寄递收入11.2万元；建成乡镇中心1个、村级综合便民服务站209个，实现三级物流节点覆盖率、规范标识率100%；搭建政府平台共建农村便民渠道，由永春县委组织部牵头，与乡镇政府共建5个邮快驿站暨邮政综合便民服务站；与泉运公司共同创建客货邮综合服务站蓬壶分站，开通横口乡交邮联运路线1条，代运总包邮件256件。

【助力乡村振兴】　2022年，永春邮政构建“党建＋邻里”模式，签约邮储信用村3个，进驻社区开展活动76场次（含党建邻里社区活动、邮政代理金融主题活动），其中党建邻里中心活动9次，服务群众1100人次。2022年1月4日，永春邮政在大羽村建设全市首个“泉心邮快E·驿站”，该驿站是全省首个进驻村级党群服务中心的邮快驿站。截至12月底，全县建成6个“泉心邮快E·驿站”。

（刘宇鸣）

通信

【中国电信股份有限公司永春分公司】　*运营状况*　2022年，中国电信股份有限公司永春分公司（简称“电信永春分公司”）营业收入1.24亿元，比上年增长9.73%，纳税金额138万元。全县有电信固定电话用户4.84万，宽带用户8.49万户，天翼用户14.39万户。

网络基础设施建设　2022年，电信永春分公司推进网络基础设施建设，投入8000万元，全县建成103个5G基站，实现永春县核心区域5G网络室外连续覆盖、郊区室外连续覆盖、各乡镇中心区域和发达行政村广覆盖，完成达埔镇动车站兴泉铁路沿线路段的5G网络覆盖和富临国际、美岭新天地、桃源华庭等重点小区的无线网络覆盖，以及永春九牧智慧园区、彦德工业园区、双恒集团等重点工业园区的5G专网建设。2022年完成896个万兆口扩容，保障千兆高带宽用户接入需求，并创建美岭新天地、桃源华庭等千兆示范小区。

服务品质提升　2022年，电信永春分公司推进服务型企业建设，在重要时间节点以及灾害天气期间为国家机关、企业等单位用户提供通信保障66次；在全县建设便民服务网点60余家，为附近居民提供电信业务受理、充值缴费、故障申告和数字产品体验等便民服务；在全县部分乡镇拓展翼支付合作商家415家，涵盖购物、加油等领域，为群众提供综合性支付服务；在桃城镇城南营业厅建设爱心翼站和母婴室，

永春电信协同县农业农村局建成永春县数字农业平台和综合展厅

（图／电信永春分公司　2022年12月摄）

为群众提供应急药品供应、饮水供给、餐食加热、智能操作指导等便民服务。2022年，开展主题爱心关怀活动12场，服务到店爱心对象136人次，提供边远乡镇预约上门服务15人次，提升疫情期间老弱病残对象的通信产品服务品质。

践行企业社会责任 2022年，永春电信配合公安机关开展“断卡行动”，通过严格入网审批制度、大数据监测预警、防诈反诈宣传等方式，从源头上有效预防和减少通信网络诈骗案件的发生，并进行外部警企联动，提升警方案件侦破和抓捕效率，2022年永春电信配合公安机关拦截有害垃圾信息3856条，惩戒处置涉诈号码225个，关停涉诈号码136个。

助力数字永春建设 2022年，电信永春分公司发挥信息化优势，助力数字永春建设，信息化项目投入金额2810万元。与九牧公司构建产业链全链条数字化生态，提升园区生产效率，打造全国“5G+工业互联网”试点示范项目；与永春县工业园区管委会共同建设集众创空间、制造工厂和新型孵化器于一体的标准化示范园区；协同永春县农业农村局建成永春县数字农业平台和综合展厅；构建永春县自然资源局“多规合一”业务协同平台，形成规范统一的规划数据资源库及有效的数据更新机制；助力永春县行政服务中心智能化升级建设，实现政务服务从网上、掌上“可办”向“好办、易办”转变；推进永春县非涉密政务数据中心的信息系统上云，在确保信息安全的前提下实现重点领域公共信息资源有序开放和有效利用，完成10个单位信息系统上云。

（曾欣艺）

【中国移动股份有限公司永春分公司】 *运营状况* 2022年，中国移动股份有限公司永春分公司（简称“移动永春分公司”）立足集团“五个新”（锚定新定位、践行新战略、推进新基建、融合新业务、激发新动能）总体要求，落实“四个三”（“三转”“三化”“三融”“三力”）战略内核的本地方案，实现全年运营收入2.3亿元，比上年增长15%，用户规模26.8万户，2G站点800个，4G站点1217个，其中2022年新建4G站点46个。行政村网络基础覆盖率100%，自然村4G覆盖率98%。

移动基础设施建设 2022年，移动永春分公司开展5G网络建设，全年投资5000万，完成5G基站、5G传输设备切片分组网（SPN）、传输汇聚骨干重要光缆以及其他5G配套重要工程。截至2022年，建设开通5G基站469个，实现全县除自然村以外均有5G覆盖。2022年，移动永春分公司新建并启用5G网络室内基带处理单元（BBU）池机房1个，购置全业务机房1个，全业务深度光网络覆盖率99.6%。截至2022年，建有5G配套传输设备200G带宽的切片分组网（SPN）汇聚环7个，其中2022年新建3个。2022年，移动永春分公司完成蓬壶第二传输中心机房土建建设及验收，完成福建移动省级光传送网（OTN）传输网络设置在移动永春分公司光交叉（OXC）中心的设备安装。开展“数字福建”建设，推行光纤入户工程，移动宽带光纤网络覆盖236个社区、行政村，全县社区、行政村覆盖率100%；针对早期以太网无源光网络（EPON）宽带小区进行宽带无源光综合接入标准（GPON）改造，并提升用户带宽，至年底全县均具备千兆光宽带网络接入条件。

政企客户服务 2022年，移动永春分公司参与永春县三维城市辅助决策系统建设项目，依托三维地理信息系统（3DGIS）、图形图像处理、空间数据库、GIS分析工具及信息查询手段等多媒体信息集成技术，形成三维GIS平台及数字支撑平台；为永春县政府定制云通讯录，通过云通讯录APP客户端实现高效通讯录查找与分层级权限管理；为大羽村、桃场社区、儒林社区等8个村打造党建+邻里中心，为72个乡村提供基层治理平台及流调云客服平台等数智乡村平台产品。推进美岭5G工业园区建设，打造5G水泥生产线智能全流程优化控制平台，提升美岭水泥生产效率，辅助推进精细化管理及开展精益生产；为永春县新发超市提供5G新零售项目及企业资源计划（ERP）软件云服务，助力新发超市实现线上线下销售信息的集成合并与统一管理。

乡村数智化工程 2022年，移动永春分公司实施“强农、便农、安农、富农、利农”五大乡村数智化工程，助力大羽村成为数智乡村，截至2022年12月投入160余万元进行无线网络和宽

带建设，大羽村实现5G全覆盖，5GMR覆盖率97%，建成宽带端口144个，覆盖率115%。移动永春分公司联合永春县文体旅游局开发“畅游永春”APP，为大羽村定制旅游精品路线并搭建大羽村直播平台，联合五里街镇政府建设5G沉浸式展映厅，利用5G、VR等技术，通过5G+AR互动墙、裸眼3D沉浸式展厅等形式呈现白鹤拳传统武术文化，该展厅项目被评为福建移动5G省级示范项目标杆案例，截至2022年12月参观群众2万余人次。移动永春分公司围绕“创城、创安、创卫”三大场景，以“9ONE平台”（中国移动5G计划）为底座，在省级园区管理平台的基础上，依托5G网络、AI算法，通过视频监控、智慧消防、智能感知等信息化技术，实时监测大羽村重要路口和景点情况，进行提前预警、大数据分析和联防联控，截至2022年12月处理违规预警2000余次。

（林 婕）

【中国联合网络通信有限公司永春县分公司】 *运营状况* 2022年，中国联合网络通信有限公司永春县分公司（简称“永春联通”）用户总数35081户，比上年净增581户，其中固定电话用户935户，净增35户；移动电话用户34146户，净增546户。全县互联网接入用户216户，净增21户。永春联通创新服务河长制，“5G+无人机全自动制动巡检”项目入围泉州市政府5G应用精品路线，该项目获评2021年“泉州十佳5G应用”。

基础设施投资 2022年，永春联通基站总规模1996个，其中3G站点392个，4G站点1309个，5G站点295个，行政村覆盖率100%，室内分布65个。全县光线路终端（OLT）机房17个，光缆交接箱70个，开源数据库（ODB）689个，分布在桃城镇、五里街镇、石鼓镇、蓬壶镇、达埔镇、东平镇、岵山镇、苏坑镇等乡镇。2022年，永春联通新建900兆基站321个，新建千兆宽度端口4300个，完成投资6000余万元。

客户服务 2022年，永春联通开展“我为群众办实事，数字助残惠民生”活动，推广残疾人“畅爱”系列通信优惠等帮扶政策，服务残障人士305人；在乡村振兴方面融入泉州市数字经济建设，创新“通信合作社”合作模式，推进村级新型集体经济，促进农村千兆宽带和4G/5G网络全域覆盖；加入“泉州市崇军联盟”，提供退伍军人及其亲属的就业优待，并发布“拥军卡”暨双千兆特惠活动。2022年，永春联通移动互联网用户规模净增1.7%，全省互联网接入用户净增9.7%。

无人机自动巡河 2022年，永春县水利局与永春联通合作开发“5G+无人机全自动制动巡检”项目，依托5G万物互联及自动充电巡航技术，对永春县主要城区（覆盖5个乡镇）20千米重点河段开展“每日一巡”，发现问题及时拍照并建立巡河报告，减少人工巡河盲区，提高巡查效率。

（吕鸿瑜）

【福建广电网络集团股份有限公司永春分公司】 *运营状况* 2022年，福建广电网络集团股份有限公司永春分公司（简称“永春广电”）实现总收入4000余万元。有线电视有效用户保有量7万户，高清用户保有量4万户，互动用户保有量3万户，宽带用户保有量3万户。

业务拓展 2022年，永春广电有线电视有效用户在网率91.12%，高于泉州市均值。开展5G融合新业务，国庆期间完成开卡129张，完成上级下达指标的184.29%，发展5G固移融合号卡795张，年度指标完成率113.57%。梳理低保特困、重点优抚、村“两委”等特殊用户群体未安装名单进行网格发展，新增低保特困用户683户、重点优抚用户45户、村委用户105户。跨年业务运营支撑系统（BOSS系统）小集客应收账款全部催回到账，配套费到账率100%。

服务提升 2022年，永春广电制定针对性培训方案，采用进站小班制培训、例会培训、内训师专题培训、钉钉线上直播培训等方式相结合，从竞赛方案、激励措施、优惠政策、服务礼仪等方面入手，提升整体服务质量，2022年培训21次。2022年，在8月劳动竞赛活动等比赛中，通过“提高5G固移融合号卡完成量”“提升主营业务净增量”等目标，促进一线人员提升工作技能、服务水平，并对收到用户表扬信的员工给予宣传肯定。2022年，永春广电持续推进“河长制系统平台”工作，完成河长制平台二期升级；

签订永春县生态环境局农村空气污染检测项目，为环保行业的业务拓展奠定基础；跟踪服务学校建设，与支撑商协同合作，成功签订学校项目3个。

技术保障　2022年，永春广电开展双向网络提升改造，推进光纤到户（FTTH）发展，重点推进光纤到户（FTTH）网络整转工作。对全县宽带、互动业务进行万兆链路改造；提升全县各乡镇宽带设备接入负载能力。常态化管控边缘调制器（IPQAM）互动点播资源，针对流量监控情况进行优化调整扩容，确保所有区域的点播带宽冗余。2022年，永春广电在全县范围针对大带宽用户接入做好设备部署。完成五里街、东平、仙夹、介福等乡镇的万兆宽带无源光综合接入技术（GPON）设备安装，新增的光改区域采用宽带无源光综合接入技术（GPON）覆盖。2022年，永春广电完成桂洋镇金沙村，岵山镇磻溪村、龙阁村，蓬壶镇汤城片区、八乡村，玉斗镇凤溪、竹溪片区，桃城镇榜头片区的主干光缆扩容建设。完成岵山镇龙阁村、桃城镇洋上村、一都镇黄沙村、岵山镇磻溪村双向光纤到户（FTTH）工程。2022年，永春广电为福建省重大水利工程集中开工仪现场会议、永春县应急管理局儿童公园现场会议、永春县水利局视频会商系统和政务系统视频会议等重要会议开展提供技术支撑。

工程建设　2022年，永春广电工程立项41个，立项金额423.51万元。其中，主干光缆工程27.97万元，接入网干线工程84万，新区入网工程144.44万元，双向网改工程42.47万元，管道线路建设改造116.96万元，集客信息与通信技术（ICT）7.67万元，立项批复率99.78%。

“爱家驿站”服务活动　2022年，永春广电完成鹏源厅、通贤厅、湖洋缴费点、达埔缴费点、坑仔口缴费点等营业网点的“爱家驿站”建设。“爱家驿站”在全县范围内开展特色服务活动。3月11日，在永春老年公寓开展“关爱老年人送‘福’进万家”学雷锋志愿活动；5月12日，进坑仔口卫生院开展“致敬逆行者最美护士节”活动；6月1日，开展“快乐六一浓情端午”主题党日活动；7月8日，与永春县伍心养老院开展公益共建活动；7月13日，联合团县委、县民政局、县志愿者协会开展蓬壶镇、苏坑镇困境儿童“点亮微心愿温情暖童心”公益活动，帮扶受助对象10名；10月4日，与五里街儒林社区联合开展关爱老年人主题活动。

（余巧铃）

【中国铁塔股份有限公司泉州市分公司永春办事处】　2022年，中国铁塔股份有限公司泉州市分公司永春办事处（简称“永春铁塔”）作为永春县通信基站建设主力军，有通信基站1392座，室分覆盖面积60万平方米。2022年，按照“政府指引、统筹规划、行业推进、创新引领”的原则，永春铁塔投资2000万元，推进5G新基建，新建成5G基站配套450个，助力运营商开通5G设备600余个，实现县中心城区、核心区域等重要场景的连续覆盖，为数字永春建设、数字赋能经济提供基础。

网络通信维护　永春铁塔设有“10096”服务热线，实行7×24监控值班制度。2022年在做好基础通信保障的基础上，完成台风、暴雨等恶劣天气的应急通信保障工作，为全县人民通信提供保障。

数字塔共享服务　2022年，永春铁塔践行“通信塔转数字塔”的共享理念，助力资源节约型、环境友好型社会建设。全年完成新建通信基础配套450座，在政务专网、公安专网、卫星地面增强、无线电监测、视频监控、环境监测等领域为各级政府、社会企业等客户提供多形式的共享需求。

（钟思杰）

城乡建设和管理

城乡规划

【概况】 2022年，永春县行政辖区内土地总面积1455.44平方千米，下辖18个镇、4个乡，27个社区、209个行政村。中心城区总面积154.95平方千米，包括桃城镇、五里街镇、岵山镇、石鼓镇、东平镇、东关镇城镇建设相对集中区域，涉及6个镇49个社区（村）。

【国土空间规划编制】 2022年，永春县完成县级国土空间规划公众征求意见稿和规划文本、图集、说明书。“三区三线”划定成果于2022年10月14日经自然资源部批准正式启用，其中生态保护红线、城镇开发边界和永久基本农田情况：划定生态保护红线面积29165.75公顷，占县域土地总面积的20.04%；划定永久基本农田面积11422.08公顷，其中原永久基本农田继续保留面积10148.06公顷，永久基本农田外补足的长期稳定耕地面积1274.02公顷；划定城镇开发边界4414.99公顷，其中城镇集中建设区4414.99公顷。

【县城和镇村规划】 2022年，永春县组织开展城西、城南、城北、留安济川、探花山榜德工业区等片区局部地块控制性规划调整和动态维护25次。永春县启动乡镇级国土空间规划编制并完成初稿，完成69个村庄规划编制报省自然资源厅备案，截至2022年12月底，完成村庄规划批复160个，提前1年完成村庄规划编制“三年行动”。

【云端招商县域图】 2022年11月9日，永春县在政府门户网站发布泉州市首张“招商空间一张图”。该图利用720度全景图、无人机航测、地理信息系统等技术，推广介绍全县招商空间，实现客商在“云”端就能实景考察，获评泉州市“2022年赋能营商环境十大数字化应用”。

（陈　铃）

城市建设

【概况】 2022年，永春县从城市更新工程、新区拓展工程、生态连绵工程、交通通达工程、安全韧性工程、样板工程建设6个方面策划生成项目68个。其中包括工业园区标准化建设试点项目、生活垃圾焚烧发电项目、留安山东路道路工程、桃联社区无障碍改造提升等项目。2022年度计划总投资34.7亿元，全年完成投资38.17亿元。

【县城“东拓西进”战略实施】 2022年，永春县实施“东拓西进”战略，加强中心县城和蓬壶、达埔两个副域之间的连通，撑大城市框架，计划将县城面积扩容至60平方千米。其中，东拓方面，以近万亩的工业园区为主导，建设标准化示范园区，全速推进城东片区改造，配套建设一中长安分校、城东体育公园、大型城市综合体等项目；西进方面，通过横七线项目贯通，将魁星书院、凤美温泉、达埔香都、天沐温泉等景点串点成线，同步抓紧沿线的文旅、物流、商贸等三产业态规划布局，打造畅通主副城区经济的产业连绵带。

【工业园区标准化建设试点项目】 2022年，永春县工业园区标准化建设试点项目新建11栋厂房及文体中心工程全部封顶，进行砖墙

永春东互通口国道356线鸿安段房屋立面改造工程

（图/康庆平 2022年8月摄）

砌筑、消防安装等装修工程施工。政企服务中心完成结构加固改造，进行消防设施、砖墙砌筑、幕墙等工程施工。市政工程边坡支护及箱涵工程完工，进行道路路面施工。

【生活垃圾焚烧发电项目】 2022年，永春县生活垃圾焚烧发电项目完成项目的选址、立项、用地批复、环评批复等18项前期工作。至12月底，项目主体工程和监理招投标完成，同步推进项目设计审批工作，进行弃土场、进厂道路、边坡支护及场地平整等工程建设。

【留安山东路工程道路工程】 2022年，留安山东路工程道路工程完工，于12月验收。该项目总投资7.87亿元（其中建设施工主体造价约1.03亿元），道路等级为城市主干路，规划红线宽36米，设计速度50千米/时，双向四车道，路面铺设沥青混凝土。

【桃联社区无障碍改造提升样板工程】 永春县石鼓镇桃联社区无障碍改造提升样板工程是2022年福建省无障碍示范样板工程之一，总投资800万元，实际完成820万元。该项目于2022年5月委托福建省建筑科学研究院专业设计团队进行设计工作，6月正式进场施工，10月底全部完工，创建范围内的无障碍服务设施均投入使用。

（郑艳玲）

村镇建设

【概况】 2022年，永春县主要围绕历史文化保护传承、崇尚集约建房创建、吾峰镇吾西村新时代农村社区、农村危房改造等方面内容，积极推进村镇建设工作。历史文化保护试点工作完成投资8810万元；崇尚集约建房完成既有裸房整治9685栋；吾峰镇新时代农村社区投资3800万元建设10栋新闽派农房和1栋社区民俗文化活动中心；农村危房改造持续动态监测农村低收入群体等重点对象名单，完成6户危房改造。

【特色镇村建设】 2022年，永春县吾峰镇吾西村新闽派农房示范小区被列为福建省城乡建设品质提升—新时代农村社区建设十大样板工程，项目位于辖区大耕山，项目范围6公顷，建设用地面积1.12公顷，总建筑面积1.48公顷，总投资1亿元，分5年实施（2021—2025年），计划建设50幢“新闽派”农房和1幢社区民俗文化活动中心。项目引进一流乡建设计团队，着力打造彰显地域特色、传承传统文化、实现邻里守望、促进城乡共享的“新时代农村社区”，2022年建成10幢示范农房和1幢社区民俗文化活动中心，相应的社区道路、污水管网、绿化景观等配套设施基本完善。

【裸房整治】 2022年，永春县围绕“四个举措”开展农房建设工作，在不断提高村民居住环境的同时，打造富有永春地域特色的农房风貌景观。至12月底，完成裸房装修9685栋，完成投资9000万元。县住建局委托专业设计单位，按照“东部、中部、西部”三个区域进行划分，东部区域建筑以红砖为主，中部过渡区以红砖、夯土、白墙灰瓦为主，西部区域以夯土、木色、白墙灰瓦为主，展现不同区域建筑特色风貌。在提炼永春县农房特色和要素基础上，结合当代生活需求，形成一套彰显永春地域特色、高水

五里街镇古街　（图 / 苏福彬 2022 年 2 月摄）

平的农房建设通用图集，并经县政府审查发布。

【名镇名村和传统村落保护】 2022 年起，永春县开展为期 2 年的城乡历史文化保护传承试点工作。试点工作涉及五里街镇、岵山镇、仙夹镇、湖洋镇 4 个镇，围绕城乡历史文化资源普查调查和认定公布、整体保护历史文化街区名镇名村传统村落、活化利用历史建筑、传统风貌建筑、落实保护责任、培育专业工匠、优化修缮项目管理、发动社会力量 7 个方面，生成项目 11 个，完成投资 8810 万元。

【农村危房改造】 2022 年，永春县完成 7 户农村危房改造任务，其中修缮房屋 1 栋、拆除重建 6 栋，补助贫困农户 45.8 万元。全年组织开展培训危房改造相关工作人员和农村建筑工匠 832 名，为指导农村建房提供技术支撑。县住建局编制易学易懂的农房建设质量安全须知、技术要点“一张图”和事故案例，发放到农村建房对象，开展技术指导和警示提醒；落实房屋安全网格化巡查管理制度，网格员每月进村入户，逐户摸排住房安全隐患，及时掌握住房安全状况动态变化情况，实现住房安全全覆盖网格化动态监测；每季度研判分析，及时发现解决问题。

（郑艳玲）

公用事业

【概况】 2022 年，永春县城市管理局（简称“县城管局”）承担县重点项目 3 个，其中永春县垃圾焚烧发电项目并为省、市重点项目，年度计划投资 2.06 亿元，2022 年完成投资 2.06 亿元，占年度计划投资的 100%，所有项目均按时序或超时序完成年度建设任务；承担县为民办实事项目 7 个，年度计划投资 2.37 亿元，2022 年完成投资 2.37 亿元，占年度计划投资的 100%，所有项目均按时序或超时序完成年度建设任务；承担县“提升城乡品质建设美丽永春”项目 11 个，年计划投资额 2.7013 亿元，2022 年完成投资 2.7013 亿元，占年度计划投资的 100%，所有项目均按时序完成年度建设任务。

【市政公用设施建设】 2022 年，永春县新建魁星路道路建设项目，完成排水箱涵 488 米的年度建设任务。全年建设燃气管网 15 千米，为县城区及周边乡镇各天然气用户供气，完善城区天然气管网建设；开展照明设施巡查维护，确保道路照明设施完好率和亮灯率达到 95% 以上；开展城区市政路灯设施的节能改造，将原有的高压钠灯升级为 LED 路灯，全年完成老旧路灯节能改造提升 117 盏，完成“多杆合一”改造 103 处。

【供水】 2022 年，永春县实施“智慧水务”项目。供水管网物探含公称直径 100 毫米以上市政供水管网及其附属设施；公称直径 100 毫米以上的给水管网测漏普查。供水管网地理信息系统（GIS）实现对管网各种设施、城市基础地形数据管理和分析并预留接口与漏损等系统对接。营业收费系统包含收费管理、掌上营业厅等功能，与表务等系统数据互通。

【供气】 2022 年，永春县完成海西天然气德化支线永春接收门站及出站 9 千米中压建设，实现燃气价格同网同价，惠民惠企。对 3 家燃气企业和 73 家液化气供应站点进行“拉网式”检查，督促企业整改隐患，确保燃气安全运营。督促生产经营用气单位安装可燃气体报警装置，全县 55 户天然气餐饮用户和 845 户液化气餐饮用户安装可燃气体报警器装置，提升燃气行业安全生产水平。

【垃圾处理】 2022 年 6 月 24 日，永春县城管局牵头启动永春县生活垃圾外运工作，全县生活垃圾均运往南安市圣元环保电力有限公司进行焚烧处理，垃圾量约 300 吨 / 天，实现生活垃圾“零填埋”。做好垃圾填埋场管理工作，按标准要求做好雨污分流、垃圾渗滤液处理和排放，全年处理垃圾渗滤液约 6.5 万吨、地下导排水约 10 万吨；生活垃圾外运后，填埋场于 2022 年 7 月 1 日起暂时不再接收生活垃圾，该处理场的渗滤液处理设施、沼气综合处理设施、除臭设施和环保监测设备等环保设施仍继续运行，直至封场验收。推进生活垃圾焚烧发电项目建设，项目总投资 4.6598 亿元，年度计划投资 1.5 亿元，完成投资 1.5 亿元，完成项目的前期工作。

【给排水建设】 2022 年，永春县城区新建、改造碧桂园一期、环翠等片区供水管网 11 千米，保障供水安全稳定。全县新建、改造污水管网 15.2 千米，主要实施环翠片区及儒林西菜市区域雨污分流，提高污水收集率。县城管局加密污水管网日常巡查管护频率，对“堵、溢、破、漏”等问题，发现一例，立即整改一例，保障县城区污水管网系统运行顺畅，2022 年 8—12 月，巡查发现污水管道、检查井破损 16 处，均整改到位，保障污水管网畅通。

桃溪生态公园　　（图 / 县城管局 2022 年 7 月 22 日摄）

【城市道路绿化和景观提升】 2022 年，永春县实施岵山高速出口至县政府景观提升工程，进行岵山高速出口及周边公园景观提升、旅游集散中心至城雕环岛段中分带绿化提升、湖滨路绿道改造，全方位构建迎宾景观风貌，突出“侨乡、生态、山水”特色。县城市管理局在八二三东路实施花漾街区建设项目，落实更新、添彩、提亮多种措施，打造四季有花、移步异景的花漾街区。

【口袋公园和城市绿地建设】 2022 年，永春县开展“绿满桃源 生态永春”三年行动。县城市管理局牵头推进“百姓园林、山水园林、文化园林 + 门户廊道”建设，全年完成新增公园绿地 12 公顷，新建、改造口袋公园 15 个，新建、改造立体绿化 20 处，改造桃溪流域特色园林风情示范慢道 1 条，花漾街区 1 条，时花种植 5 次，种植时花约 35 万株等年度建设任务。

（余溢宏）

城市管理

【概况】 2022 年，永春县城市管理局按照“721”工作法（70% 的城市管理问题用服务手段解决，20% 用管理手段解决，10% 用执法手段解决），做好市容市貌、城市供水、城市燃气、环境卫生等管理工作，推动执法重心向乡镇下移工作。全年立案查处城市管理案件 51 件、罚款 28.1949 万元。

【环境卫生管理】 2022 年，永春县城管局做好县城区主干道 250 万平方米道路日常保洁工作，生活垃圾日产日清。全县城乡环境卫生落实“县月查、镇旬查、村日查”考评巡查机制，督促乡镇加大环卫资金投入力度，加快环卫设施更新进度，永春县城乡人居环境整治年度考评成绩取得名列全市第二佳绩。永春县发布《永春县进一步推进生活垃圾分类工作的实施方案》

《永春县2022年生活垃圾分类工作的意见》《永春县生活垃圾分类评估考核办法》等，成立5个职能组并明确分工及任务，通过评估考核推进工作落实；在五里街镇5个社区和一都镇、岵山镇、吾峰镇全域开展垃圾分类，建成2个示范小区和7个“十有一员”小区，垃圾分类覆盖面和知晓率得到提升。

【市容市貌管理】 2022年，永春县按照“主干道严禁、次干道严控、背街小巷规范”的原则，对城区主次干道、农贸市场周边、公共场所等人流车流密集场所和商店门口、公共通道进行重点整治，落实市容市貌常态化管理。全年县城区共清理整治流动摊点和占道经营6000余摊次，劝导、规范停放摩托车、非机动车3600余辆，拆除各类违规广告牌100多块、乱拉乱挂布幔条幅120多条，清理城市“牛皮癣”3500多处。

【“数字城管”建设】 2022年，永春县数字城管监督指挥中心完善“公安天网”建设，利用微信公众号、“12319”举报热线，对城区占道经营、城乡环境卫生等问题进行实时督查，并转交相关部门处理。全年受理城市管理问题811件，交办率100%，办结764件，办结率94.2%。

【户外广告管理】 2022年，永春县以城南街、八二三东路作为户外广告设置管理示范街，按照规划设置、维护、管理户外广告，加大违法违规设置或存在安全隐患的户外广告和店招店牌等整治力度，全县无违规设置的户外广告。全年拆除存在安全隐患的户外广告3块，责令沿街图案陈旧、表面破损、广告灯损坏、内容不规范的店招广告业主整改10余处，审批沿街店家户外店招20余块。

【停车场位管理】 2022年，永春县完成留安社区景观亭车场、后炉（元龙厂后）停车场、金龙城停车泊位建设；加强“智慧停车”管理，新增智慧停车泊位常丰路、西菜市场、财政局门口、县府路、人民公园等路内停车泊位413个。至12月底，县城区“智慧停车”有28条主要路段路内停车泊位1757个和行政服务中心等7个路外停车场（298个泊位），县城区停车难问题得到有效缓解。县城市管理局开展整治城区公共空间行动，整顿违规设立经营性停车场问题，规范收费管理，全年劝导、纠正机动车规范停放2万余辆次，处罚1600余辆次，清理利用物品、地锁私占公共停车资源60余处，城区停车秩序好转。

【部分行政处罚权下移乡镇】 2022年6月30日，永春县发布《永春县人民政府关于赋予乡镇人民政府部分行政处罚权的通知》。县城市管理局第一批赋予乡镇人民政府行政处罚权67项，与乡镇签订承接确认书，完成第一批下放工作。

（余溢宏）

建筑业

【概况】 2022年，永春县有在建168个项目，其中房屋建筑类127个，受监面积264.34万平方米，市政类项目41个，长度17.92万米；新增办理施工许可项目112个，其中房建类76个、面积93.78万平方米，市政类36个、长度11.36万米。全县建设工程质量安全处于受控范围，安全生产形势总体平稳。

【建筑业项目招投标管理】 2022年，永春县强化工程建设领域招投标工作监管，规范全县项目招投标，住建领域全年公开招标项目70个，未发现存在化整为零规避公开招标的情况。县住建局加强对投标单位的管理，严厉打击围标串标行为，全年查处串标行为3起，涉及6家企业，没收保证金112万元，处罚金额27.59万元。

【建筑工程质量安全监管】 2022年，永春县落实建筑企业信用评价机制，开展“双随机”动态监管记分90次，形成动态监管抽查抽测记录90份，发出《责令改正（整改）通知书》90份。县住建局开展日常质量安全巡查，全年发出通知单255份，消除质量安全隐患1208条；严格规范项目管理，全年作出建筑行业行政处罚39宗。

【推动建筑业稳产提质】 2022年，永春县实施鼓励措施、奖励政策，鼓励外出建安企业回县缴税，引导与本地房地产企业有效对接、开拓省外市场等，增加永春县建筑业产值。全年资质以上建筑业产值完成33.85亿元。至12月底，全县拨付外出经营建安工程专项补助资金562.5万元，涉及企业12家；推进产业转型升级，推广装配式建筑，全年108家建筑业企业完成产值28亿元。

（郑艳玲）

房地产业

【概况】　2022年，永春县房地产开发投资额29.78亿元，比上年增长2.1%。其中，住宅投资26.13亿元，增长15.6%；办公楼投资0.02亿元，下降91.1%；商业营业用房投资0.56亿元，下降76.7%。房地产开发企业房屋施工面积414.03平方米，增长1.7%，其中住宅施工面积340.87万平方米，增长2.5%。全年商品房住宅销售均价8435元/平方米。

【存量房交易】　2022年，永春县存量房市场销售住宅919套，店面60套。全年销售面积1.2万平方米，销售金额5.48亿元。

【商品房供应】　2022年，永春县房地产市场总计供应商品房27.64万平方米，其中商品住房25.3万平方米。全年商品房销售面积29.53万平方米，比上年下降38.2%，其中住宅销售面积26.8万平方米，比上年下降37.9%。

【物业服务】　2022年，永春县住建局将物业工作重点放在物业小区的规范管理、环境整治、业主委员会的成立以及物业公司的备案上。全年前期物业服务合同备案6个，业主委员会备案5个。县住建局督促物业服务企业强化消防安全宣传，开展高层消防安全隐患排查。落实电动自行车消防安全管理责任。全年开展精细化考评10次，检查物业小区108个次，发现问题均落实整改。

（郑艳玲）

住房公积金管理

【概况】　泉州市住房公积金管理中心永春县管理部为泉州市住房公积金管理中心的派出机构，负责所辖范围内住房公积金的具体管理工作。至2022年末，全县归集42.19亿元，2022年度归集3.74亿元，比上年减少10.74%。全年永春县提取住房公积金74481人次，提取额约3.59亿元，提取额占全年缴存额96.25%。是年，新增归集和受托办理贷款业务银行1家，为中国银行。

【住房公积金运行管理】　2022年，永春县新开户单位79家，全县有归集单位1157家，其中账户状态为正常的有1017家；新开户职工1608人，全县有缴存职工28789人。全年发放个人住房贷735笔3.28亿元，比上年分别增长30.09%、41.99%。至2022年底，发放个人住房贷8590笔22.73亿元，贷款余额11.37亿元；回购贴息贷214笔、7303.42万元；发放异地贷款225笔、9224.5万元。

【业务收支】　2022年，永春县业务总收入3429.48万元，比上年增长16.61%。2022年，永春县业务总支出2138.35万元，比上年减少0.03%。其中支付职工住房公积金利息支出1684.94万元，支付归集手续费54.96万元，支付委托贷款手续费100.87万元，其他支出297.58万元。2022年，永春县增值收益1291.13万元，比上年增长61.01%。

【住房公积金服务】　2022年，永春县于5月起落实住房公积金阶段性支持政策。包括受疫情影响的企业可按规定申请缓缴住房公积金，到期后进行补缴，缴存职工疫情防控期间不能正常还款的不作逾期处理，泉州市行政区域内购买新建商品住房允许提取公积金支付首付款等。县住房公积金管理部门简化业务申请材料，企业申请缓缴住房公积金或降低住房公积金缴存比例时只需提供“泉州住房公积金降低缴存比例、缓缴公积金审批表”，无须再提供经单位职工代表大会或工会讨论通过的单位降低住房公积金缴存比例（或缓缴住房公积金）申请书、经社保管理中心批准缓缴养老和失业保险金的证明或会计师事务所出具的上一年度经营亏损的财务审计报告原件。缴存职工家庭（包括本人、配偶及未成年子女）在泉州市辖区内无自有住房且租赁商品住房，申请提取住房公积金支付房租的，只需提供缴存地房屋登记机构出具的本人、配偶及未成年子女的无房证明，不再需要提供租住房屋的有效证明材料（所租房屋的所有权证、经登记备案的购房合同、经房地产主管部门或公安部门登记备案的房屋租赁备案证明）。

（李君玲）

生态环境

综 述

【环境状况】 2022年，永春县践行“绿水青山就是金山银山”发展理念，统筹打好蓝天、碧水、净土保卫战。永春（东关桥）、永春（大溪桥）、云贵等3个国控、仙荣大桥、潮兜村、长岸桥、下洋、龙山村等5个省控断面及湖洋水电站桥、外山桥、仙溪口等3条省级考核小流域水质均达到Ⅲ类标准；永春第三自来水厂和2个乡镇饮用水水源地（蓬壶镇自来水厂、湖洋镇自来水厂）监测断面水质均达到Ⅰ—Ⅲ类水质标准。全年空气质量优良以上天数为364天，优良率99.7%。县城昼间区域环境噪声为55.0分贝，昼间区域声环境质量等级为二级水平（较好）；县城昼间道路交通噪声为68.4分贝，昼间道路交通噪声强度等级为二级（较好）。

【“绿盈乡村”建设】 2022年，永春县推进“绿盈乡村”建设，打造“业兴、民富、水清、林绿、景美、韵醇”的全域生态综合体，“党建引领生态文明打造永春版绿盈乡村”案例获第五届泉州市机关体制机制创新优秀案例二等奖。至年底，永春县建成绿盈乡村192个，蓬壶镇仙岭村入选《福建省乡村生态振兴案例选编（三）》。

【环评审批】 2022年，永春县做好对重点项目建设的服务保障，提前介入县级以上重点项目，主动上门服务企业，为企业提供环评手续办理告知单和免环评情况告知单，实现即到即受理环评业务，办理过程中做到受理、公示、评估、审查“四同步”，提高审批效率。永春县全年审批建设项目137个，其中环境影响报告表123个、环境影响报告书14个；核发（变更、延续）全国版排污许可证81本。

【世界环境日主题宣传】 2022年6月5日，永春县围绕“共建清洁美丽世界”主题，组织开展2022年六五环境日环保宣传，由泉州市永春生态环境局联合县法院、县检察院、县政协环资委、永春团县委在永春县污水处理厂开展“守护生态桃源，共建清洁美丽世界”暨环保设施向公众开放活动，让公众实地参观永春县污水处理厂，体验环

2022年6月5日，永春县举办2022年六五世界环境日暨环保设施公众开放活动，图为活动现场　　（图/永春生态环境局）

保设施运行过程。活动期间，通过环保宣传海报、微信朋友圈环保公益广告宣传、环保知识有奖答题等方式，提升公众生态环境保护意识。

生态污染防治

【概况】 2022年8月24日，永春县印发实施《永春县国家重点生态功能区县域生态环境质量监测评价与考核工作实施方案》，开展县域水、气、土壤等生态环境质量监测和农业面源污染、重点排污单位执法监测等污染源监测。全年完成7个乡镇入河排污口整治工作，新建农村环境空气质量自动监测站1座，排查重金属土壤污染区域15个。

【大气污染治理】 2022年，永春县开展大气污染防治联防联控，提升污染天气防控能力，12月26日印发《永春县生态环境保护委员会办公室关于印发永春县大气轻中度污染控制方案的通知》《永春县生态环境保护委员会办公室关于印发永春县轻微污染天气控制方案的通知》。推进工业大气污染精准治理工程，加强挥发性有机物（VOCs）污染综合治理，完成挥发性有机物（VOCs）治理减排项目5个。实施永春县燃煤锅炉综合整治巩固提升方案，淘汰禁燃区内仅存的1台10蒸吨以下燃煤锅炉。开展扬尘污染综合治理，印发《永春县生态环境保护委员会办公室关于印发永春县扬尘污染专项整治工作方案的通知》。加强移动源污染治理，实施柴油货车尾气排放抽查检测，对排放超标车辆予以罚款并责令停用整改直至达标。强化非道路移动机械监管，完成非道路移动机械编码登记316台、排放检测80台。

【流域水环境综合整治】 2022年，永春县系统推进流域整治，将安全生态水系、重点流域水环境综合治理、综合治水、清新流域、饮用水水源地保护相融合，从生活污水收集处理、农业面源污染防治以及生态修复等方面统筹推进流域综合整治，提升流域水环境质量。2022年永春东关桥、永春大溪桥、云贵等国控重要断面水质均值达到Ⅲ类及以上。加强流域排污口排查整治，按照《关于加快入河排污口设置审核和规范化建设的通知》等通知要求，完成东关桥上游流域蓬壶镇等7个乡镇入河排污口排查整治工作，排查2000余个排水口，其中600余个进行实验室采样分析。

湖洋镇美莲村水系连通及水美乡村建设工程现场

（图/陈小阳 2022年4月27日摄）

【土壤污染防治】 2022年，永春县开展土壤污染状况排查，完成仙夹镇耕地受重金属污染调查监测项目，摸清耕地受污染原因，为后续治理提供数据支撑。全县排查涉镉等重金属行业企业9家和涉镉等重金属污染源重点区域15个，严防涉镉重金属非法排污行为，切断镉等重金属污染物进入农田的途径，确保耕地土壤环境安全。县生态环境局督促永春县相关建设用地单位开展建设用地土壤污染状况调查，加强建设用地准入管理。

【固体废弃物污染防治】 2022年，永春县开展危险废物环境安全隐患排查整治暨专项整治三年行动巩固提升工作、废弃危险化学品等危险废物风险集中整治等专项行动，开展危险废物规范化环境管理评估工作，提升环境风险防控水平。全县危险废物产生量1209.49吨，利用处置量1225.57吨（含2021年底贮存22.77吨），库存量6.79吨，处置率99.46%。一般工业固体废物产生量13.43万吨，利用处置量25.84万吨（含往年贮存量13.22万吨），利用处置率96.96%。

【农村生活污水治理】 2022年，永春县完成农村生活污水治理试点乡镇（东关镇、岵山镇）试点项目、达埔镇沿溪农村生活污水治理项目、蓬壶昌溪水污染综合治理工程项目建设，总投资6730万元。全县推进县域内农村生活污水处理设施第三方运维管理，提高设施运行率，提升农村生活污水收集率，发挥设施环境治理效益；在泉州市率先建设镇级（东关镇）农污设施智慧化监管平台，提升污水设施管理效率和监管水平。

【“静夜守护”专项行动】 2022年6月15日，永春县印发实施《深化“整治辖区社会生活、建筑施工、交通运输、工业生产等夜间噪声扰民问题，开展‘静夜守护’行动”工作方案》，开展“静夜守护”专项行动（指城市夜间噪声污染整治）。全县开展建筑施工、社会生活、工业企业等噪声专项执法检查1022家次，口头责令整改289件，处罚1件。县生态环境局梳理全国生态环境信访投诉举报管理平台及“12345”平台噪声投诉数据，形成重点排查问题清单3个、“静夜守护”专项典型案例1个。

生态环境管理

【环境应急管理】 2022年，永春县运用福建省生态环境亲清服务平台实时更新环境应急物资和企事业单位突发环境事件应急预案，指导、督促辖区内企业编制突发环境事件应急预案，完成8家企业突发环境事件应急预案（含修编）备案，补充一批吸油毡、围油栏、活性炭等应急物资，完成永春县“一河一策一图”环境应急响应方案编制。开展永春县2022年突发环境事件应急演练。全县对重点环境安全隐患企业、区域开展环境安全隐患排查，现场监督检查企业71家次，排查隐患数27个，整改完成率100%。

【环保监管执法】 2022年，永春县严格环境监管执法，强化环保网格化监管，开展“清水蓝天”专项执法检查、环境安全隐患排查，打击违法排污、偷排偷放等恶意违法行为，办理行政处罚案件16件，处罚款95.92万元，移送公安机关行政拘留案件1件。全年永春县受理群众各类信访件62件，办结率100%，永春县生态环保安全监管（网格化）工作经泉州市生态环境局评定为第一档。

【水电站清理整治】 2022年，永春县开展水电站清理整治，成立水电站专项执法检查工作小组，5月31日制定印发《2022年永春县水电站专项执法检查工作方案》，组织召开水电站清理整治专题会，督促水电站业主完善相关环保手续，严格执行最小生态下泄流量，解决水电站开发存在的历史遗留问题，保护和改善流域生态环境。至2022年12月底，15家办理环评手续未验收的水电站完成自主竣工验收手续；符合环评审批条件的78家水电站全部完成环评手续办理，其中72家完成竣工环保验收手续。水电站专项执法检查工作小组对辖区内的145座水电站开展全覆盖执法检查，下达责令改正违法行为决定书52份，立案5起。

（谢伟笔）

桃溪国家湿地公园

【概况】 2022年，永春县坚持“全面保护、科学修复、合理利用、持续发展”总方针，夯实福建永春桃溪国家湿地公园（简称“湿地公园”）生态基础。截至2022年12月底，实施湿地恢复项目13个，总投资3800余万元（不含征地），恢复修复湿地34公顷。湿地公园水质常年稳定在Ⅲ类水以上，物种资源也呈逐年上升趋势，其中鸟类由113种增加到125种，生态系统良性健康循环，生态效益显现。

【东关湿地保护修复（三期）项目竣工】 2022年12月16日，东关湿地保护修复（三期）项目竣工。该项目位于东关镇美升村，总投资100万元。建设内容主要包括对7个净化池进行人工修复、驳岸生态修复；种植水生植物、乔灌木，补植乡土树种；对水生植被进行植被系统重塑，构建健康合理的植被系统；清理岛屿及其周边垃圾，布置湿地保护设施标识牌。

【湿地公园管理】 2022年，湿地公园继续实行干部挂钩分片巡护制度，续聘7名专职巡护员，采用固定路线定期巡护和全辖区不定期巡护相结合的方式，开展湿地公园日常巡护，与永春县林业局、永春县法院等部门开展湿地公园联合巡护。永春县桃溪国家湿地公园法官工作室发挥司法资源优势，全年发现并制止违法违规占用破坏湿地生态行为2件。湿地公园与永春县联通公司合作，运用“5G+无人机”技术对湿地公园及周边进行空中巡视，提升巡护效率。

【湿地公园科普宣教】 2022年1月23日，湿地公园在岵山镇茂霞文化广场以“世界湿地日”为契机，结合“福文化”开展主题宣传活动，向当地群众发放宣传资料100余册，送出春联80余副，并通过微信公众号宣传2022年“世界湿地日”主题——“珍爱湿地人与自然和谐共生”。2022年6月，永春县为宣传新出台的《中华人民共和国湿地保护法》，在中心城区悬挂宣传横幅20余条，印发《中华人民共和国湿地保护法》宣传手册500余册，发送宣传短信6万余条，提升公众对湿地公园的知晓率和保护意识。

【湿地公园规划】 2022年，湿地公园推进《福建永春桃溪国家湿地公园总体规划（2021—2030年）》编制工作。编制项目于2022年10月14日开标，由华侨大学、重庆纵横工程设计有限公司（联合体）以47万元中标。

【湿地公园档案数字化】 2022年，桃溪国家湿地公园保护中心完成2016—2021年度文书档案整理与数字化工作6年文档整理出文书档案95卷1263件、科技档案126盒、会计档案110册，形成数字档案。

（王锦材）

水土保持

【概况】 2022年，永春县水土保持工作在传统治理基础上创新治理模式，探索形成永春模板。县政府将水土保持纳入永春县“十四五”国民经济发展规划目标，编制《永春县“十四五”水土保持专项规划》，全县完成治理水土流失面积2980公顷，完成投资2071.45万元。2022年，永春县水土保持率首次突破90%，获评国家水土保持示范县。

【水土流失治理重点项目】 2022年，永春县实施的国家水土保持重点建设工程为永春县湖洋锦溪小流域水土流失综合治理项目，完成投资667.22万元，治理水土流失面积1253公顷。治理项目包括封禁1187公顷，坡改梯67公顷，机耕道路2990米，田间道路449米，排水沟2910米，蓄水池15口，生态护岸1117米，清淤清障3480米，生态步道650米，水保生态园1座。

【水土流失监管】 2022年，永春县加强生产建设项目监督检查，逐一检查水土保持措施落实情况，发现问题及时督促整改，从源头上防止人为造成水土流失，联动执法开展山地开发、矿山水土保持整治等一系列监督执法专项行动。全年永春县开展生产项目水土保持监督检查18次，重点检查泉南高速改扩建工程、横七线、马跳水库等重点建设项目，下发整改通知书3份，整改完成率100%。全县完成生产建设项目水土保持设施自主验收报备7个，水土保持自主验收2个，收取水土保持补偿费133.81万元，受理水保办件27件（报告书及审批表9件、报告表18件），办结

2022年12月10日，永春县在桃城镇时代广场开展第九个水土保持宣传日活动，图为宣传活动现场 （图／县水土保持工作站）

率100%。全县审批的生产建设项目以及国家水土保持重点工程相关信息均100%录入全国水土保持信息管理系统，图斑数量减少率和整改完成率处在泉州市前列。

【水土保持工程建设以奖代补项目】 2022年，永春县实施水土保持工程建设以奖代补项目完成投资250.13万元，治理水土流失面积333公顷。其中，封禁280公顷，坡改梯53公顷，机耕道路及排水沟2542米，四季桂栽植255株，蓄水池5口。

【下洋镇曲斗村水土保持生态村项目】 2022年，永春县实施省级下洋镇曲斗村水土保持生态村项目。至12月底，完成投资73.47万元，治理面积87公顷，建设水保生态园1座，河道清淤1.03千米。

【泉州市市级水土流失治理项目】 2022年，永春县实施2021年晋江洛阳江上游水资源保护补偿专项资金水土流失治理第二批补助资金和2022年第四批市级水利专项资金两大类19个子项目，完成投资383万元，治理水土流失面积167公顷。其中，封禁107公顷，坡改梯60公顷，崩岗2座。

（许祖龙）

森林资源保护

【植树造林】 2022年，永春县持续抓好植树造林，增强森林生态功能，建设苗圃基地培育苗木，为林业生态建设工程提供保障。全年完成植树造林1140公顷，森林抚育3407公顷；实施乡村绿化提升工程11个、乡村公园7个，创建省级森林村庄11个；新建市级义务植树基地1处，全民义务植树85.9万株。实施重点区位森林质量精准提升35公顷，珍贵树种造林142公顷，增强森林生态功能；完成天然林封山育林793公顷，维持生态系统稳定。接续建设省级保障性苗圃建设项目，培育珍贵良种苗木105万株。

【森林病虫害防治】 2022年，永春县坚持“预防为主，科学治理，依法监管，强化责任”的林业有害生物防治方针，加强松材线虫病防控。全年发生面积26.31公顷，松枯死树分布面积约79.88公顷，主要分布于东关、石鼓、五里街、湖洋、外山、东平、桃城、达埔、岵山、仙夹10个乡镇和碧卿林场。实施防治性采伐改造835.2公顷，零星松枯死树清理17440株，挂设诱捕器1200套进行诱杀和监测，捕捉天牛40725只；实施媒介昆虫松墨天牛以菌治虫防治366.67公顷、释放花绒寄甲防治33.33公顷。实施松林改造提升行动，全年完成总面积52.25公顷，完成任务的150.5%。开展松材线虫病无人机秋季普查监测，面积543.09公顷，统计定位松枯死树7370株。开展外来入侵物种普查，完成第一轮全面勘查，面积237.84公顷。完成松材线虫病春秋季两季普查，发生面积19.42公顷，涉及10个乡镇和碧卿林场。开展全县松木及绿化苗木检疫执法专项行动。全省松林改造提升技术管理培训会在永春举行，永春县在会上作典型发言。

【林长制运行】 2022年，永春县坚持高位推动，构建高效的林长制体系。多举措落实林长履职效能。召开县级林长会议1次和专题会议2次，乡镇级林长会议46次，研究部署林业改革发展、森林督查、松材线虫防控等相关工作。制定出台《永春县林长巡林工作制度(试行)》，县级林长巡林6次，乡镇级林长巡林245次，协调解决责任区域内森林资源保护发展存在的重点、难点和热点问题45项。发布《关于加强松材线虫病防控工作的令》，确保全县松林资源及生态安全。健全林长制协作运行机制。设立“林业执法与司法协同保护工作站”“永春县人民检察院派驻县林长办检察官工作室”“永春县公安局驻县林长办工作联络室”，促进行政履职和生态司法的衔接配合。建立河长林长协同共治机制，推进河长制林长制的共商、共治、共建、共享，开创“双长制”同向发力的生态保护新局面。拓展林长制宣传体系。拓展宣传渠道，加大宣传力度，通过中国网、微信公众号、手机短信、宣传标语和林长制公示牌等形式进行广泛的宣传。在省级以上媒体刊登林长制工作成效文章6篇，通过“永春林业”微信公众号公布林长制信息13篇；树立三级林长制宣传牌、公示牌291块，其中，县级8块，乡镇级46块，村级237块。2022年泉州市林长制考核永春位居第一。

（苏君琪）

教育

综述

【教育发展】 2022年，永春县有各级各类学校256所。其中，幼儿园113所、小学109所、中学31所、特殊教育学校1所、职业中专学校1所、教师进修学校1所。全县有教职员工6644人。学生有80532人，其中，在园幼儿14398人、小学生36443人、特殊教育学生159人，初中生18605人，普通高中生8458人，职业中专学生2469人。

【学校建设】 2022年，永春县一般公共财政教育支出10.55亿元，比上年增长8.44%。投入2.42亿元新建10个教育项目，总建筑面积5.36万平方米，竣工投入使用5个教育项目（永春五中学生宿舍楼、下洋中学教学综合楼、汤城中学教学楼、永春六中综合楼、石鼓第三中心幼儿园），新增学位1260个。对全县小学、初中、高中、幼儿园、中职学校、特殊教育学校分别按每生750元、950元、1000元、600元、4200元、9500元拨付公用经费。

【普法教育】 2022年，永春各校全面实施“八五”普法规划，制定并落实年度重点宣传普及法律法规，加强习近平法治思想、宪法、民法典、教育法、教师法、义务教育法、未成年人保护法、预防未成年人犯罪法学习宣传；组织全县中小学生参加教育部青少年普法网的“宪法小卫士”2022年行动；组织全县师生学习《中华人民共和国反间谍法》《中华人民共和国反间谍法实施细则》《中华人民共和国刑法修正案（十一）》《中华人民共和国反有组织犯罪法》等法律法规；开展2022年“4·15”全民国家安全教育日人民防线宣传工作；组织县市两级中小学生“学宪法讲宪法”演讲比赛、宪法、法律知识竞赛，在市级比赛中获2个一等奖、2个二等奖、2个三等奖的好成绩。

【心理健康教育】 2022年，永春县各校把心理健康教育纳入教学计划，利用课堂和班团队会开展心理健康教育课程。全县选派12名心理健康教师参加福建省中小学心理健康骨干教师培训；组织7名教师参与2022年泉州市中小学心理健康教育师资培训班。组织12所学校根据市级标准，参与第一批市级中小学标准化心理健康辅导室建设遴选工作，桃城镇中心小学等9所学校的心理健康辅导室获得市级认定。与钉钉公司、鸽巢公司三方合作，采购心理健康测评系统供各校免费试用，秋季开展两次心理健康测评，提高分析结果运用效率。指导各校组织班主任、心理老师、科任老师全面家访、与学生谈心，通过日常观察、自我报告、同学反映等，综合分析学生心理状况和心理问题存在原因，分类建立学生心理台账，建立“一生一档”心理档案，采用“一生一案”和持续动态跟踪监测方法。

【文明学校创建】 2022年，永春县组织全县学校参加文明校园创建活动，创建学校参与率达100%。永春一中参与“全国文明校园先进校”创建活动，桃城镇中心小学、实验幼儿园、美岭中学等13所学校申报参评2021—2023年度省文明校园，全县还分别有36所、121所学校申报参评2020—2022年度市、县级文明校园。

【教育督导】 2022年，永春县教育局开展初中教育教学管理视导工作，督导学校管理机制运行、教师队伍建设、控辍保学、教学设施设备管理使用、教学常规管理、课后服务开展、初中毕业班工作计划安排、“双减”政策下学校“减负增效”举措及作业管理的探索与实践等情况，推动学校加强教学管理。12月1日，永春县桃城镇中心小学等12所小学和永春侨中等8所中学为样本校，参加省语文、数学、道德与法治的义务教育质量监测。2022年疫情防控期间，组织全县中小学校利用国家智慧教育云平台、福建省教育资源公共服务平台、福建教研网等，通过钉钉直播、微信直播等方式，开展线上教学活动，开设线上心理课程。重启在线教学“县、校、年级”三级网上巡课制度，组织县教师进修学校教研员开展线上教学巡课，对全县中小学校在线教学情况进行随机网上巡课督查，提醒和纠正在线教学过程中的问题，提高网课教学质量。

【学生资助管理】 2022年，永春县提供免费教科书和《新华字典》1201707册，计799.07万元；免除作业本费147.43万元；全年学前教育阶段资助832人次，发放政府助学金61.39万元；义务教育阶段资助3038人次，发放生活补助90.99万元；义务教育营养改善补助4412人次，发放营养改善补助220.60万元；普通高中资助975人次，发放国家助学金103.42万元；普通高中免学杂费资助321人次，发放免学杂费补助25.68万元；中职学校资助249人次，发放国家助学金24.90万元。全年发放助学贷款新生首贷和旧生续贷3174人，贷款金额2821.43万元。

【校园安全】 2022年，永春县各校开展普法、禁毒、反恐、国家安全、消防、交通、防溺水、防性侵、防欺凌、防诈骗、防灾减灾等安全教育。通过永春融媒体中心发布各类安全提醒7次；印发“致家长一封公开信”8万多份，在企业微信向全县学生家长发送“致全县学生家长一封公开信”；发送手机短信安全提示40万条；制作推送移动新传媒安全教育专栏3期，点击阅读30多万人次。通过泉州市学校安全教育平台开展9个专题活动。制定印发《全县学校安全标准化提升专项行动方案》《永春县学校安全标准化提升专项行动2022年攻坚方案》，全县184所学校（含校外培训机构）完成创建自评。并开展标杆示范创建，考评验收1所精品学校、2所标杆学校、52个安全示范岗位；开展新一轮（2020—2022年）消防安全标准化管理达标创建，所有学校全部完成创建考评任务。开展校园安全大检查，利用“三张清单”累计排查整改隐患98条及“三书一函”的整改工作，做到闭环管理；寄宿制学校安装智慧用电建设249套，提升学校防火减灾能力；联合相关职能部门开展全县校园及周边安全各项专项督导检查共16次。举办全县中小学、幼儿园保安员培训班；委托第三方常态化开展技防设施巡查、维保，技防设施运行正常；进一步完善校园门口隔离栏、隔离墩等硬质防冲撞设施；完成学校高坠风险点加装防护设施工作；投入38.3万元建设全县184所学校的校门口车牌抓拍和人脸识别系统，并实现与公安联网，校园安防水平得到全面提升。

（林培枝）

教师队伍建设

【概况】 2022年，永春县有教师5149人，含幼儿园474人、小学2089人、中学2420人、特教28人、进修学校40人、职专98人。全县有省级名校长1人、省骨干校长17人，市级名校长6人；特级教师5人；省级教学名师1人、省级学科带头人21人、省骨干教师6人；市级教学名师19人，市级学科带头人55人，市级骨干教师327人。

【队伍结构优化】 2022年，永春县推进教师队伍结构优化、校长队伍结构年轻化。全县公开招聘中小学幼儿园新任教师127人，其中省内高校本科优秀师范毕业生10名。全年新提任校级正职干部17人，年龄均不超过50周岁。至年底，校长队伍年龄结构以1970年后出生者为主，占总数的72.7%。

【师资配置调整】 2022年，永春县以小片区调整为主、跨片区调动为辅，进行区域内师资均衡配置。针对中学教师相对超编的现状，按照人岗相适的原则，全年调整交流教师58人次；撤并桃城镇和平小学等小规模学校及办学点4所，整合教师资源32人次；优化小学教师学科结构，调整交流40人次。

【教师资格职称】 2022年，永春县初中、小学、幼儿园教师资格认定开通体检和现场确认的政务微信预约系统；精简办理流程，符合认定条件，现场即可领证。县教师资格认定网报709人，审核通过并当场领证共605人，其中初级中学教师资格证106人，小学教师资格证303人，幼儿园教师资格证196人。永春县有64名中小学教师取得高级教师任职资格，38名中小学教师取得一级教师任职资格，74名中小学教师取得初级专业技术职务任职资格。40名（中级）在农村学校任教25周年及以上且仍在农村学校任教已取得中级专业技术职务任职资格的教师予以直聘；9名在城镇学校任教30周年及以上已取得中级、高级专业技术职务任职资格的教师予以直聘，其中高级5人、中级4人。

【师德师风建设】 2022年，永春县通过立规明纪，规范教师从教行为，准确把握教师职业道德标准和要求，把学习准则作为必修内容，做到全员覆盖、应知应会、必会必做。制定《永春县中小学幼儿园教职工工作量标准实施方案(试行)》，规定校级领导、中层干部及专任教师的教学工作量，规范学校教学管理。开展市、县“最美教师”寻访活动，嘉奖一批优秀教师，培育和树立身边优秀教师典型。仙夹中心小学黄一萍被确认为省乡村优秀青年教师培养奖励计划人选，美岭中学林丰开被评为福建省第三届最美教师。2022年，永春县开展违反师风师德行为专项整治，查处校外培训机构、基层学校，中小学教师有偿补课、收受礼品礼金等违纪问题和参与赌博、酒驾等违法行为。全县受党纪政纪处分的教师10人次，提醒谈话、约谈、诫勉、通报批评等10多人次。

【教师专业培养】 2022年，永春县教师进修学校开展各级各类培训9场，培训全县教师、教研员、行政管理干部868人次。开展各级各类培训，3月开展省高考名师面对面第二轮复习策略研修班，21人受训；4月开展省中考名师面对面第二轮复习策略研修班，57人受训。7月15日至8月19日委托泉州市小学骨干教师培训中心分三期组织开展小学数学、语文、综合实践活动教师教学能力提升培训，500名教师参加此次培训活动；7月29日至8月4日组织省中小学教研员教研能力提升研修班，95名专兼职教研员参训；8月1—22日组织参加省中小学（中职、幼儿园）家庭教育指导教师研修班，30人受训；8月4—24日省中小学教师教学实践能力提升培训班，27人受训。7月24—28日开展省中小学（幼儿园）教育行政管理干部能力提升系列专项研修班（德育管理），35人参训。8月组织“县域高中拔尖创新学生培养研讨会”，30人受训。12月13—14日开展小学新教师培训，全员73人。

【教师业务技能竞赛】 2022年，永春县教师进修学校制定永春县初中部分学科教师教学技能竞赛活动实施方案。2022年6月由各学校组织评审本校道德与法治、数学、生物、历史等4个学科教师的教学活动设计与片段教学好中选优，各学科推荐1名优胜者参加县比赛。7月，县教师进修学校组织道德与法治、数学、生物、历史等4个学科专家对各学校的教师教学活动设计与片段教学进行评审，选拔优秀选手4名（永春一中林志成、美岭中学郑亚玲、陈建波、永春侨中颜青青）参加市级决赛，永春一中林

2022年8月12日，福建省县级教师进修学校标准化评估反馈会在县教育中心举行 （图/颜泳滨）

志成获初中道德与法治市级教学技能竞赛二等奖。全年中小学有5名老师的精品课被评为省级“基础教育精品课”，7名老师的精品课被评为“市级精品课”；98名老师在县级作业设计活动中获奖；24名老师于泉州市试卷命制技能比赛中获奖；其他业务比赛中，1人次获省级奖，14人次获市级奖。

【评优选优】 2022年，永春县开展首批教学名师、第四批学科教学带头人、第四批骨干教师选拔工作。8月15日，县教育局公布全县首批教学名师25人、第四批学科教学带头人99人、第四批骨干教师205人。

（林培枝）

学前教育

【概况】 2022年，永春县有独立设置的公办性质幼儿园35所，小学附设学前班70点，民办幼儿园8所。有各级各类示范幼儿园31所，其中省示范幼儿园5所，市示范幼儿园1所，县示范幼儿园25所，示范园在园幼占77.77%。全县学前三年入园率达98.67%。

【幼儿园办园行为督导】 2022年，永春继续依托4所县直公办幼儿园为龙头实行4大片区帮扶机制。建立三级联动的帮扶机制，形成帮带联动网络，全面推进各级各类幼儿园的均衡发展，提升全县幼儿园的办园质量。2022年5月，永春教育局组织以4所县直园园长为首的4个专家评估组，按照时序进度分别对蓬壶、桂洋、苏坑、下洋、湖洋5个乡镇的10所幼儿园进行办园行为评估。

【学前教育优质发展】 2022年，永春教育局制定《永春县乡村学前教育办学点建设与评估工作方案》，完成11所办学点的评估工作；组织专家组分别对世哲幼儿园、仓满幼儿园、桃城第二中心幼儿园3所第二批省级保教改革建设幼儿园进行终期评估；完成幼儿园事业法人登记。至年底，永春县具备独立事业单位法人资格的幼儿园24所，其他10所作为分设机构。全县各幼儿园均有统一社会信用代码。

【课程实践成果】 2022年，永春县在课程改革试验工作中，围绕“山区”特点，立足乡村实际，打造办园特色。2022年5月，实验幼儿园研究成果“民间游戏融入幼儿园课程建设的实践研究”荣获泉州市基础教育教学成果奖获奖项目特等奖。12月2日，蔡明福在省级福建省基础教育改革实验区建设业务工作推进会中作题为《聚焦优质普惠 打磨“学在永春”区域品牌》交流。

（林培枝）

义务教育

【概况】 2022年，永春县有小学109所，其中教学点10个、农村小学52所，在校小学生36443人。初中31所，在校初中生18605人。义务教育阶段就读的随迁子女有2505人（中学864人、小学1641人），其中省外户籍1207人（中学505人、小学702人），省内外县户籍1298人（中学359人、小学939人）。全县初中毕业生5548人，普通高中招生3050人，全县初中毕业生升入永春职专925人，升入外县（市、区）中职学校1390人。2022年，永春被确认为省级义务教育优质均衡先行创建县。

【义务教育学校内涵建设】 2022年，永春推进义务教育管理标准化学校、教改示范学校、乡村温馨校园和泉州市初中教育综合改革新优校培育建设。24所中学通过省级“义务教育管理标准化学校”评估认定，占比为77.42%；54所小学通过省级“义务教育管理标准化学校”评估认定，占比为54.1%；13所义务教育教改示范性建设学校已接受省市终期评估；全县中小学共有22所学校通过市级“乡村温馨校园”评估认定，横口学校和上姚小学被评为泉州市乡村温馨校园典型案例学校，外山中心小学获评“福建省第二批乡村温馨校园典型案例学校”。遴选推荐永春七中等5所初中校参与泉州市初中教育综合改革新优校培育建设。

【乡村教育巩固发展】 2022年，永春持续推进城乡学校共建帮扶及“小片区管理”，完善乡村小规模学校办学机制和管理办法，组建城区初中教育联合体、蓬壶镇初中教育联合体、达埔镇初中教育联合体及9所城区小学与2批乡村学校组建的“城乡小学教育共同体”。组织14所优质学校与12所乡村学校及薄弱学校开展结对帮扶工作。利用和发挥优质学校的管理优势、师资优势、资源优势，结对帮扶乡村学校及薄弱学校的建设与发展。全县以主题教研为点，以片区教研为线，以校本半日教研为面，以网络教研、工作室教研为突破口，以随堂听课为重要手段，确立城乡小学教育共同体，划分东中西学校片区，多点开花，整体推进小学教学教研活动。开展8场市级学科教研活动，各类主题教研、名师工作室活动、送教送培等活动31场，参加活动的教师3475人，参与的积极性很高，活动效果好。

【课后服务】 2022年，永春县56所中学、中心小学均提供课后服务。全县参与课后服务的小学生21950人、中学生14418人、中学教师2200人、小学教师1933人，其中参加午托、晚托、周末托的学生分别有3234人、7791人、10254人。5月24日，永春县印发《永春县“点题整改”课后服务质效不高问题专项行动实施方案》，推动课后服务提质增效。全县所有义务教育阶段学校实现课后服务“2+N”模式全覆盖，“2”即作业辅导和体育活动2项基本服务，“N”即学校结合优势特色、学生需求开展科普、文艺、劳动、阅读、兴趣小组及社团活动等拓展服务。整合学校、家庭、社区等教育资源，打造“近邻学堂”，办好家门口的课后服务。至年底，全县开展“近邻学堂”辅学活动1500多场，约6.2万人次参与。全县排查校外培训机构13个次，开展联合执法36人次，受理群众有关校外培训信访事项5件，信访件办结率100%，群众满意率100%。查处违规问题机构1个，处置异常关停、卷钱跑路以及存在经营异常风险的机构1家。立案查处违规播发校外培训广告案件1件，罚款金额0.32万元。

【义务教育招生】 2022年，永春县规范招生行为，坚持公开、公平、公正原则，实行阳光招生，义务教育阶段学校采取免试就近入学划片招生，坚持进城务工人员随迁子女接受义务教育“以流入地政府管理为主、以全日制公办中小学就读为主”的原则。经县招委会研究通过《2022年永春县城区部分小学、幼儿园招生工作意见》《2022年永春县城区部分中学招生工作意见》《2022年永春县城区部分小学、幼儿园招生工作意见》等，对县城区学校的招生计划、班生规模、对象范围、程序等作出明确规定，剩余学位采取摇号或抽签办法确定招生对象，有效控制城区学校的班生规模。全县现有的办学条件能满足中小学学生的就学要求，义务教育阶段学生全部在公办学校就读；小学51—55人班额数占比10.55%（116班/1100班），初中51—55人班额数占比12.59%（51班/405班）。实行均衡编班和配备学科教师，严禁义务教育阶段学校分设重点班与非重点班；初一年新生编班过程邀请家长、社区代表及责任督学等相关人员参加，编班方案、分班学生名册、任课教师通过校务公开栏公示，主动接受各方监督；学校于开学一周内将初一年编班方案及各班成绩报送教育局。永春县实行“一人一籍，籍随人走”，义务教育阶段学生全部在公办学校就读。

【德育工作】 2022年，永春德育工作坚持“五育并举”（德育、智育、体育、美育、劳动教育），完善德育“六育人”（课程、文化、活动、实践、管理、协同）工作机制，强化爱国主义教育、理想信念教育、社会主义核心价值观教育，组织开展“永远跟党走 奋斗新征程”青少年爱国主义读书教育活动、“童心向党·唱支红歌给党听”歌咏活动、2022年永春县“新时代好少年”评选活动等活动，全年参加各类德育研学实践活动学生1万多人次。全县36名教师获评县先进德育工作者，5名教师获评市级先进德育工作者。

【劳动教育】 2022年，永春各校采用集中和分散相结合统筹安排，落实“中小学劳动教育课每周不少于1课时”，加强劳动精神、劳模精神、工匠精神、劳动安全和法规等专题教育，提高学生劳动实践能力。各校结合学生生活实际，利用所在乡镇特色产业资源，分学段、分专题开发劳动教育校本教材。推动劳动教育与学科、专业教学之间的互相渗透，强化马克思主义劳动观的融合教育。指导各校挖掘教育资源，建立1个相对稳定的校内或校外劳动教育实践场所，小学高年级和中学学生每学年到相应场所劳动实践不少于 1 次。组织遴选劳动教育实践特色项目，永春一中的《依托“无土栽培”基地，提升校本劳育实效》、达埔中心小学的《种植香料植物，挖掘香文化资源》、鹏翔小学的《传承竹编技艺，让孩子在指尖上成长》等 4 个课题入选市级中小学劳动教育实践特色项目，其中《依托“无土栽培”基地，提升校本劳育实效》《种植香料植物，挖掘香文化资源》《传承竹编技艺，让孩子在指尖上成长》3 个课题入选福建省第四批中小学劳动教育实践特色项目。

【艺术教育】 2022 年，永春县实施素质教育，落实国家艺术课程标准，推进学校艺术教育规范化、制度化建设，提升学生艺术素养。开展县中小学生艺术素质测评工作及业务培训，开展学校数量及占比 100%。举办县中小学生校园艺术节、合唱比赛、钢琴独奏比赛。全年师生获得市级以上艺术类比赛一等奖 2 人，二等奖 6 人，三等奖 10 人。投入美育教育经费 170 万元，用于艺术教育基础设施建设与维护、开展艺术教师技能竞赛、学生艺术活动的开展等。重视对学生人文美育的培养，形成课堂教学、课外活动和校园文化三位一体的艺术教育发展推进机制。开展具有闽南文化的地方特色传承文化走进校园，其中永春华侨中学开展白鹤拳、纸织画、永春县五里街中心小学开展纸织画和永春县实验小学开展白鹤拳进校园荣获“泉州市闽南文化传承基地学校”称号，桃城中心小学、石鼓中心小学和东平中心小学开展学生乐团活动，第三实小开展第二课堂活动，有围棋、象棋、书法、国画、足球、篮球、舞蹈、陶笛、非洲鼓、合唱等 26 个项目，确保每个学生至少参加一次社团活动。

【小学校园整本书大阅读活动】 2022 年 1 月 7 日，永春县教育局印发《永春县小学校园整本书大阅读实施方案》，组织召开小学校园整本书大阅读启动大会。会上确定首批 30 所基地校并举行授牌仪式，邀请省普教室黄国才、龙岩市教科所胡和春开设专题讲座。

2022 年，县第三实验小学探索劳动教育“家长课堂”模式，图为特邀家长为学生教授劳动技能 （图 / 林艺华 2022 年 10 月 12 日摄）

【城乡小学教育共同体同课异构教研活动】 2022 年 12 月，永春县在五里街中心小学举行城乡小学教育共同体“聚焦核心素养，落实课标精神”同课异构教研活动。活动采用“线上 + 线下”的方式进行，有 11 所城区学校、10 所乡村学校参与。城区学校和乡村学校的 18 位老师以同课异构的方式，分别展示语文、数学、道德与法治、体育、音乐等学科的课例。

（林培枝）

普通高中教育

【概况】 2022 年，永春县有普通高中 7 所，全部为省三级达标高中，其中省一级达标高中 1 所（永春一中），省二级达标高中 4 所（永春三中、永春侨中、永春美岭中学、永春六中），省三级达标高中 2 所（永春五中、永春六中），省三级以上达标高中数占比 100%。全县高三在校生 2521 人，参加高考 2412 人，本科上线 1561 人。

【普通高中建设与发展】 2022 年，永春县完成永春五中学生公寓建设、永春六中二级达标创建、永春一中魁星校区一期工程建设教育基础设施重点项目，推动普通高中改造提升、达标建设。推动高中教育特色办学、多样化发展，重点培育一批特色高中。2022年，永春一中被省教厅确认为福建省普通高中特色示范项目培育建设学校《人文高中（文史·传统文化）》、“福建省首批普通高中优质学科（语文）课程建设项目”、“泉州市普通高中课程改革基地建设项目学校”、“泉州市普通高中语文学科教学联盟基地校”；永春侨中被确认为“泉州市特色普通高中”。

【教育教学质量】 2022年，永春县普通高中学生学业水平考试合格率：一级达标高中99.99%，二级达标高中98.19%，三级达标高中94.69%。永春县各校重视培养学生的兴趣爱好和个性特长，组织学生参加省、市级各种学科竞赛活动，2022年，高中学生在省、市五学科竞赛中有100多人次获奖。其中，省一等奖3人，二等奖22人次，三等奖20人次，林堃和陈振扬同学获全国高中数学联赛省一等奖，苏堉同学获中国化学奥林匹克（初赛）省一等奖，康晨烨、吴少岩、黄博城同学获福建省学生信息素养提升实践活动省二等奖。

【普通高中招生】 2022年，永春县实行中职学校与普通高中招生同一信息管理平台、同时填报志愿、同步分批次录取的办法，实行院校专业平行志愿的投档模式。坚持普职协调发展、招生比例大体相当原则，按5.5∶4.6下达普通高中招生计划。2022年秋季，永春县初中毕业生5548人，普通高中招生3050人，全县初中毕业生升入永春职专925人，升入外县（市、区）中职学校1390人。

【高中学科片段教学比赛】 2022年10月9—12日，永春县教育局、县教师进修学校以“聚焦核心素养，落实五育并举”为主题，组织开展高中13个学科片段教学比赛活动，140位教师同台竞技。比赛评出一等奖14名，二等奖29名，三等奖51名。

【高考学科微课评选活动】 2022年10月，永春县教育局、县教师进修学校组织举行高中教研片区“微课”制作评比活动，深化新技术、新媒体在教育教学中的应用，促进信息技术与学科教学的整合，引领高中各学科教师关注课堂教学，进行微课资源的开发与应用。活动评选出一等奖9名，二等奖10名，三等奖12名。

（林培枝）

职业教育

【概况】 2022年，永春县有中职学校1所，即永春职业中专学校（简称“永春职专”），是国家级重点职业中专学校和泉州市中等职业学校特色建设工程培育项目校。2022年和平小学并入永春职专，立项建设实训大楼和学生公寓，总投资预算4700万元。学校教职工158人，其中正式在编98人。高级职称教师22人，中级职称教师35人，专业带头人13人，其中市级专业带头人2人，市级骨干教师4人，市级名校长1人，市级学科带头人培养对象1人，市级名校长培养对象1人。2022年秋季，在校生2448人，内宿生1214人。学校开设电子电器应用与维修（电梯方向）、机电技术应用、服装设计与工艺、会计事务、计算机网络技术、电子商务、幼儿保育、计算机平面设计、生物化工技术应用、数控技术应用、运动训练（白鹤拳方向）、休闲体育服务与管理、药剂、无人机操控与维护、园艺技术、装配式建筑施工16个专业。

【产教学融合】 2022年，永春职专开设与区域产业匹配度高的专业，包括数控技术应用、电子商务、电子电器应用与维修（电梯方向）、机电技术应用、服装设计与工艺、会计事务、计算机网络技术、幼儿保育、计算机平面设计、生物化工技术应用、运动训练（白鹤拳方向）、休闲体育服务与管理等16个专业。永春职专与福建体育职业技术学院长期合作办学，设立福建体育职业技术学院永春职专仙岭教学点，开设运动训练（白鹤拳）专业，通过校地联手，继承和弘扬永春非遗文化，打造特色专业品牌，把仙岭办学点建设成为集教学、训练、文化交流、观光旅游于一体的活动中心，助推永春“白鹤拳”文化产业发展。2022年秋，新开设药剂、无人机操控与维护，园艺技术、装配式建筑施工4个专业。学校与黎明职业大学、福建体育职业技术学院、福建生物工程职业技术学院、厦门南洋职业学院、泉州纺织职业技术学院联办“3+2五年专”；学校探索服务县域经济发展需要的职业教育办学模式，坚持以就业为导向，加强校企合作，推行现代学徒制和“订单式”人才培养模式，运动训练（白鹤拳）专业、电子商务专业分别和永春辉龙武协、弘侨智谷科技有限公司合作尝试现代学徒制，数控技术专业与九牧集团合作开办“九牧智能制造”订单班。

【技能培训基地建设】 2022年，永春职专发挥国家职业技能鉴定站和泉州市产业工人技能培训基地的作用，加强校企合作，与雅聚香道文化传媒有限公司、湖洋镇永商网红城共建实训基地，为来自永春各制香企业、旅游相关企业、茶企业、香艺表演公司和永商网红城各电商企业等相关从业人员，定期举行香道技艺、电商等专项职业能力考核。学校深化“校企合作、产教融合”的校企协同育人模式，为中闽建研工业化建筑有限公司开设中闽建研订单班，与鸿星尔克有限公司联合办学，打造“鸿星尔克冠名班”。5月9日，“泉州市产业工人技能培训基地”授牌仪式在永春职专举行。

【就业服务】 2022年，永春职专重视技能培训工作，举办多形式、多层次的社会培训，年平均培训1000人次以上。为助力永春香产业发展，学校连续举行3期香道技艺专项职业能力考核，100多名来自永春各制香企业、旅游相关企业、茶企业、香艺表演公司和部分幼儿园教师踊跃报名参加考核并获得合格证书。7月2日，永春职专举办校园招聘会，吸引九牧厨卫股份有限公司、福建冠中科技有限公司、福建万家美轻纺服饰有限公司、泉州颜帅帅科技有限公司、福建鸿星尔克体育用品有限公司、阳光中科（福建）能源股份有限公司等近100家用人单位到场招聘，为学校600多名学生提供800多个就业岗位，近七成学生与用人单位初步达成就业协议。

永春职业中专学校一角

（图／永春县融媒体中心 2022年9月14日摄）

【质量监测】 2022年，永春职专加强教学管理，不断提高教育质量。2022年学生学业水平考试、合格性考试合格率：2020级公共基础合格性考试合格率95.28%，专业基础合格性考试合格率97.92%。2021级信息技术基础考试合格率95.15%。

【职业技能竞赛】 2022年，永春职专在市级以上职业院校技能竞赛中有17人次获奖。其中，在2022年福建省职业院校技能大赛中，郑建斌获省赛“单片机控制装置安装与调试”一等奖，郑维琪获省赛“零部件测绘与CAD成图技术”三等奖；2022年泉州市职业学校技能大赛，林晓梦、张晓琪获“工业分析检验”一等奖。

（林培枝）

特殊教育

【概况】 2022年，永春有1所特殊教育学校，5个特殊教育基地校，15间特殊教育资源教室。在编教师28人。县特殊教育学校在校生159人（其中幼儿园6人、小学107人、初中46人），智力残疾155人，寄宿生123人；各小学随班就读特殊儿童150人，送教上门28人。秋季新招收学前班1个，学生6人，招收一年级培智教学1个，学生9人。永春特殊教育学校2022年度获评市“文明校园”。

【入学保障】 2022年，永春县落实“十四五”教育发展专项规划中关于特殊教育发展计划的各项工作，全县残疾少儿入学率得到提高。永春县以随班就读为主体，特殊教育学校为骨干，全县新建10间特殊教育资源教室，提高随班就读教育教学质量，推进融合教育再上新台阶。特教学校学生生均经费达到普通初中生的10倍，实现学前、小学至初中九年义务教育。落实特殊教育学校残疾学生“四免一补”（免学杂费、教科书、作业本费、住宿费，补助生活费）政策、特殊教育学校按不低于普通学校20%的比例核增绩效工资总量等政策。

【送教上门】 2022年，永春完善以送教上门为补充的特殊教育义务教育阶段的主要安置体系。根据《永春县教育局关于开展义务教育阶段适龄重度残疾儿童少年“送教上门”服务工作方案》，落实每生每周不少于一次合计3个课时的教育与康复指导。利用资源指导中心的设备，扩大送教教师队伍，走入学生家庭开展送教、送健康、送温暖活动。

【特殊教育资源教室建设】 2022年，永春县持续推进特殊教育随班就读基地校和普通学校特殊教育资源教室建设。10月，县特殊教育资源中心在一都中心小学、横口学校、玉斗中心小学、桂洋中心小学、锦斗中心小学、呈祥中心小学、苏坑中心小学、吾峰中心小学、介福中心小学、湖洋中心小学建设特殊教育资源教室。2022年12月，10所学校的特殊教育资源教室全部建设完成。

（林培枝）

成人教育

【概况】 2022年，永春县有乡镇（街道）社区（老年）学校25所，村（社区）社区（老年）学习中心213个，2022年城区社区教育参与人数58404人，参与率达60.39%；农村社区教育参与人数125429人，参与率达44.68%。其中完成技术教育60814人次，劳动力转移培训29882人次，继续教育20766人次，早期教育23523人次，老年教育26379人次，其他教育33856人次。

【电大教育】 2022年，永春电大招生249人，其中本科生141人、专科生108人，在校生达601人，创年度招生、在校生新高。永春电大先后荣获福建开放大学2022年春季开放教育“招生工作先进集体”称号、福建开放大学“喜迎二十大，强国有我”系列活动优秀组织奖、2022年福建开放大学乡村振兴优秀创新与创业案例大赛组织奖、2021—2022学年泉州市开大办学体系先进集体称号；永春林俊德事迹馆获评福建开放大学首批示范性思政理论课实践教学基地。

【老年教育】 2022年，永春县有县、乡、村三级老年学校262所，其中县级老年大学1所、乡镇级老年学校22所、村居（社区）老年学校236所、住宅小区老年学校3所。学员规模30920人，占全县60岁以上老年人口的32.82%。

2022年，永春县老年大学设28个专业，33个班，聘任24名兼职教师。县老年大学把老干部党校作为思想政治建设的重要阵地，配合组织全县离退休干部党支部书记的党建工作培训。完善硬件，购置18台电钢琴，改造智慧化电钢琴互动教室。2022年，县老年大学新开设美术和二胡3期课程，必修课3科（时事政治、中医养生、中医按摩），选修课17科（南音、音乐、舞蹈、书法、纸织画、广场舞、拳剑、太极拳、交谊舞初级、交谊舞高级、白鹤拳、诗词、英语、柔力球、二胡、葫芦丝、美术），兴趣班8科（门球、象棋、集邮、电脑、远程教育、乒乓球、麻将、桥牌）。

2022年，永春县老教委实施市委市政府、县委县政府为民办实事项目“老年远程教育提升工程”，确定一都镇鲁山村、蓬壶镇魁都村、桃城镇富临国际小区、桃城镇南星社区、湖洋镇高坪村5所村级老校为示范点，全部按计划建设完成。协调指导完成新建、翻建、改建5所基层老年学校。在东平镇丹霞士林苑小区、桃城镇万星小区、桃城镇富临国际小区创办3所住宅小区老年学校，作为拓展住宅小区老年教育示范点。在县老年公寓创建老年学校，推行“医教养”新模式先行先试。在乡镇、村居推广“公益食堂+学堂”、乐龄学堂、养教结合12处学习点新模式，推动老年教育深度融入养老服务体系，丰富老年人的精神文化生活。在全县老年教育系统开展评选“最美学员”活动，县老年大学学员黄育荣被评为全省老年大学“最美学员”。

2022年，永春县退离休教育工作者协会（简称“县退教协”）开展文化养老，创新老年学习形式，形成老年学习新生态。蓬壶分会每月开展两次讲座，集中学习中共方针政策、时政新闻及健康养生知识等。至年底，县退教协有会员2733人。

（柯 颖 林培枝 郑大华 王金针）

高等教育

【概况】 2022年，泉州幼儿师范高等专科学校（简称“泉州幼高专”）永春校区总建筑面积近7万平方米，固定资产近3亿元，校内实训室34间，标准恒温游泳馆1座、标准田径场1个、综合体育馆1座、教师培训楼1座。教职工101人，其中专任教师80人，高级职称30人，硕士以上学位教师48人，学生2649人。学校面向全国招生，下设7个二级院部，设置20个专业。学前教育学院下设学前教育、早期教育、婴幼儿托育服务与管理3个专业；初等教育学院下设小学教育、特殊教育、体育教育、心理健康教育、小学科学教育5个专业，外语旅游学院下设小学英语教育、学前教育（加修英语）、休闲服务与管理、导游、休闲体育、研学旅行管理与服务6个专业，艺术学院下设艺术教育、音乐教育、舞蹈教育、美术教育、文化创意与策划、学前教育专业（加修艺术）6个专业。

【教学管理】 2022年，泉州幼高专永春校区推进国家教学标准落地，探索“岗课赛证”融合育人模式，开展全体专任老师说课程、专业带头人说专业、学院（部）说专业群展示活动，构建中高本衔接人才培养体系，推进与9所中职学校联办学前教育专业、舞蹈教育专业和休闲服务与管理专业，与泉州师范学院“3+2”专本贯通联合培养小学教育师资落地。推进“产学研训”一体化实践，“1+X”证书通过率90%以上，获批2个省级产业学院。

【教学研究】 2022年，泉州幼高专永春校区教职工获批结项课题11项。其中省级课题10项，校级课题1项；获实用新型专利1项；获教学成果奖23项，其中一等奖4项、二等奖8项、三等奖11项；发表论文42篇，其中A级刊物1篇，B级刊物2篇，C级刊物4篇，D级刊物26篇，校刊9篇。

【校区活动】 2022年，泉州幼高专永春校开展庆祝中国共产党成立101周年，喜迎中共二十大系列活动。组织全体党员参加德化九仙山气象站陈为德站长带来的《高山奉献精神的坚守与传承》专题讲座；举办第十届校园十佳歌手大赛决赛，晚会举行红歌演唱；举办2022年“4·23”世界读书节系列比赛活动颁奖仪式，创建书香校园；在永春老年公寓和盈晖特殊教育学校开展志愿服务活动；举办第十七届田径运动会。

【教育师资培训】 2022年，泉州幼高专永春校区作为福建省、泉州市小学师资的重要培训基地。培训中心完成各级各类小学师资培训18个项目，80个班次，6393人次。其中市培校长8个班次984人次，市培教师24个班次2784人次，送教系列4个班次477人次，区域合作44个班次2148人次。培训中心学术论文《基于专业发展阶段的小学校长分层培训体系探析》在本科学报发表；《基于胜任力的小学教师分层培训体系的构建与实践》获得2022年福建省职业教育教学成果奖二等奖，成果辐射福建、西藏、宁夏等20多个地区，受益教师达5万多人次。

【泉州幼儿师范高等专科学校乡村振兴学院成立】 2022年3月9日，泉州幼高专在永春校区举行乡村振兴学院揭牌仪式。学院旨在培养新时代新型“三农”人才，实行校地合作共建共享机制，为永春乡村人才提供多层次、多形式、多样化的教育服务。

（陈雅玲）

科学技术

综 述

【科技发展】 2022年，永春县实施省级科技计划项目8项，市级12项。全县高新技术企业认定33家（含复评7家），科技“小巨人”企业11家，科技型中小企业148家，省级众创空间1家，省级星创天地1家，市级众创空间1家，市级星创天地2家。至年末，全县有法定计量技术机构1个；国家级地面气象观测站1个、区域自动站22个；地震前兆台站1个（前兆测项2项）、土层烈度测震台站1个、岩层强震动观测台站2个、GPS观测基准站1个、宏观观测点3个。

【企业研发经费投入】 2022年，永春县有207家企业填报科学研究与试验发展（R&D）数据，参与填报企业数比上年度增长127.5%。全县R&D投入2.68亿元（错年值），比增9.8%，全市排名第六。

【科技交流与合作】 2022年，永春县搭建科技合作承载平台，鼓励省内外知名高校、科研院所、科技中介机构入驻永春县开展技术服务，推动跨区域、跨领域的技术应用协同创新，促推政产学研教一体化进程。福建良瓷科技有限公司与厦门稀土材料研究所建立科研合作关系，开展针对常规卫生陶瓷体系中基础组分做相应的改性尝试研究。2022年，取得“碳基结构材料的选取以及陶瓷组分的分析”“碳基结构材料与陶瓷原料的有效混合以及添加量的优化”两项科研成果。组织福建迈特富科技发展有限公司申报“揭榜挂帅”重大技术需求项目，“特种应急医疗装备多元数据互联互通关键技术”入围专家现场考察环节。组织永春南利针织有限公司、福建省福岑纺织科技有限公司2家企业申报并通过省级科技创新券评审，获补资金6.5万元。组织雷恩生化申请科技小巨人研发投入奖励，获补资金17万元。支持鼓励企业积极申报研发经费投入补助，推荐泉州锦林环保高新材料有限公司、福建良瓷科技有限公司等36家企业申报2022年度研发经费分段补助，申请资金1490.60万元。

2022年12月28日，泉州市瓷源文化创意有限公司获2022年“泉州市众创空间”标牌 （图/永春县科学技术局）

【科学普及与宣传】 2022年，永春县组织40多家重点企业参加

2022 年 5 月 26 日，永春县科学技术局联合县委宣传部、县科协等多个部门在中闽百汇广场举办以“走进科技 你我同行”为主题的永春县科技活动周活动
（图 / 永春县科学技术局）

2022 年高新技术企业认定申报专题辅导培训班；组织企业参加全市新型研发机构政策宣讲等专题培训；组织 120 多家次企业在永春智汇园举办研发投入、分段补助、加计扣除等涉及科技创新政策专题讲座；汇编科技政策手册，向乡镇、企业发放《省市县科技创新政策申报指南》2000 余份。县科学技术局开展形式多样的科普活动。围绕“走进科技 你我同行”全国科技活动周，在中闽百汇广场开展科技创新政策咨询以及涵盖食品药品、疫情防控、普法、农业、林业、节能减排、防灾减灾、气象、档案管理等方面的科技宣传活动，获得科技部科技人才与科学普及司颁发的荣誉证书。组织参加文化、科技、卫生“三下乡”活动、科普志愿服务等活动，分发宣传材料 15000 多份，增强全民科技意识，提高科技知识水平。

（傅培佳 苏晓君）

科技人才

【科技人才队伍建设】 2022 年，永春县为企业搭建引才平台，完善“领军人才 + 创新团队 + 创新项目”的引才模式，构建柔性引才引智体制机制。永春县科学技术局（简称“县科技局”）推荐申报泉州市高层次人才创新创业项目 1 项；推荐迈特富董事长柯永辉参选并成功入选第三批福建省“创业之星”，全市仅入选 2 名。对接组织博纯材料申报泉州市高层次人才团队认定。

【创新平台载体建设】 2022 年，永春县推荐永春县魁斗莉芳茶厂、泉州市金草生物技术有限公司、泉州市金斗洋生态农业股份有限责任公司等 3 家单位申报 2022 年福建省星创天地建设试点备案认定，其中泉州市金斗洋生态农业股份有限责任公司的被认定为福建省星创天地建设试点单位。推荐泉州永春达盛香业股份有限公司、泉州市金草生物技术有限公司、泉州景圃生物科技股份有限公司、永春县魁斗莉芳茶厂等 4 家单位申报 2022 年泉州市星创天地建设试点备案认定，其中泉州永春达盛香业股份有限公司、永春县魁斗莉芳茶厂等 2 个单位被认定为泉州市星创天地建设试点单位。推荐永春县青年红色筑梦双创基地申报并被认定省级众创空间，推荐瓷源文化众创园申报并被认定市级众创空间。推荐国家燃香类产品质量监督检验中心（福建）申录 2022 年泉州市新型研发机构评定，获得最高等级 A 级评定（全市仅 2 家），为全县首次获得 A 级评定的新型研发机构。2022 年，科技“小巨人”企业新增 11 家，完成任务数的 550%，全市排名第 1 名。

【科技特派员工作】 2022 年，永春县通过选认省级个人科技特派员 19 人，团队科技特派员 7 个，法人团队科特派 2 个；市级个人科技特派员 48 人、团队科技特派员 2 个、科技特派员工作站 4 个，实现一、二、三产融合发展及行政村服务全覆盖。福建长绿食品饮料股份有限公司与福建省农业科学院农业工程技术研究所合作实施“食用菌浓缩汁加工和质量控制关键技术研究与示范推广”获得省（团队）科技特派员后补助立项，福建省纳莱环生科技有限公司与厦门理工学院合作实施的“水体污染高效净化纳米纤维薄膜成型关键技术研究”

2022 年 5 月 17 日，“科技下乡 人才助企”活动在达埔镇举行。图为特派员助推香产业发展授牌暨签约仪式现场（图 / 永春县科学技术局）

获得市级科技特派员后补助立项，省级永春园艺生态休闲创新团队科技特派员的工作案例“心系三农 汗洒永春”入选省科技特派员工作优秀案例，2022 年泉州市科技特派员正向激励考评工作获得优秀，福建省碧卿国有林场与 10 个村签订科技特派员技术服务合作协议，打造一县一业一基地一团队科技特派员创业和技术服务示范点。

【市级科研项目业务培训班】 2022 年 3 月 9 日，由泉州市科技局主办，永春县科技局、泉州市人才创新共享联盟承办的人才领域科研项目业务培训班在泉州市党内政治生活体验馆举办，全市各县市区科技部门人才项目、高层次人才团队、高层次人才创新创业项目、泉州市人才创新共享联盟等单位项目负责人以及财务人员参与培训。培训围绕人才领域科研项目政策作重点解读，对科技项目管理、实施和结题验收事项以及科技项目经费使用、财务归集事项等进行详细讲解。

（傅培佳 苏晓君）

科技服务

【高新技术企业培育】 2022 年，永春县高新技术企业培育库有入库企业 43 家。县科技局指导推荐 33 家企业申报国家高新技术企业（第一批申报 4 家，第二批申报 29 家），其中 26 家获批（复审 7 家，新申报 19 家），完成任务数的 124%，全市排名第五。

【科技项目申报管理】 2022 年，永春县组织企业申报省市县科技计划项目，加强企业与高等院校、科研院所围绕永春县新兴产业及传统产业关键核心技术开展科研攻关和产学研深度合作。推荐申报市级以上科技计划项目 21 个，获得立项支持 11 个（其中，省区域重大专项 1 个，省团队科技特派员项目 1 个），经费补助 217.5 万元；2022 年开展县级产学研合作项目，立项 6 个，经费补助 30 万元；莉芳茶厂承担的省区域发展项目“‘金花’佛手紧压茶加工关键技术研究与应用”及幸福园艺公司承担的 “特色花卉绣球新品种选育”等 8 个省、市项目通过结题验收；组织完成 2022 年度县级立项到期科技计划项目的验收结题工作。在项目日常管理工作中，科技部门与行业领域专家，入企开展省、市、县三级科技计划备选项目考察，通过现场考察、入企调研、开展“双随机”工作等方式，对科技计划项目进行跟踪管理。

【科技成果】 2022 年，永春县技术合同认定登记金额 3623.78 万元，技术交易额 3479.92 万元。福建迈特富科技发展有限公司与军事科学院系统工程研究院军需工程技术研究所、南通大学、武汉纺织大学联合开展的“人体负荷工效测评关键技术与携行装备研究及产业化”项目获得 2020 年度福建省科学技术进步奖三等奖。

【“红色通道”优化营商环境】 2022 年 1 月 4 日，永春县科技局在美律科技（福建）有限公司会议室举办“优服务、促营商、增动能”共享党日活动，搭建非公有制企业党组织与涉企部门常态化对接“红色通道”，打造“党企新时空•政企直通车”品牌。县科技局就研发经费分段补助政策作重点解读，泉州协创信息技术研究院创业导师作企业研发经费支出填报业务培训，县统计局就如何提高企业研发费用填报质量作补充指导。

（傅培佳　苏晓君）

气象科技

【概况】　2022年，永春县气象局发布气象服务195期、短信近50万条，开展气象防灾减灾、气象科普宣传活动。

【气象服务】　2022年，永春县气象局针对灾害性天气，及时发布预警信号，点对点短信服务，提醒提前做好防范，提前组织人员进行转移，避免人员伤亡的情况出现。全年发布预警信号384期，其中暴雨红色预警信号3期；重要气象信息专报41期，重要天气预警报告34期，一周天气52期，专题服务68期。为永春芦柑、岵山荔枝采收、晒香、赏花节等活动提供气象服务保障。做好春节、清明、五一国际劳动节、春运、春耕春播、疫情防控等气象服务。

【人工影响天气】　2022年，永春县气象局开展人工影响天气作业事故应急演练，模拟弹药出入库、装卸，模拟发射操作以及火箭弹留架故障排除处理、应急处置预案的启动和解除等各项操作等，演练人员严格按照人工影响天气相关规范和流程对模拟事故进行处置。2022年，在五一水库作业点人工增雨作业4次，其中炮弹增雨作业2次，发射火箭弹8发，烟炉增雨作业2次，燃放烟条4根。

2022年7月28日，永春县气象局与永春芦柑科技小院举行战略合作签约仪式，围绕建立联合会商和应急联动机制、推进农业气候资源优势利用、拓展惠农科普宣传、共建智慧芦柑服务示范基地、联合开展科研工作以及打造气象科研工作站等方面开展合作　（图／县气象局）

【气象防灾减灾】　2022年，永春县气象局开展对防雷、升放气球的安全巡查，持续完善69家危化企业"一企一档"防雷安全监管材料的归档，推广应用全国防雷减灾综合管理服务平台。全年开展防雷安全监管4次，其中联合县应急管理局开展"双随机、一公开"联合执法1次，发现安全隐患2处，整改完成2处。制定《局长走流程工作方案》，全年行政审批事项2件。永春县气象局联合县应急局、科技局等16个部门在县安全文化公园开展"国际减灾日"科普宣传活动。

【气象业务现代化建设】　2022年，永春县气象局X波段双偏振相控阵雷达建设项目通过初验，并投入试运行阶段；气象现代化提升工程5个区域站落地改造于10月底完成基础设施建设；X波段防雷工程已完成施工验收。县气象局在永春柑橘园建设1套农田小气候站、24个永春芦柑智能物候观测点以及芦柑病虫害智能AI自动识别系统，投资35.7万元建设全省首个芦柑智能观测系统，建成首个永春芦柑全生长期图库。依托泉州市一体化平台，初步建立智慧农业气象管理系统，实现对生产现场全面的精准监测和控制，并集约农业气象服务、预报预警发送、用户管理等多个功能。推进机制建设，与农业农村局、县科协等多部门建立合作机制，开展局企合作。

（郑灵斯）

文化

综述

【文物保护】 2022年，永春县持续开展苦寨坑窑址考古遗址公园建设，做好文物保护和安全检查工作。10月，《苦寨坑窑遗址保护规划》经国家文物局审批通过。12月，苦寨坑窑遗址被列入第四批国家考古遗址公园立项名单。2022年，永春县文体旅游局推进全国重点文物保护保护单位苦寨坑窑遗址安防项目、魁星岩摩崖造像安防项目、永春文庙消防工程和永春福兴堂消防工程建设，开展巽来庄、红四军召开群众大会旧址郭氏家庙、李南金旧居等各级文物保护单位保护修缮工程，至12月底争取上级专项补助资金582万元。苦寨坑保护展示与环境整治项目、福兴堂修缮工程等2个项目通过国家文物局立项。

【文艺创作】 2022年，永春县高甲戏艺术保护传承中心为学习宣传中共二十大精神，创作音乐快板剧《民情镜》；响应市文化广电和旅游局开展文化和旅游市场打击整治养老诈骗专项行动，创作打击整治养老诈骗宣传片《戏说养老诈骗》；为宣扬新时代官民团结奋斗精神，创作勤政廉政小品《赊账书记》；联合永春县文化馆编排舞台剧《桥梁》。永春县文化、宣传部门创作多个抗疫的顺口溜、快板作品及信访维稳三句半、断卡行动微电影等。永春县文化馆馆长周梁泉创作的《从一首诗开始的乡村振兴》在省委机关刊物《海峡通讯》文化栏目头条刊发，获评福建省文联等单位联合主办的“庆祝中国共产党成立100周年”诗文征集活动优秀作品。

永春苦寨坑窑址（图／曾汉祥 2022年1月8日摄）

【文化市场综合执法】 2022年，永春县文化市场综合执法大队查处案件5件（其中在规定的禁止营业时间内营业2件、擅自从事娱乐场所经营活动2件、未建立场内巡查制度1件），没收违法所得14343.5元。引导办理娱乐经营许可1家。2022年县文化市场综合执法大队联合公安、卫健、市场监管、工信商务5个部门，开展为期4个月、每周至少1次的全县密闭空间经营场所专项整治行动。县文体旅游局开展“静夜守护”专项治理行动，出动执法人员122人次，

2022年12月3日，永春光中诗园开园仪式在桃溪国家湿地公园内举行
（图/永春县文化馆）

与县生态环境、公安、市场监管等部门开展联合执法12次，整治城市夜间噪声污染；开展“扫黄打非”专项行动、全国两会期间文化旅游市场专项整治、喜迎二十大文化市场整治“百日攻坚”行动、校园周边文化环境整治等活动，严查违规接纳未成年人、歌舞娱乐场所播放的曲目、屏幕画面含有禁止内容、擅自从事娱乐场所经营活动、违法销售淫秽、色情、非法“口袋书”等危害未成年人的有害出版物行为。全年出动执法检查人员400余人次，检查各类经营单位100余家次。

【永春光中诗园开园】 2022年12月3日，永春光中诗园开园仪式在桃溪国家湿地公园内举行。光中诗园集自然景观、生态风貌、文化景象于一体，是国内首座余光中文化主题公园。台湾著名学者、教授邱毅通过视频发来祝贺，分享余光中生平逸事，肯定光中诗园对乡愁文化的传承及促进海峡两岸融合发展的重要作用。

非物质文化遗产传承

【概况】 2022年1月29日，永春闹厅（传统音乐类）、永春白鹤拳（传统体育、游艺与杂技类）、永春陶瓷制作技艺（传统技艺类）被列入第七批省级非物质文化遗产代表性项目名录。至年底，全县有国家级非物质文化遗产项目3项、省级非物质文化遗产项目8项、市级非物质文化遗产项目14项、县级非物质文化遗产项目64项。

【非物质文化遗产推广】 2022年，永春白鹤拳、永春木雕短视频入选福建省非遗短视频大赛作品选播，永春木雕短视频荣获二等奖。永春木偶短视频《玩虎和打藤牌》获泉州市街头文化艺术展演银奖并入选第二届福建省街头文化艺术展演，木偶非遗传承人黄景招获评泉州市“一佳”街头文化艺术达人；永春木偶参加第二届福建省民间职业剧团（木偶戏）优秀剧目展演，入选剧目和优秀剧目均占全省一半。县文体旅游局以图文展示、讲座等方式开展“非遗进校园、进社区”活动，先后在永春一中、美岭中学、外山中心小学等30所学校和富临国际社区、桃溪木栈道等地进行展演，1月30日央视《新闻联播》对永春非遗活动进行报道。

【县非遗文物专题展】 2022年8月18日，永春县博物馆在永春文庙东廊庑举办永春县非遗文物专题展——精品展文物临展活动（第一期）。展览以永春陶瓷制作技艺为主题，展出多件非遗珍品，参观群体主要有学生、教师以及社会各界人士。

群众文化

【概况】 2022年，永春县各级公共图书馆组织各类讲座4次，书刊文献外借74.05万册，总流通人数36.39万人次。各级文化馆组织举办展览36个，组织文艺活动30次、培训4期和公益性讲座24次，有4.29万人次参加。

【惠民文化活动】 2022年，永春县先后举办“福虎迎春，非遗送福”“亲近闽南文化，润泽幸福童年”“永春闹厅、南音演唱会”“传

2022 年，永春县开展“文化进万家，欢乐下基层”活动。图为 2022 年 1 月 25 日湖洋镇锦龙村高甲戏惠民表演 （图 / 县文联）

承传统文化，喜迎二十大”“喜迎二十大，非遗进万家”等主题文化惠民活动。节假日和每周六晚，县文体旅游局在县城桃溪木栈道举办“在水一方”夜游永春街头文化小舞台，主要表演和展示南音、古琴、古筝、香道、纸织画、白鹤拳等传统文化，还开展流行乐表演等。

【传统文化活动】 2022 年，永春县高甲戏艺术保护传承中心开展“送戏下乡”巡演和高甲戏进社区、进校园等文化演出 50 场次。县博物馆实行免费开放，至年底举办传统文化展览 2 场；全年接待观众 2.52 万人次，其中未成年观众 1.55 万人次。

【“泉”城艺启动永春迎春活动】 2022 年 1 月 24 日，永春县图书馆在馆大门口举办“泉”城艺启动永春县 2022 年迎春纳福送福联暨新时代文明实践“佳节尚文明志愿关爱行”活动。活动邀请本地书法家书写春联、福字，免费送春联，吸引大量的群众参与。

文化场馆

【概况】 2022 年，永春县辖区内有文化馆（国家一级馆）、图书馆（国家一级馆）、博物馆、魁星文化馆、余光中文学馆。全年投入 25 万元改造博物馆东庑临时展厅，提升博物馆公共服务能力。1 月，文化和旅游部开展第五次全国文化馆评估定级工作，永春县文化馆（余光中文学馆）蝉联“国家一级文化馆”。

【公共文化设施建设】 2022 年，永春县持续巩固国家公共文化服务体系示范区创建成果，完成 22 个乡镇综合文化站和 236 个村（社区）综合文化服务中心建设。全县有公共图书馆 1 个，文化馆 1 个，博物馆 1 个。2022 年，永春县投入资金 40 万元建设达埔镇达中村、石鼓凤美村新型文化空间，年底前投入使用。投入资金 21 万元修缮永春县图书馆基础设施建设。完善图书馆总分馆制建设，在全县邻里中心建设图书馆分馆，打造“书香桃源 • 邻里书屋”。至年底，32 个邻里中心图书室纳入图书馆总分管建设，图书纳入总馆检索系统，可实现通借通还。完成永春文旅服务中心陶瓷馆建设、周文虎大师—桃源纸织画文化展示馆建设。

【图书馆和“百姓书房”建设】 2022 年，永春县图书馆藏书 58.97 万册，电子图书 20 万册，办理读者证 808 张，接待各类读者 282001 人次，图书借阅 361728 册次，年订报刊 331 种。建立 8 个图书流通点，结合春节、元宵等中国传统节日、“4 • 23”世界读书日、为促进全民阅读开展读者活动共35场，13600 人次参与。2022 年 1 月 1—2 日在永春县图书馆举办“贺岁杯”围棋邀请赛；1 月 24—26 日“泉”城艺启动永春县 2022 年迎春纳福送福联暨新时代文明实践“佳节尚文明志愿关爱行”活动在永春县图书馆大门口、苏坑镇嵩溪村老人活动中心、新华书店大门口举办。2 月 15 日下午在永春县图书馆一楼多功能厅举办元宵佳节亲子手工黏土制作“雪容融”；10 月 14 日，永春县文化体育和旅游局、县图书馆、县新华书店联合举办“喜迎二十大，奋进新时代”全民阅读系列活动——你选书我买单活动。至 12 月底，全县建设 8 个百姓书房，新增藏书14162册，推广阅读活动14场，展览2次。

【魁星文化馆】 2022年2月1日，永春县魁星文化馆对外开放。魁星文化馆位于石鼓镇桃场社区，由颜氏古厝修缮建成。魁星文化馆是永春魁星文化的一个缩影式展厅，馆内主要设置“星耀苍穹”“灵岩毓秀”“光昌文运”“文脉赓续”四大展示板块，通过解说展板、民俗物品、互动屏幕等方式介绍永春独特的魁星文化，为广大群众提供传统文化学习场所。

【余光中文学馆】 余光中文学馆位于永春县桃城镇花石社区，总建筑面积4000平方米，背山面水，兼具展览、名人馆及舞台剧场等空间功能。余光中文学馆展厅展陈分《乡愁四韵》《四度空间》《龙吟四海》3个篇章12个小节，全面展示余光中的人生经历、文学成就、文学活动集锦、所获荣誉及学者对余光中的研究与评价。文学馆藏有大量余光中书籍、手稿以及各种活动的海报、照片等。2022年，该馆接待访客人13.2万人次。2022年7月13日，永春县余光中文学馆联合相关部门举办“中华情 两岸缘”新生代台胞（永春余光中文学馆）乡愁研学活动，80名新生代台籍学生在余光中文学馆实地参访，进行阅读分享，感受余光中的文学魅力和乡愁精神。9月26日，余光中文学馆联合台湾布拉格艺术机构在馆内举办余光中乡愁文化研讨会，台湾布拉格艺术机构福建片区总经理潘春鸣率12名台湾青年参加活动，研讨余光中作品中的乡愁文化。2022年9月，由永春县委台港澳工作办公室、县农业农村局、县文体旅游局主办，县余光中文学馆与永春县作家协会承办的“闽台农耕文化与乡愁”征文活动启动，11月评出一等奖1名、二等奖2名、三等奖3名、优秀奖5名。

（郭炜君）

2022年2月15日，石鼓镇魁星岩景区举行复古的“开笔礼”，图为“童生开笔”活动场景

（图/苏榆轴）

融媒体

【概况】 2022年，永春县融媒体中心在中央、省、市各级主流媒体平台刊播（转载）达1000多条次，其中，国家级媒体140多条次，《福建日报》等省级媒体200多条次，《泉州晚报》等市级媒体300多条次。永春县融媒体中心微信公众号粉丝数22.2万人，全年微信推文阅读量10万余人次推文15篇，位列泉州新媒体宣传类榜单前三名。县融媒体中心获评福建省日报社2021年度“优秀报道组”称号，县融媒体中心微信公众号获评“2021年度泉州十佳政务微信公众号”“2021年度泉州十佳政务视频号”“2021年度泉州政务微信最具影响力公众号（宣传）”。

【广播电视】 2022年，永春县融媒体中心《永春新闻》栏目播出2000多条新闻，开设“提高效率 提升效能 提增效能”“喜迎二十大”“百名干部进百企 一企一策促发展”“强产业 兴城市”“五全招商·正当时”“‘党建+’邻里中心”等专栏，提供丰富多彩的广电节目、报纸网络资讯和新媒体视听产品。聚焦永春十年山乡巨变，策划推出《喜迎二十大 主播带你看变化》系列短视频节目11期、《与时代·共同上——永春这十年》系列短纪录片4期、《遇见永春》系列短视频32期，内容涵盖永春国家级非遗、国家地理标志产品、乡村游观光体验点、知名景区景点、永春特产、地方美食等具代表意义的永春元素，全方位展示永春魅力。近20部作品被央视、“学习强国”学习平台、新华社全球视频聚合平台（CNC）采用。县融媒体中心聚焦惠民建设，微信公众号推出“民生话你知”专栏，围绕产业扶持政策、医疗、教育等9个选题，刊发新冠疫苗接种讯息、基础设施建设进度、停水停电通知等惠民资讯，满足群众多样化民生需求。同时，开通“便民服务”“我要爆料”栏目，打通政务服务通道，优化提升“永易办”服务平台，开通掌上申报、企业开办、一件事联办栏目，1108个事项实现全流程网办，1015个事项纳入“掌上办”，企业足不出户即可享受便捷快速的政务服务。全年播出电视公益广告100多条次，平均日播公益广告近30分钟，公益广告总播出时间在200小时以上。县融媒体中心开展福建省“礼赞新时代、奋进新征程”优秀电视剧展播活动，电视剧下载、播审工作实行专人专责，县融媒体中心频道黄金时间21时15分至22时45分，准时播放《啊！摇篮》《一诺无悔》《绝境铸剑》《觉醒年代》等优秀电视剧，全年播放优秀电视剧700多集。严格执行国家广电总局61号令《广播电视安全播出管理规定》，制定《广播电视重大突发事件处置预案》，全年实现安全播出“零”事故。永春县融媒体中心主创《闽南童谣：有一种生活叫永春》获2021年度福建省广播电视艺术奖广播文艺节目二等奖；《福建关区首宗冷处理农产品永春芦柑首发美国》获2021年度福建新闻奖作品三等奖；《从儒将到公仆——梁灵光》获2021年度福建省广播电视艺术奖短纪录片三等奖。

【电影放映】 2022年，永春县融媒体中心加大主旋律电影放映力度，组织县四套班子领导及全县党员干部观看《攀登者》《浴血誓言》等电影，与退役军人事务局联合开展慰问活动，到县武警中队放映《血战狙击岭》《攀登者》等电影。在全县范围、社区开展“福影耀八闽 喜迎二十大”“新春电影进万家”等公益电影放映活动，全年放映公益电影2508场。

【桃源乡讯社】 2022年，《桃源乡讯》抓住中共二十大召开重大主题，精心组织策划，开辟“奋进新征程 建功新时代”“强产业兴城市”“稳增长稳市场主体保就业防风险”“深入学习贯彻党的二十大精神”等多个专栏，集中推出一批有分量的深度报道，解读中共二十大精神。全年《桃源乡讯》出刊47期，刊发1500多篇报道，发行海内外20多万份。开设“侨魂永春”“文明城市 你我共建”“我为群众办实事”等栏目，宣传报道热爱家乡、造福桑梓的侨台胞事迹，受到海内外乡亲欢迎；推出“同心抗疫·永往直前”“魁星耀桃源”“保护大美湿地 尽享生态诗意”等一系列通讯报道。

【宣传成效】 2022年，国家级媒体刊播（转载）永春县融媒体中心选送新闻有央视26条次、新华社23条次、《人民日报》及客户端19条次。6月，永春县融媒体中心获评中共泉州网信办、闽南网“2021年度泉州政务微信最具影响力公众号（行业）”；2022年9月，《香飘四海 醋进万家 瓷名中外》在《福建日报》头版头条刊发；2022年，永春县融媒体中心被中共泉州网信办、闽南网评为“2021年度泉州十佳政务公众号”。

【“喜庆二十大 永春这十年”摄影大赛】 2022年10月26—27日，由福建省摄影家协会、永春县总工会主办，永春县融媒体中心、永春县摄影家协会承办的“喜庆二十大 永春这十年”摄影大赛评选工作在县融媒体中心举行。大赛收到153名作者的2816幅（组）作品，评选出一等奖1件、二等奖2件、三等奖3件、优秀奖80件。

（黄郑阳）

体 育

综 述

【体育场所建设】 2022年永春县有县级体育场1个，县级体育馆1个，健身步道6条，县级青少年校外活动中心1个，青少年校外活动场所4个，社区多功能体育健身活动场所13个，农民体育健身工程251个。截至年底，永春县建设和升级改造群众体育活动场所1590个，使用率达96%。全县体育场地面积110.03万平方米，人均体育场地面积2.6平方米，公共体育设施免费或低收费开放100%、县城中心社区建成15分钟体育健身圈、行政村体育场地设施实现全覆盖。2022年1月，永春县被省体育局命名为第一届福建省全民运动健身模范县。

【体育设施建设】 2022年，永春完成桃城镇东岳小区气排球场、蓬壶镇壶南村篮球场、五里街镇仰贤社区智慧健身驿站、石鼓镇吾江村健身路径、蓬壶镇仙岭村健身路径5个口袋健身公园建设。完成东关镇外碧村、下洋镇下洋村、一都镇仙阳村健身步道建设12.8千米。3月，永春智慧体育公园项目获得省级为民办实事项目补助资金300万元。永春智慧体育公园位于桃城镇南星社区，以“绿色+智慧”为主题，提升社区邻里体育活动中心辐射面，用智慧健身步道串联溪谷公园，以社区邻里中心为中心点，向外延展，形成涵盖篮球、足球、气排球、乒乓球、羽毛球、网球（地掷球）、门球、轮滑等8项以上运动项目场地，覆盖满足老年人、中青年、少儿等全人群健身活动需求的智慧体育健身主题公园，面积约1.5平方千米。至年底，室外多功能运动场14个、室内健身房2个、笼式足球场（五人制）7个。

【大型体育赛事】 2022年，永春举办永春县男子篮球争霸赛、“全域旅游杯”业余羽毛球团体邀请赛等大型群众性体育比赛活动。组队参加福建省第十七届运动会群众组羽毛球赛和桥牌赛。其中，羽毛球项目获得6个一等奖、7个二等奖，桥牌项目获得1个一等奖、1个二等奖。在省第五届社区（乡村）体育联赛扑克80分的比赛中获得第一名。围绕永春知名景点景区，培育登山、徒步和红色旅游村跑、定向越野赛等时尚休闲健身项目，加快体旅融合。全县各乡镇各部门根据实际情况，开展各项竞赛活动。

群众体育

【群众健身运动】 2022年 7月，由永春县全民健身领导小组主办，由永春县总工会、县文体旅游局、县融媒体中心承办，县直播协会、县篮球协会执行的福建省全民健身运动会“遇见永春杯”永春县男子篮球争霸赛在仓满体育场灯光球场举行。9月，协助永春县太极拳协会在棣兰体育馆举办太极拳培训班，“全域旅游杯”业余羽毛球团体邀请赛、“遇见永春杯”男子篮球争霸赛、永春县中小学生篮球、足球联赛、福建省全民健身运动会“足协杯”五人制足球比赛等群众体育比赛50多场次，上万人参与。

【青少年体育】 2022年，永春县完善学校体育教学模式，开足开齐体育课，建立健全学校课后服务体育活动机制，保障学生每天校内、校外各1个小时体育活动时间，掌握2项运动技能。全年有1000多名学生参与篮球、足球、排球、乒乓球、羽毛球、田径、游泳、白鹤拳、五祖拳操等县、市两级联赛。推动创建青少年体育俱乐部和体育传统项目特色学校，至年底有全国青少年校园篮球、足球特色学校8所、省级体育项目传统校2所。

【体育运动会】 2022年10月，永春县桃城中心小学和崇贤中学在仓满体育场分别举办2022年永春县桃城中心小学田径运动会和永春县崇贤中学2022年秋季田径运动会。12月，永春县在棣兰体育馆举办2022年永春县少年儿童羽毛球锦标赛。

竞技体育

【概况】 2022年，永春县少体校设有田径、羽毛球、游泳、武术4个奥运项目，有在编专职教练6名，在训学生130多人，建有实验小学、鹏翔小学、桃溪实验小学、下洋中心小学、第三实验小学、五里街中心小学、东平中心小学、湖洋中心小学和岵山中心小学等9个训练基地。校区建筑面积2100平方米，拥有室外标准400米塑胶跑道田径场1个，棣兰体育馆1座，体能训练房1间，同时配备运动员宿舍、厨房、餐厅、浴室等生活配套设施。全年永春县运动员在国家级各类比赛中有17人次获得前八名。

【体育人才培养】 2022年，永春县强化传统校、训练基地和少体校建设推动全县中小学，开展永春白鹤拳、篮球、足球、羽毛球、乒乓球、营地教育等，包括智力、个人和团体属性体育技能培训为主要内容的公益夏令营，促进青少年基本掌握2—3项体育技能。县文体旅游局深化业余体育训练体制改革，在桃溪小学、鹏翔小学、下洋中心小学等9个学校建立青少年体育训练基地。

【竞技体育获奖项目】 2022年11月，永春少体校参加省十七届运动会羽毛球赛，陈汐获得女子丙组单打第三名、双打第三名、团体第四名，林子宸、郑梓祥获得男子丙组团体第五名，叶文杰获得男子甲组团体第六名，林鸿鸣获得男子乙组混合双打第六名，刘亦晨获得女子乙组团体第七名、女子双打第八名。在省十七届运动会上，少体校输送的郑惠玲获运动会帆船激光级女子甲组场地赛第三名、激光级甲组男女混合团体积分赛第五名，陈耿烨获得男子甲组异程接力第二名、400米第四名、400米栏第四名、4×400米接力第七名，陈达烨获得男子甲组三级跳远第五名，康丽明获得女子甲组200米第三名，苏小情获得女子甲组100米栏第五名，李桢艺获得女子乙组400米栏第三名、800米第六名，郑家欣获得女子丙组800米第五名，尤绍杰获得男子乙组三级跳远第五名，曾显赫获得男子乙组三级跳远第七名，郑琪获得女子社会俱乐部组异程接力第二名、100米第三名、200米第三名、跳远第七名，周鑫雅获得女子丙组蛙泳全能第一名、蝶泳全能第二名、4×100米自由泳接力第三名、4×100米混合泳接力第四名，周思锦获得女子丁组4×50米自由泳接力第四名、4×50米混合泳接力第二名，章镐哲获得男子甲组10米气手枪团体赛第一名、50米手枪团体赛第二名、10米气手枪金牌赛第二名，吴志文获得男子甲组25米手枪速射奖牌赛第二名、25米手枪速射团体赛第三名。

【培育输送竞技体育人才】 2022年，永春县有正式报调省体工队运动员2人（田径、游泳各1人），向省体校输送运动员1名，输送泉州市体工队运动员2名。在原向上级体校输送的运动员中，有谭宁获得2022年马来西亚羽毛球国际系列赛女子双打第一名；陈弦峰获得2022年“中国杯”全国赛艇比赛暨春季冠军赛男子八人单桨有舵手（M8+）甲组水上2000米第一名、男子双人单桨无舵手甲组水上500米第一名、男子双人单桨无舵手甲组水上2000米第二名、男子双人单桨无舵手甲组水上12000米第二名、男子双人单桨无舵手甲组个人全能第二名、男子赛艇公开级甲组陆上赛艇5000米第八名、男子赛艇公开级甲组水上2000米（SA）第八名、男子单桨甲组3000米跑第三名、男子八人单桨有舵手（M8+）甲组水上500米第一名、混合八人单桨有舵手（Mix8+）甲组水上2000米第二名；陈弦峰还获得2022年赛艇世界杯塞尔维亚首站比赛男子四人单桨第三名、2022年赛艇世界杯波兰第二站比赛男子四人单桨第四名；陈思蓉获得2022年全国风筝板冠军赛女子水翼风筝板级场地赛第五名、长距离赛第六名，获得2022年全国风筝板锦标赛女子水翼风筝板级场地赛第六名、长距离赛第六名；吴志文获得 2022 年全国 U18 射击锦标赛男子25米手枪速射团体第二名、25 米手枪速射单人第八名。另外少体校组队参加 2022 年泉州市少年儿童羽毛球锦标赛中荣获女子团体总分第一名，男子团体总分第二名，其中有 3 人次荣获各组别各单项第一名，有 1 人次荣获各组别各单项第二名，有 4 人次荣获各组别各单项第三名，有 7 人次荣获各组别各单项第四名至第六名。

（郭炜君）

白鹤拳传承发展

【白鹤拳文化节活动】 2022 年 7 月 22 日，纪念方七娘诞辰暨永春白鹤拳文化节活动在五里街镇大羽村举行。来自永春、福州、厦门、三明等地近 20 个武术团体到永春白鹤拳史馆共同祭拜祖师方七娘，拳师们同台切磋，进行各种白鹤套路表演。

【白鹤拳推广】 2022 年，永春县在广泛普及的基础上，遴选永春白鹤拳各层次的优秀苗子重点培养，传承永春白鹤拳武术。县文体旅游局持续开展“白鹤拳进校园、广场、警营”等活动，组织编印校本教材，在全县中小学幼儿园推行“白鹤拳操”，组建学校永春白鹤拳业余武术队，开展形式多样的表演，从最基础最根本上培植武术幼苗；以广场形式广泛发展白鹤拳健身运动，传播白鹤拳养生之道。永春白鹤拳师经常到世界各地传授永春白鹤拳，与各地武术同人交流。

【“永春白鹤拳海外传承营”线上活动】 2022 年 6 月 9 日至 9 月 8 日，永春县委侨办、台港澳办、海外交流协会在永春职业中专学校仙岭教学点开展白鹤拳线上教学。教学活动利用校本教材、视音频网络平台、宣传片等为主要载体，每周 1 节课。中国台湾、香港、澳门地区青少年及马来西亚、菲律宾等 5 个国家华裔 100 多人参加活动，体验永春国家非物质文化遗产项目。

2022 年 1 月 25 日，永春县“福虎迎春 非遗送福”文艺会演中的白鹤拳表演

（图 / 张文庆）

农民体育

【概况】 2022 年，永春县举办“农体杯”钓鱼锦标赛、“农体杯”系列农民运动会、“爱心田园”农耕趣味赛等活动。其中单项性农民体育赛事 2 场，乡镇农民运动会 2 场。

【农民体育活动】 2022 年，永春县举办蓬壶镇乡镇农民运动会。7 月 16 日，蓬壶镇农民运动会在蓬壶镇仙岭村举行。此次农运会由中共蓬壶镇委员会、蓬壶镇人民政府主办，蓬壶镇仙岭村协办，永春县农业农村局、永春县农民体育协会等单位作为指导单位。此次运动会设有 1 个表演项目和 3 个比赛项目。运动会以白鹤拳表演拉开比赛序幕，全镇辖区 22 个村 80 余名运动员参加了挑荔枝接力、提义勇石、定点投沙包 3 个比赛项目。活动新闻获得中国农民体育协会的宣传报道。9 月 22 日，湖洋镇“爱心田园”农耕趣味赛在吴岭村“党建 +”邻里中心举办。湖洋镇 4 个片区代表队齐聚一堂，进行了“稻田收割”和“丰收运粮”两个项目的竞赛角逐，热闹欢快的场面，让大家体验农耕竞赛的乐趣。活动新闻获

2022 年 7 月 16 日，蓬壶镇在仙岭村举办农民运动会，图为比赛现场

（图 / 陈剑琪）

得中央电视台中文国际频道的宣传报道。举办“农体杯”羽毛球俱乐部三对三擂台赛。10 月 15 日，由永春县农民体育协会和羽毛球协会联合主办，县红勇羽毛球俱乐部承办的 2022 年永春县“农体杯”羽毛球俱乐部三对三擂台赛在红勇羽毛球馆举行，全县 54 名运动员参与，采取每场 31 分、一局定胜负的比赛方法，分甲、乙、丙三组进行单循环比赛，各组分别录取前三名，发放奖牌与奖金。12 月 17 日，外山乡首届农民运动会在外山中心小学召开，50 多名农民参加比赛。

【“农体杯”钓鱼锦标赛】 2022 年 11 月 26 日，由永春县农业农村局、永春县农民体育协会主办，永春县钓鱼协会承办的“农体杯”钓鱼锦标赛在后垅水库举行。全县有 28 名运动员参与，赛事采取 90 分钟比赛时间计总重量，如重量相等，尾数多获胜的比赛方法。

（林新强）

老年人体育

【概况】 2022 年，永春县有村级老年活动中心 7 座。其中市级 2 座，苏坑镇嵩山村、岵山镇文溪村；县级 5 座，一都镇鲁山村、五里街镇五里街社区、桃城镇卧龙社区、桃城镇济川社区、东平镇鸿安村。全县有老年体育活动场所 20 个，其中活动室 14 个（一都镇玉三村、一都镇龙卿村、锦斗镇卓湖村、蓬壶镇都溪村石鼓林、蓬壶镇高丽村、石鼓镇社山社区、桃城镇老年协会、桃城镇上沙村、东关镇山城村、东关镇东美村、东关镇东华社区、仙夹镇山后村、湖洋镇溪西村呈边、县老年体育活动中心），气排球场 3 个（锦斗镇卓湖村 1 个、五里街华岩社区 2 个），门球场 2 个（一都镇苏合村、苏坑镇嵩溪村），地掷球场 1 个（苏坑镇嵩溪村）。2022 年，东关镇、东平镇、介福乡、一都镇、达埔镇、坑仔口镇、岵山镇、仙夹镇、外山乡获得第三批市级“老年人体育强镇”称号。

【康乐家园建设】 2022 年，永春县 7 个村居获评市级老年人健身康乐家园，包括苏坑镇洋坪村、苏坑镇嵩安村、外山乡墘溪村、桃城镇南星社区、达埔镇延寿村、达埔镇建国村、蓬壶镇魁都村。至年底，永春县有老年健身康乐家园省级 56 个、市级 75 个。

【老年体育活动】 2022 年，永春县老体协参加福建省第十一届老健会。柔力球队获金奖，健身操协会柔力球套路操获铜奖，邱志强获中国象棋金奖。9 月 28 日晚，县老体在文体广场举办“庆国庆喜迎党的二十大，永春县第二届太极文化艺术节”。

（何锡川）

卫生健康

综 述

【卫生事业发展】 2022年，永春县有各类医疗卫生机构357个，其中县医院1所、县中医院1所、安康医院1所、疾病预防控制中心1所、妇幼保健院1所、卫生监督所1所，乡镇卫生院21所，社区卫生服务中心2所，福建省福能集团总院福能（天湖山）医院1所，民营医院2家。县、乡镇两级医疗卫生机构（含民营机构）实际开放床位2871张。全县有卫生技术人员2580人，其中执业（助理）医师817人，注册护士1031人。卫健系统医疗卫生事业单位有在编人员1193人，其中专业技术人员1178人，卫生类专技1143人，占总数的95.80%。永春县卫生健康局（简称“县卫健局”）获评泉州市第七次全国人口普查突出贡献集体；吾峰卫生院通过2022年“优质服务基层行”活动省级复审，湖洋镇吴岭村获评全国示范性老年友好型社区。

【医疗卫生体制改革】 2022年，永春医联体建设取得新突破。6月，永春县总医院与福建医科大学附属第一医院建立紧密型医联体协作关系，在人才培育、专科建设、技术支持、医院管理等方面开展深度合作，打造联体、联心、互利、共赢的紧密型医联体，帮助永春县总医院全面提升行政管理和医疗服务能力。永春县优化医疗资源结构布局，做强县医院骨科、消化科等重点专科，健全完善急诊科、重症监护室、呼吸科等薄弱学科建设，推进二级分科。9月1日，县医院神经内科、肾内科、血液内科正式独立开科。2022年，永春县完成县医院、县中医院对院内系统进行接入福建省检查检验结果互认系统端口改造，实现与省内同级别医院之间医学检查结果互认、资源共享。全年永春县医院上传检验结果175783条、检查结果44311条；永春县中医院上传检验结果62793条、检查结果4598条。

【卫生健康宣传教育】 2022年，永春县卫健局根据各时期卫生健康宣传重点，着重开展“世界卫生日”“预防接种日”“职业病防治法”“医师节”“护士节”“全民健康生活方式日”“世界艾滋病日”等主题宣传服务活动。向群众发送卫生健康知识短信108万余条，传播卫生健康科学知识。维护更新“永春县卫生健康局”官方微信公众号，发布推送卫生健康新闻消息约438条；建立并完善健康科普专家库和资源库，组建县、乡两级医疗专家健康科普讲师团，举办讲师团巡讲活动，宣传党和政府的医疗卫生方针、政策，解读医疗卫生改革措施。针对不同人群科学宣传卫生防病知识，普及基本健康知识；开展健康素养监测，采取随机抽样方法和入户调查方式，抽取达埔、东平2个镇4个村160户，开展城乡居民健康素养调查，了解城乡居民健康素养水平，分析影响因素，评价健康教育与健康促进工作效果，为《“健康永春2030”行动规划》提供科学依据，任务指标完成率106.3%。

【卫生人才队伍建设】 2022年，永春县卫健局加强人才引进。联合县人社局、县委编办，简化急需紧缺医学人才引进程序，通过委托高校定向培养、事业单位公开招聘等形式，录取一批专本科及以上医学毕业生充实到县级及基层医疗单位。全年新入编共计83人。通过事业单位招考聘用66人；组织开展 2022 年度永春县卫生紧缺急需专业技术人员专项公开招聘，入编 10 人；特岗医师入编 1 人；定向毕业生入编 6 人。新增委托高职院校培养定向乡镇卫生院的专科考生 4 人；加强业务培训。12 名医师参加住院医师规范化培训。助理全科规范化培训 8 名 2020 级学员通过结业考试，通过率 100%；招收 2022 级学员 5 名。在师资培训方面，选送 7 名师资参加第二期省级助理全科师资培训。投入约 5 万元更新临床操作实训室教学设备。参加医师资格考试的考生 122 人，其中 51 名考生通过资格考试，考试通过率 41.8%；参加全省卫生系列高级专业技术职务实践技能考试考生 74 人，达 55 分以上人员共计 66 人，考试通过率 89.2%。开展卫健系统专业技术人员继续教育培训 2176 人次，其中泉州市专业技术人员公需科目培训 1114 人次；永春县总医院院内培训 1029 人次；永春县疾病预防控制中心院内培训 33 人次。

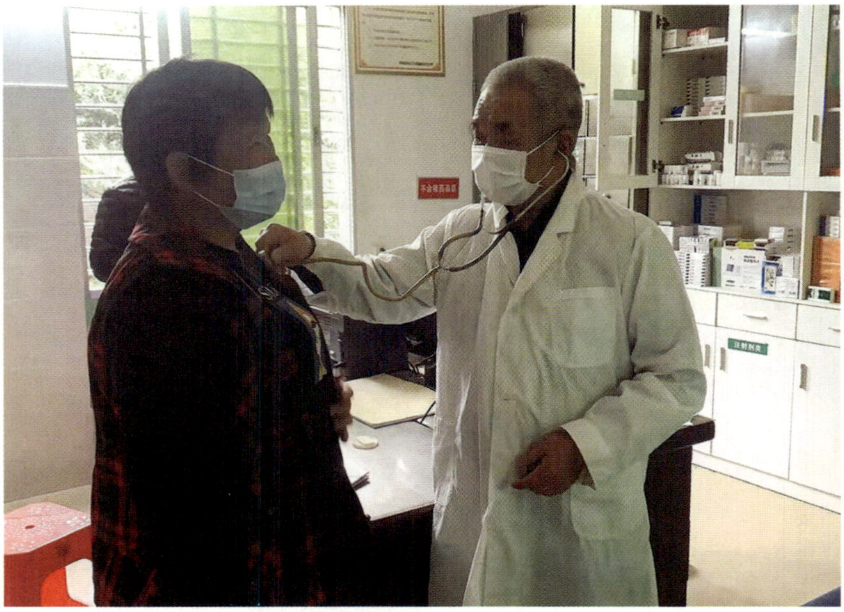

2022 年 3 月 2 日，永春县岵山镇将 11 个村的 17 名村医组团成立红色邻医团，方便村民看病。图为岵山镇红色邻医团成员为村民看病

（图 / 永春县融媒体中心 2022 年 3 月 25 日摄）

【医疗卫生健康服务体系建设】 2022 年，永春县卫健局印发《永春县全面加强公共卫生体系建设实施意见》，完善公共卫生领域短板，增强重点疫情防控救治能力，逐步建成系统完善、职能明确、协作顺畅、运行高效的公共卫生体系。全县 14 家乡镇卫生院通过基本标准评审，5 家乡镇卫生院通过推荐标准评审，全县服务能力达标的乡镇卫生院（社区卫生服务中心）19 家，服务能力达标率 82.61%，超额完成市政府绩效服务能力达标率达 70% 以上的目标要求。推进县、乡、村三级联动的整合型卫生健康服务体系建设，统筹安排县级医院中级职称以上医师到基层分院驻点帮扶。3 月，首批县级医院帮扶基层卫生院的 5 名中级以上医师入驻一都中心卫生院、达埔卫生院进行为期半年的驻点帮扶；10 月，第二批 2 名医师入驻一都中心卫生院进行为期 3 个月的驻点帮扶。加强院前急救能力建设，完成桂洋卫生院急救站建设，满足边远山区居民的院前急救医疗保障需求。全年县级医院收治由基层医疗卫生机构上转的住院 4499 人次、向基层医疗卫生机构下转的住院 3876 人次，收治由上级医疗机构转诊的住院 630 人次、向上转诊住院 919 人次。永春县推进医疗卫生基础设施建设，增设医疗卫生床位，优化医疗卫生资源配置。2022 年底，全县实际开放床位数达 2871 张，千人均医疗机构床位数达 6.85 张。主要通过落实县医院管理信息化及应急设备提升、县中医院附属综合楼相关科室设备配套、县妇幼 PCR（聚合酶链式反应）实验室、超声科室建设和县核酸检测中心建设项目，提升县级医院综合服务能力；落实达埔、蓬壶、横口、苏坑、岵山等基层医疗卫生机构项目建设。联合县慈善总会实施医疗设备补短板提升工程，共投入 584 万元为县安康医院、桃城分院、达埔分院、蓬壶分院等 16 家医疗卫生单位添置 DR（数字化 X 射线摄影系统）机、彩超机器、救护车等 22 台医用设备。在全县公共场所、学校、景区铺设 20 台 AED。

【中医药发展】 2022 年，永春县加强中医基础设施建设，组织桂洋、苏坑、湖洋 3 个卫生院中医馆开展内涵提升建设，建设横口卫生院中医馆和湖洋卫生院基层示范中医馆等项目，提高基层中医药服务能力。加强中医药人才培养，县中医院开展2022年全国名老中医药专家传承工作室建设项目和第七批全国老中医药专家学术经验继承工作，做好老中医药专家师带徒工作，推进中医药事业的可持续发展；组织4名基层中医药人才参加全市中医馆人员中医药知识和适宜技术培训班，举行县级中医适宜技术培训班2期，培训65名乡镇卫生院中医骨干人员，提高中医药人员服务水平。弘扬中医药文化，开展中医药“进乡村、进社区、进家庭”活动和“中医中药中国行”宣传服务活动，组织县中医院中医药医疗和宣传服务团队5次深入社区开展中医药义诊和法规科普宣传，普及基本的中医药预防保健技能。

【疾病防控】 2022年，永春县报告甲乙丙类传染病1194例，其中甲类传染病0例、乙类传染病990例、丙类传染病204例，疫情网络报告质量综合率99.97%。永春县推进免疫规划疫苗接种工作，全县接种疫苗63853次，接种率99.91%，其中乙肝首针及时接种率99.96%。

【疫情防控】 2022年，永春县建立健全平战结合疫情防控机制，做好医疗救治服务，完善应急处置工作方案，健全完善疫情条件下医疗服务运行机制，规范门诊诊疗工作流程，强化住院病区管理，落实农村医疗机构哨点作用，完成县妇幼保健院全县核酸检测中心建设。强化健康服务，动态管理健康信息，及时发放“健康包”并录入系统，发放率100%。全年开展新冠防控和健康教育知识讲座100多场；“永春县卫生健康局”“永春疾控”等微信公众号推送新冠防控健康提醒、专题防控知识宣传等1000余篇，阅读量达106.7万人次；印制疫情防控宣传材料29.2万张，接受咨询1.3万余人次。2022年选派医务人员支援晋江、厦门、福州及重庆、海南等地，动员和返聘退休医务人员重新投入医疗救治一线，做好疫情防控预案。

2022年4月29日，县实验幼儿园疫情防控应急演练现场

（图/永春县融媒体中心）

【爱国卫生运动】 2022年1月，永春县经全国爱卫会确认，重新命名为国家卫生县城（2022—2024年）。县卫生部门组织全县各单位开展以环境整治、除“四害”、消毒消杀工作为主的爱国卫生运动。2022年申报2个国家卫生乡镇、2个省级卫生乡镇、5个省级卫生村（社区）。创建无烟医院、无烟学校、无烟单位等，命名全县无烟党政机关43家。围绕“文明、健康、绿色、环保”等主题，开展文明健康知识倡导，倡导科学佩戴口罩、少聚集等文明健康知识，培养健康文明生活行为方式。

（林森鑫）

基层医疗服务

【概况】 2022年，永春县有279家基层医疗卫生机构承担基本公共卫生任务。其中，乡镇卫生院21家、社区卫生服务中心2家（五里街社区卫生服务中心挂靠县中医院）、社区卫生服务站10家、村卫生所246家。永春县推进居民健康档案动态管理，重视辖区健康档案更新和动态管理，全县建立居民健康档案406154份，建档率96.25%。

【家庭医生签约服务】 2022年，永春县有家庭医生签约服务团队

121 个，参与签约的家庭医生 205 人。常住人口签约 226767 人，老年人签约 53031 人，慢病管理签约 48795 人，做到应签尽签。

【慢性病、老年人和严重精神病患者健康管理】 2022 年，永春县开展 65 岁以上老年人健康管理 48777 人，健康管理率 81.38%；全县高血压患者健康管理 34131 人，规范管理 29639 人，规范管理率 86.84%；糖尿病患者健康管理 11032 人，规范管理 9698 人，规范管理率 87.87%；全年开展重性精神疾病患者健康管理 2207 人，规范管理 2075 人，规范管理率 94.02%。

【基层对口支援工作】 2022 年，永春发挥县级医院“龙头”作用，组织开展“千名医师万人次下基层”对口支援工作。县医院、县中医院抽调 20 名以上高年资中级以上职称医师，进入对应的 20 个基层医疗机构进行医疗帮扶，推动优质医疗资源下沉基层。全年完成支援诊疗量 1002 人次、病例讨论 106 次、教学查房 44 次、学术讲座 53 次，开展业务培训 683 人次，服务“特殊人群”（包括咨询、诊疗等情况）116 人次，送医上门服务 7 次，其他情况（协助转诊等情况）11 人次。

（林森鑫）

妇幼保健

【妇幼保健服务】 2022 年，永春县医疗机构内有住院分娩产妇数 1816 人，孕产期接受艾滋病、梅毒和乙肝检测产妇数均为 1816 人，检测率均 100%。其中孕早期接受艾滋病、梅毒和乙肝检测产妇数分别为 1516 人、1516 人、1515 人，孕早期检测率分别为 83.48%、83.48%、83.43%。全年完成市为民办实事项目——适龄妇女免费“两癌”筛查乳腺癌和宫颈癌检查各 2000 人，完成率 100%。其中完成城乡居民医保妇女“两癌”检查项目乳腺癌筛查 2503 人，完成率 100.12%；宫颈癌检查 2500 人，完成率 100%。免费地中海贫血筛查和孕前优生健康检查项目：2022 年完成免费地贫筛查 1039 对，完成率 103.9%；完成孕前优生健康检查 1276 对，完成率 98.15%，完成上级下达 80% 的指标任务。增补叶酸预防神经管缺陷项目：2022 年全县发放叶酸 17098 盒，发放 4017 人，项目完成率 100.43%。

【孕产妇信息系统管理】 2022 年，永春县产妇 3523 人，活产 3571 人；早孕建册 3343 人，早孕建册率 94.89%；产前检查 3502 人，产前检查率 98.07%；孕产妇系统管理 3324 人，孕产妇系统管理率 93.08%；住院分娩率 99.97%；产后访视 3387 人，访视率 94.85%；无孕产妇死亡病例。全年全县助产机构内住院分娩产妇 1816 人，活产 1832 人。

【儿童保健】 2022 年，永春县 7 岁以下儿童 48730 人、5 岁以下儿童 28074 人、3 岁以下儿童 13422 人；7 岁以下儿童健康管理 46519 人，健康管理率 95.46%；3 岁以下儿童系统管理 12632 人，系统管理率 94.11%，均达到省“两纲”目标要求。全县新生儿疾病筛查 3565 人，筛查率 99.83%，召回率 100%；新生儿听力筛查 3565 人，筛查率 99.83%，召回率 93.02%。

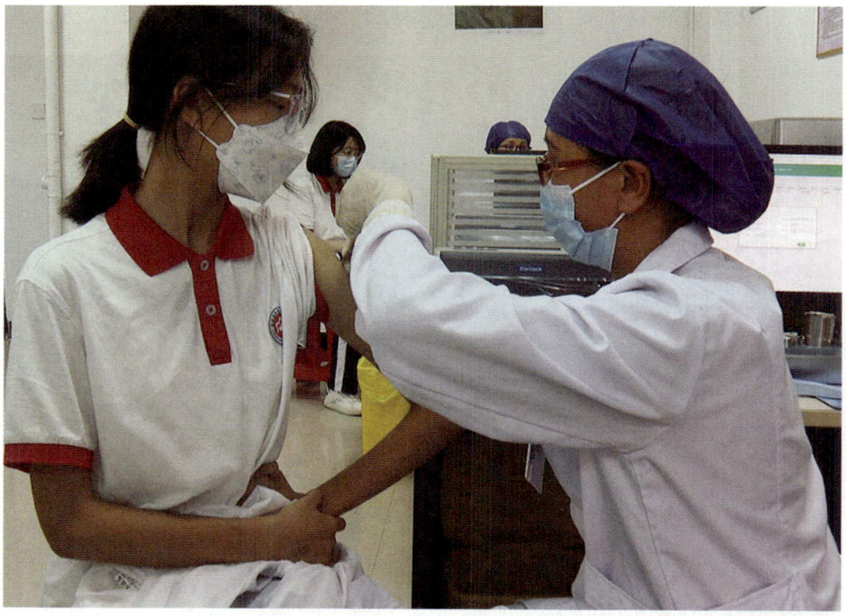

2022 年 5 月，永春县启动 2022 年适龄女性宫颈癌疫苗免费接种试点项目。图为在五里街社区卫生服务中心接种点，护士为适龄女性接种疫苗

（图 / 郑永佳 2022 年 5 月 12 日摄）

5岁以下儿童健康情况流行病学调查281人：贫血10人，患病率3.56%；生长迟缓4人，患病率1.42%；低体重4人，患病率1.42%，均达到“两纲”目标要求并保持在较低水平（两纲目标值为5岁以下儿童贫血患病率6%以下、5岁以下儿童生长迟缓率3%以下、5岁以下低体重率3%以下）。加强儿童近视防控，常规开展眼保健服务，为0—6岁儿童每年进行视力筛查并建立视力健康档案，视力筛查45920人次，覆盖率为94.23%。加强群体儿童保健管理。对幼儿园、托育机构进行卫生保健业务指导2次；举办托幼机构卫生保健例会暨卫生保健知识线上培训班1次；共发放托幼机构工作人员健康证1386本；为3所托育机构出具卫生评价报告；在园儿童体格检查4300人、视力筛查13319人次、口腔保健13191人次、涂氟化泡沫预防龋齿7230人次。

【婴幼儿照护服务试点】 2022年，永春县开展婴幼儿照护服务试点工作。永春县以托幼一体化的模式，依托永春县金宝龙幼儿园、永春县碧桂园幼儿园，新建2家托育机构，设置普惠托位150个，补助资金100万元。

（林森鑫）

卫生监督

【概况】 2022年，永春县加强传染病防治卫生监督、医疗机构卫生监督、公共场所卫生监督、职业与放射卫生监督、学校卫生监督、餐饮具集中消毒卫生监督等。2022年，永春县卫健局出动5600余人次，检查医疗机构、学校、公共场所等各类场所2550余家次，发放监督意见书290余份，查处各类违法案件7起，全部结案，处罚金额6.5万元。

【职业健康监督】 2022年，永春县加强职业健康及放射卫生监督，开展重点职业病危害企业监督检查，指导各类企业36家次，提出监督指导意见14条，下达卫生监督意见书6份，警告处罚1家。开展职业病防治宣传活动，全县发出宣传材料1600余份；开展健康企业创建工作，2家健康企业开展申报工作。指导新建职业性放射性危害项目3家，建设项目审查4家；开展放射诊疗单位监督检查，检查23家次。

【卫生应急】 2022年，永春县卫生应急队伍设紧急医学救援类、突发急性传染病防控类、突发中毒事件处置类、核辐射突发事件卫生应急类4类，每类1支126人，配备相应的器械、检测等基本设备。完成2022年高等职业教育入学考试、泉州市民营经济发展大会、首届福建省（永春）乡村振兴师带徒引凤大赛复赛暨人才项目资本对接、中高考、两会等35场医疗卫生防疫保障工作，在重大会议及重大节假日期间没有出现突发公共卫生事件。举办全县卫生应急队伍业务培训班，参训人员126人。举办永春县大规模人群核酸检测应急演练、参与永春县防汛应急抢险救援综合演练、危险化学品火灾事故综合应急救援演练、突发环境事件等应急演练，提高应急队伍快速反应能力和有效应对处置能力。

【卫健系统安全生产和消防安全标准化提升专项行动】 2022年，永春县开展卫健系统安全生产和消防安全标准化提升专项行动，全县30家医疗卫生机构完成创建工作。推进安全生产和消防安全大检查、医疗卫生行业特种设备安全专项排查、加强救护车辆安全监管、消防安全“百日攻坚”行动等专项工作，组织举办“安全生产月”系列活动，做好重要节点和重大活动期间安全防范，加强督导检查，组织业务骨干、执法检查组等下沉一线，消除事故隐患，防范化解风险。

（林森鑫）

医疗机构

【永春县医院】 2022年，永春县医院有医院职工758人，卫技人员667人。其中，高级职称80人，中级职称139人。全年接门急诊286732人次，较上年下降14.41%；收住院病人21324人次，较上年下降7.06%；治愈好转率为98.72%；住院次均费用为7155.53元，较上年增长16.45%；门诊次均费用为315.53元，较上年增长20.74%。医院设有心血管内科、呼吸与危重症医学科、消化内科、综合外科、神经外科、骨科、妇产科、儿科等18个临床科室，影像科、内镜科、DSA、肺功能室等10个医技科室，医务部、护理部、办公室等8个行政后勤部门。配备数字减影血管造影系统、1.5T核磁共振系统、64排螺旋CT机、OCT、口腔三维CT、电子胃肠镜等大型设备。设有现代化的手术室8间，配有重症监护科（ICU）、新生儿重症监护病房（NICU）、血液净化科等科室。除常规的检查项目外，设有脑电图检查、“睡眠呼吸暂停低通气综合征”监测、血流储备分数测定检查等项目。胸痛中心、卒中中心分别获得国家胸痛救治中心、福建省防治卒中中心认证。县医院对接省、市三甲医院优质资源，与福建医科大学附属第一医院、福建医科大学附属协和医院、泉州市第一医院共建协作帮扶，与福建医科大学附属第一医院建立紧密型医联体合作并设立专家工作站，与厦门大学附属心血管医院签订心血管专科医联体协议，成立“陈良龙名医工作室”。

永春县中医院中草药标本馆（图/县融媒体中心 2022年10月18日摄）

【**永春县中医院**】 2022年，永春县中医院有高级技术专业人才36人。其中，全国名老中医药专家传承工作室建设项目专家1人，泉州市高级人才20人。医院建筑总面积21460平方米，开放病床390张。院内有大型进口通用多层螺旋CT、彩超、数字式成像系统（DR）、全自动免疫发光仪、全自动生化分析仪、进口电子胃镜、胃肠镜等医疗仪器设备，实现病人全面就诊。至年底，县中医院有1个国家级中医特色专科、2个名医工作站、2个省级重点专科及咳嗽、脾胃、针灸、骨伤4个专科专病门诊，设有疝治疗中心、微创外科、综合外科、肿瘤外科、肛肠外科等特色科室。县中医院重视名老中医临床经验和学术思想的继承和发展，建立周来兴全国名老中医药专家传承工作室。

【**永春县妇幼保健院**】 2022年，永春县妇幼保健院有正式在编人员48人，其中高级职称9人，中级职称17人。全院有编制床位100张，设置孕产保健部、妇女保健部、儿童保健部、计划生育服务部4个业务部门，配有钼靶、彩超、DR、电子阴道镜、PCR、全自动生化仪、血细胞分析仪、心电综合分析仪、全自动化学发光免疫分析仪、视力筛查仪、听力筛查仪、超声骨密度仪、口腔科设备等医疗保健设备。县妇幼保健院业务范围主要是围产保健、妇女保健、儿童保健等妇幼保健服务和妇女儿童常见病防治、助产技术服务等，开展孕前优生健康检查等出生缺陷综合防治服务工作，承担计划生育宣传教育、技术服务、优生指导、药具发放、信息咨询、随访服务、生殖保健、人员培训等任务，负责永春县妇幼保健业务管理、培训的相关事务性、辅助性、技术性工作。

（林森鑫）

社会生活

人口家庭

【概况】 2022年，永春县在册人口总数594817人。其中，城镇人口283152人，乡村人口311665人；汉族591014人，少数民族3803人。至年底，全县常住人口41.9万人，出生率7.42‰，死亡率8.60‰。全年一孩生育登记959对，二孩生育登记860对，三孩生育登记302对。

【婚姻登记】 2022年，永春县办理婚姻登记3161件。其中，国内结婚登记1952件、国内离婚登记620件、补发婚姻登记572件，涉外婚姻登记12件、涉外离婚登记2件、涉外补发2件、撤销结婚登记1件。县民政局开展婚姻历史纸质档案电子化工作，转为数字化档案管理30415件。

（黄柔嘉）

【生育关怀】 2022年，永春县开展科学育儿知识普及讲座116场和亲子互动辅导207场，服务计生家庭总数3921户，完成儿童早期发展任务11762人次。截至年底，永春县农村二女夫妇奖励对象7867人，部分计生家庭奖扶对象20403人，特别扶助对象276人，贡献奖励对象506人，扶助金5665.99万元。

（郑梅玲）

2022年1月16日，永春团县委、永春青商会、永春青年创业园、县青年志愿者协会共同开展2022年“暖冬行动 爱心助学”活动，慰问湖洋、东关、吾峰、介福等乡镇100多名困难家庭儿童　（图／郑诗榕）

居民收入支出

【概况】 2022年，永春县城镇居民人均可支配收入和农村居民人均可支配收入均增加。城乡居民收入的增长总体处于稳定的增长区间。与省、市总体趋势一致，与永春县社会经济发展水平相匹配。全县全体居民人均可支配收入31857元，比上年增长4.0%；人均生活消费支出21386元，比上年增长3.9%。

【城镇居民收入支出】 2022年，永春县城镇居民人均可支配收入39401元，比上年增长3.6%。城镇居民人均生活消费支出25381元，比上年增长3.6%。

【农村居民收入支出】 2022年，永春县农村居民人均可支配收入21784元，比上年增长6.9%。农村居民人均生活消费支出16088元，比上年增长5.8%。

（洪伟彬 庄艳玲）

劳动就业

【就业和再就业】 2022年，永春县落实保就业各项举措，实现城镇新增就业857人，失业人员实现再就业362人，就业困难人员实现就业188人，就业形势保持总体稳定。工伤保险、失业保险降费率减轻企业负担2082.53万元；暂缓企业存储工资保证金880.13万元。

用工保障 2022年，永春县优化“永春人社云上招聘小程序”服务功能，实现掌上求职招聘，全年注册企业100家，发布招聘职位5023个，投递简历1096份次、浏览量19.6万次。推广“直播带岗”“村干引工”“以老带新”“共享用工”等招工模式，与6所高校、职业院校建立人才招聘直通渠道，促进用人单位和高校毕业生精准对接。开展“人社局长直播带你找工作”“春风行动”、组织企业赴贵州、江西开展劳务对接活动等招聘活动88场，推送招聘短信59万条，推动全县企业新增入职4392人。

重点群体就业 2022年，永春县吸引高校毕业生到永就业创业303人，引进高水平高校毕业生76名；创建市级高校毕业生创业孵化基地1个；兑现安居补助、孵化基地、市级创业资助等各类促进就业创业资金107.27万元。为符合条件的自主创业农民、高校毕业生等对象发放创业担保贷款45笔430万元，发放贴息资金15.71万元。实施青年就业见习计划和基层成长计划，15名毕业生参加市级“三支一扶”计划，发放青年就业见习补贴23人16.97万元。发放就业困难人员社保补贴285.07万元，减轻灵活就业人员社会保险缴费负担。

助企纾困 2022年，永春县落实助企纾困政策，发放春节期间、疫情期间一次性稳就业奖补、失业保险稳岗返还、一次性留工培训补助、一次性扩岗补助、吸纳中西部脱贫劳动力就业奖补、以工代训补贴等资金1147.13万元，涉及企业777家次，鼓励企业吸纳就业，支持企业稳岗稳工。

职业技能提升 2022年，永春县开展各类群体职业技能培训，全县开展各类补贴性培训832人次，发放职业培训“见证补贴”177人16.95万元。开展市级职业技能竞赛2场、县级职业技能竞赛9场，评选出“泉州市技术能手”2名、“永春县技术能手”13名。开展2022年度永春县技能大师和永春县技能大师工作室评选活动，评选出永春县技能大师16名、永春技能大师工作室8家。鼓励企业开展高技能人才自主认定，发动陶瓷、香行业企业自主认定“泉州市高技能人才”65人，其中达到技师水平12人、高级工水平53人，发放补助资金3.85万元。新审批设立民办职业培训机构1家，充实技能培训社会力量。

档案信息化 2022年，永春县开展全县流动人员档案信息化工作。全县完成流动人员人事档案数字化17416份，项目完成率100%。

【劳动权利维护】 2022年，永春县处理欠薪投诉案件126件，涉及农民工363人，解决欠薪355.76万元。督促企业落实农民

2022年3月2日，永春县首届插花花艺职工技能竞赛在北溪文苑举行，图为竞赛现场

（图/县融媒体中心）

工工资保证金、工资专用账户、分包委托总包代发等制度，推动68家新增工程项目开设专户，覆盖率100%。全县存储工资保证金现金68.58万元、银行保函324.27万元、工程担保机构保函4377.45万元。开展清理整顿人力资源市场秩序、跨部门“双随机”抽查、高温天气劳动保护、集中整治拖欠农民工工资问题“雷霆清零·百日攻坚”等专项行动，打击劳动保障违法行为。开展2021年度永春县企业劳动保障守法诚信等级评价和用人单位工资支付行为信用等级评价工作，评价永春县劳动保障守法诚信A级企业8家、C级企业3家，用人单位工资支付行为守信企业8家，严重失信企业2家。永春县代表福建省在迎检国务院保障农民工工资支付考核中，位列全国第二名，获省、市通报表扬。2022年，永春县受理申请工伤认定208件，工伤保险基金支出（待遇支出）1334.87万元。2022年，永春县启用“福建省智慧调解仲裁”信息管理系统，推广使用“互联网+调解”服务平台，推动调解仲裁案件实现标准化、规范化，裁处劳动人事争议案件129件，裁决及调处用人单位支付劳动者工资、工伤保险待遇等案件491.54万元。

【工资监管和指导】 2022年，永春县人社局联合永春县财政局成立津补贴专项督查小组对一都镇等8个单位以及配合永春县纪委监委对坑仔口中学等5个单位督查2022年度津贴补贴发放情况。完成2022年全县机关事业单位工作人员考核正常晋升级别薪档工资的审批工作。组织开展企业薪酬调查工作，指导78家企业按时提交数据，完成率100%。

【职称评定】 2022年，永春县承接泉州市级下放的中小学（幼儿园）教师系列中级职称评审任务；建立岗位设置动态调整机制，落实基层专技人员待遇政策，办理岗位聘任（含直聘）704人，其中高级职称133人，中级职称476人，初级职称95人。

【乡村振兴“师带徒”引凤项目大赛】 2022年，永春县举行第一届福建省（永春）乡村振兴“师带徒”引凤项目大赛复赛暨人才项目资本对接会，签约50个项目，总投资额12.25亿元。出台《关于实施“师带徒”引凤计划助推乡村全面振兴的工作意见》，探索“师带徒”引凤计划永春模式。启动第二届福建省（永春）乡村振兴“师带徒”引凤项目大赛，征集项目108个，举行4场初赛路演。八闽快讯专刊刊发《筑巢引凤聚才兴业——永春县积极探索“师带徒”引凤计划》文章。

（林雅萍）

社会保障

【社保改革“三保合一”】 2022年8月11日，永春县撤销永春县机关事业社会保险中心、永春县社会保险中心、永春县城乡居民社会保险中心3个事业单位，整合组建永春县社会保险中心，完成“三保合一”。通过“三保”合并，梳理社保经办管理全过程，整合窗口资源，提升社保服务水平，提高群众办事体验，优化营商环境。

【养老保险】 2022年，永春县城乡居民基本养老保险参保322751人，参保率99.43%，为88897名城乡居民发放养老金13367.27万元，为15923名被征地人员发放养老保障金2625.47万元，为2678名城乡居民发放保丧葬补助金740.07万元。2022年全县企业养老参保68547人，工伤参保53800人，为11843名退休人员发放企业职工养老金37619.25万元，为28名未参保高龄职工发放老年生活保障金26.39万元，为148名无力参保人员发放老年生活保障金135.65万元。落实退休人员基本养老金调整政策，调整机关事业单位退休人员4988人，人均月增179元，补发619.96万元；企业退休人员10521人，人均月增133.07元，补发836.62万元。截至2022年12月底，机关事业单位退休“中人”1731人，重算1727人，重算率99.77%。

（林雅萍）

【医疗保障】 2022年，永春县有1463个单位38309人参加城镇职工基本医疗保险，其中在职人员25269人，退休人员13040人，赡养比1.94∶1。城乡居民医保参保人数474874人。做好边缘人群救助工作。对符合条件的困难群众发放一次性定额救助、重特大疾病救助，2022年拨付一次性定额救助款项50.50万元，涉及85人次；拨付重特大疾病救助款项1.04万元，涉及7人次。

（郑宇晴）

【失业保险】　2022年，永春县失业参保人数21052人。全年发放失业保险金、补助金、代缴医保费、物价补贴等费用412.18万元，保障失业人员基本生活，促进再就业。发放失业保险技能提升补贴4.3万元，支持在岗职工提升技能。

（林雅萍）

【生育保险】　2022年，永春县落实生育保险有关政策，参加生育保险人数23900人。其中女性10427人，生育报销费用252.23万元，生育津贴发放350.92万元。

（郑宇晴）

【住房保障】　2022年，永春县开展廉租房入住后续的使用管理，调整动态管理入户方式，安装录入人脸识别系统，加大准入机制的审核力度，新增住房保障申请轮候对象18户，4次配租完成37户符合条件保障对象的选房工作。2022年走访核实低保户、农村分散供养特困人员等困难对象，排查出的5户房屋被纳入2022年危房改造行列。2022年5月，全县经营性自建房检查工作排查出的2户房屋被纳入2022年危房改造行列。2022年，全县实施7户农村危房改造，全部竣工验收。

【社保基金监管】　2022年，永春县开展“社会保险基金管理提升年”行动，对发现的重复参保、个别人员重复享受社会保险待遇等问题抓好整改，追回多发、重复领取社会保险待遇66人总计32.31万元。

（林雅萍）

【医保基金监管】　2022年，永春县采取日常监管与专项整治相结合的方式进行基金监管。稽核组出动449人次，检查310家次医药机构，对全县完成1次全覆盖检查。发出关注函17张，提醒函38张，警示函80张，追回或拒付医保基金234.42万元，依照协议收取违约金159.36万元。

【优化医保经办】　2022年，永春县在22个乡镇便民服务中心设置医保服务窗口，配备26名医保服务专职工作人员，经办14项医保服务事项，办理52984项。在236个村（社区）安排237名医保协理员，负责基本医保政策的宣传解答及经办9项医保服务事项，打通医保服务“最后一公里”。

（郑宇晴）

民政事务

【社区建设与服务】　2022年，永春县下拨社区居委会运转补助经费108万元。桃城镇花石社区、桃城镇留安社区、石鼓镇桃联社区为2022年泉州市“共建共享”社区治理项目，每个项目补助资金10万元，开展“多元主体、多元治理、多元服务”新型社区治理。

【社会组织管理】　2022年，永春县有社会组织团体344家。其中新成立登记社会团体13家、民办非企业单位3家；变更登记社会团体25家。永春县民政局开展社会组织监督与管理，依法落实年度检查制度，重点治理整顿瘫痪、半瘫痪的社会组织，2022年注销登记社会团体14家，撤销登记社会团体4家。

【城乡低保扶持】　截至2022年底，全县农村低保4538户7851人，城市低保154户217人，人口覆盖率1.44%，总计发放城乡低保保障金4920.87万元；特困人员633户638人，其中集中供养120人，分散供养518人，发放特困人员保障金1178.71万元。截至2022年12月31日，事实无人抚养儿童232人、孤儿31人，全年发放事实无人抚养儿童保障金284.09万元，孤儿保障金52.38万元，惠及3055人次困境儿童。2022年，永春县投入110万元完成22户低保家庭安居工程建设任务；投入86.5万元完成52户低保安居修缮工程。

【社会救助管理】　2022年，永春县发放残疾人生活补贴558.67万元，护理补贴683.55万元。其中，一级护理生活困难1432人、一级护理非生活困难670人、二级护理生活困难2251人、二级护理非生活困难1169人、生活困难4703人。2022年，永春县开展临时救助9345人次，发放临时救助资金648.73万元，永春县救助站提供救助55人次，寻亲成功10人次，护送人员返乡26人次。

【养老服务体系建设】　2022年，永春县新建桃溪、吾峰2所区域性养老服务照料中心，每所补助200万元。全县建成20个居家养老服务站（分站）、11个长者食堂，在

2022年，湖洋镇吴岭村获评全国示范性老年友好型社区。图为吴岭村老人休闲活动场所　（图/县融媒体中心　2022年9月19日摄）

73个村（居）推广运营“免费午餐+邻里互助”等典型养老模式。永春县推进养老机构公建民营，县老年公寓及16所乡镇敬老院捆绑打包引入龙人伍心养老公司社会化运作养老机构，实现专业化养老，开展“线上信息+线下实体”服务，全年智慧养老提供线下服务10401单。永春县探索开展6个“银杏乐龄学堂”试点项目建设，打造城区环翠社区“党建+物业+乐龄学堂”模式、小城镇西昌村“半耕伴读+乐龄学堂”模式、城乡接合部花石社区“红色文化+乐龄学堂”模式、济川社区“政企联动+乐龄学堂”养老模式、农村行政村嵩溪村“免费午餐+乐龄学堂”模式、吴岭村“邻里守望+乐龄学堂”模式，丰富农村老人精神文化生活，实现老有所学、老有所乐。10月，吴岭村获评全国示范性老年友好型社区。

【地名与边界线管理】　2022年，永春县完成永春与大田县级界线67.8千米和8条乡镇级界线61.02千米的内外业联检任务以及平安边界建设工作。规范命名温泉小区、金榜嘉苑小区、百宏悦璟小区等3个住宅小区和万美路、济贤路、前洋路、英才路、新榜路、金榜路等6条街路名称。对城区151座灯箱式街路牌进行更新、修缮。全县制作安装5625块二维码门牌。推进全县地名普查档案管理工作，完成第二次全国地名普查档案的数字化管理项目。

【殡葬管理】　2022年，永春县落实殡葬惠民政策，扩大减免对象及项目，火化遗体3881具，遗体火化率100%；有406人免除困难群体基本殡葬费用492968元。县民政局推进移风易俗改革，出台《永春县民政局　永春县文明办　永春县财政局关于发放文明治丧基本殡葬服务费的通知》，自3月1日起实行对到殡仪馆集中办丧，并自觉遵守移风易俗集中文明治丧的对象发放奖励，2022年发放文明集中治丧奖励金45例45000元。

【老区建设】　2022年，永春县争取省、市老区专项资金445万元。其中中央财政衔接推进老区乡村振兴补助资金70万元，革命老区发展（革命遗址保护利用）省级专项资金130万元，市级资金245万元。争取上级专项资金额比上年增加15万元，比上年增长3.5%，下拨县级扶贫配套资金30万元。谋划生成老区项目31个，支持17个乡镇老区村的道路硬化、路灯亮化、环境整治、饮水改造等民生基础设施建设及特色产业发展、乡村振兴、革命遗址等修缮项目。

（黄柔嘉）

【老龄工作】　截至2022年底，永春县户籍人口594917人，60岁及以上老年人口105941人，占户籍人口总数的17.81%，其中80岁及以上老年人口14789人，占老年人口总数的13.96%。全县209个村、27个社区全部成立老年协会，村（社区）老年协会创建率100%。2022年，永春县投入801万元新建5个老年活动中心及20个老年活动场所，开展老年体育健身活动，普及健康生活方式。对提出申请的161名65岁以上老年人开展自主活动能力评估，为其中121名确认为失能的老年人提供生活护理、康复指导等健康服务。推进老年友善医疗机构建设，提升各医疗机构管理水平，优化老年患者就医流程，改善老年患者就医环境。推进“党建+”

邻里中心健康服务试点，选派医务工作者利用节假日进驻邻里中心，开展健康诊疗活动，推进医疗养老融合发展。

（叶银娜）

【社工服务】 2022年，永春县投入607.54万元购买乡镇社工站服务项目，建立永春县社会工作服务指导中心（即总站）和22个乡镇社工站，配有47名社工，初步构建以基层社工站为基础的三级服务体系。疫情期间，永春县各乡镇社工站结合疫情形势，助力疫情防控，进村入户开展防疫知识宣传，引导群众出门佩戴口罩。全年有1167人报名社工考试，比上年增长84.4%。通过286人，比上年增长289%，创永春县2008年以来社工考试“四新高”（即报名人数、参考人数、通过人数、通过率创新高）。永春县有社工机构4家，持证社工436人，其中助理社工师378人，中级社工师58人，持证率1.03‰。发放2021年通过社会工作资格考试人员一次性补助73人总计11.85万元。

【养老民生工程补短板】 2022年，永春县完成2个农村居家养老服务站（幸福院）新建提升项目（新建下洋镇上姚村，提升桃城镇花石社区），每所补助30万元。建设一都镇鲁山村、玉斗镇白珩村、蓬壶镇仙岭村、石鼓镇桃联社区、桃城镇丰山村、桃城镇仑山村、湖洋镇高坪村、锦斗镇卓湖村、达埔镇达中村、吾峰镇吾中村、东关镇外碧村等11所长者食堂，每所补助30万元。

（黄柔嘉）

【助学济困老区群众】 2022年，永春县按时足额下拨“五老”人员生活补助、医疗门诊补助以及遗偶生活补助等经费31.63万元。春节期间开展慰问革命“五老”人员、遗偶及老区困难群众活动，发放慰问金195人8.95万元。2022年，永春县申办泉州市“福彩公益助学金发放”工作获批省老促会助学金10万元，资助达埔、蓬壶、坑仔口、横口等老区普通高中优秀学生33名（一中20名、侨中13名），每人3000元。2022年，永春县将省黄仲咸教育基金会奖学金4.5万元奖励老区贫困高中学生45名，分配给永春一中12名、二中4名、三中7名、五中4名、六中4名、侨中7名、美岭中学7名。

（陈建平）

慈善事业

【概况】 2022年，永春县慈善总会募集善款3552.35万元，接收牛奶、鞋服、米油等爱心捐物8批，价值124.36万元。截至2022年底，爱心人士和单位在永春县慈善总会设立留本捐息冠名基金109个，基金总额5.64亿元；设立现金基金30个，基金总额3800万元。

【慈善助困】 2022年，永春县慈善总会对大病救助、困难救济、奖教助学、慈善安居、脱贫帮扶等公益项目进行扶贫助困。全年救助全县患有重大疾病造成家庭经济困难的医疗救助对象503人，救助金额88.1万元；支出善款384.8万元，开展春节慰问、病困党员慰问、

2022年9月26日，县慈善总会在永春一中举行2022年永春县慈善金秋助学暨郑秀英女士、黄光尧老师助学金发放仪式，图为郑秀英女士助学金发放仪式现场

（图/县慈善总会）

冬令物资发放等公益项目；发放助学金 143.9 万元，资助 287 名困难学生；发放奖教金 766.9 万元，奖励 30 余所幼儿园、中小学校教师。2022 年，县慈善总会确定 16 个乡镇的 30 户农村住房困难户为 2022 年度“慈善安居工程”助建对象，在房屋基础和一层楼板浇筑完成后，分两期拨款补助，每户补助 2 万元，改善农村住房困难群众的居住条件。2022 年，永春县慈善总会支出善款 11.7 万元，为 12 个乡镇 29 户以建档立卡脱贫户为主的困难群众购买禽畜、苗木和生产工具等。

【慈善公益】 2022 年 1 月，永春县慈善总会举行永春县西部 6 个乡镇慈善迎春冬令物资发放活动，为一都镇、横口乡、下洋镇、坑仔口镇、玉斗镇、桂洋镇等 6 个乡镇的特困人员、国定、省定脱贫户发放冬令物资，送去温暖。此次活动由永春县慈善总会牵头募捐，中华慈善总会捐赠婴幼儿奶粉 2000 罐、石狮市慈善总会捐赠鞋 1248 双、南利针织有限公司捐赠毛衣 1200 件、万家美轻纺服饰捐赠毛衣 1007 件、步步情鞋城捐赠路标皮鞋 549 双，永春县农村信用合作联社、泉州农村商业银行永春县支行、金正建设工程有限公司、永春爱尔眼科医院、石狮市历记名酒贸易有限公司等 5 家爱心企业各捐资 1 万元，购买大米 353 袋、食用油 353 桶，物资总价值 120 多万元。2022 年，永春县慈善总会支出善款 1000 万元，通过公开招投标，为 16 个医疗单位更新、添置影像、检验、康复、诊断等医疗仪器设备，解决设备老化问题，提升整体医疗服务能力。

【慈善宣传】 2022 年 9 月 16 日，为纪念《中华人民共和国慈善法》颁布实施六周年暨第七个“中华慈善日”，永春县慈善总会联合永春县教育局、永春县委文明办、永春县民政局等单位组织在桃城中心小学、桃溪实验小学、永春实验小学、永春第三实验小学、鹏翔小学、五里街中心小学等 6 所学校开展中华慈善日义卖活动。启动仪式后，各学校组织学生捐出学习用品、图书、玩具、手工制作品、书画作品等物件在指定区域售卖。此次义卖活动募集到善款 14 万余元，由永春县慈善总会全部回拨给各校，用于学校改善办学条件和资助困难学生完成学业。

（颜建平）

民族宗教事务

【概况】 2022 年，永春县完善民族村基础设施，推进东关镇南美回族村人居环境整治和基础设施完善工程项目；发展特色产业，投入各级民族资金 65 万元支持东关镇金城村光伏发电工程和油茶园产业抚育工程；发挥 2 个民族村优势，开展少数民族特色村寨建设；推进落实县直单位挂钩少数民族村（落）制度；筹办铸牢中华民族共同体意识主题月活动和第十五个民族团结进步宣传月活动。永春县佛教协会完成换届工作，完成《永春佛教概览》编印。全年宗教界慈善捐款捐物 50 余万元，投入各级资金 78 万元支持民族村社会经济建设。

【民族团结工作】 2022 年，永春县通过东关镇南美回族村人居环境整治和基础设施完善工程、东关镇金城村光伏发电工程和金城村油茶园产业抚育工程建设等项目，促进少数民族村人居环境和产业经济发展。金城畲族村光伏发电工程建设占地 200 余平方米，发电功率 7 千瓦，年发电量 8.4 万千瓦时，全年增加村集体收入 4 万元。金城畲族村发展油茶特色产业项目建设，促进油茶品质和产量提升，全年增加村集体收入 10 万元。落实县直单位挂钩少数民族村（落）制度，达成帮扶资金 44 万元。在桃城镇化龙社区开展“铸牢中华民族共同体意识——义诊进社区”活动；在坑仔口镇开展以“中华民族一家亲 福籽同心爱中华”为主题的第十五个民族团结进步宣传月活动；在湖洋镇吴岭村开展“孝老爱亲情暖重阳”新时代文明实践暨第十五个民族团结进步宣传志愿服务活动；开展网上民族团结有奖问答活动。

【宗教场所管理】 2022 年，永春县开展“安全生态和谐”寺观教堂创建活动。结合安全检查、疫情防控检查开展联合执法。以永春天仙寺、永春元宝观为示范，推动文明敬香、建设生态寺观工作。筹备在永春天仙寺建设永春祖师文化馆，利用永春独特的地缘、神缘、亲缘优势，以信俗文化为纽带，发挥祖庭在永春的优势。

（林景怡）

应急管理

综 述

【应急管理体系】 2022年，永春县编制《永春县“十四五”应急体系建设专项规划》，以应急体系建设为主，将安全生产、应急管理、综合防灾减灾全部纳入应急体系建设规划。永春县调整县防汛抗旱指挥部和县森林防灭火指挥部组成人员，修订完善各类应急预案；组建工作专班，筹建应急管理信息化平台，开展场地基础工程信息化系统、应急通信网络系统、辅助保障装备、业务应用系统和安全保障系统等建设，完成可行性报告和设计图稿编制。全年投入130万元，在县人民公园建成“五个一”，即建设一个安全文化公园、配置一个安全宣教体验场所、设置一个微型消防站、配备一个应急物资储备站、打造一个应急避灾示范点。

【应急物资管理】 2022年，永春县有救灾物资储备库1个，位于东关镇溪南村，建筑面积576平方米。县级救灾物资有26个品类1.8万件，总价88.68万元，实行专人管理、归类存放。全县有防汛物资仓库1个，位于桃城镇南环路2号，由县水利局管理，备有县级储备冲锋舟6艘、皮筏艇1艘、救生衣172件、救生圈75只、麻袋0.5万条、编织袋4.0万条、工作灯109盏；另有龙吸水一台，由县城管局使用保管。森林防灭火抢险物资配有风力灭火机164台、割灌机31台、森林防护装备1235套、油锯49台、修剪机18台、对讲机158台、扑火工具2381把，灭火水枪148套。

【应急专业队伍建设】 2022年，永春县建立以综合性消防救援队伍为主力、以专业救援队伍为协同、以社会力量为辅助的应急救援力量体系。全县有消防救援大队1支62人；防汛防台风抗旱抢险队伍68支1397人，其中各乡镇依托基干民兵、森林防火队建立抢险队伍47支960人，县政府防汛抗旱指挥部组织防汛抗旱抢险救灾服务队1支30人。全县有森林消防队伍28支656人，其中县级森林专业队伍5支135人（坑仔口队25人、蓬壶队25人、岵山队25人、湖洋队30人、社会化服务采购县专业森林消防队伍30

2022年11月21日，永春县森林防灭火指挥部在外山乡草洋村云上桃花源举办永春县森林防灭火应急救援综合演练。图为灭火演练现场

（图／吴志文）

人）、乡镇半专业队伍 23 支 521 人，均购买人身意外保险 380 元 / 人。

【应急演练】 2022 年，永春县开展防汛应急抢险救援综合演练、森林防灭火演练、非煤矿山事故应急救援演练、危险化学品火灾事故综合应急救援演练等各类应急抢险演练 240 场，参与演练人数 4664 人次。5 月 26 日，永春县举办应急管理干部专题培训班，邀请市应急管理局 3 位业务专家，围绕森林防灭火、防汛应急处置、安全生产行政执法等 3 个方面作专题讲座，180 人参加。7 月 12 日，永春县举办应急管理专题培训班，邀请省市县 6 位专家进行授课，900 余人参加。

【安全常识宣传教育】 2022 年，永春县组织开展新修订的《安全生产法》宣传教育系列活动。县委中心组开展专题学习交流会，县委党校在第 46、47 期科级干部进修班、第三期优秀年轻干部培训班、永春县年轻公务员（含参公）县情研修班等干部培训班次中纳入习近平总书记关于安全生产重要论述和应急管理业务知识。永春县开展 2022 年“安全生产月”活动，6 月 21 日县应急管理局在棣兰体育馆广场开展以“遵守安全生产法 当好第一责任人”为主题的安全生产宣传咨询日活动，接受群众安全生产和应急知识咨询 800 余人次，发放安全宣传资料 2000 余份、安全宣传礼品 1000 余件；开展“5·12”全国防灾减灾日、“10·13”防灾减灾宣传周活动，在 8 所中小学校开展新生入学防灾减灾安全教育专题讲座，接受教育学生 3000 余名；组织参与网络线上防灾减灾知识竞答 2000 余人次；分批组织学生参观体验永春科普馆防灾减灾等虚拟现实（VR）模拟项目 300 余人次。县安委办、县应急管理局联合制作《有限空间安全宣传片》《防灾减灾宣传片——暴雨篇》等短视频，通过县电视台、微信公众号等线上宣传渠道，宣传安全知识、普及暴雨防御常识，利用安全文化公园的安全宣教联播联控系统终端大屏滚动循环播放安全宣传公益短片。

【永春县安全文化公园开园】 2022 年 9 月 28 日，永春县安全文化公园开园仪式在县儿童公园举行。该安全主题公园是永春县贯彻落实省政府为民办实事“五个一百”安全应急保障提升工程（建设 100 个应急避灾示范点、100 个应急物资储备站、100 个微型消防站、100 个安全文化主题公园、100 个安全宣教体验场所）的重要项目，由县应急管理局牵头，协同县政府办、妇联、城市管理局、消防救援大队等单位，依托永春儿童公园建设而成。公园建设总投资 130 万元，融合永春文化元素，涵盖安全知识打卡点、安全帽撞击体验和安全飞行棋等特色体验设施，通过模拟事故撞击的方式让群众身临其境地体会安全重要性，借助扫码答题的游戏形式寓教于乐地宣传安全知识。

安全生产监督管理

【概况】 2022 年，永春县制定发布《永春县安全生产委员会关于进一步强化安全生产责任落实坚决防范化解重大安全风险的通知》，实施安全生产措施 15 条，创新监管方式，全面开展安全生产标准化提升专项行动，推进安全生产专项整治三年行动，开展安全生产大检查和安全生产“百日会战”专项行动。至年底，全县发生生产安全事故 4 起，死亡 4 人，直接经济损失 358.01 万元，未发生较大以上事故，全年事故起数、死亡人数、直接经济损失比上年分别下降 20%、20%、22.2%。

【安全生产责任体系】 2022 年，永春县调整更新以书记、县长为双主任的安委会成员名单，建立健全县政府领导年度安全生产重点任务工作清单，制定乡镇党政领导干部安全生产“职责清单”和年度“工作清单”，将履责情况纳入 2022 年考核内容。县委、县政府制定印发《中共永春县委 永春县人民政府〈关于进一步明确安全生产监管职责构建安全生产长效机制的通知〉》，明确全县各乡镇党委、政府和 43 个县级部门的安全生产职责，完善安全生产监管责任网络；组织开展 2022 年度安全生产和消防工作目标责任考核，组建 5 个考核组，对 22 个乡镇和县安委会成员单位安全生产责任制完成情况进行全面评估考核。

【安全监管执法】 2022 年，永春县贯彻落实《关于深化应急管理综合行政执法改革的意见》，编制 2022 年度安全生产监督检查计划，将 21 项重点检查项目涉 82 家非煤矿山、危险化学品、工贸企业领域生产经营单位列为监督检查重点。应急管理综合执法队伍实行“局队合一”体制，机构升格为副科级。全年开展执法检查100次，行政处罚34次，处罚240.68万元，行政处罚率34%，比上年分别增长42.9%、增长54.5%、减少33.7%和增长0.083%。

【安全生产专项整治】 2022年，永春县开展三年专项整治“巩固提升年”行动，针对危险化学品、矿山、消防、道路交通运输、渣土车、城市管理、房屋与建筑施工、工业园区、自然灾害等重点行业领域开展专项整治，全县摸排发现隐患6021条，整改隐患5902条。县应急管理局将工作经验梳理形成典型事故案例3篇、典型执法案例3篇、金点子5个、经验做法3个、制度成果3项，编制《永春县安全生产专项整治三年行动汇编》。

【重点领域隐患排查治理】 2022年，永春县建立重大隐患县领导挂钩整治制度，推动各乡镇各部门深入排查整治安全隐患，摸排重大生产安全事故隐患（问题）10个，由县领导督办、县级有关部门挂钩整治。全县开展安全生产大检查，针对重点行业领域，推动乡镇、企业开展自查自纠，建立完善“四个清单”，持续滚动摸排安全风险和隐患，全年摸排整治各类隐患670条。各行业（领域）主管部门加强指导检查，实施11个县级部门包片督导检查工作机制，开展清单式督导检查，督促乡镇履职尽责，督导发现的405个问题（隐患）均完成闭环销号。

【标准化提升专项行动】 2022年，永春县开展安全生产标准化提升专项行动，推广应用“33456”工作方法（推行分类对标创建“三类企业”、建立健全“三张清单”制度、实行“四色”安全风险等级动态监管、推行现场“5S”管理、完善“六有”可视化安全警示标识），完成标准化创建提升企事业单位1122家，达标企事业单位33家（一级2家、二级4家、三级27家）。其中按国家标准创建353家（证书有效期内一级1家、二级3家、三级10家、自评339家），按省级标准创建23家（证书有效期内一级1家、二级1家、三级16家、自评5家），按“泉州标准”创建746家（证书有效期内三级1家，自评745家）。建立“三张清单”（安全检查清单、隐患清单、整改清单）隐患排查制度的企事业单位1122家，至2022年底自查隐患5860项，完成整改5860项，整改率100%。初步完成整体安全风险评估并实施“四色”（红、橙、黄、蓝）安全风险动态监管的企事业单位1122家，其中重大风险（红色）4家、较大风险（橙色）46家、一般风险（黄色）334家、低风险（蓝色）738家。

【危险化学品和烟花爆竹监管】 2022年，永春县有危险化学品企业62家。其中生产企业1家；经营企业61家，包括53家加油站，2家特种气体企业，6家无储存、无租赁仓储经营企业。全县有烟花爆竹批发企业1家，烟花爆竹零售网点129家。全年检查危险化学品及烟花爆竹批发企业75家次，发出责令限期整改指令书21份，复查意见书21份，整改各类安全隐患64条。

【非煤矿山监管】 2022年，永春县有非煤矿山10座，其中地采

2022年5月18日，永春县召开危化行业安全标准化提升工作现场会。图为县应急管理局组织从业人员到中石化永春城关加油站进行安全生产标准化提升观摩

（图／陈俊鸿）

矿山5座、露天矿山3座、尾矿库2座。按开采矿种和生产状态划分，石灰石矿4座（在建2座、停建整改1座、长停1座），建筑用石料矿山3座（在建2座、长停1座），瓷土矿1座（在产），尾矿运行库2座。全年开展非煤矿山安全监管执法检查46矿次，检查发现隐患和问题194条，整改率100%；责令停止基建工程施工3个矿次，执法立案处罚4起4家，行政处罚13.3万元。2022年永春县实施尾矿库闭库销库治理工程，4座停用尾矿库1座采取销库治理方式，3座采取闭库销号治理方式，11月11日由县政府公告销号。

【工贸安全监管】 2022年，永春县工贸行业企业有413家，其中规模以上企业143家，涉及铝加工（深井铸造）、粉尘涉爆、有限空间3个重点监管领域企业26家。全年检查企业77家次，发现隐患485条，其中一般隐患477条、重大隐患8条，整改率100%。关闭取缔非法违法企业2处，立案处罚11起，罚款15.9万元。全年举办低压电工、焊工、登高作业人员特种作业人员操作证培训1期，获证52人；组织工贸行业主要负责人和安全管理人员安全生产管理知识线上培训班（包括新训和复训），考核合格114人。

【机构改革】 2023年8月，永春县深化应急管理综合行政执法改革，县应急管理综合执法大队升格为副科级。县应急管理局新增事业编制6名，单位编制总数33名。

防灾减灾

【概况】 2022年，永春县编制《永春县低温天气应急预案（暂行）》《永春县森林火灾应急预案》，并分别建立低温天气应急机制、处置森林火灾应急机制。全年完成20个自然灾害避灾点提升建设并投入使用，争取市财政抗洪救灾资金170万元。永春县探索推行“123456”防汛减灾工作法（即编制一本防汛工作手册、做到预警预报“双到位”、实行三级联动机制、开展四部门联合会商、督导做到“五必查”、“六个凡是”必转移），优化指挥体系，实行扁平化调度、穿透式指挥、闭环式响应，落实网格化巡护责任，全年防御强降雨14场，处置森林火情17起。

【防汛救灾】 至2022年12月31日8时，永春县中型水库蓄水量1694.08万立方米，小型水库蓄水量1047.1万立方米，河流水位平稳，均未超警戒。全年永春县组织防汛会商10次，启动应急响应2次、提升应急响应1次，发送预警短信150次48.87万条，全县下沉干部18158人次，转移安置危险区域群众2508人次，实现人员“零伤亡”目标。根据乡镇上报统计，2022年永春县洪涝灾害经济损失8772.11万元，主要为5月中旬至6月中旬的持续性强降雨所致，全县22个乡镇均不同程度受灾，其中道路受损20千米、水利设施受损35处、农田受损207.55公顷、房屋受损364户988间。县应急管理局和相关部门组织实施农房保险和自然灾害公众责任险投保工作，全县有普通农户农房叠加保险13万户、贫困户农房叠加保险5025户、自然灾害公众责任险60万人，全年投

2022年6月，永春县各乡镇村干部对防汛重点地段、重点区域进行全面排查，转移地灾点受威胁的群众。图为桃城镇村干部转移群众现场

（图/黄婷婷）

保金额228万元，理赔201户251万元。

【防旱抗寒潮】 2022年，永春县降雨时空分布不均，表现为5月、6月偏多，8月起严重偏少。7月起，连续高温天气，降雨偏少，特别是8月降雨123.5毫米（较常年同期少60.07%）、9月降雨8毫米（较常年同期少95.68%），10月降雨2.2毫米（较常年同期少96.13%）。永春县气象局等部门建立联动，密切关注气候态势，及时掌握旱情发展，进行水库调度。全年开展人工增雨作业2次，发射火箭弹8枚，作业后天降雨水，有效缓解旱情。2月18日县气象台发布“低温预警Ⅳ级”。冷空气过程主要出现在19—23日，永春西北部最低气温-2—4℃，有霜或霜冻，局部有结冰；其余乡镇3—5℃。县应急管理局、交通运输局、民政局等减灾委成员单位对10个重点低温路段开展巡检，干部进村入户427人次。走访慰问困难群众599户2347人，宣传覆盖75115人，发放生活物资304件（衣服219件、棉被69件、毛毯16件），县救助站出动车辆9辆次、工作人员40人次，救助流浪乞讨人员2人、护送救助人员返乡1人次。

【森林防火】 2022年，永春县发布森林禁火令6次，审批炼山52次，劝导群众不炼山造林3次，推迟炼山6次，发现和制止野外用火行为62次。全县开展森林防灭火重点人员摸底排查，对排摸的720个重点人员实行重点跟踪监督。全县设有森林防火预警牌、防火宣传牌1050余块，全年放映森林防火宣传片60场次，发放防火公告、宣传单18万余份，发送提醒短信4万余条，出动宣传车辆970余辆次，利用微信群、宣传栏、LED屏、流动广播、悬挂标语、发放宣传手册等形式进行森林防火安全宣传。县森林防灭火指挥部办公室牵头组织林业、应急管理等部门开展森林火灾风险重大隐患排查治理行动，全年排查隐患21处，整改率100%。县应急管理局、公安局、林业局联合成立21个督导组，对乡镇、国有林场、森林公园等森林防火重点区域开展督导检查，重点围绕传统祭祀日、春游等关键时期开展打击林区违法用火行为专项行动，设置检查卡点132个，劝返祭扫人员1700多人次。

【自然灾害综合风险普查】 2022年4月，永春县开展第一次全国自然灾害综合风险普查数据调查工作。全县完成应急系统1617个点位内业填报和1285个家庭减灾能力入户填报工作，摸清全县自然灾害风险隐患和抗灾能力底数。

【防汛应急抢险救援综合演练】 2022年6月24日，永春县在岵山水库举办2022年防汛应急抢险救援综合演练。演练由县防汛抗旱指挥部主办，县应急管理局、水利局、防汛抗旱抢险救灾服务队、岵山镇防汛应急抢险分队等有关单位工作人员参加。演练包括防汛救援综合演练、应急救护知识培训、消防安全知识培训3个部分，综合运用无人机、冲锋舟、橡皮艇、龙吸水、应急通信车、应急发电车、生命探测仪等装备，出动各类抢险救援队员80人，约230人观摩演练。

（陈志远）

消防救援

【概况】 2022年，永春县处置警情686起，出动队伍650队次、车辆1019辆次、警力6557人次，抢救被困人员51人，疏散被困人员16人，抢救财产损失543万元，保护财产价值886.1元。其中火警200起，死亡0人、受伤1人，直接财产损失218.8万元，与上年相比火灾总起数、亡人数分别下降19%、100%，受伤人数和财产损失分别上升100%、2.2%。县消防救援大队成功处置“4·7”桃城镇轻工南路轻工新城A区2号厂房火灾、“6·4”达埔镇施工工地坍塌事故1人被困、“7·5”永春龙发工贸有限公司厂房火灾等急难险重任务，完成中共二十大等重要节点和疫情防控等安保任务。

【消防联动】 2022年，永春县消防安全委员会执行平台督查、通报、约谈、督办等机制，定期通报全县火灾形势，向县教育局、民政局、卫健局、文旅局等相关部门发出消防工作建议函，全年发出通报15份、提示函6份、督导反馈通知书2份。县消防救援大队结合专项整治工作，协调县住建局、县市场监督管理局等部门联合印发专项整治行动方案，共同开展行业领域消防安全专项整治和消防应急演

2022年4月27日，永春县岵山镇通州大道发生一起民房火灾，县消防救援大队灭火并救出一名被困人员，图为消防队员架梯救人现场（图/颜杰）

练活动；县教育局部署开展消防安全教育暑期专项行动；县城管、市管、工信、应急、消防等部门联合开展燃气安全检查宣传集中行动，县文旅、消防等部门联合开展文物保护单位消防安全大检查；县应急、公安、住建、消防等部门联合开展2022年高层建筑消防灭火救援实战演练。

【社会化消防体系建设】 2022年，永春县借鉴晋江市经验做法，设立永春县消防勤务中心，加强村（社区）消防工作室和微型消防站建设，县消防救援大队定期对微型消防站开展业务培训和帮扶指导。永春县以泉州市网格化平台消防安全管理模块试运行为契机，将网格化录入纳入年度消防工作考评内容，对全县22个乡镇及县工业园区消防工作站实体化运行进行考评验收。2022年，县政府追加610万元用于下洋消防站室外附属工程建设。全县城区市政消火栓达到772个，超出规划应建数87个。全县55个住宅小区完成电动自行车集中充电场所建设，至年底建有充电场所146个、充电口2989个。

【消防队伍实战能力提升】 2022年，永春县消防救援大队实行每月训练考核，将考核情况纳入日常量化管理，选送训练尖子参与支队集训，开展支队、大队比武竞赛。针对季节灾害的规律和特点，制定6种类型典型灾害事故应急响应手册，聘请领端者（山西）应急救援科技有限公司教练员开展山岳及高空绳索救援培训，组建大队山岳救援专业队并完成20人技术认证。全年开展实战化拉动38次、灭火救援演练220次，联合应急、公安、卫健等部门开展防爆、防汛、综合应急演练3次。2022年，永春县消防救援大队获得全市队列会操第二名、全市作战训练安全知识竞赛一等奖，桃城消防救援站支部委员会被总队评为先进基层党组织，1人获评支队三等功，1人获评支队2022年度“十佳消防员”，1人获评支队2022年度“十佳政府专职员”，4人获评支队2022年度“优秀消防员”，5人获评支队Ⅱ级“战役之星”。

【火灾隐患整治】 2022年，永春县消防安全委员会对全县8处消防安全突出隐患进行挂牌督办，完成碧桂园二期、桃城镇城南东街、苏坑镇聚艺陶瓷有限公司3处市级挂牌督办重大消防隐患问题整改。县消防救援大队常态化开展“三合一”场所整治，全年排查场所401家，开展专项督导10次，下发督导通报11份、督办通知书1份。2022年，永春县制定出台《加强工业区消防安全标准化建设的指导意见》《工业园区消防安全标准化管理规定》，打造6个标准化示范点，以县工业园区、达埔、蓬壶、苏坑和介福为重点整治对象，开展厂房仓库消防安全“开小灶”综合治理；召开全县高层民用建筑消防安全综合治理现场会、高层建筑消防安全业务培训会暨消防警示教育会，培树4家高层建筑标杆单位，全县摸排高层建筑296栋，其中高层公共建筑22栋。2022年，县消防救援大队开展消防安全百日攻坚行动，全县排查各类场所678家，发现整改隐患1631处；开展生产经营租住场所重大火灾风险综合治理，全县摸排场所2849家，发现整改隐患772处；开展冬春火灾防控集中攻坚行动和电气火灾隐患排查治理工作，开展打通“生命通道”集中治理行动，对18名车主进行处罚。全年永春县消防部门检查场所1024家，消除各类火灾隐患671处，罚款36万元，消防安全重点单位检查率达100%，获2022年度全市执法质量检查综合排名第三。

【创新“四最”防范措施】 2022年，永春县创新建立最小单元、最末端人员、最快速处置、最不利情况的“四最”模式，精准施策，强化防范。县消防部门锁定弱势群体，开展两轮弱势群体消防安全帮扶，对全县5家养老机构进行消防安全整治“回头看”专项督导，对全县2423名重点人群进行登记造册，梳理出66名最不放心人员；锁定特种作业人员，加强焊接与热切割作业等特种作业人员消防安全管理，全县摸排特种作业人员149名，各乡镇组建特种作业人员微信工作群，定期推动消防提示，组织开展警示约谈；发挥工商主体微信工作群作用，全县摸排工商主体8395户，各乡镇组建工商主体微信工作群，矩阵式开展消防宣传，直通宣传最末端，切实发挥微信网络办公平台高效、便捷的优势。县消防部门在全国两会和元旦、春节、元宵等重要节点，组织各乡镇消防工作站工作人员、基层网格员等群防群治力量，开展“5+3”（火源、“三合一”场所、电动自行车、易燃可燃材料、弱势群体5个检查重点和畅通疏散通道、防火墙硬隔离、配备消防逃生面罩3项保命措施）必查行动。

【消防宣传培训】 2022年，永春县推广全民消防安全学习平台，全县常住人口完成注册并应用率9.7%，拍摄制作微视频2部，利用全县260块电梯电子屏开展消防宣传。县消防、宣传部门2次集中曝光消防安全违法行为和火灾隐患，对泉州市“热心消防公益事业”个人获得者黄炳林先进事迹进行拍摄专访，评选永春县“热心消防公益事业”集体3个和个人4个，组织消防宣讲队、“火焰蓝”服务队主动上门进行消防安全培训。2022年永春县开展消防培训演练143场次，发放各类消防宣传材料1.5万余份，受教育群众达3.5万余人，完成22个乡镇重点人群入户帮扶全覆盖。

【永春县“119”消防宣传月】 2022年11月8日，永春县在中闽百汇广场举行2022年“119”消防宣传月活动启动仪式暨第二届消防队伍职业技能竞赛，各乡镇专职队、微型消防站参赛队员，县消防救援大队全体指战员，消防安全重点单位和县消防志愿者服务队代表150多人参加活动。宣传月启动仪式上，永春县消防救援大队社会联动单位办公室揭牌，现场举行消防装备展示、灭火技能演示、烟雾逃生体验等“打卡”活动。第二届消防队伍职业技能竞赛分为乡镇专职队和微型消防站两组，每组设团体和个人竞赛科目，五里街镇、外山乡、湖洋镇获得乡镇专职队团体总分前三名，荣誉酒店、中闽百汇、福临国际获得微型消防站团体总分前三名。

（周雅琦）

地震应急管理

【概况】 2022年，永春县新建Ⅳ类应急避难场8个，提级改造Ⅲ类应急避难场所1个，新装地震预警终端和地震预警互动平台5个，组织大型防震减灾宣传活动3场次，开展地震应急演练40余场次，开展防震减灾宣传讲座20余场次，获评2022年度全省地震灾害风险防治工作先进单位、2022年度全市防震减灾工作综合考评先进单位、2022年全市地震监测工作考评第一名。8月，永春县防震减灾中心更名为永春县地震办公室（简称“县地震办”）。

【地震监测预报】 2022年，永春县有地震预警终端258个，地震预警终端在线率达85%以上。县地震办实时监控预警终端数据，负责铜埔山GPS基准台、玉斗和石鼓基岩烈度速报台、永春二中土层地震烈度速报台、桃东地下流体台站的监测管理维护工作，对全县3个动物宏观观测点的视频监控进行升级维护，按时开展日观测、周分析，组织会商讨论，进行震情信息跟踪和上报。

【地震应急演练】 2022年，永春县定期组织开展各类应急培训演练，实行中小学校地震应急演练预备案制度，各学校每学期举行两次以上地震应急演练。县教育局和地震办进行预先备案和指导，全年组织演练40多场次，参与师生6000余人次。

2022年5月12日，永春县各中小学开展第14个全国防灾减灾日宣传教育活动。图为县第三实验小学进行地震疏散演练　（图／县地震办）

【地震科普宣传】　2022年，县地震办组织防震减灾科学传播师队伍开展讲座20多场次，参加第二届全市防灾减灾知识视频讲解比赛获二等奖2名和优秀奖2名。县地震办等部门联合下发《关于开展2022学年新生入学地震等自然灾害安全教育专题讲座活动的通知》，防震减灾教育纳入中小学教学体系，成为新生入学的必修课。全年永春县开展新生入学地震安全教育专题讲座8场，受教育学生3000余人次。“5·12”全国防灾减灾日、“7·28”等重要时间节点，永春县减灾办、县应急管理局、县教育局、县气象局、县地震办联合永春第六中学开展防灾减灾日宣传教育暨应急避难疏散演练活动及防震减灾宣传进公园等活动，以5所省级防震减灾科普示范校为基础，组织参观地震科普馆、地震台站，举办防震减灾知识长廊、绘制防震减灾手抄报、防震减灾主题等形式多样的科普宣传活动，3000多人参与活动。

【应急避难场所建设】　2022年，永春县以人口密集的村落、社区为落脚点，结合乡村振兴试点村、美丽乡村、近邻党建中心等重点村落规划建设应急避难场所，完成8个Ⅳ类应急避难场所建设，提级改造永春六中应急避难场所并配备一台大型发电机，至12月，全县应急避难场所面积17.89万平方米，可容纳8.9万人。2022年，永春县投入使用的Ⅲ类及以上地震应急避难场所有22个，每个Ⅲ类避难场所县财政补助维护管理费1万元／年。县地震办对应急避难场所开展季度巡查，对不符合规范的避难场所下达整改通知书，责令整改。

【防震减灾示范社区建设】　2022年，永春县发挥儒林国家级防震减灾示范社区示范作用，推进长安社区、埔头村创建综合减灾示范社区，结合党建邻里中心、美丽乡村、研学基地分别为两个社区安装小黄鹿互动预警终端，建设应急避难场所，配备VR等设备，建设应急体验场馆，提高社区地震灾害防范水平。

【防震减灾救灾体制机制建设】　2022年，永春县制定发布《2022—2023年永春县防震减灾救灾重点工作清单》，《关于进一步深化乡村抗震减灾工作的实施方案》《关于建设安全灵敏韧性城市进一步深化防震减灾工作的实施方案》等文件，明确地震灾害风险防治主体责任，同时建立监管体系，推进地震灾害风险防治工作。8月8日，永春县在原县抗震救灾指挥部基础上增设县防震减灾联席会议，负责统一领导、指挥、协调全县抗震救灾和防震减灾工作。

【深地震反射探测】　2022年，永春县协助福建省地震局开展福建省地震灾害风险普查深地震反射勘探项目。该项目由省地震局委托中煤科工集团西安研究院实施，8月底完成勘测工作。其中平和—德化—闽侯（L3）线在永春县域内长度约18千米，涉及桂洋镇、坑仔口镇；建宁—大田—惠安（L2）线探测测线约为20千米，涉及湖洋镇、外山乡。

（王惠华）

乡镇概览

一都镇

【概况】 一都镇位于永春县西部，地处三市（泉州、三明、龙岩）、四县（永春、安溪、大田、漳平）、七乡镇（横口、下洋、象湖、剑斗、桃舟、吴山、谢洋）的接合部，面积19300公顷，为全县最大，下辖14个行政村，总人口2.1万人，常住人口1.1万人。2022年，一都镇获评市级农业产业强镇、市级农产品电子商务示范乡镇。仙阳村入选全国“乡风文明建设”典型案例，三岭村被评为市级乡村振兴成效显著村，山歌小镇获评市级中小学生研学实践教育基地。

【经济发展】 2022年，一都镇农业总产值1.92亿元，比上年增长23.07%；一般公共财政总收入3702.19万元，比上年增长17.53%；一般公共预算收入513.27万元，比上年增长2.99%；限额以上社会消费品零售总额2912万元，比上年增长3.5%，固定资产投资11241万元，比上年增长3.68%。

特色农业　恒竹实业开发系列竹木精制品、利用毛竹废料生产机制竹炭，成为全省最大的竹炭供应商。推进菌菇小镇二期与高山食用菌基地建设，以“龙头企业＋专业合作社＋农户”模式，带动全镇1600余家农户种植菌菇133.33公顷，年产值2亿元。成立红曲专业合作社，申报一都红曲国家地理标志产品，建设红曲文化研究中心，设立匠艺人才工作室，开发生产红曲系列文创产品。

工业经济　2022年，全镇9家规模以上工业企业完成总产值11.48亿元，比上年增长53.92%。

第三产业　2022年，一都镇投入300余万元打造露营基地，修建8栋汽车旅馆和10栋“星空屋”民宿。因地制宜发展林下经济，探索丛林探险和森林康养等项目，促进旅游产业复苏回暖，全年接待游客2万余人，旅游收入1000余万元。利用废弃旧粮站打造“一都电商平台”，在酒香古街推广“一村一直播间”，形成电商直播一条街，运用“互联网＋农产品出村进城”模式，带动200余户群众销售红曲、红酒、米酒、菌菇、芦柑等农特产品，年销售额200余万元。

一都镇三岭村山歌小镇　（图／一都镇 2022年9月摄）

【镇村建设】 2022年，一都镇完成镇区中部片区控制性详细规划和苏合、三岭等8个村的村庄规划编制。完成造林绿化226公顷，栽植红花紫荆、小叶紫薇等花卉苗木1000余株。通过承包维护的方式对全镇道路进行养护、绿化、美化，以沿溪沿路沿街和中心村落为重要节点，打造乡村小品、口袋公园。投资2000万元建设一都镇官埔段及支流河道综合整治项目，完成6个村22.8千米河道治理工程、仙友等2个村水土保持项目，形成3条特色生态水系休闲景观带，一都流域水质保持在Ⅱ类。

【乡村治理】 2022年，一都镇推进农房整治“村村有示范”和镇区提级改造项目，实施集贸市场片区、车站片区老旧小区改造和吴殊、黄田“千村整治·百村示范”等项目，拆除河边乱建畜禽舍35处，完成新房美化13450平方米，裸房装修82600平方米，仙友村获评泉州市“美丽田园”创建优秀案例。创新实行“楼长、街长、河长、林长、路长”齐抓共管的“五长制度”。投入保洁经费120万元，建立环境卫生“网格化”管理模式，投资500万元建设日处理能力4吨的美岭村新型垃圾热能处理站，推进市级垃圾分类试点乡镇建设。

【社会事业】 2022年，一都籍录取重点院校研究生16人，本科上线68人，录取“985”“211”名牌大学12人，其中，吴殊村郭奕凯考取福建省高考历史方向第一名。推进美岭中学普通高中提质扩容，办好一都中学差异化特色教育，一都中心小学劳动课“移栽中草药、提升劳动素养”项目被省教育厅评为“中小学劳动教育实践特色项目”。美岭集团投入2000余万元兴学奖教，推进一都中学宿舍楼、一都中心小学教学楼建设。举行每月六次的“墟日免费午餐”，建设龙卿、黄沙、吴殊等村居家养老服务站和鲁山等村长者食堂。以“碧溪皆邻里红曲酿真情”为创建主题，高标准建设仙阳村“党建+”邻里中心，服务对象覆盖5个网格3000余人。全年化解各类矛盾纠纷237件，建立边界纠纷联防联调工作机制，排查调处矛盾纠纷19件，调处成功率98.6%。建设光山村红色法治文化公园，实施“法律明白人”培养工程，全镇培养法律明白人321人，法治带头人71人。

【项目建设】 2022年，一都镇实行“周会商、旬研判、月通报、季考评”制度，健全“一项目一专班一台账”工作机制，实施重点项目18个，引办企业7家。引导美岭集团拓展投资领域，在县工业园区整合低效用地12.53公顷，建设总投资30亿元的美岭智慧产业园项目，打造永春地区首家定制型创富产业园。制作招商手册，制定“定任务、定时间、有目的、有目标”的“两定两有”工作机制，全年认定项目6个，总投资20.8亿元；落地项目10个，总投资10.7亿元；签约项目2个，在谈项目1个，策划项目2个。

【党建“五长”模式】 组建镇、村、村民小组三级网格队伍并分级建立网格联系群和党员联户群，实行楼长、街长、河长、林长、路长齐抓共管的“五长制度”，优化基层治理。一都镇综合便民服务中心获评“福建省五一先锋号”，一都镇三岭村、苏合村获评第二批省级乡村治理示范村，仙阳村“党建+”邻里中心获评全县十佳“党建+”邻里中心，美岭村获评县级抓乡促村“十强村社”，《一都镇：党群服务一条街便民利民零距离》入选县级党建引领基层治理十佳案例。夯实非公党建，成立3家非公党支部，创建4个红色车间，带动群众户均增收5万元。美岭小贷公司党支部在全县“两新”组织党建示范点拉练中获评三等奖。

（姚宏伟）

横口乡

【概况】 横口乡位于永春县西部，东邻下洋镇长汀村，西与一都镇三岭村相连，南接安溪县剑斗镇仙荣村，北与一都镇吴殊村接壤。全乡总面积7000公顷，下辖10个行政村，总人口8767人，其中常住人口3600人。2022年，横口乡获评县级招工引才先进单位、福建省全民科学素质网络竞赛活动优秀组织单位等；横口乡工会委员会获评“泉州市模范职工之家”；红四军群众大会旧址（郭氏家庙）被列为第二批泉州市职工思想教育基地。2022年，横口乡推荐的年产8000吨纳米级硅酸盐材料加工项目在首届福建省（永春）乡村振兴“师带徒”引凤项目大赛复赛中获得一等奖，另外3个项目分别获得二、三等奖和优秀奖。

【经济发展】 2022年，横口乡实现财政总收入1958.48万元，比上年增长44.47%；规模以上工业企业产值8.34亿元；农业总产值1.76亿元，比上年增长3.53%；固定资产投资6661万元；农民人均纯收入20100元，比上年增长8.06%。

农林业 2022年，横口乡落实粮食安全责任制，完成粮食播种面积383.47公顷。探索“粮—菜”轮作新型种植模式，完成全乡27.2公顷撂荒地复耕，复耕率100%。落实农业保险，为农民投保水稻保险，激励农民种植水稻，增种266.67公顷。投资100万元支持林下经济试点建设，种植艾草、金线莲等名贵中药，推动林下经济向规模化、产业化发展。鼎鸿家庭农场获评2022年度省级示范家庭农场，月华家庭农场通过省级示范家庭农场监测审查。

工业 2022年，横口乡加快企业扩容增资，双恒铝型材二期投资2000万元，预计年新增生产卫浴厨具挂件、五金配件等产品2200吨。推动双恒集团整合厂区内可利用屋顶、建筑外立面，购置光伏发电设备进行安装改造，总投资2500万元，安装面积3万平方米，设计装机容量5兆瓦。安永机械技改投资2200万元，建设办公楼及添置生产线。美宏科技高端彩色碳粉项目投资2000万元建设厂房1万平方米，新购两条采用低熔点软化技术的彩色碳粉生产线，拟年增产彩色碳粉1000吨，实现产值2亿元。美宏科技有限公司“一种环保生产型激光复印机低温彩色碳粉的研制”项目获评2022年福建省百万职工“五小”创新大赛三等奖。

旅游业 2022年，横口乡投资50余万元建设福鼎联村“党建+”邻里中心服务群众。永春首家漂流下西坑村西溪漂流基地7月正式开业，日均接待游客200余人。挖掘现有红色资源，投资200万元修缮红四军召开群众大会旧址；完成美魁堂保护修缮方案设计；投资50万元布设永春县朱德红军革命物件展示馆。保护开发重走红军路线、党史教育基地、红色研学等红色文旅项目，串点成线形成精品红色旅游路线。编制《横口乡全域旅游总体规划》，整合现有旅游资源，以白濑库区旅游为契机，承接安溪县古迹朝圣旅游发展轴，联合一都镇、下洋镇，打造永春西部72小时精品旅游路线。

【镇村建设】 2022年，横口乡谋划重点项目8个，年度计划完成投资2.7亿元。截至2022年12月底，完成投资2.641亿元。在上半年全县项目攻坚四项竞赛暨五全招商工作表彰大会中被授予“流动红旗”。其中，金属门窗断桥加工项目提前1个月完成建设，永春县横口乡新集镇河道治理工程、农产品仓储保鲜冷链建设项目、红四军革命旧址修缮提升工程等3个项目均按时序完成建设。完善农村基础设施建设。投资440余万元实施福鼎联村农村饮水工程，解决福联、福中、环峰3个村2100余人饮水问题。投资2200余万元建设横口乡新集镇河道治理工程。投资100余万元建设下西坑下含线晋级改造工程项目。投资30余万元建设小金线错车道建设工程，已完成招投标工作。投资15万余元完成横口乡道路安全防护工程。投资32万余元用于横口乡农村公路日常养护工程。投资120万元建设2022年农村公路养护专项工程。横口乡实施“十四五”重点流域生态环境保护规划，乡主要流域横口乡一都溪及其他小流域水质优良比例100%。开展生态系统保护与修复，提升自然保护地监管水平，完成造林14.53公顷，森林抚育120公顷，天然封山育林49.8公顷。投资7万元保护修复千年红豆杉，确保古树存续。与泉州公路事业发展中心永春分中心联建，沿福鼎公路两侧种植100余株福建山樱花。云贵村市级绿色提升项目、福联村市级乡村公园项目和永春县特盛农场的设施油茶项目均完成建设并通过检查验收。福德村被评为省级森林村庄。进行矿山生态修复与治理，推进水土流失精准治理，云溪石灰矿完成生态修复治理。

【乡村治理】 2022年，横口乡审批办理规划许可证34件。推进全乡裸房整治工作，开展裸房装修236栋，任务完成率90.77%，居全县中上游水平。福中村获评市级裸房整治示范村。健全农村生活污水处理设施，修复生活污水处理设施7座，全部移交第三方运营。推进“绿盈乡村”建设，8个村完成创建，创建率80%。全年农村人居环境整治考评获县级第二方阵前三名3次，清理垃圾1260吨，改善全乡人居环境。下西坑村郭杰森、福中村林批准等6户家庭获评2022年市级美丽庭院示范户。2022年上半年及第三季度乡村振兴考评成绩均居全县第十位。开展安全生产大检查、安全生产专项整治三年行动巩固提升、安全生产标准化创建提升专项行动，开展督查和专项安全检查42次；开展森林防灭火和防汛减灾工作，守住零灾情、零伤亡安全发展底线。筑牢安保维稳防线，调解矛盾纠纷和不稳定因素128件，调解率100%，实现“小事不出村、大事不出乡”。

【社会事业】 2022年，横口乡健全社会保障体系，开展低保、特困等困难群众、事实无人抚养儿童、残疾人员“两项补贴”等惠民工作，发放各类保障金181万余元。开展临时救助，发放临时救助金37人次6.41万元。发挥退役军人服务站作用，开展“双拥”及国防知识宣传教育，发放优抚金28万余元。推进城乡居民基本养老保险和居民医疗保险参保，居民参保率98%。完成福中村幸福院提升、儿童保障示范点、上西坑村居家养老服务站建设。2022年，52名横口籍学生录取本科。开展奖学助教活动，横口乡教育促进会为考上大学及重点中学的学生发放奖助学金22万元。整合“金秋助学”、盈辉基金、“雨露计划”等项目资金3万余元，资助15名贫困学生。组织开展6次“文明健康绿色环保”爱国卫生运动。为20名农村妇女开展“两癌”免费筛查。实施优生促进工程，优测夫妻18对。

【白濑水库建设】 2022年，泉州白濑水利枢纽工程永春县横口乡集镇安置区及配套基础设施建设项目稳步推进，6个安置地块“三通一平”项目各施工单位已进场施工，其中02地块（学校地块）完成85%工程量，04地块完成50%工程量，05地块完成55%工程量，06地块完成65%工程量；云贵小学教学楼、综合楼工程完成基础孔桩浇筑；卫生院复建项目完工并于11月完成五方验收；横口乡政府复建项目拟进行施工图纸设计；信用社、供销社等公建单位完成初步设计方案。省道217线永春一都溪至横口水电站段项目完成招投标工作，拟建设项目驻地。横口乡金溪大桥建设及周边道路建设项目完成设计、招投标工作，施工单位已进场施工。

泉州白濑水利枢纽工程永春县横口乡集镇安置区施工现场

（图／陈志雄 2022年12月摄）

【“造绿行动，美化横口”植树节活动】 2022年3月12日，在第44个植树节，横口乡举行“造绿行动 美化横口”植树节特别活动。此次活动由中共横口乡委员会、横口乡人民政府主办，横口乡云贵村、福德村承办，永春县生态文明研究院、永春县自然资源局、泉州公路事业发展中心永春分中心协办。在中华慈善总会幸福家园平台发布“造绿行动 美化横口”项目，通过“码”上植树，线上参与爱心捐树555人次，募集资金52880元，栽种福建山樱花、桃树、紫玉兰等苗木600余棵，种植区域位于横口乡云贵村金山寨片区，绿化面积2公顷。

【“横口白濑杯”摄影比赛及纪录片】 2022年，“横口白濑杯”摄影比赛活动在横口乡举行，此次活动由永春县委宣传部、永春县文学艺术界联合会、横口乡人民政府、永春县白濑水利枢纽工程项目移民安置领导组综合办公室联合主办，永春县摄影家协会承办，经过泉州市摄影专家多轮投票、评审，评出包括特等奖1件、一等奖2件、二等奖5件、三等奖10件、优秀奖54件等72件获奖作品。获奖作品紧扣“生态永春、清新横口、红色老区”主题，挖掘白濑库区、船山岩、金山寨、红四军召开群众大会旧址、千年红豆杉等景观内涵，展示横口乡自然景观和人文历史。投资20万元组织《永春县白濑库区移民纪录片》拍摄，留住乡愁、留住记忆。

（苏晨婕）

下洋镇

【概况】 下洋镇位于永春县西部，与德化县、大田县毗邻，面积11150公顷，总人口15298人，下辖10个行政村。党总支4个（下洋、上姚、曲斗、涂山），党支部28个（非公党支部10个），党员660名。2022年度获评省级林下经济重点乡镇、市级第七次全国人口普查突出贡献集体荣誉称号。2022年，下洋镇推荐的林下竹荪富农家项目获评“师带徒”引凤项目大赛一等奖，先进锗前驱体合成项目获评二等奖，姜黄素纳米乳液的制备项目、β-葡聚糖的制备项目、农作物的土壤优化材料项目获评优秀奖。

【经济发展】 2022年，下洋镇实现工农业总产值60.25亿元，其中工业总产值58.65亿元，农业总产值1.6亿元。镇级工商税收1865万元，完成年度任务的147.91%；新增固定资产项目入库21个，总投资额7.21亿元，完成固定资产投资3.14亿元；争取上级资金3347.35万元；重点项目建设完成投资9.578亿元，完成年度任务的103.23%。固定资产投资、工商税收、争取上级资金三项指标均位居全县22个乡镇第一。

实体经济　2022年，下洋镇推进传统工业和新兴工业发展，推动企业转型升级，新鸿矿业重组投产，博纯材料股份有限公司获批设立省级“博士后创新实践基地”。规模以上企业产值51.32亿元，新增规模以上工业企业1家。福源锌业、南湖新能源等8家企业增资技改，提升产能，提高“亩均效益”。

林下经济　2022年，下洋镇挖掘林业资源优势，探索林下经济“林—种—养—采—游”生态循环立体复合发展新模式，构建林下经济“一镇一业”绿色经济发展新格局。成立泉州市首个林下经济产业协会，发展林下产业基地333.33公顷。出台《扶持林下经济发展若干措施》文件，推动林下经济产业发展，通过流转林地，以招商引企带动产业发展，引进泉州市万惠农林有限公司、福建省林好农业发展有限公司等5家林下经济企业。重点发展金线莲、灵芝、马蓝、黄花倒水莲等中草药种植，茶油加工、蜜蜂养殖、生态旅游等特色产业，新培育林药基地、林菌基地、林蜂基地和茶油加工、竹笋加工等基地。建立林下经济产业电商直播基地，宣传、推广、销售下洋镇林下经济产品，年产值2000万元。强化科技和人才支撑，与福建林业职业技术学院共建社会实践与教学实习基地，开展林下经济产业专项培训，开展产业技术培训25次，培训林农1320人次。2022年下洋镇获评省级林下经济重点乡镇。

特色农业　2022年，下洋镇落实粮食安全责任制，完成中稻播种228.93公顷，复耕撂荒地49.37公顷。盘活村集体闲置土地，

2022年，下洋镇曲斗村引进永春县超逸农业科技有限公司，采取“企业+合作社+农户”的模式，壮大村集体经济，带动村民增收致富。图为该村百香果基地果农采摘百香果

（图/林巧燕）

投入1000万元发展百香果、玉米、马铃薯等特色产业，构建“一村一品”。指导企业参加福建省（永春）乡村振兴“师带徒”引凤项目大赛，引入泉州市金艳璇生物科技有限公司和泉州市向天锣生态农业科技有限公司，建设向天锣芦柑示范基地，科技赋能芦柑产业。完成下洋镇动物检疫申报点建设，推进佳阳、初阳400万羽蛋鸡规模化养殖项目建设，构建智慧现代农业新模式。

【镇村建设】 2022年，下洋镇推进“四好农村路”建设，投入1600余万元进行高速路出入口景观提升、县道X345专项养护工程、农村公路专项养护工程等项目建设，新建、改建农村道路7条，修复道路23.1千米，补齐交通基础短板。完善水利基础设施，实施下洋镇区供水工程，改造镇自来水厂配水管网1.45千米，保障镇区供水；实施曲斗水库库区周边排水工程，保护镇区饮用水水源。深化文明村镇创建，推荐评选慈孝模范，涵养文明乡风，溪塔村获评第二批省级乡村治理示范村。以新时代文明实践引领乡风文明新风尚，盘活整合道德讲堂、农家书屋、综合文化服务中心等现有资源，建成实践所1个、实践站10个，打造集专题讲座、文化普及、休闲娱乐、便民服务于一体的综合性活动阵地；充实壮大新时代文明实践志愿服务队，开展互帮互助、文化宣传、移风易俗等志愿服务45场次。

【乡村治理】 2022年，下洋镇改善乡村环境，推进乡村厕所革命和农村生活污水处理。投入100余万元完善环卫设施，新建2个垃圾分类村，探索建立垃圾处理长效机制。实施九龙江流域山水林田湖草沙一体化保护和修复工程（天湖山矿区），完成矿山生态修复80公顷，整治裸房207栋99534.11平方米。落实河长制，完成下洋镇河长制标准化建设；投入1300余万元完成下洋溪水系连通、水美乡村建设以及夜景工程；推进曲斗村水土保持生态村建设，行政交接断面水质保持在Ⅱ类以上。泉州市首个乡镇水资源论证区域评估项目启动成果运用，福源锌业等7家企业取水许可证获批。

【社会事业】 2022年，下洋镇推动巩固拓展脱贫攻坚成果同乡村振兴衔接，健全完善动态监测和帮扶机制，实施各类帮扶措施36条，落实帮扶资金10.05万元，防止规模性返贫。实施全民参保计划，城乡居民基本养老保险、医疗保险参保率均98%以上。开展弱势群体关怀帮扶，完成慈善安居工程2户，发放低保金150.4万元、残疾人补助20.37万元。新建上姚村农村幸福院，溪塔村、长汀村居家养老服务站分站，提升养老服务水平。以“我为群众办实事”实践为契机，实施为民办实事项目13个，年度完成投资5300万元。其中，投入1000余万元翻建下洋中学教学楼以及更换曲斗小学、大荣小学多媒体教学设备，上姚小学获评市级乡村温馨校园。8月成立下洋镇教育发展促进会，筹集资金377.2万元，发放奖教奖学助学资金29.7万元。支持卫生院新建疫苗接种等候区，改造提升医废储藏间、尘肺病康复站，添置电解质分析仪、中医理疗、“120”救护车等设备，改善群众就医条件。开展安全生产大检查、安全生产专项整治三年行动巩固提升、安全生产标准化创建提升专项行动，10家企业安全生产标准化完成创建提升，其中标杆企业1家，示范岗立3个。深化林长制工作，开展森林防火和松材线虫病防治，遏制重特大森林火灾的发生和控制松材线虫病大面积蔓延，维护林区安全。巩固提升含春村、新坂村自然灾害避灾。推进平安下洋建设，常态化推进扫黑除恶斗争。纵深推进“多网合一”基层社会治理网格化服务管理，探索形成基层社会治理新模式，化解各类矛盾纠纷。

【全市首个乡镇水资源评估项目成果运用】 2022年，以下洋镇为试点，实行“区域评估＋承诺备案制”，对符合条件的建设项目简化用水许可办证流程，审批时间从法定45个工作日简化为即办，并省去用水单位水资源论证报告书（表）的编制费用。下洋镇作为全市首个乡镇水资源论证区域评估项目启动成果运用，有7家企业获批。下洋镇水资源论证区域评估项目的获批，明确下洋镇可用水量、用水总量、行业用水效率等数据，以区域水资源承载能力为基础，强化水资源刚性约束和事中事后监管；推行承诺备案制，对符合条件的建设项目简化用水许可办证流程，省去水资源论证环节，减少取水主体人力财力投入；建立节水评估和信用评价机制，提升水资源管理效能和审批效率，创优营商环境。

【天湖山煤矿生态修复工程】 2022年，下洋镇对天湖山煤矿进行生态修复，投资1.82亿元启动山水林田湖草沙一体化保护和修复工程项目，让废弃矿山重披新绿，让露天矿山逐步变为休闲公园。按照先急后缓、整体修复原则，采用滚动方式推进整个治理项目，项目总治理面积165.37公顷，主要实施区域包括7个分区：长汀溪矿区（3个亚区）、冷坑矿区、铅坑矿区（1个亚区）、上山沟分区（1个亚区）、含春沟分区（2个亚区）、曲斗沟分区（2个亚区）、南湖沟分区（2个亚区）。

（林永斌）

坑仔口镇

【概况】 坑仔口镇位于永春县西部山区、晋江西溪支流上游，是著名的革命老区。全镇面积7600公顷，辖玉西、诗元、魁斗、西坪、福地、杏村、洋头、景山8个行政村，户籍人口18694人。2022年坑仔口镇有党支部28个，党员637人。2022年，全镇规模以上工业企业产值55亿元，新增固定资产投资额1.8亿元。2022年度获评“安全生产工作先进集体”“护林联防先进单位”等。

【经济发展】 2022年，坑仔口镇开展魁斗村、杏村村高标准农田综合整治建设项目，完成2021年度玉西村、西坪村、诗元村建设项目。开展土地综合整治，开发土地10.9公顷。支持茶叶产业发展，投资400万元续建现代农业茶叶产业园，通过技改完成100公顷生态茶园改造。推进黄花菜示范基地建设，推广使用喷灌技术，改善种植条件，2022年黄花菜价格提升明显。科学培育森林资源，造林绿化40.33公顷，其中一般人工造林更新完成38.87公顷。开展全民义务植树，种植名贵花卉苗木760株，探索搭建“农业+旅游”发展平台。完成松林改造任务1公顷，现代油茶项目5.07公顷。完成森林抚育任务304.53公顷，封山育林47公顷。完成诗元村省级乡村振兴试点村建设项目，建设茶叶市场光伏发电站、水利设施、“党建+”邻里中心，整治装修裸房，实施亮化工程和观光道路硬化工程。2022年，坑仔口镇规模以上工业企业产值55亿元；固定资产投资新增入库项目10个，新增投资额1.8亿元。2022年实施重点项目13个，总投资5.7亿元。其中美岭水泥有限公司新型干法水泥熟料生产线建设项目总投资10亿元，2022年投资1亿元，新增税收8000万元。永春万鼎工贸服装生产线续建项目完成宿舍楼、消防池以及1号厂房建设。奥克力食品项目完成土地出让。2022年招引落地项目10个。新增规模以上工业企业2家，建筑业企业1家；新增限额以上商贸企业2家。规模以上企业福建利荣包袋有限公司从招引到落地投产仅花费1个月，年产值2000余万元。

【镇村建设】 2022年，坑仔口镇投入1000万元续建万里安全生态水系坑仔口溪建设工程，治理河道总长10.9千米，生态清淤3200立方米，建设生态缓冲带15484平方米，建设生态亲水节点4个。投入160万元开展坑仔口镇部分自然村角落环村路建设。对西坪水库进行规划设计。实施诗元溪小流域治理工程，建设生态护岸1800米，建成村民休闲文化广场2000平方米、田间休闲亭2个、休闲小道2000米、农耕田园33.33公顷、景

坑仔口镇福地村黄花菜种植基地　（图 / 陈小强　2022年8月摄）

观水面5处。投入50万元在诗元村实施亮化工程，安装太阳能路灯50盏。投入300万元对诗锦线等多条乡村灾毁道路进行修复。开展裸房整治256栋。坚持“因地制宜、突出特色，节约用地、保护耕地”的原则，对西坪村等7个村的村庄历史文化、农业产业、区位交通等资源禀赋进行系统梳理与深度分析，对集中建房区、土地开发区、景区、养老服务中心等进行规划。2022年，杏村、洋头、景山等3个村的村庄规划编制工作完成设计，已取得永春县政府批复并提交三方审查。

【社会事业】 2022年，坑仔口镇完成医保、社保缴交工作。投入60万元建设“党建+”邻里中心，以“1+6+X”的模式打造特色党建项目，打造“一刻钟”便民服务圈。投入60万元建设诗元村下房、大埔角落休闲场所。加大科教文卫投入力度。引导源福机械申请新型实用专利1项，省民爆化工永春分公司申请实用新型专利2项，并获得专利授权。2022年坑仔口镇1人录取博士生，11人录取研究生，5人录取985、211学校，17人录取本一批学校，14人录取永春一中；镇教育发展促进会发放奖教奖学助学金28.66万元，奖励先进教育工作者15名、优秀学生294名，资助贫困学生43人。投入50万元更新学校（包括小学、幼儿园）一体化教学设备；完成诗元小学操场跑道建设。开展科普信息化建设，实现科普中国e站8个村全覆盖。做好防御6月连续强降雨工作，组织力量转移群众与抢险，抢修道路保证畅通。推进企业安全生产标准化创建，辖区内6家企业完成标准化创建，其中美岭水泥厂评审定级为国标二级。开展临时救助工作，2022年临时救助707人，发放金额22.37万元。为低保特困户修缮房屋，低保修缮1户，特困修缮1户，发放补助资金2万元。开展滞留境外涉诈高危人员劝返工作，2022年劝返核减3人。排查调处各类矛盾纠纷127件，调处成功率100%。

【法治建设】 2022年，坑仔口镇在福地村建设法治文化阵地，促进法治教育融入生活服务、运动休闲。投入3万元在诗元村茶园观光园建设法治文化阵地，打通法治“最后一公里”。实施“一所一品”特色项目“家门口的红色法治文化”，确定15个点作为红色法治教育基地。投入25万元完成杏村村黄龙庵革命遗址门口埕硬化、公厕改造、展馆布置等工程，将黄龙庵革命遗址打造为红色教育基地。实施玉坑革命纪念馆修缮。开展对全镇16名村干部兼职辅警的业务培训，提升履职能力和乡村治理水平。坑仔口镇西坪村获评永春县2022年度“三治融合”示范村。

【茶产业发展】 2022年，坑仔口镇支持茶叶产业发展，投资400万元续建现代农业茶叶产业园，通过技改完成100公顷生态茶园改造。莉芳茶厂入选2022年省级农业国际贸易高质量发展基地，推进与中国茶叶股份有限公司的合作项目。坑仔口镇作为“福建产茶明星乡镇”，拥有全县最大的茶叶专业交易市场，是全国唯一一个以茶叶项目加入“联合国南南合作基地”组织的乡镇。截至2022年，全镇有茶园1133.33公顷，注册茶叶公司6家，茶叶专业合作社5个，年产茶叶2000吨，产值1亿余元，辐射本镇及周边地区茶农达15万人。

（陈怀伟）

玉斗镇

【概况】 玉斗镇地处永春县西南部，系革命老区镇。距离县城40千米，辖9个行政村，2022年人口2.21万人。面积57.5平方千米，其中耕地面积985公顷，山地3973公顷，是全国最大的佛手茶生产基地，是永春佛手国家标准的参与制定单位之一。2022年，玉斗镇妇联入选全省“三百五有”达标基层妇联组织名单，玉斗镇关工委入选全市基层“五好”关工委示范点名单；玉斗镇社会工作服务站入选泉州市乡镇社会工作服务站服务项目成果册；云台村获评第二批省级乡村治理示范村。镇干部赵智春获2022年第三季度“中国好人榜”见义勇为先进个人。

【经济发展】 2022年，玉斗镇实现规模以上工业产值8.49亿元，比上年下降25.33%；完成乡镇工商税收1628.92万元，比上年下降29.54%。2022年，全镇粮食播种面积862公顷，完成率

104.77%；粮食产量5633吨，完成率102.92%。建设高标准佛手茶园示范片67公顷，推广新种佛手茶33公顷。建成311公顷高标准农田，实现高标准农田覆盖率75%以上。完善茶厂、茶园综合配套设施建设，丰富拓展茶园生态旅游内涵，打造集产业、旅游、休闲娱乐于一体的茗庄园茶农旅项目。聘请专业团队规划设计梦仙山森林公园项目，建设林间便道，招引文旅企业入驻，建设梦仙山康养度假区。建设“纱帽石”生态茶庄园，修建5.2千米环茶园产业路，配套种植千株樱花与紫玉兰，串联打造周围200公顷生态茶园景观。打造茶心白珩网红打卡点，2022年以来吸引游客3万余人。2022年，完成13个重点项目年度计划投资4.55亿元，实际完成投资4.78亿元，完成率105.05%。强化项目用地保障，完成福建北电南送特高压线路、水美乡村等项目征地7.57公顷。2022年，招引千万元工业企业1家、农业企业5家、建筑企业3家、商贸企业3家，总投资3.6亿元。

【镇村建设】 2022年，玉斗镇推进裸房整治，完成裸房整治924栋，面积31.96万平方米，整治裸房数量居全县第四。深入开展“五个美丽”创建活动，创建美丽乡村庭院50个、美丽乡村微景观9处、美丽乡村小公园3个、美丽田园1个，获评省级美丽乡村庭院6个。2022年，玉斗镇投入580万元，深入实施乡道、村道提级改造和农村公路养护专项工程，完成“云八线”“玉红线”“华诗线”和炉地村部至回头弯段等路段改造工程，添置镇区及村主干道路灯490盏，进一步改善群众出行条件。完成植树造林8公顷、森林抚育33.3公顷、封山育林36.7公顷、设施竹林5公顷，白珩村积极创建省级森林村庄，玉斗村成功创建县级乡村公园。投入430万元实施水美乡村项目，对竹溪等4个村7.2千米溪流进行系统治理和综合提升。

玉斗镇佛手茶种植园　　（图／潘敏星　2022年4月摄）

【乡村振兴整镇推进】 2022年，玉斗镇实施乡村振兴项目10个，完成投资9050.487万元，完成乡村振兴整镇推进工作。白珩村获评市第二批乡村振兴典型示范村（成效显著村）。完成提升城乡品质，建设美丽永春的4个项目，投入资金1940万元，红山村流转4.3公顷土地，完成冰糖芋种植；建设云台村高山有机水稻种植基地25.7公顷；引入永春云丰谷农业发展有限公司，建设高标准果园40公顷和1公顷的有机肥建设；利用水美项目打造具有玉斗特色的乡村生活水文化。

【乡村治理】 2022年，玉斗镇全面推广矛盾纠纷化解“五线工作法”，发挥民主议事堂、民情茶室作用，全年调解各类矛盾纠纷143件。积极开展“一村一法治”文化阵地建设，培养农村“法律明白人”。深入开展“八五”普法活动，组织“法律下乡”12次。

【社会事业】 2022年，玉斗镇在云台村、白珩村、玉斗村实施“免费午餐”工程，为老年人提供免费就餐和休闲娱乐的空间场所。开展留守儿童、老年人、残疾人关爱服务活动，为9名事实无人抚养儿童发放生活保障金12.9万元，为364名80周岁以上高龄老人发放补助资金24.1万元，为159名生活困难残疾人发放补贴18.9万元。组织“两癌”筛查125人次，并为2名患“两癌”妇女申请省级救助金1万元。建成玉斗村“党建+”邻里中心，改造建设六大基本服务空间35处、近邻特色空间10处，打造“15分钟生活服务圈”，实现学有优教、病有良医、老有颐养、幼有善育、食有心安、居有所乐、事有好办。建成镇社会工作服务站，打造“一站式”服务体系，是全县唯一入选泉州市乡镇社会工作服务站服务项目成果册的项目。完成玉斗中学塑胶跑道建设和中心小学教室教学设备更新，颁发奖教奖学助学金71.72万元，玉斗学子录取永春一中28人，录取大学本科55人、硕士研究生10人。

【秋季永春佛手茶王赛】 2022年11月20日，玉斗镇举办2022年秋季永春佛手茶王赛，国家高级评茶师周文瀚、董明花等专家评审组对参赛茶样的条索、色泽、香气、滋味、汤色、叶底6项因子进行评审，决出清香型茶王1名、金奖2名、银奖3名，决出浓香条形茶王1名、金奖2名、银奖3名。

（康美莲）

桂洋镇

【概况】 桂洋镇位于永春县西北部，距县城46千米，东与德化县盖德镇交界，西邻下洋镇，南连坑仔口镇，北与德化县美湖镇交界，距县城46千米，面积78.25平方千米，辖桂洋、文太、壶永、岐山、茂春、金沙、库湖、新岭8个行政村，2022年全镇户籍人口14468人。2022年，桂洋镇获评省级文明乡镇、县级抓“五全”招商促项目落地工作先进集体等。

【经济发展】 2022年，桂洋镇实现规模以上工业产值3.44亿元，比上年增长65.38%；农业总产值2.3亿元，比上年增长46.50%。镇财政总收入2270.67万元，一般预算收入2133.83万元，一般预算支出1767.24万元；实现工商税收639.83万元，比上年增长168.08%。农村居民人均可支配收入达1.98万元，比上年增长11.4%。

农业　2022年，桂洋镇建设高标准农田114.5公顷，完成粮食播种面积780公顷、产量5357吨，完成普查点中稻种植182亩。创新“联村运营、抱团发展”理念，以金沙村为核心、库湖村、新岭村共同出资，成立好裕来公司运营农业产业，全镇种植槟榔芋53公顷以上、生姜133公顷以上，甜玉米、蜜薯等产品大获市场好评。实施乡村振兴项目9个，年度计划投资4900万元，完成投资5612.3万元。桂洋村获评市第三批乡村振兴典型示范村（成效显著型），库湖村（乌龙茶）、桂洋村（茶油）、金沙村（槟榔芋）入选市级“一村一品”专业村。

工业　2022年，桂洋镇完成固定资产投资2.94亿元，比上年增长104.42%，各项经济指标逐月向好，稳中有进。完成金沙环保建材小微工业园区整理提升工程，入驻4家企业全部投产投效。围绕农业特色产业定位，深度开发山茶油日化系列产品、研发姜柿茶饮品等生态产品，延伸产业链条。支持引导企业技术改造，晟隆地板膜、陶一陶瓷、益威电子元件等项目扎实推动生产线技改，产能得到进一步提升。

第三产业　2022年，桂洋镇提升打造下岸角落田园综合体，打包形成整体项目库广泛推介，完成湿地公园建设，平整卡丁车跑道，策划犁田、插秧、打稻谷、编草鞋等传统农耕文化体验活动，打造乡村旅游“浸入式”体验。规划农副商品商贸服务中心项目，打造集电商、文创、研发于一体的文化创意产业园。三

2022年2月，桂洋镇大白岩雾凇　（图/县融媒体中心）

联物流、八闽物流等服务业项目顺利投产。

【镇村建设】 2022年，桂洋镇开展“无裸房”乡镇创建工作，完成裸房整治285栋，裸房存量整治率84.3%。开展“五个美丽”创建活动，完成农村公厕1座、美丽庭院50个、美丽乡村微景观8处、乡村小公园3处、美丽田园1处、乡村休闲旅游点1处。投入710万元，完成村级公路硬化及拓宽改造4千米、农村公路养护25千米、村道安保18千米。完成土地开发9.7公顷，耕地提级、旧村复垦1.3公顷，废弃矿山复耕5.26公顷。投入400.77万元，建设金沙溪水系连通及水美乡村项目；投资25万元，实施茂春村水土流失治理项目，治理水土流失13.3公顷，建设水保公园1处；“绿盈乡村”创建率达100%，成为全县唯一一个生态产品价值实现试点镇。

【社会事业】 2022年，桂洋镇巩固脱贫攻坚成果，争取上级扶贫资金126.3万元，推进村级产业发展和基础设施建设，8个村集体收入均超过20万元，其中2个村集体收入超过50万元、1个村集体收入超过100万元。教育卫生事业不断完善，投资36万元，建设永春七中、桂洋中心幼儿园饮水工程、幼儿园钢琴教室，镇教育促进会发放奖教助学金27.67万元，永春七中中考片区排名第一、录取永春一中排第11名。建设卫生院过渡期急救站，多方筹集资金27万元购买负压式救护车1辆。推进文体事业发展，镇村综合文化站（中心）开展活动26场，建设金沙村灯光篮球场、气排球场、老年掷地球场、棋牌室等，乡村文化振兴典型案例在全省乡村文化振兴专题培训班上展示。社会治理持续深化，调解矛盾纠纷145起，桂洋派出所打造“宽松型”片区警务协作模式桂洋综合指挥室，获评省级“枫桥式”公安派出所。

【项目建设】 2022年，桂洋镇推进18个重点项目，总投资10.09亿元，年度计划投资6.3亿元，完成投资6.43亿元，占比102%。项目攻坚四项竞赛活动位居全县第二方阵前列。招引一批优质项目，落地项目8家（商贸业2家、服务业1家、建筑业1家、工业4家），签约项目5个（工业2家、商贸业3家），在谈项目1个。投资亿元的精彩商标项目成功实现“拿地即开工”，是全市首创“四证齐发”项目。

【永春县稳定粮食生产暨推进撂荒地复耕工作现场会召开】 2022年1月19日，永春县稳定粮食生产暨推进撂荒地复耕工作现场会在桂洋镇召开，副县长庄凯融、省派驻永春县的科技特派员、县农业农村局等县直有关单位和21个乡镇分管领导参加。会上，桂洋镇介绍撂荒地复耕工作的经验和做法，与会人员交流商讨稳定粮食安全及推进撂荒地复耕工作。

【永春县生态产品价值实现试点镇动员大会召开】 2022年12月14日，永春县生态产品价值实现试点镇动员大会在桂洋镇召开。县委常委、县政府副县长蔡映辉、县发改局、县委党校和县农信联社分管领导，桂洋镇领导干部职工、村“两委”、老人协会、部分镇办、村办企业以及生态文明研究院秘书处等相关负责人参加，共同为桂洋镇承接的全县生态产品价值实现试点镇工作出谋划策，助推桂洋镇整体持续发展。

（潘松华）

锦斗镇

【概况】 锦斗镇镇域面积41.37平方千米，下辖6个行政村，102个村民小组。至2022年底，户籍人口1.8万人。2022年，全镇农民人均纯收入1.96万元，比上年增长6.5%；财政总收入795.03万元，比上年增长5.3%。

【产业发展】 2022年，锦斗镇推动农文旅产业提速发展，促进复工复产。全年农业总产值12207.50万元，比上年增长3%；规模以上工业总产值完成117157万元，比上年增长11.5%。

农业经济 2022年，锦斗镇培育一批新型农业经营主体，利用巩固拓展脱贫攻坚成果同乡村振兴有效衔接资金发展壮大特色产业，在云路村、卓湖村打造佛手瓜和百香果基地，壮大村集体经济。全镇完成545.7公顷粮食生产目标，落实撂荒地复耕整治任务，完成土地流转13.3公顷、复耕种粮近20公顷。雪峰岩茶叶进入海峡股权交易中心挂牌，秀亮家庭农

永春锦源矿泉水有限公司 （图 / 锦斗镇 2022 年 5 月摄）

场获评省级示范家庭农场，仙洞峰生态农业专业合作社获批农业产业化省级重点龙头企业，阔格山茶叶专业合作社联合社获批市级重点龙头企业，云源香茶叶专业合作社获批县级示范社。

工业经济 2022 年，锦斗镇成立招商工作专班，开展“走出去”“请进来”招商活动 10 余次，落地 1000 万元以上企业 6 家，签约亿元以上项目 3 个。全年新增固定资产投资项目 5 个，新增规模以上工业企业 1 家。永春金达实业生产项目落地投产，完成投资 3640 万元；永春县雪山靓雪矿泉水有限公司投资 2000 万元，进行厂房改造，提升企业产能；锦源矿泉水投资 3000 万元，实施技改，扩大生产规模。

旅游经济 2022 年，锦斗镇拓展环雪山旅游项目，打造生态观光茶园，提升高山露营基地，全年到云路村开展露营活动 1000 多人次。乌髻岩森林公园投入 120 万元进行改造提升，建设景区导览系统、游步道，打造 3D 乌髻文化壁画，完善景区基础设施，全年接待游客约 1.5 万人次，实现旅游收入 200 多万元。

【镇村建设】 2022 年，锦斗镇开展裸房集中攻坚整治，全年开工 171 栋，完成装修 115 栋，搭设脚手架 56 栋；推进人居环境整治五年提升行动，投资 300 多万元开展农村路网和道路交通安全设施建设，新增道路硬化、提级改造近 5 千米；开展“美丽庭院”创建工作，新增 6 户市级“美丽庭院”，推动乡村面貌实现新突破；建设锦溪乡村公园、云路茶山公园、云路党建文化公园 3 个乡村公园。锦斗镇持续推进乡村振兴，全年完成投资 280 万元，实施长坑村省级乡村振兴试点村建设项目 6 个；引导各村因地制宜发展特色产业，谋划村财创收项目 6 个，全镇 6 个行政村均实现集体经济收入 20 万元以上的目标。全镇推行林长制，落实森林病虫害监测，监测面积达 300 公顷，封山育林 41.3 公顷，森林覆盖率达 70%，空气质量优良率达 97%。

【乡村治理】 2022 年，锦斗镇探索党建引领网格管理模式，完成 6 个村网格党组织设置，成立 10 个村级网格党支部、27 个责任网格小组，形成“党在格中引、人在网格走、事在网格解”的网格化服务管理体系。全年解决群众急难愁盼问题 70 余件。全镇推行民情小店乡村治理模式，设立“民情小店”22 家，收集民情民意信息 200 余条，源头化解矛盾纠纷 120 件。10 月 27 日，珍卿村获评第二批省级乡村治理示范村。2022 年，锦斗镇排查各类矛盾纠纷 123 起，矛盾纠纷受理率 100%，调解成功率达 97%；处理信访件 24 件、化解治重信积案件 3 件。锦斗镇全年发放有关综治、法治宣传材料 4 万多份，群众安全感率达 99.1%；开展滞留境外涉诈人员逼劝返工作，劝返上级下发的“红名单”人员 3 人。

【社会事业】 2022 年，锦斗镇城乡居民基本养老保险参保率达 98%；基本医疗保险参保率达 100%；完善“3+1”低保动态管理机制、动态监测和帮扶机制，开展低保入户调查，新增低保 19 户 33 人，低保边缘户 121 户 370 人，开展临时救助 52 户 182 人次，发放保障金 9.64 万元；落实低保安居工程 1 户，修缮低保、特困房屋 5 户；落实各类军属优抚资金 63.5 万元。全年锦斗镇实施为民办实事项目 9 个，投入 70 万元深入推进锦溪村

“党建 +”邻里中心建设，打造“一刻钟便民服务圈”，投入 40 万元建设卓湖村长者食堂、锦溪村幸福院格后分院、洪内村石马坂幸福院，投入 20 万元建设长坑小学革命遗址陈列馆。2022 年，全镇发放奖教奖学金 26.34 万元。

【重点项目建设】 2022 年，锦斗镇实施重点建设项目 16 个，完成投资 5.77 亿元，其中 3 个县级重点项目完成投资 1.04 亿元。福建颐春康养基地一期项目完成用地出让和施工便道建设。金达实业项目完成厂房主体结构加固修缮和厂房封顶，永春县马跳水库锦斗镇路行安置区完成投资 2160 万元。

【省级乡村治理示范村创建】 2022 年，锦斗镇珍卿村以强化群众自治为切入点，提高村民参与乡村治理和建设的积极性，探索符合村情的“三治融合”模式。珍卿村作为“民情小店”的发源地，设有 6 家“民情小店”，党员店长在各自角落发挥收集民情、服务民生、凝聚民力的作用。至 12 月底，全村近 20 千米的村道在党员店长牵头组织下采用政府资金和村民自筹相结合的方式进行硬化。珍卿村配有公共法律服务工作室、人民调解室、信访评理室，实现“一站式”公共法律服务，培育“法治带头人”5 名、“法律明白人”66 名，1 名律师进驻村级公共法律工作室，定期开展法治讲座、法治培训等，参与村居管理和自治，提升群众法治素养。2022 年 10 月，锦斗镇珍卿村获评第二批省级乡村治理示范村。

（林荧荧）

呈祥乡

【概况】 呈祥乡地处永春县中北部，全乡面积 19.33 平方千米，辖东溪、西村、呈祥 3 个行政村，另有飞地乌垵自然村在坑仔口镇辖区内，约 3 平方千米。2022 年在册户籍人口 2750 户，9235 人。2022 年，呈祥乡调优产业结构，强化基础设施，招引落地企业 2 家［盛路（福建）建工有限公司泉州呈祥分公司、永春绿工坊农业开发有限公司］。福建呈祥有机公社农业有限公司获评福建省巾帼示范基地，呈祥乡雪山风雅颂入选福建省“森林康养基地”、市县两级“职工疗休养基地”。

【经济发展】 2022 年，呈祥乡实现工农业总产值 3.58 亿元，其中工业总产值 2.04 亿元、农业总产值 1.54 亿元。全年农民人均纯收入 21026 元，比上年增长 4%。全乡完成乡镇工商税收 107.22 万元，新增固定资产项目入库 4 个，总投资 8430 万元，完成固定资产投资 5194.43 万元。

【重点项目】 2022 年，呈祥乡有县级重点项目 3 个（百胜包装、呈祥乡云漫山居旅游建设项目、呈祥乡东西塔现代农业项目），完成投资 3570 万元。全乡实施为民办实事项目 7 个，包括农村生活污水处理修缮提升工程、东溪村太阳能路灯建设工程、西村村白水漈公路硬化工程、呈祥乡西村村 2022 年高标准农田建设项目、东溪村“党建 +”邻里中心项目建设、呈祥乡呈祥溪水系连通及水美乡村建设项目、东溪村幸福院质量提升项目和东溪村居家养老服务站鸡母庄分站项目建设，均在 12 月底前完成并投入使用。

【特色农业】 2022 年，呈祥乡持续扶持有机公社高山蔬菜发展，完成“呈祥雪山菜”品牌认证，扩大高山蔬菜种植品种和种植规模，推动西村村 127 公顷高标农田建设落地实施。福建呈祥有机公社入选“福建省巾帼示范基地”。全乡新增晚熟冬瓜种植 13.3 公顷，增产 2000 多吨。

【康养文旅】 2022 年，呈祥乡投资 45.93 万元，建设景区提升改造工程，完善景区公共停车场、旅游洗手间、导游全景图、景点标识牌等游客服务设施；投资 48 万元，翻新提升醉风园木栈道、木屋茶馆等景区景观。是年，呈祥乡雪山风雅颂入选福建省“森林康养基地”、市县两级“职工疗休养基地”，“康养”文旅品牌打开名气。

【镇村建设】 2022 年，呈祥乡持续投资对溪流河道进行综合治理，对乡村公路提档升级，开展环境卫生整治，推进人居环境建设。全乡完成 3 个村村庄规划，开展 2 个绿满永春项目，3 户村居获评省级美丽庭院示范户。

水环境综合治理　2022 年，呈祥乡投资 1168 万元综合治理呈祥溪主河道、云山花园段和东溪河道 7.3 千米，新建护岸、跌水堰、巡河步道、机耕路、生态塘和生态

2022年1月26日，呈祥乡举办"晋源雪山 福见呈祥"系列活动，图为雪山景区"福"字桌阵（图/林劲峰）

亲水节点。是年，呈祥乡继续对晋江东溪源头进行整治提升，涉及范围6500平方米。

基础设施建设　2022年，呈祥乡持续推进"四好农村路"建设，投资30万元建西村村白水漈公路道路硬化0.8千米。全乡投资120万元完善垃圾中转站和压缩转运设备，添置更换垃圾桶50余个，实现"村收集、乡转运、县处理"的全程密闭式转运处置体系；投资22万元建设东溪村太阳能路灯建设工程，新建太阳能路灯100盏，维修维护老旧路灯40盏。

生态环境优化　2022年，呈祥乡坚持山水林田湖草沙一体化保护和系统治理，落实林长制、河湖长制，完成造林3.93公顷，封山育林13.3公顷。全乡投入45万元对农村生活污水处理工程进行修缮提升，完成污水处理池整治提升3座、疏通管道2.5千米，更换3座污水处理池人工湿地滤料并套种2种水生植物，水质持续保持在Ⅱ类以上。

【乡村治理】　2022年，呈祥乡完成企事业单位安全生产标准化创建6家，新建林长公示牌6个。是年，全乡召开座谈会30余次，征求意见建议200余条，办结信访案件10余起。呈祥乡政府会同市、县铁办、向莆公司、中铁十八局、中水四局等单位，建立"部门—企业—乡镇—村组"四方合作联动机制，设立群众说事室，全年接待群众逾300人次，化解各类纠纷50多起，协调解决呈祥有机公社失水补偿款390多万元、为群众解决欠薪20多万元、建设大小改移路2000多米等。

【社会事业】　2022年，呈祥乡巩固拓展脱贫攻坚成果，健全完善帮扶机制，帮助脱贫户争取房屋修缮资金10万元，发放产业帮扶资金1万元，帮助申请小额贴息贷款，申请适老化改造项目19个、民政房屋修缮项目4个，残疾人慈善安居工程1个。2022年，呈祥乡启动呈祥中心幼儿园项目，开展捐资助学活动，颁发奖学奖教金73500元；购置急救车辆，开展"邻里医站"试点建设；完成东溪村幸福院质量提升项目和东溪村居家养老服务站鸡母主分站项目。呈祥乡党委会强化党群阵地建设，打造集农家书屋、村民议事厅、近邻厨房、儿童之家等多个功能室于一体的东溪"党建+"邻里中心和新时代文明实践站。

【"晋源雪山·福见呈祥"系列活动】　2022年1月26日，呈祥乡联合县委宣传部、县委政法委、团县委、县信用联社等单位，在雪山举办"晋源雪山 福见呈祥"系列活动。活动分为启动仪式和"呈祥集五福"两大环节，近百人通过游览"福景"（雪山栈道）、探寻"福源"（晋江源头）、观赏"福展"（摄影画展）、品评"福茗"（雪山野茶）、畅享"福味"（永春小吃）等活动，领略呈祥福文化。活动吸引不少返乡创业青年参与，返乡创业青年和台湾青年建筑师共同创建的春耕文化公司落地呈祥，并现场向乡政府捐赠30万元用于家乡乡村振兴建设。

（黄婉婷）

苏坑镇

【概况】　苏坑镇地处永春县中北部，全镇总面积31.8平方千米，辖7个行政村，户籍人口16592人。2022年，获评泉州市乡村振兴整镇推进"五好"乡镇，相关工作经验和做法在全国乡村建设培训班上作案例发言；获评县乡村振兴先进集体；在全县项目攻坚“四项竞赛”上半年及全年考评中均位列第一方阵第二；苏坑佛手茶入选新华网溯源中国“种子计划”赋能精品品牌建设项目；镇离退休党支部获评省级离退休干部示范党支部；苏坑镇社会事务服务中心获评2022年度泉州市“安康杯”竞赛先进集体。

【经济发展】 2022年，苏坑镇完成工商税收584.08万元，规模以上企业产值33.62亿元，比上年增长22.39%；限额以上商贸销售额4933万元，比上年增长5.56%；新增固定资产投资额为2.033亿元；农村居民人均可支配收入19415元，比上年2021年增长7.2%。

特色农业　聚焦佛手产业，组织茶农茶商参加各类赛事，营造“以赛促学，以赛提能”的浓厚氛围，2022年县秋季茶王赛包揽1个茶王、1枚金奖、4枚银奖、14枚铜奖佳绩。精进茶叶品质，打造以“苏坑智慧茶园”为示范点的“生态茶叶＋智慧管理”茶园发展模式，着力以点带面，促进茶产业提质升级。乡村振兴整镇推进。探索乡村振兴工贸带动型发展路径，紧紧围绕“12345”（坚持党建引领一个中心，发展“陶瓷”和“佛手茶”两大产业，突出“电商”“免费午餐”“陶瓷批发”三大平台，实施“一把手”“保姆式”“五个一”“营商环境”四大工程，建设“和善村民”“和美家庭”“和睦邻里”“和谐村庄”“和德大爱”五和乡镇）目标任务。2022年，生成乡村振兴整镇推进重点项目14个，总投资7.35亿元，全年完成2.94亿元；省级乡村振兴试点村（嵩山村）谋划项目5个，在上半年工贸带动型乡镇评比中位列全市第4名。城乡品质稳步提升。

工业　苏坑镇是中国陶瓷特色镇。2022年，苏坑陶瓷工业园区总规划用地面积为130.5公顷，开发建成96.5公顷（含基础设施、公益事业用地），启动园区三期建设，拟建设约37万平方米标准化厂房，为园区发展提供新的工业平台空间，注入新的发展动力。园区以陶瓷为主导产业，主要经营工艺陶瓷、日用陶瓷、艺术陶瓷、陶土、包装等配套产业，形成与陶瓷有关的上下游产业链和供应链。园区入驻34家企业，其中陶瓷企业19家。全镇有企业52家，其中陶瓷企业26家。另有陶瓷批发43家，陶瓷一条街初具规模。

第三产业　苏坑乡村振兴研学基地涵盖乡村振兴馆、佛手茶生态园、佛手茶传统工艺制作坊、陶瓷工艺坊等场地。结合陶瓷、佛手茶、养蚕等产业，分别设有小学、初中、高中乡村振兴研学课程，注重研学的科学性、适用性和趣味性。以乡村振兴为目标，打好“经济牌”。与永春县咏德旅行社有限公司签订旅游战略合作协议，接待各类研学旅行190批，约27650人次，每年带动村集体增收30万元。

【镇村建设】 2022年，苏坑镇巩固无裸房乡镇建设，聚焦裸房整治、建筑风貌提升以及绿满苏坑提升等三大行动，力促乡村面貌展新颜。建设宜居环境，分期分批开展临时建筑及房前屋后清理整治和绿化工作，建设美丽新农村。抓好生态环境保护，投入933万元实施嵩安溪水系连通及水美乡村建设项目，综合整治河道3.9千米，打造“山清水秀生态美”招牌。

【乡村治理】 2022年，苏坑镇完善社会治理，创新性开展矛盾纠纷化解工作。针对民事纠纷方面，立足老年活动中心阵地，整合“金牌调解员＋老党员＋司法所专员＋村干部”力量，多渠道、全方位开展解纷工作。全年排查矛盾纠纷256次，受理化解各类矛盾纠纷117起，调解成功率100%。针对企业纠纷方面，依托“135”庭所共建工业园区调解室引导企业自愿选择非诉讼渠道解决纠纷，依托工业园区工会联合会启动“主席访企”活动，及时发现企业矛盾并着力化解，护航企业发展壮大。

【社会事业】 2022年，苏坑镇推进社会事业发展，改善基础设施。投入138万元完成嵩溪泮林角落等5个路段亮化工程，提升群众出行质量。聚焦离退休队伍管理，引导离退休老干部为免费午餐等各项事业建设发挥余热。2022年8月，苏坑镇离退休党支部获“省级离退休干部示范党支部”称号。苏坑镇持续推广“免费午餐＋康乐家园＋医养结合＋老少同乐”典型模式，投入90万元完成嵩溪村老年活动中心、洋田角落老年活动中心和嵩山村老人活动中心（东山点）改造提升，实现家门口幸福养老。公共服务提档升级，开通永春县城延伸至苏坑镇区的18路公交车、苏坑延伸至德化9路公交车，满足苏坑工业园区内企业职工不同时间段上下班出行需求。

【重点项目建设】 2022年，苏坑镇实施重点项目16个，计划总投资5.84亿元。市、县级管理重点项目7个，年度计划投资3.67亿元，至12月底，完成投资4.194亿元，占年度投资计划的114.28%，超额并提前完成年度投资任务。在全县项目攻坚“四项竞赛”上半年及全年考评中均位列第一方阵第二。工业园区三期可开发利用范围约25.5公顷，可建设建筑面积30万—37万平方米的标准化工业厂房。在前期手续方面，完成初步红线图、控制性详细规划修编、国土空间规划编制、成片开发方案（省政府已批复）、县发改局立项批复、地方债券获批额度1.45亿元（分3年申请）等前期工作；在征迁安置方面，完成征地7.7公顷，并支付征地款263万元。

【招商引资】 2022年，苏坑镇开展“五全”招商，深入实施“辐射招商”“乡贤回归”和“以商招商”三大工程，制作《苏坑镇招商指南》，盯紧产业需求，明晰招商方向，在全镇掀起“大招商、招大商”热潮。2022年引办并落地企业9家（其中亿元工业企业2家，5000万元以上工业企业1家），签约企业2家。

【永春县第二届陶瓷行业职业技能竞赛】 2022年9月6日，永春县第二届陶瓷行业职业技能竞赛在苏坑镇工业园区举行。竞赛由县总工会、县人力资源和社会保障局、苏坑镇政府联合举办，分为注浆修坯、手工贴花、釉下手绘三个项目。每个项目各评出一等奖1名、二等奖2名、三等奖3名，现场颁发荣誉证书及奖金。

2022年9月7日，永春县第二届陶瓷行业职工职业技能竞赛在苏坑镇举办，图为竞赛现场　（图／颜祖相）

【“桃城建工杯”2022年春季佛手茶王赛】 2022年5月17日，“桃城建工杯”2022年春季佛手茶王赛在苏坑镇举办。比赛收到苏坑镇茶农、茶企、茶商等选送的颗粒清香型佛手茶样265个、条形浓香型佛手茶样109个，评审专家分别从茶叶的外形、香气、滋味、汤色、叶底等方面对参评茶样进行品评。经过初赛、复赛、决赛三轮评审，评出颗粒清香型佛手奖项21个，茶王1名、金奖2名、银奖3名、铜奖15名；条形浓香佛手奖项21个，茶王1名、金奖2名、银奖3名、铜奖15名。5月27日，苏坑镇举办茶王赛颁奖仪式，颁发奖金22.6万元。馨怡茶厂荣获颗粒清香型佛手茶王称号，获得3万元奖金；洋坪茶厂荣获条形浓香型佛手茶王称号，获得1.2万元奖金。

（王淑萍）

蓬壶镇

【概况】 蓬壶镇位于永春县中部，北纬25°23′、东经118°8′，东邻吾峰、石鼓，西接锦斗、玉斗，南邻达埔，北与苏坑、呈祥接壤。面积81.3平方千米，下辖22个行政村和1个工业区。2022年末人口79006人（计生口径）。四周群山环抱，中部为河谷盆地，因山清水秀、风光如画，酷似蓬莱仙境而得名蓬壶，主要种植水稻、“早钟六号”枇杷、桂花、罗汉松、金线莲等农作物。拥有2个国家AAA级旅游风景区百丈岩和仙洞普济，以及天沐温泉旅游度假区、沈家大院、民国时期三角街、供奉炎帝（神农氏）

的真宝殿、弘一法师闭关遗址等旅游景点。

【经济发展】 2022年，蓬壶镇实现规模以上工业增加值12.44亿元，农业总产值4.6亿元，限额以上商贸企业销售额2.41亿元。实施重点项目19个，完成投资19.5亿元，其中新开工项目11个。开展“征迁攻坚”行动，启动永春县农产品集中加工区房屋拆迁工作，征收土地27公顷。加快现代农业发展，整治违法占用耕地5宗，复耕撂荒地46.4公顷，复耕“非粮化”农田2公顷，实施高标准农田项目100公顷，播种早稻403.6公顷、中稻454公顷、晚稻423.8公顷。制定《蓬壶镇招商引资项目比拼考评方案（试行）》和《蓬壶镇产业项目招商引资奖励暂行规定（修订）》，全年招引企业15个、总投资4.65亿元，签约项目3个、总投资32亿元。推动服务业发展，全年游客数量达42.3万人次，天沐温泉旅游度假区进入司法重组程序，进行二次招商。

【镇村建设】 2022年，蓬壶镇建成观山汤城新农村住宅小区，裸房装修完成1776栋。实施后万线、蓬美线、蓬长线等安保工程7千米，安装农村道路路灯262盏。实施西昌溪水污染综合治理、美中官圳农村生活污水截流工程、仙岭村（万斗角落）生活污水收集处理工程、东星村清前角落污水处理工程等污水治理项目，整治旱厕468座。清理河道11.5千米，清理非法围垦17万平方米，制止非法采砂6起，拆除关闭违规生猪养殖10宗。实施造林16.7公顷，森林抚育103公顷，封山育林40.4公顷，开展绿盈乡村创建活动，鹏溪村获得初级版绿盈乡村命名，仙岭村绿盈乡村工作入选福建省乡村生态振兴案例选编。

【乡村治理】 2022年，蓬壶镇开展、交通安全危险化学品和烟花爆竹、防火防汛、地质灾害等排查整治专项行动，引导企业开展标准化建设，加强自建房加工场所消防管理。常态化开展扫黑除恶斗争、打击“黄赌毒”、反有组织犯罪及打击整治电信网络诈骗、防范养老诈骗等专项行动，依法打击各类违法犯罪行为，全镇破刑事案件29起，办结治安案件139起，抓获网上在逃人员11人。推进新时代文明实践活动，开展各级文明村镇、文明单位、文明家庭创建活动。

【社会事业】 2022年，蓬壶镇发放各类扶贫资金278.86万元。养老保险、医疗保险参保等社会保障提标扩面。持续做好特殊群体社会救助工作，落实城乡低保590户，发放救灾救济资金33.38万元、残疾补助135.99万元，实施低保安居工程4户，发放老人高龄补贴84万元。优先发展教育事业，蓬壶镇第三中心幼儿园主体建成，第四中心幼儿园主体建设中。加快发展卫生事业，实施蓬壶医院门诊综合楼建设项目。完成征兵工作，镇人武部在市军分区组织的“评星挂牌”活动考评中获评“三星”级。

【永春县农产品集中加工区项目】 2022年8月位于蓬壶镇的永春县农产品集中加工区项目正式启动。该项目是永春县国家农业产业园最大的单体项目。至2022年底，该项目完成整个地块控规修编、成片开发方案编制及审批工作，策划生成农产品交易中心、预制菜产业园、仓储物流等项目，开展园区安置地、道路及工业用地等地块征迁工作。

蓬壶镇仙岭村 （图／永春县融媒体中心 2022年4月摄）

【乡村振兴】 2022年，蓬壶镇贯彻落实习近平总书记“坚持农村科技创新　拓展山区小康之路”题词精神，实施仙岭村探索未来乡村共同富裕先行先试“458”工程，打造“鹏溪—汤城—仙岭”乡村振兴示范路线，举办永春县2022年“中国农民丰收节”暨乡村旅游推介会和蓬壶镇荔枝文旅招商品鉴会暨农民运动会，开展河长培训班、村主干培训班等研学活动，乡村振兴工作受到市委书记刘建洋的肯定。

（潘锦德）

达埔镇

达埔镇新琼村琼美小区全貌　（图／张九强　2022年1月摄）

【概况】 达埔镇位于永春县中南部，辖区面积121平方千米，辖21个村民委员会，2022年总人口9.3万人，是著名的“中国香都”、革命老区、重点侨乡。2022年，达埔镇围绕“海丝香都、站前新城、特色强镇、文旅福地”发展目标，激活提升香产业动能，发展特色农业，经济发展回升复苏，实施“一村一策”，因地制宜拓宽增收渠道，谋划169个村集体经济发展项目。全镇21个村的经营性收入全部达20万元以上，7个村达50万元以上，新琼村达100万元以上，全镇农民人均纯收入2.185万元，比上年增长7.1%。

【经济发展】 2022年，达埔镇完成镇本级工商税收953.05万元，比上年减少16.6%。全镇规模以上工业产值92.59亿元，比上年增长50.05%；固定资产投资新增入库项目16个，新增投资额约4.7亿元。

农业迸发活力　2022年，达埔镇完成土地综合整治项目3公顷、新增立项30公顷，完成81公顷高标准农田项目建设，全年粮食播种面积1563公顷，实现粮食产量8464吨。全年达埔镇扶持专业合作社63家，培训职业农民520人次，发放各类惠农补助250多万元。达埔镇继续培植培优芦柑、佛手茶特色产业，芦柑、茶叶园间管理427公顷，引进爱媛28和沃柑21.3公顷，举办“2022年永春芦柑品牌文化节”，在泉州市区建成永春佛手发源地展示馆。2022年，旭年春茶叶专业合作社在2022海峡两岸茶文化季茶王擂台赛和全县秋季茶王赛中分别获“茶王”“浓香型佛手茶王”称号，彬达、兴隆被评为2022年度泉州市知名农产品品牌。

工业激发动能　2022年，达埔镇实现规模以上工业产业产值107.9亿元。全镇加大“小升规”后备企业培育力度，新增规模以上工业企业2家。强民香业、迈臻香业、永信香业（二期）等13个县级工业重点项目有序推进，彬达香业、翔达香业等5家龙头企业完成绿色数字技改。全镇有麻糬企业31家、生产作坊57家，产值6.2亿元。

三产打造新业态　2022年，达埔镇限额以上商贸企业销售额3.47亿元，零售额1.27亿元。全年达埔镇培育规模以上文化企业6家、省级文化示范基地1家，达埔镇篋香城获评“永春县中小学生研学实践教育基地”。“红色寻迹游、侨乡风情游、工业体验游、宗教朝拜游”乡村旅游路线效益提升，全年游客数量突破30万人次。

【重点项目】 2022年，达埔镇组织实施重点建设项目29个，年度计划总投资19.14亿元，完成投资24.51亿元，占年度计划的128.06%。其中，县级重点项目13个，年度计划总投资10.39亿元，完成投资11.56亿元，占年度计划的111.26%。兴泉铁路安征迁扫尾工作有序推进，完成外部环境整治销号及永春站永临结合输电线路建设，永春站正式通车运营；泉莆高速改扩建项目完成征地40公顷，拆除房屋33幢，征迁工作实现“拔钉清零”；横七干线项目交地77公顷，全线完成土地征收，拆除房屋82幢。

【招商引资】 2022年，达埔镇建立重点产业链“链长”制，精准研究产业，组织“走出去、请进来”考察活动36场，参加“晋江经验20年”全球云签约活动，引进总投资5000万元的台资企业归朴园农业旅游建设项目落地镇内。全年认定招商项目8个，总投资额5亿元，招商引资成效位居全县前列。

【香产业发展】 2022年，达埔镇推进中小微香企创业园项目，完成用地用林报批及土地征收，完成场地平整工程招标及施工许可证办理。庞博香业、恒顺永芳香业建成投产。泽骏科技、万代香香业项目开工建设。强民香业1号厂房建成投产。达埔镇开展香产业专题“延链招商”，与华宝香精股份对接，筹建芳香产业园；瞄准“嗅觉经济”新业态，推动永春香进酒店进书店，彬达香业在荣誉酒店开设“一脉香传”香铺，达盛香业在新华书店设立“书香体验馆”，扩大香品应用场景。中国香都电商直播孵化运营基地在镇内落地运营，通过“运营基地＋直播培训＋供应链”赋能香产业转型。达埔镇策划汉口“寻香”文创园项目，获得市级文化产业发展专项资金扶持，投入100多万元，打造网红打卡点。达埔镇对接高校资源，与福建中医药大学签订战略合作协议，推动校地、校企合作，建设4个人才驿站，2022年获评省工艺美术大师1人，省级金牌工匠5人，市、县工匠7人，新认定高层次人才16人，通过泉州市高技能人才认定25人，中国香都产业人才传承发展中心被评为市级人才之家。

【镇村建设】 2022年，达埔镇完成岩峰新区、岩峰村卓口片区控制性详细规划编制，完成蓬壶达埔空间一体化发展研究课题，推进蓬壶达埔一体化；完成乌石、达山、达理等13个村村庄规划编制，实现村庄规划全覆盖。全年达埔镇投入3.55亿元，实施镇级为民办实事项目12个；向上争取乡村振兴专项资金596.76万元，实施乡村振兴项目12个，策划生成乡村振兴整镇推进重点项目7个，完成投资2907万元；整改卫片83宗，拆除“两违”建筑41宗，整改涉粮问题13宗，清理整治耕地面积10.42公顷；投入240万元对辖区250多千米农村公路进行养护，投入670万元对辖区楚后线、兴鲤线等4.3千米农村公路进行硬化、重铺，投入105万元新建达山桂地至高坪公路；建设中国香都产业园区、汉口村、新琼村等3个“党建＋”邻里中心，打造“15分钟便民服务圈”。

【乡村治理】 2022年，达埔镇常态化推进扫黑除恶斗争，创建“一村（社区）一法律顾问”示范点21个，平安建设“三率”稳步提升。全年达埔镇劝返境外涉诈重点人员7人，自主摸排滞留境外涉诈高危人员25人；开展重点行业领域安全隐患排查整治，构建风险分级管控体系，排查隐患并完成整改115处，查处交通违法行为3521起。全镇建小微权力微信监督群54个，约谈镇村干部15人、批评教育11人、通报批评村6个和村主干1名、诫勉6人，完成自办案件2件3人，办理涉刑涉诉案件6件6人。2022年，达埔镇开展裸房整治等重点工作监督检查16轮，督促整改22个问题。汉口村获评全国“一村一品”示范村，达理村获评2022年度市级“一村一品”专业村，新琼村、汉口村获评第二批省级乡村治理示范村，达德村获评2022年度市级乡村振兴实绩突出村，达埔镇获评党的二十大永春县信访安全保障工作成绩突出集体。

【社会事业】 2022年，达埔镇执行全民参保计划，城乡居民医疗保险、社会基本养老保险参保率均达98%以上。全镇完成低保安居工程、贫困残疾人安居工程、计生安居工程12户，发放各类补助金、救助金420多万元，建成达埔镇区域性养老服务中心、达中长者食堂。达埔镇教育发展促进会筹集资金163.24万元，建成达德、洪步、金星3所小学爱心书屋，投入980万元建成汉口小学教学楼，投入182万元完成达埔中学操场改造。全年达埔镇开展“福满香都 情暖达埔”等文化活动20多场，投入25万元对李南金故居进行修缮保护，完成达中村新型文化空间建设，中国香都香文化博物馆获评泉州市科普示范基地。

【生态宜居环境建设】 2022 年，达埔镇完成植树造林 48.1 公顷，封山育林 55 公顷，森林抚育 84 公顷，推进松材线虫病防治工作，完成松林改造面积 100 公顷，清理枯死松木 3500 多株。12 月 19 日，达埔镇获评省级森林城镇，乌石村获评省级森林村庄。全年投资 4601 万元，实施达埔沿溪农村生活污水治理项目，覆盖光烈、金星、蓬莱、前峰、新琼、建国、达德、达理 8 个村 3.3 万多人，完成污水主管网建设 26.3 千米，接户管 26.7 千米，入户管接户数 1190 户；开展汉口溪水质提升专项整治，完成洪步、狮峰等管道建设约 7 千米、入户管接户数 278 户；投资 550 万元建设岩峰农村生活污水治理项目，完成 4.33 千米污水主管和接户管建设，入户管接户数 240 户。

【城乡品质提升行动】 2022 年，达埔镇开展提升城乡品质专项行动，全年投资 4.33 亿元，实施镇区景观提升、桃溪支流安全生态水系等项目 22 个。全镇完成裸房装修 1782 宗；查处“两违”（违法占地、违法建设）96 宗，涉及面积 3.5 万多平方米，拆除违规养殖场 5200 多平方米；完成岩峰三角街公园景观和镇区沿街香都路灯改造，启动达中旧街东街区域和岩峰卓口小区老旧小区试点改造，推进永春县总医院达埔分院、新琼小区等一批项目。

（赵洛瑶）

介福乡

【概况】 介福乡地处永春北部，东部与湖洋镇相连，东南和西南与桃城镇和五里街接壤，西北与德化县三班镇和龙门滩镇毗邻，全乡辖区面积 33.8 平方千米，平均海拔 560 米，四面环山，地势平坦，素有“山顶小平原”之称，辖有紫美、福东、龙津 3 个行政村。2022 年，总人口 1.04 万人。介福乡红色底蕴深厚，是全军十大挂像英模林俊德将军的故乡，福东、龙津村均为革命老区村；陶瓷历史悠久，被评为“中国陶瓷之乡”，乡域内古窑址遍布，至 2022 年 12 月底发现 30 多处，位于紫美村的苦寨坑窑遗址是至今中国发现最早的原始青瓷窑址。2022 年，林俊德科学家精神教育基地获评首批国家级科学家精神教育基地，苦寨坑窑遗址获评新时代百项考古新发现，介福乡人民政府获评福建省第七次全国人口普查突出贡献集体。

【经济发展】 2022 年，介福乡全乡规模以上工业企业完成产值 37.09 亿元，比上年减少 4.5%；农业总产值完成 2.55 亿元（预估），比上年增长 4.1%；乡镇工商税收完成 450 万元，比上年减少 36.8%；财政总收入完成 3046.44 万元，比上年增长 34.9%；农村居民人均可支配收入 23136 元，比上年增长 4.3%。

农业 2022 年，介福乡持续发展蛋鸡特色产业，德福生态农业完善提升标准化生产及追溯管理体系，完成有机肥生产项目建设；引进农裕农业物联网产业园发展特色果蔬种植，完成大棚蔬菜和玉米种植 20 公顷。做好粮食安全生产工作，完成中稻种植 140 公顷，复耕撂荒地 13.3 公顷，龙津村 23 公顷土地综合整治项目进入土地平整和清表阶段。

工业 2022 年，介福乡有规

介福乡紫美村陶瓷主题广场　（图 / 介福乡 2022 年 8 月摄）

模以上工业企业10家，主要为陶瓷产业相关企业。良瓷科技有限公司龙头带动作用持续增强，良瓷科技－永春5G智慧产业园实现全方位数字驱动的运营管理，良塑科技、BF2定制中心等“九牧系”项目有序推进，引领行业智慧制造发展，公司同时入选国家级和省级智能制造优秀场景名单，获评省工业龙头培育企业、省绿色工厂。勤利陶瓷、宏鑫陶瓷、龙翔陶瓷等本地企业新增生产线，进行技改升级，发展后劲增强。

商贸业　2022年，介福乡新增云鹏商贸、乐百家商贸、振鹭商贸、零点一刻、润器陶瓷等限额以上商贸5家，限额以上商业企业全年完成销售额35.2亿元，比上年增长9.9%。陶瓷直播电商蓬勃发展，2022年全乡有电商企业30余家，全年实现电商销售额9800万余元。

旅游业　2022年，介福乡抢抓研学旅游热潮，与咏德旅行社合作，依托“英模故里”打造林俊德事迹馆研学实践教育基地，全年累计接待研学团队120余批次，逾7000人次，基地获评省、市中小学生研学实践教育基地。扎实推进苦寨坑窑遗址保护开发和林俊德将军文化园建设，苦寨坑窑考古遗址公园入选第四批国家考古遗址公园立项名单，完成苦寨坑安防工程建设，苦寨坑本体保护工程开工；凤山堂（林俊德故居）主体修缮完工，布馆基本完成。

项目招商　2022年，介福乡实施县级管理项目13个，完成投资6.32亿元，福建省德福蛋禽特色产业园、良瓷科技介福厂房二期等7个重点项目开工建设，勤利陶瓷科技等4个重点项目建成投产，获县“四项竞赛”第一季度第一方阵第三名。推进“五全招商”，2022年完成项目认定9.8个，总投资4.19亿元，其中超亿元项目2个。

【镇村建设】　2022年，介福乡完成龙津、紫美村庄规划编制，围绕“五个振兴”谋划实施项目5个。以福东村为试点建设“党建+”邻里中心，常态化开展义诊、免费午餐等活动，打造“15分钟便民服务圈”，获评全县十佳邻里中心。改善村容村貌，整治裸房201栋，创建省级美丽庭院1户、市级美丽庭院1户、县级美丽庭院8户，完成绿化造林3.3公顷，森林抚育91.5公顷；开展农村人居环境整治五年提升行动，农村人居环境整治县级日常考评综合成绩基本位于中上水平。提升生态品质，整改瓷土行业污染周边环境问题，3月始，坌溪水质月均达Ⅱ类标准；在福东美丽乡村建立河长制主题公园，拆除蓝线内违章建筑3处235平方米，完成1条主河道及11条支流的清淤清障工作，拆除生猪养殖场2座、沿溪禽舍12处、清淤清障5.1千米，监测断层及抽查河流水质月均达Ⅲ类及以上标准。

【乡村治理】　2022年，介福乡开展劝返缅北和东南亚滞留人员专项行动，劝返缅北滞境外人员3名，口岸拦截人员1人。从实从细做好信访工作，全年受理并化解信访件8件，调处矛盾纠纷17起。坚持安全至上，深化“安全服务日”制度，实行安全生产双月通报，厂房、仓库消防安全“开小灶”综合整治率先通过县级验收，“新安法知多少”全国安全知识网络竞赛积分排名全县第二；高效完成3个批次30家企业的安全生产标准化提升工作，相关做法获中国应急管理报刊登报道；安全生产“四个聚焦”做法入选《泉州市安全生产专项整治三年行动汇编》，被列为县安全生产专项整治三年行动创建示范乡镇。

【社会事业】　2022年，介福乡实施为民办实事项目9件，“一事一议”项目2件。坚持教育优先发展，完成中心小学运动场升级，建设介福中学新教学楼主体，更换教学触控一体机10套，发放奖教助学金5.79万元。完成广良山和崇姆坡道路硬化，多方协商沟通推动德化—永春公交路线试运行，永春15路公交车票价由8元降至5元。加强弱势群体关怀帮扶，完成低保、残疾人、二女户等对象安居工程5户。多措并举保就业，开展线下招工活动2次、举办招工交流会1次，年度落实招工159名，留永春就业35名。

【永春苦寨坑原始青瓷窑址获评全国“新时代百项考古新发现”】　2022年4月22日，位于介福乡紫美村的永春苦寨坑原始青瓷窑址被中国考古学会、中国文物报评为“新时代百项考古新发现”，是福建省唯一的上榜项目。至2022年12月31日，苦寨坑窑址发掘面积235平方米，发现窑炉9座，出土文物有大量的原始青瓷标本、少数硬纹硬陶和黑衣陶器、石戈等。经

C14 年代测定，苦寨坑原始青瓷窑址可追溯至夏代中晚期、商代中期，是全国发现最早的原始青瓷窑址，被列为第九批省级文物保护单位、第一批省级考古遗址公园、第八批全国重点文物保护单位。2022 年，介福乡完成苦寨坑安防工程建设，启动苦寨坑本体保护工程建设。

（陈雅莲）

吾峰镇

吾峰镇河长制主题公园步道　（图／县融媒体中心 2022 年 4 月摄）

【概况】　吾峰镇位于永春县西北部，天马山南麓，辖区总面积 33.03 平方千米，人口 6022 户、2.1 万人，下辖 8 个行政村，是文化之乡、农业大镇、重点侨乡、重点老区镇，生态人文旅游资源丰富。2022 年财政总收入 1239.13 万元，比上年增长 36.12%，完成规模以上工业产值 6.29 亿元，比上年增长 36.15%，工商税收 186.94 万元，固定资产投入 10383 万元，农业总产值 1.56 亿元，比上年增长 1.3%，农民年人均可支配收入 21050 元，比上年增长 12.95%。实施管理重点项目 13 个，年度计划投资 4.43 亿元，完成投资 4.522 亿元，占年度计划的 102.07%，其中 4 个县级管理重点项目完成投资 1.99 亿元，超额完成年度计划。荣获泉州市“乡镇信访工作联席会议制度建设”示范乡镇称号；镇党委副书记、镇长王锦彬在水利部、全国总工会、全国妇联联合开展的第二届“寻找最美河湖卫士”主题实践活动中获得“十大最美河湖卫士”称号。

【经济发展】　2022 年，吾峰镇以乡村振兴为引领，促进农村一、二、三产业融合发展。统筹利用全镇土地资源及补充耕地资源，在发展粮食、茶叶、生姜、油茶等特色农业上下功夫，支持培育一批涉农农业企业、农民专业合作社、家庭农场。鼓励发展乡村好货、旅游服务、民俗文化、家政服务等业态。支持建设 21.3 公顷名优水果基地、水稻 174 公顷、绿肥紫云英 13.3 公顷；新建乡村产业服务中心 1 栋，引导全镇扩大种植小黄姜 20 公顷，携手泉州金泉兴食品科技合作研发，开展“姜”衍生品 15 种，统筹推进择水村、吾顶、梅林省级扶持村级集体经济发展试点村项目，续签桃溪水利有限公司投资协议，申请中央财政衔接推进乡村振兴补助资金、县级扶贫重点项目、产业发展项目 10 项。推进工业经济转型升级，注重发挥龙头企业引领带动作用，引导企业积极应对市场挑战，帮助企业强化内部管理，狠抓节能降耗，提高产品经济效益和核心竞争力。招商引资梯次递进，深入摸排建立在外乡贤信息库，镇主要领导带头“走出去”，开展招商引资活动 20 余次；实行“一企一策”“一企一案”，从谋划、签约、融资到落地全程提供“保姆式”服务，认真落实“五个一”服务机制，对企业采取“点对点”包保，全镇落地招商引资项目 16 家、总投资 3.75 亿元，签约项目 2 家、总投资 1.26 亿元。促进文旅经济融合发展，聚焦旅游富民，结合“五个美丽”建设，推进“旅游 +”发展，与台湾建筑师团队福州闽台艺创策划咨询有限公司达成合作，为侯龙书院、侯龙堡、大剧铺等项目开展乡村产业与文化项目陪护式设计服务，扶持带动全镇 5 家餐饮店提升服务质量，并积极探索乡村旅游新模式，加快推进生态文化廊道建设，将瓷帮古道吾峰段的侯龙堡、侯龙书院、大剧铺、通德桥等景观串点成线，开展怀古、健身、耕读、采摘、文旅等项目，打造鳌峰古驿道文化长廊，全域旅游格局初显雏形。

【镇村建设】 2022年，吾峰镇围绕打造特色精品小区目标和宜居、宜业、宜游的发展定位，推进镇村建设。新时代农村社区完成投资4800万元，引入清华大学优秀团队设计适老房型，建成10栋农房和1幢民俗文化活动中心，完成道路、广场、绿化、管网等配套设施，在全省城乡品质建设提升新时代农村社区建设十大样板工程工作考核中获得第1名。厦沙高速扩容项目吾峰安置小区累计完成投资1875万元，正在进行基础建设；铺格小区一期工程完成投资1450万元，建成5栋6户农房。全镇推进裸房装修，完成232栋裸房装修，全镇居住品质进一步提升。天马岩至择水公路硬化工程铺设路面2千米，完成吾洋线公路养护、大耕山公路、培民村公路驿站和3个“一事一议”奖补项目、7个村道路安全生命防护工程等项目。

【乡村治理】 2022年，吾峰镇开展全域环境整治，完善环境卫生“网格化”管理制度，投入70多万元推进县级垃圾分类工作，购置垃圾分类桶600个、新建垃圾分类亭4座，环境卫生显著改善，在全县第二方阵月考评中多次位于前列，在全国农村人居环境微信公众号等进行专题报道。投资100多万元提升建设河长制主题公园，成为永春首个主题夜景公园；完成流域治理工程2.7千米、河道清淤5.5千米；实施镇区污水处理设施及管网工程，实现8个行政村污水处理设施全覆盖。完成松林改造5.6公顷、封山育林15.7公顷、重点区域中幼林及森林抚育25.2公顷、森林质量精准提升8.7公顷，推进吾中村、侯龙村绿色乡村行动建设，统筹做好森林防火、资源调查、集体林权制度改革等工作。

【社会事业】 2022年，吾峰镇构筑社会救助兜底网，全镇低保229户364人、特困人员27户28人，实现应保尽保。发放残疾人“两项补贴”440人、大病救助金41人、金秋助学8人，实现应救尽救。审核通过低保边缘家庭227户723人，实施低保安居工程1户、残疾人住房修缮2户、困难老年人适老化改造工程53户。实施低收入农户住房改善提升项目17户，发放补助金32.01万元，脱贫户41户136人全部稳定脱贫。投资180万元建设区域性养老服务中心、吾中村长者食堂。统筹抓好经济社会发展。通过教育发展促进会筹集教育基金38万元，发放奖学助学、奖教助教资金37.37万元。抓好新农合、新农保缴交工作，参保率分别达到96.26%、98.53%。

【重点项目建设】 2022年，吾峰镇实施重点项目13个，每个重点项目都建立项目专班，及时做优做足保障。做好已引进项目的跟踪服务工作，福建尚岛科技完成投资9816万元，5号、7号、9号三栋厂房52800平方米，全部投用；福建省明智生物科技完成投资1200万元，正式投产；集英创新科技项目完成投资3400万元，完成基础建设；福臻食品生产项目完成投资1250万元，建设厂房主体工程。

【文明创建】 2022年，吾峰镇开展“我们的节日”主题活动10余次，开展各类志愿服务活动200余次。与守望者服务中心逐梦支教队举办“侯龙书院公益夏令营”文艺会演，携手米祈研学团队开展侯龙书院“公益耕读营”活动，支持侯龙书院研学基地建设，开展拜孔子入学式等文体活动。与全镇党员签订《移风易俗承诺书》，印发移风易俗倡议书2万多份，开展“邻里守望 互助友爱”志愿服务、“我推荐我评议身边好人”等活动。全镇建设新时代文明实践所1个、新时代文明实践站8个，实现全镇各行政村阵地建设全覆盖。

【基层党建】 2022年，吾峰镇组织编制《吾峰镇深化党建引领基层网格管理工作实施方案》，完成4个村级党组织升格，成立9个村级网格党支部，4个责任网格联合党小组和4个责任网格党小组；通过“三会一课”、主题党日和组织生活会等常规方式，同时结合“请进来”学习、“走出去”考察等新方式，丰富创新基层组织生活，2022年来，21个基层党组织累计开展党员大会33次、支委会204次、党课22次、主题党日145次、学习考察活动4次。指导健全党员联户“1+N”工作机制，根据就近就亲就熟的原则，由1名党员联系N户群众，形成联户台账，负责在该网格中服务群众。2022年，有428名联户党员联系全镇4433户群众，进一步增进党员和群众的联系，有利于群众工作的开展。在全县率先创新开展村干部“上挂提质 雏雁赋能”行动，通过多岗轮换，导师帮带制，量化评分等方式，组织新进村干部和村级后备力量，分批到镇政府重点岗位锻炼。指导吾中村投入100万元围绕“朱熹旧宿驿，好邻有吾中”主题，打造“15分钟便民服务圈”。吾中村“党建+”邻里中心在全县拉练中获第二等次。

【中共吾峰镇振兴鳌峰联村委员会成立】 2022年1月25日，中共吾峰镇振兴鳌峰联村委员会揭牌仪式在吾顶村姜产业发展服务中心举行。吾峰镇以振兴鳌峰联村党委为契机，开启联村联创，吾顶、吾中、培民3个村紧密合作，在发展乡村产业、壮大村集体经济、完善乡村治理、引入各类人才资源等方面“组团作战、抱团发展”，实现联建村资源共享、区域共建、发展共赢。

（黄玲玲）

石鼓镇

【概况】 石鼓镇地处县城西南部，东邻桃城镇和五里街镇，西连达埔镇和蓬壶镇，南以伏狮山与岵山镇交界，北接吾峰镇。全镇面积49.35平方千米，下设8个行政村、5个社区，辖区内有初中校1所、小学7所、中心幼儿园2所；卫生院1所，县医院坐落于石鼓桃场社区。2022年全镇总人口3.7万人，有党组织26个、党员1060人。2022年，石鼓镇被泉州市统计局评为泉州市第七次全国人口普查突出贡献集体，被省委农村工作领导小组办公室等七部门评为第二批省级乡村治理示范乡镇。

【经济发展】 2022年，石鼓镇一般公共财政总收入1619万元，一般公共财政预算收入2577万元。全年石鼓镇农业总产值29608万元，比上年增长4.04%；完成固定资产投资额35086万元，比上年增长50.8%；新增规模以上工业1家、资质建筑企业1家、限额以上商贸3家。2022年城乡居民人均可支配收入34991元，比上年增长9.56%。

特色农业　2022年，石鼓镇持续发展果蔬、麻笋、甘蔗、蛋鸡养殖为主的四大现代农业产业，以康绿隆、绿丰、阳升为骨干企业。全镇建设高标准农田81.2公顷，开发盘活撂荒地复耕复种11.3公顷，粮食产量5394吨，比上年增长5.24%。石鼓镇以吾江村省级乡村振兴试点村示范先行，围绕有机果蔬、麻竹、大果红花油茶三大支柱产业进行综合提升，带动周边半岭、卿园、马峰等整体农业提升，形成有一定规模的现代农业产业；以万春寨旅游特产开发有限公司为平台，融合“互联网+”，利用现代科技，开发网上交易新途径，拓展农产品产销新渠道。

工业经济　石鼓镇主要发展轻纺服装、新型建材、食品饮料、器械配件为主的四大工业产业，有百祺、云固、汇源等龙头企业。2022年，全镇有规模以上工业企业12家，产值121亿元，比上年增长19.7%；新增规模以上企业5家，其中规模以上工业1家；纳税100万元以上的企业19家，其中纳税500万—1000万元2家、纳税1000万—5000万元2家。

第三产业　石鼓镇持续发展现代服务业，建成集大型商场、酒店、购物中心、医疗等组成的城市综合体。2022年，石鼓镇与泉州文旅集团签约魁星岩景区文旅合作项目，深化文旅融合，打造魁星品牌；发掘凤美村地热资源，勘探出水温度达60℃以上，日出水量达2000吨，凤美温泉项目和泉州文旅集团达成初步合作意向；发展壮

2022年5月17日，石鼓镇举行百祺实业二期项目开工仪式，图为开工仪式现场（图/石鼓镇）

大白鸭汤、排骨饭等特色餐饮，打响石鼓区域品牌。

【镇村建设】 2022年，石鼓镇重点实施百宏上林苑、建发·泊月小区、中骏·雍璟小区、鼎盛·城上城、福邸美苑等5个房地产项目，完成22号地块征迁3687平方米，加快大镇区空间布局建设。全镇实施环境卫生片区网格化管理机制，采取“主干线与村内环境两条线分块整治”的管理模式，实行“一村一策”，重点整治“城中村”。全年查处拆除“两违”建设81宗、面积7000平方米，清理乱占河道面积5000平方米，完成裸房装修8万平方米；完成田中溪污水处理和管网工程建设，田中溪管网工程项目竣工并移交第三方运营使用，实施截污工程12处、排污管道2千米。

【乡村治理】 2022年，石鼓镇以实施乡村振兴战略为总抓手，完成马峰村、凤美村、东安村、大卿村村庄规划设计，3村各建设农村生活污水处理设施2座，吾江溪流域水质稳定在Ⅲ类以上，田中溪水质有效改善。全镇以“五个美丽”［美丽乡村庭院、美丽乡村微景观、美丽乡村小公园（小广场）、美丽田园、美丽乡村休闲旅游点］为抓手，推进乡村治理，投资220万元完成桃星社区三峡移民周边环境整治及桃深线深坑至山寮段道路硬化工程，实施半岭村乡村公园、森林步道等建设项目，完成植树造林45.2公顷、占比105.9%。石鼓镇洑江村被中共福建省委农村工作领导小组办公室等7个部门评为第二批省级乡村治理示范村、被福建省绿化委员会办公室评为福建省森林村庄。

【社会事业】 2022年，石鼓镇持续深化实施教育教学改革，2022年文明中学综合比率居全县第七名；推进永春一中魁星校区（城西中学）建设项目，完成石鼓镇第三中心幼儿园主体装修。全镇实施全民参保计划，城乡居民基本养老保险参保率达98%、基本医疗保险参保率达98%。石鼓镇全年化解矛盾纠纷32起，化解率100%；投资400万元完成石鼓镇桃联社区省级无障碍样板工程；实施道路硬化、提级改造近20千米，完成交通安全防护栏4.5千米，完成交通安全隐患整改18处。

【招商引资】 2022年，石鼓镇落地项目8个，总投资44500万元及外资3000万美元。认定企业12家，计划总投资33020万元。全年镇内签约落地企业11家，其中有根产业1家、总投资10亿元，农文旅康养产业1家、总投资8亿元，高端智造产业1家、年销售额5亿元以上。石鼓镇策划生成项目7个，总投资85.7亿元。全镇新增轻纺鞋服、半导体、环保建材工业实体经济4家，新增现代服务业产业链项目8个。

【项目建设】 2022年，石鼓镇组织实施重点建设项目22个，其中县级管理项目10个、镇级管理项目9个、预备项目3个，总投资61.81亿元，年度投资14.5亿元，全年完成投资15.402亿元，占年度计划的106.22%，在永春县2022年项目攻坚“四项竞赛”活动中获得第一方阵第三名。石鼓镇实施“一企一策”，针对奕升、百祺、阳升以及汇源等4家首批低效用地试点企业制定提升方案，新增低效工业用地8.2公顷、投资4.3亿元。

【基层党组织建设】 2022年，镇内以桃场、桃联为试点，宣传魁星文化、红色精神，以“开永桃林场 邻里好街坊”为主题，打造桃场社区“党建+”邻里中心；传承“石玉”精神，丰富服务保障，打造桃联社区“党建+”邻里中心。石鼓镇以社区党组织为核心，与社区内的医院、小区、企业等联动，构筑多方共建的区域“大党建”格局，全年开展邻里招聘、节日活动、义诊服务、专题讲座等40场；打造宝龙“近邻学堂”，联合辖区学校22名近邻导师辅导学生1000余人次；组建由社区的老党员、老年协会、青年志愿者参与的邻里服务队2支，开展“点单式”志愿服务近400次；设立人才驿站2个，配备人才服务专员2名，服务落地人才10名；开展白鸭汤制作、佛手茶制作、生态养殖、无土栽培技术培训7场。桃场社区、桃联社区“党建+”邻里中心在县级拉练中分别获得一等奖、三等奖。

【桃场社区“党建+”邻里中心建设】 2022年，石鼓镇桃场社区“党建+”邻里中心依托原党群社区服务中心，形成“党建+”邻里中心、抗战历史纪念馆、魁星文化馆和在建的国学馆四位一体的布局。邻里中心设有邻里便民服务大厅、综治+社会治理中心、人才驿站+58、农产品+志愿服务驿站、两代表一委员办公室、网格化管理中心、卫生服务室心理咨询室、纪检邻里工作室、大会议室、影院、健身室、老人日间照料室等，综合社区内永春县医院、中心幼儿园、第四实小、永春一中魁星校区、农行和信用社等资源，开发“老有所养、幼有所育、病有所医、食有所安、居有所乐、事有所办”6项服务功能，打造“15分钟便民服务圈”。

（郑晓玲）

五里街镇

【概况】 五里街镇位于永春县城西郊，是城区重要组成部分，是一座有着千年历史文化的闽南重镇，素有“白鹤拳故里，海丝路源头”之美誉。区域面积42660平方米，辖5个社区、6个村。至2022年底，五里街镇户籍人口数39910人。全年完成规模以上工业产值69.68亿元，完成工商税收（乡镇包干口径）1821.69万元，实现财政总收入0.7126亿元。

【经济发展】 2022年，五里街镇组织实施重点建设项目27个，总投资25.41亿元，其中县级重点建设项目13个，完成投资10.92亿元，项目涵盖工业企业、现代农业、城镇建设、乡村发展、生态保护、民生事业等方面，有效地拉动投资增长。其中侨新老醋二期、春江源食品二期、云度新能源充电桩项目顺利实施，固力狮、元龙（福建）日用品技术改造项目有序推进，工业产业实现扩量增效。仰贤实验小学、仰贤社区商住小区、中融天玺、碧桂园·天钻、新安小区改造等10个在建项目全面或超额完成年度既定目标任务，城市化进程加快。重视招商引资工作，组建招商引资工作专班，完善《五里街镇招商引资奖励办法》，编制《五里街镇招商引资推介手册》，重特大项目按照“一企一策”进行招商，全年组织“走出去、请进来”考察活动30场次，累计招商落地企业20家，总投资额5.718亿元，已认定企业9家，其中，亿元企业2家。落地项目11家（其中1家为亿元企业），总投资额1.508亿元。在谈企业8家，预计投资额11.5亿元，签约项目3个，总投资额64.5亿元。策划项目4个，投资额5.2亿元。

五里街镇大羽村白鹤拳史馆　（图/张文庆 2022年6月摄）

【镇村建设】 2022年，五里街镇融入全县大局，开展“提升城乡品质 建设美丽永春”专项行动，提升五里街镇宜居宜业宜游水平。推进“全镇无裸房”，全年完成裸房装修152栋、脚手架搭架87栋。成立五里街古街文旅街区联村党委，引导大羽、五居、西安、埔头、高垄等5个村（社区）抱团发展。合力开发研学项目、建设配套设施，推出研学精品路线，“五里街—石鼓”线入选省级乡村振兴精品示范线。12月，五里街古街入选泉州市海丝文化主题街区培育名单。埔头村探索研学团队一站式、全程陪伴式服务，打造“学在金埔头”的研学胜地，成功引入中青旅遨游凡加、玲珑研学、安妮研学等10个团队，共同开发研学项目20个，建成并投用农耕文化园，首期沉浸式夏令营于7月11日在农耕文化园研学空间顺利开班，埔头村获评泉州市级中小学生研学实践教育基地、县级中小学生研学实践教育基地。

持续推行“强村八法”，谋划村集体增收措施，引导蒋溪、吾东、吾边等村建设农产品仓储加工中心3000多平方米，完善全产业链配套设施，年村财增收20万元，拓宽村集体经济增收渠道，增强村级“造血”功能。开展农村人居环境整治提升五年行动，乡村环境稳步提升。10月，埔头村获评第二批省级乡村治理示范村，创建华岩社区、西安社区2个中级版“绿盈乡村”，创建无裸房示范村1个，裸房整治示范线1条，美丽乡村庭院50个，美丽乡村微景观6个，美丽乡村小公园3个，美丽田园1个。其中，6户家庭获评省级美丽庭院示范户，2户获评2022年县级美丽庭院示范户，大羽村白鹤武术景观墙获评2022年县级美丽乡村微景观。

【乡村治理】 2022年，五里街镇严厉打击防范电信网络诈骗犯罪、养老诈骗等各类违法犯罪活动，探索“入矫即入学、解矫即毕业”五里街社区矫正新模式，规范做好刑事执行和教育帮扶工作。2022年，依托五里街镇矛盾纠纷多元化解中心和11个村（社区）矛盾纠纷多元化解工作室建设，实现“统一受理、集中梳理、归口管理、依法办理、限期处理”，全年共受理调解矛盾纠纷157件（重大疑难案件3件），调解成功率100%，涉及金额财产50万元，实现“小事不出村（社区）、大事不出镇，矛盾不上交”的目标。推进安全生产隐患大排查大整治行动，完成410间店铺消防整改。开展安全隐患大排查大整治、安全生产专项整治三年行动，“两违”拆除1.2万平方米，安全生产态势保持稳定。

【社会事业】 2022年，五里街镇关怀帮扶弱势群体，推动落实最低生活保障、特困人员、残疾人、弱势群体救助等工作，2022年发放80岁以上高龄补助548人、因病等困难群众补助127人21.89万元，为93名困难女性购买保险。公共服务持续优化。加大教育事业支持力度，评选镇教育先进个人50人，林世哲教育基金会发放509人15.33万元，新建仰贤实验小学，持续打响“学在五里街”教育品牌。建设完成大羽村、五里街社区、儒林社区3个特色“党建+”邻里中心，促成辅学幼托、社工服务、医疗保障等10项服务下沉到社区，打造“15分钟便利圈”。抓好民族宗教、民兵预备役、退役军人、双拥共建等工作，支持工青妇、科协、侨联、商会等群团工作。

【大羽村邮政快递综合服务点揭牌】 2022年，永春县以五里街镇大羽村为试点，建设全市首个村级邮政快递综合服务点，优化农村寄递公共服务，方便电商产品进农村和农产品出村出城，打通农村快递“最后一公里”。1月4日，“泉心泉e•邮快驿站”大羽村邮政快递综合服务点揭牌仪式在五里街镇大羽村举行。大羽村党支部书记分别与永春县邮政EMS、顺丰、极兔、韵达、圆通等快递公司负责人签订《邮快驿站合作协议》。

【古街“文化圩日”】 2022年6月4日，五里街镇在古街举办首个“文化圩日”暨“五月五•迎端午”传统文化润古街活动。自6月起，古街在每隔两个星期的周末常态化举办古街文化展演活动，展示各式古朴、现代、国风或新潮的文化活动。游客现场体验舞龙舞狮、永春白鹤拳、纸织画、永春香道、南音、提线木偶、布袋戏等传统非遗文化的魅力，感受吉他、尤克里里奏唱等现代文化的活力，在“物易五里”市集享受以物换物的乐趣。

（黄碧琴 许燕兰 盛小丹）

桃城镇

【概况】 桃城镇位于县境东部，地处县城，东南至东平镇，西邻五里街镇，西南连岵山镇、石鼓镇，北接介福乡，东北与湖洋镇接壤，区域面积72平方千米，是全县政治、经济、文化中心，下辖14个社区，8个村。2022年，户籍人口近2.22万户，约6.9万人，常住人口近8.3万人。经历年发展，逐步形成以工贸为主、经济社会生态协调发展的产业布局，桃城镇有永春文庙、余光中文学馆、永春老醋文创园、留安山等一批景区景点。桃城镇被市委、市政府评为泉州市创建全国文明城市工作先进集体，被中共福建省委农村工作领导小组办公室、中共福建省委组织部、中共福建省委宣传部等7个部门评为第二批省级乡村治理示范乡镇，被省科协评为2022年福建省全国科普日活动优秀组织单位。

【经济发展】　2022年，桃城镇财政总收入1.718亿元，一般公共预算本级收入1.2398亿元。工业总产值122万元，农业总产值2.87万元。

农业　2022年，桃城镇建设高标准农田130公顷，开发盘活撂荒地复耕复种22公顷，粮食产量6214吨，比上年增长4.54%。龙头企业上沙岭生态农业、上绿合作社连片种植释迦果、沃柑、猕猴桃等特色水果。上沙岭花果世界、强盛农业等企业推广实现智慧农业。建设仑山南坪头千亩特色闽南水仙茶园，建设卧龙、仑山中草药基地33.3公顷，上沙花卉苗木基地6.7公顷。上沙村被列为省级“一村一品”柑橘示范村，姜莲村被列为市级“一村一品”芦柑示范村。

工业　2022年，桃城镇工业以轻纺鞋服、机械制造、树脂陶瓷、雨具箱包为主。31家规模以上工业企业全年完成产值121亿元，其中17家轻纺鞋服企业完成产值88.6亿元，新增中闽建研、阜嘉服装、杰铭服装3家规模以上企业，增加工业产值超1亿元。全年纳税100万元以上的企业有21家，其中，福建省桃城建设工程有限公司、福建万家美轻纺服饰有限公司、福建省金正建设工程有限公司、福建晋昇中润纺织科技有限公司纳税超1000万元。

第三产业　2022年，桃城镇45家限额以上商贸全年完成销售额23.5亿元，比上年增长95.58%。新增聚星超市、味安食品等限额以上商贸企业7家，引办总投资1.2亿元的金龙城爱心商圈，打造集生鲜超市、鞋服百货、儿童乐园、电玩城等多元化的商贸综合体。成立花石研学基地，开创“虎虎集市”品牌，设立花石研学游学中心，引入康辉旅游、咏德旅行、永芳纸织画等业态。

【镇村建设】　2022年，桃城镇完成裸房装修802幢，总面积24.06万平方米。实施宜居项目9个，计划总投资11.04亿元，实际完成投资12.56亿元，超时序进度13.7%。实施美化城区行动，亮化桃溪两岸景观村带，新建“光中诗园”主题公园，打造城东街、大路头街“福”文化主题街区。整改完成11座农村生活污水处理设施并移交第三方运维，姜莲村获评市级农村人居环境整治成效明显村。投入1200万元建设完成洋上、外坵河道治理工程，推进东岳溪、德风溪、济川溪河道清淤，投入2500万元综合整治水美乡流域13千米。加快实施松改提升行动，全年完成松林改造544公顷，打造环城一重山彩化、花化森林景观带，创建仑山村村庄公园，上沙村获评2022年省级森林村庄。

【乡村治理】　2022年，桃城镇实施乡村振兴整镇推进，生成“三区三带”发展思路，创建城乡经济联盟发展服务中心，完成整镇推进项目11个，总投资3.1亿元。壮大村集体经济，全镇8个行政村均实现集体经济收入20万元以上的目标，其中上沙村、仑山村村财收入突破70万元。完成年度村庄晋档升级任务，培育上沙村、姜莲村2个标杆村，示范村仑山村，仑山村获2022年泉州市乡村振兴实绩突出村。开展“八五”普法工作，推动近邻法官、近邻检察官入驻邻里中心，形成矛盾不上交的基层治理新格局。健全乡村治理体系，形成多方联动治理格局，桃城镇获评第二批省级乡村治理示范乡镇，上沙村被评为第二批省级乡村治理示范村，打造环翠、外坵“三治融合”示范点。

桃城镇南星社区一角　　（图／潘敏星　2022年4月摄）

【社会事业】　2022年，桃城镇认定低保边缘家庭人员1450人，落实镇级临时救助22.6万元，发放特殊群体补助810万元。实施全民参保计划，城乡居民基本养老保险参保率达98.65%、基本医疗保险参保率达98.33%，举办4场专题招聘会，带动农民工就业600余人。撤并和平小学、卧龙小学、秋华幼儿园、长安幼儿园等4所校园，实施化龙实验小学扩容提升工程。建设以“绿色+智慧”为主题的南星体育健身公园，全年新建、提升村居运动球场8个。创建富临国际“党建+物业+养老”服务中心，丰山、仑山2个村开设长者食堂，环翠、济川、花石社区纳入省级“银杏乐龄学堂”建设试点，环翠、济川社区纳入农村留守儿童关爱保护和困境儿童保障工作示范点。建设“平安桃城”，创建富临国际小区警务室，常态化推进扫黑除恶斗争，化解陈年信访积案3件，劝返滞留境外重点人员10名。

【项目建设】　2022年，桃城镇实施新建、续建重点项目23个，年度计划投资22.11亿元，全年累计完成投资22.74亿元，完成年度投资计划的102.8%；其中13个县级以上重点项目计划投资19.51亿元，累计完成投资20.04亿元，超时序进度2.7%。推进美岭智慧产业园、中闽建研等重大项目，大方科技落地投产。完成陶瓷博物馆、花卉苗木数字产业园、伟骏公园一号置换地块、登宝路等项目的房屋及土地征收工作。实施城镇低效工业用地再开发，处置恒轩泰实业、盛达化纤等低效工业工地3宗，可新增建筑面积27.43万平方米。

【招商引资】　2022年，桃城镇招引项目43个，总投资额74.35亿元；落地招商项目38个，总投资额18.6亿元。开展园区标准化建设，推动美岭智慧产业园标准园区项目建设，20多家企业与产业园签订入驻协议，预定销售30多套，销售面积达2.4万平方米。叠加出台完善《桃城镇招商引资奖励暂行规定》，为“小升规”“小升限”企业额外追加补贴1万元，全年累计兑现招商奖励41万元。

【基层党建】　2022年，桃城镇建设4个社区“党建+”邻里中心，开设近邻学堂、商圈联盟等特色服务，花石、桃溪社区获评县“十佳”邻里中心。强化对新业态群体的政治引领，成立永春县厨艺研究会党支部；以创建“红色车间”为抓手，选树中闽建研非公党建典型。打造“银龄先锋”党建文化品牌，桃城镇退休党支部荣获“福建省离退休干部示范党支部”称号。发挥人才驿站集聚效应，年度新增高层次人才17名，认定大学生安居补助65人。实施桃源英才回归工程，推动青年红色筑梦双创基地获评省级“众创空间”，瓷源文化众创园被评为市级“众创空间”。

【“银发先锋”系列活动】　2022年1月23日，桃城镇富临国际小区“老党员之家”举行揭牌仪式。“老党员之家”会同永春县诗词协会、近邻学堂导师，开展“银发先锋”系列活动。老党员们现场为小区业主书写春联，在小区近邻学堂为少年儿童做“如何学好中华传统诗词”专题讲座，为近邻学堂书吧捐赠书籍。

（谢钰荣）

东平镇

【概况】　东平镇位于县城东五千米处，地处桃溪下游，东、西、北分别与东关镇、桃城镇、湖洋镇相连，南与南安市诗山镇、码头镇毗邻，辖区面积40.53平方千米。2022年，总人口2.08万人，下辖9个行政村，党总支6个、党支部28个、党员698名。旅外华侨、港澳台同胞6万多人，是闽南著名侨乡之一。2022年，东平镇设立基层医保经办服务窗口，全市基层医保经办服务窗口启动仪式在东平镇举行。东山村退役军人服务站获“全省退役军人服务保障体系建设‘五有’先进单位”荣誉称号。

【经济发展】　2022年，东平镇完成规模以上企业总产值88.43亿元，比上年增长33.35%，规模以上工业产值全县排名第四；固定资产投资2.34亿元，工商税收1408.92万元，比上年增长74.63%，全县排名第八；农民人均纯收入23980元，增长4.73%。全年实施19个重点实事项目，其中，省级重点项目1个（冠中科技），市级重点项目3个（冠中科技、紫隆陶瓷、凯鑫食品），计划总投资39.48亿元，年度计划投资13.64亿元，县级重点项目7个，年度计划投资6.69亿元，累计完成投资额 6.95 亿元，占年度计划的 103%。全年培育规模以上企业 3 家（凯鑫食品、炜润服装、隆鸿服装），限额以上商贸企业 1 家（乐品科技）；推动招商落地认定项目 7 个，总投资 2.25 亿元，其中永春扬帆加油加气站项目，计划总投资 1.05 亿元，将建设成为永春东片区最大油品供应站。

【乡镇建设】 2022 年，永春东互通口国道 356 线鸿安段房屋立面改造已竣工，整治改造线路约 2 千米，总投资 1000 多万元，房屋立面 54 栋、店面 224 间，改造面积约 3.5 万平方米。推进云美村“水美乡村”水系整治，重塑马洋生态古驿道。冷水村新黄坑大桥完成建设。实施平原村污水收集连片整治工程，铺设 9.2 千米污水管网，建设 8 座生活污水处理设施。建设镇区污水管网，落实环境卫生月考评制度，完善“1+1+9”保洁模式。

【乡村治理】 2022 年，东平镇实施乡村振兴整镇推进，谋划生成 12 个重点项目，涉及农业、水利、基础配套设施、城建环保、公共服务等方面，总投资 2.87 亿元。推进东山至冷水村乡村振兴示范带建设，培育沉香、兰花苗木基地，通过串点成线，发挥示范引领作用。云美村被列为福建省广播影视集团电视综合频道中心首批“广电乡村振兴新模式”战略合作共建村，电视综合频道中心夏兴勇乡村振兴工作室团队驻村指导，帮助共建村做好乡村振兴定位、策划、运营、宣推等服务，打造具有当地特色的样板。至年底，完成偏远山区整体搬迁项目一期 9 栋 120 套住宅建设，均交付使用。

【社会事业】 2022 年，东平镇以村级老人活动中心为依托，极引入社会服务机构（禾康），推进医养、康养融合。率先在冷水村推行“长者爱心食堂”，东山村建设社工服务站。加大退役军人、返乡农民工、残疾人等群体创业就业扶持力度，及时足额兑现各类优抚政策。东平中心小学被市教育局确定为“5G+ 专递课堂”试点校。建成 3 个乡村一体化达标卫生所。推行“村干部兼职辅警”机制，常态化开展扫黑除恶斗争。深化矛盾纠纷排查化解，认真落实信访包案制度。健全完善“三治融合”乡村治理体系，推进“党建 +”邻里中心建设提质拓面。

东平镇鸿安大桥　　（图 / 康庆平　2022 年 5 月摄）

【永春县基层医保经办服务窗口启动】 2022 年 7 月 28 日，永春县基层医保经办服务窗口启动仪式在东平镇政府便民服务中心举行。市、县医保局和永春县相关领导，县行政服务中心、各乡镇分管领导等参加启动仪式。与会人员参观东平镇医保服务窗口，群众现场体验医保窗口服务。基层服务窗口的启用，落实医保权限下放，建立起群众“家门口”的医保政务服务网格，实现医保服务就近办理。

（黄雅敏）

东关镇

【概况】 东关镇位于永春县东南部，东与外山乡相邻，南与南安市毗邻，西与东平镇接壤，北与湖洋镇相连，地处山美水库上游，距离县城 9 千米。是 1998 年以北硿华侨茶果场（2022 年下辖 5 个管理区和 2 家企业）为基础，将原隶属东平镇的溪南村、美升村、外碧村、东关村、东美村划入改制而成。全镇总面积 63.3 平方千米，下辖 9 个行政村和 3 个社区，户籍人口 1.44 万人，其中金城畲族村、南美回族村为永春县仅有的2个少数民族行政村。2022年，东关桥入选第一批省级河湖文化遗产，东美村入选省级第二批高级版“绿盈乡村”。

【经济发展】 2022年，东关镇农业总产值14361万元，同上年比较上升3.6%；规模以上工业产值37.84亿元，同上年比较上升8.82%；镇财政总收入1895.91万元，同比上年下降4.5%。

特色农业 2022年，东关镇种植春季冬瓜134公顷，建设东关冬瓜示范基地58公顷，完成撂荒地复耕2公顷，新建高标准农田35.6公顷。发放耕地地力保护补贴33.8979万元和种粮一次性补贴7.669万元。完成粮食种植面积258.7公顷，其中，早稻种植99.8公顷、晚稻种植78.4公顷。实施耕地污染治理内碧村34公顷、外碧村43.4公顷；落实农产品质量安全监管，为全镇22家农业生产主体统一制作制度牌，按时序对农产品进行农药残留速测检验，合格率达99%以上。东关镇是永春水仙基地、冬瓜基地、芦柑基地、永春白番鸭主要保护生产基地。永春云河白番鸭保护繁育有限公司总经理巫金春2022年获评中国农技协百强乡土人才。2022年，东关镇举办高素质农民培训班，培训高素质农民70人；培育科技示范户18户、福建省农村创业创新带头人3名、永春县农村实用人才1名。

项目招商 2022年，东关镇实施重点项目11个，其中纳入市级在建重点项目2个，市级重点预备项目1个，县级在建重点项目3个，年度计划投资6.85亿元，实际完成投资7.285亿元，占年度计划的106.35%。组建招商工作专班，全年招商任务数8家，实际完成认定9家。招商落地项目16个。实现工商税收1057.95万元。向上争取资金434.66万元。助力企业招工引才，获评县2022年度招工引才工作先进集体。通过专班推动、服务引动、机制催动三轮驱动，推动弘盛、顺溢、恒勤3家企业再开发，新增建筑面积91949平方米，改造原有建筑面积27644.66平方米。获评县2022年度低效工业用地再开发工作先进集体。

【镇村建设】 2022年，东关镇研究出台《东关镇乡村振兴整镇推进创建方案》，推进1个市级、2个县级乡村振兴试点村建设。有序推进市级第二批乡村振兴示范线（外碧—东美段）创建，打造兼具家风研学、劳动教育研学和亲水互动的乡村振兴示范线。外碧村被评为第二批省级乡村治理示范村、东美村被评为2022年度市级乡村振兴实绩突出村。完成内碧村、南美村、外碧村、山城村、金城村5个村庄规划编制工作。全面完成东美村铺口角落立面提升、平改坡建设项目、环湖步道亮化美化、印尼风情园、桥尾半岛及湿地公园提升改造、湖洋溪外碧段滨水休闲、亮化美化等项目建设。开展裸房专项整治行动，完成裸房装修285栋，兑现第一批2022年5月前完成脚手架搭设并于2022年6月完成装修的群众对象补助资金15.216万元。完成永春县垃圾焚烧厂土方堆土场征地、苗木补偿等前期工作。组织参与2022年永春县美丽庭院创建参评工作，1户获得古厝型二等奖，3户获得群众居家型优秀奖，镇政府大院被评为2022年机关单位型三等奖。

【乡村治理】 2022年，东关镇持续为行动不便的80周岁以上老人提供新冠病毒疫苗上门接种服

东关镇东美村沿溪房屋立面改造后景观（图/苏榆轴 2022年8月摄）

务，全镇12个村（社区）全部获评县“无疫村（社区）”。东美村“党建+”邻里中心建成并投用。镇村两级便民服务中心全年完成平台办件2316件，办结率达100%。结合镇村干部“夜访夜谈”活动，组织镇村干部、志愿者进村入户解读平安建设各项政策，营造浓厚氛围。深化党建引领基层网格管理工作，重新划分村（社区）网格（一级网格）12个、单元网格（二级网格）13个、责任网格（三级网格）22个；有专职网格员13名，兼职网格员55名（包含单元网格兼职网格员6名，责任网格兼职网格员22名和每个村配备1名乡镇干部、1名政法干警、1名基层医生）。全镇收到各类信访件40件，信访事项及时受理率、按期办结率和“12345”平台办理满意率均达100%。

【社会事业】 2022年，东关镇开展困难群众“漏保漏救”专项整治，完成残疾人安居工程、慈善安居工程和低保户房屋修缮等3户，发放保障金73.9451万元、镇级临时补助3.99万元、侨眷临时困难补助21户侨眷7.5万元。实施全民参保计划，实现城乡居民基本养老保险续保率98.08%、基本医疗保险参保率95.48%。投入880万建设永春县农村污水处理试点乡镇（东关镇、岵山镇）试点项目——东关镇项目建设，全镇污水管网实现“三管分离”全接入（在人口聚集区村民住宅在雨污彻底分流下对三格化粪池、厨房、卫生间、日常洗涤产生的污水纳管分别收集集中处理）。完善提升9个污水处理设施，实现全镇25座污水处理站全面移交第三方管护。分别投入30万元和20万元建设外碧村、东华社区垵口“长者食堂”，进一步完善“老有所养、老有所乐”的多元养老格局。完成财政“一事一议”项目6个（东美村新村角落道路和场地整理工程、外碧村长潭叠水坝工程、内碧村农村电影院修缮工程、金城村三山线公路亮化工程、龙坑社区党群服务中心围墙、场地硬化及后坡挡土墙建设工程，北碰社区康养项目、研学基地改造修缮工程），获得村级公益事业建设“一事一议”财政奖补资金90万元。大力支持教育事业发展，以东关镇茂林教育基金会名义发放奖教金14.1万元、奖学金18万元82人次、助学金2.7万元9人次。外碧村挂牌永春县中小学生研学基地。顺利举行泉州市“喜迎二十大 构建和谐侨界”侨法知识竞赛；有序推进侨乡文化名村创建工作，外碧村获评“泉州市侨乡文化名村”。

【“福”见泉州·乡村振兴北碰研学基地启动】 2022年6月17日，由泉州广播电视台设立的“福”见泉州·乡村振兴北碰研学基地在东关镇北碰社区举行揭牌仪式，并启动首期研学活动。“福”见泉州·乡村振兴北碰研学基地的创建是泉州广播电视台与东关镇政府媒地合作、产学融合的创新项目，旨在充分整合双方资源优势，打造具有北碰特色的茶叶文化+印尼风情研学阵地，实现产、学、研、用协同发展。

【“我爱我家——家风家训馆”开馆】 2022年1月4日，“我爱我家——家风家训馆”正式开馆。该馆坐落于东关镇外碧村田中角落的福安堂，是一个以“家风”为主题的情景式、互动式实景家风文化馆。家风家训馆面积3000平方米，设置华侨文化、我家有礼、我家有宝等3大展区48个展馆，对永春华侨文化、优秀家风、传统礼仪、民间习俗进行集中展示，开馆首年即接待游客4.5万人次。2022年6月，被县教育局评为永春县中小学生研学实践教育基地。

（郑钦炜）

岵山镇

【概况】 岵山镇位于泉州市永春县城南部，全镇辖区面积54.3平方千米，辖11个行政村，总人口2.5万人。岵山镇围绕“乡愁故里·幸福岵山”的发展目标，打造有特色、有历史、有文化、有内涵、有乡愁的生态宜居旅游古镇。2022年，岵山镇被评为福建省全域生态旅游小镇、福建省三八红旗集体单位，铺下村、和林村被评为第二批省级乡村治理示范村，“北溪文苑—仙夹东里村”旅游线路被文旅部评为全国乡村精品旅游线路。

【经济发展】 2022年，岵山镇实现一般公共预算总收入2632.26万元，完成预算的104.24%，比上年增加122.05万元，比上年增长6.86%；完成规模以上工业产值42亿元，比上年增长33.05%，商贸总销售额7.93亿元，比上年增长

13.3%。完成固定资产投资1.285亿元，比上年增长13.7%。四上新增企业数10家，其中，规模以上工业1家，建筑业4家，服务业2家，商贸企业2家、个体1家。严守耕地保护红线，发放年耕地保护补贴资金74.1万元，补贴面积16.63公顷。完成新增3.2公顷耕地的闭环验收，成为县市验收标准。新开发土地整治0.07公顷，新增耕地面积0.3公顷。夯实农业产业基础，完成13.3公顷荔枝标准化果园建设，完善果园水池和水利管道等基础配套设施，推广立体种植、间作套种、配方施肥、绿色防控等严格的无公害果品生产技术规程，提升荔枝品质，辐射带动周边荔枝等鲜果种植面积3.45公顷以上，带动种植户120多户。完善荔枝仓储与保鲜冷藏中心等基础配套设施，完成1620平方米的荔枝仓储中心和保鲜冷库建设，提供荔枝分拣、包装、冷藏和运输服务，完善镇域冷链骨干网络，每年可储运包装荔枝500吨，产值达800余万元。推进三产融合，立足荔枝、老醋、熟地、花卉等特色亮点，打造三炒三坊、花卉产业园等集生产生活、旅游观光、科普教育、研学实践于一体的文旅农创基地。同时通过媒体造势、节会搭台，做好精准营销，开展第十一届北溪桃花节、第十届荔枝文化旅游节、泉州市盆景行业职工技能竞赛及展览等活动，加大宣传力度，吸引人气，助推旅游产业发展。全年接待游客39万余人次，旅游业收入2.3亿元。

【项目建设】 2022年，岵山镇重点项目19个，年度投资10.62亿元，完成投资11.17亿元，占年度计划的105.2%，超序时完成进度；纳入县级重点项目5个，完成投资2.82亿元，占年度计划112.8%。其中，打造全市首个集花卉培育、人员培训、科研创新、生态文旅、研学等于一体的海峡花卉农旅产业园，一期投资约1.5亿元。流转土地13.3公顷、完成2公顷温室大棚及其基础设施建设，引办9家企业入驻；推进安腾“十里桃源”项目建设，完成该项目的《永春县岵山古镇地块土地征收成片开发方案》编制和审批，开展项目征地工作，其中红线内征地面积7.7公顷，红线内土地征收应签125户，至12月底签成108户。

【招商引资】 2022年，岵山镇招引落地项目20个，总投资近2.9亿元，签约项目2个，总投资约30亿元。2022年4月28日，岵山海峡花卉农旅产业园项目参加泉州市2022年重大项目“云签约”活动项目。

【镇村建设】 2022年，岵山镇提升城乡品质，按典型示范、以点带面方式逐步推进裸房整治专项行动，全镇完成裸房装修346栋；及时纠正占道经营、乱搭遮阳棚等违法行为68起；持续提升人居环境，拆除鸡鸭圈、临时搭盖200余座，拆除违章搭建5处，计3000余平方米，完成造林更新15.7公顷，完成任务的470%，完成森林抚育任务59.6公顷，完成任务的111.8%，完成封山育林任务21.3公顷，完成任务的106.7%，完成松林改造147公顷，完成任务的380%，完善滨水基础设施，打造生态文化水廊道。投入800多万元推动岵山溪水系连通及水美乡村项目建设，治理河长约3000米。和林村获评初级版“绿盈乡村”，铺下村获评中级版“绿盈乡村”。推进古镇保护活化，按“活化利用、以用促保”的思路，通过以修代租的方式完成茂霞村、铺下村5栋古厝的租赁、修缮，总投资约260万

2022年，岵山镇推进三产融合，打造茂霞村黑鸡熟地文创园，图为文创园熟地晒场

（图／林启彬 2022年10月摄）

元，分别打造成工艺美术馆、艺术馆、老醋展馆等，实现保护与利用的统一；《中国历史文化名镇福建省泉州市永春县岵山镇保护规划》于2022年2月通过省政府批复。

【乡村治理】 2022年，岵山镇强化网格化服务管理，选齐配强各级网格骨干，全镇划分网格36个，配备网格员118名。持续推动扫黑除恶常态化，办结扫黑除恶有效线索2条，全镇黑恶犯罪得到遏制。成立工作专班对在缅甸滞留人员开展劝返工作，劝返27人。岵山镇司法所被泉州市司法局评为三星司法所。矛盾纠纷有效化解，11个行政村全部建成矛盾纠纷多元化解室，全镇排查化解矛盾纠纷145起。持续开展信访举报"大起底、大排查、大化解"攻坚战，及时回复各类信访件57件，化解历史积案3件。

【社会事业】 2022年，岵山镇划分24个网格，配备19名网格医生、52名网格员，加强健康服务，为农村老年人、慢性基础疾病患者等人群及时提供疫苗接种、健康咨询、转诊等健康服务。全年发放耕地保护补贴资金74.1万元，补贴面积16.33公顷；发放低保及残疾人补助金187.78万元、重点优抚对象优待金150.23万元。2022年，岵山镇教育发展促进会发放奖教奖学金42.5万元。截至年底，全镇城乡居民医保缴交率93.53%，城乡居民养老保险续缴率98%。

【基层党建】 2022年，岵山镇开展村"两委"换届"回头看"，采取对村级党组织书记考核一遍、对村"两委"班子体检一遍、对村情摸排一遍的"三个一遍"做法，全面检验村级组织换届后班子运作情况及村干部履职情况。抓好"党建+"邻里中心建设，选取茂霞村、铺下村作为全镇"党建+"邻里中心建设示范点，以"荔下昔邻里"为主旨，建成"荔下小院""荔下大舞台""醋心书吧""醋青驿站""乡贤馆"等多个特色近邻空间，建筑面积3000多平方米。在全县"党建+"邻里中心拉练观摩活动中，铺下村获一等奖，茂霞村获二等奖。发挥先锋模范带动作用，持续推行党员"三长"（古树长、古街长、古厝长）制和"铺下醋长"工作制，党员带头推动指导特色产业发展，全年村财收入有1个村突破百万元，3个村突破50万元，其余村均达20万元以上；落实党员联系户制度，由党员带头承担网格员工作职责。做好培育和发展党员工作，注重培养和发展优秀的年轻党员，发展党员14名，其中，大专及以上学历9名，35岁以下7名。

【铺下醋村】 铺下村位于永春县岵山镇，村域面积5.67平方千米，全村12个村民小组，总人口2992人，党员76人，是中国传统村落、省乡村振兴试点村、省"十镇百村"整治提升村国家级传统村落、省级乡村振兴试点村、省级"十镇百村"整治提升村、第二批省级乡村治理示范村、市级先进基层党组织、市级文明村等。铺下村酿醋历史悠久，自宋代开始就有农户从事人工家庭式古法酿醋。2022年，铺下村以"产业振兴"为着力点，聚焦本地自然资源和产业特色，通过"公司带动+技术能人+农户共享"的醋村发展模式，以党建为引领，从整合资源、精准帮扶、产业融合三个方面下功夫，建成"九个有"，即有老醋党建文化、有老醋产业公司、有老醋酿造标准、有老醋酿造基地、有老醋文创展馆、有老醋衍生产业、有老醋示范作坊、有老醋景源景观、有老醋文旅业态。2022年，铺下村年产值突破3000万元，人均收入2.19万元，走出了一条产业振兴、集体增收、村民致富的新路。

（林芳玲）

仙夹镇

【概况】 仙夹镇位于永春县西南部，距县城15千米，辖区面积34.6平方千米，辖8个行政村，4680户，人口1.5万多人，海外侨眷及港澳台同胞眷属4万余人，是中国漆艺之乡、著名侨乡、革命老区乡镇和国家级生态乡镇。全镇有耕地面积570公顷，林地面积2053公顷，城镇村及工矿用地170公顷，园地223公顷，森林覆盖率达68.9%。全镇主要支柱产业有漆艺、农副产品、特色旅游等。漆艺产业由龙水村的漆篮、山后村的漆画和龙美村的竹编组成；农副产品有芥菜、百香果、洛神花、黑米、红米、姜黄、茶叶、应季蔬菜等；特色旅游以漆艺文化、华侨文化、红色文化、闽南传统建筑文化研学、国学文化研学体验、生态农业亲子采摘和自然景观观光旅游等为主要内容，年接待量10万—12万人次。全镇8个村获得国家级称号3个、省级称号23个、市级称号5个、县级称号5个。

【经济发展】 2022年，仙夹镇农业总产值1.13亿元，比上年增长3.0%；工业总产值6.59亿元，比上年增长5.0%，规模以上工业产值3.98亿元，比上年增长24.5%，新增规模以上工业企业4家，增加固定资产投资项目（500万—5000万）2个；农民人均可支配收入1.79万元，比上年增长3.0%；一般公共预算收入687.75万元，完成税收200万元，争取上级各类财政预算内专项资金808万元。坚持结合本地资源禀赋，加快辖区内省、市、县各级各类乡村振兴相关项目建设，推进农业、文化、旅游三大产业科学发展和有机融合。

漆艺产业　2022年，仙夹镇发挥漆艺漆篮非遗文化优势，深化“文旅融合”，建成漆艺元素游客服务中心和网络销售电商平台，设立漆篮漆艺制作体验基地，新开发近10种漆艺、竹艺等研学产品，录制研学教程视频，开设漆艺VR体验，常态化接待游客、旅行团体、大中院校、中小学校师生等开展研学体验活动，方便村民就近就业，促进村民村财“双增收”，全镇文旅研学方面收入约20万元。新认定1名福建省工艺美术大师、7名泉州市高层次人才和2名永春工匠，引进雕塑技能大师工作室。同时引入资金以村企合资模式成立永春青潮飞遗文化传媒有限公司，加快漆艺产业发展进程，传扬非遗文化。

生态农业　2022年，仙夹镇深化与福建农林大学合作，打造东里生态农产品基地（二期），引进农产品加工企业泉州元食农业有限公司和永春县祥丰农业开发有限公司，扩大防癌农产品种植面积，开发优质农产品，其中优质水稻在2022年永春县“农民丰收节”优质水稻品种品质鉴评中包揽金奖和银奖。不断推动农产品质量加速提级，对优质红米、黑米及本地优质大米等农业产品进行深加工，转化为本地特色白粿、白糍、榜舍龟等食品，提升产品附加值，增加农民收入，全镇农副产品创收约63万元。

乡村旅游产业　2022年，仙夹镇持续发展旅游民宿经济，增量实施古厝旧房民宿改造，完成对玫瑰园民宿之外龙水村其余古厝的初步民事洽谈，推动打造古厝民宿群；提升东里乡村发展中心经济型民宿和油桐花特色民宿，与乡贤投资的四月菁菁民宿达成合作，全年辖区民宿营收约21万元。对夹际旧小学进行改造提升，建成仙夹华侨史馆，弘扬华侨文化，丰富文旅内涵。实施夹际醉美田园项目，打造集旅游观光、果蔬采摘体验于一体的生态农业综合体，完成19公顷土地流转和94座房屋“平改坡”，购买3辆农业观光旅游车；实施东里村精品小城镇项目，投入260万元完成凤凰谷智慧停车场绿化、智能充电桩和乡村公园等建设。实施“农旅融合”研学项目和开展乡村暑期“夏令营”活动，吸引游客、学生团体、亲子团体等前来观光和体验果蔬采摘、农耕种植等乡村生活，做强绿色旅游经济，全年“农旅融合”研学项目和乡村暑期“夏令营”活动创收约23万元。推动实现仙夹派出所获评省级平安建设先进集体，创建东里省级“金牌旅游村”、省级美丽休闲乡村和龙水省级产业振兴示范村试点，玫瑰园民宿、龙水村、东里村被列为全国乡村旅游精品线路，山后村、

仙夹镇漆艺VR体验　（图/郭佳瑜　2022年9月摄）

龙水村被列为省级乡村振兴精品线路。

【项目建设】　2022年，仙夹镇实施怡辰小家电制造项目（三期）、仙夹镇水系连通及水美乡村建设项目、龙水乡旅项目等重点项目完成投资0.87亿元，其中推动实现水系连通及水美乡村建设项目招标与开工无缝衔接以及“征地零补偿，开工无障碍”，加快完成怡辰小家电制造项目（三期）总平面图的设计与调整。

【招商引资】　2022年，仙夹镇完成招商项目认定4家、增资扩产项目1个、在谈招商项目5家。引导引办企业怡辰科技有限公司与永春本地企业泉州市伟全电子有限公司、泉州联欣包装有限公司开展合作，搭建上下游产业链就近供需渠道，签订200万元的合适配件采购合同，推动上下游产业链发展。

【镇村建设】　2022年，仙夹镇依法依规开展违法用地卫片执法，全镇调查处理5宗月卫片、12宗历史遗留卫片、10宗耕地流出卫片，完成乱占耕地摸排314宗。持续推进乱占耕地建房整治，拆除8宗1512.12平方米。率先完成全县第四轮自然资源卫片执法预警约谈整改任务，完成上级审计下发疑似问题图斑即举证以及耕地流出问题图斑整改，补充耕地面积1566平方米。有序推进辖区土地开发项目。不断深化河（湖）长制工作，聘任4位“乡愁河长”，建立河（湖）警长制度，加强镇直部门协同联合执法，强化河（湖）长制工作队伍建设。对河道违法乱象进行整治，拆除多处侵占水利蓝线的生猪养殖场与河道旁鸡鸭舍，制止非法电鱼、捕鱼，不断巩固提升辖区内水质。开展多次大范围人居环境整治，加强宣传提高全民环保意识，巩固“绿盈乡村”全覆盖创建成果。完成松改1.44公顷、造林更新0.08公顷、封山育林0.31公顷以及森林抚育1.26公顷，超额完成年度植树造林任务。第一时间摸清辖区内现有裸房底数并更新台账，明确时间节点抓好落实，宣传补助奖励政策，帮助困难群众申办农村信用社贷款，提高裸房装修效率，完成裸房整治29栋、面积13080平方米，助力改善乡村整体风貌。推进水系连通及水美乡村项目建设，加快农村生态水环境治理，解决群众引水灌溉需求。完成全镇8个村供水保障方案编制，融入城乡供水一体化布局，加强群众生活用水保障。打开乡村高质量建设新局面，推动山后、龙水、夹际、德田、东里等5个村的村庄规划通过省自然资源厅备案和待入库，龙湖村村庄规划通过专家评审，完成东里村、夹际村传统村落保护规划编制，推进全镇古民居修缮保护和活化利用，完成宅基地审批18宗。完成龙湖村岭后环村公路、东里村池古道路、美寨村美德公路庙口桥至西边坑道路等硬化工程项目，方便群众生产生活。在全镇设立垃圾分类投放点483处，落实保洁员聘请和清运车租赁，实现工作人员、回收站点、运输车辆有效整合，提升污染源处理和管理水平。

【乡村治理】　2022年，仙夹镇按照“统一指挥、分级负责”的原则，因地制宜设置一级网格8个、二级网格11个、三级网格20个，配齐专职网格员11人、兼职网格员42人，提级改造、定期维护全镇视频监控系统，使人防、物防、技防有机融合，织密综合治理和应急处突保障网。组织镇村干部每季度入户就常态化扫黑除恶斗争、防诈反诈、反邪教、国家安全、禁毒等内容进行宣传，上门分发综治宣传小礼品和综治宣传材料2万多份。推进“八五”普法工作，结合“12·4”国家宪法日等重要时机开展法律宣传活动，宣传面达8000余人。坚持“调防结合，预防为主”，进一步加强调解工作的制度化、规范化建设，全年调解案件118起，调处成功率100%，将矛盾纠纷消灭在萌芽状态。深化法治乡村建设，持续坚持法律顾问全覆盖，在夹际村、龙美村新建成2个法治文化阵地，发挥24名法治带头人、272名法律明白人带头作用，提升全民遵法、守法、学法意识，减少邻里纠纷。加强信访体系建设，提升信访工作信息化、法治化、专业化水平。开展滞留境外涉诈重点人员核查和劝返工作，加大打击电信网络诈骗力度，劝返境外涉诈窝点人员1名，核减橙名单15人。在中小学、幼儿园开展“护校安园”专项整治行动，加强上下学重点时段巡逻防范，确保校园及周边环境安定有序。持续深化扫黑除恶斗争，优化相关线索摸排。开展严重精神障碍患者肇事肇祸问题专项治理，加强刑释人员和劣迹青少年安置帮教，全年全镇特殊人群无一重新犯罪，劣迹青少年改好率达100%，促进社会和谐稳定。

【社会事业】 2022年，仙夹镇持续推动“我为群众办实事”走深走实，民生支出413万元，强化民生保障。提升仙夹中学、仙夹中心小学等辖区内学校的操场、多媒体等设施水平，推动实现教育硬件逐步完善，教育教学环境快速改善，全年实现仙夹籍学生4人录取研究生、32人录取本科、6人录取永春一中。发动海内外乡贤、侨亲和社会各界爱心人士捐资仙夹镇教育发展促进会，筹集资金65万元，完成奖教奖学金发放，弘扬尊师重教优良传统。对接华侨大学等高校，引入高校学生开展暑期支教活动，为农村儿童提供课外学习，丰富假期生活。持续深化老年人每日“免费午餐”工程，让老年人老有所养、老有所依、老有所乐。认真围绕“四个不摘”要求，针对性实施帮扶举措，坚决守住不发生规模性返贫的底线，巩固拓展脱贫攻坚成果同乡村振兴有效衔接。深入落实农村低收入人口常态化帮扶机制，组织各村为低收入人口协调和设置就近就业岗位与“公益性”岗位11个，帮助解决收入问题。

【基层党建】 2022年，仙夹镇抓好基层党建工作。培养和发展党员8人，推动夹际村、龙美村两个党支部升格为党总支，扩大党组织覆盖面和影响力。成立怡辰科技有限公司党支部，并结合公司企业文化完成党支部规范化建设，在全县“两新”组织党建示范点拉练观摩活动中获二等奖。落实服务关怀零距离，以夹际村、东里村为试点，推进“党建+”邻里中心建设，发挥政治、服务、文化、治理功能，及时掌握群众需求。落实“暖心三条”举措，成立退休干部党支部，加大对辖区内近50名机关、企事业退休党员干部的思想关怀和生活保障力度。坚持党管人才原则，引进高水平高校毕业生2人，新认定1名福建省工艺美术大师和7名泉州市高层次人才，强化人才队伍建设。

【中国漆艺之乡】 仙夹镇作为泉州市唯一的传统漆艺传承集聚地，漆艺历史传承悠久，被中国轻工业联合会、中国工艺美术协会联合评为“中国漆艺之乡”。仙夹漆艺产品工艺独特，为全镇主要支柱产业和助力乡村振兴的富民产业，“永春漆篮”列入泉州市、福建省非物质文化遗产代表作名录并获评国家地理标志保护产品。2022年，仙夹镇漆艺方面有股份有限公司1家、工作室2家、漆器合作社1家、手工作坊326家，省市工艺美术大师11名、省市非遗传承人3名、泉州市高层次人才16名，从业人员800余户、3000余人，年总产值超2000万元，漆艺从业者人均年收入达4.5万元。

（林小钦）

湖洋镇

【概况】 湖洋镇位于永春县东北部，距县城23千米，辖区面积143平方千米，辖17个行政村，总人口4.41万人，旅外侨亲达7万多人。湖洋镇是全国“一村一品”示范村镇、永春县现代农业乡镇、国家级生态乡镇、省级文明镇、省级卫生镇、省级环境优美乡镇、省级“绿色乡镇”、省“侨胞之家”、“闽南水仙”的发源地及省级茶树优异种植资源保护区，湖洋溪黑脊倒刺鲃国家级水产种质资源保护区；闽南历史文化名镇、著名侨乡。湖洋镇是晋江流域的源头，也是“海上丝绸之路”发源地之一，素有“文化之乡”“琵琶之乡”“茶果之乡”的美称。永春东高速出口位于湖洋，“道口”优势明显，可辐射仙游、莆田、福州等地区。森林地域17万公顷，活立木积蓄量28万立方米，是永春县重点林区之一；水系通达，水能蕴藏量达1万多千瓦，每年汇入山美水库水量约8亿立方米。湖洋溪流域全长44千米，水质达Ⅱ类以上，是国家级水产种质资源保护区，泉州市和永春县的重要水源地，生态环境得天独厚。湖洋镇作为全县芦柑、茶叶和木材三大生产基地，辖区建有省级农民创业园、省级水果产业园、芦柑产业园综合体等基地，是著名的“茶果之乡”。全镇有各类农业企业191多个，标准化茶园3200公顷，芦柑种植面积7000多公顷。福建施畴农业有限公司、金斗洋生态农业有限公司、景圃生物科技有限公司等一批以培育名贵花卉、苗木、茶果、养殖等特色生态农业企业发展态势良好。湖洋镇境内有庄府状元故地（状元4人、榜眼2人）、清泉岩、西峰寺、鼎仙岩等人文生态旅游景点。旅外侨亲众多，人文

湖洋镇水美乡村建设项目美莲溪河道治理段（图 / 郑志龙 2022年7月摄）

荟萃，有新加坡原总理、国务资政吴作栋，中国工程院院士刘兴土，世界著名书画艺术大师刘抗，著名国际城市规划大师、新加坡规划之父刘太格等。湖洋镇特有商超经济，外出从事超市经营、批发零售的人数近3.5万人。2022年，湖洋镇先后被评为2021年度泉州市征兵工作先进单位、泉州市第七次全国人口普查突出贡献集体。

【经济发展】 2022年，湖洋镇实现财政总收入2078.03万元，其中工商税收450万元。推动工业振兴，强抓“四上”企业的培育，年度新增规模以上工业企业2家，商贸企业8家，建筑企业2家，新增量为全县第二，为历年来最多。完成规模以上工业总产值31亿元，比上年增长32.24%，固定资产投资2.03亿元，比上年增长587.38%，累计向上争取资金1752.37万元，居全县第二。发展特色农业，实现农业总产值8.9亿元，复耕撂荒地627.23公顷，超额完成上级下达水稻种植任务。与永春农垦公司合作建设桃美村农田连片整治项目380公顷。新增省级示范社3家、市级2家。招引福州滋农网络科技公司在锦龙村试验稻鸭草鸡立体生态循环农业。完成金斗洋5G生态茶园智慧溯源管理系统建设，举办第三届湖洋镇闽南水仙茶王赛、永春县农机技能操作大赛、湖洋镇农耕趣味赛。锦凤村获评省乡村振兴重点特色乡（镇）实绩突出村，玉柱村获评市级“一村一品”示范村。推进文旅融合，建成湖洋旅游服务中心、枪林弹雨体验基地、桃源国学研学作坊等，与咏德旅行社等达成战略合作，全年招引游客15万余人次。推出水果采摘季特色活动，实现芦柑销售4.5万吨，产值超1.5亿元。开展“‘侨见乡情’侨批研学工作坊”活动，收集侨批侨物1500多件，活动成果获泉州市档案馆、泉州市博物馆肯定并宣传推介。先后与农林大学计算机和信息学院、闽江学院数科学院（软件学院）签订校地产学研合作协议。

【镇村建设】 2022年，湖洋镇推进“城乡品质提升年”活动，完成高速路口景观提升工程，建设招商引资主题公园。完成造林更新2557公顷、森林抚育面积4514公顷、封山育林面积1102公顷，完成全镇松林改造提升面积7052公顷。推进镇容镇貌整治提升，完成裸房装修1833栋36.66万平方米，基本实现镇区“无裸房”，整治经验获市县肯定，全县裸房整治工作在湖洋镇拉练。完成洋中书院修缮改造，吴作栋故事馆建成投用。完成溪东、上坂等10个村庄规划。投资643万元建设湖清线晋级改造工程，推进大庄线拓宽改造，持续完善白云村至仙游县古濑村永春段公路建设。投入8000多万元建设水美乡村系列项目、仙溪河道整治、锦溪小流域水土综合治理，代表泉州市参加全省重大水利项目集中开工仪式。深化落实河长制，4个省控断面水质均稳定达标，与东关镇交界水质长期保持二类以上。辖区15个生活污水处理设施完成改造提升全面交付第三方运营管理。融入全县城乡供水一体化布局，并率先实施改造建设，从长远解决湖洋饮水困难问题。

【乡村治理】 2022年，湖洋镇开展“两违”整治和房屋安全隐患排查“百日攻坚”行动，排查经营性自建房305栋，清除“两违”1.1万平方米，集中处置占道经营69处。深化平安治理，完成中共二十大维稳安保任务，受理福建省信访信息系统信访件12件，办结12件；受理“12345”便民服务平台诉求件52件，办结52件，信访事项及时受理率、按期办结率达100%。劝返滞留缅北人员，组织开展好综治和平安建设宣传活动，举办宣传活动13场，发放平安宣传材料4.5万份、综治宣传小礼品2.1万份开展双拥共建，输送优秀青年入伍，超额完成征兵任务，获评2021年度市级征兵工作先进单位。吴岭村获评全国示范性老年友好型社区，清白村获评第二批省级乡村治理示范村。

【社会事业】 2022年，湖洋镇推进教育事业发展，总投资8.28亿元的泉州市高级技工学校永春分校落地湖洋，规划发展3年内招收5000多个生源，作为湖洋镇新一轮跨越发展的重要转折点和突破口。规范幼儿园集中就学管理，保障中小学合并办学办公。建成湖洋卫生院仙溪门诊部中医馆，设置“两病”专科门诊。实施全民参保计划，基本医疗保险参保率达98.99%。高坪村长者食堂建成投用。

【基层党建】 2022年，湖洋镇坚持党建引领，持续提升干部业务素能，在全县基层党建业务大比拼中获第一名。抓好“党建+”邻里中心建设，按照“1+6+X”模式统一配置“党建+”邻里中心功能服务区，在吴岭村和溪西村试点建设“党建+”邻里中心。吴岭村按照“邻里相助 守望吴岭”的理念，聚焦“幼有所育、老有所养、病有所医、食有所安、居有所乐、事有所办”等群众需求，建成党员活动室、便民服务大厅、活动室、书画室、邻里调解室、邻里议事厅、儿童之家、居家养老中心、综治中心等邻里场所。溪西村传承弘扬“远亲不如近邻”理念，在原来村部的基础上建成“传统村落展厅、便民服务大厅、党员活动室、儿童之家、居家养老中心”等场所，将原有老人活动中心与仙溪门诊部相结合，建设医养结合康养中心。吴岭村“党建+”邻里中心完成建设，作为全县第一批拉练观摩点，吴岭村党建引领乡村治理案例入围县“十佳”优秀案例。做好培育和发展党员工作，注重培养和发展优秀的年轻党员，发展党员18名，其中，大专及以上学历8名，35岁以下10名。

【项目建设】 2022年，湖洋镇获全县项目比拼第二方阵第一名。实施市县级重点项目6个，完成总投资3.01亿元。推动2个低效工业用地项目再开发，科可项目与麦动控股联合打造“麦动·永春智造园”，鸿诺魔术贴生产项目竣工投产，仙溪河道整治、大草埔（锦凤村）集中住宅小区项目进入收尾阶段，旅游综合服务中心项目建成并投入使用。

【招商引资】 2022年，湖洋镇招商引资评比居全县第二方阵第二名。招引各类企业8家（其中，工业企业4家，商贸业3家，服务业1家）。厦门大学社会与人类学院与县政府签订《永春县创意城市示范建设战略框架协议》，在湖洋镇开展“守护乡愁文学小镇”示范建设，项目组分别就牛樟芝、莫瑞鳕鱼三产融合等台资项目达成意向。推进招商项目永商网红城发展，招引入驻及运营企业143家，实现电商营业总额达10.16亿元。以湖洋商会搭建惠鲜供应链管理有限公司嫁接FB2B2C+020智慧电商平台，主营商超的生鲜供应，带动全县农产品对外销售，年销售额达1亿元。

【永商网红城】 永春县电商网红城（园）位于五里街镇儒林社区消防大队旧址，占地面积约1900平方米，建筑面积约2100平方米，有入驻企业15家。由县工信商务局、湖洋镇政府与福建省永商网红城发展有限公司联合打造一个服务于传统电商、直播电商、办公、商业配套及有直播需求的个人与企业的综合性平台，形成电商全产业生态闭环的强大服务体系。配备网红直播孵化器平台、电商培训交流中心和电商线下特色馆等多元的业态辅助运营单元，为入驻企业提供手续代办、反职业打假“碰瓷”维权等服务，打造全程陪跑商业模式。永春县电商网红城投入使用，开启永春电商产业新篇，成为永春电商行业“网红地”。

【水系连通及水美乡村建设项目开工】 2022年5月19日，永春县水系连通及水美乡村建设试点县项目开工仪式在湖洋镇龙山村举行。该项目代表泉州市参加福建省重大水利工程集中开工视频动员会集中开工仪式。永春县湖洋镇水系连通及水美乡村建设项目包括湖洋溪干流、仙溪、美莲溪3个子项目，规划总投资4800万元，综合治理河长17.7千米。其中美莲溪项目投资757.87万元，综合整治河长0.96千米，治理范围为湖洋镇美莲溪雁塔桥下游至济美桥河段。

【“侨见乡情”侨批研学工作坊开班仪式举行】 2022年8月8日，湖洋镇“侨见乡情”侨批研学工作坊开班仪式在湖洋镇政府举行。该工作坊以“寻找侨批、看见乡情”为行动纲领，召集26名来自全国各地的青年，活动挖掘征集侨批侨信1200余件，以及珍贵华侨物件用具、用品、证件100多件，创作侨批主题文学作品、摄影作品200余件。

（林嘉敏）

外山乡

【概况】 外山乡位于永春县东部，距永春县城25千米，全乡36.8平方千米。下辖云峰、墘溪、草洋、福溪4个行政村，总人口7851人。外山乡整体地势跌宕，生态环境原始自然。自然景观独具特色，全乡森林覆盖率78%，负氧离子含量高，旅游资源丰富。境内国家级水利风景区云河谷，群山如黛，峡谷幽深，奇石林立，瀑布层叠，素有“桃源仙境”“闽南九寨”之美誉。县级保护单位墘溪马仑寨遗址、闽中游击队革命战斗遗址余庆堂、千年古刹天竺寺、童狮非物质文化遗产纪念馆等位于境内。2022年12月，外山乡被认定为“清新福建·气候福地”第二批气候康养福地。2022年10月，外山乡墘溪村被授予第二批省级乡村治理示范村称号。

【经济发展】 2022年，外山乡财政总收入1136.67万元（其中税收收入168.49万元）。新增6个500万—5000万元和2个5000万元以上固定资产投资项目，完成固定资产投资2.21亿元。新增3家规模以上工业企业，规模以上工业产值达1.81亿元，限额以上商贸销售额达2.25亿元。开展粮食稳定增产行动，发放种粮补贴46.28万元，完成撂荒田地复耕复种0.62公顷。全年粮食播种面积6.69公顷，其中水稻3.71公顷，其他粮食2.97公顷。建设墘溪—云峰高标准农田项目，实现灌溉1.68公顷。

【项目建设】 2022年，外山乡实施重点项目10个，总投资8.7亿元，年度计划投资3.25亿元，完成投资3.32亿元，完成年度计划的102.15%，其中2个市级重点项目：外山乡康养旅游小镇项目完成投资4000万元，按时序完成项目建设；泉州豪廷康养项目开工，一期项目年度计划投资6000万元，进入建设阶段。

【镇村建设】 2022年，外山乡实施乡村品质提升行动，完成裸房装修142栋28650平方米。加强流域生态综合治理，投入700多万元建设外山乡美墘溪水系连通及水美乡村项目，新建护岸660米、生态沟渠130米、生态滨水区3685平方米、绿化种植及河道清淤清障1472米等。投入1000多万元建设外山溪山洪沟防洪治理工程，新建护岸1657.3米，拦渣坝1座、消能坎2座，新建巡查步道1159米，清淤清障2380米等。推进松林改造91.53公顷，完成植树造林15.73公顷，森林抚育46.67公顷。

【乡村治理】 2022年，外山乡推进平安乡村建设，建成乡级“综治+”治理中心，设立“邻里议事厅”和“厝边人评理室”5个。创

2022年7月15日，福建泉州豪廷康养项目在外山乡草洋村举办开工仪式

（图/吴伟峰）

建多元化解矛盾纠纷工作机制，通过多方联合、跨区域联合共治，创建两市三地相互联系制度和邻壁乡镇联防联控体系，邻村间开展会商活动3次，构建社会治安“联防”、矛盾纠纷“联调”、警情警务“联动”一体化机制，法治直达乡村治理“最后一公里”。开展打击治理电信网络诈骗犯罪工作，劝返核减滞留缅北涉诈高危人员5人，自主摸排上报线索1条。

【社会事业】 2022年，外山乡全年发放农村低保76户123人65.78万元、特困人员补助5户5人9.63万元，低保覆盖面位居全县前列。做好困难群众临时救助，审批发放临时救助57户5.79万元。开展农房隐患排查，完成全乡1756栋房屋安全“健康码”关联，为62户困难老年人家庭进行基本适老化改造，确保群众住房安全。完善教育基础设施，投入177万元对云峰小学旧教学楼进行翻建。开展教育发展促进会第四届表彰活动，累计发放奖教奖学助学金37.8万元。外山教育事业再创佳绩，初考入围省一级达标中学3人，中考录取省一级达标中学11人，录取本科大学生20人，录取硕士研究生2人，录取北京大学工学院博士研究生1人。

【基层党建】 2022年，外山乡落实党建工作主体责任，抓好抓强基层党建工作。用好党委理论学习中心组、“三会一课”等，开展村干部履职能力提升培训班和每周“人人上讲台 全员提素质”活动，提升党员干部政治素养。严格开展“三会一课”、党员活动日等，规范发展党员程序，新发展党员5名，成立外山乡离退休干部党支部，实施“三个一遍”做法，对村级组织换届后班子运作情况及村干部履职情况进行“回头看”。坚持“便民、康养、共富”三大理念，集成“1+6+X”功能，打造墘溪村“党建+”邻里中心，辐射云峰、草洋、福溪3个村，构建“一中心三站点”服务群众“红色矩阵”，在全县“党建+”邻里中心拉练观摩活动中获二等奖。深入实施党建引领基层网格治理，划分21个三级责任网格，组建责任网格联合党小组，实施党员联系户机制。创新“邻里时间银行”建设，按照“存时间、换服务”的理念，推广积分制管理，为弱势群体打造“一键呼叫”服务平台，调动乡村治理主体的积极性，形成“我为人人，人人为我”的邻里互助新风尚。

【“美丽庭院”创建】 2022年，外山乡以“创建美丽庭院，改善人居环境”为主题，以提升庭院品质为目标，以“五个美丽”为要求，以完善长效管护机制为重点，开展“美丽庭院”创建评比活动，推进乡村绿色发展，提高乡村社会文明。全年获评省级美丽庭院3处，市级美丽庭院3处，县级美丽庭院2处。

（林恩梅）

人物 荣誉

2022年永春县获省部级表彰先进个人一览表

表6

姓名	单位	荣誉称号	授奖机关	授予时间
苏垂山	永春县人民检察院	从事密码管理满20年档案工作满15年	最高人民检察院	2022年7月
张得意	永春县人民法院	全国双百政法英模	最高人民法院	2022年1月
林海虹	好帮手家政服务有限公司	好警嫂	公安部、全国妇联	2022年3月
郑其颖	县巡特警反恐大队	公安部个人嘉奖	公安部	2022年12月
王锦彬	吾峰镇人民政府	全国“十大最美河湖卫士”	水利部、全国总工会、全国妇联	2022年11月
李志辉	永春县农业农村局	全国农村集体产权制度改革工作先进个人	农业农村部	2022年12月
林荣福	湖洋镇人民政府	福建省全省造林绿化工作先进个人	中共福建省委、福建省人民政府	2022年8月
颜宝丹	永春县中医院	重庆市新冠肺炎疫情歼灭战攻坚行动突出贡献	重庆市人民政府	2022年12月
颜婉萍	永春县中医院	重庆市新冠肺炎疫情歼灭战攻坚行动突出贡献	重庆市人民政府	2022年12月
林巧施	永春县中医院	重庆市新冠肺炎疫情歼灭战攻坚行动突出贡献	重庆市人民政府	2022年12月
潘艳婷	永春县中医院	重庆市新冠肺炎疫情歼灭战攻坚行动突出贡献	重庆市人民政府	2022年12月
林巧珍	永春县中医院	重庆市新冠肺炎疫情歼灭战攻坚行动突出贡献	重庆市人民政府	2022年12月
吴敏芳	永春县中医院	重庆市新冠肺炎疫情歼灭战攻坚行动突出贡献	重庆市人民政府	2022年12月
陈娜凉	永春县中医院	重庆市新冠肺炎疫情歼灭战攻坚行动突出贡献	重庆市人民政府	2022年12月
刘巧丽	永春县中医院	重庆市新冠肺炎疫情歼灭战攻坚行动突出贡献	重庆市人民政府	2022年12月
林艳清	永春县中医院	海南疫情防控阻击战积极贡献	中共海南省委、海南省人民政府	2022年8月

续表 6

姓名	单位	荣誉称号	授奖机关	授予时间
林惠容	永春县中医院	海南疫情防控阻击战积极贡献	中共海南省委、海南省人民政府	2022 年 8 月
吴福泉	永春县医院	重庆市新冠肺炎疫情歼灭战攻坚行动突出贡献	重庆市人民政府	2022 年 12 月
李梅心	永春县医院	重庆市新冠肺炎疫情歼灭战攻坚行动突出贡献	重庆市人民政府	2022 年 12 月
陈少艳	永春县医院	重庆市新冠肺炎疫情歼灭战攻坚行动突出贡献	重庆市人民政府	2022 年 12 月
郑敏燕	永春县医院	重庆市新冠肺炎疫情歼灭战攻坚行动突出贡献	重庆市人民政府	2022 年 12 月
林丽敏	永春县医院	重庆市新冠肺炎疫情歼灭战攻坚行动突出贡献	重庆市人民政府	2022 年 12 月
吴梅艳	永春县医院	重庆市新冠肺炎疫情歼灭战攻坚行动突出贡献	重庆市人民政府	2022 年 12 月
邱丽君	永春县医院	重庆市新冠肺炎疫情歼灭战攻坚行动突出贡献	重庆市人民政府	2022 年 12 月
徐珍梅	永春县医院	重庆市新冠肺炎疫情歼灭战攻坚行动突出贡献	重庆市人民政府	2022 年 12 月
郑兰兰	永春县医院	重庆市新冠肺炎疫情歼灭战攻坚行动突出贡献	重庆市人民政府	2022 年 12 月
颜颖梅	永春县医院	重庆市新冠肺炎疫情歼灭战攻坚行动突出贡献	重庆市人民政府	2022 年 12 月
郭琼凤	永春县医院	重庆市新冠肺炎疫情歼灭战攻坚行动突出贡献	重庆市人民政府	2022 年 12 月
张婷婷	永春县医院	重庆市新冠肺炎疫情歼灭战攻坚行动突出贡献	重庆市人民政府	2022 年 12 月
黄　雯	永春县医院	重庆市新冠肺炎疫情歼灭战攻坚行动突出贡献	重庆市人民政府	2022 年 12 月
张菊英	永春县医院	海南疫情防控阻击战积极贡献	中共海南省委、海南省人民政府	2022 年 8 月
郑燕如	永春县医院	海南疫情防控阻击战积极贡献	中共海南省委、海南省人民政府	2022 年 8 月
张艺蓉	永春县医院	海南疫情防控阻击战积极贡献	中共海南省委、海南省人民政府	2022 年 8 月

2022 年永春县获市（厅）级表彰先进个人一览表

表 7

姓名	单位	荣誉称号	授奖机关	授予时间
辜燕萍	永春县利鹏园艺场有限责任公司	全国“巾帼新农人”创业典型	全国妇联办公厅、农业农村部办公厅	2021 年 12 月（补记）
林良极	吾峰中心小学	科普中国信息员典型代表	中国科协科普部	2022 年 2 月

续表 7

姓名	单位	荣誉称号	授奖机关	授予时间
李德松	吾峰中心小学	科普中国信息员典型代表	中国科协科普部	2022 年 2 月
巫金春	永春云河白番鸭保种繁育股份有限公司	2022 年中国农技协百强乡土人才	中国农村专业技术协会	2022 年 11 月
林志军	永春电大	2021 年度国家开放大学优秀毕业生	国家开放大学	2022 年 4 月
陈雄松	永春县纪委监委	全省纪检监察系统先进工作者	中共福建省纪委、福建省监察委员会、福建省人力资源和社会保障厅	2022 年 12 月
郭清海	永春县纪委监委	省纪委监委嘉奖	中共福建省纪委 福建省监察委员会	2022 年 12 月
张得意	永春县人民法院	福建审判业务专家	福建省高级人民法院	2022 年 10 月
郭丽清	永春县人民法院	福建审判业务专家	福建省高级人民法院	2022 年 10 月
陈惠玲	中共永春县委老干部局	全省先进老干部工作者	中共福建省委组织部、中共福建省委组织部老干部局、福建省人力资源和社会保障厅	2022 年 9 月
陈素霞	永春县第三实验小学	福建省中小学名校长	福建省教育厅	2022 年 5 月
林丰开	永春县美岭中学	福建省第三届“最美教师”	福建省教育厅	2022 年 8 月
黄炳勇	永春县司法局五里街司法所	全省司法行政系统先进工作者	福建省人力资源和社会保障厅、福建省司法厅	2022 年 8 月
潘贤根	永春县应急管理局	全省应急系统先进工作者	福建省人力资源和社会保障厅、福建省应急管理厅	2022 年 12 月
刘 娜	永春县工商业联合会	全省工商联系统先进工作者	福建省人力资源和社会保障厅、福建省工商业联合会	2022 年 7 月
孟 飞	县巡特警反恐大队	全警实战大练兵“省级标兵个人”	福建省公安厅	2022 年 1 月
吕耿奋	县交通警察大队	全省公安机关夏季治安打击整治“百日行动”成绩突出个人	福建省公安厅	2022 年 9 月
黄 维	桃城派出所	全省公安机关夏季治安打击整治“百日行动”成绩突出个人	福建省公安厅	2022 年 9 月
吴贵龙	达埔派出所	全省公安机关夏季治安打击整治“百日行动”成绩突出个人	福建省公安厅	2022 年 9 月
李志锋	永春县看守所	全省公安监管部门抗击新冠肺炎疫情工作成绩突出民警	福建省公安厅	2022 年 9 月
陈 航	永春县看守所	全省公安监管部门抗击新冠肺炎疫情工作成绩突出民警	福建省公安厅	2022 年 9 月
黄建华	永春县拘留所	党的二十大安保维稳成绩突出个人	福建省公安厅	2022 年 12 月
陈玉辉	交通警察大队	党的二十大安保维稳成绩突出个人	福建省公安厅	2022 年 12 月
黄少杰	石鼓派出所	党的二十大安保维稳成绩突出个人	福建省公安厅	2022 年 12 月

续表 7

姓名	单位	荣誉称号	授奖机关	授予时间
颜小叶	苏坑派出所	党的二十大安保维稳成绩突出个人	福建省公安厅	2022 年 12 月
姚江海	永春县看守所	全省公安监管部门抗击新冠肺炎疫情工作成绩突出辅警及工勤人员	福建省公安厅	2022 年 9 月
邱建国	永春县看守所	全省公安监管部门抗击新冠肺炎疫情工作成绩突出辅警及工勤人员	福建省公安厅	2022 年 9 月
李焕辉	永春县看守所	全省公安监管部门抗击新冠肺炎疫情工作成绩突出辅警及工勤人员	福建省公安厅	2022 年 9 月
薛远长	永春县看守所	全省公安监管部门抗击新冠肺炎疫情工作成绩突出辅警及工勤人员	福建省公安厅	2022 年 9 月
余国平	永春县看守所	全省公安监管部门抗击新冠肺炎疫情工作成绩突出辅警及工勤人员	福建省公安厅	2022 年 9 月
郭志煌	永春县仙夹镇龙水村	2022 年度全省乡村文化和旅游带头人	福建省文化和旅游厅	2022 年 8 月
周梁泉	永春县文化馆	福建省文化和旅游系统先进工作者	福建省人力资源和社会保障厅、福建省文化和旅游厅	2022 年 4 月
郑华芳	永春县统计局	福建省第七次全国人口普查突出贡献个人	福建省统计局、福建省第七次全国人口普查领导小组办公室	2022 年 8 月
潘黎生	永春县统计局	福建省第七次全国人口普查突出贡献个人	福建省统计局、福建省第七次全国人口普查领导小组办公室	2022 年 8 月
林荣垣	永春县农调队	福建省第七次全国人口普查突出贡献个人	福建省统计局、福建省第七次全国人口普查领导小组办公室	2022 年 8 月
潘　逸	永春县旅游发展中心	福建省第七次全国人口普查突出贡献个人	福建省统计局、福建省第七次全国人口普查领导小组办公室	2022 年 8 月
颜液婷	永春县公安局	福建省第七次全国人口普查突出贡献个人	福建省统计局、福建省第七次全国人口普查领导小组办公室	2022 年 8 月
余一萍	永春县外山乡人民政府	福建省第七次全国人口普查突出贡献个人	福建省统计局、福建省第七次全国人口普查领导小组办公室	2022 年 8 月
刘经勤	永春县司法局石鼓镇司法所	福建省第七次全国人口普查突出贡献个人	福建省统计局、福建省第七次全国人口普查领导小组办公室	2022 年 8 月

续表 7

姓名	单位	荣誉称号	授奖机关	授予时间
邱秋虹	永春县桃城镇人民政府乡村振兴办	福建省第七次全国人口普查突出贡献个人	福建省统计局、福建省第七次全国人口普查领导小组办公室	2022 年 8 月
邱春花	永春县蓬壶镇旅游发展服务中心	福建省第七次全国人口普查突出贡献个人	福建省统计局、福建省第七次全国人口普查领导小组办公室	2022 年 8 月
郭聪敏	永春县横口乡云峰村民委员会	福建省第七次全国人口普查突出贡献个人	福建省统计局、福建省第七次全国人口普查领导小组办公室	2022 年 8 月
康天金	永春县坑仔口镇玉西村民委员会	福建省第七次全国人口普查突出贡献个人	福建省统计局、福建省第七次全国人口普查领导小组办公室	2022 年 8 月
吴继伯	永春县桂洋镇文太村民委员会	福建省第七次全国人口普查突出贡献个人	福建省统计局、福建省第七次全国人口普查领导小组办公室	2022 年 8 月
颜玲玲	永春五里街镇儒林社区居民委员会	福建省第七次全国人口普查突出贡献个人	福建省统计局、福建省第七次全国人口普查领导小组办公室	2022 年 8 月
谢志洞	泉州市永春生态环境局	福建省 2021 年生态环境保护执法大练兵表现突出个人	福建省生态环境厅	2022 年 3 月
苏永钢	一都镇美岭村	福建省青年五四奖章	共青团福建省委、福建省青年联合会	2022 年 4 月
张玛莉	永春县实验小学	福建省优秀少先队辅导员	共青团福建省委、福建省教育厅、福建省少工委	2022 年 12 月
李小毅	永春县桃城镇中心小学	福建省优秀少先队辅导员	共青团福建省委、福建省教育厅、福建省少工委	2022 年 12 月
林华珠	一都镇仙阳村妇联	全省妇联系统先进工作者	福建省妇女联合会、福建省人力资源和社会保障厅	2022 年 7 月
戴锦凤	桃城镇妇联	2022 年全省优秀基层妇联主席	福建省妇女联合会	2022 年 11 月
李琼珠	东关镇溪南村妇联	全省优秀妇联主席	福建省妇女联合会	2022 年 11 月
辜伟泓	永春县启萌社会服务中心	省最美基层妇联执委	福建省妇女联合会	2022 年 3 月
陈志清、陈慧玲家庭	岵山镇茂霞村	福建省省绿色家庭	福建省妇女联合会、福建省生态环境厅	2022 年 5 月
林彩霞、潘儒平家庭	桃城镇桃溪社区	福建省省绿色家庭	福建省妇女联合会　福建省生态环境厅	2022 年 5 月
苏永钢黄曦家庭	一都镇美岭村	十三届福建省五好家庭	福建省妇女联合会　中共福建省委文明办	2022 年 5 月

续表 7

姓名	单位	荣誉称号	授奖机关	授予时间
叶梅兰黄文场家庭	外山乡草洋村	福建省最美家庭	福建省妇女联合会	2022 年 5 月
林庆祥、陈琼梅家庭	介福乡紫美村	福建省最美家庭	福建省妇女联合会	2022 年 5 月
尤一梅	永春县五里街中心小学	纪念福建民盟组织成立 75 周年优秀盟员	民盟福建省委会	2022 年 12 月
李德松	吾峰中心小学	2022 年度福建省十佳科普信息员	福建省科学技术协会	2022 年 9 月
林桂芳	岵山镇司法所	民革福建省委 2017—2022 年度优秀党员	中国国民党革命委员会福建省委员会	2022 年 6 月
黄晓茹	桃城镇人民政府	2020—2021 年度社情民意信息工作先进工作者	民建福建省委员会	2022 年 1 月
黄晓红	永春县红十字会	2017—2022 年度优秀党务工作者	中国致公党福建省委员会	2022 年 6 月
孙梓灿	永春县融媒体中心	泉州市宣传工作先进个人	中共泉州市委、 泉州市人民政府	2022 年 5 月
庄发根	中共石鼓镇委员会	泉州市宣传工作先进个人	中共泉州市委、 泉州市人民政府	2022 年 5 月
官雅黎	永春县人民检察院	2022 年度全国检察宣传先进个人	检察日报社	2022 年 11 月
官雅黎	永春县人民检察院	2021 年度全省检察机关优秀检察宣传工作者	福建省人民检察院	2022 年 2 月
苏福彬	永春县融媒体中心	2021 年度优秀通讯员	福建日报社	2022 年 8 月
苏玉娜	永春县融媒体中心	2021 年度全省广播电视统计工作优秀个人	福建省广播电视局	2022 年 12 月
颜晓琳	永春县农村信用合作联社	优秀通讯员	中华合作时报	2022 年 1 月
颜晓琳	永春县农村信用合作联社	2021—2022 年度全国农信系统宣传标兵	中国农村金融杂志社	2022 年 10 月
	永春县老年大学	2022 年度福建省老年大学“新时代最美学员”	福建省老年大学协会	2022 年 9 月
林文森	福建兴隆香业有限公司	第六届福建省工艺美术大师	福建省企业与企业家联合会	2022 年 12 月
陈荣春	永春县陈荣春艺术陶瓷研究所	第六届福建省工艺美术大师	福建省企业与企业家联合会	2022 年 12 月
王冬燕	福建省永春县凌跃陶瓷有限公司	第六届福建省工艺美术大师	福建省企业与企业家联合会	2022 年 12 月
郭志煌	永春县龙水漆蓝工艺有限公司	第六届福建省工艺美术大师	福建省企业与企业家联合会	2022 年 12 月
陈金渊	永春县应急管理局	2022 年度护林联防工作先进个人	福建省第一护林联防区委员会	2022 年 12 月

续表 7

姓名	单位	荣誉称号	授奖机关	授予时间
康剑鸿	永春县一都镇人民政府综合便民服务中心	2022 年度护林联防工作先进个人	福建省第一护林联防区委员会	2022 年 12 月
张金国	永春县下洋镇人民政府林业工作站	2022 年度护林联防工作各分会先进个人	福建省第一护林联防区委员会	2022 年 12 月
苏家祥	国网永春县供电公司	劳动模范	国网福建省电力有限公司	2022 年 1 月

永春县 2022 年度先进个人名单

一、项目攻坚 2022（四项竞赛）工作先进个人

吕志城（苏坑镇） 张梅芳（水利局）

薛一新（一都镇） 郑佳迪（项目推进办）

谢碧云（石鼓镇） 李小浒（桂洋镇）

二、抓"五全"招商、促项目落地工作先进个人

梁宇锋（达埔镇） 李翠兰（住建局）

陈 凉（财政局） 刘巧智（介福乡）

潘 琦（一都镇） 郭永福（湖洋镇）

三、乡村振兴工作先进个人

黄金树（锦斗镇） 林 莉（玉斗镇）

姚于柏（一都镇）

四、平安建设工作先进个人

黄庆生（信访局） 陈俊鸿（应急管理局）

叶俊华（公安局） 黄春源（湖洋镇）

五、营商环境工作先进个人

邱巧雪（市场监管局） 徐钟华（工信商务局）

李鹏峰（永春生态环境局）

六、招工引才工作先进个人

温令科（桃城镇） 王华坡（下洋镇）

王华红（吾峰镇） 林文泽（桂洋镇）

七、疫情防控工作先进个人

黄瞻惠（东关镇） 吴姗姗（疾控中心）

叶恒彬（纪委监委） 王明娜（卫健局）

陈小兰（岵山镇） 林福志（下洋镇）

尤莉敏（蓬壶镇） 康顺世（五里街镇）

八、安全生产工作先进个人

黄炳林（介福乡） 林伟斌（政法委）

颜志钦（玉斗镇） 陈启明（东平镇）

郑燕花（工业园区管委会）

九、提升城乡品质 建设美丽永春工作先进个人

黄金仕（住建局） 盛洪林（吾峰镇）

康永明（湖洋镇）

十、创建全国文明城市工作先进个人

林琰梅（桃城镇） 康建湖（交警大队）

刘思杰（创城办） 陈文坤（石鼓镇）

十一、"党建+"邻里中心建设先进个人

李伟波（桃城镇） 林锦裕（民政局）

刘锦辉（达埔镇） 施恬辉（岵山镇）

盛小丹（五里街镇）

十二、生态环境工作先进个人

吕志鹏（东关镇） 黄伟东（政府办）

林超勇（水利局） 王 震（仙夹镇）

十三、低效工业用地再开发工作先进个人

蓝永福（发改局） 林廷斌（桃城镇）

周永鸿（石鼓镇）

十四、工业（产业）园区标准化建设工作先进个人

吴德温（工信商务局） 陈可珲（工业园区管委会）

2022年度永春县捐资公益慈善10万元及以上的单位和个人一览表

表8　　单位：万元

项目编号	捐赠人（团体）名称	捐资金额	项目编号	捐赠人（团体）名称	捐资金额
1	汤志强	344.80	35	泉州福美房地产开发有限公司	25
2	郭从愿	257	36	周友智	25
3	永春县农村信用合作联社	160	37	李宽宜	25
4	泉州锦林环保高新材料有限公司	146	38	黄宏旭	24
5	林登峰	125	39	陈荣助	24
6	九牧永春慈善基金	98.40	40	马来西亚登进家族	23
7	张少波	85	41	陈墩厚	22
8	黄光尧老师奖教助学基金	80	42	福建省万兴建设发展有限公司	21
9	郑炳辉、郑加然、郑清丽	70	43	陈建绪	20
10	黄国深	67	44	潘宏志、颜家玲	20
11	福建省泉州美岭水泥有限公司	65.40	45	福建省微公益协会	20
12	刘征敏	53	46	潘宏志	20
13	余树林	50	47	王志宏	20
14	泉州力同科技有限公司	50	48	王斌辉	20
15	潘才皇	50	49	潘顺兴	20
16	苏启连	50	50	杨春辉	19
17	李耀升	50	51	黄少江	16.92
18	尤德星	49.6	52	刘春福	16
19	永春县林世哲扶助贫困学生教育发展协会	46	53	郑成文	15
20	刘生泉	41.90	54	永春县魁星岩风景区管理服务有限公司	15
21	周超颖	40	55	林纪永	14.40
22	李斌斌	37.90	56	永春县玉斗铅锌选矿有限公司	14.40
23	永春侨胞19人	35.55	57	陈荣助	14
24	颜丁己、颜如意、颜亚玲	33.80	58	颜明霞	14
25	颜进沛	32.1	59	福万通慈善基金	12
26	福建省永春新福鑫陶瓷有限公司	30	60	郑良回	12
27	永春县自然资源局	30	61	中国人寿福建省分公司	12
28	伟骏（永春）发展有限公司	30	62	尤扬祖奖教助学基金	11.2
29	李永锋	30	63	郭从旺	11
30	陈春草	30	64	香港华秀基金会（颜丁己兄妹三人）	10
31	陈建全	29.50	65	洪文良	10
32	泉州成信实业有限公司	27.50	66	陈少忠	10
33	德化德鑫矿业有限公司	25.50	67	永春县民政局	10
34	许欣慰	25	68	泉州迈特富纺织科技有限公司	10

续表 8

项目编号	捐赠人（团体）名称	捐资金额	项目编号	捐赠人（团体）名称	捐资金额
69	百祺（福建）实业有限公司	10	74	桃城镇人民政府	10
70	泉州市方正拍卖行有限公司	10	75	坑仔口镇人民政府	10
71	永春县大鹏城市建设发展有限责任公司	10	76	达埔镇人民政府	10
72	福建省泉州美岭集团有限公司	10	77	王宇杰	10
73	福建省禹汇建设工程有限公司永春分公司	10	—	—	—

2022 年永春县荣誉一览表

表 9

荣誉称号	授奖机关	授予时间
2022 年乡村建设评价样本县	住房和城乡建设部	2022 年 6 月
2022 年国家水土保持示范县	水利部	2022 年 12 月
国家卫生县城（2022—2024）	全国爱卫会	2022 年 1 月
福建省“双拥模范县”	福建省委、省政府、省军区	2022 年 7 月
2022 年国家现代农业产业园创建名单	农业农村部办公厅、财政部办公厅	2022 年 4 月
全省城乡历史文化保护传承试点	福建省住房和建设厅	2022 年 4 月
2022 年福建省村庄清洁行动成效突出县	福建省农业农村厅、福建省乡村振兴局	2022 年 12 月
第三批省级主要农作物生产全程机械化示范县	福建省农业农村厅	2022 年 3 月
2022—2024 年福建省笋竹精深加工示范县、林下经济重点县	福建省林业局	2022 年 1 月
福建省全民运动健身模范县	福建省体育局	2022 年 1 月
2022 年度护林联防工作先进县	福建省第一护林联防区委员会	2022 年 12 月
2021 年度县级人民政府完成年度消防安全目标责任优秀单位	泉州市人民政府	2022 年 10 月

2022 年永春县获省部级以上表彰先进集体一览表

表 10

获奖单位	荣誉称号	授奖机关	授予时间
永春县信访局	2021 年度全国信访工作示范县	中央信访工作联席会议、国家信访局	2022 年 1 月
永春县第三实验小学	2021 年度网络学习空间应用普及活动优秀学校	教育部办公厅	2022 年 10 月
达埔镇汉口村（篾香）	全国“一村一品”示范村	农业农村部	2022 年 11 月
“永春北溪文苑—岵山古镇—玫瑰园民宿—仙夹镇龙水村—仙夹镇东里村”旅游线路	全国乡村旅游精品线路	文化和旅游部	2022 年 5 月

续表 10

获奖单位	荣誉称号	授奖机关	授予时间
泉州锦林环保高新材料有限公司	2022 年新确定的国家知识产权优势企业	国家知识产权局	2022 年 10 月
福建省永春佳威塑料包装制品公司	2022 年新确定的国家知识产权优势企业	国家知识产权局	2022 年 10 月
湖洋镇吴岭村	2022 年全国示范性老年友好型社区	国家卫健委、全国老龄办	2022 年 10 月

2022 年永春县获市（厅）级表彰先进单位一览表

表 11

获奖单位	荣誉称号	授奖机关	授予时间
永春芦柑科技小院	支持建设科技小院	教育部办公厅、农业农村部办公厅、中国科协办公厅	2022 年 7 月
永春县陶瓷行业协会	2021—2022 年度全国“四好”商会	中华全国工商业联合会办公厅	2022 年 11 月
永春县科学技术协会	2021 年科普中国信息员队伍建设优秀组织单位	中国科协办公厅	2022 年 2 月
永春县科学技术协会	2022 年全国科普日活动优秀组织单位	中国科协办公厅	2022 年 12 月
永春县农村专业技术协会	2022 年“中国农技协百强农技协”	中国农村专业技术协会	2022 年 12 月
永春绿源柑橘专业合作社	2021—2025 年“中国农村专业技术协会科普教育基地”	中国农村专业技术协会	2022 年 4 月
一都镇仙阳村	第三批全国村级“文明乡风建设”典型案例	农业农村部农村社会事业促进局	2022 年 9 月
永春县水利局	2022 年全省学雷锋志愿服务“五个最美”先进典型	中共福建省委宣传部等 17 个部门	2022 年 12 月
永春县委政法委	福建省第二批节约型机关建成单位	福建省机关事务管理局、福建省发展和改革委员会、福建省财政厅	2011 年 11 月
仙夹派出所	福建省平安建设先进集体	福建省平安建设领导小组、福建省人力资源和社会保障厅	2022 年 6 月
下洋派出所	全省公安机关夏季治安打击整治“百日行动”成绩突出集体	福建省公安厅	2022 年 9 月
蓬壶派出所	全省公安机关夏季治安打击整治“百日行动”成绩突出集体	福建省公安厅	2022 年 9 月
县公安局刑事侦查大队严重罪案侦查队	党的二十大安保维稳成绩突出集体	福建省公安厅	2022 年 12 月
达埔派出所	党的二十大安保维稳成绩突出集体	福建省公安厅	2022 年 12 月
中共永春县五里街镇儒林社区离退休支部委员会	省级离退休干部“示范党支部”	中共福建省委离退休干部工作委员会、中共福建省委老干部局	2022 年 8 月
中共永春县苏坑镇离退休支部委员会	省级离退休干部“示范党支部”	中共福建省委离退休干部工作委员会、中共福建省委老干部局	2022 年 8 月

续表 11

获奖单位	荣誉称号	授奖机关	授予时间
中共永春县桃城镇退休支部委员会	省级离退休干部“示范党支部”	中共福建省委离退休干部工作委员会、中共福建省委老干部局	2022 年 8 月
五里街镇大羽村	第三批省级“文明乡风联系点”	中共福建省委精神文明建设办公室	2022 年 1 月
石鼓镇	第二批省级乡村治理示范乡镇	中共福建省委农村工作领导小组办公室、中共福建省委组织部、中共福建省委宣传部、福建省农业农村厅、福建省民政厅、福建省司法厅、福建省乡村振兴局	2022 年 10 月
桃城镇	第二批省级乡村治理示范乡镇	中共福建省委农村工作领导小组办公室、中共福建省委组织部、中共福建省委宣传部、福建省农业农村厅、福建省民政厅、福建省司法厅、福建省乡村振兴局	2022 年 10 月
介福乡福东村	第二批省级乡村治理示范村	中共福建省委农村工作领导小组办公室、中共福建省委组织部、中共福建省委宣传部、福建省农业农村厅、福建省民政厅、福建省司法厅、福建省乡村振兴局	2022 年 10 月
介福乡紫美村	第二批省级乡村治理示范村	中共福建省委农村工作领导小组办公室、中共福建省委组织部、中共福建省委宣传部、福建省农业农村厅、福建省民政厅、福建省司法厅、福建省乡村振兴局	2022 年 10 月
外山乡乾溪村	第二批省级乡村治理示范村	中共福建省委农村工作领导小组办公室、中共福建省委组织部、中共福建省委宣传部、福建省农业农村厅、福建省民政厅、福建省司法厅、福建省乡村振兴局	2022 年 10 月
五里街镇埔头村	第二批省级乡村治理示范村	中共福建省委农村工作领导小组办公室、中共福建省委组织部、中共福建省委宣传部、福建省农业农村厅、福建省民政厅、福建省司法厅、福建省乡村振兴局	2022 年 10 月
石鼓镇洑江村	第二批省级乡村治理示范村	中共福建省委农村工作领导小组办公室、中共福建省委组织部、中共福建省委宣传部、福建省农业农村厅、福建省民政厅、福建省司法厅、福建省乡村振兴局	2022 年 10 月
蓬壶镇汤城村	第二批省级乡村治理示范村	中共福建省委农村工作领导小组办公室、中共福建省委组织部、中共福建省委宣传部、福建省农业农村厅、福建省民政厅、福建省司法厅、福建省乡村振兴局	2022 年 10 月

续表 11

获奖单位	荣誉称号	授奖机关	授予时间
蓬壶镇都溪村	第二批省级乡村治理示范村	中共福建省委农村工作领导小组办公室、中共福建省委组织部、中共福建省委宣传部、福建省农业农村厅、福建省民政厅、福建省司法厅、福建省乡村振兴局	2022 年 10 月
下洋镇溪塔村	第二批省级乡村治理示范村	中共福建省委农村工作领导小组办公室、中共福建省委组织部、中共福建省委宣传部、福建省农业农村厅、福建省民政厅、福建省司法厅、福建省乡村振兴局	2022 年 10 月
东关镇外碧村	第二批省级乡村治理示范村	中共福建省委农村工作领导小组办公室、中共福建省委组织部、中共福建省委宣传部、福建省农业农村厅、福建省民政厅、福建省司法厅、福建省乡村振兴局	2022 年 10 月
一都镇三岭村	第二批省级乡村治理示范村	中共福建省委农村工作领导小组办公室、中共福建省委组织部、中共福建省委宣传部、福建省农业农村厅、福建省民政厅、福建省司法厅、福建省乡村振兴局	2022 年 10 月
一都镇苏合村	第二批省级乡村治理示范村	中共福建省委农村工作领导小组办公室、中共福建省委组织部、中共福建省委宣传部、福建省农业农村厅、福建省民政厅、福建省司法厅、福建省乡村振兴局	2022 年 10 月
岵山镇铺下村	第二批省级乡村治理示范村	中共福建省委农村工作领导小组办公室、中共福建省委组织部、中共福建省委宣传部、福建省农业农村厅、福建省民政厅、福建省司法厅、福建省乡村振兴局	2022 年 10 月
岵山镇和林村	第二批省级乡村治理示范村	中共福建省委农村工作领导小组办公室、中共福建省委组织部、中共福建省委宣传部、福建省农业农村厅、福建省民政厅、福建省司法厅、福建省乡村振兴局	2022 年 10 月
湖洋镇清白村	第二批省级乡村治理示范村	中共福建省委农村工作领导小组办公室、中共福建省委组织部、中共福建省委宣传部、福建省农业农村厅、福建省民政厅、福建省司法厅、福建省乡村振兴局	2022 年 10 月
东平镇东山村	第二批省级乡村治理示范村	中共福建省委农村工作领导小组办公室、中共福建省委组织部、中共福建省委宣传部、福建省农业农村厅、福建省民政厅、福建省司法厅、福建省乡村振兴局	2022 年 10 月

续表 11

获奖单位	荣誉称号	授奖机关	授予时间
达埔镇新琼村	第二批省级乡村治理示范村	中共福建省委农村工作领导小组办公室、中共福建省委组织部、中共福建省委宣传部、福建省农业农村厅、福建省民政厅、福建省司法厅、福建省乡村振兴局	2022 年 10 月
达埔镇汉口村	第二批省级乡村治理示范村	中共福建省委农村工作领导小组办公室、中共福建省委组织部、中共福建省委宣传部、福建省农业农村厅、福建省民政厅、福建省司法厅、福建省乡村振兴局	2022 年 10 月
玉斗镇云台村	第二批省级乡村治理示范村	中共福建省委农村工作领导小组办公室、中共福建省委组织部、中共福建省委宣传部、福建省农业农村厅、福建省民政厅、福建省司法厅、福建省乡村振兴局	2022 年 10 月
锦斗镇珍卿村	第二批省级乡村治理示范村	中共福建省委农村工作领导小组办公室、中共福建省委组织部、中共福建省委宣传部、福建省农业农村厅、福建省民政厅、福建省司法厅、福建省乡村振兴局	2022 年 10 月
桃城镇上沙村	第二批省级乡村治理示范村	中共福建省委农村工作领导小组办公室、中共福建省委组织部、中共福建省委宣传部、福建省农业农村厅、福建省民政厅、福建省司法厅、福建省乡村振兴局	2022 年 10 月
永春县农业农村局	农业科技网络书屋竞赛一等奖	福建省农业农村厅	2022 年 6 月
永春县种植业服务中心	2022 年度省级法人科技特派员	福建省科技特派员联席会议办公室	2022 年 7 月
桃城镇人民调解委员会	2019—2021 年度全省人民调解先进集体	福建省司法厅	2022 年 10 月
桃城镇花石社区	2022 年省级产业振兴示范村试点	福建省财政厅	2022 年 8 月
仙夹镇龙水村	2022 年省级产业振兴示范村试点	福建省财政厅	2022 年 8 月
湖洋镇锦凤村	2022 年度福建省乡村振兴重点特色乡（镇）实绩突出村	福建省农业农村厅	2022 年 12 月
仙夹镇东里村	2022 年福建省美丽休闲乡村	福建省农业农村厅	2022 年 9 月
永春县横口乡鼎鸿家庭农场	2022 年度省级示范家庭农场	福建省农业农村厅、福建省财政厅、福建省林业局、福建省海洋与渔业局	2022 年 11 月
永春县横口乡月华家庭农场	监测合格省级示范家庭农场	福建省农业农村厅	2022 年 11 月
下洋镇	林下经济重点乡镇	福建省林业局	2022 年 1 月
达埔镇	省级森林城镇	福建省绿化委员会办公室	2022 年 12 月
桃城镇上沙村	2022 年福建省森林村庄	福建省绿化委员会办公室	2022 年 12 月
达埔镇乌石村	2022 年福建省森林村庄	福建省绿化委员会办公室	2022 年 12 月

续表 11

获奖单位	荣誉称号	授奖机关	授予时间
横口乡福德村	2022 年福建省森林村庄	福建省绿化委员会办公室	2022 年 12 月
石鼓镇洑江村	2022 年福建省森林村庄	福建省绿化委员会办公室	2022 年 12 月
一都镇仙友村	2022 年福建省森林村庄	福建省绿化委员会办公室	2022 年 12 月
永春县牛姆林森林康养基地	2022 年福建省级森林康养基地	福建省林业局、福建省民政厅、福建卫生健康委员会、福建省总工会、福建省医疗保障局	2022 年 11 月
永春县雪山风雅颂森林康养基地	2022 年福建省级森林康养基地	福建省林业局、福建省民政厅、福建卫生健康委员会、福建省总工会、福建省医疗保障局	2022 年 11 月
福建省第一护林联防区委员会一都分会	2022 年度护林联防工作先进分会	福建省第一护林联防区委员会	2022 年 12 月
永春县下洋镇人民政府	2022 年度护林联防工作各分会先进单位	福建省第一护林联防区委员会	2022 年 12 月
桃城镇南星社区湖心岛	美丽乡村微景观	福建省乡村振兴局	2022 年 12 月
外山乡垅溪村风雨廊道	美丽乡村微景观	福建省乡村振兴局	2022 年 12 月
桃城镇上沙村	美丽休闲乡村	福建省乡村振兴局	2022 年 12 月
桃城镇上沙村	2022 年省级“一村一品”专业村	福建省农业农村厅	2022 年 12 月
东平镇东山村退役军人服务站	全省服务保障体系建设“五有”先进单位	中共福建省委退役军人事务工作领导小组办公室	2022 年 7 月
湖洋镇蓬莱村退役军人服务站	全省服务保障体系建设“五有”先进单位	中共福建省委退役军人事务工作领导小组办公室	2022 年 7 月
桃城镇退役军人服务站	省级百家红色退役军人服务站	中共福建省委退役军人事务工作领导小组办公室	2022 年 7 月
达埔镇退役军人服务站	省级百家红色退役军人服务站	中共福建省委退役军人事务工作领导小组办公室	2022 年 7 月
岵山镇	2022 年福建省“全域生态旅游小镇”	福建省文化和旅游厅	2022 年 11 月
仙夹镇东里村	2022 年福建省“金牌旅游村”	福建省文化和旅游厅、福建省发展和改革委员会、福建省住房和城乡建设厅	2022 年 11 月
永春县教师进修学校	福建省标准化县级教师进修学校	福建省教育厅	2022 年 12 月
永春县实验小学	第二批省级“平安校园”	福建省教育厅	2022 年 9 月
永春县第三实验小学	第二批省级“平安校园”	福建省教育厅	2022 年 9 月
永春县桃溪实验小学	2022 年度福建省优秀少先队大队	共青团福建省委、福建省教育厅、福建少工委	2022 年 10 月
永春电大	2022 年春季开放教育招生工作先进集体	福建开放大学	2022 年 6 月
永春电大	2022 年福建开放大学乡村振兴优秀创新与创业案例组织奖	福建开放大学	2022 年 10 月
永春电大	福建开放大学“喜迎二十大，强国有我”系列活动优秀组织奖	福建开放大学	2022 年 12 月

续表　1

获奖单位	荣誉称号	授奖机关	授予时间
永春县产品质量检验所	2022年度福建省市场监管系统科技工作成效突出单位	福建省市场监督管理局	2022年12月
国家燃香类产品质量监督检验中心（福建）	2022年福建省法人科技特派员	福建省科技厅	2022年7月
永春县统计局	福建省第七次全国人口普查突出贡献集体	福建省统计局、福建省第七次全国人口普查领导小组办公室	2022年8月
达埔镇人民政府	福建省第七次全国人口普查突出贡献集体	福建省统计局、福建省第七次全国人口普查领导小组办公室	2022年8月
介福乡人民政府	福建省第七次全国人口普查突出贡献集体	福建省统计局、福建省第七次全国人口普查领导小组办公室	2022年8月
一都镇人民政府	福建省第七次全国人口普查突出贡献集体	福建省统计局、福建省第七次全国人口普查领导小组办公室	2022年8月
永春县人民法院立案庭	全省法院党的二十大期间信访安全保障工作突出集体	福建省高级人民法院	2022年12月
永春县水利局	2022年福建省五一劳动奖状	福建省总工会	2022年4月
永春县总工会	2021年度福建省“安康杯”竞赛组织工作优秀单位	福建省总工会	2022年7月
永春县总工会职工服务中心香都工作站	福建省五一先锋号	福建省总工会	2022年4月
泉州市芸龙建筑材料有限公司兴泉铁路建设项目班组	福建省五一先锋号	福建省总工会	2022年4月
一都镇综合便民服务中心	福建省“五一先锋号”	福建省总工会	2022年8月
泉州市烟草公司永春分公司	2021年度福建省“安康杯”竞赛先进单位	福建省总工会、福建省应急管理厅、福建省卫生健康委员会	2022年7月
永春县农村信用合作联社	2021年度福建省“安康杯”竞赛先进单位	福建省总工会	2022年7月
福建省金正建设工程公司	2021年度福建省“安康杯”竞赛先进单位	福建省总工会	2022年7月
福建良香科技有限公司	2021年度福建省“安康杯”竞赛先进单位	福建省总工会	2022年7月
永春老醋醋业公司食醋发酵车间	2021年度福建省“安康杯”竞赛先进班组	福建省总工会	2022年7月
石鼓镇妇联	全省达标乡镇妇联	福建省妇女联合会	2022年11月
五里街镇妇联	全省达标乡镇妇联	福建省妇女联合会	2022年11月
玉斗镇妇联	全省达标乡镇妇联	福建省妇女联合会	2022年11月
仙夹镇龙湖村	全省达标村（社区）妇联	福建省妇女联合会	2022年11月
吾峰镇吾中村	全省达标村（社区）妇联	福建省妇女联合会	2022年11月
永春县科学技术协会	2022年福建省全民科学素质网络竞赛优秀组织单位	福建省科学技术协会	2022年11月

续表 11

获奖单位	荣誉称号	授奖机关	授予时间
桃城镇人民政府	2022 年福建省全国科普日活动优秀组织单位	福建省科学技术协会	2022 年 12 月
福建长绿食品饮料股份有限公司	2021 年福建省级学会创新驱动服务站	福建省科学技术协会	2022 年 1 月
永春牛姆林生态科普馆	2023 年福建省优秀科普教育基地	福建省科学技术协会、中共福建省委宣传部、福建省教育厅	2022 年 12 月
石鼓镇侨联	省级“五好”侨胞之家	福建省侨联	2022 年 12 月
永春湖洋商会	2021—2022 年度福建省“四好”商会	福建省工商业联合会	2022 年 11 月
永春县汽车行业公会	2021—2022 年度福建省“四好”商会	福建省工商业联合会	2022 年 11 月
厦门市永春商会	2021—2022 年度福建省“四好”商会	福建省工商业联合会	2022 年 11 月
永安市永春商会	2021—2022 年度福建省“四好”商会	福建省工商业联合会	2022 年 11 月
东关镇关心下一代工作委员会	全省基层“五好”关工委示范点	福建省关心下一代工作委员会	2022 年 11 月
国道 356 线永春石鼓卿园至达埔前峰段公路工程项目工地党支部	2022 年普通国省干线项目工地党建优胜党支部	福建省公路事业发展中心	2022 年 12 月
永春县农村信用合作联社	2021—2022 年度全国农信系统县市级宣传标杆单位	中国农村金融杂志社	2022 年 10 月
永春县农村信用合作联社	福建省 2022 年度“安康怀”活动典型宣传示范单位	福建省安康怀竞赛组委会办公室	2022 年 12 月
中共永春县桃城消防救援站支部委员会	2022 年先进基层党组织	中共福建省消防救援总队委员会	2022 年 6 月
外山乡	2022 年“清新福建·气候福地”气候康养福地	福建省气象学会、福建省旅游协会	2022 年 12 月
民盟永春县总支部	纪念福建民盟组织成立 75 周年先进集体	民盟福建省委会	2022 年 12 月
永春县融媒体中心（永春县报道中心）	2021 年度“优秀报道组”	福建日报社	2022 年 8 月
永春县安全生产委员会办公室	2021 年度县级安委会办公室工作先进单位	泉州市人民政府	2022 年 10 月
中共永春县委精神文明建设办公室	泉州市宣传工作先进集体	中共泉州市委、泉州市人民政府	2022 年 6 月
桃城镇	泉州市创建全国文明城市工作先进集体	中共泉州市委、泉州市人民政府	2022 年 5 月

永春县2022年度先进集体名单

一、项目攻坚2022（四项竞赛）工作先进集体

桃城镇　　湖洋镇

二、抓"五全"招商、促项目落地工作先进集体

桃城镇　　桂洋镇

三、乡村振兴工作先进集体

桃城镇　　苏坑镇

四、平安建设工作先进集体

介福乡　　岵山镇

五、营商环境工作先进集体

自然资源局　　发改局

六、招工引才工作先进集体

东关镇　　横口乡

七、疫情防控工作先进集体

交通运输局　　石鼓镇

八、安全生产工作先进集体

坑仔口镇　　蓬壶镇

九、提升城乡品质 建设美丽永春工作先进集体

岵山镇　　五里街镇

十、创建全国文明城市工作先进集体

融媒体中心　　城市管理局

十一、"党建+"邻里中心建设先进集体

桃城镇　　教育局

十二、生态环境工作先进集体

石鼓镇　　达埔镇

十三、低效工业用地再开发工作先进集体

东关镇

2022年永春县获省部级以上表彰的其他成果荣誉一览表

表12

单位（姓名）	项目	荣誉称号	授奖机关	授予时间
林俊德科学家精神教育基地	—	2022年度科学家精神教育基地	中国科协、教育部、科技部、国务院国资委、中国科学院、中国工程院、国防科工局	2022年6月
福建良瓷科技有限公司	智能协同作业、先进过程控制	2022年度智能制造优秀场景名单	工业和信息化部	2022年12月
永春苦寨坑原始青瓷窑址	—	新时代百项考古新发现	国家文物局	2022年4月
苦寨坑窑考古遗址公园	—	第四批国家考古遗址公园立项名单	国家文物局	2022年12月
中共永春县委组织部	在职党员"回家日"制度	发文推广	中共福建省委、福建省人民政府	2022年5月
—	永春闹厅、白鹤拳、陶瓷制作技艺	福建省第七批省级非物质文化遗产代表性项目名录	福建省人民政府	2022年1月

2022年永春县获市（厅）级表彰的其他成果荣誉一览表

表13

单位（姓名）	项目	荣誉称号	授奖机关	授予时间
永春县全民科学素质工作领导小组	2022年永春县全国科普日主场活动	2022年全国科普日优秀活动	中国科协办公厅	2022年12月
永春县审计局	审计案例《厚植为民情怀 助力老有所养——Y县审计局助力居家和社区养老服务改革经验总结》	B等教学案例	审计署审计干部教育学院	2022年12月

续表 13

单位（姓名）	项目	荣誉称号	授奖机关	授予时间
永春县水利局	《以产权制度改革为基础　因地制宜推进改革》	列为农业水价综合改革典型案例	水利部农村水利水电司	2022 年 10 月
永春县河长制办公室	《库管员的夏天》	全国第四届“守护幸福河湖”短视频征集活动三等奖	水利部宣传教育中心等	2022 年 12 月
中共永春县委组织部	信息工作	发文表扬	中共福建省委组织部	2022 年 1 月
福建良瓷科技有限公司	—	福建省工业龙头培育企业名单	福建省工业和信息化厅	2022 年 6 月
福建良瓷科技有限公司	—	第五批省级绿色工厂	福建省工业和信息化厅	2022 年 11 月
福建良瓷科技有限公司	人机协同作业、智能仓储、能耗数据监测	2022 年度省级智能制造优秀场景名单	福建省工业和信息化厅	2022 年 12 月
永春县农业农村局		农业科技网络书屋竞赛组织奖一等奖	福建省农业农村厅	2022 年 6 月
永春县审计局	审计项目《湖洋镇原党委书记和原镇长任期经济责任审计》	全省参评全国优秀审计项目中审计质量比较好的审计项目	福建省审计厅	2022 年 9 月
吾峰镇	探索新时代农村社区建设	福建省村镇建设可复制经验清单（第一批）	省住建厅	2022 年 12 月
永春岵山北溪至南安蓬华公路旅游风景道	—	第一批最美乡村“福”路	福建省交通运输厅	2022 年 3 月
陈艳红	司法建议	2021 年度全省法院优秀司法建议	福建省高级人民法院	2022 年 3 月
黄芳曼	案件分析	全省法院系统首届年度优秀案例分析评选活动优秀奖	福建省高级人民法院	2022 年 9 月
永春县人民检察院	《永春县人民检察院督促保护乡愁诗人余光中旧居及古树行政公益诉讼案》	优秀案例	福建省人民检察院	2022 年 3 月
陈烽艺 陈燕	论文《检察机关对限制人身自由权行政行为法律监督的制度构建》	优秀奖	检察日报社	2022 年 7 月
李翔毅	论文《助力法治化营商环境建设的检察供给探析》	第二届东南法治论坛征文活动优秀奖	福建省委政法委、省法学会	2022 年 8 月
永春县种植业服务中心	柑橘黄龙病防控“永春模式”	种植业技术推广典型案例	全国农业技术服务中心	2022 年 12 月
福建和泰香业公司	—	2022 年百万职工“五小”创新大赛一等奖	福建省总工会	2022 年 11 月
泉州市瓷源文化创意公司	—	2022 年百万职工“五小”创新大赛一等奖	福建省总工会	2022 年 11 月

续表 3

单位（姓名）	项目	荣誉称号	授奖机关	授予时间
福建铧寺新材料科技有限公司	—	2022 年百万职工“五小”创新大赛一等奖	福建省总工会	2022 年 11 月
福建省金丰香业股份公司	—	2022 年百万职工“五小”创新大赛一等奖	福建省总工会	2022 年 11 月
永春县气象局	—	2022 年百万职工“五小”创新大赛二等奖	福建省总工会	2022 年 11 月
永春厨艺研究会	—	2022 年百万职工“五小”创新大赛二等奖	福建省总工会	2022 年 11 月
泉州中翔生物技术公司	—	2022 年百万职工“五小”创新大赛二等奖	福建省总工会	2022 年 11 月
永春雅[illegible]香道文化传媒公司	—	2022 年百万职工“五小”创新大赛二等奖	福建省总工会	2022 年 11 月
福建美云科技公司	《一种环保生产型激光复印机低温彩色碳粉的研制》	2022 年百万职工“五小”创新大赛三等奖	福建省总工会	2022 年 11 月
福建兴隆香业公司	—	2022 年百万职工“五小”创新大赛三等奖	福建省总工会	2022 年 11 月
福建百年香业公司	—	2022 年百万职工“五小”创新大赛三等奖	福建省总工会	2022 年 11 月
福建泉州美岭水泥有限公司	—	2022 年百万职工“五小”创新大赛三等奖	福建省总工会	2022 年 11 月
永春县陶瓷行业协会工会	—	2022 年百万职工“五小”创新大赛三等奖	福建省总工会	2022 年 11 月
福建星丰有机公社农业公司	—	福建省巾帼示范基地	福建省妇女联合会	2022 年 11 月
康永光	2022 年福建省全民科学素质知识挑战赛	优秀奖	福建省科学技术协会	2022 年 9 月
中共永春县委宣传部	2022 年全国科普日活动暨闽台农业专家对话沙龙	2022 年福建省全国科普日优秀活动	福建省科学技术协会	2022 年 12 月
中共永春县委台港澳办公室	2022 年全国科普日活动暨闽台农业专家对话沙龙	2022 年福建省全国科普日优秀活动	福建省科学技术协会	2022 年 12 月
永春县农业农村局、	2022 年全国科普日活动暨闽台农业专家对话沙龙	2022 年福建省全国科普日优秀活动	福建省科学技术协会	2022 年 12 月
永春县文体旅游局	2022 年全国科普日活动暨闽台农业专家对话沙龙	2022 年福建省全国科普日优秀活动	福建省科学技术协会	2022 年 12 月
苏泓溢	2022 年福建省青少年科学影像节	二等奖	福建省青少年科技活动中心、省青少年科技教育协会	2022 年 8 月
苏铨烨	2022 年福建省青少年科学影像节	三等奖	福建省青少年科技活动中心、省青少年科技教育协会	2022 年 8 月
永春县融媒体中心	《从儒将到公仆——梁灵光》	2021 年度福建省广播电视艺术奖广播文艺节目二等奖	福建省文学艺术界联合会、福建省电视艺术家协会	2022 年 6 月

续表 13

单位（姓名）	项目	荣誉称号	授奖机关	授予时间
永春县融媒体中心	《福建关区首宗冷处理农产品永春芦柑首发美国》	2021 年度福建新闻奖广播消息类三等奖	福建省新闻工作者协会	2022 年 6 月
王志国	陶瓷作品《饕餮纹四方鼎炉》	2022 年福建省工艺礼品及手工艺精品展暨“福艺杯”优秀作品评比中获银奖	福建省手工艺协会、福建省商务礼品协会	2022 年 8 月
国家燃香类产品质量监督检验中心（福建）	—	2022 年福建省法人科技特派员	福建省科技厅	2022 年 7 月
林俊德事迹馆	—	福建省科学家精神教育基地	福建省科学技术协会、福建省教育厅、福建省科技厅、福建省国资委、福建省国防科工办	2022 年 5 月
林俊德事迹馆	—	福建省第一批新时代国防科技工业文化教育基地	福建省国防科技工业办公室	2022 年 7 月
林俊德事迹馆	—	第五批福建省中小学研学实践教育基地	福建省教育厅	2022 年 10 月

2022 年永春县纳税 200 万元以上企业一览表

表 14　　单位：万元

序号	企业名称	行业类别	金额
1	永春天汇科技投资股份有限公司	租赁和商务服务业	23051.87
2	永春县九牧集团	—	10416.86
其中：	福建良瓷科技有限公司	制造业	1202.08
—	永春九牧厨卫有限公司	批发和零售业	7893.36
—	福建科福材料有限公司	采矿业	504.09
—	永春良福陶瓷有限公司	制造业	261.96
—	永春良格金属材料有限公司	制造业	276.34
—	泉州科福科技有限公司	批发和零售业	70.60
—	永春乐悟科技有限公司	租赁和商务服务业	63.29
—	永春乐品科技有限公司	文化、体育和娱乐业	69.06
—	永春三发陶瓷有限公司	采矿业	17.51
—	福建良塑科技有限公司	制造业	8.18
—	泉州乐石科技有限公司	信息传输、软件和信息技术服务业	50.39
3	永春县农村信用合作联社	金融业	5670.17
4	桃城建工集团	—	3852.55
其中：	中博城建工有限公司	建筑业	1910.05
—	永春县桃城房地产开发有限公司桃源新天地办事处	房地产业	86.87
—	福建龙城建工有限公司	建筑业	744.05

续表 14

序号	企业名称	行业类别	金额
—	永春县桃城房地产开发有限公司桃源华景办事处	房地产业	167.69
—	永春县桃城房地产开发有限公司桃源华庭办事处	房地产业	150.93
—	福建省桃城建设工程有限公司泉州分公司	建筑业	87.63
—	中闽建研工业化建筑有限公司	建筑业	91.09
—	永春县桃城房地产开发有限公司桃源天骄办事处	房地产业	-70.70
—	永春县桃城房地产开发有限公司桃源至尊办事处	房地产业	3.77
—	永春县桃城房地产开发有限公司梧洋小区办事处	房地产业	0.69
—	永春县桃城房地产开发有限公司魁星花园办事处	房地产业	26.25
—	中闽建研（福建）建材有限公司	制造业	0.77
—	永春县桃城房地产开发有限公司桃源观邸办事处	房地产业	52.95
—	永春县桃城房地产开发有限公司	房地产业	0.00
—	永春县桃城房地产开发有限公司桃源天地办事处	房地产业	0.00
—	永春县桃城房地产开发有限公司桃源华苑办事处	房地产业	600.50
5	永春骏瑞房地产开发有限公司	房地产业	3522.75
6	福建省兴宇房地产开发有限公司	房地产业	3438.39
7	福建万家美轻纺服饰有限公司	制造业	3321.84
8	国网福建省电力有限公司永春县供电公司	电力、热力、燃气及水的生产和供应业	2228.15
9	福建迈斐富科技发展有限公司	制造业	2204.09
10	永春县自然资源局	公共管理、社会保障和社会组织	1996.62
11	福建佳禾生物科技有限责任公司	批发和零售业	1807.43
12	福建省金巨建设工程有限公司	—	1727.53
其中：	福建省金巨建设工程有限公司	建筑业	1589.50
—	福建省金嘉建设工程有限公司	建筑业	23.25
—	福建省君平建设管理有限公司	科学研究和技术服务业	94.98
—	福建省君平建筑劳务有限公司	建筑业	19.80
13	博纯材料股份有限公司	制造业	1697.71
14	永春鼎圣茂房地产开发有限公司	房地产业	1635.87
15	中国人寿财产保险股份有限公司永春支公司	金融业	1379.56
16	永春中建房地产开发有限公司	房地产业	1250.01
17	福建晋寻中润纺织科技有限公司	—	1051.75
其中：	福建晋寻中润纺织科技有限公司	制造业	893.33
—	福建林三纺织有限公司	制造业	158.42
18	福建省泉州美岭集团有限公司	—	1026.64
其中：	福建省泉州美岭水泥有限公司	制造业	1484.97
—	泉州市美岭环宇置业有限公司	房地产业	-2251.62
—	永春县马坑石灰岩矿	采矿业	85.59
—	永春县美岭小额贷款有限公司	金融业	366.06
—	永春美岭矿业有限公司	采矿业	541.99

续表 14

序号	企业名称	行业类别	金额
—	福建省永春美岭火电厂	电力、热力、燃气及水的生产和供应业	325.24
—	永春县玉斗铅锌选矿有限公司	采矿业	140.34
—	永春美岭环保有限公司	制造业	105.90
—	福建省永春县美岭车队	交通运输、仓储和邮政业	146.70
—	福建永春美岭人造板厂	制造业	84.12
—	福建省泉州美岭集团有限公司	批发和零售业	8.40
—	福建省永春美岭水泥厂	制造业	3.24
—	福建省永春宏美纸业有限公司	制造业	-22.74
—	永春美岭发电有限公司	电力、热力、燃气及水的生产和供应业	8.44
—	永春美岭宾馆有限公司	居民服务、修理和其他服务业	0.02
—	永春县莲花山旅游开发有限公司	文化、体育和娱乐业	0.02
19	福建双恒集团	—	1011.46
其中：	福建省永春双恒铝材有限公司	制造业	976.55
—	福建省研创新型建材有限公司	制造业	18.44
—	福建国洲科技有限公司	制造业	11.26
—	福建双恒保健有限公司	制造业	-0.29
—	永春县双恒一级水电有限公司	电力、热力、燃气及水的生产和供应业	0.07
—	永春瑞盛建材有限公司	制造业	5.43
—	永春县双恒水泥熟料有限公司	制造业	0.00
—	永春县双恒二级水电有限公司	电力、热力、燃气及水的生产和供应业	0.00
20	永春县博轩创业投资有限公司	租赁和商务服务业	972.60
21	福建中钢建材有限公司	—	795.96
其中：	福建中钢建材有限公司	制造业	483.84
—	铭宇（永春）建材有限公司	制造业	125.49
—	泉州市印石山新型建材有限公司	采矿业	335.26
—	永春中兴建材有限公司	制造业	1.14
—	福建恒钛铸锻有限公司	制造业	-196.85
—	永春县印石山采石场（普通合伙）	采矿业	47.07
22	中国农业银行股份有限公司永春县支行	金融业	789.51
23	中国平安财产保险股份有限公司永春支公司	金融业	708.68
24	福建省民爆化工股份有限公司永春分公司	制造业	698.19
25	泉州锦林环保高新材料有限公司	—	691.04
其中：	泉州锦林环保高新材料有限公司	制造业	691.04
—	泉州市晟园塑胶制品有限公司	制造业	0.00
26	永春县南德针织时装有限公司	制造业	664.04
27	永春宝龙房地产开发有限公司	房地产业	582.98

续表 -2

序号	企业名称	行业类别	金额
28	奔达金银丝线（中国）有限公司	制造业	537.20
29	福建省天湖山能源实业有限公司	—	513.12
其中：	福建省天湖山能源实业有限公司	采矿业	501.75
—	福建省永春县天湖山多种经营有限公司	采矿业	11.37
30	福建永春制药有限公司	制造业	506.01
31	中国建设银行股份有限公司永春支行	金融业	494.49
32	永春昌林瓷业有限公司	制造业	461.89
33	福建省福美建筑劳务有限公司	建筑业	459.28
34	永春南利针织有限公司	—	441.07
其中：	永春南利针织有限公司	制造业	141.07
—	福建省福孝纺织科技有限公司	制造业	284.25
—	福建南利针织有限公司	制造业	15.75
—	福建省泉福生物科技有限公司	科学研究和技术服务业	0.00
35	中国工商银行股份有限公司永春支行	金融业	397.15
36	泉州市禹道丰侨股权投资中心（有限合伙）	租赁和商务服务业	381.08
37	中国人寿财产保险股份有限公司泉州市中心支公司永春县营销服务部	金融业	368.19
38	泉州贝恒供应链管理有限公司	批发和零售业	365.50
39	美律科技（福建）有限公司	制造业	339.33
40	福建省南安市第一建设有限公司永春分公司	建筑业	317.58
41	元龙（福建）日用品有限公司	制造业	311.07
42	千易建设集团有限公司泉州市永春分公司	建筑业	307.65
43	福建翔达管桩有限公司	制造业	294.77
44	永春福信置业有限公司	房地产业	293.77
45	泉州龙门滩四级水电有限公司	电力、热力、燃气及水的生产和供应业	289.38
46	福建永春老醋醋业有限责任公司	制造业	285.94
47	百祺（福建）实业有限公司	制造业	280.37
48	福建省永春聚富果品有限公司	批发和零售业	279.12
49	中石化森美（福建）石油有限公司泉州永春桃城加油站	批发和零售业	273.28
50	泉州银行股份有限公司永春支行	金融业	268.48
51	福建永春漳农商村镇银行股份有限公司	金融业	265.56
52	永春县新奥能源发展有限公司	电力、热力、燃气及水的生产和供应业	253.93
53	泉州供电服务有限公司永春分公司	租赁和商务服务业	235.59
54	伟宸（永春）发展有限公司	房地产业	235.29
55	福建省八闽建设工程有限公司	建筑业	232.89
56	福建省西斯特环保材料科技有限责任公司	制造业	211.13
57	福建省永春华厦建设有限公司	建筑业	207.41

逝世人物一览表

表 15

姓名	性别	出生年月	逝世年月	籍贯［省、市（县）、镇（街道）］	原工作单位及职务
康元来	男	1947 年 12 月	2022 年 6 月	福建省永春县坑仔口镇	中共永春县委副调研员

注：收录 2022 年逝世的曾在永春县担任过副处级以上领导职务或永春籍仕外（行政职务副处级以上的）人员。

2022 年永春县著作出版一览表

表 16

作者	书名	出版社	出版时间
潘炳煌	《吕山庐诗草（七）》	中华诗词出版社	2022 年 8 月
永春县档案馆	《永春县档案馆藏抗战档案选编 1》	中华书局	2022 年 8 月
郭志启	《愚智句萌集》	中国诗联书画出版社	2022 年 10 月
永春县佛教协会	《永春佛教概览》	中国文化出版社	2022 年 12 月
潘玉启	《星文流韵》	中国诗联书画出版社	2022 年 12 月

永春县 2022 年百岁以上老人一览表

表 17

序号	姓名	性别	出生年月	乡镇	村居	备注
1	郑　赏	女	1916 年 8 月	蓬壶	仙岭	—
2	姚　盘	女	1916 年 9 月	达埔	达中	—
3	刘玉香	女	1919 年 4 月	桃城	桃东	—
4	颜淑奶	女	1919 年 7 月	石鼓	卿园	—
5	陈　桃	女	1919 年 8 月	五里街	儒林	—
6	林　冬	女	1919 年 9 月	呈祥	西村	—
7	王　发	女	1920 年 1 月	蓬壶	魁都	—
8	苏荣栳	男	1920 年 2 月	蓬壶	观山	—
9	黄淑贞	女	1920 年 3 月	达埔	东园	—
10	颜　水	女	1920 年 3 月	东关	东关	—
11	苏　尽	女	1920 年 8 月	横口	福联	—
12	李秀便	女	1920 年 10 月	东关	美升	—
13	颜美营	男	1921 年 5 月	达埔	洪步	—
14	苏　问	女	1921 年 6 月	石鼓	凤美	—
15	徐　叶	女	1921 年 10 月	呈祥	呈祥	—
16	郑　根	女	1922 年 1 月	湖洋	蓬莱	—
17	苏永曾	男	1922 年 2 月	蓬壶	都溪	—
18	杨惠卿	女	1922 年 3 月	桂洋	桂洋	—
19	林玉华	男	1922 年 3 月	桃城	外垅	—
20	陈美纲	女	1922 年 4 月	仙夹	东里	—
21	李　转	女	1922 年 7 月	桃城	化龙	—
22	王　差	女	1922 年 8 月	苏坑	嵩安	—

续表 17

序号	姓名	性别	出生年月	乡镇	村居	备注
23	张　浅	女	1922 年 9 月	桃城	花石	—
24	陈　免	女	1922 年 11 月	达埔	达理	—
25	陈省合	男	1922 年 11 月	桂洋	桂洋	—
26	郑秀莲	女	1921 年 8 月	吾峰	吾西	2022 年 1 月 8 日逝
27	卢义樵	男	1919 年 1 月	桃城	桃东	2022 年 1 月 10 日逝
28	汪玉眉	女	1919 年 2 月	桃城	桃溪	2022 年 2 月 4 日逝
29	黄应寅	男	1919 年 4 月	呈祥	西村	2022 年 2 月 24 日逝
30	黄　问	男	1920 年 3 月	外山	云峰	2022 年 2 月 25 日逝
31	郑　旦	女	1922 年 1 月	五里街	仰贤	2022 年 3 月 14 日逝
32	王　挺	女	1920 年 6 月	桃城	县直	2022 年 7 月 22 日逝
33	陈淑好	女	1922 年 5 月	五里街	五居	2022 年 8 月 15 日逝
34	李秀桃	女	1922 年 3 月	东平	霞林	2022 年 10 月 7 日逝
35	陈光明	男	1922 年 5 月	仙夹	东里	2022 年 12 月 16 日逝

永春县 2022 年高级专业技术职务人员一览表

表 18

姓名	性别	工作单位	技术职务	获任职资格时间
陈良坚	男	永春县医院	基层主任医师	2021 年 11 月 28 日
徐秦忠	男	永春县医院	基层主任医师	2021 年 11 月 28 日
涂振中	男	永春县中医院	基层主任医师	2021 年 11 月 28 日
张志勇	男	永春县中医院	基层主任医师	2021 年 11 月 28 日
吴庆汛	男	永春县蓬壶中心卫生院	基层主任医师	2021 年 11 月 28 日
李普眠	女	永春县医院	基层主任护师	2021 年 11 月 28 日
林炳森	男	永春县桂洋卫生院	基层副主任医师	2021 年 12 月 12 日
陈玉凌	女	永春县疾病预防控制中心	基层副主任护师	2021 年 12 月 12 日
黄宏立	男	永春县医院	副主任医师	2021 年 12 月 12 日
张荣专	男	永春县医院	副主任医师	2021 年 12 月 12 日
刘一玲	女	永春县中医院	副主任医师	2021 年 12 月 12 日
洪春玲	女	永春县妇幼保健院	副主任医师	2021 年 12 月 12 日
黄生强	男	永春县湖洋中心卫生院	副主任医师	2021 年 12 月 12 日
黄国明	男	永春县呈祥卫生院	副主任医师	2021 年 12 月 12 日
林文奖	男	永春县蓬壶中心卫生院	中医副主任医师	2021 年 12 月 12 日
陈锥东	男	永春县中医院	中医副主任医师	2021 年 12 月 12 日
洪秋旺	男	永春县医院	中西医结合副主任医师	2021 年 12 月 12 日
颜雅榕	女	永春县医院	副主任护师	2021 年 12 月 12 日
颜彩凤	女	永春县妇幼保健院	副主任护师	2021 年 12 月 12 日
林渤静	女	永春县桃城社区卫生服务中心	副主任护师	2021 年 12 月 12 日
郑真真	女	永春县达埔卫生院	副主任护师	2021 年 12 月 12 日

续表 18

姓名	性别	工作单位	技术职务	获任职资格时间
林学超	男	永春县五里街龟山茶叶专业合作社	高级工程师	2021 年 12 月 19 日
放良坡	男	永春县魁斗莉芳茶厂	高级工程师	2021 年 12 月 19 日
王宝桂	女	永春县城乡居民社会保险中心	高级人力资源管理师	2022 年 3 月 6 日
颜昭仪	女	永春县五里街镇社会事务服务中心	高级人力资源管理师	2022 年 3 月 6 日
王美华	女	永春县政府机关事务中心	高级经济师	2022 年 3 月 6 日
梁金祖	男	永春县政府信息咨询中心	高级信息系统项目管理师	2022 年 5 月
康秀棠	女	永春县产品质量检验所	高级工程师	2022 年 1 月 16 日
王敬诚	男	永春县五里街镇社会事务服务中心	高级农艺师	2022 年 6 月 1 日
林成玉	男	永春县养殖业服务中心	高级畜牧师	2022 年 6 月 1 日
刘娅月	女	永春县桃城片区畜牧兽医站	高级兽医师	2022 年 6 月 1 日
陈聪惠	女	永春县五里街片区畜牧兽医站	高级兽医师	2022 年 6 月 1 日
曾国华	男	福建省永春第一中学	高级教师	2022 年 8 月 29 日
王文俊	男	福建省永春第一中学	高级教师	2022 年 8 月 29 日
林桂芳	女	福建省永春华侨中学	高级教师	2022 年 8 月 29 日
张莉蓉	女	福建省永春华侨中学	高级教师	2022 年 8 月 29 日
肖金枝	男	福建省永春华侨中学	高级教师	2022 年 8 月 29 日
林晓燕	女	福建省永春华侨中学	高级教师	2022 年 8 月 29 日
康政敏	男	福建省永春华侨中学	高级教师	2022 年 8 月 29 日
潘秀菊	女	福建省永春华侨中学	高级教师	2022 年 8 月 29 日
潘贤明	男	福建省永春第五中学	高级教师	2022 年 8 月 29 日
黄卿明	男	福建省永春第五中学	高级教师	2022 年 8 月 29 日
李立安	男	福建省永春第五中学	高级教师	2022 年 8 月 29 日
陈清兰	女	福建省永春第六中学	高级教师	2022 年 8 月 29 日
林文宁	男	福建省永春第六中学	高级教师	2022 年 8 月 29 日
吴　送	男	福建省永春第六中学	高级教师	2022 年 8 月 29 日
张少清	女	福建省永春第六中学	高级教师	2022 年 8 月 29 日
尤志清	男	福建省永春第六中学	高级教师	2022 年 8 月 29 日
方今梅	女	福建省永春第二中学	高级教师	2022 年 8 月 29 日
辜飞燕	女	福建省永春第二中学	高级教师	2022 年 8 月 29 日
黄秋香	女	福建省永春第二中学	高级教师	2022 年 8 月 29 日
钟增添	男	福建省永春美岭中学	高级教师	2022 年 8 月 29 日
王月霞	女	福建省永春美岭中学	高级教师	2022 年 8 月 29 日
康淑英	女	福建省永春美岭中学	高级教师	2022 年 8 月 29 日
郑哲辉	男	福建省永春第七中学	高级教师	2022 年 8 月 29 日
章喜庆	男	福建省永春一都中学	高级教师	2022 年 8 月 29 日
林国卿	男	福建省永春横口学校	高级教师	2022 年 8 月 29 日
陈伟栋	男	福建省永春下洋中学	高级教师	2022 年 8 月 29 日
姚建基	男	福建省永春坑仔口中学	高级教师	2022 年 8 月 29 日

续表 18

姓名	性别	工作单位	技术职务	获任职资格时间
潘建文	男	福建省永春玉斗中学	高级教师	2022 年 8 月 29 日
郭浩云	男	福建省永春锦斗中学	高级教师	2022 年 8 月 29 日
张振国	男	福建省永春苏坑中学	高级教师	2022 年 8 月 29 日
林明慧	男	福建省永春汤城中学	高级教师	2022 年 8 月 29 日
张德兴	男	福建省永春汤城中学	高级教师	2022 年 8 月 29 日
康建禾	男	福建省永春延清学校	高级教师	2022 年 8 月 29 日
陈文峰	男	福建省永春南阳学校	高级教师	2022 年 8 月 29 日
梁培欣	男	福建省永春崇贤中学	高级教师	2022 年 8 月 29 日
郑守镇	男	福建省永春崇贤中学	高级教师	2022 年 8 月 29 日
郑洪涛	男	福建省永春崇贤中学	高级教师	2022 年 8 月 29 日
陈建森	男	福建省永春东碧中学	高级教师	2022 年 8 月 29 日
周裕强	男	福建省永春仙夹中学	高级教师	2022 年 8 月 29 日
王培辉	男	永春县美际学校	高级教师	2022 年 8 月 29 日
尤加晋	男	永春县乌石学校	高级教师	2022 年 8 月 29 日
叶基建	男	福建省永春县教师进修学校	高级教师	2022 年 8 月 29 日
余永全	男	福建省永春达埔中学	高级教师	2022 年 8 月 29 日
范旭阳	男	永春县一都中心小学	高级教师	2022 年 8 月 29 日
郭文国	男	永春县下洋中心小学	高级教师	2022 年 8 月 29 日
康奇生	男	永春县坑仔口中心小学	高级教师	2022 年 8 月 29 日
姚碧玉	女	永春县桂洋中心小学	高级教师	2022 年 8 月 29 日
林剑铨	男	永春县苏坑中心小学	高级教师	2022 年 8 月 29 日
林惠娟	女	永春县蓬壶中心小学	高级教师	2022 年 8 月 29 日
刘来生	男	永春县达埔中心小学	高级教师	2022 年 8 月 29 日
潘振瑄	男	永春县达埔中心小学	高级教师	2022 年 8 月 29 日
姚晓玲	女	永春县达埔中心小学	高级教师	2022 年 8 月 29 日
黄晋德	男	永春县桃城镇中心小学	高级教师	2022 年 8 月 29 日
李燕虞	女	永春县桃城镇中心小学	高级教师	2022 年 8 月 29 日
郑丽莉	女	永春县桃城镇中心小学	高级教师	2022 年 8 月 29 日
王丽婷	女	永春县仙夹中心小学	高级教师	2022 年 8 月 29 日
刘爱琴	女	永春县湖洋中心小学	高级教师	2022 年 8 月 29 日
许全山	男	永春县实验小学	高级教师	2022 年 8 月 29 日
黄丽真	女	永春县桃溪实验小学	高级教师	2022 年 8 月 29 日
施静萍	女	永春县第三实验小学	高级教师	2022 年 8 月 29 日
潘金珠	女	永春县化龙实验小学	高级教师	2022 年 8 月 29 日
陈依娅	女	永春世茂幼儿园	高级教师	2022 年 8 月 29 日
吴彩虹	女	永春港永幼儿园	高级教师	2022 年 8 月 29 日
孙惠婷	女	永春县特教教育学校	高级教师	2022 年 8 月 29 日
陈华生	男	永春县林业执法大队	高级工程师	2022 年 8 月 23 日

续表 18

姓名	性别	工作单位	技术职务	获任职资格时间
谢少华	男	永春县魁斗莉芳茶厂	高级工程师（非公有制）	2022 年 9 月 18 日
李晓君	男	永春县少体校	高级教练	2022 年 8 月 28 日
郑碧英	女	永春县东平卫生院	高级会计师	2022 年 9 月 18 日
刘素清	女	永春县医院	副主任医师	2022 年 12 月 12 日
卢文兵	男	永春县医院	副主任医师	2022 年 12 月 12 日
曾淑珍	女	永春县医院	副主任医师	2022 年 12 月 12 日
林惠姿	女	永春县妇幼保健院	副主任医师	2022 年 12 月 12 日
刘启文	男	永春县中医院	副主任医师	2022 年 12 月 12 日
陈曦莹	男	永春县医院	副主任医师	2022 年 12 月 12 日
林珊华	女	永春县卫生学校医务室	副主任药师	2022 年 12 月 12 日
吕婉真	女	永春县一都中心卫生院	副主任药师	2022 年 12 月 12 日
张菊英	女	永春县医院	副主任技师	2022 年 12 月 12 日
林燕芳	女	永春县医院	副主任护师	2022 年 12 月 12 日
林小玲	女	永春县医院	副主任护师	2022 年 12 月 12 日
陈晓明	女	永春县医院	副主任护师	2022 年 12 月 12 日
徐凤春	女	永春县达埔卫生院	副主任护师	2022 年 12 月 12 日
夏明宏	女	永春县湖洋中心卫生院	副主任护师	2022 年 12 月 12 日
林　虹	女	永春县医院	基层副主任医师	2022 年 12 月 12 日
林向东	男	永春县介福卫生院	基层副主任医师	2022 年 12 月 12 日
叶慧芳	女	永春县卫生学校医务室	基层副主任医师	2022 年 12 月 12 日

注：收录 2022 年在永春县批准确认或从外地新调入的获得高级专业技术职务任职资格人员，补录部分 2021 年获得高级专业技术职务任职资格人员。

（县人社局等　供稿）

2022 年永春县获评泉州市工艺美术大师和传统手工艺名人一览表

表 19

泉州市工艺美术大师			泉州市传统手工艺名人		
姓名	性别	艺种	姓名	性别	艺种
林金泽	男	制香	郭淑专	女	竹编
林庆祥	男	陶瓷	吕济坂	男	漆线雕
王志国	男	陶瓷	颜春晨	女	漆线雕
张巧云	女	纸织画	陈东凤	女	漆线雕
黄玉真	女	竹编	谢丽玉	女	纸织画
吕荣树	男	漆艺	李启泽	男	纸织画
陈志伟	男	金属工艺	陈金城	男	陶瓷
郑立南	男	陶瓷	林鑫鑫	男	陶瓷
郭志毅	男	漆艺	郭建万	男	竹编
张雪华	女	纸织画	—	—	—

附 录

在县委十四届二次全体会议上关于县委常委会工作的报告

中共永春县委书记 林希妍

2022 年 1 月 11 日

2021 年来，县委常委会始终以习近平新时代中国特色社会主义思想为指导，深入学习宣传贯彻党的十九大、十九届二中、三中、四中、五中、六中全会精神及习近平总书记重要讲话重要指示批示精神，特别是习近平总书记“七一”重要讲话和来闽考察重要讲话精神，认真贯彻落实党中央和省委、市委决策部署，主动融入省、市发展大局，以“争先争优争上游，提速提质提效能”工作要求，高质量实施“生态之都、文化之县、康养之地、智造之谷”发展战略，实现了“十四五”良好开局。全县全年 GDP 完成 522 亿元（预计数，下同），增长 5%，农业总产值增长 8%，工业增加值增长 5.6%，三产增加值增长 9.5%，社会消费品零售总额增长 3%，实际利用外资增长 10.5%；一般公共预算总收入增幅增长 8.1%，一般公共预算收入增幅增长 10.1%，固投增长 6.2%。

一、突出学习教育 保持发展定力

坚持学以致用、知行合一，始终保持专注发展战略定力，切实把学习成果转化为应对风险挑战、推动高质量发展的实际成效。

1. 强化班子建设。全面加强常委会自身建设，不断提高引领发展的能力和水平。坚持以上率下、示范带动，从县委常委会抓起，大力弘扬伟大建党精神，坚决拥护“两个确立”，坚决做到“两个维护”，严格遵守党章、党规、纪律规矩，严肃党内政治生活，过好双重组织生活，团结奋进，务实进取，确保各项工作在制度化、规范化轨道上运行，树立了常委会自身良好形象。县委理论学习中心组开展 43 场集中学习及研讨活动，围绕党的十九届六中全会精神、习近平总书记“七一”重要讲话和来闽考察重要讲话精神、《习近平在福建》等进行学习研讨。召开 33 次常委（扩大）会议深入学习贯彻习近平总书记重要讲话重要指示批示精神和党的十九届六中全会、全国两会、省党代会、省委全会、市党代会、市委全会以及省市经济工作会议等有关精神，坚决让党中央和省委、市委的各项决策部署在永春落地见效、掷地有声。

2. 抓好学习教育。一是把学习宣传贯彻习近平总书记来闽考察重要讲话精神引向深入。下发《工作方案》，设立 34 个课题，分解细化措施 120 项；召开县委常委会（扩大）会议、县委理论学习中心组学习会，举办专题研讨班暨读书班，深入学习领会；召开推进会，推进重点专项任务落地落实。二是把党史学习教育引向深入。启动“奋斗百年路 启航新征程”庆祝建党百年“六个 100”系列学习教育活动，创建 2 处省级、6 处市级党史教育基地，报批 2 个省级、8 个市级、13 个县级党史学习教育参观学习点，用好用活泉州市党内政治生活体验馆、永春县党史教育基地等载体，打造“实景课堂”。分别组建党史学习教育、“七一”重要讲话精神和党的十九届六中全会精神县委宣讲团，形成18个宣讲专题，开展“八进”宣讲300多场。扎实开展“我为群众办实事”实践活动，全面完成196个实践活动项目。三是把政法队伍教育整顿引向深入。全县召开警示教育大会14场，选树确定政法英模对象14人，共219名干警、433人次主动说明情况，适用“自查从宽”政策16人。出台顽瘴痼疾整治专项清单，已全部完成整改。坚持开门整顿，召开座谈会12场，收集群众意见建议109条，落实为群众办实事191件。推动建章立制，全县累计出台规章制度85项，修改完善规章制度34项。四是把“再学习、再调研、再落实”活动引向深入。坚持边学习边调研边落实，县委常委同志带头表率，开展调研活动87次，举办研讨会、推进会等会议82场，围绕破解产业短板、城乡统筹、民生补短板、营造一流营商环境等4大方面完成15个重点调研课题。

3. 催动成果转化。组织召开县委十三届十七次全会，审议通过《中共永春县委关于学习贯彻习近平总书记来闽考察重要讲话精神 为谱写全面建设社会主义现代化国家福建篇章贡献永春力量的决定》，进一步统一思想、理清思路、推进发展。组织召开县第十四次党代会，聚焦产业发展、城乡建设、生态文明、改革创新、共同富裕、党的建设等重点领域，全面部署了未来五年经济社会发展的奋斗目标和重点任务，系统描绘了全面建设社会主义现代化生态永春的宏伟蓝图，为全方位推进永春高质量发展超越指明了方向、规划了路径、提供了遵循。

二、突出产业提质，增强发展动力

坚持稳中求进工作总基调，深入开展“民营经济发展年”活动，全力以赴调结构、促转型，经济社会运行总体健康平稳。

1. 农业持续创优。打造现代农业“3366”工程，实施重点项目12个，完成投资31.2亿元。岵山镇入选国家级农业产业强镇示范建设。深化“互联网+”农产品出村进城工程，推进“一品一码”全过程可追溯，416家农业生产主体纳入省级追溯平台管理。永春芦柑首次进入美国市场，成为福建首宗冷处理出口美国的农产品。成功入选第三批国家农产品质量安全县创建单位、全国农民合作社质量提升整县推进试点单位。圆满完成第十九届中国（福建）荔枝龙眼产销对接活动，成功举办2021年中国永春芦柑文化旅游节等活动。永春芦柑、永春白番鸭荣获2021年度泉州市知名农产品区域公用品牌，聚富永春芦柑、绿芳牌永春佛手等8个产品品牌荣获2021年度泉州市知名农产品品牌。

2. 工业稳步提效。突出数字绿色技改，骏源纺织、昌林瓷业等项目投产达效，美岭水泥等51个重点项目技改提升，完成技改投资13.36亿元。九牧智慧制造产业园项目一期全部投产，中闽建研、冠中科技环保新材料试投产，博纯材料加快三期半导体材料生产线建设。出台《永春县持续壮大有根产业发展的若干措施》《关于鼓励工业厂房规范化建设的若干措施》等惠企政策，落实惠企资金2.3亿元，助力企业增产增效。举办全省新一代信息技术与制造业融合发展工作现场会，推广“5G+”工业模式，辐射行业发展，目前有10家大企业在筹划5G数字赋能项目。

3. 三产繁荣发展。突出片区整体布局，完善功能配套，改造提升金龙城“美食街”商贸街区。社会消费零售总额实现192.3亿元，电商销售额达23.9亿元。商品房销售面积完成47.8万平方米、增长4.8%。开展第三产业提质扩量行动，12个县级以上服务业重大项目完成投资11.93亿元，其中侨新老醋旅游文创基地、天沐温泉等6个项目纳入市级盘子。串联打造6条旅游精品线路，培育一批特色小吃品牌店，岵山高速服务区“永春非遗商城”开业，全面推广“畅游永春”APP，推行“吃住行娱购游一站式服务”，拉动旅游业快速升温，预计全年接待游客585万人次，同比增长42.5%；旅游总收入约42.8亿元，同比增长36%。

三、突出项目带动，厚植发展潜力

深化“项目攻坚2021”，加大招商选资力度，不断夯实发展支撑、增强发展后劲。

1. 比拼攻坚抓项目。开展“投资提速、开工提质、投产提效、征迁攻坚”四项竞赛活动，分2个方阵进行项目大比拼，实行正向激励、事权奖励和反向约束，营造“争先争优争上游、提速提质提效能”的浓厚攻坚氛围。145个县级管理项目预计完成投资123.57亿元；新申报“五个一批”项目140个、比增16.7%，总投资567.9亿元、比增49.5%。“抓征迁交净地百日攻坚”市级项目征收土地20.8万平方米、征收房屋4.3万平方米，全部按时完成。永春一中魁星校区、冠中科技等39个项目新开工，中闽建研、怡辰科技等67个项目投产。拓展新基建新经济基地比拼，新开工基地项目5个，总投资8.9亿元。

2. 抓招商选资添动能。把招商选资作为推动发展的“头号工程”来抓，全县共落地项目169个、计划总投资5[illegible].59亿元，在谈项目165个、计划总投资490.7[illegible]9亿元。根据产业需求，明确招商方向，实施“全县、全域、全员、全产业、全方位”五全招商，成立招商工作指挥部，下设“一办、六专班、三组”，召开全县招商大会，推行“一把手招商”“现场招商”“乡贤招商”“飞地招商”，在全县掀起“大招商、招大商”热潮。聚焦“333”产业发展导向，组织“走出去、请进来”考察活动115场，洽谈对接项目161个，签约落地81个，其中投资超亿元项目15个。

3. 抓园区促提升。坚持走园区标准化、规模化、集约化发展之路，进一步做大做优发展环境和招商空间等载体。注重突出土地集约化利用和税收“亩均效益”，着手推动工业园区标准化建设，启动智能陶瓷家居产业园（一期）建设，全力打造让中小企业“拎包入住”的标准化示范园区。梳理园区存量空间，集聚关联产业项目，有效盘活闲置厂房7.3万平方米，引入企业30家，新增产值2.4亿元。完善乡镇工业园区基础配套功能，完成中国香都产业园（二期）提质工程，启动中小微香企创业园、介福陶瓷工业园（二期）、东关陶瓷工业园（三期）前期工作。

四、突出改革创新，释放发展活力

坚定不移推进重点领域和关键环节改革，持续优化营商环境，为高质量发展注入新动能。

1. 抓好重点改革。积极探索一产“接二连三”创意融合发展模式，成功入选第三批国家农村产业融合发展示范园创建名单。创新“123”水库运行管理机制，获列入全国第二批深化小型水库管理体制改革样板县。率先在全省开展地理标志证明商标质押融资及风险补偿试点，“永春闽南水仙”获综合授信1亿元。深化“绿水青山就是金山银山”实践创新基地建设，探索生态在产业中的加成价值。深化集体林权制度改革试点通过专家评估验收。稳步实施农村承包地“三权分置”改革和宅基地制度改革，土地资源配置持续优化。列入省级农村公共基础设施管护体制改革试点县，在全省大会上作题为《多元化破解山区基础设施管护“小散弱”难题》的典型发言。

2. 抓实科技支撑。全社会研发投入2.44亿元，比增17.4%。新增省级科技小巨人企业3家、科技型中小企业22家。通过高新技术企业认定18家，省市星创天地5家，市级众创空间2家。获得上级科研项目补助资金980万元，其中省市星创天地补助项目5个，居全市首位。选任省级个人科技特派员27个、省级团队科技特派员15个；市级个人科技特派员42个、市级团队科技特派员2个。科技特派员实现了镇村服务全覆盖，有效与有根产业技术突破、乡村振兴发展相衔接，助推我县经济社会发展。推动优质资源改制挂牌交易，完成股份制改制企业8家、海峡股权交易中心挂牌交易企业3家。

3. 抓优营商环境。开展“营商环境提升年”活动，持续推进政府职能转变和“放管服”改革。制定《永春县产业项目全过程“保姆式”贴心服务制度》，出台项目审批代办协办联动等7项服务制度，推动项目建设提速提效。推行“局长走流程”，实施“三减”行动，推出“永易办”掌上服务平台，72项企业反映问题完成整改销号，41个部门1244项审批服务事项完成掌上办理，行政审批服务有效提升。在全市率先推行线上会商会审，77个工程建设项目实现全程代办协办。创新“5+1”服务模式，企业开办时间从1个工作日压缩至4个小时。政府融资性担保公司为企业提供融资担保2.6亿元，政府应急基金帮助企业“过桥”1.1亿元，有效防范化解金融风险，缓解企业资金压力。

五、突出以城带乡，彰显发展魅力

以绣花功夫不断提升城市品质内涵，让城市更具特色、更富魅力、更加宜居。

1. 城乡建设提质提效。大力推进“城乡品质提升年”活动，实施54个城乡品质提升项目，年度完成投资33.2亿元。永春县“崇尚集约建房”试点等三个项目入选全省城乡建设品质提升十大样板工程，吾峰镇吾西村新闽派农房示范小区项目获得全省新时代农村社区样板工程第一名。坚持“规划引领、建管并重”，高标准编制国土空间总体规划。以全国文明城市、全国卫生县城创建为抓手，建立常态长效机制。突出“以产兴城、以城聚产、产城融合”，城东片区改造全面铺开，46天完成征迁18.4万平方米，实施福邸新苑、公园壹号等项目，留安山东路等路网工程稳步推进。实施“永春真香”绿化景观提升工程，新建、改造口袋公园10个。开展农村人居环境整治提升，改造城镇老旧小区19个，整治裸房1363栋。新建、改造污水管网20公里、燃气管网20公里、供水管网10公里。县城区智慧停车项目（一期）投入使用，新建5G基站190个。完善乡村交通网络，新改建农村公路60公里、危桥5座，完成国省干线“白改黑”46.5公里。持续推进白濑水库项目（永春部分）和横口集镇区迁建，加快马跳水库建设。

2. 乡村振兴走稳向好。创新“领导小组+12个专项小组+办公室”机制，实现巩固拓展脱贫攻坚成果同乡村振兴有效衔接。“精准牵线搭桥 助推项目落地”模式入选全国农业社会化服务典型。推动68个省市县级试点村建设，实施省级乡村振兴试点村项目134个，总投资2.1亿元。仙夹镇龙水村入选全国“一村一品”示范村镇名单，仙夹镇龙水村、达埔镇汉口村入选省级“一村一品”示范村名单，一都镇美岭村、仙夹镇夹际村获评省乡村振兴实绩突出村，桃城镇、玉斗镇、苏坑镇列入市级乡村振兴整镇推进“五好”示范乡镇创建名单，桃城镇上沙村、东关镇外碧村入选市级乡村振兴十五大典型案例。打造3条市级乡村振兴示范线，“岵山—仙夹”线被评为市级最美乡村振兴示范线。全域打造“净美乡村”，完成乡村绿化140亩，新创建绿盈乡村23个、省级森林城镇1个、森林村庄10个。获评中国最美乡村百佳县，入选全国乡村建设评价样本县。打造招工引才生态圈，启动福建省（永春）乡村振兴“师带徒”引凤项目大赛，对接项目52个。永春县建设乡村人才驿站做法荣获全国人才工作创新优秀案例。

3. 生态底色日益靓丽。加强大气污染防控，空气质量优良率达99.7%，综合指数排名位居全市前列。外山云河谷水利风景区成功入选第十九批国家水利风景区，牛姆林生态旅游区、苏坑镇入选2021年“清新福建·气候福地”首批气候康养福地名单，仙夹镇龙水村获评福建省“金牌旅游村”。落实河湖长制，东关桥国控断面、云贵国控断面水质达到Ⅱ类，在全省率先探索水质信息化管理新模式，河湖管理工作获泉州市机关体制机制创新优秀案例征集评选活动一等奖，入选2022年全国水系连通及水美乡村建设试点，获得补助资金1.2亿元。桃溪国家湿地公园通过国家试点验收，成立全省首个国家湿地公园“生态司法保护巡回法庭”。完成矿山生态修复51.2亩、植树造林1.5万亩，治理水土流失4.6万亩。列入福建省第一批农村生活污水提升治理试点名单，完成14个村庄农村生活污水处理设施建设。

六、突出民生保障，提升发展效力

坚持人民至上，持续固根基、扬优势、补短板，让人民群众获得感更加充实、幸福感更可持续、安全感更有保障。

1. 疫情防控稳而有序。坚持指挥部作战体系，常态化落实疫情防控，压紧压实属地、部门、单位、人员“四方责任”，发挥“大数据+网格化”作用，加强研判预警和重点人群管控，严格落实“人”“物”“环境”同防和多病共防，持续提升多点触发监测预警能力，全面落实闭环管理，实现全县零确诊、医护人员零感染。有力构筑健康免疫屏障。

2. 社会保障强而有力。健全完善返贫监测和帮扶机制，持续运行“一库五机制”，实施产业、就业、教育、健康、综合性社会保障等各类帮扶措施301条。完成低保户、残疾人、慈善安居工程55户。全年城镇新增就业1526人，城镇登记失业率控制在2.4%以内。深入开展“企业保障、稳岗就业、人才引育、技能提升”四项行动，落实各项援企稳岗政策，发放各类复工稳岗补助资金3255万元。实施全民参保计划，城乡居民基本养老保险参保率达99.3%、基本医疗保险参保率达98%。

3. 公共服务行而有效。启动仰贤实验小学扩建前期工作，10个学校建设项目竣工投入使用，增加中小学幼儿园学位4360个。优化城乡学校布局，撤并12所、停办6所小规模学校、教学点，整合设置1所九年一贯制学校。推进“双减”政策落地见效，规范教育课外培训行为。启用县妇幼保健院新院区，推动片区医联体试点工作，构建分级诊疗服务体系。与省附一医院建立定点帮扶机制，引进专家医疗团队，打造县域特色品牌科室，深化二级分科，提升医疗水平和服务质量。完善社会化养老服务体系，推进养老机构公建民营。“爱心午餐+互助养老”模式入选福建省养老服务改革创新优秀案例，苏坑镇嵩溪村入选“全国示范性老年友好型社区”。获评第一届福建省全民运动健身示范县，荣获全国第十一届残运会金牌2枚、银牌1枚。县老干部活动中心活动楼、县青少年宫新楼建成投用。15个单位入选福建省第一批革命文物名录。永春香制作技艺列入国家级非物质文化遗产代表性项目名录。仙夹镇、岵山镇分获"中国漆艺之乡""中国特膳食品（九制蜜饯）之乡"称号。

4. 社会治理实而有方。完成全国第七次人口普查工作。深化"强基促稳"三年行动，开展"三治融合"示范村（社区）创建活动，获评全国"2021基层社会治理创新县"，入选全国《2021社会治理创新50个典型案例汇编》。开展县域网格化服务管理试点工作。深化"1:5"庭所共建机制，排查化解各类矛盾纠纷4051起。大力推行"村干部兼职辅警"机制，入选社会治理创新"法治影响中国典范案例"。常态化推进扫黑除恶专项行动，综治"三率"位居全市前列。强力推进防范治理电信网络诈骗犯罪专项行动，全力做好缅北滞留人员劝返工作。探索药品智慧监管新模式，推动医疗器械唯一标识系统试点工作，筑牢药品安全防线。深入开展安全隐患大排查大整治、安全生产专项整治三年行动，启动安全生产标准化建设提升工程，安全生产态势保持稳定。持续抓好信访工作，被国家信访局评为信访工作"三无"县。创新信访事项"磋商对账"机制，化解信访事项22件，化解率达91.67%。

七、突出党建引领，凝聚发展合力

全面推进党的建设，一以贯之推动全面从严治党向纵深发展，让党的建设焕发出更加强大的生机活力。

1. 夯基础提质效。实施抓乡促村"六大工程"，集中创建一批"十强、十优、十佳"村社。推行乡村"导师帮带制"，提升镇村干部解决问题能力，相关做法在《乡镇干部报》刊发推介。全面推行"跨村联带"助推乡村振兴，组建21个联村党委，辐射周边73个行政村，提升推广"强村八法""强村带弱村"等模式，进一步统筹区域优势资源抱团发展。积极探索"智慧党建+乡村治理"模式，有效提升乡村治理水平。持续深化近邻党建模式，首创在职党员"回家日"机制，组织4537名在职党员到居住社区或常住小区报到，积极参与维权暖家、帮扶暖家、活动暖家、普惠暖家等工作，该做法被《中国组织人事报》《中国城市报》等媒体刊发，获评全省机关体制机制创新案例一等奖。扎实开展"党建入章"示范点创建活动，全力推进万家美、良瓷科技等25个县级以上示范点创建工作。从严抓好发展党员工作，共发展党员592名。实施"桃源英才回归工程"，共收录3021名永春籍人才信息。启动"我为家乡办家事"主题活动，共领办家事项目520件，吸引各类人才1100多人次。加大产业人才引育力度，新增泉州市高层次人才178人。设立乡村振兴人才服务中心，推广人才驿站模式，发挥"人才之家"阵地功能。

2. 树导向强队伍。选优配强各级领导班子，圆满完成县乡两级换届工作，圆满完成全县236个村（社区）"两委"换届工作，村（社区）党组织书记和村（居）民委员会主任"一肩挑"比例达100%。持续完善多元化激励保障措施，让干部工作有劲头、待遇有保障、身心有关怀。注重基层导向和实绩导向，从乡镇提拔转任正副科级领导职务53名，占提拔总数的50.5%；"六方面人员"中乡镇干部31名，占"六方面人员"总数的91.2%；优先考虑抽调到重点项目、乡村振兴、疫情防控等中心工作的干部，38名在一线考核评为优秀的干部获提拔使用。用好谈心谈话、提醒函询诫勉等组织措施，"一对一"约谈提醒50名在换届考核中排名靠后的干部，有效传导责任和压力。加强年轻干部培养锻炼，选派213名年轻干部参加乡村振兴、疫情防控、招商引资、项目建设等工作。实施年轻公务员"蹲苗"计划，促进年轻公务员成长成才。

3. 抓阵地重宣传。加强对宣传思想和意识形态工作的组织领导，全面构建大宣传工作格局。围绕庆祝建党百年重大主题和防抗新冠疫情、招商选资、安全生产等中心工作，在各媒体平台开设专题专栏，在中央、省、市主流媒体刊发相关报道和信息1000多篇。国庆期间录制的《永春：老少同绘十米长卷献礼祖国母亲72岁华诞》在央视《新闻联播》和《朝闻天下》栏目刊播。举办全县宣传思想文化工作培训和新闻业务培训，提升新任乡镇宣委的业务素质。全力推进全国文明城市和各级文明单位（村镇、校园）创建。全面落实意识形态工作责任制，加强对全县宣传栏、LED屏、广告等意识形态阵地的管理，加强对网络新经济新业态管控，针对政务舆情预防、积案销量、突发事件的舆情应对创新制定《网络舆情工作提示制度》《"3+1"网络舆情化解模式》《三进式网络信息问责机制》三个工作机制，不断提升干部应对处置突发舆情能力和突发舆情通稿写作能力，意识形态领域总体保持平稳。第一时间平稳处置涉永网络舆情140起，完成率达100%，未出现网络舆情发酵升级的情况。

4. 凝共识聚合力。支持人大、政府、政协、监察、司法机关依照法律和各自章程独立负责、协调一致地开展工作。加强党对统一战线工作的领导，坚持大统战工作格局，完善统战工作机制，扎实做好民主党派、民营经济、民族宗教、侨务和港澳台等统战各领域工作，注重发挥各民主党派、无党派人士、社会各界及老干部的作用。引导统一战线成员积极参与各项社会公益慈善事业，实施“同心安居工程”对27户低收入群众进行危房改造帮扶，民营经济人士和港澳台海外乡亲等捐赠家乡公益事业6000多万元，新增冠名慈善基金1亿元。加快推进世永联大厦建设，深化“永侨精英故乡行”等活动，积极涵养侨源，汇聚侨智侨力。建立健全侨界“引资引企引智”平台矩阵，助力企业发展，推动3个重点外资项目福源锌业、美律科技二期、凯鑫食品建设和生产，总投资9.4亿元。认真贯彻党的群团工作会议精神，加强和改进党的群团工作，支持、引导工会、妇联、共青团、科协、残联等群团组织围绕县委工作大局开展工作，延伸群团组织服务链建设。加强党管武装工作，抓好国防动员、人防、民兵预备役建设。

5. 扛主责正风气。全力做好省、市主体责任检查，有力有序推进反馈问题整改工作。健全各级党委（党组）领导班子述责述廉、民主生活会、“三重一大”决策等党内监督制度，严格落实“一案双查”制度，不断深化“1+1+1”廉情会诊、“四方会审”机制，运用“四种形态”批评教育处理“一把手”6人次，有力督促主体责任落实。抓紧抓实政治监督，分层级分片区开展政治监督谈话75人次；分2个批次对12个单位党组织进行巡察“回头看”，发现问题153个，移交问题线索2条；在全市率先研究制定并印发了《十四届永春县委巡察工作规划（2021—2026年）》，开展十四届永春县委一轮两批巡察，进驻8个单位，不断强化巡察震慑作用。开展优化营商环境专项巡察，梳理出行政审批、服务保障、执法环境、政策兑现等11个方面86条问题，已全部完成整改；通报影响营商环境典型问题4起，发出纪检监察建议书5份，持续优化审批流程，典型做法入选全省党史学习教育“我为群众办实事”实践活动典型做法报道汇编。加强换届风气监督，深化谈心谈话，实行领导约谈制度，下发5份提醒函，回复廉政意见7350多人次，提出不宜意见3人次，确保换届平稳有序、风清气正。聚焦群众“急难愁盼”问题，持续深化“点题整治”，紧盯教育、医疗、食品安全等领域的20个整治项目，形成问题清单65个，已全部完成整改。深入开展“四访”活动，化解“三多”信访举报27件，化解率100%。坚持“不敢腐、不能腐、不想腐”一体推进，第一时间启动突发疫情监督快速响应机制，稳步推进政法队伍教育整顿监督执纪执法和粮食购销领域腐败问题专项整治工作，建成永春县乡村振兴“智慧监督”平台，建设永春县家风文化园，组织职务犯罪案件旁听庭审，涵养风清气正政治生态。2021年共立案审查调查违纪违法案件134件135人，运用“四种形态”批评教育帮助和处理304人次，分别占比57.2%、22.7%、7.9%、12.2%。

一年以来，县委常委会工作的开展和取得的成绩，是以习近平同志为核心的党中央坚强领导的结果，是省委、市委直接领导的结果，是全县广大党员、干部群众团结奋斗的结果，是各位县委委员、候补委员对常委会工作给予了真诚帮助和大力支持的结果。新一年，我们要更加紧密地团结在以习近平同志为核心的党中央周围，坚持以习近平新时代中国特色社会主义思想为指导，坚定捍卫“两个确立”，坚决做到“两个维护”，深入贯彻落实党的十九届六中全会和省第十一次党代会、市第十三次党代会精神，创造性地贯彻党中央、省委、市委各项决策部署，为全面建设社会主义现代化生态永春而努力奋斗！

政府工作报告

——2022 年 12 月 29 日在县第十九届人民代表大会第二次会议上

永春县人民政府县长 吕建成

各位代表：

现在，我代表县人民政府向大会报告工作，请予审议，并请各位政协委员和列席人员提出意见。

一、回顾 2022 年，我们爬坡过坎、勇毅前行，经济社会平稳健康发展

2022 年是本届政府开局之年，全县上下坚持以习近平新时代中国特色社会主义思想为指导，深入贯彻落实党的十九大、十九届历次全会和二十大精神，统筹疫情防控和经济社会发展，全力做好“两稳一保一防”[1]，稳妥处置“0313”突发疫情，率先实施城镇低效工业用地再开发，国企改革实质性突破，创建两个“国字号”农业产业园区[2]，启动建设农产品集中加工区，加快推进海峡两岸农文旅融合发展示范区，产业结构调整迈出新步伐。坚持稳字当头、稳中求进，经济运行各项指标逐月向好，全年实现地区生产总值 560.4 亿元（预计数，下同），获评福建省经济发展“十佳”县。

一年来的主要工作是：

（一）全力以赴保主体，经济运行回暖向好。坚持一线办公为企业解难题，推行县领导挂钩帮扶，开展“百名干部进百企 一企一策促发展”行动，协调解决问题 216 个。“量身定制”政策礼包，出台助企纾困措施 28 条、惠企提效措施 40 条，兑现各类奖补 1.3 亿元，“减、免、缓、退”税费 4.3 亿元。开展金融服务实体经济“六大工程”[3]，帮助 814 家企业获得贷款资金 22.5 亿元。发挥桃源融资担保公司作用，为中小微企业担保贷款 429 笔、7.5 亿元。加大“小升规”后备企业培育力度，新增规上工业企业 30 家。打好“稳岗、招工、引才”组合拳，新增入企职工 4392 人，返乡就业创业 2567 人。

（二）坚定不移调结构，产业升级步伐加快。农业提级创优。严格落实粮食安全责任制，建设高标准农田 1.2 万亩，完成粮食播种面积 21.7 万亩、产量 9 万吨。持续打造现代农业“3366”工程[4]，实施重点项目 20 个，完成投资 26.6 亿元。加快发展智慧农业，完成数字农业中心一期建设，创新推出永春农产品 IP，永春佛手荣获福建十大农产品区域公用品牌。芦柑首次进入美国，海外市场有效拓展。工业提质增效。扎实推进园区标准化建设，新建标准化厂房 18.4 万平方米，良瓷智慧制造产业园一期建成投用，智能陶瓷家居、美岭智慧、新型打印材料等产业园区日趋成型。围绕试点园区产业定位，强化政企联合招商，对接产业链上下游配套企业 15 家，总投资 17 亿元。数字赋能产业升级，良瓷科技和美岭水泥实现全方位数字化生产运营管理，全县 33 个绿色数字技改项目完成年度投资 10.3 亿元。三产提档升级。建成永商网红城，提升八闽福利网永春特色馆，电商产业快速发展，销售额达 39 亿元。举办农民丰收节、芦柑品牌文化节、荔枝文化旅游节等节庆活动，持续释放消费潜力，社会消费品零售总额达 189.5 亿元。加快发展全域“乡村游”，岵山镇入选省“全域生态旅游小镇”，仙夹镇东里村入选省“金牌旅游村”。优化 22 条研学线路，“北溪文苑－仙夹东里村”获评全国乡村精品旅游线路。

（三）千方百计抓项目，发展后劲越来越足。项目攻坚有新进展。深化“四项竞赛”[5]，创新月考评机制，第四季度实施“项目奋战 70 天”攻坚，项目建设成效显著，164 个重点项目完成投资 147.5 亿元，新开工项目 80 个、竣工项目 64 个。横七线快速通道、泉南高速改扩建、马跳水库等重大项目快速推进，兴泉铁路永春站建设完成。比拼攻坚“抓征迁交净地”行动，完成房屋及土地征收 51.7 万平方米，交付建设用地 631.4 亩。招商引资有新成效。优化“五全”招商[6]机制，坚持县领导挂帅、专班负责，将“六专班”拓展至“十五专班”，精准研究产业，提升招商实效。采取“屏见面”等灵活方式，积极开展线上

招商，“云签约”项目3个、总投资66.6亿元。组织“走出去、请进来”考察活动150场、集中签约活动4场，签约落地项目163个、总投资56.9亿元，其中超10亿元项目1个，超亿元项目18个。要素保障有新突破。采取“借壳生蛋”方式，盘活批而未供土地1100亩、闲置土地221亩。建立专项债“多层次项目库”[7]，通过国家发改委、财政部审核项目15个，已发行8个、债券金额3.3亿元。发挥前期服务专班作用，高效化解项目要素保障问题27个，精彩商标等项目实现“拿地即开工”。在全市率先发布三维可查询“招商一张图”，提供招商空间用地5885亩、厂房75.6万平方米。

（四）统筹兼顾优生态，城乡品质日益提升。城市形象更和谐。高标准编制国土空间规划，加快“东拓西进”[8]步伐，城镇化率提高至63%。聚力城市更新改造，80个城乡提品质项目完成投资49.4亿元。完善基础配套，完成留安山东路、桃石路等路网建设，启动建设生活垃圾焚烧发电项目，新改建各类管网352公里。美化亮化城市环境，新增城市公园绿地12公顷、口袋公园15个，实施桃溪两岸景观带亮化工程。乡村建设更美丽。深化农村人居环境整治提升行动，获评全省村庄清洁行动成效突出县。扎实推进精美小城镇和美丽乡村建设，实施专项行动项目9个，整治裸房1.4万栋，获评国家乡村建设评价样本县。实施乡村振兴试点村项目64个，荣获省级乡村振兴实绩突出村2个[9]、乡村治理示范村20个[10]。达埔镇汉口村获评全国“一村一品”示范村。一都镇仙阳村入选全国“文明乡风建设”典型案例。生态环境更友好。强化大气污染防控，空气质量优良率达99.6%，外山乡获评全省“清新福建·气候康养福地”。落实河湖长制，国、省控断面水质达标率100%，加快水系连通及水美乡村建设。筑牢生态屏障，植树造林1.5万亩，治理水土流失4.5万亩，获评国家水土保持示范县。实施天湖山矿区保护和修复工程，完成矿山生态修复1200亩。

（五）深化改革谋创新，发展活力不断释放。重点改革扎实推进。加快国企改革，组建永春城建、农文旅两大集团，提高投融资能力，争取重大项目资金14亿元。深化集体林权制度改革试验，下洋镇获评省级“林下经济重点乡镇”。创新农业生产托管模式，成立全省首家益农福农联合运营中心。顺利通过全国农村改革试验区验收。创新效应日益彰显。全县规上工业企业研发经费支出2.6亿元、增长9.8%，新增省级科技小巨人企业11家，科技型中小企业148家。国家香检中心通过市新型研发机构A级认定，博纯材料创建省级“博士后创新实践基地”。提升科技创新成果转化水平，技术合同认定成交额增长44%。营商环境持续优化。深化“放管服”改革，推行“三减两上一服务”，新增“一件事”集成套餐13项、邻里中心“就近办”127项。开展“三提三效”优化营商环境攻坚行动，全市首创“四证联发”[11]，创新“三个一”惠企政策直达兑现机制。加强知识产权保护，建成知识产权宣传展示中心。“创新‘E’名片提升用电质量”等经验做法入选全市典型案例。

（六）用心用情惠民生，社会事业全面发展。社会保障统筹提升。脱贫攻坚与乡村振兴有效衔接，落实帮扶措施6382条、资金1459.4万元。实施全民参保计划，城乡居民基本养老保险、基本医疗保险参保率分别达99.4%、98.7%。关怀帮扶弱势群体，完成低保户、残疾人、慈善安居工程75户。公共服务持续优化。实施57个为民办实事项目，民生支出30.3亿元，占一般公共预算支出的81.1%。新、扩建幼儿园1所、中小学校舍4幢，新增学位1260个，获评省级义务教育优质均衡发展先行创建县。实施永春职专提质扩容工程，新增4个专业，扩大办学规模。深化校地合作，提升泉州幼高专附属幼儿园办学水平，泉州市高级技工学校永春校区签约落地。深化公立医院综合改革，县医院被列入“千县工程”[12]名单，与省附一医院[13]建立紧密型医联体协作，打造省级品牌科室。完善社会化养老服务体系，县老年公寓及16所乡镇敬老院实现公建民营，湖洋镇吴岭村获评全国示范性老年友好型社区。推进文化事业发展，获评省历史文化保护传承试点县。苦寨坑窑遗址入选全国“新时代百项考古新发现”。林俊德事迹馆获评国家级科学家精神教育基地。社会治理不断深化。常态化推进扫黑除恶斗争，平安建设“三率”居全市前列。打造“宽松型”警务永春样板[14]，提升治安要素管控水平。深入开展安全生产大检查，加快安全生产标准化提升，完成1117家企事业单位标准化创建。稳妥实施碧桂园一期整治项目，是全市首个采取拆除重建，从根本上解决房屋质量问题的示范工程。圆满完成党的二十大等重大节点信访工作，荣获“全国信访工作示范县”。深化双拥共建工作，实现福建省双拥模范县“五连冠”。

（七）一抓到底正风纪，政府建设持续加强。全面加强政府干部队伍作风和能力建设，“不敢为、不善为、不愿为”等现象逐渐改善。深化法治政府建设，“八五”普法[15]工作有序开展，实现“一村（社区）一法律顾问”全覆盖。完善政府工作规则，行政效能不断提升。推进县直部门派驻机构属地管理，赋予乡镇政府行政执法事项158项。认真落实“一岗双责”[16]，严格执行“三重一大”[17]事项集体决策制度，坚决落实中央八项规定及其实施细则精神。加强财政预算管理，强化审计监督。开展专项效能督查23次、问责6人。认真办理县人大代表建议161件、县政协委员提案154件，满意率均为100%。

同时，我们扎实推进国防动员、民兵预备役、退役军人等工作，全力做好审计、统计、民族宗教、史志、档案、老干部、人防、气象、防震减灾等工作，大力支持工青妇、科协、计生协、红十字、慈善、残联、文联等群团工作，各项事业均取得新成绩。

各位代表！这一年的成绩，得益于上级党委、政府和县委的坚强领导，得益于县人大的法律监督、工作监督和县政协的民主监督，得益于海内外永春乡贤的拼搏与付出。在此，我代表县人民政府，向全县广大干部群众、人大代表、政协委员，各民主党派、工商联、无党派人士、各人民团体、离退休老同志，向驻永春各单位、解放军武警官兵、企业界人士、来永春务工人员和海内外乡亲，致以崇高的敬意和衷心的感谢！

成绩值得肯定，但我们也清醒认识到，距离上级的要求，对标人民群众的期待，我们工作仍有努力和上升的改进空间。主要是：主导产业支撑能力不足，没有形成具有竞争力、带动力的支柱产业；龙头企业辐射带动偏弱，规上工业企业缺乏核心竞争力；财税增收乏力，新增长点不多，收支平衡压力大；民生保障、社会治理、基础设施等领域还存在不少短板，等等。针对以上问题，我们将在今后认真加以解决，全力以赴做好工作。

二、展望2023年，我们将提振信心、拼搏奋进，为高质量发展打基础迈好步

2023年是全面贯彻落实党的二十大精神的开局之年，也是落实“十四五”规划承上启下的关键之年。新的一年，我县经济社会发展的总体思路是：高举中国特色社会主义伟大旗帜，坚持以习近平新时代中国特色社会主义思想为指导，全面贯彻落实党的二十大精神，扎实推进中国式现代化，坚持稳中求进工作总基调，完整、准确、全面贯彻新发展理念，加快构建新发展格局，传承弘扬“晋江经验”，落实市委、市政府“强产业、兴城市”双轮驱动系列部署，围绕“生态之都、文化之旅、康养之地、智造之谷”发展目标，打造特色支柱产业，加快“东拓西进”，建设美丽中国先行示范区，以新气象新作为推动高质量发展取得新成效，奋力谱写全面建设社会主义现代化生态永春新篇章。

主要预期目标是：地区生产总值增长6.5%，农业总产值增长3.5%，工业增加值增长7.0%，建筑业增加值增长8.8%，第三产业增加值增长5.5%，一般公共预算总收入增长6.0%，一般公共预算收入增长6.0%，固定资产投资增长10.0%，实际利用外资780万美元，出口商品总值增长8.0%，社会消费品零售总额增长6.5%，全体居民人均可支配收入与经济增长基本同步。

2023年是疫情防控进入新阶段的重要一年，实现上述目标，我们必须始终坚持人民至上、生命至上，更好统筹疫情防控和经济社会发展。要因时因势优化疫情防控措施，重点抓好老年人和患基础性疾病群体的防控，着力保健康、防重症，强化防疫科普宣传。随着各项优化疫情防控措施的落实，经济社会秩序将加快走向恢复，必定释放巨大发展潜力。我们要抓住机遇，砥砺奋发、务实勤干，重点抓好五方面工作：

（一）产业发展挑大梁，聚力扩总量提质量。坚持把发展经济的着力点放在实体经济上，培育壮大现有企业，服务支持新落户企业，锚定“香、瓷、醋、现代农业、文旅康养”五个产业主攻方向，逐年夯实基础，争取打造特色支柱产业。

做大做强工业经济。围绕“香瓷醋”三大有根产业，推动企业“进园区、创品牌、上规模”，全面增强工业产业支撑力。进一步提升香产业效益。建设中小微香企创业园，谋划中国香都海丝香品物流园，强化与西藏昌都等区域协作，辐射带动产业效益提升；瞄准熏香、精油等领域延伸市场，开发特色香料精油提取工艺，向芳香产业转型升级。进一步做大瓷产业规模。推进良塑科技、科福B2F等项目，提升良瓷智慧制造产业园及苏坑、介福工业园区等载体平台。围绕智能陶瓷家居产业园，鼓励研发功能性陶瓷、特种陶瓷等新材料，做强上下游配套企业。进一步打响醋产业品

牌。建设老醋科技产业园、侨新老醋二期，引导醋企与盐业公司等国有资本深化合作；发挥“永春老醋”品牌效应，抢占预制菜、餐前醋等市场，鼓励老醋企业“以展促销”，让产品进商超、进城市，遍布全国、走出国门。深化绿色数字技改，推动智能化转型，实施34个重点技改项目，打造美岭水泥5G智能工厂等标杆示范。实施梯度培养，大力推动“个转企”“小升规”，力争新增规上企业30家以上。

做优做精现代农业。聚焦“集群化、品牌化、园区化”，提升特色优势农业“六大工程”[18]。高标准创建国家现代农业产业园、国家农村产业融合发展示范园，推动特色现代农业集群化发展。建设农产品集中加工区，全力招引精深加工、贸易电商、仓储物流等农业头部企业，打造“买全国、卖全球”一站式园区。发挥农垦公司国企主阵地作用，加快壮大柑橘、茶叶、畜禽蛋、花卉苗木等主导产业。拓展芦柑海内外市场，提升全产业链品牌价值；推进东关北硿茶文旅等项目，打造“三茶”统筹[19]展示体验地；建设阳升蛋鸡生产基地、花卉苗木数字产业园、海峡花卉农文旅产业园二期。强化农业品牌建设，用好县域农产品IP形象，提升品牌影响力。加大农业科技创新力度，争创国家级数字种植业创新应用基地。深化与福建农林大学、省市农科院合作，加强九九农村科技文化园建设，打造现代农业科技高地。严格落实粮食安全责任制，改造提升高标准农田8000亩以上，粮食播种面积稳定在21.6万亩以上、产量9万吨以上。

做实做活文旅康养。以“一核、两翼、三片区、四要素”[20]为抓手，打造具有影响力的县域旅游目的地。借力国有企业，高质量发展文旅康养产业。与省旅游发展集团合作运营，升级改造牛姆林景区，打造高端森林休闲康养基地；与泉州文旅集团联合实施魁星书院文旅项目，打造全国首个星宿文化亲子研学景区；建设华侨城集团五里街欢乐小镇，打造集街景、文创、康养等为一体的标杆景点。以永春达埔高速服务区升级提升和业态丰富为核心，加快打造海峡两岸农文旅融合发展示范区，强化高速“路上路下”联动，完善区域业态布局，加快农文旅融合发展。高标准建设苦寨坑窑国家考古遗址公园，突出陶瓷文化、工业旅游、考古研学等元素，打造高端文旅品牌。挖掘非遗文化资源，建设研学中心大楼，发展纸织画、漆篮、白鹤拳非遗研学旅游。激活乡村旅游，创建一批全国乡村旅游重点村和省级全域生态旅游小镇、金牌旅游村，打造一批民宿露营基地。

做好做快商贸物流。实施“搭平台、聚人气、促消费”行动，策划系列产销对接活动，把更多永春产品卖到全国乃至全世界。大力发展电商产业，推广永商网红城、跨境电商园模式，谋划东部电商园，力争全县电商销售额增长20%以上。打造金龙城爱心商圈，改造升级温泉小区、五里街两个现代化农贸市场，繁荣城区周边商贸。引导制造业企业产销分离，大力推动“限下转限上”，力争全年新增限上商贸企业40家以上。发挥区位枢纽优势，优化物流节点布局，启动美岭物流、站前商贸物流综合体等项目建设，加快发展现代物流业。大力发展冷链物流，启动建设永春东农产品冷链物流园，构建完善城乡综合冷链物流网络。

（二）项目为王唱主角，奋力促投资蓄动能。坚持项目为先、项目为基、项目为要，盯住龙头企业，抓项目增辐射，用项目奋战“辛勤指数”换取永春“发展指数”。

矢志不移抓招商。深化“五全”招商，推行“一把手”带头招商、以商招商、乡贤招商，坚持“走出去、请进来”，签约落地更多大项目、好项目。发挥产业专班作用，强化产业研究，精准招引产业链上下游企业。实行县领导负责制，全流程跟踪服务，缩短项目落地周期。完善月度绩效考评机制，全面提升合同履约率、资金到位率、投产达产率，确保全年签约项目100个以上、总投资30亿元以上。

全力以赴抓项目。深入研究上级政策资金投向，加快谋划实施一批强弱项、扬优势的优质项目。建立项目滚动储备库，实行“一季一通报、半年一汇报”，力争省市重点项目年度投资额增长25%以上，向上争取资金5亿元以上。开展“项目奋战年”活动，确保211个县级重点项目完成投资141亿元以上。坚持扁平化管理，落实“三级协调”机制，确保项目开工105个、竣工85个以上。

持之以恒抓保障。推行“一区多园”[21]模式，高标准实施园区标准化建设，力争规上工业企业入园率提至55%，在园规上工业企业增加值占比提至60%。优化产业园区规划布局，滚动推进“四个一批”[22]，建设美岭智慧产业园等6个标准化园区[23]，拓展产业发展空间。持续推进低效工业用地再开发，新增工业厂房80万平方米，提高存量资源利用率。用好财政性建设资金，多举措争取政策资金，加强政银企对接合作，确保项目投资有效接续。

（三）城乡融合开新篇，致力提品质出精品。突出精心规划，城乡一体化推进精致建设、精细管理和精准服务，精美呈现更具特色的生态型新城。

高标准加快县城建设。推进以县城为重要载体的城镇化建设，持续实施“东拓西进”，构建“一主一副多特”【24】城镇发展格局。建立国土空间规划体系，加快完成县城中心城区和蓬壶、达埔副中心总体规划。推动城东产城融合示范区建设，完善公共服务配套，谋划实施永春一中长安校区、城东新区医院、东部体育公园等项目，与县工业园区联动发展，加速产城融合。推进蓬壶、达埔一体化，发挥兴泉铁路枢纽作用，打造站前广场永春特色新地标，加快建设横七线快速通道、县南高速改扩建、锦斗互通等项目，积极布局沿线产业业态，构建路网畅通、水系连通、产业互通的区域新增长极。完善城区主干道路网，推进桃源北路四期、真武路北段等道路建设。完善城市功能配套，完成生活垃圾焚烧发电项目主体建设，新建燃气管网15公里、供电线路313公里。统筹推进城乡供水、污水一体化，实施供水项目5个、污水治理项目30个，新建供水管网50公里、污水管网15公里。持续实施“绿满桃源·三森永春”三年行动，新建口袋公园15个，新增城市公园绿地12公顷、立体绿化20处。

高效能推进乡村振兴。统筹推进乡村发展、乡村建设、乡村治理，建设宜居宜业和美乡村。坚持整镇推进、整县提升，培育3个市级、5个县级整镇推进“五好”乡镇【25】，创建市县共建全域乡村振兴示范县。完善乡村基础设施，实施“一事一议”项目90个、水美乡村项目4个。加快“四好农村路”建设，新改建农村公路50公里，实施安全防护、养护工程150公里，改造危桥3座。推进脱贫攻坚与乡村振兴有效衔接，完善推广“防贫保”【26】等模式，坚决防止规模性返贫。深化“强村带弱村”等模式，探索政银企协同支农机制【27】，确保经营性纯收入20万元以上的村达100%，培育一批100万元以上的强村，打造美岭、仙岭等一批共同富裕示范村。

高质量建设生态环境。落实生态环境保护目标责任制，打好污染防治攻坚战，不折不扣抓好生态环保督察反馈问题整改。加强空气质量监测和重点领域污染源管控，完成污染物总量控制目标任务。深化河湖长制，强化流域综合整治，推进蓬达水系联通综合治理项目，确保国、省控断面水质稳定达标。强化饮用水水源地保护，持续开展水源地环境状况评估，确保饮水安全。全面推行林长制，做好松材线虫病防控工作，完成植树造林1.2万亩、松林改造提升1万亩。实施矿区生态修复工程，治理水土流失3.5万亩。统筹资源开发和生态保护，谋划抽水蓄能电站项目，推动一批能源项目落地，推进实施300兆瓦级压缩空气储能电站。

（四）改革创新求突破，全力挖潜能增后劲。坚持以改革破难题、增动力，以开放聚资源、提活力，让高质量发展的步伐更加坚实有力。

推进重点领域改革。深化国资国企改革，加快两大集团下属企业人财物归并，推动城建集团公司通过2A信用评级，提升国企市场化运转和投融资能力。完善县乡（镇）财政管理体制，拓宽筹集资金渠道，落实“三保”支出【28】责任，实施更加积极的财政政策。推进全国农村改革试验区任务，创新开展农村数字普惠金融服务。拓展农村承包地确权登记颁证成果，强化新型经营主体引育，支持创建50家县级以上的示范家庭农场、专业合作社。高效落实泉州市盘活利用低效用地试点工作，摸清城镇低效用地、历史遗留用地底数，推动五里街全域土地综合整治、农村集体经营性建设用地入市，选准城镇低效用地试点单元，分区分类分批推进实施。稳步推进生态产品价值实现，深化生态产品“三级市场”【29】改革，加快“7+N”【30】试点创建。深化集体林权制度改革，完善生态公益林补偿和天然林停伐管护补助机制，实质推动碳汇交易。

提升机制体制活力。秉承“营商环境是未来”理念，健全政务服务机制，持续推进“放管服”改革，优化“一窗通办”服务，新增跨省通办事项30项。优化县领导挂钩帮扶机制，推行“一企一策”“一产一策”，全力惠企纾困，激发市场主体活力。完善激励企业创新机制，大力推行科技创新“四个倍增”计划，培育高新技术企业20家、科技小巨人企业5家、科技型中小企业50家。强化大督查机制，发挥督查考核统一“指挥棒”作用，采取对账收账、暗访督查、拉练检查等方式，提升各项工作质效。

凝聚在外乡贤力量。持续完善乡贤普查，建立永春籍在外优秀人才信息库，充分发掘在外乡贤资源，吸引回乡投资兴业，助力家乡建设。开展“永侨精英故乡行”活动，加强与海外侨亲联络联谊，涵养侨务资源。搭建“网上侨联”，推进世永联大厦建设，筹划成立世界永春青年联谊会，打造海内外联络联谊交流平台。深化侨乡文化名镇名村创建，讲好华侨故事，传承弘扬华侨根亲文化。坚持“以人为本、为侨服务”宗旨，主动帮助侨亲、归侨、侨眷纾困解难，提升为侨服务水平。

拓展开放合作深度。主动融入闽西南协同发展区、海上丝绸之路先行区等重大区域发展战略，策划生成一批交流合作项目，提升开放水平。深化对台交流合作，依托永春闽台农业融合发展（果业）产业园，加强优势产业融合发展，争创国家级台湾农民创业园。组织参加“9·8”投洽会等重大经贸活动，推介本土优势产品，打响永春特色品牌。积极推动产贸融合，强化“三外”联动发展，加强外贸产业链招商，鼓励企业“走出去”，积极开拓国际市场，确保全年外贸出口增长8%以上。

（五）民生福祉见真章，倾力补短板添温度。坚持以人民为中心，用心用情用力解决群众关心的实际问题，让发展红利惠及千家万户。

健全社会保障体系。落实稳岗援企政策，深入开展人才“港湾计划”“涌泉”行动，突出抓好青年特别是高校毕业生的就业工作，新增城镇就业1000人以上。办好乡村振兴“师带徒”引凤项目大赛，吸引更多人才返乡创业。实施全民参保计划，确保城乡居民基本养老保险参保率99%以上、基本医疗保险参保率96%以上。严格落实低保、特困、临时救助等政策，实施低保安居工程20户、慈善安居工程30户、残疾人安居和修缮工程25户、计生安居工程15户。

完善公共服务供给。办好人民满意的教育，持续实施名师名校长培养计划，全力创建国家义务教育优质均衡发展县。完善教育基础设施，推进永春一中魁星校区、化龙实验小学、仰贤实验小学等项目建设，新增中小学、幼儿园学位2700个以上。加快建设泉州市高级技工学校永春校区，培养高水平技能人才。实施永春职专提质扩容二期工程，争创白鹤拳学院，做好白鹤拳非遗文化的传承与创新。深化与省附一医院紧密型医联体协作，完善分级诊疗模式，提升医疗服务水平。实施“千县工程”县医院提升项目，加快建设县总医院达埔分院、蓬壶分院，方便群众就近就医。完善养老服务体系，新建养老服务分站20个、老年活动中心2个。加快文体事业发展，建设永春陶瓷博物馆、牛姆林生态科普馆，打造南星智慧体育公园。

提升社会治理效能。深入开展扫黑除恶斗争，严厉打击各类突出违法犯罪。完善应急管理体系，推进应急管理信息化建设工程。深化安全生产大检查、安全生产专项整治行动，确保生产生活安全稳定。坚持“房住不炒”，支持刚性和改善性住房需求，保交楼、保民生、保稳定。推进党建引领基层网格管理，开展乡村调解能手培育工程，深化“三治融合”【31】示范村（社区）创建，提升乡村自治水平。优化派出所勤务运行机制，加大综合指挥室建设应用力度，探索“片区警务协作”，提升基层社会治理效能。认真做好永春县第五次全国经济普查、第三次全国土壤普查工作。全面抓好国防动员、双拥共建、退役军人、民族宗教等工作，支持工青妇、科协等群团有效有为开展工作。

三、扎扎实实推进政府自身建设，打造敢担当、善作为、察实情的政府

各位代表，立足新发展阶段，新形势、新任务对政府工作提出更高要求，重任在肩、责任重大，我们唯有以时不我待的紧迫感、责无旁贷的使命感、舍我其谁的责任感，一步一个脚印，把奋斗目标变为现实，才能不辜负党和人民的期待与重托。为此我们将做到：

锻造绝对忠诚的政治定力。牢牢把握正确的政治方向，认真落实意识形态工作责任制，始终把对党绝对忠诚作为最基本的政治素养、最根本的政治要求、最重要的政治品格。坚决拥护“两个确立”【32】，增强“四个意识”、坚定“四个自信”、做到“两个维护”。以“功成不必在我”的精神境界和“功成必定有我”的历史担当，坚守初心，勇担使命，确保中央、省市决策部署和县委的要求一贯到底、高效落实，用实实在在的行动和成效诠释检验对党的忠诚。

强化奋斗有我的担当精神。要把永春发展的大任当自家事、分内事，扑下身子、埋头苦干，少说“不行”，多说“怎么行”。领导干部要带头示范，发挥“关键少数”领头雁作用，拼出奋发有为的精神状态，干出“时时放心不下”的责任意识，一级做给一级看、一级带着一级干，打造“说得出来、写得下来、干得

好来"的干部队伍。要增强服务意识，积极为企业发展排忧解难，让政企同心、同向、同力。大力培育敢为人先、有胆识勇创新的企业家群体，抢抓机遇、勇往直前，不断绽放"新美岭精神"的奋进光芒。

增强抓铁有痕的落实能力。大力弘扬"四下基层""四个万家"[33]等优良作风，树立"今天再晚也是早，明天再早也是晚"效率意识，做到"落实要求不过夜，三天之内有回音"，对定下来的事情坚决干、主动靠前干，把高效落实贯穿到工作的各个环节。坚持解放思想、与时俱进，坚决破除"以前怎么干、现在还这样"的惯性思维，创造性抓好各项工作落实。坚持依法行政，把政府工作全面纳入法治化轨道。认真执行县人大及其常委会决议决定，依法接受人大法律监督和工作监督，主动接受政协民主监督，广泛接受社会舆论监督。

守牢不可逾越的廉洁底线。严格落实中央八项规定及其实施细则精神，压实全面从严治党主体责任，纵深推进政府系统党风廉政建设和反腐败斗争。以更大决心和力度整治形式主义、官僚主义，坚决防止"四风"问题反弹回潮。盯紧重要部门和关键岗位，强化关键领域综合监管，从严从紧抓好预算执行，政府带头过紧日子，让群众过上美好生活。

各位代表！蓝图绘就，正当乘风破浪；任重道远，更须策马扬鞭。让我们更加紧密地团结在以习近平同志为核心的党中央周围，在县委的坚强领导下，以更加昂扬的斗志、更加务实的作风，心无旁骛抓发展，奋勇争先开新局，为谱写全面建设社会主义现代化生态永春新篇章而团结奋斗！

《政府工作报告》有关名词解释

【1】两稳一保一防：指稳增长、稳市场、保就业、防风险。

【2】两个"国字号"农业产业园区：指国家现代农业产业园、国家农村产业融合发展示范园两个农业产业园区。

【3】金融服务实体经济"六大工程"：指"金融支持制造业高质量发展""金融支持科技创新""金融支持乡村振兴""绿色金融提升促进""供应链融资扩面增量""新增首贷户培植"六大工程。

【4】现代农业"3366"工程：指十四五期间，创建3个以上全产业链产值超过30亿元的重点优势特色产业集群、3个以上重点现代农业产业园、6个以上农业产业强镇、60个以上"一村一品"专业村。

【5】四项竞赛：指围绕重点项目建设攻坚开展的"投资提速""开工提质""竣工提效""征迁攻坚"四项竞赛活动。

【6】"五全"招商：指"全县、全域、全员、全产业、全方位"招商。

【7】多层次项目库：指对已入库项目及时跟进，对具备入库条件的项目存储，对正在进行前期工作后期有望入库的项目进行追踪。

【8】东拓西进：东拓，即做大桃城、东平现有工业园区，建设相应城市功能配套。西进，即加速快速通道［国省干线横七线（G356）永春石鼓卿园至达埔前峰段公路］等项目建设，加快北环路西扩，把主城区与达埔、蓬壶两个副城中心贯通一线，聘请专业团队，规划沿线产业布局，通过构建大交通，形成大城关、推动大发展。

【9】省级乡村振兴实绩突出村2个：指一都镇美岭村、仙夹镇夹际村。

【10】省级乡村治理示范村20个：指一都镇三岭村、一都镇苏合村、下洋镇溪塔村、玉斗镇云台村、锦斗镇珍卿村、蓬壶镇汤城村、蓬壶镇都溪村、达埔镇新琼村、达埔镇汉口村、介福乡福东村、介福乡紫美村、石鼓镇洑江村、五里街镇埔头村、桃城镇上沙村、东平镇东山村、东关镇外碧村、湖洋镇清白村、岵山镇铺下村、岵山镇和林村、外山乡嵩溪村。

【11】四证联发：指做实项目前期服务工作，当场为项目业主提供不动产权证书、建设用地规划许可证、建设工程规划许可证和建设工程施工许可证4个证件，当天完成出让合同签订，缴税、交地、发证等各项工作，助力项目"拿地即开工"。

【12】千县工程：指2021—2025年，国家对县域医疗质量提升工程的总体目标，即力争通过5年努力，全国至少1000家县医院达到三级医院医疗服务能力水平，为实现一般病在市县解决打下坚实基础。

【13】省附一医院：指福建医科大学附属第一医院。

【14】"宽松型"警务永春样板：指按照福建省

公安厅“三型”派出所警务改革要求，因地制宜，打造“宽松型”片区警务协作模式，即将全县21个农村派出所成立7个片区，每个片区建设“综合指挥室”，集研判、预警、布防为一体的智慧情指体系。

【15】“八五”普法：指在全县公民中开展法治宣传教育的第八个五年规划（2021—2025年）。

【16】一岗双责：指一个岗位承担两方面的职责，即各级干部在履行本职岗位管理的同时，还要对所在单位和分管工作领域的党风廉政建设负责。

【17】三重一大：指重大事项决策、重要干部任免、重要项目安排、大额资金的使用，必须经集体讨论做出决定的制度。

【18】特色优势农业“六大工程”：指实施“永春芦柑”复兴工程、“永春茶叶”增效工程、“永春果蔬”绿色工程、“永春山鲜”品牌化工程、“永春畜禽”示范工程、“永春花卉苗木”强链工程。

【19】“三茶”统筹：指统筹做好茶文化、茶产业、茶科技。

【20】一核、两翼、三片区、四要素：一核指打造县域旅游核心目的地。两翼指提升“两个重点旅游景区”，包括牛姆林、北溪文苑两个4A级景区。三片区指打造东中西三个体验片区，东部以外山豪廷康养项目为龙头，串起东关桥、云河谷、金斗洋茶厂等特色资源，重点打造画里水乡农耕体验片区；中部，以中国香都为龙头，串起仙洞普济、雪山旅游区和乌髻岩景区等，打造休闲康养体验片区；西部，以牛姆林为龙头，整合一都山歌小镇、红色横口等资源，重点打造红色旅游、博物研学的原生态体验片区。四要素指健全机制体制建立项目库，包括整合成立一家农文旅集团，构建一个信息平台，精心设计一批永春元素旅游线路，建立一个文旅项目库。

【21】一区多园：一区指县城工业园区。多园指苏坑陶瓷工业园、介福陶瓷产业园、达埔工业园、蓬壶工业园、下洋新材料产业园等乡镇工业园。

【22】四个一批：指在加快推动试点园区建设的基础上，及时总结推广试点园区建设的经验做法，同步启动新一批园区的规划、设计、建设工作，按照谋划一批、开工一批、在建一批、投用一批的工作机制，引导、鼓励社会资本、企业业主和专业服务机构通过自主提升、联合提升、以商招商等方式，共同打造一批产业特色鲜明的专业园区。

【23】6个标准化园区：指美岭智慧产业园、新型打印材料产业园、冠中包装新材料产业园、农副产品加工产业园、轻工智造产业园、中小微香企创业园6个标准化园区。

【24】一主一副多特：一主即桃城、五里街、石鼓、岵山、东平、东关等县城规划区；一副即蓬壶、达埔；多特即湖洋、下洋、苏坑、介福、岵山、一都等特色产业乡镇。

【25】“五好”乡镇：指富民产业发展好、乡村建设提升好、乡村文化传承好、治理能力建设好、党建统领发挥好的乡镇。

【26】防贫保：指为全县脱贫人口和重点人群投保兜底性保险，内容涵盖因病（意外住院、重大疾病）、因学、因灾等补助。

【27】政银企协同支农机制：指构建主管部门（县委组织部、县农业农村局）带动、农垦公司牵头、县农信联社支持、乡镇政府监督、村级组织参与的政银企协同支农机制。

【28】“三保”支出：指保工资、保运转、保民生，分清轻重缓急，合理安排财政支出。

【29】生态产品“三级市场”：指以三级市场机制探索生态优势向经济优势转化的路径。第一级市场对区域内生态资源的摸底、评估、整合和确权确股，实现集体内部资源向资产的转化；第二级市场通过引入市场化资金和专业运营投资商，推进生态资产项目化运营，实现集体资产向资本的转化；第三级市场通过将分散资产和相关业务进行整合，推进生态资产证券化和期权化交易。

【30】7+N：指深化仙岭培训学校、桂洋镇、蓬壶镇西昌村、桃城镇花石社区、蜜蜂协会、呈祥有机公社、苏坑洋坪茶场与多个人才驿站合作，加快试点创建，推进生态产品价值实现。

【31】三治融合：指自治、法治、德治相结合的城乡基层治理体系。

【32】两个确立：指确立习近平同志党中央的核心、全党的核心地位，确立习近平新时代中国特色社会主义思想的指导地位。

【33】四个万家：指进万家门、知万家情、解万家忧、办万家事。

人物名录

2022年永春县党政机关及部分企事业单位领导名录

中共永春县委员会

书　记　　吕建成（2022年9月任）
　　　　　林希于（至2022年9月）
副书记　　张君宇
　　　　　吕建成（至2022年9月）
常　委　　余夫开
　　　　　郭小星
　　　　　陈佩青
　　　　　蔡武殷
　　　　　林金建（2022年12月任）
　　　　　郑川辉
　　　　　蔡映辉
　　　　　王紫钊
　　　　　陈雄杉（至2022年12月）
二级调研员　余金南（保留原待遇）
　　　　　张金宏（保留原待遇）
三级调研员　王超万（保留原待遇）
四级调研员　潘清忠

永春县人大常委会

主　任　　林海鸥
副主任　　张晓文
　　　　　李汇源
　　　　　郑志列
　　　　　林玉岳
二级巡视员　康思坚（至2022年12月，保留待遇）
一级调研员　余永坚（保留原待遇）
原副主任　　颜松溪（至2022年9月，保留原待遇）

永春县人民政府

县　长　　张照绿（2022年12月任）
　　　　　吕建成（至2022年12月）
副县长　　蔡映辉
　　　　　郭美西
　　　　　钱永新
　　　　　庄凯融
　　　　　周伯祥
　　　　　王卫阳
　　　　　陈宏斌（2022年9月任）
　　　　　王洪杰（至2022年9月）
科技副县长　董　婧
二级调研员　颜一鹏（保留原待遇）

政协永春县委员会

主　席　　王文杨
副主席　　郭赐福
　　　　　温明源
　　　　　林铭东
副主席（兼）汤若狮
二级调研员　梁文光

县委部门

县委办公室

主　任　　郑孝坡（至2022年8月）
副主任　　黄裕滨
　　　　　林　明
　　　　　郑玉姣（2022年3月任）
　　　　　王进铭（至2022年8月）

县密码管理局（县委机要局）

局　长　　林　明

县委组织部

部　长　王紫钊
常务副部长　黄永炎
副部长　李智发
陈志军
副部长（兼）　黄生裕
赵培璋

县委非公有制企业和社会组织工委

书　记　黄永炎

县公务员局

局　长　李智发

县委宣传部

部　长　蔡英殿
常务副部长　陈埔军
副部长　康文展
洪晓君（至2022年8月）
副部长（兼）　陈涌湖

县委网信办

主　任　蔡英殿
常务副主任　康文展

县政府新闻办

主　任　康文展

县新闻出版广电局

局　长　洪晓君（至2022年8月）

县委统战部

部　长　陈佩芳
常务副部长　郑龙目
副部长　林永圣
梁志民

县民族与宗教事务局

局　长　林永圣

县政府侨务办

主　任　郑志民

县委政法委

书　记　余庆新
常务副书记　刘延军
副书记　陈忠东
林其锵
副书记（挂职）　黄永宁

县委编办

主　任　赵培璋
副主任　林小谦
黄志伟

县直机关工委

书　记　王紫钊
常务副书记　黄永平
副书记　尤梅春
委员、纪工委书记　郑智学

县委巡察办

主　任　苏清洁
副主任　叶维伟
洪新典（2022年8月任）
巡察组组长　苏长洪
洪玮彬
黄秋碧
巡察组副组长　陈友生
陈昌坚
陈　烨

县委老干部局

局　长　黄生裕
副局长　陈惠玲

县委文明办

主　任　陈涌湖
副主任　梁伟生

县委党校（行政学校）

校　长　王紫钊

常务副校长　姚清地

副校长　郭志镇

颜尧民

县委党史和地方志研究室

主　任　吕杰伟

副主任　林联勇

县档案局（馆）

局　长　汪立新（2022 年 8 月任）

馆　长　汪立新

副馆长　陈永盛

县融媒体中心

党组书记、主任　洪晓君（至 2022 年 8 月）

副主任　余恩林

黄映炜

苏福彬

县事业单位登记中心

主　任　陈鹤龄

县直机关党群系统党委

书　记　郑孝坡（至 2022 年 8 月）

县直机关政府办系统党委

书　记　张延年

县直机关政法系统党委

书　记　刘延军

公安局党委

书　记　陈宏斌（2022 年 9 月任）

王洪杰（至 2022 年 9 月）

副书记　王清木

孙伟斌（至 2022 年 8 月）

县直机关宣传系统党委

书　记　陈埔军

县直机关发改系统党委

书　记　潘双贵

县直机关工信商务系统党委

书　记　陈绍掌

副书记、纪委书记　王明显（至 2022 年 5 月）

县直机关教育系统党委

书　记　陈志宏

县直机关人社系统党委

书　记　陈铁城

副书记　张国强

县直机关住建系统党委

书　记　辜一斌

副书记　陈志国

县直机关交运系统党委

书　记　林建宗

副书记　林胜前

县直机关农业系统党委

书　记　赵文彪

县直机关林业系统党委

书　记　李丽玉

县直机关卫健系统党委

书　记　颜群瑛（2022 年 8 月任）

陈庆丹（至 2022 年 8 月）

县直机关市场监管系统党委

书　记　周清宗

副书记　郭景良

县纪委、监委

书记、主任 林金莲（2022 年 12 月任）
陈雄松（至 2022 年 12 月）

副书记、副主任 陈良明
刘延菲

纪委常委 苏清洁（2022 年 9 月任）
黄丽娜
涂实效
郑永平
陈泉水

监委委员 黄丽娜
涂实效
郑智泉
李志榕

办公室
主　任 施少中（2022 年 8 月任）

组织和宣传部
部　长 黄序宇

党风政风监督室
主　任 黄张强（2022 年 8 月任）
王雪静（至 2022 年 8 月）

案件监督管理室
主　任 廖珊珊

第一纪检监察室
主　任 尤秋文

第二纪检监察室
主　任 刘金相

第三纪检监察室
主　任 黄亚孟

第四纪检监察室
主　任 洪新典（至 2022 年 8 月）

第五纪检监察室
主　任 潘才泉

第六纪检监察室
主　任 陈金泰

案件审理室
主　任 郭清海

纪检监察干部监督室
主　任 王雪静（2022 年 8 月任）
黄张强（至 2022 年 8 月）

派驻纪检组

驻县委办公室纪检组
组　长 陈伟源

驻县人大常委会机关纪检组
组　长 刘国斌

驻县政协机关纪检组
组　长 余华南

驻县委组织部纪检组
组　长 许慧平

驻县委宣传部纪检组
组　长 郑文治

驻县委统战部纪检组
组　长 潘丰林（至 2022 年 8 月）

驻县委政法委纪检组
组　长 张金田

驻县政府办公室纪检组
组　长 林泗锋

驻县发改局纪检组

组　长　　郭丽龄

驻县教育局纪检组

组　长　　康东源

驻县自然资源局纪检组

组　长　　林加兴

驻县农业农村局纪检组

组　长　　邵　斌

驻县水利局纪检组

组　长　　潘宝树

驻县卫健局纪检组

组　长　　黄映雪

驻县公安局纪检组

组　长　　郑胜和

驻县法院纪检组

组　长　　姚敏思

驻县检察院纪检组

组　长　　官乃阳

县人大常委会机关

人大常委会办公室

主任（常委）　　刘征哲

副主任　　张春佳

周梅芬

信访室

主　任　　周梅芬

人事代表工委

主任（常委）　　徐清华

副主任　　郑英姿

环境与城乡建设工委

主任（常委）　　陈金英

副主任　　李永传

内务司法工委

主任（常委）　　陈文榜

副主任　　黄鹏程

农经工委

主任（常委）　　郑春盏

副主任　　陈武兵

财经工委

主任（常委）　　郑美燕

副主任　　李志洪

教科文卫工委、华侨民宗工委

主任（常委）　　黄圣宇

副主任　　潘志生

专职常委　　林劲松

颜阳西

陈志庆

颜全胜

刘裕乾

肖兴瑞

李华德

县政府部门

县政府办公室

主　任　　张延年

副主任　　黄培旺

叶润华

王国彬

副主任（兼）　　黄庆生

县发改局

局　长　　潘双贵

副局长 薛巍炜
王晓东

县教育局

局　长 陈志宏

副局长 黄茂华
苏昌艺

县科学技术局

局　长 刘日新

副局长 潘锦辉

县工信商务局

局　长 陈绍掌

副局长 林宝珍
林荣川
刘福心（至 2022 年 8 月）

县公安局

局　长 陈宏斌（2022 年 9 月任）
王洪杰（至 2022 年 9 月）

政　委 王清木

副局长 潘朝东
陈宗熙（至 2022 年 9 月）

副局长（挂职） 林建剧（至 2022 年 12 月）
吴耀华（至 2022 年 7 月）

政工室

主　任 颜佳坤

纪检监察室

主　任 林富元

指挥中心

教导员 谢永生

治安大队

大队长 蒋永泉

教导员 张永全

刑侦大队

教导员 苏昌沛

副大队长 李少毅
吴伟军

情报信息队队长 姚志宏

综合管理队队长 尤志权

侵权犯罪侦查一队队长 刘华彬

诈骗犯罪侦查队队长 宋永辉

交管大队

大队长 王天德

教导员 苏荣义

国保大队

大队长 林龙池

教导员 陈成河

法制大队

大队长 汤泽铨

教导员 郑小平

禁毒大队

大队长 石云峰

教导员 邱忠义

经侦大队

大队长 林荣忠

教导员 刘大船

出入境大队

大队长 郑永松

教导员 刘锦聪

警务保障室

主　任 林亿仟

看守所

所　长 陈建遵

教导员 周金海

拘留所

所　长　陈永兰

教导员　黄建华

一都派出所

所　长　李宏志

教导员　郑国山

横口派出所

所　长　李国武

教导员　王荣军

下洋派出所

所　长　周春火

教导员　许成勇

坑仔口派出所

所　长　邱伟煌

教导员　杨国有

玉斗派出所

所　长　张春木

教导员　陈伟雄

桂洋派出所

所　长　陈永生

教导员　许春光

锦斗派出所

所　长　黄增金

教导员　郭南峰

呈祥派出所

所　长　刘永南

教导员　李伟炜

苏坑派出所

所　长　陈文朴

教导员　陈文朴（2022 年 12 月任）

颜小叶（至 2022 年 12 月）

蓬壶派出所

所　长　王德福

教导员　林昭翔

达埔派出所

所　长　王可忌

教导员　颜志灵

介福派出所

所　长　郭定泉

教导员　陈自立

吾峰派出所

所　长　颜耀章

教导员　林贤钦

石鼓派出所

所　长　郑元国

教导员　李桂全

五里街派出所

所　长　颜小叶（2022 年 12 月任）

叶武钦（至 2022 年 12 月）

教导员　王世叔

桃城派出所

所　长　王清盘

教导员　林志群

副所长　刘小亮

东平派出所

所　长　颜少青

教导员　颜志泽

东关派出所

所　长　李瑞阳

教导员　郑志峰

岵山派出所
所　长　　郑文东
教导员　　刘杰瑜

仙夹派出所
所　长　　郑颖昱
教导员　　刘巧星

湖洋派出所
所　长　　潘智敏
教导员　　王淙晓
副所长　　郑沧海

外山派出所
所　长　　涂国晖
教导员　　徐荣锡

县公安局森林分局
局　长　　颜声概
教导员　　苏志明

一都森林派出所
所　长　　黄文举
教导员　　洪永泉

下洋森林派出所
所　长　　高　伟
教导员　　李文标

碧卿森林派出所
所　长　　陈志强
教导员　　李智永

湖洋森林派出所
所　长　　林南国
教导员　　张民发

县民政局
党组书记　　李革荣
局　长　　吴文相
副局长　　林金灿
　　康聪进

县司法局
局　长　　康传宗
副局长　　林丽珍
　　林江华

一都司法所
所　长　　魏志佳

横口司法所
所　长　　魏伟忠

下洋司法所
所　长　　郑志才

坑仔口司法所
所　长　　林培扬

玉斗司法所
所　长　　林扬耀

桂洋司法所
所　长　　古宏颖

锦斗司法所
所　长　　潘建华

呈祥司法所
所　长　　蔡芳义

苏坑司法所
所　长　　陈亚妮

蓬壶司法所
所　长　　陈华哲

达埔司法所
所　长　　余锦明

介福司法所
所　长　　黄少敏

吾峰司法所
所　长　　王伟志

石鼓司法所
所　长　　刘经勤

五里街司法所
所　长　　黄丙勇

桃城司法所
所　长　　吴瑶艺

东平司法所
所　长　　王锦东

东关司法所
所　长　　周巧敏

岵山司法所
所　长　　林佳芳

仙夹司法所
所　长　　潘维智

湖洋司法所
所　长　　王淑慎

外山司法所
所　长　　郑婉萍

县财政局
局　长　　周智鸿
副局长　　刘三利
　　　　　黄沧慧
副局长（挂职）　夏徐斌

县人社局
局　长　　张国强
副局长　　林华毅
　　　　　陈华伟

县自然资源局
局　长　　陈东明
副局长　　康海滨
　　　　　庄保龙
　　　　　涂敏华（至 2022 年 8 月）

县住建局
局　长　　陈志国
副局长　　温明辉
　　　　　黄金仕（至 2022 年 8 月）

县交通运输局
局　长　　林胜前
副局长　　康炳耀
　　　　　涂芳丽

县农业农村局
局　长　　赵文彪
副局长　　王永良
　　　　　杨乐剑
　　　　　陈建星（至 2022 年 8 月）

县林业局
局　长　　李丽玉
副局长　　刘建斌

县水利局
局　长　　郑东生
副局长　　颜华南

县文体旅游局
局　长　　张诗仁

副局长　姚海兰
吴肖龙
陈春晖

县卫健局

局　长　颜群瑛（2022 年 9 月任）
陈庆丹（至 2022 年 9 月）
副局长　陈良钛（2022 年 8 月任）
蒋志凌
蔡金豹（至 2022 年 4 月）

县退役军人局

局　长　廖志伟
副局长　刘章森
副局长（兼）　刘　伦（2022 年 8 月任）

县应急局

局　长　黄聪胜
副局长　潘贤根
康福裕
陈金渊（至 2022 年 6 月）
总工程师　陈金渊（2022 年 6 月任）
颜声灶（至 2022 年 6 月）

县审计局

局　长　赵金豹
副局长　林长春
刘志荣

县市场监管局

局　长　郭景良
副局长　余爱民
林志平
食品总监　苏荣臻

一都市场监管所

所　长　涂兴洙

下洋市场监管所

所　长　姚再春

坑仔口市场监管所

所　长　郑振佳

锦斗市场监管所

所　长　陈维川

蓬壶市场监管所

所　长　郑星彬

达埔市场监管所

所　长　黄劲松

石鼓市场监管所

所　长　黄增杰

五里街市场监管所

所　长　黄华强

桃城市场监管所

所　长　王永文

东平市场监管所

所　长　潘崇岫

东关市场监管所

所　长　陈智煜

岵山市场监管所

所　长　周海量

湖洋市场监管所

所　长　孙琼梅

县统计局

局　长　姚礼旺
副局长　陈欲涌
郑华芳

县政府信访局（县委信访局）

局　长　黄庆生

副局长　　肖东明

县城市管理局

局　长　　梁建兵

副局长　　许立志

　　　　　王淑丰

县工业园区管委会

主　任　　刘文财

副主任　　许飞翔

　　　　　罗联东

　　　　　王清城（至 2022 年 8 月）

县行政服务中心管委会

主　任　　陈天必

副主任　　潘彩花

县供销合作社联合社

主　任　　陈明刚

副主任　　李雪莲

　　　　　陈章培（至 2022 年 8 月）

县教师进修学校

校　长　　张金炼

副校长　　李建义

　　　　　邱坚帜

县城镇集体工业联合社

主　任　　张仕榕

副主任　　陈培伟

县煤炭技术服务中心

主　任　　薛　鹏

县市场服务中心

主　任　　黄永平

县国库支付中心

主　任　　王文烽

县就业和人才人事服务中心（县高层次人才服务中心）

主　任　　丁永坚

县社会保险中心

主　任　　黄卫国

县不动产登记中心

主　任　　李丽萍

县交通运输事业发展中心（县地方海事发展中心）

主　任　　汪江勇

县农科所

所　长　　李婉真

县农业机械站（至 2022 年 8 月）

站　长　　陈文泉

县农业机械化发展中心（2022 年 8 月）

主　任　　陈文泉

县桃溪国家湿地公园保护中心

主　任　　郑祖梧

副主任　　洪雪花

　　　　　谢海峰

县牛姆林省级自然保护区服务中心

主　任　　郭祖亿

县水利水电工程移民发展中心

主　任　　罗华南

县五一水库水资源调配中心

主　任　　李劲松

县水土保持工作站

站　长　　黄伟鸿

县旅游事业发展中心

主　任　　潘　追

副主任　　陈江华

县总医院

党委书记　　颜群瑛（2022 年 8 月任）
　　陈庆丹（至 2022 年 8 月）
院　长　　林　如（2022 年 5 月任）
　　蔡金豹（至 2022 年 4 月）

县 医 院

院　长　　林　如（2022 年 5 月任）
　　蔡金豹（至 2022 年 4 月）
党总支书记　　郑志刚

县妇幼保健院

院　长　　黄春根
党支部书记　　尤清秀

县疾病预防控制中心

主　任　　吴姗姗

县农村社会经济调查队

队　长　　林伟奇

县城市社会经济调查队

队　长　　王文进

县地震办公室

主　任　　陈文联

县城乡环境卫生考评中心

主　任　　陈伟彬

县自然资源综合执法大队

大队长　　吕志坦

县交通运输综合执法大队

大队长　　陈文岚

县应急管理综合执法大队

大队长　　陈章培

县文化市场综合执法大队

大队长　　吕志亮

县卫生监督所

所　长　　姚春霞

县市场监管综合执法大队

大队长　　潘春永

县产品质量检验所

所　长　　尤龙杰（2022 年 8 月任）

泉州幼高专永春校区综合办

主　任　　王文雄

永春一中

校长（书记）　　陈小书
副校长　　蔡国辉
　　黄文安
　　陈培镇（2022 年 8 月任）
　　梁文福（至 2022 年 8 月）
副书记　　梁文福（2022 年 8 月任）
　　吴业顺（至 2022 年 8 月）

永春侨中

校长（书记）　　梁必文（2022 年 8 月任）
　　陈国龙（至 2022 年 8 月）
副校长　　吕健鹏
　　吕伟敬（2022 年 8 月任）
　　尤春楼（2022 年 8 月任）
　　刘育斌（至 2022 年 8 月）
　　郑晓斌（至 2022 年 8 月）
副书记　　郑晓斌（2022 年 8 月任）
　　黄四川（至 2022 年 8 月）

永春三中

校长（书记） 黄家志（2022 年 8 月任）
苏文暹（至 2022 年 8 月）

副校长 王静利
王文俊（2022 年 8 月任）
郑伟峰（2022 年 8 月任）
林振雅（至 2022 年 8 月）
吕伟敬（至 2022 年 8 月）

副书记 林振雅（2022 年 8 月任）
林源展（至 2022 年 8 月）

永春五中

校长（书记） 苏明福（2022 年 8 月任）
梁必文（至 2022 年 8 月）

副校长 姚启智（2022 年 8 月任）
王国安（2022 年 8 月任）
郑清强（至 2022 年 8 月）
郑伟峰（至 2022 年 8 月）

副书记 郑清强（2022 年 8 月任）
颜玉豹（至 2022 年 8 月）

永春六中

校长（书记） 黄全业

副校长 陈玉伟
赵炳川（2022 年 8 月任）
刘金榜（至 2022 年 8 月）

副书记 黄智敏

永春二中

校长（书记） 康贵泉（2022 年 8 月任）
黄家志（至 2022 年 8 月）

副校长 林中山
颜良志
康文辉（2022 年 8 月任）
冯运腓（至 2022 年 8 月）

副书记 张莉蓉（2022 年 8 月任）
郑生源（至 2022 年 8 月）

美岭中学

副校长 廖献文（主持工作）

康淑英
罗文生

副书记 林丰汗（2022 年 8 月任）

永春职专

校　长 林向东

书　记 陈金灿

副校长 苏永智
陈常智（2022 年 8 月任）
李焱华（至 2022 年 8 月）

县物资总公司

经　理（挂职） 余巨峰

副经理 陈金寨

副经理（挂职） 尤俊杰

县商业总公司

经　理（挂职） 李良明

副经理 林水源

副经理（挂职） 王松瑞
赵丽琼

县对外贸易公司

经　理 梁霖程

副经理 曾振强

副经理（挂职） 郑红星

县政协机关

政协办公室

主　任 黄连集

副主任 吴成益
王超蓉

提案与社会文史办

主　任 余琼霞

副主任 江月英

经济法制与人口资源环境办

主　任 夏辉亮

副主任　　刘尚政

台港澳侨与民宗办

主　任　　吕吉庆

副主任　　谢锵锵

县法院

院　长　　邱新跃

副院长　　张得意（2022年9月任）

姚启炉

吴美红

黄武忠（至2022年9月）

审委会专职委员　郭荣良

郭荣辉（2022年9月任）

涂劲松（至2022年9月）

政治部

主　任　　张晓娟（2022年8月任）

王玉成（至2022年8月）

督察室

主　任　　苏昌庆

综合办公室（司法警察大队）

主　任　　刘文伟

审批管理办公室

主　任　　杨　巍（2022年4月任）

刘正灿（至2022年4月）

民事审判庭

庭　长　　曾惠婷（2022年5月任）

吕建设（至2022年5月）

刑事审判庭

庭　长　　郭荣辉（至2022年5月）

立案庭（诉讼服务中心）

庭　长　　吕一灵（2022年5月任）

刘文宝（至2022年5月）

执行局

局　长　　詹国荣（至2022年4月）

行政与生态环境审判庭

庭　长　　陈瑞兴（至2022年5月）

桃城法庭

庭　长　　黄永煌（至2022年5月）

石鼓法庭

庭　长　　郭荣辉（2022年5月任）

陈良溪（至2022年5月）

达埔法庭

庭　长　　刘文宝（2022年5月任）

吕一灵（至2022年5月）

蓬壶法庭

庭　长　　曾惠婷（至2022年5月）

下洋法庭

庭　长　　詹国荣（2022年5月任）

杨　巍（至2022年5月）

县检察院

检察长　　李翔毅

副检察长　　邓银团

杜镇金

薛　莹（2022年9月任）

党组副书记　　洪少萍（至2022年8月）

检委会专职委员　李学奋

政治部

主　任　　陈泽锟（2022年8月任）

林明全（至2022年8月）

办公室

主　任　　苏垂山

第一检察部

主　任　　伍庆辉

第二检察部

主　任　　尤小娟

第三检察部

主　任　　罗雪山

第四检察部

主　任　　陈金艺

县消防大队

消防大队

大队长　　卢文清

教导员　　叶世权

群团 民主党派

县总工会

主　席　　郭小强

党组书记、常务副主席　　陈丽红

副主席　　王一烽

　　　　　潘志翔

团县委

书　记　　杜　兰

副书记　　吴祖昆

　　　　　吴凤杰

县妇联

主　席　　吴旭菁

副主席　　苏美美

　　　　　黄英珠

县科协

主　席　　陈国成

副主席　　康永光

　　　　　潘文英

县侨联

主　席　　郭赐福（2022 年 9 月任）

　　　　　黄万民（至 2022 年 5 月）

副主席　　陈志宏

　　　　　陈珊妹

县工商联（总商会）

主席（会长）　　汤若狮

党组书记、常务副主席　　梁志民

副主席　　巫伟东

　　　　　刘彩芸

县文联

主　席　　薛远萍

副主席　　赵炳坤

县残联

主　席　　董　婧

副主席、理事长　陈金宝

副理事长　　陈科技

县贸促会

会　长　　李永联

县企联会

会　长　　林金旦

执行会长　　林振辉

轮值执行副会长　刘征明

　　　　　黄文秀

　　　　　陈乐辉

　　　　　朱铭锋

县红十字会

会　长　　王卫阳（2022 年 5 月任）

郭美西（至2022年5月）
专职副会长　林洪玉

县计生协会
会　长　潘清忠
专职常务副会长　许育明
专职副会长　许福兴

县社科联
主　席　张财源

民革永春县总支
主　委　李拯民（2022年6月任）

民盟永春县总支
主　委　郑东霞

民建永春县支部
主　委　刘西将

民进永春县小组
主　委　黄声腾

致公党永春县委会
主　委　叶东方

台盟永春县支部
主　委　古宏颖

省、市驻永机构及企业

税务局
局　长　胡清华
副局长　邱金传
郭华坤
王锦龙
纪检组组长　庄　严
第一税务分局（办税服务厅）
分局长　郑奕华
第二税务分局
分局长　尤长肯（2022年8月任）
桃城税务分局
分局长　郑壁龙
岵山税务分局
分局长　林培参
五里街税务分局
分局长　李文胜

下洋税务分局
分局长　颜建华

人行永春县支行
行　长　郑再生
副行长　吴建水
叶茂建（至2022年11月）

银保监会永春监管组
组　长　李伟然（至2022年9月）
副组长　童宝禹

工行永春支行
行　长　蔡文苹　（2022年12月任）
刘　智（至2022年11月）
副行长　林辉胜
辜丽红
行长助理　黄鹏达

农行永春县支行
行　长　陈昌标
副行长　黄秋实
潘华璋
苏晓斌
纪委书记　郭章铸

中行永春支行
行　长　易晋荣
副行长　魏利杰
派驻纪检查员　颜志明

建行永春支行

行　长　王信斌（2022 年 10 月任）

谢文宝（至 2022 年 7 月）

副行长　谢文宝（2022 年 7 月任）

林培东

党建联络员　文巨斌

委派营运主管　李仁春

县农信联社

理事长　潘文学（2022 年 6 月任）

黄文新（至 2022 年 6 月）

主　任　郭云铿（2022 年 7 月任）

严秀珠（至 2022 年 7 月）

纪委书记、监事长　王建华（2022 年 2 月任）

副主任　白千源（2022 年 2 月任）

吕志西（2022 年 9 月任）

邮储永春县支行

行　长　陈建坤

副行长　郭志顺

何世琳（至 2022 年 2 月）

泉州银行永春支行

行　长　叶全阳

副行长　蔡云龙

泉州农商行永春县支行

行　长　郭信户

人保永春支公司

经　理　郑晶晶

副经理　郑智伟

孙　刚（2022 年 8 月任）

人寿永春县支公司

经　理　陈　炬

副经理　林文表

王振裕

蔡　鸣

邮政永春分公司

总经理　陈振益

副总经理　黄超辉

电信永春分公司

总经理　林　立

副总经理　章世荣

刘　洋

移动永春分公司

总经理　吴继志

副总经理　姚布千

高志海（2022 年 2 月任）

联通永春分公司

总经理　陈华洋（2022 年 10 月任）

肖有土（至 2022 年 10 月）

副总经理　刘旭东

李秀贤

铁塔永春办事处

区域经理　张旭钦

烟草专卖局（公司）

局长、经理　曾亦延

副局长　郑建军

副经理　陈　璁

工作组组长　吴福至

公路事业发展永春分中心

主　任　吴海虹

教导员　程培生（至 2022 年 12 月）

副主任　李其南

陈志坚

市医保局永春分局

局　长　陈仲铨

副局长　刘永前

气象局（台）

局　长　徐才华

副局长　胡晓兵

刘德和（2022 年 8 月任）

台　长　叶晓冰（2022 年 10 月任）

韦英英（至 2022 年 10 月）

天湖山能源实业有限公司

党委书记、执行董事、总经理

康春福（2022 年 1 月任）

执行董事、总经理

杨仁华（至 2021 年 11 月）

党委书记、执行董事

陈开甜（至 2022 年 1 月）

四〇三台

台　长　刘辉强

副台长　饶秀明（2022 年 11 月任）

泉州海关驻安溪办事处永春监管科

科　长　陈劲志

国网永春供电公司

总经理　林培洪（2022 年 2 月任）

苏家祥（至 2022 年 2 月）

党委书记　许佳健（2022 年 2 月任）

林培洪（至 2022 年 2 月）

泉州住房公积金中心永春县管理部

主　任　洪斯虔

泉运永春公司

经　理　洪礼雄

书　记　洪礼雄（2022 年 6 月任）

黄明星（至 2022 年 6 月）

福建广电网络永春分公司

总经理　王旗辉

乡　镇

一都镇

党委书记　刘辉煌

镇　长　林惠平

人大主席　郑剑锋

党委副书记、政法委员　黄仲林

党委委员、纪委书记　刘志铭（2022 年 8 月任）

党委秘书、统战委员　王耿彬

党委组委　肖丽珍

党委宣委　刘志铭（至 2022 年 8 月）

党委委员　陈志灿

副镇长　张文友

吴锦鹏

综合便民服务中心主任　康剑鸿

社会事务服务中心主任　潘建洲

综合执法队队长　康映彬

横口乡

党委书记　章良注

乡　长　王巧红

人大主席　李鸿舒

党委副书记、政法委员　吴建宁

党委委员、纪委书记　陈佳煜

党委秘书、宣委、统战委员　刘文富

党委组委　薛巧明

党委委员　刘峥嵘

副乡长　张根阳

王铭伟

综合便民服务中心主任　刘少文

社会事务服务中心主任　潘才华

综合执法队队长　王再强

下洋镇

党委书记　林琪宇（2022 年 8 月任）

颜群瑛（至 2022 年 8 月）

镇　长　陈培臻

人大主席　高永杰

党委副书记、政法委员　　林鸿鹏
党委委员、纪委书记　　陈锦浩
党委秘书、统战委员　　许铭彬
党委组委　　郑境毅
党委宣委　　颜巧辉
党委委员　　周超杰
副镇长　　李建彬
　　刘启富
综合便民服务中心主任　　郑　晖
社会事务服务中心主任　　叶云清（2022年8月任）
综合执法队队长　　王大根

坑仔口镇
党委书记　　王成忠
镇　长　　李明义
人大主席　　郑劲洲
党委副书记、政法委员
　　陈良铁（至 2022 年 8 月）
党委委员、纪委书记　　陈宗德
党委秘书、统战委员　　吴金灿
党委组委　　陈雅琳
党委宣委　　张建佳
党委委员　　康泽文
副镇长　　林小敦
　　王明波（2022 年 8 月任）
综合便民服务中心主任　　李志聪
综合执法队队长　　颜小淘

玉斗镇
党委书记　　陈贤德
镇　长　　王志杰
人大主席　　林剑平
党委副书记、政法委员　　康少明
党委委员、纪委书记
　　李永宁（至 2022 年 8 月）
党委秘书、统战委员　　涂志军
党委组委　　颜民杭
党委宣委　　许银花
党委委员　　江培进

副镇长　　余希元
　　黄铭锟
综合便民服务中心主任　　康华伟
综合执法队队长 叶东昇

桂洋镇
党委书记　　姚剑平
镇　长　　林焕强
人大主席　　林小乐
党委副书记、政法委员　　林建生
党委委员、纪委书记　　郑少沣
党委组委　　陈待水
党委委员　　林永清
副镇长　　林星裕
　　王传昆
综合便民服务中心主任　　陈春荣
社会事务服务中心主任　　许庆彬
综合执法队队长　　温炳辉

锦斗镇
党委书记　　温令戒
镇　长　　李桂林
人大主席　　康长灵
党委副书记、政法委员　　颜敏杭
党委委员、纪委书记　　郑敬锋
党委秘书、统战委员　　潘燕美
党委组委　　黄金树
党委宣委　　张俊良
党委委员　　颜国锭
副镇长　　颜惠玲
　　黄声腾
综合便民服务中心主任　　郑灵锋（2022 年 8 月任）
综合执法队队长　　郭志龙

呈祥乡
党委书记　　蔡鋆泽（2022 年 10 月任）
　　林晋殿（至 2022 年 3 月）
乡　长　　颜　源
人大主席　　刘松宝

党委副书记、政法委员　林江晖
党委委员、纪委书记　刘志昌
党委秘书、宣委、统战委员　谢惠君
党委组委　陈燕生
党委委员　郑松坤
副乡长　王金鹏
　　　　林冬婷
综合便民服务中心主任　颜成裕
综合执法队队长　刘智超

苏坑镇
党委书记　林志裕
镇　长　洪晓君（2022年8月任）
　　　　林琪宇（至2022年8月）
人大主席　林杰生
党委副书记、政法委员　徐华智
党委委员、纪委书记　黄建来
党委秘书、统战委员　郑志荣
党委组委　黄剑君
党委宣委　陈宇煌
党委委员　林士泽
副镇长　苏正达
　　　　吕志城
副镇长（科技、挂职）　刘彬杰
综合便民服务中心主任　张文校
社会事务服务中心主任
　　　　黄发锌（2022年8月任）
综合执法队队长　潘锦江

蓬壶镇
党委书记　郑兴洲
镇　长　林　康
人大主席　梁谦杰
党委副书记、政法委员　刘建伟
党委副书记（挂职）　陈守珊
党委委员、纪委书记　王少波
党委秘书、统战委员　叶基博
党委组委　黄少飞
党委宣委　王章艺

党委委员　颜惠嘉
人大专职副主席　吴晓文
副镇长　王云龙
　　　　郑婷婷
　　　　苏天恭
　　　　陈　升
综合便民服务中心主任　黄秋英
社会事务服务中心主任　张煌城
综合执法队队长　陈晓峰
旅游发展服务中心主任　黄诗鸣

达埔镇
党委书记　林文永
镇　长　洪炳灶
人大主席　潘海春
党委副书记、政法委员　林龙涛
党委副书记（挂职）　杨天来
党委委员、纪委书记　颜晓锋
党委秘书、统战委员　施红光
党委组委　张一强
党委宣委　林妙恩
党委委员　洪建法
副镇长　康荣国
　　　　黄丁贵
　　　　赵世忠
　　　　梁宇锋
综合便民服务中心主任　郭月娇
社会事务服务中心主任　颜继晖
综合执法队队长　刘鹭榕

介福乡
党委书记　刘泷沆
乡　长　施钊杰
人大主席　吴文华
党委副书记、政法委员　陈德滨
党委委员、纪委书记　林志军
党委秘书、统战委员　康文地
党委组委　苏辉煌
党委宣委　郑英兰

党委委员　林曼云
副乡长　潘芳婷
　陈艺元
副乡长（科技、挂职）　黄炳林
综合便民服务中心主任　张春玲
社会事务服务中心主任　徐江灯
综合执法队队长　郑春生

吾峰镇
党委书记　康志功
镇　长　王锦彬
人大主席　林生根
党委副书记、政法委员　赵志强
党委委员、纪委书记　李文福
党委秘书、宣委、统战委员　陈永祥
党委组委　黄启泉
党委委员　张周城
副镇长　张礼泳
　黄　婷
副镇长（科技、挂职）　刘绘鹏
综合便民服务中心主任　康兴良
社会事务服务中心主任　吴文得
综合执法队队长　黄伟滨

石鼓镇
党委书记　郑孝坡（2022 年 8 月任）
　肖清江（至 2022 年 8 月）
镇　长　周志泓
人大主席　林丽梅
党委副书记、政法委员　尤奕勇
党委委员、纪委书记　吴旭萍
党委秘书、统战委员　陈芳恩
党委组委　黄燕鹏（至 2022 年 10 月）
党委宣委　庄发根
党委委员　黄宁海
副镇长　郑剑宇
　尤慧芳
副镇长（科技、挂职）　周文鑫
综合便民服务中心主任　叶国强

综合执法队队长　邹鹏翔

五里街镇
党委书记　肖清江（2022 年 8 月任）
　颜伟煌（至 2022 年 8 月）
镇　长　周小挥
人大主席　尤长新
党委副书记、政法委员　叶锦德
党委委员、纪委书记　郑雅芳
党委秘书、统战委员　施国鑫
党委组委　郑玉姣（至 2022 年 8 月）
党委宣委　黄永生
党委委员　梁金煜
副镇长　黄建成
　林兴斌
副镇长（科技）　张雄祚
综合便民服务中心主任　陈俊蓉
社会事务服务中心主任　颜华东
综合执法队队长　林宗良

桃城镇
党委书记　施立新
镇　长　林纪东
人大主席　黄梁财
党委副书记、政法委员　郑剑侠
党委委员、纪委书记　郑建团
党委秘书、统战委员　刘兴宝
党委组委　李伟波
党委宣委　林琰梅
党委委员　曾连华
人大专职副主席　陈丽真
副镇长　邱春丽
　连惠强
　林玉凤
　魏舒婷
副镇长（挂职）　黄晓茹
社会事务服务中心主任　陈爱珍
综合执法队队长　潘财到
经济发展服务中心主任　温令科

东平镇

党委书记	林胜进
镇　长	颜艺鸿
人大主席	赵智勇
党委副书记、政法委员	徐金填
党委委员、纪委书记	郭福煌
党委秘书、统战委员	洪智滨
党委组委	许俊鑫
党委宣委	陈俊博
党委委员	康应智
副镇长	黄勤泽
	黄巧玲
副镇长（科技、挂职）	李晓鹏
综合便民服务中心主任	陈　娟
社会事务服务中心主任	魏志敏
综合执法队队长	郑建舜

东关镇

党委书记	郭志敏
镇　长	庄育莹
人大主席	陈伟新
党委副书记、政法委员	王进铭（2022 年 8 月任）
	施少中（至 2022 年 8 月）
党委委员、纪委书记	邱章伟
党委秘书、统战委员	黄　易
党委组委	陈娟婷
党委宣委	吕志鹏
党委委员	康福实
副镇长	黄瞻惠
	陈建斌
副镇长（挂职）	张少杰
综合便民服务中心主任	邱影婷
社会事务服务中心主任	林东城（2022 年 8 月任）
综合执法队队长	李拯民

岵山镇

党委书记	郑维泽
镇　长	刘建超
人大主席	郑云清
党委副书记、政法委员	邱洪川
党委委员、纪委书记	林芳业
党委秘书、统战委员	方若愚
党委组委	陈安婷
党委宣委	林月婷
党委委员	李积金
副镇长	潘宇灿
	陈建华
副镇长（挂职）	曾　婧
综合便民服务中心主任	林翠丽
社会事务服务中心主任	柯文才
综合执法队队长	邱晓晖

仙夹镇

党委书记	徐志勇
镇　长	林清江
人大主席	康清传
党委副书记、政法委员	刘进钿
党委委员、纪委书记	潘贤陆
党委秘书、宣委、统战委员	李亚红
党委组委	林　强
党委委员	谢志孟
副镇长	林枝勇
	李伊娜
副镇长（科技、挂职）	姚德纯
综合便民服务中心主任	刘文杰
社会事务服务中心主任	康承平

湖洋镇

党委书记	林荣福
镇　长	龚新毅
人大主席	潘燕云
党委副书记、政法委员	苏明江
党委委员、纪委书记	黄志雄
党委秘书、统战委员	尤雪羚
党委组委	王巧明
党委宣委	吴志成
党委委员	郑连金
副镇长	张华山

章凌峰

综合便民服务中心主任　李伟铭

社会事务服务中心主任　黄宗祥

综合执法队队长　邱振德

外山乡

党委书记　潘茂林

乡　长　黄建清

人大主席　吴玉炳

党委副书记、政法委员　王治洲

党委委员、纪委书记　张联吉

党委秘书、宣委、统战委员　郑慧颖

党委组委　谢剑毅

党委委员　林颖华

副乡长　黄晨曦

余一萍

社会事务服务中心主任　谢福全

综合执法队队长　林晓军

2022 年永春县省、市、县人大代表、政协委员名单

福建省第十三届人大代表

苏清泉　李劲红　洪欢妹　粘天补

泉州市第十七届人大代表名单

王文彬　王紫钊　王斌辉　吕建成　庄丽芬

刘西锋　刘建标　刘春福　苏永钢　李玉花

吴应栋　沈莉萍　陈少芳　陈永龙　陈庆丹

陈燕丽　林文华　林文溪　林四南　林纪东

林志杰　林丽萍　林海鸥　林　康　林燕丽

郑东生　郑超敏　柯永辉　施美凤　洪毅湘

夏泉福　黄学敏　韩卫华　谢良坡　廖丽芬

樊美清　颜丽珠　颜禧童

林希妍（2022 年 12 月 30 日代表资格终止）

陈雄松（2022 年 12 月调离永春）

陈长安（2022 年 8 月调到其他团）

永春县第十九届人大代表名单
（2022 年变动部分）

洪晓君（2022 年 11 月当选）　郑孝坡（2022 年 11 月当选）

蔡鋆泽（2022 年 12 月当选）　颜伟煌（2022 年 9 月辞去）

颜群瑛（2022 年 9 月辞去）　林清森（2022 年 9 月终止）

林希妍（2022 年 10 月调离）　林晋殿（2022 年 11 月辞去）

第十三届福建省政协委员名单

郑泽新

第十三届泉州市政协委员名单

王文杨　陈佩芳　汤若狮　吴旭青　张志群

林文福　刘征敏　黄宏旭　古宏颖　郑成文

潘才兴　赵柳生　郑泽新　陈永福　涂振坤

苏扬洲

第十六届永春县政协委员名单
（2022 年变动部分）

黄文新　苏成贵（2 人辞去）

统计公报

2022年永春县国民经济和社会发展统计公报

一、综合

初步核算，全县共实现地区生产总值543.91亿元，比上年下降2.4%。其中，第一产业增加值28.07亿元，增长4.6%；第二产业增加值325.17亿元，下降4.9%；第三产业增加值190.67亿元，增长0.9%。全年三次产业结构比为5.2 ∶ 59.8 ∶ 35.0。全年人均地区生产总值129349元。

全年全县一般公共预算总收入为20.30亿元，比上年增长6.8%。一般公共预算收入13.85亿元，比上年增长9.9%。全年实现一般公共预算支出36.31亿元，比上年下降4.3%。其中，涉及民生保障支出的教育、科学技术、文化旅游体育和传媒、社会保障和就业、卫生健康、节能环保、城乡社区事务、农林水事务、交通运输、商业服务业、自然资源海洋气象、住房保障和粮油物资储备支出29.06亿元，下降6.5%，占一般公共预算支出的80.0%。

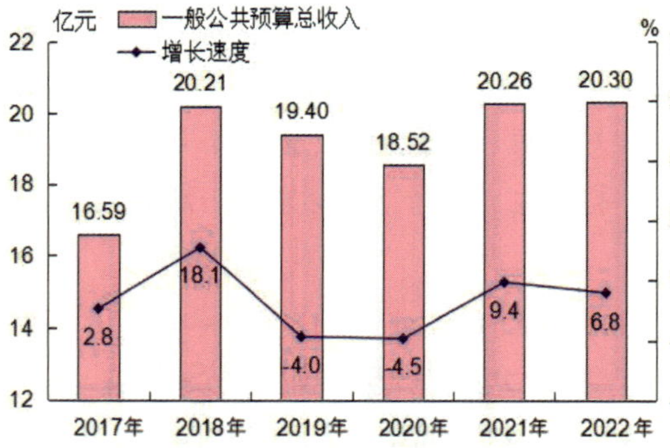

2017—2022年一般公共预算总收入及其增长速度

二、农业

全年全县农林牧渔业总产值50.15亿元，比上年增长5.2%。粮食播种面积21.71万亩，比上年增加0.34万亩，增长1.6%。其中，稻谷播种面积17.37万亩，比上年增加0.22万亩。油料种植面积0.16万亩，比上年增加0.01万亩；蔬菜种植面积12.62万亩，比上年增加0.38万亩。粮食产量9.00万吨，比上年增加0.16万吨，增长1.8%。其中，稻谷产量7.35万吨，比上年增加0.10万吨，增长1.4%。

2022年主要农产品产量

表1

产品名称	产量（万吨）	比上年增长（%）
粮食	9.00	1.8
春收	0.34	1.1
夏收	2.35	0.7
秋收	6.32	2.2
油料	0.05	-12.1
糖料	0.28	11.4
茶叶	1.21	4.4
水果	7.67	6.3
蔬菜	14.69	4.4
食用菌	6.64	2.7

全年全县肉蛋奶总产量4.76万吨，比上年增长5.1%。其中，肉类总产量2.54万吨，增长4.5%；禽蛋产量2.22万吨，增长6.2%。肉猪出栏22.91万头，增长0.3%，年末生猪存栏13.45万头，增长4.8%。

全年全县水产品产量0.09万吨，与上年持平。全年商品材产量（集体林）10.958万立方米。

年末全县省级农业产业化龙头企业19家；无公害农产品13个，绿色食品15个，农产品地理标志产品1个；有效期内福建名牌农产品3个。

三、工业和建筑业

全年全部工业实现增加值295.26亿元，比上年下降5.0%。规模以上工业增加值下降6.8%，其中，轻工业下降9.5%，重工业增长0.9%。规模以上工业产品销售率98.0%。

全年规模以上工业的28个大类行业中有17个行业增加值保持同比增长。其中，纺织业增长26.0%，文教、工美、体育和娱乐用品制造业增长3.2%，食品制造业增长16.9%，其他制造业增长19.9%。高技术制造业增加值增长7.0%，占规模以上工业增加值的比重为5.4%。全县工业用电量76292万千瓦时，比上年下降13.9%。

全年社会建筑业实现增加值 29.97 亿元，比上年下降 3.9%。全县资质等级以上的建筑业企业有 117 家，完成建筑业总产值 33.85 亿元。全县建筑业企业房屋施工面积 1[illegible].28 万平方米，增长 22.3%；房屋竣工面积 9.02 万平方米，下降 46.1%。全县建筑业总产值达到亿元及以上的企业 5 家，其中 5 亿元及以上的企业 2 家。

四、固定资产投资

全年全县固定资产投资（不含省反馈铁路数据）85.05 亿元，比上年增长 2.6%。第一产业投资 1.61 亿元，增长 24.8%；第二产业投资 26.93 亿元，增长 12.3%，其中，工业投资 26.93 亿元，增长 12.3%；第三产业投资 56.50 亿元，下降 2.6%。基础设施投资 24.56 亿元，下降 3.4%。民间投资 54.69 亿元，增长 7.1%。高技术产业投资 2.27 亿元，增长 50.7%。

全年全县房地产开发投资额 29.78 亿元，比上年增长 2.1%。其中，住宅投资 26.13 亿元，增长 15.6%；办公楼投资 0.02 亿元，下降 91.1%；商业营业用房投资 [illegible].56 亿元，下降 76.7%。房地产开发企业房屋施工面积 414.03 万平方米，增长 1.7%，其中住宅施工面积 340.87 万平方米，增长 2.5%。商品房销售面积 29.53 万平方米，下降 38.2%，其中住宅销售面积 26.80 万平方米，下降 37.9%。

2022 年房地产开发和销售主要指标完成情况

表 2

指　标	单位	绝对数	比上年增长 (%)
投资完成额	亿元	29.78	2.1
其中：住宅	亿元	26.13	15.6
其中：土地购置费	亿元	12.05	1.6
房屋施工面积	万平方米	414.03	1.7
其中：住宅	万平方米	340.87	2.5
房屋新开工面积	万平方米	25.94	-61.9
其中：住宅	万平方米	19.59	-65.2
房屋竣工面积	万平方米	77.53	184.6
其中：住宅	万平方米	63.81	301.1
商品房销售面积	万平方米	29.53	-38.2
其中：住宅	万平方米	26.80	-37.9
本年实际到位资金	亿元	38.29	0.7
其中：国内贷款	亿元	2.78	39.0
个人按揭贷款	亿元	14.17	4.4

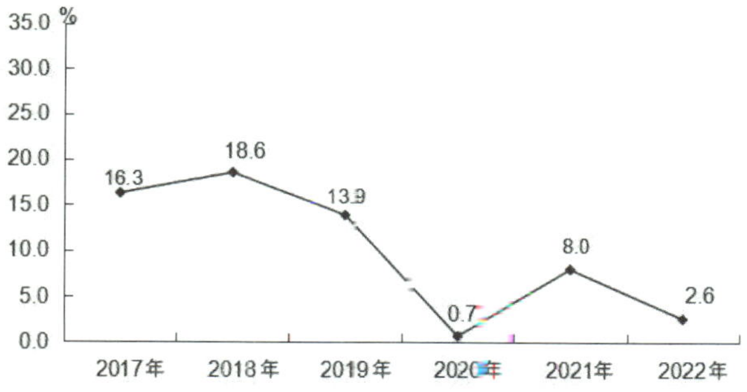

2017—2022 年固定资产投资增长速度

五、商业和对外经济

全年社会消费品零售总额 188.78 亿元，比上年增长 2.0%。其中，限额以上消费品零售额 33.96 亿元，增长 5.8%；限额以下消费品零售额 154.82 亿元，增长 1.2%。在限额以上批发和零售企业商品零售额（不含市局反馈企业数据）中，石油及其制品类增长 2.8%，中西药品类增长 28.1%，粮油食品类下降 6.4%，服装鞋帽、纺织品类下降 0.3%，日用品类增长 33.1%，家用电器和音像器材类下降 11.9%，家具类增长 9.6%，汽车类下降 34.9%。全县限额以上企业通过互联网实现商品零售额 7.49 亿元，比上年增长 65.7%。

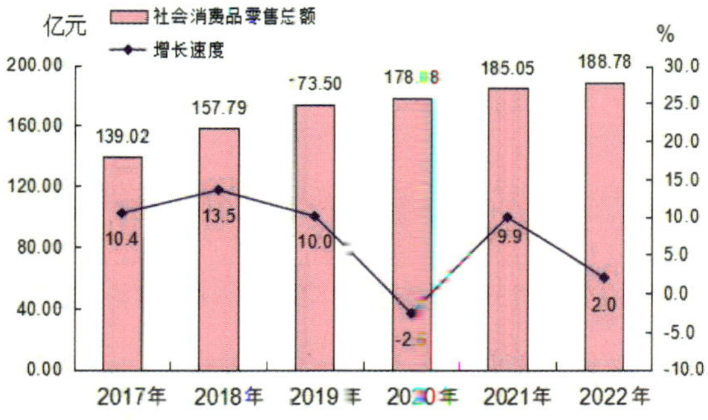

2017—2022 年社会消费品零售总额及其增长速度

2022 年底，全年实际到资（验资口径）1592 万美元，比上年增长 163.0%。历年累计批准“三资”企业 507 家，投资总额 175437 万美元，合同外资 92379 万美元，外商实际到资 40109 万美元。

六、交通、邮电和旅游

全年交通运输、仓储和邮政业实现增加值 30.52 亿元，比上年增长 0.3%。全县公路通车总里程达到 2757.85 公里 /1362 条，其中，高速 102.40 公里，国省干线 231.26 公里，县道 230.74 公里，乡道 939.13 公里，村道 1254.32 公里，公路密度每百平方公里 189.96 公里。全县共有公路 1362 条，其中高速公路 4 条、国省干线 5 条，县道 12 条，乡道 173 条，村道 1168 条。泉三高速公路途经境内 55.4 公里，3 个出口，莆永高速公路途经境内 57.2 公里，2 个出口。至 2022 年 12 月底，客运班线 24 条，其中省际 1 条，市际 6 条，县际 13 条，县内 4 条；客运企业 2 家，客运量 39.27 万人次；货运企业 94 家，其中危货 2 家，普货 92 家，货运量 2551.88 万吨。

年末全县汽车保有量 102312 辆（包括三轮汽车和低速货车），比上年增长 5.5%，其中营运汽车 6002 辆，非营运汽车 96217 辆，校车 8 辆。挂车 1400 辆，摩托车 103393 辆。

年末全县电话用户总数 49.51 万户，比上年末增加 0.56 万户。其中：固定电话用户 4.93 万户，减少 0.25 万户；移动电话用户 44.58 万户，增加 0.81 万户。全县互联网接入用户 19.85 万户，增加 1.59 万户。

全年接待游客 452.53 万人次，同比减少 18.7%。旅游总收入 34.42 亿元，同比减少 18.0%。

七、金融

全年实现金融机构本外币存款余额为 304.19 亿元，比上年增长 7.8%。其中，境内存款 301.41 亿元，增长 7.7%；境外存款 2.78 亿元，增长 15.8%。全年实现金融机构本外币贷款余额为 225.28 亿元，比上年增长 11.9%。其中，境内贷款 224.98 亿元，增长 11.9%；境外贷款 0.30 亿元，增长 20.0%。美岭小额贷款公司至 2022 年年底贷款余额 2.04 亿元。

2022 年全部金融机构本外币存贷款情况

表 3

指 标	年末数（亿元）	比上年末增长 (%)
各项存款余额	304.19	7.8
其中：境内存款	301.41	7.7
境外存款	2.78	15.8
各项贷款余额	225.28	11.9
其中：境内贷款	224.98	11.9
境外贷款	0.30	20.0

八、教育和科学技术

全县有独立幼儿园 43 所（其中民办幼儿园 8 所），附设园 70 所；完小 99 所，小学教学点 10 所；特教学校 1 所，附设特教班 5 个；九年一贯制学校 5 所，初级中学 18 所，完中 8 所，职专 1 所，电大教学点 1 个，教师进修学校 1 所，乡镇社区学校 22 所，社区教学点 236 个。有教职员工 6644 人，其中幼儿园 1562 人，小学（含特教）2511 人，中学 2433 人，职专 98 人，教师进修学校 40 人。有学生 80532 人，其中幼儿园 14398 人，小学 36443 人，特教 159 人，初中 18605 人，普通高中 8458 人，职专 2469 人。

全年实施省级科技计划项目 8 项，市级 12 项，高新技术企业认定 33 家（含复评 7 家），科技小巨人企业 11 家，科技型中小企业 148 家，省级众创空间 1 家，省级星创天地 1 家，市级众创空间 1 家，市级星创天地 2 家。2022 年新增省级个人科技特派员 19 个，省级团队科技特派员 7 个，省级法人团队科特派 2 个；市级个人科技特派员 48 个，市级团队科技特派员 2 个。科技特派员实现了镇村级服务全覆盖，有效与有根产业技术突破、乡村振兴发展相衔接，助推我县经济社会发展。

年末全县共有法定计量技术机构 1 个。国家级地面气象观测站 1 个，区域自动站 22 个。共有地震前兆台站 1 个（前兆测项 2 项），土层烈度测震台站 1 个，岩层强震动观测台站 2 个，GPS 观测基准站 1 个，宏观观测点 3 个。

九、文化、卫生和体育

年末全县共有公共图书馆 1 个，文化馆 1 个，博物馆 1 个。各级公共图书馆组织各类讲座 4 次，书刊文献外借 74.05 万册，总流通人数 36.39 万人次；各级文化馆组织举办展览 36 个，组织文艺活动 30 次、培训 4 期和公益性讲座 24 次，共有 4.29 万人次参加；博物馆共举办 1 个基本陈列和 2 个展览，共有 2.52 万人次参观，其中：未成年人参观 1.55 万人次。

全年运动员在国家级各类比赛中有 17 人次获得前八名。全县共有 1 个县级体育场，1 个县级体育馆，6 条健身步道，1 个县级青少年校外活动中心， 4 个青少年校外活动场所，13 个社区多功能体育健身活动场所，251 个农民体育健身工程。

广播电视台 1 座，广播电视综合覆盖率达 98.8%，县、乡、村及人口百人以上自然村全部实现光缆联网，数字电视用户达 6.91 万户。年末全县有档案馆 1 个。

至 2022 年底，全县共有各类医疗卫生机构 357 个，其中县医院 1 所、县中医院 1 所，乡镇卫生院 21 所，社区卫生服务中心 2 所，福建省福能集团总院福能（天湖山）医院 1 所，民营医院 2 所，其他卫生事业机构 7 所（安康医院 1 所、疾病预防控制中心 1 所、妇幼保健院 1 所、卫生监督所 1 所等），村卫生室 245 所，社区卫生服务站 10 所，诊所、卫生所、医务室 61 个，门诊部 6 个，共有卫生技术人员 2580 人。

县、乡镇两级医疗卫生机构（含民营机构）实际开放床位 2871 张。全县卫健系统医疗卫生事业单位共有在编人员 1[illegible] 人，其中专业技术人员 1178 人，卫生类专技 1143 人，占总数的 95.8%。全县执业（助理）医师 8[illegible]7 人，注册护士 1031 人。

十、人口、人民生活和社会保障

年末全县常住人口 41.9 万人，出生率 7.42‰，死亡率 3.60‰，自然增长率 [illegible].18‰，城镇化水平为 62.05%。

全县全体居民人均可支配收入 31857 元，比上年增长 4.0%；人均生活消费支出 21386 元，比上年增长 3.[illegible]%。农村居民人均可支配收入 21784 元，比上年增长 6.9%；农村居民人均生活消费支出 16088 元，比上年增长 5.8%。城镇居民人均可支配收入 39401 元，比上年增长 3.6%；城镇居民人均生活消费支出 25381 元，比上年增长 3.6%。

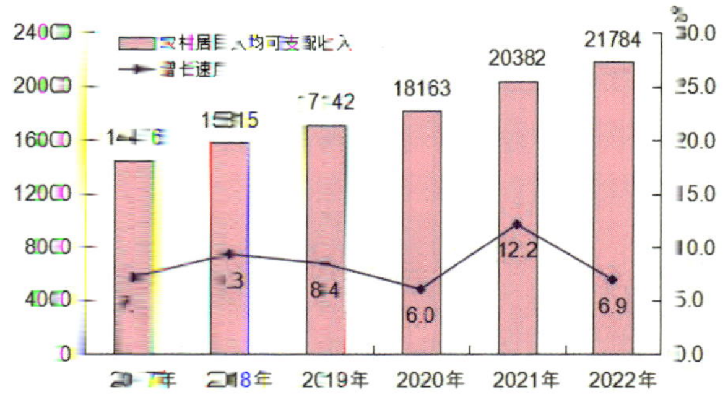

2017—2022 年农村居民人均可支配收入及其增长速度

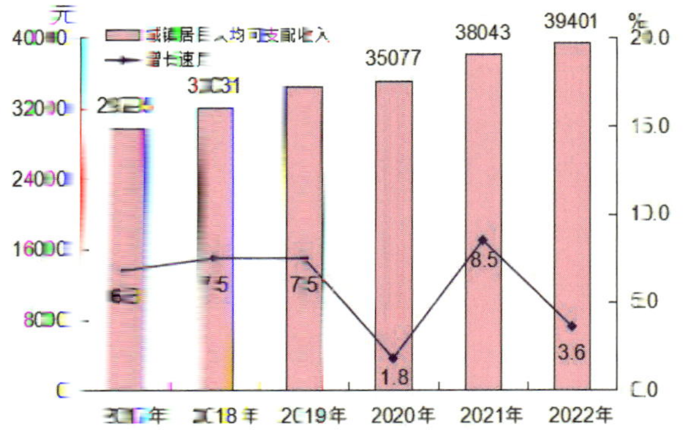

2017—2022 年城镇居民人均可支配收入及其增长速度

至 2022 年底，全县企业养老、工伤、失业保险参保人数 56[illegible]4 人、53800、18612 人，全县城乡保参保人数 32.17 万人，参保率 99.43%，缴费人数 18862[illegible] 人，续缴率 97.41%。全年累计发放城乡居民养老金 8[illegible]7 人 15367.27 万元，累计发放企业退休人员养老金 118[illegible]3 人 36174.95 万元。2022 年，已向全县 1[illegible] 名符合领取条件的年满 60 周岁的被征地人员发放养老保障金 2625.47 万元。

十一、资源、环境和应急管理

初步核算，全年规上工业能源消费总量 20.55 万吨标准煤，比上年下降 28.5%。全社会用电量 156515 万千瓦时，比上年下降 4.5%；工业用电量 76292 万千瓦时，比上年下降 13.9%。

全县城市建成区绿地面积 980.8 公顷，比上年增长 1.47%，绿地率 40.1%。市县生活垃圾无害化处理率 100%，市县污水处理率 97%。

国家 AAAA 级景区 2 个：牛姆林、北溪文苑；国家 3A 级景区 5 个：百丈岩、魁星岩、乌髻岩、仙洞普济寺、雪山旅游区；国家 2A 级景区 5 个：老醋文创园、余光中文学馆、云河谷景区、中国香都、埔头农业公园；福建省观光工厂 3 个：永春老醋文创园、彬达香文创园、顺德堂老醋文创园；福建省生态旅游示范区 3 个：牛姆林、雪山旅游区、北溪文苑；福建省全域生态旅游小镇 2 个：五里街镇、岵山镇；福建省“金牌旅游村”4 个：大羽村、埔头村、龙水村、东里村；省级乡村旅游特色村 26 个：大羽村、茂霞村、观山村、东溪村、三岭村、埔头村、南美村、西村村、福东村、福德村、锦龙村、丰山村、吾江村、苏合村、东美村、花石社区、龙水村、东里村、新琼村、西昌村、夹际村、山后村、汉口村、紫美村、云峰村、塘溪村。

全县共有绿盈乡镇 1 个，“绿盈乡村”192 个（其中高级版 16 个，中级版 134 个，初级版 42 个）。全县共有 5 条主要河流，水质达到或优于国家地表水III类标准要求的占 100%，集中式生活饮用水水源水质达标率为 100%。

2022 年共发生生产安全事故 4 起（2021 年 5 起）、死亡 4 人（2021 年 5 人）、受伤 0 人（2021 年 2 人）、直接经济损失 358.01 万（2021 年 440.21 万），同比分别下降 20%、20%、200%、22.2%。其中，道路交通 2 起，死亡 2 人；建筑施工 1 起，死亡 1 人；工贸（建材）1 起，死亡 1 人。

说明：

1. 本公报所列数据为初步统计数，部分合计数或相对数由于单位取舍不同而产生的计算误差，均不做机械调整。

2. 本公报永春县地区生产总值、各产业增加值按现价计算，增长速度按可比价格计算。

3. 本公报中属部门统计的数据由相关主管部门提供。

（县统计局　供稿）

索 引

说 明

一、本索引采用主题词分析法，按主题词首字汉语拼音字母（同音字按声调）顺序排列。

二、栏目、分目标题用黑体字。“专记”“大事记”“人物　荣誉”“附录”内容不作索引。

三、索引主题词后的数字表示页码，数字后的 a、b、c 表示栏别左中右。

A

B

C

D

E

F

G

H

J

K

L

M

N

P

Q

T

Y

Z